JN437051

최신
재무회계원리

윤금상 저

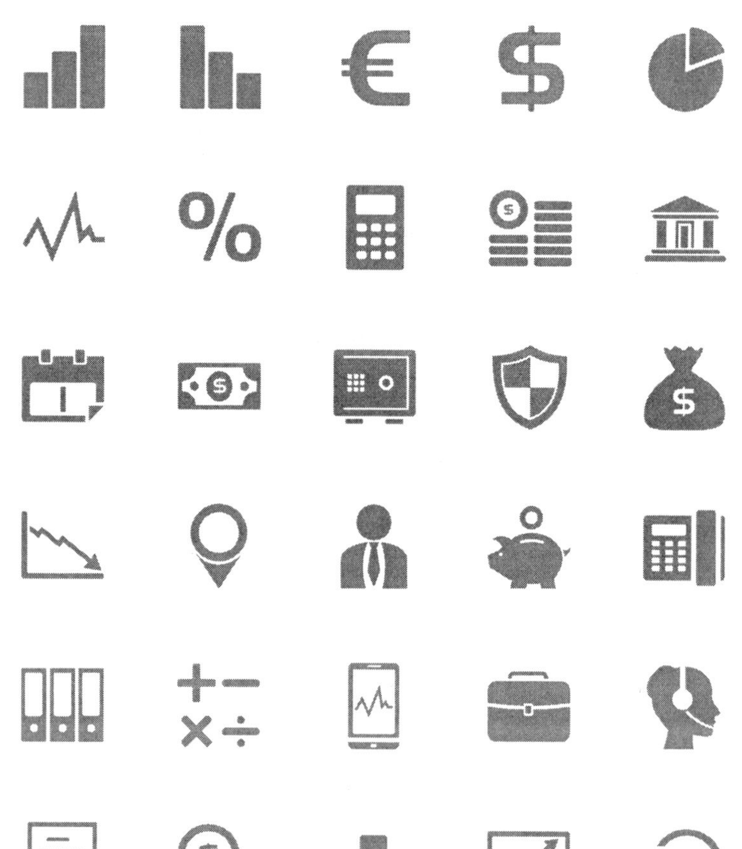

도서출판 두남

머리말

우리나라는 회계정보의 국제적 비교가능성을 높이고 기업의 대외 신뢰도를 제고하기 위하여 2007년 3월 국제회계기준위원회가 제정한 국제회계기준(International Financial Reporting Standards; IFRS) 도입의 로드맵을 발표하였다. 이는 전 세계가 하나의 회계기준으로 통일된다는 의미에서 매우 혁신적인 변화이다. 세계의 모든 투자자와 금융회사, 감독기구, 회계감사인, 기업들이 세계의 모든 기업들을 쉽게 비교할 수 있어서 자원배분에 대한 의사결정을 보다 효율적으로 할 수 있게 될 것이다.

이에 우리나라도 2011년부터 국내 상장회사와 금융기관은 한국채택국제회계기준을 의무적으로 도입한 바 있다. 이러한 환경의 변화에 따라 본 교재는 **한국채택국제회계기준(K-IFRS)**의 기업회계기준서 내용을 중심으로 충실하게 설명하고자 하였으며, 덧붙여 **일반기업회계기준**과 **중소기업회계기준**도 비교하여 함께 반영하려고 노력하였다(참고로 일반기업회계기준과 중소기업회계기준에 대해서는 주로 주석을 통해 설명하였습니다.).

또한 이 책은 그 동안 저자가 대학에서 (재무)회계원리를 강의하면서 사용한 강의안과 강의 내용을 토대로 썼으며, 전반적인 회계흐름과 함께 회계에 대한 기초 개념만을 제시하였다. 이 책은 다음과 같은 측면을 고려하여 회계내용을 서술하였다.

첫째, 대부분 회계를 처음 대하는 독자들을 대상으로 한다는 점을 고려하여 회계의 근간을 이루는 기초적인 개념을 위주로 그 내용만을 간단하고 명료하게 설명하려고 노력하였다. 즉, 회계학의 다양한 이론을 나열하여 설명하는 것을 가급적 피하였다.

둘째, 회계흐름을 설명하는데 있어 미시적인 관점이 아닌 거시적 관점에서 이해할 수 있도록 서술하였으며, 회계의 기초개념에 대한 설명도 회계흐름과 연관하여 설명하였다.

셋째, 회계개념에 대한 이해를 높이기 위해 왜 그렇게 처리, 보고되어야 하는가에 대한 이유 및 당위성을 설명하고자 하였다.

넷째, 각 장의 끝 부분에 연습문제와 그 해답을 제시하여 독자들이 자율적으로 학습능력을 높일 수 있도록 하였고, 연습문제를 풀고 난 후에 난이도가 다소 높은 종합문제를 제시하여 학습효과를 단계적으로 제고시키고자 하였다.

다섯째, 이 책은 가장 최근인 2017년 말 현재 발표된 **한국채택국제회계기준(K-IFRS)**과 **일반기업회계기준** 및 **중소기업회계기준**을 반영하여 내용을 서술하였으므로 겉으로 보기에는 다른 책들의 구성과 내용이 거의 흡사한 것으로 이해할 수 있으나 각 장마다의 내용은 상당히 다르다는 것을 독자들은 이해해주기 바랍니다.

끝으로, 이 책에서는 독자들의 학습능력을 높이기 위해 다양한 읽을거리를 제시하였다. **[참고 자료]**와 **[학습 보충 자료]**, 그리고 **[공부합시다]**라는 제목 하에 20개의 읽을거리를 제공하였다. 이 읽을거리를 제시한 이유는 본 (재무)회계원리를 공부하면서 다양한 읽을거리를 통해 회계학 전반에 대한 이해를 하자는데 그 목적이 있다. 독자들은 어렵더라도 이 제시된 다양한 자료를 함께 공부해주기 바랍니다.

이 책은 총 13장으로 구성되어 있다. 책의 구성내용을 살펴보면 우선 제1장과 제2장에서는 회계의 기초개념과 재무제표, 특히 재무제표 중 재무상태표와 (포괄)손익계산서를 중심으로 개괄적인 설명을 하여 회계정보에 대한 전반적인 이해를 할 수 있도록 고려하였다. 제3장부터 제5장까지는 회계기록의 대상이 되는 회계상의 거래로부터 최종보고서인 재무제표가 작성되기까지의 일련의 재무제표 작성절차인 회계순환과정(accounting cycle)을 설명하였다. 그리고 제6장부터 제11장까지는 재무제표를 구성하는 구성요소 중 재무상태표 구성요소인 자산, 부채, 자본의 계정과목들에 대해서만 설명을 하였는데 그 이유는 손익계산서 구성요소인 수익과 비용의 계정과목들은 재무상태표 구성요소인 자산, 부채, 자본의 계정과목들을 학습하는 과정에서 모두 설명이 이루어지기 때문이다. 그리고 후반부인 제12장에서는 재무제표의 작성에 대해서 설명하였고, 제13장에서는 앞부분에서 배운 회계원리의 지식을 이용하여 기업실태를 파악할 수 있도록 재무제표의 활용인 재무제표분석을 다루었다. 또한 책의 후반부에 '일반기업회계기준'에서 제시하고 있는 **[재무제표 양식]** 및 **[화폐의 시간가치표]**를 부록으로 수록하여 독자들이 참조할 수 있도록 하였다.

이 책을 출간하면서 저자가 갖고 있는 조그마한 희망사항은 이 책이 독자들로 하여금 회계학을 이해하는데 조금이라도 도움이 되었으면 하는 것이다. 이 책의 내용 중 설명이나 표현의 미숙 등 여러 가지 부족한 면이 많을 줄 안다. 이러한 점들은 이 책을 이용하시는 독자들의 지속적인 관심과 질책을 통해 점진적으로 개선되리라고 생각한다. 그리고 이 책을 출판해 주신 도서출판 두남의 전두표 사장님을 비롯하여 이 책의 편집과 제작에 수고해 주신 도서출판 두남 직원 여러분들에게도 감사드린다. 여이 책의 편집과 제작에 수고해 주신 도서출판 두남 직원 여러분들에게도 감사드린다. 아울러 『이 저서는 2016학년도 인하대학교의 지원에 의하여 연구되었음』을 밝혀둔다.

2018년 1월

저자 씀

차 례

Part I 회계의 기초

Part II 회계순환과정

Part III 재무제표 구성요소별 회계처리

Part IV 재무제표의 작성과 활용

Part I

회계의 기초

제1장_ 회계의 기초개념

제2장_ 재무제표의 이해

제 1 장 회계의 기초개념

본 장은 회계가 무엇인지를 설명하고자 하는데 목적이 있다. 그러한 목적을 달성하기 위해서 회계를 배우는데 반드시 필요한 기초적인 개념을 제공하고자 한다. 즉, 앞으로 계속해서 회계를 배우려면 반드시 알아야 하는 회계에 대한 기본적인 의문점-기업에 있어서 회계의 역할은 무엇인가? 회계에는 어떤 종류가 있나? 회계와 부기는 무엇이 같고 무엇이 다른가? 회계를 행함에 있어서 필요한 주요 개념은 무엇인가? 등에 대한 이해가 본 장의 내용이 된다.

제 1 절 기업과 회계

1.1 기업의 본질과 유형

1. 기업의 본질

일반적으로 기업은 원재료나 노동력과 같은 기초적인 자원으로 가공(제조)한 재화나 서비스를 고객(개인 및 다른 기업)들에게 제공하는 조직을 말한다. 대부분의 영리조직인 기업들의 목표는 이익(profit)을 극대화하는 것이지만 일부의 비영리조직들은 이익극대화와는 다른 목표를 달성하기 위해 경영활동을 수행하고 있다.

2. 기업의 유형

이익을 추구하는 기업에는 세 가지 유형의 기업들이 있다. 서비스기업(service company), 상기업(merchandise company; 상품매매기업), 제조기업(manufacturing company)

이 그것이다.[1)]

여기서 '**서비스기업(또는 용역제공기업)**'은 상품이나 제품 대신 서비스(용역)를 제공하는 기업으로 운송회사, 통신회사, 광고회사, 회계법인, 법률법인 등이 여기에 속한다.

한편 '**상기업**'이란 상품을 구입하여 고객들에게 판매하는 기업으로 유통회사, 서점, 장난감 판매회사, 의류 판매회사 등이 여기에 속한다.

그리고 '**제조기업**'이란 원재료와 노동력을 투입하여 제품을 생산하여 판매하는 기업으로 자동차 제조기업, 비행기/선박 제조기업, 건설회사, 음료수 생산회사 등이 여기에 속한다.

1.2 기업의 활동과 회계

1. 기업의 활동과 회계의 역할

일반적으로 '회계(accounting)'는 기업의 활동에 대한 정보를 회계정보이용자(기업의 이해관계자)들에게 제공하는 정보시스템이다. 흔히 회계를 '기업의 언어(language of business)'라고 하는데 이것은 기업의 활동에 대한 정보를 기업의 이해관계자들에게 보고하는 수단이기 때문이다.

기업의 활동은 크게 영업활동(operating activities), 투자활동(investing activities), 재무활동(financial activities)으로 나눌 수 있다.

여기서 '**영업활동**(operating activities)'이란 기업의 주요 수익창출활동으로서 투자활동이나 재무활동이 아닌 기타의 활동을 말한다. 영업활동에는 주로 제품의 생산과 판매활동, 상품과 서비스(용역)의 구매와 판매활동 및 관리활동이 포함된다. 한편 '**투자활동**(investing activities)'이란 장기성 자산 및 현금성자산에 속하지 않는 기타 투자자산의 취득과 처분활동을 말한다. 투자활동에는 유·무형자산, 다른 기업의 지분상품이나 채무상품 등의 취득과 처분활동, 제3자에 대한 대여 및 회수활동 등이 포함된다. 그리고 '**재무활동**(financial activities)'이란 기업의 납입자본과 차입금의 크기 및 구성내용에 변동을 가져오는 활동을 말한다. 재무활동에는 자본과 차입금의 조달, 환급 및 상환에 관한 활동이 포함된다.[2)]

---

1) 상법에 따르면 회사(기업)의 종류는 합명회사, 합자회사, 유한책임회사, 주식회사, 유한회사의 5종으로 나눈다(상법 제170조). 종래까지는 회사의 종류로 유한책임회사를 제외한 4종이었으나, 개정 상빕에서는 '유한책임회가'가 새롭게 추가되있다.

2) K-IFRS 제1007호(현금흐름표) 문단 6.

2. 회계의 본질

회계(Accounting)란 회계정보이용자가 합리적 의사결정을 하는데 필요한 경제적 정보를 인식·측정·전달하는 정보시스템이다(Accounting is an information system that identifies, measures, and communicates economic events of an organization to interested users.).

회계(accounting)란 회계정보이용자가 합리적 의사결정을 할 수 있도록 기업의 경제적 활동에 관한 정보(경제적 정보)를 제공하는 정보시스템으로서 흔히 "기업의 언어(language of business)"라고 한다. 따라서 회계의 목적은 회계정보이용자로 하여금 합리적 의사결정을 할 수 있도록 유용한 경제적 정보를 제공하는 것이다.

▌회계(정보시스템)의 모형(I)▌

▌회계(정보시스템)의 모형(II)▌

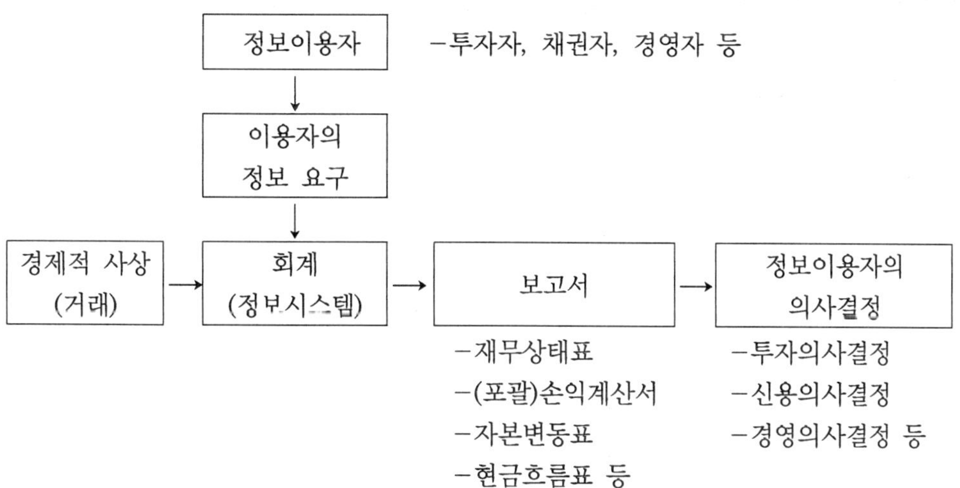

여기서 '회계정보이용자'란 회계정보를 이용하여 각종 의사결정을 하는 주체로서 투자자(또는 주주), 채권자, 정부(세무당국), 공급자, 소비자 등 기업외부 이용자는 물론 경영자나 기업 내 각 수준의 관리자 등 기업내부 이용자를, '합리적 의사결정'이란 기업이 소유하는 자원의 합리적 배분에 관한 의사결정을, 그리고 '경제적 정보'란 화폐

금액으로 측정 가능한 정보를 말한다.

회계는 경제적 사상, 즉 거래를 인식·측정·전달하는 정보시스템으로 파악할 수 있는데, 여기서 거래를 인식한다(identify)라는 것은 거래를 화폐금액으로 표시할 수 있는지를 확인하는 것을 말한다. 그리고 측정한다(measure)라는 것은 거래 속성에 대해 숫자(화폐금액)를 부여하는 것을, 전달한다(communicate)라는 것은 회계보고서를 회계정보이용자에게 보고하는 것을 의미한다.[3)]

공·부·합·시·다

회계상의 인식과 측정

인식(recognition)은 재무제표 요소의 정의에 부합하고 인식기준(① 그 항목과 관련된 미래 경제적 효익이 기업에 유입되거나 기업으로부터 유출될 가능성이 높고, ② 그 항목의 원가 또는 가치를 신뢰성 있게 측정할 수 있다.)을 충족하는 항목을 재무상태표나 (포괄)손익계산서에 반영하는 과정을 말한다. 이 과정은 해당 항목을 서술하는 계정명칭과 화폐금액으로 기술하고 그 금액을 재무상태표 또는 (포괄)손익계산서 총계에 산입하는 것을 포함한다.

한편 측정(measurement)은 재무상태표와 (포괄)손익계산서에 인식되고 평가되어야 할 재무제표 요소의 화폐금액을 결정하는 과정이다. 이 측정은 특정 측정기준의 선택 과정을 포함한다.

3. 회계의 목적

회계는 거의 모든 조직에서 사용하는 중요한 정보시스템이다. 회계는 기업 내·외의 정보이용자가 합리적 의사결정을 할 수 있도록 유용한 정보를 제공하는 것을 목적으로 한다.

구체적으로 회계는 다음과 같은 네 가지 목적으로 활용되고 있다.

① 한정된 자원의 사용을 위한 의사결정
② 기업의 인적 및 물적 자원의 효과적인 지휘와 통제
③ 자원 관리의 수행과 보고
④ 사회적 기능 및 통제의 촉진

3) 이 때 회계보고서 즉 재무제표는 외부감사인인 공인회계사(Certified Public Accountants; CPA)의 회계감사를 받아 정보이용자에게 제공하게 된다. 따라서 공인회계사는 정부(금융감독원)가 주관하는 시험에 합격한 전문회계인이므로 이들이 감사한 회계보고서는 그만큼 신뢰성을 확보한 것이라 할 수 있다.

① 회계는 회계실체의 경제적 자원배분에 관한 의사결정에 유용한 정보를 제공한다. 이것은 회계가 회계실체가 소유하고 있는 한정된 자원(limited resources)의 최적배분에 유용한 정보를 제공한다는 것이다.
② 회계는 회계실체의 인적 및 물적 자원(human and material resources)의 효과적인 지휘와 통제를 위해 유용한 정보를 제공한다.
③ 회계는 경영자로 하여금 위임받은 자원 관리(custodianship of resources)의 수행과 보고를 위해 유용한 정보를 제공한다.
④ 회계는 사회적 기능과 통제를 촉진할 수 있도록 유용한 정보를 제공한다.

한편 Horngren에 의하면 회계는 다음의 주요 목적을 위해 정보를 제공한다고 한다.
① 경상적인 내부보고(routine internal reporting) : 경상적인 업무를 계획하고 통제하기 위한 단기적인 회계정보의 이용
② 비경상적인 내부보고(nonroutine internal reporting) : 설비투자, 가격결정 등 비경상적 의사결정과 장기계획에 회계정보의 이용
③ 외부보고(external reporting) : 투자의사결정, 신용의사결정 등에 회계정보의 이용

1.3 회계의 정보이용자

회계정보를 이용하는 회계정보 이용자는 크게 내부 정보이용자와 외부 정보이용자로 구분할 수 있다.

- 내부 정보이용자 : 경영자, 각 수준의 관리자, 종업원 등
- 외부 정보이용자 : 투자자, 채권자, 세무당국, 정부규제기관, 경제정책 입안자, 기타 정보이용자 등

1. 내부 정보이용자

(1) 경영자와 각 수준의 관리자

경영자와 각 수준의 관리자들은 기업의 목표를 달성하기 위하여 장·단기 계획을 수립하고, 이것의 수행을 통제하는 활동을 한다. 계획이란 미래에 취할 행동을 마련하는 것이고, 통제는 계획대로 계획이 수행되도록 기업활동을 유도하고 결과를 평가하

여 필요한 경우에 계획과 기업활동을 수정・보완하는 것이다.

이러한 계획과 통제를 효율적으로 수행하기 위해서 경영자와 각 수준의 관리자들은 회계정보를 필요로 한다. 예를 들어 새로운 제품을 추가로 생산할 것인가, 새로운 기계를 도입할 것인가, 또는 새로운 영업점을 개설할 것인가에 대한 의사결정 시 경영자는 회계정보를 필요로 한다.

(2) 종업원

종업원들도 회계정보에 대한 관심을 갖고 있다. 종업원들은 자신들의 회사가 계속적으로 존속할 수 있으며, 현재 이상의 수익성을 유지할 수 있는가 등에 관심을 갖고 있다. 그리고 노동조합과의 유대를 통해 임금협상을 위한 자료를 회계정보를 통해 얻고 있다. 또한 이익과 제품원가 등에 대한 회계정보도 노동계약, 근로조건 등에 관한 협상을 하는데 중요한 역할을 하게 된다.

2. 외부 정보이용자

(1) 투자자

투자자들은 이미 주식이나 채권을 취득한 현재의 투자자들과 앞으로 취득할 의사가 있는 잠재적 투자자들로 구분된다. 현재의 투자자들은 현재 보유중인 주식이나 채권을 계속 보유할 것인가, 처분할 것인가 또는 추가로 취득할 것인가에 대한 의사결정을 하며, 반면에 잠재적 투자자들은 어떤 기업의 주식이나 채권을 취득할 것인가에 대한 의사결정에 직면하게 된다. 이러한 의사결정을 하는 경우 해당 기업의 전망을 평가하기 위해서는 회계정보를 철저히 분석할 필요가 있다.

(2) 채권자

채권자(예컨대, 은행)들은 자금을 빌려간 기업이 이자비용을 적시에 지급할 수 있고 원금을 만기일에 상환할 수 있는지의 여부가 주된 관심사이다. 그러므로 채권자들은 기업의 수익성뿐만 아니라 유동성이나 현금흐름 등에 관한 회계정보를 필요로 한다.

(3) 세무당국

세무당국은 기업이 세금을 제대로 납부하였는가에 대한 여부를 결정할 때, 그 기업의 회계정보를 이용한다. 종종 세무당국이 특정 기업에 대해 실시하는 세무조사란 그 기업의 회계기록을 철저히 분석하고 검증한다는 것을 의미한다.

(4) 정부규제기관

기업을 규제하는 당국, 예를 들어 증권관리위원회, 환경부 등은 기업의 회계정보를 이용하여 그들의 업무를 원만히 수행하고자 한다. 예를 들어 중앙정부 또는 지방자치단체는 전기료, 상하수도 요금, 대중교통 요금 등의 공공요금 결정 시 해당 기업의 회계정보를 이용한다.

(5) 경제정책 입안자

기업들의 전망에 기초하여 정부의 경제정책 입안자들은 경제정책을 결정한다. 기업의 개별적 또는 종합적 회계정보는 성장률 조정, 물가정책의 수립, 금리결정 등의 경제정책을 입안하는데 중요한 요소로 작용한다.

(6) 기타 정보이용자

투자분석가, 고객(소비자), 협력업체(공급자), 지역사회(지역주민) 등도 기업의 회계정보에 대해 관심을 갖고 있다. 예컨대, 기업이 공해, 환경, 기타 사회문제를 야기하는 경우가 있어 일반소비자 및 지역주민들도 기업의 이익 및 자금운영 등에 관심을 갖게 된다.

▌회계의 정보이용자▐

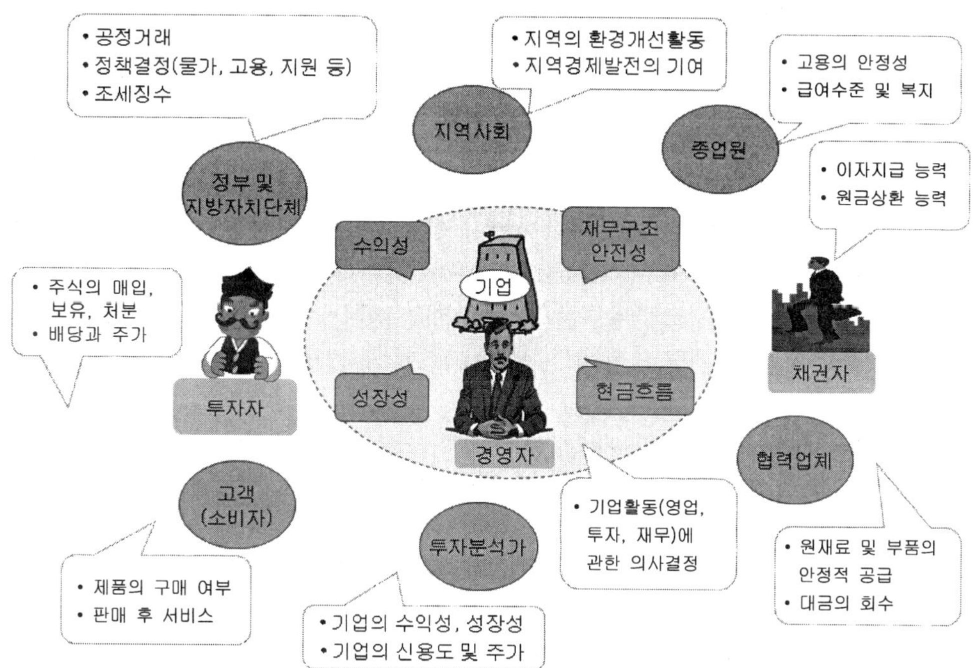

참고 투자분석가(애널리스트)는 어떤 일을 하나요?

Q: 삼성전자가 '투자분석가의 날(Analyst Day)'를 열고 임직원들이 다 모여 기업 전망 설명회를 했다고 들었습니다. 투자분석가들은 누구고 뭐하는 사람이 길래 기업 임원들이 나서 설명회를 개최하는 건지 궁금합니다. 그리고 투자분석가가 되면 무슨 일을 하고, 어떻게 하면 될 수 있는지도 궁금합니다.

A: 투자분석가 즉 애널리스트(Analyst)는 증권회사와 같은 금융사에 소속된 투자 분석가를 지칭하는 말입니다. 자신의 회사 혹은 회사 고객들에게 금융 및 투자 자문을 제공하기 위해 시장 정보를 수집하고 분석하고 연구하는 사람들이지요. 한국직업사전은 애널리스트를 '국내외 경제상황 및 산업·기업별 정보를 수집하고 분석하며 환경 변화에 따른 해당 산업을 전망하는 자'라고 설명합니다.

우리나라의 경우 금융투자협회에 금융투자분석사라고 정식등록한 사람을 애널리스트라고 지칭합니다. 증권회사의 리서치 조직에 근무하면서 법적으로 허가를 받아 공개적으로 기업이나 경기와 관련된 보고서를 쓸 수 있는 권한을 부여받은 사람들입니다. 이들은 개별 기업들의 주어진 환경과 산업전망에 따라 주식 혹은 펀드 등 파생상품 시장의 관계를 파악하고 전반적인 시장 동향을 분석하는 역할을 합니다. 일부 TV방송을 통해 자칭 '주식전문가' '시장애널리스트' '사이버애널리스트'라고 불리는 사람들이 있기도 하지만 금융투자협회에 등록된 사람이 아니라면 정식 애널리스트라고 보기는 어렵습니다. 정식 애널리스트는 목표주가·종목산정기준 등을 법규 및 윤리규정에 따라 작성해야 합니다. 또 본인이 분석한 보고서에 나오는 종목이나 업종은 자신이 개인적으로 주식 거래를 할 수 없게 돼 있습니다.

애널리스트들은 대부분 증권회사의 리서치센터에 소속돼 있습니다. 증권회사마다 조금씩 차이는 있지만 리서치센터 내에는 주식시장을 이루고 있는 주요 종목 혹은 산업군별 대표 애널리스트들이 있습니다. 이들 이름으로 종목 투자와 관련된 보고서가 나가거나 고객들 대상으로 세미나가 열리는 셈입니다. 애널리스트들은 각 분야별로 각종 정보를 수집하고 경제·산업·종목 분석 등을 수행하며 주식 시장 및 개별 업종과 종목에 대한 투자의견과 목표지수 등을 제시하는 업무를 수행합니다.

분야는 전자·IT, 조·해양·철강, 자동차, 유통·식품, 거시경제 담당 등 다양합니다. 이렇게 대표 애널리스트가 산업군별 팀장 역할을 하고 그 아래에 다른 애널리스트와 RA(Research Assistant)가 소속돼 있는 체제입니다. RA는 대학교 혹은 MBA를 졸업한 후 증권회사 공채를 통해 입사한 신입사원들이 거쳐가는 과정으로 애널리스트들의 보고서 작성이나 분석을 위한 자료 수집과 데이터 분석 등을 돕는 역할을 합니다. 모 애널리스트는 "RA 신입사원으로 입사해 기업

분석을 담당하는 애널리스트가 될 수도 있지만, 해당 산업 종사자들이 전문성과 경험을 바탕으로 이직해 애널리스트가 되는 경우도 많다"며 "경제학·경영학을 전공한 애널리스트도 많지만 각 산업군별로 기계공학·컴퓨터공학 등 다양한 전공자들이 모여 있다"고 말합니다.

애널리스트들의 하루는 쉴 새 없이 바쁜 편입니다. 보통 직장인들보다 일찍 시작해서 늦게 끝납니다. 국내 증시뿐 아니라 유럽 미국 등 해외 증시도 시차를 고려해 업무를 진행해야 하기 때문입니다. 대부분의 증권회사 애널리스트들은 오전 7시 전후에 출근합니다. 한국 시간으로 오전 5시 30분이면 종료되는 미국 증시 시장 상황을 파악한 뒤 오전 7시 30분부터 아침회의를 진행합니다. 오전 9시 한국 주식시장이 열리면 고객과 통화를 하거나 담당하고 있는 기업 탐방을 가거나 고객을 대상으로 하는 세미나를 하는 등의 일정으로 하루를 보냅니다. 오후에 우리나라 증권 시장이 종료되면 오늘의 증시 상황을 정리합니다. 오후에 시작되는 유럽증시 시장상황을 보고 저녁에 관련 보고서를 쓰고 나면 오후 10시30분 미국 증시 시장이 다시 시작됩니다. 모 애널리스트는 "24시간 쉴 새 없이 움직이는 체제이기 때문에 일과 삶의 경계가 불분명해질 수도 있다"며 "힘든 일과를 견딜 수 있는 체력과 끈기, 그리고 시장에 대한 호기심이 많아야 장기적으로 발전하는 애널리스트가 될 수 있다"고 조언했습니다.

애널리스트 직업의 장점은 내가 스스로 책임자가 돼 업무를 진행할 수 있다는 점입니다. 모 애널리스트는 "애널리스트는 자기 이름을 걸고 의견을 내며 그 의견이 곧 회사를 대표하게 된다."며 "자신이 얼마나 열심히 하느냐에 따라 성과와 성취감을 바로 맛볼 수 있다는 게 큰 매력"이라고 말했습니다. 책임감이 크고 업무 강도가 높은 만큼 보수와 성과급이 높다는 것도 장점이 될 수 있습니다. 모 증권 리서치센터장은『애널리스트, 세상에서 제일 좋은 직업』이라는 책을 통해 "성과로 평가하기 때문에 남녀 차별이 없어 여자들의 천국"이라고 강조하기도 했습니다. 보고서를 통해 기관투자가들의 투자 의사결정에 도움을 주는 본업만 잘한다면 연봉과 보너스평가에서 남녀구분이 있을 수 없다는 것입니다.

그러면 애널리스트가 되기 위해선 어떤 준비를 해야 할까요. 애널리스트가 되기 위한 별도의 정규교육과정은 없습니다. 다만 기업의 재무상황을 살 볼 줄 알아야 하기 때문에 '숫자'에 밝은 사람이 좋습니다. 회계나 재무와 관련된 지식은 물론 국제경제나 파생상품에 대한 전문 지식도 요구됩니다. 수치분석 능력뿐 아니라 최근에는 의사전달 능력도 중요해지고 있습니다. 모 애널리스트는 "담당하고 있는 기업 관계자 혹은 고객들과 일대일 회의가 잦기 때문에 자료 분석 능력 외에 새로운 사람을 만나고 의견을 피력하는 것을 즐거워하는 사람일수록 좋다"며 "최근에는 영문 분석자료 작성이나 외국인 고객을 대상으로 하는 영어 프레젠테이션이 증가하고 있어 외국어 실력도 중요해졌다"고 말합니다.

출처: 중앙일보, [틴틴 경제]

제2절 회계의 분류

기업회계는 정보이용자에 따라 회계보고의 대상과 목적 등이 달라지므로 대별하여 재무회계(financial accounting)와 (원가)관리회계(cost and managerial accounting 또는 cost and management accounting)로 나눌 수 있다.

2.1 재무회계

재무회계는 기업 외부이해관계자의 합리적 의사결정에 유용한 재무정보를 제공할 목적으로 수행되는 회계분야를 말한다.

재무회계(financial accounting)는 기업외부에 존재하는 다양한 이해관계자, 즉 주주, 채권자 및 정부 등이 합리적 의사결정을 하는데 도움을 주고자 운용되는 소위 외부보고 목적의 회계를 말한다.

기업이 작성, 보고하는 외부이해관계자를 위한 재무회계정보는 궁극적으로 재무제표(financial statements; F/S)라는 요약된 보고서를 말한다. 재무제표에는 재무상태표, (포괄)손익계산서, 자본변동표, 현금흐름표 등이 있다.

재무제표는 정기적(일반적으로 1년)으로 작성, 보고되어야 하며, 재무제표에는 외부이해관계자들이 기업에 대해 알고자 하는 대부분의 회계정보를 담고 있기 때문에 이것을 이용하여 분석함으로써 기업의 실태를 알 수 있게 된다.

재무제표는 회계의 통일성을 확보하고 회계정보의 유용성을 증진시키기 위해 기업이 임의대로 작성해서는 안 되고, 사전에 정해진 기준(예컨대, 기업회계기준 등)에 규정된 대로 작성하여야 한다.

재무제표가 믿을 수 있게 작성되었다는 것을 확인하기 위해 "주식회사의외부감사에관한법률"의 규정에 의하여 직전 회계연도 말의 자산총액이 120억 원 이상인 주식회사는 공인회계사에 의한 외부감사를 받아야 한다[4]. 이 때 감사인은 기업경영의 효율

4) 정확히 설명하면 종전의 '주식회사의외부감사에관한법률(줄여서 외감법이라고함.)'에서는 외부감사제도 대상법인으로 다음과 같이 ① 직전사업연도 말 자산총액 120억 원 이상인 주식회사, ② 직전사업연도 말 자산총액 70억 원 이상인 회사 중, 부채총액이 70억 원 이상 또는 종업원 수가 300명 이상인 주식회사, ③ 주권상장법인, 주권상장 예정법인으로 정하고 있었으나, 2017년 동 법률이 개정되면서 명칭도 '주식회사등의외부감사에관한법률'로 바뀌면서 그 대상도 주식회사뿐만 아니라 유한회사도 포함되었으며, 그 내용에 자산, 부채, 종업원 수뿐만 아니라 매출액기준도 포함되었다.

성을 감사하는 것이 아니라 기업이 작성한 재무제표가 기업회계기준을 준수하여 작성되었는가를 일정한 감사절차에 따라 확인하게 된다.

학습보충자료 외부감사인의 감사의견

감사의견이란 회사의 재무제표가 재무상태와 경영성과를 정확하게 반영하고 있는지를 공인회계사가 객관적으로 감사하여 그 의견을 표시하는 것을 말한다. 상장회사뿐만 아니라 1980년 12월에 제정된 주식회사의 외부감사에 관한 법률 제2조의 외부감사 대상이 되는 주식회사는 사업보고서에 반드시 공인회계사의 감사보고서를 첨부하고 감사의견을 표명하도록 되어 있다.

공인회계사가 표시하는 감사의견에는 적정의견, 한정의견, 부정적의견, 의견거절 등 4가지가 있다.

① **적정의견(unqualified opinion)** : 재무제표의 모든 항목이 적절히 작성되어 회계기준에 일치하고 불확실한 사실이 없을 때 표시하는 의견이다.

② **한정의견(qualified opinion)** : 회계처리 방법과 재무제표 표시방법 중 일부가 기업회계에 위배되거나, 재무제표의 항목에서 합리적인 증거를 모두 얻지는 못하고 있어 관련되는 사항이 재무제표에 영향을 주거나 줄 수 있다고 인정되는 경우는 이런 영향을 제외하거나 없다는 것을 조건으로 내세워 기업의 재무제표가 기업회계기준에 적정하게 표시하고 있다는 의견이다.

③ **부적정의견(adverse opinion)** : 재무제표가 전체적으로 합리적으로 기재되지 못하고 왜곡표시 됨으로써 무의미하다고 인정되는 경우를 표시하는 의견이다.

④ **의견거절(disclaimer of opinion)** : 감사의견을 형성하는 데 필요한 합리적 증거물을 얻지 못하여 재무제표 전체에 대한 의견표명이 불가능한 경우, 또는 기업존립에 관계될 정도의 객관적 사항이 특히 중대한 경우, 또는 감사의 독립성이 결여되어 있는 경우 등은 이러한 사유를 기재하고 이 때문에 재무제표에 대한 의견을 표명할 수 없음을 표시하는 의견이다.

상장기업인 경우 외부감사인으로부터 감사의견이 '한정'인 기업은 관리종목에 지정하고 두 차례 연속 받을 경우 상장이 폐지된다. '거절' 또는 '부적정' 판정을 받은 기업의 경우 곧바로 상장 폐지된다. 등록기업인 경우 재무제표에 대한 감사인의 감사의견이 '부정적', '의견거절' 또는 '감사범위 제한에 의한 한정'일 경우 '관리종목'으로 지정되고 코스닥위원회의 승인을 거쳐 등록이 취소된다.

출처: 매일경제, 매일경제용어사전

2.2 (원가)관리회계

(원가)관리회계는 기업 내부의 이해관계자, 즉 경영자 등이 합리적 의사결정을 하는 데 필요한 회계정보를 제공하는 회계분야를 말한다.

(원가)관리회계(managerial accounting 또는 management accounting)는 경영자 등이 경영활동을 계획하고 통제하는 등의 의사결정을 합리적으로 할 수 있도록 필요

▌재무회계와 (원가)관리회계의 비교▐

	재무회계	(원가)관리회계
1. 의의	• 기업의 재무상태 • 경영성과 • 현금흐름 • 자본변동을 표시 • 외부보고	• 의사결정 • 성과평가를 위한 정보제공 • 내부보고
2. 목적	• 기업 내·외 정보이용자의 의사결정에 유용한 정보의 제공	• 경영자의 관리적 의사결정에 유용한 정보의 제공
3. 보고대상	• 광범위한 이해관계자	• 경영자(내부이용자)
4. 기준	• 일반적으로 인정된 회계원칙	• 회계학, 경제이론, 의사결정과학, 행동과학 등
5. 모형	• 회계등식 • 회계의 개념적 틀	• 통일된 개념, 원칙, 이론이 없음
6. 자료수집의 시점·방법	• 거래발생과 동시에 회계장부에 기입	• 필요에 따라 사전적·동시적·사후적으로 기록
7. 정보 ① 본질 ② 화폐적·비화폐적 정보 ③ 정보의 세부 구분여부 ④ 정보의 정밀성과 정확성	• 과거적 정보 • 화폐적 정보 • 기업전체로 종합하여 요약 • 정밀하고 정확한 정보로 작성	• 과거적·미래적 정보 • 비화폐적 정보도 포함 • 관리적 목적에 따라 부문별·제품별로 구분 • 유용성이 있으면 개략적인 정보로도 작성
8. 보고서 ① 보고양식 ② 보고시점 ③ 법적 강제 여부	• 재무제표 • 보통 1년 단위 • 법적 강제가 있음	• 일정한 양식이 없음 • 일별, 주별, 월별, 분기별, 반기별, 연도별로 보고될 수 있음 • 법적 강제가 없음

한 회계정보를 제공해 주는 것을 목적으로 하는 회계를 말한다.

(원가)관리회계의 정보이용자는 주로 경영자이므로 (원가)관리회계에 필요한 자료의 종류, 양식 및 제공시기는 모두 기업 스스로가 필요에 따라 결정하므로 기업들마다 다양한 형태로 존재한다. 따라서 재무회계와는 달리 (원가)관리회계의 정보에는 기본적인 재무적 정보 외에도 경영자가 필요로 하는 내용이면 추정과 판단자료까지 포함하게 된다.

(원가)관리회계정보의 대부분이 원가정보이므로 흔히 관리회계와 원가회계를 혼동하고 있으나, 관리회계는 원가회계 이외에도 재무적 예측기법을 이용하여 기업의 제반 문제를 해결하기 위하여 필요한 정보를 만들어 분석하기도 한다.

제3절 회계와 부기

3.1 회계와 부기의 관계

부기(簿記)는 기업의 경영활동과정에서 발생한 거래를 장부에 기록, 분류, 요약하는 것을 말한다.

부기(book-keeping)는 "장부기입(帳簿記入)"의 준말로서 말 그대로 기업에서 발생한 거래를 장부에 기입한다는 뜻이다. 따라서 부기는 거래를 기록하고, 이것을 요약하는 기능만을 수행한다. 즉, 부기에는 복식부기의 원리에 따라 거래를 장부에 기록하고, 자산, 부채, 자본, 수익, 비용으로 분류하며, 이것을 재무제표에 요약하는 기계적 과정의 반복만 있을 뿐이다. 왜 이렇게 분류하여야 되는지, 누구를 위해 기록하는지, 좀 더 이용자에게 유용한 기록이나 요약방법은 없는지에 대한 이론적 논의가 전혀 없는 것이다. 따라서 부기는 기능적인 역할만을 한다는 점에서 **기술(기법, art)**이라고 할 수 있다.

반면에 회계(accounting)는 정보이용자의 주체가 누구인가를 확정하고 이들에게 좀 더 유용한 정보를 어떻게, 어떤 방법으로 제공할 것인가에 관심을 둔다. 즉, 회계에서는 이러한 이론적 정립이 전제된 하에서 회계정보를 제공하기 때문에 **학문(과학, science)**이라고 할 수 있다. 따라서 회계학은 존재하지만 기술적인 특성만을 가진 부기학은 존재하지 않는다.

결론적으로 회계는 부기를 기본적 토대로 하면서, 추가적으로 회계정보의 이용과 관련된 이론적 체계를 구축한 영역이라고 할 수 있다. 예를 들어 사람 몸이 기본적 골격을 이루는 뼈대와 살로 구성되어 있다고 할 때, 뼈대에 해당하는 것이 부기이고, 살에 해당하는 것이 회계이론이며, 사람의 몸 전체는 회계가 된다. 따라서 회계를 배우려면 우선 기본적 토대가 되는 장부기입에 대한 것을 먼저 알아야 된다는 사실을 이해하여야 할 것이다.

3.2 부기의 종류

1. 단식부기

단식부기는 일정한 원칙없이 현금수지만을 장부에 기록하는 방법을 말한다.

단식부기(single entry book-keeping)는 장부 기입 시 일정한 원리나 원칙 없이 주로 현금이 들어오고 나가는 경우에만 기록을 하는 장부기록 방법을 말한다. 따라서 일상적으로 단식부기로 기록된 장부를 금전출납부라고 한다.

단식부기에서는 영어표현에서 보는 바와 같이 금액을 한 번만 기록(single entry)한다. 단식부기의 대표적인 장부인 가계부를 보면 수입란 또는 지출란에 금액을 한번만 기록하도록 되어 있다. 따라서 단식부기는 거래의 원인과 결과 중 하나만 알 수 있어 거래의 투명성이 결여되어 있으며, 복식부기가 갖는 자기검증기능이 없어 기록의 정확성을 검증하기가 어렵다.

2. 복식부기

복식부기는 일정한 원칙에 의하여 조직적으로 기업의 경영활동을 기록하는 방법을 말한다.

복식부기(double entry book-keeping)란 모든 거래를 복식으로 기록한다는 의미인데, 여기에서 '복식'이란 이중적인 기록방법에 의하여 기록하는 것을 말한다.

복식부기에서는 영어표현에서 보는 바와 같이 금액을 두 번 기록(double entry)한다. 즉, 장부를 인위적으로 오른쪽과 왼쪽으로 구분하여 동일한 금액을 양쪽에 두 번 기록함으로써 거래의 발생원인과 결과를 나타낸다. 따라서 복식부기에서는 거래의 원인과 결과를 알 수 있어 거래의 투명성이 보장되며, 동일한 금액을 양쪽에 기입함으로써 오른쪽과 왼쪽의 합계액은 항상 일치하게 되어 불일치 시에는 기록상의 오류가 있다는 것을 쉽게 알 수 있게 해주는 자기검증기능이 있다.

오늘날 대부분의 기업에서는 이 복식부기를 사용하고 있으며, 우리가 학문적 연구의 대상으로 하는 것도 이러한 복식부기인 것이다.

제4절 회계의 주요개념

4.1 회계원칙

회계가 정보이용자에게 유용한 정보를 제공하기 위해서는 사전에 통일된 기준을 정해 놓고 누구나 약속된 방법에 따라 작성되어야 한다. 그 통일된 기준을 '**회계원칙(accounting principles)**'이라고 한다. 즉, 회계원칙이 필요한 이유는 회계처리 및 재무제표 작성을 기업 임의대로 한다면 회계정보의 객관성과 기업 간 비교가능성이 저해되기 때문이다.

어느 나라나 그 나라에서 통용되는 회계원칙이 있는데, 이것을 **"일반적으로 인정된 회계원칙(generally accepted accounting principles; GAAP)"**이라고 한다. 모든 기업은 원칙적으로 "일반적으로 인정된 회계원칙"에 따라서 회계처리를 하고, 그에 따라 재무제표를 작성하여야 한다.

회계는 일반적으로 인정된 회계원칙에 따라 처리되어야 한다. 여기서 "일반적으로 인정된(generally accepted)"이란 다수의 권위있는 지지(substantial authoritative support)를 의미하며, 이것은 구체적으로 권위있는 주체에 의해 제정되었거나 오랜 기간 동안 발전해 온 회계실무가 보편타당한 것으로 수용되었음(일반적 수용성)을 의미하는 것이다.

각 나라마다 경제적 환경이 다르기 때문에 일반적으로 인정된 회계원칙이 서로 차이가 났으나, 세계경제가 글로벌화되고 다국적 기업의 출현 등으로 국제회계기준으로 통일시키려는 노력이 활발히 이루어지고 있다. 우리나라의 일반적으로 인정된 회계원칙은 기업회계기준서인데 상장기업은 2011년부터 국제회계기준이 기업회계기준서를 대체하게 되었다.[5)]

5) 현재 우리나라의 경우 기업에 따라 한국채택국제회계기준(K-IFRS), 일반기업회계기준, 중소기업회계기준의 3가지 중 하나를 채택하여 사용하고 있다.

4.2 우리나라 기업회계기준의 역사

기업회계기준이란 기업의 회계행위를 지도하는 기본원리로서 회계의 기본가정을 기초로 하여 기업회계의 실무에서 관습적으로 발달한 것으로부터 일반적으로 공정 타당하다고 인정되는 바를 요약한 것이다. 그리고 이 기업회계기준은 재무제표 이용자가 기업실체에 대해 올바른 판단을 할 수 있도록 재무상의 자료를 일반적으로 인정된 회계원칙에 따라 처리하고 이에 관련되는 정보를 정확히 파악하여 적정한 보고를 할 수 있도록 하는데 그 목표를 두고 있다.

따라서 기업회계기준은 모든 기업이 회계행위를 수행할 때 존중하지 않으면 안 될 사회적 규범을 성문화한 것이라고 할 수 있다. 이와 같이 기업회계기준은 모든 기업이 회계행위를 할 때 준수하여야 할 행위의 지침으로서 기업의 회계실무를 이끄는 지도원리라고 할 수 있다.

기업의 경영자는 기업회계기준에 근거하여 재무제표를 작성하여야 한다. 회계의 목적이 달성되려면 국가적 차원에서 기업의 회계처리과정을 통하여 투자자와 채권자의 합리적인 경제적 의사결정에 유용한 재무제표 정보가 산출되도록 통제하는 일련의 규정이 필요하다. 이러한 회계처리에 대한 포괄적인 지침이 기업회계기준이다.

일반적으로 기업회계기준이라고 하면 "외감법 제13조제1항"의 규정에 의한 회계처리기준을 말하며, 기업회계기준서와 기업회계기준해석서 및 이에 대체되지 않은 기업회계기준, 연결재무제표준칙, 기업집단결합재무제표준칙, 업종별회계처리준칙, 기업회계기준등에관한해석이 포함된다. 또한 국내의 주권상장법인이 준수하여야 하는 회계처리기준으로서 한국회계기준원(Korea Accounting Institute; KAI)이 공식적인 절차를 거쳐 우리나라에서 적용되는 기업회계기준으로 채택한 한국채택국제회계기준(Korean International Financial Reporting Standards; K-IFRS)이 있다.

이 중 "기업회계기준서"는 주제별로 일련번호를 부여하여 관련 회계주제의 회계처리방법, 표시 및 공시에 대한 포괄적인 지침을 제공할 뿐만 아니라 가능한 한 실무적용에 필요한 구체적인 방법까지 제시하고 있다. 이 기업회계기준서의 각 문단은 회계규범적인 성격을 갖고 있으므로 회계이론에 바탕을 두고 논리 정연하게 서술하며, 이 기업회계기준서는 국제회계기준 등과의 정합성을 높이고 실무 적용상의 편차를 줄이기 위하여 문단식의 구조를 채택하며, 기준서의 요약, 목차, 목적, 적용 범위, 용어의 정의, 회계처리방법, 주석 공시, 적용일, 경과 조치와 부록(배경 정보와 결론도출 근거)을 포함하고 있다.

그리고 "기업회계기준해석서"는 "기업회계기준서"에서 다루지 못한 세부 실행지침을 기술하고 기술적인 문제 등을 사례를 중심으로 해설하거나 기업회계기준서의 적용에 필요한 실무지침을 제공한다. 이 기업회계기준해석서는 기업회계기준서의 내용 중 일반적인 표현에 대한 분명한 해석이 필요하거나 사후적으로 기업회계기준서의 내용과 관련된 추가적인 회계문제가 인식되는 등 기업회계기준서의 내용을 개정할 필요는 없으나 보완이 필요한 경우에 발간한다.

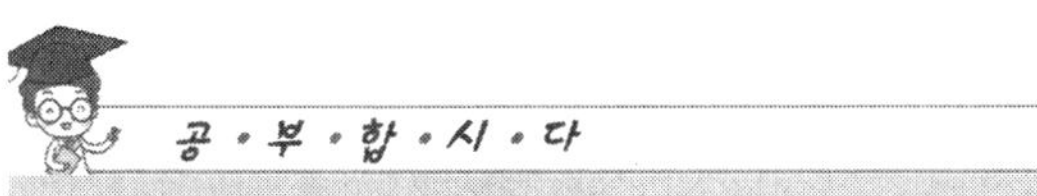

회계기준원[www.kasb.or.kr Korea Accounting Institute(KAI)]

한국공인회계사회, 금융감독원, 증권거래소, 한국증권업협회, 대한상공회의소, 전국경제인연합회, 은행연합회, 상장회사협의회 등 14개 단체가 회원으로 있는 사단법인으로 1999년 6월 설립되었다. 한국회계연구원이라는 이름으로 개원되었다가 2006년 3월 한국회계기준원(Korea Accounting Institute)으로 명칭을 변경하였다.

1999년 9월 1일부터 업무를 시작, 2000년 3/4분기부터 금융감독위원회의 위탁을 받아 내부에 설치한 회계기준위원회(KASB: Korea Accounting Standards Board)를 통하여 회계기준 제정, 개정과 해석 및 질의 회신을 수행하고 있다. 즉 한국회계기준원은 회계투명성 제고를 위해 정규절차에 따라 질 높은 회계기준(한국채택국제회계기준, 일반기업회계기준, 비영리조직회계기준 등)을 제정 및 개정하고 있다.

▌우리나라 회계기준의 역사▐

연 도	회계기준	
1958년	기업회계원칙, 재무제표규칙	
1974년	상장법인 등의 회계처리에 관한 규정	
1975년	상장법인 등의 재무제표에 관한 규칙	
1981년	기업회계기준, 준칙[6], 기업회계기준에 관한 해석	
1999년~2009년	KASB가 독자적으로 제정한 회계기준	기업회계기준서
2007년~2009년	KASB가 번역한 한국채택국제회계기준	기업회계기준서 기업회계기준해석서

한국채택국제회계기준은 2007년 11월에 제정되었으며, 한국채택국제회계기준을 국제회계기준의 내용과 일치시키는 것을 원칙으로 하였다. 기업이 한국채택국제회계기준을 적용하게 되면, 전 세계적인 회계기준 단일화 추세에 적극 동참하게 되고 우리나라 기업의 재무제표와 외국기업의 재무제표 간의 비교가능성이 제고되며, 국제사회에서 우리나라 회계투명성에 대한 신뢰도가 향상될 것이다. 따라서 국제자본시장에

6) 준칙의 예로 기업집단결합재무제표준칙, 은행업회계처리준칙, 원가계산준칙 등이 있다.

서 자본흐름의 장벽을 제거하고 국제자본시장 참여자의 기업에 대한 투자 및 신용에 대한 의사결정에 도움이 되는 양질의 정보를 제공할 수 있게 된다.

우리나라의 회계기준은 1958년에 기업회계원칙과 재무제표규칙이 처음으로 제정되었다. 이후 1960년대 급속한 경제성장에 따라 회계제도의 점진적으로 개선되었다. 1973년 기업공개촉진법이 제정됨에 따라 상장법인 등의 회계처리에 관한 규정과 상장법인 등의 재무제표에 관한 규칙이 제정되었다. 이후 4개의 회계규정이 공존하였다. 회계규정의 이원화로 인한 불편을 해소하기 위해 1981년 이들을 통합하여 기업회계기준을 제정하였으며, 1999년까지 여러 차례의 개정을 거치면서 우리나라의 회계기준으로 사용되어 왔다.

1997년 외환위기를 겪은 이후 회계의 투명성을 제고하기 위해 1999년 9월에 민간부문 회계기준 제정 기구인 한국회계기준위원회(Korea Accounting Standard Board; KASB)를 설립하였다. 한국회계기준위원회는 독자적으로 기업회계기준서를 제정하였다. 기업회계기준서는 실무적용의 편의를 위해 문단식 구조를 가지며, 회계처리방법에 대한 규정 이외에도 기준서의 요약, 목차, 목적, 용어의 정의, 배경정보와 결론도출 근거 등을 포함하고 있다.

2007년에 국제회계기준 전면도입을 공표하고 국제회계기준을 번역한 한국채택국제회계기준을 제정하였다.

▌우리나라 회계기준의 운영체계 방안▐

<table>
<tr><th>구 분</th><th>2008년까지</th><th>2009년~2010년</th><th>2011년 이후</th></tr>
<tr><td>국제회계기준 선택기업</td><td rowspan="3">현행 회계기준</td><td colspan="2">한국채택국제회계기준(K-IFRS)</td></tr>
<tr><td>상장기업</td><td rowspan="2"></td><td></td></tr>
<tr><td>일반기업(비상장기업)</td><td>일반기업회계기준/
중소기업회계기준</td></tr>
</table>

우리나라 회계기준의 운영체계 방안은 상장회사는 2011년 이후부터 한국채택국제회계기준을 도입하고, 비상장 일반기업은 별도의 일반기업회계기준과 중소기업회계기준 중 하나를 적용하여야 한다(현행 기업회계기준인 한국채택국제회계기준, 일반기업회계기준, 중소기업회계기준에 대한 자세한 것은 한국회계기준원의 회계기준위원회 www.kasb.or.kr에서 참고).

따라서 적용대상을 구체적으로 설명하면 상장법인과 일부의 금융기관 및 자발적으로 채택하고자 하는 비상장기업은 '한국채택국제회계기준(K-IFRS)'을, 자산 총액 120억 이상의 외부감사 대상 비상장기업은 '일반기업회계기준'을, 그 밖에 외부감사제도

대상기업이 아닌 주식회사의 경우는 '중소기업회계기준'을 적용하여야 한다.7)

4.3 국제회계기준위원회와 국제회계기준

글로벌 경제환경에서 경제활동을 원활히 하려면 각 국의 회계기준을 정리하여 그 차이를 적게 하고 보다 통일된 것으로 제정할 필요가 있게 되었다. 이러한 목적으로 1973년 국제회계기준위원회(IASB)가 설립되었으며, IASB는 유럽을 중심으로 13명(미국3, 영국3, 프랑스2, 호주, 스웨덴, 남아공, 일본, 중국)의 위원으로 구성되어 있다.

IASB의 보조기구로 SAC와 IFRIC 및 Working Groups 등이 있다. SAC는 회계기준제정과 관련하여 IASB에 조언을 제공하며, IFRIC는 국제회계기준해석서 제정과 관련하여 제정안을 마련하고 IASB에 승인을 요청하는 업무를 담당하고 있다. 국제회계기준은 자본시장 자유화에 따라 국제적으로 통일된 회계기준제정을 목표로 국제회계기준위원회에서 제정한 회계기준이다. 국제회계기준은 국제회계기준서(IFRS, 국제재무보고기준)와 국제회계기준해석서(IFRIC Interpretatons)로 이루어지는데, 기준서는 IASB에서 제정하여 공표하고 해석서는 IASB의 승인을 얻어 IFRIC에서 발간하고 있다.

국제회계기준은 2001년 국제증권감독기구(IOSCO)에서 사용을 권고하고 EU의 증권시장에 상장된 회사들에게 2005년도부터 IFRS를 적용하게 함으로써 자본시장의 통합화에 따른 회계기준의 통일가능성에 높아졌다.

참고 공인회계사 시험제도(개요)

1. 시험방법
   제1차시험(객관식 필기시험)과 제2차시험(주관식 필기시험)으로 구분 시행하며, 제1차시험 합격자는 그 다음해 제2차시험까지 응시 가능
2. 응시 자격(학점이수제)
   대학교 등에서 24학점(회계학 및 세무관련 과목 12학점, 경영학과목 9학점, 경제학과목 3학점) 이상을 이수해야 응시 가능
3. 공인영어시험성적 인정
   공인영어시험성적이 합격점수(토익 700점, 텝스 625점, iBT 71점 등) 이상이면 제1차시험 영어시험과목을 합격으로 처리

7) 「상법」 제446조의2 및 같은 법 시행령 제15조 제3호에 따라 법무부 장관이 금융위원회 및 중소기업청장과 협의하여 고시한 회계기준으로, 대상기업들은 2014년 1월 1일부터 이 기준에 따라 재무제표를 작성하도록 정하였다.

4. 최소선발예정인원
   금융위원회가 매년 공고하는 인원(예로서 2018년도는 850명) 이상을 선발
5. 제1차시험 합격자 결정
   영어과목을 제외한 매과목 배점 4할 이상, 전과목 평균 6할 이상인 자 중에서 전과목 총득점 순으로 최소선발예정인원의 2배수 선발(상대평가)
6. 제2차시험 합격자 결정
   매과목 배점의 6할 이상 득점자를 합격자로 선발(절대평가). 절대평가 합격자가 최소선발예정인원에 미달하는 경우 매과목 배점 4할 이상 득점자 중에서 전과목 총득점 순으로 미달인원만큼 추가 선발
7. 제2차시험 부분합격제도
   제1차시험 합격년도에 실시된 제2차시험에서 6할 이상 득점한 과목은 다음 년도 제2차시험에서 면제

(참고) [시험과목 및 과목별 배점]

1. 제1차시험(객관식 필기시험)

구분	시험시간	과목	문항수	배점	비고
1교시	110분	경영학	40	100점	기초소양을
		경제원론	40	100점	검정함
2교시	120분	상법(총칙편, 상행위편 및 회사편과 어음법 및 수표법을 포함)	40	100점	
		세법개론	40	100점	
3교시	80분	회계학(회계원리와 회계이론 및 정부회계)	50	150점	
-	-	영어(공인시험기관 성적으로 대체)	-	-	

2. 제2차시험(주관식 필기시험)

구분	시험시간		과목	배점	비고
1일차	1교시	120분	세 법	100점	일반적 학리와 그 응용능력을 검정함
	2교시	120분	재무관리	100점	
	3교시	120분	회계감사	100점	
2일차	1교시	120분	원가회계	100점	
	2교시	150분	재무회계	150점	

4.4 회계기준위원회와 기업회계기준

우리나라의 기업회계기준은 회계기준의 국제화에 부응하기 위해 회계기준위원회는 2007년 11월에 국제회계기준을 채택한 한국채택국제회계기준(K-IFRS)을 제정하였으며, 한국채택국제회계기준을 국제회계기준의 내용과 일치시키는 것을 원칙으로 하였다.

우리나라 기업이 한국채택국제회계기준을 적용하게 되면, 우리나라 기업의 재무제표와 외국기업의 재무제표간의 비교가능성이 제고되며, 국제사회에서 우리나라의 회계투명성에 대한 신뢰도가 향상될 것이다. 이로 인해 우리나라 기업에 대한 투자 및 신용 의사결정에 유용한 정보를 제공할 수 있게 되었다.

한국채택국제회계기준을 도입한 후부터는 한국채택국제회계기준, 비상장기업회계기준, 특수분야회계기준 등으로 구성된다. 한국채택국제회계기준, 비상장기업회계기준, 특수분야회계기준 등은 각각 기업회계기준서와 기업회계기준해석서로 구성되며, 기준의 본문은 아니지만 실무 적용을 용이하게 하기 위해 관련 실무지침 등을 제공한다.

K-IFRS는 회계기준위원회가 국제회계기준을 근거로 제정한 회계기준으로 기준서의 각 문단은 해당 기준서의 목적과 결론도출 근거, 본 전문과 재무제표작성과 표시를 위한 개념체계 등을 바탕으로 이해하여야 한다.

K-IFRS을 구성하는 기업회계기준해석서는 기업회계기준서에서 명시적으로 언급되지 않고 새롭게 인식된 재무보고 문제에 대하여 지침을 제공하고 구체적인 지침이 없다면 잘못 적용될 수 있는 내용에 대한 권위 있는 지침을 제공한다.

특수분야회계기준은 관계 법령 등의 요구사항이나 한국에 고유한 거래나 기업환경 등의 차이를 반영하기 위하여 회계기준위원회가 제정하는 회계기준으로서 기준서와 해석서로 구성된다.

K-IFRS을 구성하는 기업회계기준서 및 기업회계기준서의 일련번호는 국제회계기준(IAS)과 국제재무보고기준(IFRS) 및 관련 해석서의 일련번호와 일관되게 부여한다.

종합문제

1. 회계란 무엇인가?

2. 회계(시스템)의 모형을 설명하시오.

3. 회계정보 이용자를 내부 정보이용자와 외부 정보이용자로 구분하여 각각 누가 있는지, 그리고 그들은 어떤 회계정보에 관심이 있는지 설명하시오.

4. 재무회계와 (원가)관리회계를 비교하여 설명하시오.

5. 회계(accounting)와 부기(book-keeping)는 어떻게 다른가?

6. 단식부기와 복식부기의 차이는 무엇인가?

7. 일반적으로 인정된 회계원칙이란 무엇인가?

8. 한국채택국제회계기준(K-IFRS), 일반기업회계기준, 중소기업회계기준을 설명하시오.

제 2 장 재무제표의 이해

본 장은 회계의 최종 산출물로서 기업의 외부이해관계자인 주주, 채권자, 거래처, 정부 등에게 기업의 경영활동에 대한 (재무)회계정보를 제공할 것을 목적으로 작성되는 재무제표 중 재무상태표, (포괄)손익계산서에 대한 기초적인 개념을 설명하고 있다. 따라서 이들 재무상태표와 (포괄)손익계산서를 설명하기에 앞서 회계정보의 의의와 목적, 기본가정, 질적 특성 및 재무제표의 기본요소를 설명하고, 재무상태표와 (포괄)손익계산서의 기초개념을 설명하였다.

제 1 절 회계정보의 의의와 목적

1.1 회계정보의 의의

주식회사는 자본을 중심으로 설립되었기 때문에 객관적인 화폐금액으로 나타낼 수 있는 자료를 수집하여 일정한 원칙에 의해 서로 관련된 자료만을 일목요연하게 나타내면 보다 유용할 것이다. 기업을 둘러싼 이해관계자인 투자자와 채권자들은 경제적 의사결정을 위해 기업에 대한 정보를 필요로 한다. 이들의 의사결정에 유용하게 사용될 수 있도록 화폐로 측정가능한 정보를 일정한 원칙에 의해 기록하여 제공할 필요가 있다. 이와 같이 기업과 관련된 내용 중에서 화폐금액으로 객관적으로 표시할 수 있는 항목을 일정한 원칙에 의해 작성하여 나타내는 회계정보인 (재무)회계정보를 재무제표(financial statements; F/S) 또는 재무보고서(statement of financial reporting)라 한다.

1.2 회계정보의 목적

회계는 정보이용자가 합리적인 경제적 의사결정에 유용한 정보를 제공하기 위해 거래를 측정하고 보고하는 정보시스템이다. 거래의 측정과 보고는 회계의 주요 기능이다. 재무제표는 정보이용자에게 화폐로 표시된 재무적 정보를 제공하는데 이를 재무보고라고 한다. 즉 재무보고는 정보이용자가 합리적인 경제적 의사결정을 위해 최고경영자가 기업의 재무상태, 경영성과, 자본변동 및 현금흐름 등에 관한 정보를 제공하는 것을 말한다.

(재무)회계정보의 목적은 광범위한 정보이용자의 경제적 의사결정에 유용한 기업의 재무상태, 성과, 자본변동 및 현금흐름 등에 관한 정보를 제공하는 것이다. 재무회계 정보이용자가 경제적 의사결정을 하기 위해서는 기업의 현금 및 현금성자산의 창출능력과 그 시기 및 확실성에 대한 평가가 필요하다. 이러한 능력은 예를 들어 기업의 종업원과 공급자에 대한 지급능력, 차입금에 대한 이자 및 원금 지급능력과 소유주에 대한 배당금 지급능력을 궁극적으로 결정한다. 재무회계 정보이용자에게 기업의 재무상태, 성과, 자본변동 및 현금흐름 등에 초점을 둔 정보가 제공된다면 이들은 기업의 현금 및 현금성자산의 창출능력을 보다 잘 평가할 수 있을 것이다.

▌(재무)회계정보의 목적▐

구 분	목 적
재무상태	경제적 자원과 청구권, 재무구조, 유동성, 지급능력, 영업환경 변화에 대한 적응능력 등
경영성과	수익성, 경제적 자원의 변동가능성, 기업의 미래 순현금흐름의 예측 등
자본변동	투자·재무·영업활동의 평가, 현금창출능력의 평가, 자금의 조달과 사용내역, 자본의 변동 내역 등
현금흐름	현금의 유입 및 유출, 그 결과로 인한 현금의 증감 내역 등

재무제표는 또한 위탁받은 자원에 대한 경영진의 수탁책임이나 회계책임의 결과를 보여준다. 경영자는 주주로부터 위임받은 자본을 효율적인 운영을 통하여 수익을 창출하고, 이에 결과를 측정하여 보고할 책임을 지니고 있다. 경영자의 수탁책임이나 회계책임을 평가하려는 정보이용자의 목적은 경제적 의사결정을 하기 위해서이다. 예를 들어, 이러한 경제적 의사결정에는 기업의 투자지분을 계속 보유하거나 매도할지 또는 경영진을 재선임하거나 교체할지와 같은 결정이 포함될 수 있다.

제2절 회계정보의 기본가정

2.1 계속기업(going concern)의 기본가정

재무제표는 일반적으로 기업이 계속기업이며 예상가능한 기간 동안 영업을 계속할 것이라는 가정 하에 작성된다. 따라서 기업은 그 경영활동을 청산하거나 중요하게 축소할 의도나 필요성을 갖고 있지 않다는 가정을 적용하며, 만약 이러한 의도나 필요성이 있다면 재무제표는 계속기업을 가정한 기준과는 다른 기준을 적용하여 작성하는 것이 타당할 수 있으며 이때 적용한 기준은 별도로 공시하여야 한다[1].

제3절 회계정보의 질적 특성

회계정보의 질적 특성이란 정보이용자의 의사결정에 유용한 정보를 제공하기 위하여 재무회계정보가 갖추어야 할 속성을 말하며, 이는 **근본적 질적 특성**과 **보강적 질적 특성**으로 나눌 수 있다.

재무(회계)정보가 유용하기 위해서는 목적적합해야 하고 나타내고자 하는 바를 충실하게 표현해야 한다. 재무정보가 비교가능하고, 검증가능하며, 적시성 있고, 이해가능한 경우 그 재무정보의 유용성은 보강된다.

3.1 근본적 질적 특성

근본적 질적 특성은 **목적적합성**과 **표현충실성**이다.

목적적합한 회계정보는 정보이용자의 의사결정에 차이가 나도록 할 수 있다. 정보는 일부 정보이용자가 이를 이용하지 않기로 선택하거나 다른 원천을 통하여 이미 이를 알고 있다고 할지라도 의사결정에 차이가 나도록 할 수 있다. 재무회계정보에 예측가치, 확인가치 또는 이 둘 모두가 있다면 그 회계정보는 의사결정에 차이가 나도

1) 종전에는 발생기준(accrual basis), 기업실체(business entity), 기간별보고(periodicity) 등 여러 가지 기본가정을 제시한 적이 있으나, 현재는 재무제표 즉 (재무)회계정보 작성을 위한 기본가정으로서 계속기업(going concern)만을 들고 있다.

록 할 수 있다.

정보이용자들이 미래 결과를 예측하기 위해 사용하는 절차의 투입요소로 재무회계정보가 사용될 수 있다면, 그 재무회계정보는 예측가치를 갖는다. 재무회계정보가 예측가치를 갖기 위해서 그 자체가 예측치 또는 예상치일 필요는 없다. 예측가치를 갖는 재무회계정보는 정보이용자 자신이 예측하는 데 사용된다.

회계정보가 과거 평가에 대해 피드백을 제공한다면 (과거 평가를 확인하거나 변경시킨다면) 확인가치를 갖는다. 재무회계정보의 예측가치와 확인가치는 상호 연관되어 있다. 예측가치를 갖는 정보는 확인가치도 갖는 경우가 많다. 예를 들어, 미래 연도 수익의 예측 근거로 사용할 수 있는 당해 연도 수익 정보를 과거 연도에 행한 당해 연도 수익 예측치와 비교할 수 있다. 그 비교 결과는 정보이용자가 그 과거 예측에 사용한 절차를 수정하고 개선하는 데 도움을 줄 수 있다.

• **중요성**

정보가 누락되거나 잘못 기재된 경우 특정 보고기업의 회계정보에 근거한 정보이용자의 의사결정에 영향을 줄 수 있다면 그 정보는 중요한 것이다. 즉, 중요성은 개별 기업 재무보고서 관점에서 해당 정보와 관련된 항목의 성격이나 규모 또는 이 둘 모두에 근거하여 해당 기업에 특유한 측면의 목적적합성을 의미한다.

• **표현충실성**

회계정보는 경제적 현상을 글과 숫자로 나타내는 것이다. 회계정보가 유용하기 위해서는 목적적합한 현상을 표현하는 것뿐만 아니라 나타내고자 하는 현상을 충실하게 표현해야 한다. 완벽하게 표현충실성을 위해서는 서술에 세 가지의 특성이 있어야 할 것이다. **서술은 완전하고, 중립적이며, 오류가 없어야 할 것이다.** 물론 완벽함은 달성하기 어렵다.

완전한 서술은 필요한 기술과 설명을 포함하여 정보이용자가 서술되는 현상을 이해하는 데 필요한 모든 정보를 포함하는 것이다. 예를 들어, 자산 집합의 완전한 서술은 적어도 집합 내 자산의 특성에 대한 기술과 집합 내 모든 자산의 수량적 서술, 그러한 수량적 서술이 표현하고 있는 기술 내용(예: 최초 원가, 조정 원가 또는 공정가치)을 포함한다. 일부 항목의 경우 완전한 서술은 항목의 질 및 성격, 그 항목의 질 및 성격에 영향을 줄 수 있는 요인과 상황, 그리고 수량적 서술을 결정하는 데 사용된 절차에 대한 유의적인 사실의 설명을 수반할 수도 있다.

중립적 서술은 재무정보의 선택이나 표시에 편의가 없는 것이다. 중립적 서술은, 정보이용자가 재무정보를 유리하게 또는 불리하게 받아들일 가능성을 높이기 위해 편파적이 되거나, 편중되거나, 강조되거나, 경시되거나 그 밖의 방식으로 조작되지 않는다. 중립적 정보는 목적이 없거나 행동에 대한 영향력이 없는 정보를 의미하지 않는다. 오히려 목적적합한 재무정보는 정의상 정보이용자의 의사결정에 차이가 나도록 할 수 있는 정보이다.

그러나 표현충실성은 모든 면에서 정확한 것을 의미하지는 않는다. 오류가 없다는 것은 현상의 기술에 오류나 누락이 없고, 보고 정보를 생산하는 데 사용되는 절차의 선택과 적용 시 절차 상 오류가 없음을 의미한다. 이 맥락에서 오류가 없다는 것은 모든 면에서 완벽하게 정확하다는 것을 의미하지는 않는다. 예를 들어, 관측가능하지 않은 가격이나 가치의 추정치는 정확한지 또는 부정확한지 결정할 수 없다. 그러나 추정치로서 금액을 명확하고 정확하게 기술하고, 추정 절차의 성격과 한계를 설명하며, 그 추정치를 도출하기 위한 적절한 절차를 선택하고 적용하는 데 오류가 없다면 그 추정치의 표현은 충실하다고 할 수 있다.

표현충실성 그 자체가 반드시 유용한 정보를 만들어 내는 것은 아니다. 예를 들어, 보고기업은 정부보조금으로 유형자산을 받을 수 있다. 기업이 아무런 대가 없이 자산을 취득했다고 보고한다면 그 원가를 충실히 표현한 것은 분명하지만 그 정보는 아마도 매우 유용하지는 않을 것이다. 좀 더 미묘한 사례는 자산의 장부금액이 자산 가치의 손상을 반영하여 조정되어야 하는 금액의 추정치인 경우이다. 보고기업이 적절한 절차를 올바르게 적용하였고, 추정치를 올바로 기술했으며, 추정치에 유의적으로 영향을 미칠 수 있는 불확실성을 기술하였다면, 그 추정치는 표현충실성이 될 수 있다. 그러나 그러한 추정치에 불확실성의 수준이 충분히 크다면, 그 추정치가 별로 유용하지는 못할 것이다. 즉, 충실히 표현된 자산이라도 목적적합성이 의문스럽다는 것이다. 더 충실한 다른 표현을 할 수 없다면, 그 추정치가 최선의 이용가능한 정보를 제공하는 것일 수는 있다.

• 근본적 질적 특성의 적용

정보가 유용하기 위해서는 목적적합하고 충실하게 표현되어야 한다. 목적적합하지 않은 현상에 대한 표현충실성과 목적적합한 현상에 대한 충실하지 못한 표현 모두 정보이용자가 좋은 결정을 내리는 데 도움이 되지 않는다.

근본적 질적 특성을 적용하기 위한 가장 효율적이고 효과적인 절차는 일반적으로 다음과 같다. 첫째, 보고기업의 재무정보 이용자에게 유용할 수 있는 경제적 현상을 식별한다. 둘째, 이용가능하고 충실히 표현될 수 있다면 가장 목적적합하게 될, 그 현상에 대한 정보의 유형을 식별한다. 셋째, 그 정보가 이용가능하고 충실하게 표현될 수 있는지 결정한다. 만약 그러하다면, 근본적 질적 특성의 충족 절차는 그 시점에 끝난다. 만약 그러하지 않다면, 차선의 목적적합한 유형의 정보에 대해 그 절차를 반복한다.

3.2 보강적 질적 특성

비교가능성, 검증가능성, 적시성 및 **이해가능성**은 목적적합하고 충실하게 표현된 정보의 유용성을 보강시키는 질적 특성이다. 보강적 질적 특성은 만일 어떤 두 가지 방법이 현상을 동일하게 목적적합하고 충실하게 표현하는 것이라면 이 두 가지 방법 가운데 어느 방법을 현상의 서술에 사용해야 할지를 결정하는 데에도 도움을 줄 수 있다.

• 비교가능성

정보이용자의 의사결정은, 예를 들어, 투자자산을 매도할지 또는 보유할지, 어느 보고기업에 투자할지를 선택하는 것과 같이 대안들 중에서 선택을 하는 것이다. 따라서 보고기업에 대한 정보는 다른 기업에 대한 유사한 정보 및 해당 기업에 대한 다른 기간이나 다른 일자의 유사한 정보와 비교할 수 있다면 더욱 유용하다.

비교가능성은 정보이용자가 항목 간의 유사점과 차이점을 식별하고 이해할 수 있게 하는 질적 특성이다. 다른 질적 특성과 달리 비교가능성은 단 하나의 항목에 관련된 것이 아니다. 비교하려면 최소한 두 항목이 필요하다.

일관성은 비교가능성과 관련은 되어 있지만 동일하지는 않다. 일관성은 한 보고기업 내에서 기간 간 또는 같은 기간 동안에 기업 간, 동일한 항목에 대해 동일한 방법을 적용하는 것을 말한다. 비교가능성은 목표이고 일관성은 그 목표를 달성하는 데 도움을 준다.

비교가능성은 통일성이 아니다. 정보가 비교가능하기 위해서는 비슷한 것은 비슷하게 보여야 하고 다른 것은 다르게 보여야 한다. 재무정보의 비교가능성은 비슷한 것을 달리 보이게 하여 보강되지 않는 것처럼, 비슷하지 않은 것을 비슷하게 보이게 한다고 해서 보강되지 않는다.

근본적 질적 특성을 충족하면 어느 정도의 비교가능성은 달성될 수 있을 것이다. 목적적합한 경제적 현상에 대한 충실한 표현은 다른 보고기업의 유사한 목적적합한 경제적 현상에 대한 충실한 표현과 어느 정도의 비교가능성을 자연히 가져야 한다. 단 하나의 경제적 현상을 충실하게 표현하는 데 여러 방법이 있을 수 있으나 동일한 경제적 현상에 대해 대체적인 회계처리방법을 허용하면 비교가능성이 감소한다.

• 검증가능성

검증가능성은 정보가 나타내고자 하는 경제적 현상을 충실히 표현하는지를 정보이용자가 확인하는 데 도움을 준다. 검증가능성은 합리적인 판단력이 있고 독립적인 서로 다른 관찰자가 어떤 서술이 충실한 표현이라는 데, 비록 반드시 완전히 일치하지는 못하더라도, 의견이 일치할 수 있다는 것을 의미한다. 계량화된 정보가 검증가능하기 위해서 단일 점추정치이어야 할 필요는 없다. 가능한 금액의 범위 및 관련된 확률도 검증될 수 있다.

검증은 직접적 또는 간접적으로 이루어질 수 있다. 직접 검증은, 예를 들어, 현금을 세는 것과 같이, 직접적인 관찰을 통하여 금액이나 그 밖의 표현을 검증하는 것을 의미한다. 간접 검증은 모형, 공식 또는 그 밖의 기법에의 투입요소를 확인하고 같은 방법을 사용하여 그 결과를 재계산하는 것을 의미한다. 예를 들어, 투입요소(수량과 원가)를 확인하고 같은 원가흐름가정을 사용(예: 선입선출법 사용)하여 기말 재고자산을 재계산하여 재고자산의 장부금액을 검증하는 것이다.

어느 미래 기간 전까지는 어떤 설명과 미래전망 재무정보를 검증하는 것이 전혀 가능하지 않을 수 있다. 정보이용자가 그 정보의 이용 여부를 결정하는 데 도움을 주기 위해서는 일반적으로 기초가 된 가정, 정보의 작성 방법과 정보를 뒷받침하는 그 밖의 요인 및 상황을 공시하는 것이 필요하다.

• **적시성**

적시성은 의사결정에 영향을 미칠 수 있도록 의사결정자가 정보를 제때에 이용가능하게 하는 것을 의미한다. 일반적으로 정보는 오래될수록 유용성이 낮아진다. 그러나 일부 정보는 보고기간 말 후에도 오랫동안 적시성이 있을 수 있다. 예를 들어, 일부 정보이용자는 추세를 식별하고 평가할 필요가 있을 수 있기 때문이다.

• **이해가능성**

정보를 명확하고 간결하게 분류하고, 특징지으며, 표시하면 이해가능하게 된다. 일부 현상은 본질적으로 복잡하여 이해하기 쉽게 할 수 없다. 그 현상에 대한 정보를 재무보고서에서 제외하면 그 재무보고서의 정보를 더 이해하기 쉽게 할 수 있다. 그러나 그 보고서는 불완전하여 잠재적으로 오도할 수 있다.

재무보고서는 사업활동과 경제활동에 대해 합리적인 지식이 있고, 부지런히 정보를 검토하고 분석하는 정보이용자를 위해 작성된다. 때로는 박식하고 부지런한 정보이용자도 복잡한 경제적 현상에 대한 정보를 이해하기 위해 자문가의 도움을 받는 것이 필요할 수 있다.

• **보강적 질적 특성의 적용**

보강적 질적 특성은 가능한 한 극대화되어야 한다. 그러나 보강적 질적 특성은, 정보가 목적적합하지 않거나 충실하게 표현되지 않으면, 개별적으로든 집단적으로든 그 정보를 유용하게 할 수 없다. 보강적 질적 특성을 적용하는 것은 어떤 규정된 순서를 따르지 않는 반복적인 과정이다. 때로는 하나의 보강적 질적 특성이 다른 질적 특성의 극대화를 위해 감소되어야 할 수도 있다. 예를 들어, 새로운 재무보고기준의 전진 적용으로 인한 비교가능성의 일시적 감소는 장기적으로 목적적합성이나 표현충실성을 향상시키기 위해 감수할 수도 있다. 적절한 공시는 비교가능성의 미비를 부분적으로 보완할 수 있다.

3.3 유용한 재무보고에 대한 원가 제약

원가는 재무보고로 제공될 수 있는 정보에 대한 포괄적 제약요인이다. 재무정보의 보고에는 원가가 소요되고, 해당 정보 보고의 효익이 그 원가를 정당화한다는 것이 중요하다. 고려해야 할 몇 가지 유형의 원가와 효익이 있다. 재무회계정보의 제공자는 재무정보의 수집, 처리, 검증 및 전파에 대부분의 노력을 기울인다. 그러나 정보이용자는 궁극적으로 수익 감소의 형태로 그 원가를 부담한다. 재무회계정보의 이용자에게도 제공된 정보를 분석하고 해석하는 데 원가가 발생한다. 필요한 정보가 제공되지 않으면, 그 정보를 다른 곳에서 얻거나 그것을 추정하기 위한 추가적인 원가가 정보이용자에게 발생한다.

목적적합하고 나타내고자 하는 바가 충실하게 표현된 재무정보를 보고하는 것은 정보이용자가 더 확신을 가지고 의사결정하는데 도움이 된다. 이것은 자본시장이 더 효율적으로 기능하도록 하고, 경제 전반적으로 자본비용을 감소시킨다. 개별 투자자, 대여자 및 기타 채권자도 더 많은 정보에 근거한 의사결정을 함으로써 효익을 얻는다. 그러나 정보이용자 각자가 목적적합하다고 보는 모든 정보를 일반목적재무보고서에서 제공하는 것은 가능하지 않다.

원가 제약요인을 적용함에 있어서, 회계기준위원회는 특정 정보를 보고하는 효익이 그 정보를 제공하고 사용하는 데 발생한 원가를 정당화할 수 있을 것인지 평가한다. 제안된 재무보고기준을 제정하는 과정에 원가 제약요인을 적용할 때, 회계기준위원회는 그 기준의 예상되는 효익과 원가의 성격 및 양에 대하여 재무정보의 제공자, 정보이용자, 외부감사인, 학계 등에서 정보를 구한다. 대부분의 상황에서 평가는 양적 그리고 질적 정보의 조합에 근거한다.

본질적인 주관성 때문에, 재무회계정보의 특정 항목 보고의 원가 및 효익에 대한 평가는 개인마다 달라진다. 따라서 회계기준위원회는 단지 개별 보고기업과 관련된 것이 아닌, 재무보고 전반적으로 원가와 효익을 고려하려고 노력하고 있다. 그렇다고 원가와 효익의 평가가 동일한 보고 요구사항을 모든 기업에 대해 언제나 정당화한다는 것을 의미하는 것은 아니다. 기업 규모의 차이, 자본 조달 방법(공모 또는 사모)의 차이, 회계정보이용자 요구의 차이, 그 밖의 다른 요인 때문에 달리하는 것이 적절할 수 있다.

제4절 재무제표의 기본요소

(재무)회계정보의 구체적인 표현인 재무제표(financial statements; F/S)는 기업의 거래를 측정, 기록, 분류, 요약하여 작성되는 회계보고서이다. 재무상태를 나타내는 요소는 **자산**, **부채**, **자본**이고, 성과를 나타내는 요소는 **수익**과 **비용**이다.

4.1 자산

자산(assets)은 과거 사건의 결과로 기업이 통제하고 있고 미래 경제적 효익이 기업에 유입될 것으로 기대되는 자원이다. 자산이 갖는 미래 경제적 효익이란 직접으로 또는 간접으로 미래 현금 및 현금성자산의 기업에의 유입에 기여하게 될 잠재력을 말한다. 이 잠재력은 기업의 영업활동의 일부인 생산과 관련될 수 있다. 또한, 현금이나 현금성자산으로의 전환 능력의 형태이거나 대체적인 제조과정의 도입으로 생산원가가 절감되는 경우와 같이 현금유출을 감소시키는 능력일 수도 있다.

기업은 일반적으로 고객의 요구를 충족시킬 수 있는 재화나 용역의 생산에 자산을 이용한다. 고객은 재화나 용역의 제공에 따른 요구충족의 대가를 지불할 것이므로 이로 인해 기업의 현금흐름이 창출된다. 현금은 그 밖의 자원에 대한 구매력을 가지므로 그 자체로 기업에 효익을 제공한다.

자산이 갖는 미래 경제적 효익은 다양한 형태로 기업에 유입될 수 있다. 예를 들어, 다음과 같다. ① 자산은 기업이 판매하는 재화나 용역의 생산에 개별적으로 또는 그 밖의 자산과 복합적으로 사용된다. ② 자산은 다른 자산과 교환된다. ③ 자산은 부채를 상환하는 데 사용된다. ④ 자산은 기업의 소유주에게 배분된다.

유형자산을 포함한 많은 종류의 자산은 물리적 형태를 가지고 있다. 그러나 자산의 존재를 판단하기 위해서 물리적 형태가 필수적인 것은 아니다. 예를 들어, 특허권과 저작권도 미래에 그로부터 경제적 효익이 창출되어 기업에 귀속되고 기업이 통제한다면 자산이다.

수취채권과 부동산을 포함한 많은 종류의 자산은 소유권 등 법률적 권리와 관련되어 있다. 그러나 소유권이 자산의 존재를 판단함에 있어 필수적인 것은 아니다. 예를 들어, 기업이 리스계약에 따라 점유하고 있는 부동산에서 기대되는 경제적 효익을 통제할 수 있다면 그 부동산은 기업의 자산이다. 일반적으로는 경제적 효익에 대한 통제력은 법률적 권리의 결과이지만 경우에 따라서는 법률적 통제가 없어도 자산의 정의를 충족시킬 수 있다. 예를 들어, 기업이 개발활동에서 습득한 핵심지식은 이를 독점적으로 보유함으로써 그로부터 유입될 것으로 기대되는 효익을 통제한다면 자산의 정의를 충족할 수 있다.

기업의 자산은 과거의 거래나 그 밖의 사건에서 창출된다. 기업은 일반적으로 구매나 생산을 통하여 자산을 획득하지만 다른 거래나 사건도 자산을 창출할 수 있다. 그러한 예로는 지역의 경제성장을 장려하기 위한 정부의 프로그램에 따라 증여받은 자산이나 매장된 광물의 발견 등이 포함된다. 미래에 발생할 것으로 예상되는 거래나 사건 자체만으로는 자산이 창출되지 아니한다. 예를 들어, 재고자산을 구입하고자 하는 의도 그 자체는 자산의 정의를 충족하지 못한다.

일반적으로 지출의 발생과 자산의 취득은 밀접하게 관련되어 있으나 양자가 반드시 일치하는 것은 아니다. 따라서 기업이 지출을 한 경우 이는 미래 경제적 효익을 추구했다는 증거가 될 수는 있지만 자산의 정의를 충족시키는 어떤 항목을 취득했다는 확정적인 증거는 될 수 없다. 마찬가지로 관련된 지출이 없더라도 특정 항목이 자산의 정의를 충족할 경우 재무상태표의 인식대상이 되는 것을 배제하지는 못한다. 예를 들어, 증여받은 재화는 자산의 정의를 충족할 수 있다.

4.2 부채

부채(liabilities)는 과거사건으로 생긴 현재의무로서, 기업이 가진 경제적 효익이 있는 자원의 유출을 통해 그 이행이 예상되는 의무이다.

부채의 본질적 특성은 기업이 현재의무를 갖고 있다는 것이다. 여기서 '의무'란 특정 방법으로 실행하거나 수행할 책무 또는 책임을 말한다. 의무는 구속력 있는 계약이나 법규에 따라 법률적 강제력이 있을 수 있다. 제공받은 재화와 용역에 대한 미지급채무가 일반적인 예이다. 의무는 정상적인 거래실무, 관행 또는 원활한 거래관계를 유지하거나 공평한 거래를 하려는 의도에서 발생할 수도 있다. 만일 어떤 기업이 보증기간이 명백히 경과한 후에 발생하는 제품하자에 대해서도 수리해 주기로 방침을 정한 경우에 이미 판매된 제품과 관련하여 지출될 것으로 예상되는 금액은 부채이다.

현재의무와 미래의 약속은 구별되어야 한다. 미래에 특정 자산을 취득하겠다는 경영진의 의사결정 그 자체만으로는 현재의무가 발생하지 아니한다. 의무는 일반적으로 그 자산이 인도되는 때 또는 기업이 자산획득을 위한 취소불능약정을 체결하는 때 발생한다. 후자의 경우에 속하는 취소불능약정은 예를 들어, 의무불이행의 결과에 따른 상당한 위약금 때문에 거래상대방에 대한 자원의 유출을 회피할 여지가 거의 없는 약정을 말한다.

기업이 거래상대방의 요구에 따라 현재의무를 이행하기 위해서는 일반적으로 미래 경제적 효익을 갖는 자원을 희생하게 된다. 현재의무는 다양한 방법으로 이행될 수 있는 데 그 예는 다음과 같다. ① 현금 지급, ② 다른 자산의 이전, ③ 용역의 제공, ④ 다른 의무로 대체, ⑤ 부채의 자본 전환

의무는 채권자의 권리포기나 권리상실 등 다른 방법에 의해서 소멸되기도 한다.

부채는 과거의 거래나 그 밖의 사건에서 발생한다. 예를 들어, 재화를 구입하거나 용역을 제공받는 경우 매입채무가 발생하며(선급 또는 인도와 동시에 지급이 이루어지지 아니한 경우), 은행대출을 받은 경우에는 상환의무가 발생한다. 또한 기업이 고객의 연간 매입액에 따라 미래에 지급할 환급액을 부채로 인식할 경우 고객에 대한 과거의 매출이 부채를 발생시키는 거래가 된다.

일부 부채는 상당한 정도의 추정을 해야만 측정이 가능할 수 있다. 이러한 부채는 충당부채라고도 한다. 일부 국가에서는 이러한 충당부채를 부채에서 제외하는데, 이는 부채를 추정의 필요 없이 확정할 수 있는 금액만 포함되도록 협의의 개념으로 정의하기 때문이다. 위 부채 정의는 광의의 접근법에 따른 것이다. 따라서 어떤 충당부채가 현재의무를 수반하며 부채의 나머지 정의를 충족한다면 금액을 추정해야 하더라도 부채이다. 그러한 예로는 제품보증에 따른 충당부채와 연금지급의무에 대한 충당부채가 있다.

4.3 자본

자본(owner's equity)은 기업의 자산에서 모든 부채를 차감한 후의 잔여지분이다.

자본은 잔여지분으로 정의되나 재무상태표에는 소분류하여 표시할 수 있다. 예를 들어, 주식회사의 경우 소유주가 출연한 자본, 이익잉여금, 이익잉여금 처분에 의한 적립금, 자본유지조정을 나타내는 적립금 등으로 구분하여 표시할 수 있다. 이러한 분류는 자본의 배당이나 그 밖의 활용에 대한 기업능력의 법률적 또는 기타의 제한을 표시함으로써 재무제표이용자의 의사결정 목적에 적합할 수 있다. 또한 이러한 분류는 배당금 수령이나 자본의 환급과 관련하여 기업의 각 지분보유자들이 상이한 권리를 갖는다는 사실을 반영할 수도 있다.

재무상태표에 표시되는 자본의 금액은 자산과 부채 금액의 측정에 따라 결정된다. 일반적으로 자본총액은 그 기업이 발행한 주식의 시가총액, 또는 순자산을 나누어서 처분하거나 계속기업을 전제로 기업전체를 처분할 때 받을 수 있는 총액과 우연한 경우에만 일치한다.

상업, 산업, 사업 활동이 때로는 개인사업, 파트너십, 신탁, 다양한 정부사업 등의

실체 형태로 수행된다. 이와 같은 실체에 적용되는 법률 및 감독 체계는 통상 일반 주식회사에 적용하는 체계와는 다르다. 예를 들어, 자본에 포함된 금액을 소유주나 그 밖의 수익자에게 분배하는 데 제한이 거의 없을 수 있다. 그럼에도 불구하고 자본의 정의와 자본을 다루는 재무보고를 위한 개념체계의 다른 관점들은 이들 실체에 적합하다.

4.4 수익

광의의 수익(income)의 정의에는 수익(revenue)과 차익(gains)이 모두 포함된다. 수익(revenue)은 기업의 정상영업활동의 일환으로 발생하며 매출액, 수수료수익, 이자수익, 배당수익, 로열티수익 및 임대료수익 등 다양한 명칭으로 구분된다.

한편 차익(gains)은 광의의 수익(income)의 정의를 충족하는 그 밖의 항목으로 기업의 정상영업활동의 일환이나 그 이외의 활동에서 발생할 수 있다. 차익(gains)도 경제적 효익의 증가를 나타내므로 본질적으로 수익(revenue)과 차이가 없다. 예를 들어, 차익은 비유동자산의 처분에서 발생한다. 또한 광의의 수익의 정의는 시장성있는 유가증권의 재평가나 장기성 자산의 장부금액 증가로 인한 미실현이익을 포함한다. 차익을 포괄손익계산서에 표시하는 경우 일반적으로 구분 표시하는 데 의사결정자가 이를 알면 경제적 의사결정에 도움이 되기 때문이다. 차익은 흔히 관련 비용을 차감한 금액으로 보고된다.

수익의 발생에 따라 다양한 자산이 수취되거나 증가될 수 있는데, 제공하는 재화나 용역의 대가로 받은 현금, 수취채권 및 재화나 용역이 그 예이다. 수익은 또한 부채의 상환에 따라 발생할 수도 있는데 예를 들어, 기업이 차입금의 상환의무를 이행하기 위해 대여자에게 재화나 용역을 제공하는 경우가 이에 해당한다.

4.5 비용

비용(expenses)은 자산의 유출이나 소멸 또는 부채의 증가에 따라 자본의 감소를 초래하는 특정 회계기간 동안에 발생한 경제적 효익의 감소로서, 지분참여자에 대한 분배와 관련된 것은 제외한다.

광의의 비용의 정의에는 기업의 정상영업활동의 일환으로 발생하는 비용뿐만 아니라 차손도 포함된다. 기업의 정상영업활동의 일환으로 발생하는 비용은 예를 들어, 매출원가, 급여 및 감가상각비 등이다. 비용은 일반적으로 현금 및 현금성자산, 재고자산 또는 유형자산과 같은 자산의 유출이나 소모의 형태로 나타난다.

차손은 비용의 정의를 충족하는 그 밖의 항목으로 기업의 정상영업활동의 일환이나 그 이외의 활동에서 발생할 수 있다. 차손도 경제적 효익의 감소를 나타내므로 본질적으로 다른 비용과 차이가 없다. 예를 들어, 차손은 화재나 홍수와 같은 자연재해 또는 비유동자산의 처분에서 발생한다. 또한 비용의 정의는 미실현손실도 포함하는데, 예를 들어 기업의 외화차입금에 관련된 환율상승의 영향으로 발생하는 미실현손실이다.

차손을 (포괄)손익계산서에 표시하는 경우 일반적으로 구분 표시하는데 의사결정자가 이를 알면 경제적 의사결정에 도움이 되기 때문이다. 차손은 흔히 관련 수익을 차감한 금액으로 보고된다.

위에서 기술한 수익과 비용의 정의는 그 본질적 특성을 식별하기 위한 것이지, (포괄)손익계산서에 인식하기 위해 충족될 필요가 있는 기준을 정하는 것은 아니다.

경제적 의사결정에 목적적합한 정보를 제공하기 위하여 (포괄)손익계산서에 수익과 비용을 다양한 방법으로 표시할 수 있다. 예를 들어, 기업의 정상영업활동의 일환으로 발생하는 수익과 비용 항목 및 그렇지 않은 수익과 비용 항목을 구분하여 표시하는 것이 보통이다. 이와 같은 구분은 수익과 비용 항목의 원천이 기업의 미래 현금 및 현금성자산의 창출능력을 평가하는 데 목적적합한 정보라는 점에 근거한 것이다. 수익과 비용 항목을 이와 같이 원천별로 구분할 때에는 기업과 그 경영활동의 성격을 고려할 필요가 있다. 어떤 기업에는 정상영업활동에서 발생하는 항목이 다른 기업에는 정상영업활동 이외에서 발생하는 항목일 수 있다.

수익과 비용 항목을 구분하거나 다양하게 결합하면 기업의 성과를 여러 가지 측정치로 표시할 수 있다. 결과적으로 이 같은 측정치는 포괄하는 범위가 서로 다르다. 예를 들어, 포괄손익계산서는 매출총이익, 세전 정상영업손익, 세후 정상영업손익과 당기순손익으로 구분 표시될 수 있다.

제5절 재무제표의 이해

5.1 재무제표의 종류

(재무)회계정보의 구체적인 표현은 재무제표이다. 재무제표(financial statements; F/S) 는 기업의 거래를 측정, 기록, 분류, 요약하여 작성되는 회계보고서로서 기업의 외부 이해관계자인 주주, 채권자, 거래처, 정부 등에게 기업의 경영활동에 대한 회계정보를

일정한 양식에 의하여 전달하기 위한 것이라고 할 수 있다.

한국채택국제회계기준(K-IFRS)에서는 다음의 네 가지를 기본 재무제표로 규정하고 있으며, 여기에 주석을 포함한다.

① 재무상태표 ② 포괄손익계산서
③ 자본변동표 ④ 현금흐름표

재무제표는 일반 정보이용자가 이용하기 쉽고 많은 사람들이 공통적으로 필요로 하는 핵심적인 정보들이 포함하고 있어 의사결정자들의 다양한 정보욕구를 상당부분 충족시킬 수 있다.

그리고 재무제표에는 재무제표 이용자의 의사결정에 유용할 것으로 판단되는 여러 가지 명세서와 경영자의 분석보고서나 검토보고서 등과 같은 설명자료를 첨부할 수 있다. 다만, 이러한 첨부자료는 재무제표의 범위에 포함되지 아니한다.

| 재무제표의 종류(I) |

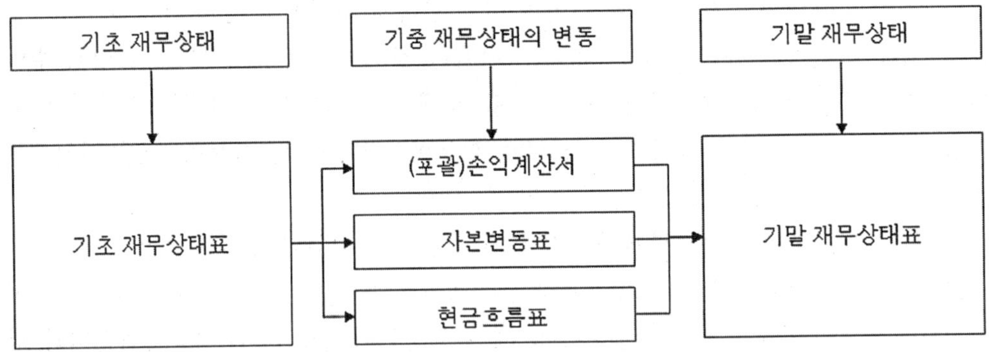

각 기업회계기준에서 예시하고 있는 재무제표를 나타내면 다음과 같다.

| 재무제표의 종류 (II) |

한국채택국제회계기준	일반기업회계기준	중소기업회계기준
• 재무상태표 • 포괄손익계산서 • 자본변동표 • 현금흐름표	• 재무상태표 • 손익계산서 • 자본변동표 • 현금흐름표	• 대차대조표 • 손익계산서 • 자본변동표 • 이익잉여금처분계산서 또는 결손금처리계산서

5.2 재무상태의 측정과 보고

1. 재무상태의 개념과 측정

재무상태(financial position)란 일정시점에 있어서의 기업의 부(wealth)나 경제적 자원의 보유상태를 나타낸다. 그러므로 기업의 재무상태는 그 기업이 보유하는 경제적 자원, 재무구조, 유동성과 재무건전성 및 환경변화에 적응할 수 있는 능력 등에 의해 결정된다.

재무상태는 일정시점, 즉 결산일(재무상태표일 이라고도 함)이라는 특정시점에 측정되므로 저장량(stock) 개념에 의해 측정된다.

회계에서 기업의 재무상태는 재무상태표로 요약된다. 재무상태표는 일정시점의 기업의 재무상태, 즉 자산, 부채, 자본의 상태를 나타내기 때문이다.

2. 재무상태표

(1) 재무상태표의 의의

재무상태표는 일정시점의 기업의 재무상태를 나타내는 재무보고서이다.

재무상태표(Statement of Financial Position)는 일정시점 현재 기업이 보유하고 있는 경제적 자원인 자산과 경제적 의무인 부채, 그리고 자본에 대한 정보를 제공하는 재무보고서이다.

- **일정시점** : 재무상태표에는 특정 시점을 나타내는 날짜를 기입한다. 이것은 시간이 흐르면 경영활동의 계속으로 인해 재무상태가 매일 달라지기 때문에 특정일 현재의 재무상태를 알려주기 위한 것이다. 이 때 기록하는 날짜는 회계연도가 끝나는 날, 즉 결산일을 말한다. 예를 들어 12월 결산법인인 경우에는 '20××년 12월 31일'로 기록한다.
- **재무상태** : 기업의 재무상태는 자산, 부채, 자본의 상태를 말한다. 따라서 재무상태표는 결산일(보고기간 말 또는 보고기간종료일) 현재 기업의 자산, 부채, 자본의 금액을 나타내므로 '재무상태보고서'라고도 한다.

(2) 재무상태표의 구성요소

일정시점 현재 기업의 재무상태에 대한 정보를 제공하는 재무상태표의 기본요소는 자산, 부채 및 자본이다.

1) 자 산

가. 자산의 개념

자산(assets)이란 과거 사건의 결과로 기업이 통제하고 있고 미래 경제적 효익이 기업에 유입될 것으로 기대되는 자원이다.

- **과거 사건의 결과로 발생** : 기업의 자산은 과거 사건의 결과로 발생한다. 기업은 구매 또는 생산에 의하여 자산을 취득하는 것이 일반적이지만 주주나 정부의 증여 등 다른 방법에 의해서도 자산을 취득할 수 있다. 자산이 과거 사건의 결과라 함은 구매활동이나 생산활동 등 자산을 취득하는 거래나 사건이 이미 발생하였음을 의미하는 것이므로 미래에 발생할 것으로 예상되는 거래나 사건만으로는 자산이 취득되지 않는다.
- **미래 경제적 효익** : 자산이란 미래 경제적 효익이 유입될 것으로 기대되는 자원을 말하며, 여기서 미래 경제적 효익이란 직접 또는 간접으로 기업의 미래 현금 및 현금성자산의 기업에의 유입에 기여하게 될 잠재력을 말한다. 자산은 물리적 형태를 가지고 있는 것이 일반적이지만 물리적 형태가 자산의 본질적인 특성은 아니다. 예를 들어, 물리적 형태가 없는 자원이라도 특정 기업에 의하여 지배되고 그 기업에 미래 경제적 효익이 유입될 것으로 기대되는 경우 자산이 될 수 있다.

나. 자산의 분류

자산은 그것이 현금화되는 기간(1년 기준)에 따라 크게 유동자산과 비유동자산으로 구분한다.[2)]

① 유동자산(current assets)

유동자산은 보고기간 말로부터 1년 이내에 현금화할 수 있는 자산을 말한다.

② 비유동자산(non-current assets)

비유동자산은 보고기간 말로부터 1년 이후에 현금화할 수 있는 자산을 말한다.

---

2) 일반기업회계기준과 중소기업회계기준에서는 자산을 유동자산과 비유동자산으로 구분하고, 유동자산은 다시 당좌자산과 재고자산으로 구분하고, 비유동자산은 다시 투자자산, 유형자산, 무형자산, 기타비유동자산으로 구분한다(일반기업회계기준 제2장 2.18, 중소기업회계기준 제6조 5항 1호).

2) 부 채

가. 부채의 개념

부채(liabilities)란 과거사건으로 생긴 현재의무로서, 기업이 가진 경제적 효익이 있는 자원의 유출을 통해 그 이행이 예상되는 의무이다.

- **과거 사건의 결과** : 부채는 과거 사건에 의하여 발생한다. 신용으로 재화를 구입하였거나 용역을 제공받은 경우 매입채무가 발생하며, 은행대출을 받은 경우에는 상환의무가 발생한다. 그러므로 미래에 발생이 예상되는 대규모 수선비의 경우와 같이 장래에 자원의 유출 또는 사용이 기대된다 하더라도 과거의 거래나 사건으로부터 기인하지 않은 의무는 부채가 될 수 없다.
- **경제적 의무** : 부채의 본질적 특성은 기업이 현재의무를 갖고 있다는 것이다. 여기서 의무란 특정 방법으로 실행하거나 수행할 책무 또는 책임을 말한다. 의무는 구속력 있는 계약이나 법규에 따라 법률적 강제력이 있을 수 있다. 제공받은 재화와 용역에 대한 미지급채무가 일반적인 예이다. 의무는 정상적인 거래실무, 관행 또는 원활한 거래관계를 유지하거나 공평한 거래를 하려는 의도에서 발생할 수도 있다.

나. 부채의 분류

부채는 그것이 상환되는 기간(1년 기준)에 따라 크게 유동부채와 비유동부채로 구분한다.

① 유동부채(current liabilities)

유동부채는 보고기간 말로부터 1년 이내에 상환기일이 도래하는 채무를 말한다.

② 비유동부채(non-current liabilities)

비유동부채는 보고기간 말로부터 1년 이후에 상환기일이 도래하는 채무를 말한다. 비유동부채에는 사채, 장기차입금 등이 포함된다.

3) 자 본

가. 자본의 개념

자본(owner's equity)이란 기업의 자산에서 모든 부채를 차감한 후의 잔여지분을 말한다.

기업의 자본은 자산에 대한 소유주, 즉 주주의 지분을 의미하며, 기업이 소유하고 있는 자산에서 부채를 차감한 잔액, 즉 '순자산(net assets)'을 의미한다.

한편, 부채의 본질을 채권자의 관점에서 기업의 자산에 대한 채권자의 청구권이라고 할 때, 자본이란 기업의 자산에 대한 소유주의 잔여청구권을 나타낸다고 할 수 있다. 이것은 기업이 청산되는 경우 채권자는 그 기업의 자산에 대해 우선적인 청구권을 갖게 되므로 소유주는 채권자의 권리가 행사된 후 남는 자산에 대해서만 자신의 청구권, 즉 잔여청구권(residual claim)을 행사할 수 있기 때문이다.

재무상태표에 표시되는 자본의 총액은 회계기준에 의해 자산 및 부채를 인식·측정함에 따라 결정된다. 따라서 재무상태표상의 자본의 총액은 주식의 시가총액과는 일치하지 않는 것이 일반적이다.

자본등식은 다음과 같이 표시할 수 있다.

자산 - 부채 = 자본

이 등식이 필요한 이유는 자본은 자산과 부채와는 달리 독자적으로 측정되지 못하기 때문이다. 즉, 기업에서 자산과 부채 금액은 각각 얼마인지를 개별적으로 알 수 있으나, 자본은 자산에서 부채를 차감하여야만 알 수 있다.

자본은 경제적인 측면에서 자기자본이라고 하고, 부채는 타인자본이라고 하며, 이들의 합계액을 총자본이라고도 한다.

나. 자본의 분류

자본은 자본금, 자본잉여금, 자본조정, 기타포괄손익누계액, 이익잉여금(또는 결손금)으로 구분된다.[3]

3) K-IFRS 제1001호(재무제표 표시)의 실무적용지침에서 예시하는 재무상태표에는 자본을 납입자본, 이익잉여금, 기타자본구성요소로 표시하는 등 자본의 구성 및 분류표시에 대해 명확하게 규정하고 있지 않아 본서에서는 편의상 '일반기업회계기준'에 따라 자본을 자본금, 자본잉여금, 자본조정, 기타포괄손익누계액, 그리고 이익잉여금(또는 결손금)으로 분류하고자 한다(일반기업회계기준 제2장 재무제표의 작성과 표시 I 2.18). 한편 중소기업회계기준에서는 자본을 자본금, 자본잉여금, 자본조정, 이익잉여금(또는 결손금)으로 분류하고 있다(중소기업회계기준 제6조 5항 3호).

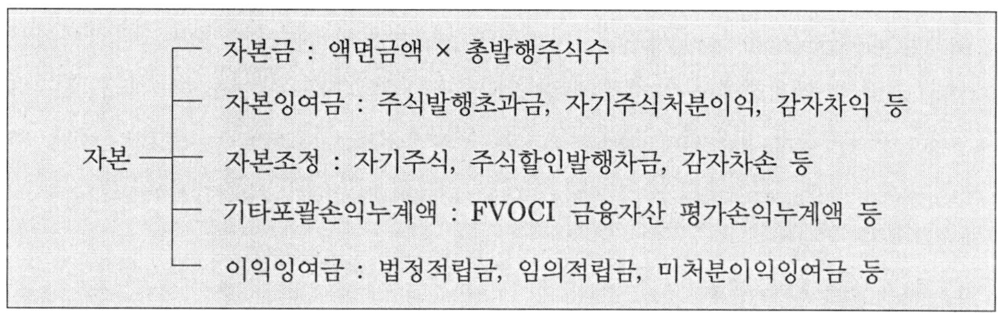

① 자본금

자본금(owner's equity stock)은 기업의 출자액으로서, 법정자본금을 말한다. 이것은 주식회사의 경우 주주들에게 발행한 주식의 (1주당) 액면금액에 발행주식수를 곱한 금액이 된다.

자본금 = 주식의 액면금액 × 총발행주식수

② 자본잉여금

자본잉여금(additional paid-in owner's equity)은 자본거래, 즉 증자나 감자 등 주주와의 거래에서 발생하여 자본을 증가시키는 잉여금을 말한다. 예를 들어 기업이 액면금액 5,000원인 주식 10,000주를 주당 7,500원에 주주에게 발행하였다면 기업은 25,000,000원[즉 10,000주 × (7,500원 - 5,000원)] 만큼 잉여금이 발생하게 되는 데 이것을 자본잉여금이라고 한다. 이 자본잉여금은 주주가 기업에 출자한 금액이라고 할 수 있다.

③ 자본조정

자본조정(owner's equity adjustments)은 당해 항목의 성격으로 보아 자본거래에 해당하나 최종 납입된 자본으로 볼 수 없거나 자본의 가감 성격으로 자본금이나 자본잉여금으로 분류할 수 없는 항목을 말한다.

④ 기타포괄손익누계액

기타포괄손익누계액(cumulative other comprehensive income)은 손익거래에 기인한 자산이나 부채의 가치변동으로 발생한 보고기간 말 현재의 기타포괄손익의 잔액을 말한다.

⑤ 이익잉여금

이익잉여금(retained earnings)은 손익계산서에 보고된 손익과 다른 자본항목에서 이입된 금액의 합계액에서 주주에 대한 배당, 자본으로의 전입 및 자본조정 항목의 상각 등으로 처분된 금액을 차감한 잔액을 말한다.

(3) 재무상태표의 구조와 양식

1) 재무상태표의 구조

재무상태표의 구조를 구성요소인 자산, 부채, 자본의 상호관계에 따라 식으로 표현하면 다음과 같은데, 이 식을 '**재무상태표 등식**'이라고 한다.

자산은 기업이 보유하고 있는 자원, 부채는 채권자의 지분, 자본은 소유주의 지분을 의미한다.

자산(assets) = 부채(liabilities) + 자본(owner's equity)
(기업의 자원) = (채권자의 지분) + (소유주의 지분)

이 등식은 자본등식을 변형한 것으로 자산총액이 부채 및 자본을 합한 총액과 일치한다는 뜻이며, 재무상태표의 구조적 특징은 경영활동을 통하여 자산, 부채, 자본에 변화가 발생하더라도 이 등식은 언제나 항상 성립한다는 점이다.

재무상태표 등식을 그림으로 표시하면 다음과 같다.

재무상태표

<table>
<tr><td rowspan="2">자 산</td><td>부 채</td></tr>
<tr><td>자 본</td></tr>
</table>

재무상태표에 부채를 자본보다 먼저 표시하는 이유는 기업의 자산에 대한 소유주 즉, 주주의 소유권보다 채권자의 청구권이 우선하기 때문이다. 즉, 주주는 기업의 자산 중에서 채권자의 지분을 차감한 잔여지분에 대한 권리를 가진다는 것이다.

2) 재무상태표 양식

재무제표는 이해하기 쉽도록 간단하고 명료하게 표시하여야 하며, 기업회계기준서의 부록에 예시된 재무제표의 양식을 참조하여 작성한다.

가. 보고식

재무상태표를 다음과 같이 위와 아래로 구분하여, 위로부터 아래로 자산, 부채, 자본의 순서로 나열하는 형식을 말한다.

재무상태표(보고식)

서울주식회사	2017년 12월 31일 현재	(단위: 원)
(자산)		
현금		₩30,000
매출채권		60,000
상품		80,000
건물		250,000
산업재산권		80,000
자산총계		₩500,000
(부채)		
매입채무		₩50,000
장기차입금		120,000
(자본)		
자본금		300,000
이익잉여금		30,000
부채와자본총계		₩500,000

나. 계정식

재무상태표를 다음과 같이 왼편인 차변과 오른편인 대변으로 나누어, 차변에 자산을 표시하고 대변에 부채와 자본을 표시하는 형식을 말한다. 일반적으로 많은 기업들이 계정식으로 재무상태표를 작성하기도 하는데, 이것은 이 계정식에 의한 재무상태표의 작성이 '**재무상태표 등식**'을 그대로 표현한 것이므로 이해하기 쉽기 때문이라고 할 수 있다.

재무상태표(계정식)

서울주식회사 2017년 12월 31일 현재 (단위: 원)

(자산)		(부채)	
현금	₩30,000	매입채무	₩50,000
매출채권	60,000	장기차입금	120,000
상품	80,000	(자본)	
건물	250,000	자본금	300,000
산업재산권	80,000	이익잉여금	30,000
자산총계	₩500,000	부채와자본총계	₩500,000

(4) 재무상태표의 작성 예

인천주식회사의 2017년 12월 31일 재무상태가 다음과 같은 경우 계정식으로 재무상태표를 작성해 보자.

현금	₩23,000	매출채권	₩5,000	매입채무	₩15,000
상품	15,000	토지	50,000	건물	100,000
단기차입금	8,000	자본금	100,000	단기대여금	10,000
사채	50,000	이익잉여금	30,000		

재무상태표(계정식)

인천주식회사 2017년 12월 31일 현재 (단위: 원)

현금	₩23,000	매입채무	₩15,000
매출채권	5,000	단기차입금	8,000
단기대여금	10,000	사채	50,000
상품	15,000	자본금	100,000
토지	50,000	이익잉여금	30,000
건물	100,000		
자산총계	₩203,000	부채와자본총계	₩203,000

(5) 재무상태표에 표시해야 할 최소한의 항목

K-IFRS에서는 표시되어야 할 항목의 순서나 형식을 규정하지 않고 있다. 제시된 항목은 단순히 재무상태표에 구분표시하기 위해 성격이나 기능면에서 명확하게 다른 항목을 제시하고 있다. 한 항목 또는 통합된 유사항목의 크기, 성격 또는 기능상 기업의 재무상태를 이해하기 위해 구분표시가 필요한 경우 그러한 항목을 추가로 재무상태표에 포함한다. 추가항목으로 구분하여 표시할지 여부는 자산의 성격 및 유동성, 기업 내에서 자산의 기능, 부채의 금액, 성격 및 시기를 고려하여 판단한다.

K-IFRS에서는 비유동성배열법을 사용하는 것도 가능하다. 즉 유형자산 등 비유동자산이 먼저 보고되고, 현금및현금성자산 등 유동자산이 나중에 보고할 수도 있다. 그리고 부채보다 자본을 먼저 배열하는 것도 가능하다. 물론 기업의 선택에 따라 유동성배열법을 사용하는 것도 얼마든지 가능하다. 단, 자산과 부채의 경우 유동성항목과 비유동성항목은 구분표시하여야 한다.

재무상태표에 표시하여야 할 최소한의 내용

자 산	부채 및 자본
유형자산	매입채무 및 기타채무
투자부동산	충당부채
무형자산	금융부채
금융자산	당기법인세 관련 부채
지분법투자자산	이연법인세부채
생물자산	매각예정자산집단에 포함된 부채
재고자산	자본에 표시된 비지배지분
매출채권 및 기타 채권	지배기업 소유주 귀속 납입자본과 적립금
현금및현금성자산	
당기법인세 관련 자산	
이연법인세자산채	
매각예정비유동자산	

5.3 경영성과의 측정과 보고

1. 경영성과의 개념과 측정

경영성과(results of operation)란 일정기간에 있어서의 기업의 경영결과로 나타난 경제적 성과를 말한다.

경영성과는 일정시점이 아닌 일정기간, 즉 회계기간 동안의 기업의 경제적 성과를 측정하는 것이므로 흐름량(flow) 개념에 의해 측정된다.

회계에서 기업의 경영성과는 손익계산서로 요약된다. 손익계산서는 일정기간의 기업의 경영성과, 즉 수익과 비용의 차이인 순손익(순이익 또는 순손실)을 나타내기 때문이다.

2. (포괄)손익계산서

(1) (포괄)손익계산서의 의의

포괄손익계산서(statement of income and comprehensive income)는 일정기간 동안 기업의 경영(재무)성과에 대한 정보를 제공하는 재무보고서이다.

- **일정기간** : (포괄)손익계산서는 수익과 비용이 영업활동기간 동안 계속 발생하므로 일정기간, 즉 회계기간(보통 1년) 동안 발생한 수익과 비용을 모두 표시하여야 한다.
- **경영(재무)성과**[4] : 기업의 경영(재무)성과란 일정기간 동안의 기업의 경영활동 결과 나타난 경제적 성과를 말한다. 따라서 손익계산서는 일정기간 동안 발생한 경영성과를 나타내므로 '경영성과보고서(경영성과표)'라고도 한다. 그러므로 기업의 경영성과는 일정기간 동안의 경영활동 결과 발생한 수익과 비용의 차이인 순손익으로 평가하며, 포괄손익계산서의 가장 끝부분에 총포괄손익으로 보고하게 된다. 총포괄손익은 당기순손익에 기타포괄손익을 가감하여 산출한다.

포괄주의 관점에서 작성한 포괄손익계산서는 일정기간 동안 소유주와의 자본거래를 제외한 모든 원천에서 순자산이 증가하거나 감소한 정도와 그 내역에 대한 정보를 제공한다. 즉 일정기간의 순손익과 그 구성요소인 수익과 비용 등에 대한 정보를 제공하여야 하며, 이러한 정보를 통해 투자자 및 채권자 등의 정보이용자는 일정기간 동안의 기업의 경영성과도 파악할 수 있다.

(2) (포괄)손익계산서의 구성요소

기업의 경영성과에 대한 재무정보를 제공하는 포괄손익계산서의 기본요소는 수익, 비용, 총포괄손익이다.[5]

1) 수 익

가. 수익의 개념

> **수익**이란 자산의 유입이나 증가 또는 부채의 감소에 따라 자본의 증가를 초래하는 특정 회계기간 동안에 발생한 경제적 효익의 증가로서, 지분참여자에 의한 출연과 관련된 것은 제외한다.

수익(revenues)은 기업의 정상영업활동의 일환이나 그 이외의 활동에서 발생하였거나 발생할 현금유입액을 나타내며, 경영활동의 종류와 당해 수익이 인식되는 방법에 따라 매출액, 이자수익, 배당금수익 및 임대수익 등과 같이 다양하게 구분될 수 있다.

일반사회에서는 경영활동을 판매활동만을 의미하는 것으로 사용되나, 회계에서 의

---

4) 일반기업회계기준과 중소기업회계기준에서는 '경영성과'라는 용어를 사용하며, 한국채택국제회계기준에서는 '경영성과'라는 용이 대신 '재무성과'라는 용어를 사용한다.

5) 손익계산서의 기본요소는 포괄손익계산서와 달리 수익과 비용, 그리고 순손익이다.

미하는 경영활동은 구매활동, 생산활동, 판매활동을 모두 포함한다.

포괄손익계산서의 정보유용성을 높이기 위해 포괄이익을 증가시키는 요소인 수익 중에서 차익을 분리하여 표시할 수도 있다. 여기서 차익(gains, "이익" 또는 "이득"이라는 용어가 동일한 의미로 사용되어 왔음)이란 기업의 주요 경영활동 이외의 활동에서 발생한 것으로 소유주의 투자가 아닌 거래나 사건의 결과로 발생하는 순자산의 증가를 말한다.

나. 수익의 분류

(포괄)손익계산서에 기재되는 수익은 매출액, 기타수익 등으로 크게 구분된다.[6)]

① 매출액

매출액이란 기업의 주된 영업활동에서 발생한 제품, 상품, 용역 등의 총매출액에서 매출할인, 매출환입, 매출에누리 등을 차감한 금액을 말한다. 차감 대상 금액이 중요한 경우에는 총매출액에서 이것들을 차감하는 형식으로 표시하거나 주석으로 기재한다.

② 기타수익

기타수익이란 기업의 주된 영업활동이 아닌 활동으로부터 발생한 수익과 차익으로서 중단사업손익에 해당하지 않는 것을 말한다.

2) 비 용

가. 비용의 개념

비용이란 자산의 유출이나 소멸 또는 부채의 증가에 따라 자본의 감소를 초래하는 특정 회계기간 동안에 발생한 경제적 효익의 감소로서, 지분참여자에 대한 분배와 관련된 것은 제외한다.

비용(expenses)은 기업의 정상영업활동의 일환이나 그 이외의 활동에서 발생하였거나 발생할 현금유출액을 나타내며, 경영활동의 종류와 당해 비용이 인식되는 방법에 따라 매출원가, 급여, 감가상각비, 이자비용, 임차비용 등과 같이 다양하게 구분될 수 있다.

손익계산서의 정보유용성을 높이기 위해 이익을 감소시키는 요소인 비용 중에서 차손을 분리하여 표시할 수도 있다. 여기서 차손(losses, "손실"이라는 용어가 동일한 의미로 사용되어 왔음)이란 기업의 정상영업활동 이외의 활동에서 발생한 것으로서 소유주에 대한 분배가 아닌 거래나 사건의 결과로 발생하는 순자산의 감소를 말한다.

---

6) 일반기업회계기준에서는 수익을 매출액과 영업외수익으로 구분한다.

나. 비용의 분류

K-IFRS이 도입되기 전의 손익계산서에 기재되는 비용은 매출원가, 판매비와관리비, 영업외비용, 법인세비용 등으로 크게 구분되었으나, 포괄손익계산서에는 수익, 비용, 당기순손익, 기타포괄손익 및 총포괄손익 등 다섯 가지 정보가 표시되고, 비용으로서 매출원가, 물류원가(판매비), 관리활동원가(관리비), 기타비용, 법인세비용 등이 표시된다.

① 매출원가

매출원가는 제품, 상품 등의 매출액에 대응되는 원가로서 판매된 제품이나 상품 등에 대한 제조원가 또는 매입원가를 말한다.

상기업의 경우는 기초상품재고액에 당기상품매입액을 가산하고 기말상품재고액을 차감하여 산정하며, 제조기업의 경우는 기초제품재고액에 당기제품제조원가를 가산하고 기말제품재고액을 차감하여 산정한다.

② 판매비와관리비

판매비와관리비는 제품, 상품, 용역 등의 판매활동과 기업의 관리활동에서 발생하는 비용으로서 매출원가에 속하지 아니하는 모든 영업비용을 말한다.

③ 기타비용

기타비용은 기업의 주된 영업활동이 아닌 활동으로부터 발생한 비용과 차손으로서 중단사업손익에 해당하지 않는 것을 말한다.

④ 법인세비용

법인세비용이란 사업손익에 대응하여 발생한 법인세 비용을 말한다.

3) 총포괄손익

가. 당기순손익의 개념

당기순손익이란 기업의 일정기간 동안 총수익과 총비용을 대응시켜 얻어진 경영성과를 말한다.

당기순손익은 수익의 합계에서 비용의 합계를 차감하여 측정한다. 이와 같은 방법으로 순손익을 측정하는 것을 거래접근법에 의한 손익측정이라고 한다. 당기순손익은 총수익에서 총비용을 차감하여 계산하며 총수익이 총비용보다 크면 순이익(net income)이 발생하며, 총비용이 총수익보다 크면 순손실(net loss)이 발생한다. 따라서 이것을 등식으로 표시하면 다음과 같다.

당기순손익(순이익 또는 순손실) = 총수익 - 총비용

나. 총포괄손익의 개념

총포괄손익(total comprehensive income)이란 기업이 일정 기간 동안 소유주와의 자본거래를 제외한 모든 거래나 사건으로 인하여 발생한 순자산의 변동을 말하며, 여기에는 소유주의 투자 및 소유주에 대한 분배 등 자본거래를 제외한 모든 원천에서 인식된 자본의 변동이 포함된다. 총포괄손익은 당기순손익에 기타포괄손익(기타포괄이익 또는 기타포괄손실)을 가감하여 산출한다.

총포괄손익(total comprehensive income) = 당기순손익(net income or net loss) + 기타포괄손익(other comprehensive income)

다. 손익의 계산방법

손익의 계산방법에는 두 가지가 있다. 하나는 순자산비교법이고, 다른 하나는 총거래기록법이다.

① 순자산비교법

순자산이란 기업의 총자산에서 총부채를 차감한 잔액을 말하며, 자본과 동일한 것이다.[7)]

총자산 − 총부채 = 순자산 = 자 본

순자산비교법이란 기말순자산에서 기초순자산을 차감하여 당기순손익을 계산하는 방법을 말한다.

기말순자산 − 기초순자산 = 당기순손익

이상의 내용을 다음과 같이 간단히 요약할 수 있다.

기초자본 + 추가출자액 + 당기순손익 = 기말자본

7) 순자산접근방법(net asset approach; 재산법) 또는 자본유지접근방법(owner's equity maintenance approach)이라고 부르며, 여기서 자본은 자기자본 즉 순자산(net asset)을 의미한다. 이 방법에 의하면 기말자본과 기초자본을 비교하여 당기손익을 계산하는 방법으로 경제학적 접근방법이라고도 하며 재무상태표를 통해 손익을 산정하는 방법이다.

순자산비교법에 의하면 기말자본 총액과 기초자본 총액을 이용하여 당기순손익을 간단히 구할 수 있다는 장점이 있지만, 당기순손익이 구체적으로 어떤 활동을 통해서 발생하였는지 그 발생내역을 상세히 알 수 없다는 단점이 있다. 즉, 기업 본연의 영업활동을 성공적으로 수행했기 때문인지 아니면 10년 전에 싼값에 투자하였던 부동산을 단순히 처분하였기 때문인지를 알려주지 못한다. 따라서 미래에도 이 만큼의 순손익을 얻을 가능성이 있는지 그렇지 못한지를 알 수가 없다.

대개의 경우 정보이용자들은 미래 이익창출능력에 더 관심이 있다. 왜냐하면 미래의 주가상승 여부, 미래 부채상환능력 등은 미래 이익창출 능력에 의하여 결정되기 때문이다. 그러므로 정보이용자들은 당기순손익이 발생하게 된 상세한 내역을 알고 싶어하기 때문에 오늘날 많은 나라들에서는 순자산비교법 대신 다음의 총거래기록법으로 손익계산을 하고 있다.

② 총거래기록법

총거래기록법이란 일정기간 발생한 수익과 비용을 항목별로 요약한 다음, 이 항목들을 체계적으로 모두 열거함으로써 구체적인 수익·비용의 발생 내역, 당기순손익 산출과정, 당기순손익 금액 등의 세 가지 모두를 알게 해주는 손익계산 방법이다[8].

K-IFRS는 이 총거래기록법의 관점에서 포괄손익계산서를 작성하도록 규정하고 있다. 따라서 앞으로 언급할 포괄손익계산서라 함은 모두 총거래기록법에 의한 포괄손익계산서를 지칭하는 것으로 이해하기 바랍니다.

총수익 − 총비용 = 당기순손익

(3) (포괄)손익계산서의 구조와 양식

1) (포괄)손익계산서 구조

일반적으로 손익계산서에는 수익, 비용, 순손익)의 세 가지 정보가 기록된다. 손익계산서의 구조를 이 세 정보의 상호관계에 따라 식으로 표현하면 다음과 같다.

수익 − 비용 = 순이익(순손실)	(1)

위 (1)식을 변형시키면 다음 등식으로 표현할 수 있다.

---

8) 거래접근방법(transaction approach; 손익법)이라고 하며, 순자산비교법(재산법, 순자산접근방법, 자본유지접근방법)이 재무상태표를 통해 손익을 산출하는 방법이라면, 이 방법은 (포괄)손익세산서를 동해 손익을 산출하는 방법이라고 할 수 있다. 즉 낭기의 수익과 비용을 대응시켜 손익을 계산하는 방법으로 회계학적 접근방법이라 할 수 있다.

비용 + 순이익(순손실) = 수익 (2)

따라서 손익계산서는 (2)식에 따라 왼쪽(차변)에는 비용을, 오른쪽(대변)에는 수익을 기재하고 수익과 비용의 차액인 순이익을 차변에 기재함으로써 차변과 대변의 합계가 일치하도록 한다.

손익계산서를 그림으로 표시하면 다음과 같다.

손익계산서

비용	수익
순이익	

한편 포괄손익계산서에는 수익, 비용, 당기순손익, 기타포괄손익 및 총포괄손익 등 다섯 가지 정보가 기록된다. 포괄손익계산서의 구조를 이 세 정보의 상호관계에 따라 식으로 표현하면 다음과 같다.

수익 − 비용 = 당기순손익(순이익, 순손실)
당기순손익 + 기타포괄손익(기타포괄이익 − 기타포괄손실) = 총포괄손익

2) (포괄)손익계산서 양식

일반적으로 (포괄)손익계산서는 보고식으로 작성하는 것을 원칙으로 하며, 이해하기 쉽도록 간단하고 명료하게 표시하여야 한다. 손익계산서를 일반기업회계기준에 따라 나타내면 다음과 같다.

손익계산서(보고식)

Ⅰ. 매출액
Ⅱ. 매출원가
Ⅲ. 매출총손익
Ⅳ. 판매비와관리비
Ⅴ. 영업손익
Ⅵ. 영업외수익
Ⅶ. 영업외비용
Ⅷ. 법인세비용차감전순손익
Ⅸ. 법인세비용
Ⅹ. 당기순손익

한편 손익계산서를 작성함에 있어서 모든 수익과 모든 비용을 각각 하나로 묶은 후 이 두 묶음을 대응시켜 손익을 나타내는 **'단일구분손익계산서(single-step income** statement)'와 수익과 비용을 일정한 기준에 따라 구분하여 표시하는 **'구분손익계산서(다단계손익계산서, multi-step income statement)'**를 작성할 수 있는데 일반적으로 손익계산서의 작성이라 함은 후자인 구분손익계산서의 작성을 의미한다.

한편 K-IFRS에서는 포괄손익계산서의 표시 방법에 관계없이 비용을 성격별 또는 기능별로 구분하여 작성하도록 되어 있다. 비용을 기능별로 분류할 경우에는 비용의 성격에 대한 추가정보를 공시한다.9)

가. 성격별 분류 형태

비용을 성격별로 분류할 때에는 비용을 성격별로 감가상각비, 원재료, 운송비, 급여, 광고선전비 등으로 통합하며, 기능별로 재배분하지 않는다.

나. 기능별 분류 형태

비용을 기능별로 물류원가, 관리활동원가 등으로 구분할 경우에는 매출원가를 다른 비용과 분리하여 공시한다. 기능별 분류법은 '매출원가법'이라고도 부른다.

포괄손익계산서(성격별 분류)

비룡(주)	2017년 1월 1일부터~2017년 12월 31일까지	(단위: 천원)
수익		₩100,000
기타수익		50,000
원재료와 소모품사용액	₩60,000	
종업원급여비용	30,000	
감가상각비와 기타 상각비	10,000	
기타비용	20,000	
비용총계		₩120,000
법인세비용 차감전 순이익		30,000
법인세비용		6,000
당기순이익		24,000
기타포괄이익		
유형자산재평가이익		1,000
FVOCI 금융자산평가이익		2,000
총포괄이익		₩27,000

9) 일반기업회계기준에서는 손익계산서를 다음과 같이 구분하여 표시한다. 다만, 제조업, 판매업 및 건설업 외의 업종에 속하는 기업은 매출총손익의 구분표시를 생략할 수 있다. (1) 매출액 (2) 매출원가 (3) 매출총손익 (4) 판매비와관리비 (5) 영업손익 (6) 영업외수익 (7) 영업외비용 (8) 법인세비용차감전계속사업손익 (9) 계속사업손익법인세비용 (10) 계속사업손익 (11) 중단사업손익(법인세효과 차감후) (12) 당기순손익

포괄손익계산서(기능별 분류)

비룡(주)	2017년 1월 1일부터~2017년 12월 31일까지	(단위: 천원)
수익		₩100,000
매출원가		(70,000)
매출총이익		30,000
기타수익		50,000
물류원가		20,000
관리비		10,000
기타비용		20,000
법인세비용 차감전 순이익		30,000
법인세비용		6,000
당기순이익		24,000
기타포괄이익		
유형자산재평가이익		1,000
FVOCI 금융자산평가이익		2,000
총포괄이익		₩27,000

(4) (포괄)손익계산서 작성 예

인천주식회사의 2017년 1월 1일부터 2017년 12월 31일까지 발생한 수익과 비용이 다음과 같은 경우 (단일구분)손익계산서를 작성해 보자.

수익 : 매출액 1,000만원 이자수익 500만원
비용 : 매출원가 500만원 급 여 300만원 광고선전비 100만원
이자비용 200만원 재해손실 100만원

손익계산서(보고식)

인천주식회사	2017년 1월 1일부터	2017년 12월 31일까지	(단위: 원)
(수익)			₩15,000,000
	매출액	₩10,000,000	
	이자수익	5,000,000	
(비용)			12,000,000
	매출원가	₩5,000,000	
	급여	3,000,000	
	광고선전비	1,000,000	
	이자비용	2,000,000	
	재해손실	1,000,000	
(당기순이익)			₩3,000,000

연습문제

1. 경기주식회사의 2017년 12월 31일 재무상태가 다음과 같은 경우 계정식과 보고식으로 재무상태표를 작성하시오.

현금	₩35,000	상품	₩60,000	매입채무	₩45,000
단기대여금	50,000	비품	20,000	건물	95,000
장기차입금	40,000	자본금	200,000	매출채권	80,000
사채	50,000	이익잉여금	5,000		

2. 인천주식회사의 2017년 1월 1일부터 2017년 12월 31일까지 발생한 수익과 비용이 다음과 같은 경우 (포괄)손익계산서를 작성하시오.

수익 :	매출액	₩700,000	이자수익	₩100,000
	임대료	50,000		
비용 :	급 여	₩600,000	보험료	₩12,000
	이자비용	80,000	재해손실	10,000
	잡 비	10,000		

3. 개인기업인 한라상사의 2017년 초의 재무상태와 기중 자본변동 및 경영성과는 다음과 같다. 물음에 답하시오.

자료 ① 2017년 초의 재무상태

현금 ₩3,000,000　외상매출금 ₩2,000,000　상품 ₩1,000,000
비품 ₩300,000　단기차입금 ₩1,000,000　미지급금 ₩500,000

② 2017년 중의 자본변동

자본주 추가출자액 ₩500,000　인출액 ₩300,000

③ 2017년의 경영성과

상품매출이익 ₩3,000,000　임대료 ₩1,000,000　이자수익 ₩300,000
급여 ₩1,000,000　여비교통비 ₩500,000　수도광열비 ₩2,000,000

물음1 기초의 자본금은 얼마인가?

물음2 2017년의 당기순이익은 얼마인가?

물음3 기말의 자본금은 얼마인가?

4. 대한(주)는 2016년 초 현금 ₩5,000,000을 출자하여 회사를 설립하고 영업활동을 하고 있다. 다음의 대한(주)의 2016년 및 2017년 말의 재무상태와 2017년 중의 자본변동 내역이다. 물음에 답하시오.

자료 ① 2016년 말의 재무상태
자산 총액 ₩13,250,000　　부채 총액 ₩6,150,000
② 2017년 말의 재무상태
자산 총액 ₩19,100,000　　부채 총액 ₩7,400,000
③ 2017년 중의 자본변동
주주 추가출자액 ₩4,000,000

물음 대한(주)의 2017년의 당기순이익은 얼마인가?

5. 비룡(주)의 2017년 1월 1일(기초) 및 12월 31일(기말)의 자산, 부채의 상태는 다음과 같다. 2017년의 총수익은 ₩5,000,000이며 회계기간 중에 주주들이 ₩1,000,000의 추가출자를 하였다. 2017년 총수익 ₩5,000,000에 대응하는 총비용은 얼마인가?

기초 : 자산 ₩10,000,000, 부채 ₩4,000,000
기말 : 자산 ₩12,000,000, 부채 ₩6,000,000

해답

1.

재무상태표(계정식)

경기주식회사　　2017년 12월 31일 현재

현금	₩35,000	매입채무	₩45,000
매출채권	80,000	장기차입금	40,000
단기대여금	50,000	사채	50,000
상품	60,000	자본금	200,000
비품	20,000	이익잉여금	5,000
건물	95,000		
자산총계	₩340,000	부채와자본총계	₩340,000

재무상태표(보고식)

경기주식회사	2017년 12월 31일 현재
(자산)	
현 금	₩35,000
매 출 채 권	80,000
단 기 대 여 금	50,000
상 품	60,000
비 품	20,000
건 물	95,000
자 산 총 계	₩340,000
(부채)	
매 입 채 무	₩45,000
장 기 차 입 금	40,000
사 채	50,000
(자본)	
자 본 금	200,000
이 익 잉 여 금	5,000
부 채 와 자 본 총 계	₩340,000

2.

손익계산서(보고식)

인천주식회사 2017년 1월 1일부터 2017년 12월 31일까지

(수익)			₩850,000
	매 출 액	₩700,000	
	이 자 수 익	100,000	
	임 대 료	50,000	
(비용)			₩712,000
	급 여	₩600,000	
	보 험 료	12,000	
	이 자 비 용	80,000	
	재 해 손 실	10,000	
	잡 비	10,000	
(당기순이익)			₩138,000

3.

물음1

기초의 자본금=기초자산－기초부채

= 6,300,000원－1,500,000원= 4,800,000원

물음2

당기순이익 = 수익총액 − 비용총액
= 4,300,000원 − 3,500,000원= 800,000원

물음3

기말의 자본금 = 기초의 자본금 + 기중 추가출자액 − 인출액 + 당기순이익
= 4,800,000원 + 500,000원 − 300,000원 + 800,000원
= 5,800,000원

4.

2016년 말 자본 총액 = 기초 자산 총액 − 기초 부채 총액
= ₩13,250,000 − ₩6,150,000 = ₩7,100,000
2017년 말 자본 총액 = 자산 총액(₩19,100,000) − 부채 총액(₩7,400,000)
= ₩11,700,000
2017년의 당기순이익 = 2017년 말 자본 총액(₩11,700,000) − 2017년 초 자본 총액 (= 2016년 말 자본 총액, ₩7,100,000) − 주주 추가출자액 ₩4,000,000)
= ₩600,000

5.

기초자산 ₩10,000,000 − 기초부채 ₩4,000,000 = 기초자본 ₩6,000,000
기말자산 ₩12,000,000 − 기말부채 ₩6,000,000 = 기말자본 ₩6,000,000
기말자본 ₩6,000,000 = 기초자본 ₩6,000,000 + 추가출자액 ₩1,000,000 + 당기순손익

따라서 당기순손실 ₩1,000,000이 산출된다. 그러므로 2017년의 총비용 = 총수익 ₩5,000,000 + 당기순손실 ₩1,000,000 = ₩6,000,000원이 된다.

종합문제

1. 회계정보의 기본가정을 설명하시오.

2. 회계정보의 질적 특성을 근본적 질적 특성과 보강적 질적 특성으로 나누어 설명하시오.

3. 재무제표의 기본요소를 재무상태를 나타내는 요소와 성과를 나타내는 요소로 나누어 설명하시오.

4. 재무제표를 각 기준에서는 어떻게 분류하고 있는가?

5. 재무상태란 무엇을 의미하며, 그것은 어떻게 측정하는가?

6. 경영성과란 무엇을 의미하며, 그것은 어떻게 측정하는가?

7. 손익계산서와 포괄손익계산서는 어떻게 다른가?

8. 손익계산의 두 가지 방법을 비교하여 설명하시오.

9. 개인기업인 한국상사의 기초의 자산, 부채는 다음과 같다.

(단위: 원)

현 금	20,000	당 좌 예 금	35,000	외상매출금	129,000
상 품	43,000	비 품	18,000	외상매입금	70,000
단기차입금	20,000				

또한 당기의 수익총액은 ₩264,000, 비용총액은 ₩235,000, 기말의 부채총액은 ₩96,000이었다.
이상의 자료로 물음에 답하시오.

물음1 기초의 자본금은 얼마인가?

물음2 기말의 자산총액은 얼마인가?

10. 백두(주)의 1월 1일(기초) 및 12월 31일(기말)의 자산, 부채의 상태는 다음과 같다. 이 1년간의 총비용은 ₩1,549,300이며 회계기간 중에 주주들이 ₩500,000의 추가출자를 하였다. 총비용 ₩1,549,300에 대응하는 총수익은 얼마인가?

기초 : 자산 ₩5,312,580, 부채 ₩3,000,000
기말 : 자산 ₩7,243,280, 부채 ₩4,000,000

11. 다음은 대한주식회사의 2017년 12월 31일 현재의 자산, 부채 및 자본항목의 금액이다. 한국주식회사의 자본금을 산출하고, 재무상태표(계정식)도 작성하시오.

현금	₩300,000	상 품	₩2,100,000	매입채무	₩750,000
단기대여금	1,000,000	비품	600,000	건물	7,500,000
장기차입금	8,000,000	자본금	( )	매출채권	1,050,000
사채	2,500,000	이익잉여금	1,200,000	토지	9,000,000
차량운반구	900,000				

12. 다음은 인천주식회사의 2017년도의 수익 및 비용항목의 금액이다. 인천 주식회사의 당기순이익을 산출하고, (단일구분)손익계산서를 작성하시오.

매출액	₩7,500,000	이자수익	₩300,000	잡이익	₩150,000
급 여	450,000	보험료	120,000	이자비용	80,000
감가상각비	600,000	매출원가	4,500,000	임차료	150,000
잡 비	50,000	당기순이익	( )		

13. 서울상사의 2017년 12월 31일의 재무상태는 다음과 같다. ( )의 금액을 구하시오.

현 금	30,000	대 여 금	40,000	외상매입금	( )
외상매출금	150,000	건 물	350,000	비 품	50,000
상 품	( )	자산총액	800,000	차량운반구	100,000
자 본 금	300,000	차 입 금	100,000	부채총액	300,000
당기순이익	( )				

Part Ⅱ

회계순환과정

제 3 장 회계순환과정(Ⅰ)

재무회계정보인 재무제표의 작성은 회계상의 거래로부터 시작된다. 본 장에서는 재무제표 작성절차인 회계순환과정이란 무엇이며, 그것의 첫 단계인 회계상의 거래에 관해 학습하고자 한다. 즉 회계상의 거래와 일상적인 거래는 어떤 차이점이 있으며, 거래의 이중성과 복식부기는 어떤 관계인지를 살펴보기로 한다. 아울러 단식부기와 복식부기는 무엇이 다르며, 회계는 어떤 이유로 복식부기를 채택하고 있는가를 알아보고, 재무회계원리에서 가장 기초적이면서 중요한 내용인 거래 8요소와 그 결합관계를 익히고자 하는 것이 본 장의 학습목표이다.

제 1 절 회계순환과정의 의의

기업활동으로부터 발생하는 경제적 사건인 거래로부터 회계정보이용자의 의사결정에 유용한 회계정보를 작성・전달하는 일련의 회계정보 산출과정 즉 재무제표 작성절차를 **회계순환과정**(Accounting Cycle)이라고 한다.

기업은 회계정보이용자로 하여금 합리적 의사결정을 할 수 있도록 유용한 회계정보를 산출하여 전달하게 되는데, 이와 같은 일련의 회계정보 산출과정인 재무제표 작성절차를 '**회계순환과정**(accounting cycle)'이라고 한다.

재무제표는 다음과 같은 네 단계의 회계순환과정을 통해 작성된다.

① 제1단계 : 거래의 인식

회계정보를 산출하기 위해서 기업은 회계기록의 대상이 되는 '**회계상의 거래**

(accounting transactions)'를 인식(식별)하여야 한다.

② **제2단계 : 거래의 기록(분개)**

회계기록의 대상인 회계상의 거래를 인식(식별)하였으면, 이것을 회계기록으로 남기는 '**분개**(journalizing)'를 행한다.

③ **제3단계 : 거래의 분류(전기)**

회계기록을 해당 계정으로 옮겨 적는 '**전기**(posting)'를 행한다.

④ **제4단계 : 결산**

회계기록의 결과를 **종합(결산**, closing)하여 구체적인 회계정보인 재무제표(결산보고서)를 작성하여 회계정보이용자에게 전달한다. 이 결산절차는 다음과 같이 결산예비절차, 결산본절차, 재무제표의 작성 등 3단계로 나눌 수 있다.

1. 결산예비절차
   ① 시산표의 작성
   ② 결산정리분개
   ③ 정산표의 작성
2. 결산본절차
   ① 계정의 마감
   ② 장부의 마감
3. 재무제표의 작성
   ① (포괄)손익계산서의 작성
   ② 재무상태표의 작성 등

❙ 회계순환과정 ❙

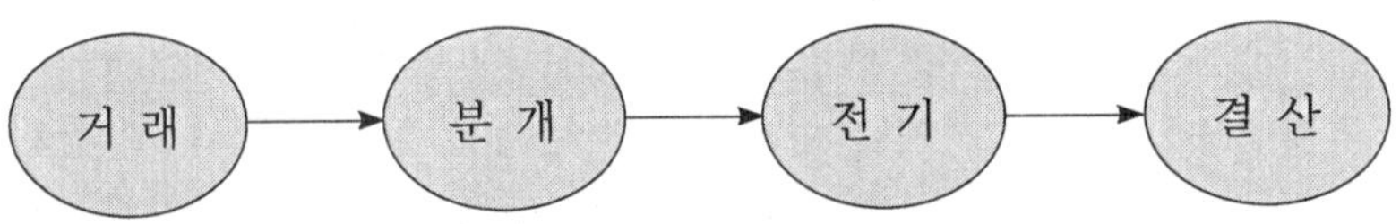

제2절 회계상의 거래

2.1 거래의 의의

회계상의 거래(Accounting Transactions)란 자산, 부채, 자본의 증감변동과 수익, 비용의 발생을 가져오는 경제적 사건(경제적 사상, economic events)을 의미한다.

(재무)회계정보를 산출하기 위해 기업이 무엇보다도 먼저 하여야 할 일은 기업이 수행하는 여러 경영활동 중에서 장부에 기록할 대상을 인식(식별)하는 일이다. 즉, 어떤 거래를 장부에 기록할 것인가 하는 문제이다. 이 때 회계기록의 대상이 되는 것을 **'회계상의 거래(accounting transactions)'**라고 한다.

회계상의 거래를 기록하는 이유는 거래가 발생하면 결과적으로 기업의 재무상태와 경영(재무)성과에 영향을 미치기 때문이다. 예를 들어 현금으로 부채를 갚으면 현금이라는 자산은 감소하는 한편 부채는 그 만큼 감소하게 되어 기업의 재무상태가 변하게 된다. 따라서 재무상태의 변화를 적절히 보여주기 위해서는 거래를 장부에 기록하여야 한다.

그러나 회계상의 거래는 자산, 부채, 자본의 증감변동의 정도를 화폐가치(금액)로 측정 가능한 경우에 한하여 장부에 기록할 수 있다. 만일 변동의 크기를 금액으로 측정할 수 없으면 회계기록의 대상이 되지 않는다.

◐ 회계상의 거래의 요점

① 자산, 부채, 자본의 변동을 가져온다.
② 그 변동의 크기를 금액으로 나타낼 수 있다.

◐ 일상적인 거래와 회계상의 거래의 차이점

일상적으로 우리가 거래(transactions)라고 말하는 것들은 대부분 회계상의 거래에 해당된다. 상품을 매입하고 판매하는 것, 현금을 빌리고 갚는 것, 건물이나 토지를 취득하거나 처분하는 것 등은 일상생활에서도 거래라고 부르며, 회계상으로도 거래가 된다. 이와 같이 대부분의 사건들은 일상적으로나 회계상으로 거래라고 할 수 있다.

그러나 다음 같은 경우에는 일상적인 거래와 회계상의 거래가 일치하지 않는다.

▸ 일상적인 거래이지만 회계상의 거래가 아닌 경우

- 상품을 주문한 경우 : 주문을 한 것만으로는 아직 상품이라는 자산이 증가한 것이 아니다.
- 건물을 매입하기로 계약을 체결한 경우 : 계약을 체결한 것만으로는 아직 건물의 소유권을 획득한 것도 아니고, 대금을 지급하여야 할 부채가 발생한 것도 아니다.

▸ 일상적인 거래는 아니지만 회계상의 거래인 경우

- 현금을 도난당한 경우 : 현금이라는 자산이 감소하였음으로 회계상의 거래이다.
- 공장이 화재로 소실된 경우 : 공장이라는 자산이 감소하였음으로 회계상의 거래이다.
- 차입금에 대한 이자가 발생한 경우 : 이자를 지급하여야 할 부채가 발생하였기 때문에 이자를 현금으로 지급하지 않았더라도 회계상의 거래이다.

2.2 거래의 이중성

거래의 이중성(duality of transactions)이란 어떤 거래든 자산, 부채, 자본에 변화를 초래하는 원인과 결과라는 두 가지 속성이 함께 들어 있다는 것을 의미한다.

자산과 자본(총자본=부채+자본)의 관계에 있어서 자산은 자본의 구체적인 운용형태이고, 자본은 그 존재형태에 따른 화폐가치 평가액을 의미한다. 이 등식은 왼쪽의 자산에 증감이 발생하면 오른쪽의 자본에도 동일한 금액이 발생한다는 것을 의미한다. 반대로 오른쪽의 자본에 증감이 발생하면 왼쪽의 자산에도 동일한 금액의 증감이 발생한다는 것이다.

이와 같이 회계상의 거래는 왼쪽과 오른쪽으로 대립관계를 이루어 반드시 양쪽에 동일한 금액이 변동하게 되고, 변동의 원인과 결과를 나타내는 바 이것을 '**거래의 이중성(거래의 양면성, duality of transactions)**'이라고 한다.

◐ 거래의 이중성의 예

'현금 200만원으로 비품을 구입하였다'라는 거래를 분석하면, 다음과 같은 두 가지 내용이 들어 있음을 알 수 있다.

① 비품 200만원이 증가(자산의 증가)

② 현금 200만원이 감소(자산의 감소)

즉 왼쪽에 비품이 증가하며, 오른쪽에 현금이 감소한 회계상의 거래이다. 이것은 현금의 감소가 원인이 되어 비품의 증가라는 결과가 나타난 것이다. 반대로 비품의 증가가 원인이 되어 현금의 감소라는 결과가 나타났다고 보아도 무방하다. 어찌 되었든 한 쪽은 다른 쪽의 원인이 되고, 또한 다른 쪽은 한 쪽의 결과가 된다. 모든 거래는 이와 같이 원인과 결과를 항상 함께 가지고 있으며, 원인의 금액과 결과의 금액도 항상 일치하게 된다.

2.3 복식부기의 원리

회계에서는 거래의 이중성에 따라 모든 거래를 원인과 결과로 나누어 이중으로 기록한다. 이와 같이 하나의 거래를 이중으로 기록하는 기록방법을 **복식부기**라고 한다.

복식부기(double entry book-keeping)는 거래의 이중성에 따라 기록하기 때문에 자산과 부채의 발생원인을 알게 해준다.

복식부기는 왼쪽과 오른쪽에 동일한 금액이 기록되므로 모든 거래의 왼쪽의 합계액과 오른쪽의 합계액은 항상 일치한다. 만일 일치하지 않으면 기록상의 오류가 발생하였다는 것을 의미하는데, 이러한 기능을 복식부기의 '자기검증기능(self-control function)'이라고 한다.

이와 같이 복식부기는 거래의 이중성에 따라 기록되므로 모든 거래의 왼쪽의 합계액과 오른쪽의 합계액이 일치하는지를 확인함으로써 그 기록 및 계산의 정확성 여부를 자동적으로 검증할 수 있는 자기검증능력을 갖고 있는데, 이것은 복식부기의 중요한 특징 중의 하나이다.

◐ 단식부기와 복식부기의 차이점

단식부기는 원인과 결과 가운데 어느 하나만을 기록하는 방법으로 주로 가계부나 과거에 관청에서 사용하는 회계기록 방식이다.

단식부기에서는 비품을 현금 200만원으로 구입한 거래가 발생한 경우 '비품 구입 200만원'이라고만 기록한다. 그러나 이러한 기록만으로는 200만원의 비품을 구입하였다는 사실은 알 수 있지만, 비품을 현금으로 구입하였는지 아니면 외상으로 구입하였는지 알 수가 없다. 즉 원인과 결과를 동시에 알려주지 못한다는 단점이 있다.

또한 단식부기에서는 200만원이라는 금액을 장부에 한번만 기록함으로써 장부기록에 오류가 있는지를 스스로 검증하는 자기검증기능이 없다는 단점도 있다.

학습보충자료 **루카 파치올리(Lccas Pacioli)와 복식부기**

오늘날 우리가 사용하는 손익계산 중심의 복식부기의 개념 및 절차는 르네상스 시기에 이탈리아의 상업도시에서 발달하기 시작한 것으로 알려지고 있다.

1494년에 베네치아에서 출간된 이탈리아의 수학자이며 수도사였던 루카 파치올리(Lccas Pacioli)의 ≪산술·기하·비례 및 비율 요론(산술, 기하, 비율 및 비례총람), Summade Arithmetica, Geometria, Proportioni et Proportionalita≫이라는 수학책에 복식부기를 소개한 것이 우리가 현재 사용하고 있는 복식부기에 관한 최초의 저서로 평가하고 있다.

물론 그 당시의 부기에서는 소유주와 기업이 분리되지 않았고, 모험기업(冒險企業)의 활동이 종료된 뒤에야 손익계산을 행하였으므로 그 뒤 17, 18세기에 들어서면서 원시적인 형태의 손익계산서와 대차대조표(현 재무상태표)가 나타났으며, 기간계산의 개념도 나타났다.

그리고 19세기에 이르러 산업혁명이 본격적으로 진행되고 주식회사제도가 발달함에 따라 복식부기가 정착되고 감가상각 개념 등도 나타나는 등 오늘날 우리가 이용하고 있는 형태의 복식부기로 발달되어왔다고 할 수 있다.

2.4 회계등식과 거래의 기록

앞에서 설명한 바와 같이 재무제표는 네 단계의 회계순환과정을 거쳐 작성된다. 그러나 여기서는 거래의 이중성과 복식부기의 원리를 좀 더 이해하기 위하여 회계등식(재무상태표등식이라고도 함.)인 [자산 = 부채 + 자본]을 이용한 거래의 기록방법과 재무상태의 변화 등을 살펴보고자 한다.

예제 3-1

다음은 서비스제공을 주요 영업활동으로 하는 서비스기업인 대한세탁소(주)의 2018년 4월의 거래내역이다.

4월 1일 : 주주들이 현금 40,000,000원을 출자하여 사업을 시작하다. 그리고 영업을 위한 공간과 설비의 임차계약을 체결하였다. 단, 임차료는 매월 말에 지급하기로 하다.

4월 5일 : 소모품 1,000,000원을 구입하고 대금은 월말에 지급하기로 하다.
4월 15일 : K사로부터 5,000,000원의 세탁업무를 의뢰받고 서비스를 제공하였으며, 서비스대금은 현금으로 받다.
4월 16일 : 거래처에 현금 1,000,000원을 3개월 기한으로 대여해주다.
4월 20일 : D사로부터 8,000,000원의 세탁업무를 의뢰받고 서비스를 제공하였으며, 서비스대금은 1개월 후에 받기로 하다.
4월 30일 : 소모품 구입대금 전액을 현금으로 지급하다. 월말 현재 소모품 재고액은 400,000원이다.
4월 30일 : 임차료 500,000원을 현금으로 지급하다.
4월 30일 : 거래은행으로부터 2,000,000원을 현금으로 장기차입하다.

그러면 이제 이상의 거래를 분석하여 회계등식인 [자산 = 부채 + 자본]을 이용한 거래의 기록방법을 설명해보자.

- **4월 1일의 거래** : 주주들이 현금 40,000,000원을 출자하여 사업을 시작하다. 그리고 영업을 위한 공간과 설비의 임차계약을 체결하였다. 단, 임차료는 매월 말에 지급하기로 하다.
- **거래의 분석** : 이 거래는 회사를 설립하고 주주들이 출자하여 사업을 시작한 거래이다. 주주들이 현금을 출자하였으므로 현금(자산)이 40,000,000원 증가하였으며, 그로 인해 자본금(자본)이 그 만큼 증가하였다. 단, 임차계약으로 자산, 부채, 자본에 영향을 미치지 않았으므로 그것은 기록하지 않는다.

회계등식 : 자산 = 부채 + 자본

(단위: 만원)

	현금	=	자본금
[거래 전]	0		0
[4/1 거래]	+40,000	=	+40,000
[거래 후]	40,000	=	40,000

- **4월 5일의 거래** : 소모품 1,000,000원을 구입하고 대금은 월말에 지급하기로 하다.
- **거래의 분석** : 영업에 사용하기 위해 소모품을 구입하였으므로 소모품(자산)이

1,000,000원 증가하였고, 대금은 월말에 지급하기로 하였으므로 미지급금(부채)이 1,000,000원 증가하였다.

회계등식 :	자산		=	부채	+	자본

(단위: 만원)

	현금	소모품	=	미지급금	자본금
[거래 전]	40,000		=		40,000
[4/5 거래]		+1,000		+1,000	
[거래 후]	40,000	1,000	=	1,000	40,000

- **4월 15일의 거래** : K사로부터 5,000,000원의 세탁업무를 의뢰받고 서비스를 제공하였으며, 서비스대금은 현금으로 받다.
- **거래의 분석** : 5,000,000원의 세탁업무를 의뢰받고 서비스를 제공하여 서비스수익이 발생하였으므로 이익잉여금(자본)이 5,000,000원 증가하였고, 대금을 현금으로 받았으므로 현금(자산)이 5,000,000원 증가하였다.

회계등식 :	자산		=	부채	+	자본

(단위: 만원)

	현금	소모품	=	미지급금	자본금	이익잉여금
[거래 전]	40,000	1,000	=	1,000	40,000	
[4/15 거래]	+5,000		=			+5,000
[거래 후]	45,000	1,000	=	1,000	40,000	5,000

- **4월 16일의 거래** : 거래처에 현금 1,000,000원을 3개월 기한으로 대여해주다.
- **거래의 분석** : 거래처에 현금 1,000,000원을 대여해 주었으므로 현금(자산)이 1,000,000원 감소하였고, 동시에 단기대여금(자산)이라는 새로운 자산이 1,000,000원 증가하였다.

회계등식 :	자산		=	부채	+	자본

(단위: 만원)

	현금	소모품	단기 대여금	=	미지급금	자본금	이익잉여금
[거래 전]	45,000	1,000		=	1,000	40,000	5,000
[4/16 거래]	-1,000		+1,000				
[거래 후]	44,000	1,000	1,000	=	1,000	40,000	5,000

- **4월 20일의 거래 :** D사로부터 8,000,000원의 세탁업무를 의뢰받고 서비스를 제공하였으며, 서비스대금은 1개월 후에 받기로 하다.
- **거래의 분석 :** 8,000,000원의 세탁업무를 의뢰받고 서비스를 제공하여 서비스수익이 발생하였으므로 이익잉여금(자본)이 8,000,000원 증가하였고, 대금은 1개월 후에 받기로 하였으므로 외상매출금(자산)이 8,000,000원 증가하였다.

회계등식 : 자산 = 부채 + 자본

(단위: 만원)

	현금	소모품	단기 대여금	외상 매출금	=	미지급금	자본금	이익잉금
[거래 전]	44,000	1,000	1,000		=	1,000	40,000	5,000
[4/20 거래]				+8,000	=			+8,000
[거래 후]	44,000	1,000	1,000	8,000	=	1,000	40,000	13,000

- **4월 30일의 거래 :** 소모품 구입대금 전액을 현금으로 지급하다. 월말 현재 소모품 재고액은 400,000원이다.
- **거래의 분석 :** 4월 5일 구입한 소모품 대금 1,000,000원을 현금으로 지급하였으므로 현금(자산)이 1,000,000원 감소하였고, 4월 5일 거래대금에 대한 부채인 미지급금(부채)을 갚았으므로 부채 1,000,000원이 감소하였다. 또한 소모품 중 600,000원 만큼의 소모품을 사용하였으므로 소모품(자산)이 600,000원 감소하였고, 소모품비가 발생하여 이익잉여금이 600,000원 감소하였다.

회계등식 : 자산 = 부채 + 자본

(단위: 만원)

	현금	소모품	단기 대여금	외상 매출금	=	미지급금	자본금	이익잉여금
[거래 전]	44,000	1,000	1,000	8,000	=	1,000	40,000	13,000
[4/30 거래]	-1,000	-600			=	-1,000		-600
[거래 후]	43,000	400	1,000	8,000	=	0	40,000	12,400

- **4월 30일의 거래 :** 임차료 500,000원을 현금으로 지급하다.
- **거래의 분석 :** 임차료 500,000원을 현금으로 지급하였으므로 이익잉여금(자본)이 500,000원 감소하였고, 대금을 현금으로 지급하였으므로 현금(자산)이 500,000원 감소하였다.

회계등식 : 자산 = 부채 + 자본

(단위: 만원)

	현금	소모품	단기 대여금	외상 매출금	=	자본금	이익잉여금
[거래 전]	43,000	400	1,000	8,000	=	40,000	12,400
[4/30 거래]	-500				=		-500
[거래 후]	42,500	400	1,000	8,000	=	40,000	11,900

- **4월 30일의 거래 :** 거래은행으로부터 2,000,000원을 현금으로 장기차입하다.
- **거래의 분석 :** 거래은행으로부터 2,000,000원을 현금으로 장기차입하였으므로 현금(자산)이 2,000,000원 증가하였고, 장기차입금(부채)이 2,000,000원 증가하였다.

회계등식 : 자산 = 부채 + 자본

(단위: 만원)

	현금	소모품	단기 대여금	외상 매출금	=	장기차입금	자본금	이익잉여금
[거래 전]	42,500	400	1,000	8,000	=		40,000	11,900
[4/30 거래]	+2,000				=	+2,000		
[거래 후]	44,500	400	1,000	8,000	=	2,000	40,000	11,900

이상과 같이 거래와 거래를 분석하여 재무상태의 변화를 회계등식을 이용한 거래의 기록방법으로 설명하였다. 앞에서 설명한 바와 같이 재무제표를 작성하기 위해서는 회계순환과정(accounting cycle)을 거쳐야 하나 여기서 본 바와 같이 [자산 = 부채 + 자본]이라는 회계등식을 통해서도 재무상태의 변화를 파악할 수 있으며, 당기의 순손익(이익잉여금)의 변화도 파악할 수 있다.

위 회계등식을 이용한 거래의 기록방법으로 대한세탁소(주)의 재무상태표와 손익계산서[1]를 작성해보면 다음과 같다.

재무상태표(계정식)

대한세탁소(주) 2018년 4월 30일 현재

현　　　　금	₩44,500,000	장 기 차 입 금	2,000,000
매 출 채 권	8,000,000	자　본　금	40,000,000
단 기 대 여 금	1,000,000	이 익 잉 여 금	11,900,000
소　모　품	400,000		
자 산 총 계	₩53,900,000	부 채 와 자 본 총 계	₩53,900,000

재무상태표(보고식)

대한세탁소(주) 2018년 4월 30일 현재

(자산)	
현　　　　금	₩44,500,000
매 출 채 권	8,000,000
단 기 대 여 금	1,000,000
소　모　품	400,000
자 산 총 계	₩53,900,000
(부채)	
장 기 차 입 금	₩2,000,000
(자본)	
자　본　금	40,000,000
이 익 잉 여 금	11,900,000
부 채 와 자 본 총 계	₩53,900,000

1) 회계등식인 [자산 =부채 + 자본]을 이용하여 거래를 기록하는 경우 정확히 말하면 재무상태인 자산, 부채, 자본에 대한 회계정보는 파악할 수 있으나, 성과인 수익, 비용, 그리고 당기순이익에 대한 회계정보는 알 수 없게 된다. 여기서는 이익잉여금의 변화를 가져온 수익과 비용 거래를 일일이 찾아 손익계산서를 작성한 것이다. 이와 같은 문제점 때문에 후술하는 바와 같이 앞의 회계등식인 [자산 = 부채 + 자본]을 확장한 [자산 + 비용 = 부채 + 자본 + 수익]의 회계등식을 이용하면 재무상태(자산, 부채, 자본)에 대한 회계정보는 물론 성과(수익, 비용, 당기순손익)에 대한 회계정보도 파악할 수 있게 된다.

손익계산서(보고식)

대한세탁소(주) 2018년 4월 1일부터 2018년 4월 30일까지

(수익)		₩13,000,000
용 역 매 출	₩13,000,000	
(비용)		₩1,100,000
소 모 품 비	₩600,000	
임 차 료	500,000	
(당기순이익)		₩11,900,000

2.5 회계등식의 확장과 거래의 기록

앞의 2.4 회계등식과 거래의 기록에서는 흔히 재무상태표등식이라고 하는 회계등식인 [자산 = 부채 + 자본]을 이용하여 거래의 기록방법과 재무상태의 변화 등을 살펴보았다. 이 등식을 이용하여 거래를 분석하여 그 거래를 기록하였을 때 수익이나 비용이 발생하는 거래의 경우(예로서 앞 예제 3-1의 경우 4월 15일, 20일, 30일 거래 등) 수익이 발생하면 자본(이익잉여금)의 증가로, 비용이 발생하면 자본(이익잉여금)의 감소로 기록하였다. 그러나 엄격히 말하면 자본은 주주들로부터 출자받은 자본금과 경영활동 결과 얻은 당기순이익으로 구성된다.

앞에서 이용한 회계등식인 [자산 = 부채 + 자본]을 이용하여 거래를 기록하는 경우 재무상태인 자산, 부채, 자본에 대한 회계정보는 파악할 수 있으나, 성과인 수익, 비용, 그리고 당기순이익에 대한 회계정보는 알 수 없게 된다. 따라서 앞의 회계등식인 [자산 = 부채 + 자본]을 확장하여 다음과 같은 회계등식을 이용하면 성과에 대한 정보도 파악할 수 있게 된다.

회계등식 : 자산 = 부채 + 자본 + 수익 − 비용

이 회계등식은 우변의 비용을 좌변으로 옮기면 다음과 같이 나타낼 수도 있다.

회계등식 : 자산 + 비용 = 부채 + 자본 + 수익

그러면 이제부터는 앞 예제 3-1의 거래를 분석하여 종래의 회계등식을 확장한 새로운 회계등식 즉 [자산 + 비용 = 부채 + 자본 + 수익]을 이용한 거래의 기록방법을 설명해보자.

- **4월 1일의 거래** : 주주들이 현금 40,000,000원을 출자하여 사업을 시작하다. 그리고 영업을 위한 공간과 설비의 임차계약을 체결하였다. 단, 임차료는 매월 말에 지급하기로 하다.
- **거래의 분석** : 이 거래는 회사를 설립하고 주주들이 출자하여 사업을 시작한 거래이다. 주주들이 현금을 출자하였으므로 현금(자산)이 40,000,000원 증가하였고, 그로 인해 자본금(자본)이 그 만큼 증가하였다. 단, 임차계약으로 자산, 부채, 자본에 영향을 미치지 않았으므로 그것은 기록하지 않는다.

회계등식 : 자산 + 비용 = 부채 + 자본 + 수익

(단위: 만원)

	현금	=	자본금
[거래 전]	0		0
[4/1 거래]	+40,000	=	+40,000
[거래 후]	40,000	=	40,000

- **4월 5일의 거래** : 소모품 1,000,000원을 구입하고 대금은 월말에 지급하기로 하다.
- **거래의 분석** : 영업에 사용하기 위해 소모품을 구입하였으므로 소모품(자산)이 1,000,000원 증가하였고, 대금은 월말에 지급하기로 하였으므로 미지급금(부채)이 1,000,000원 증가하였다.

회계등식 : 자산 + 비용 = 부채 + 자본 + 수익

(단위: 만원)

	현금	소모품	=	미지급금	자본금
[거래 전]	40,000		=		40,000
[4/5 거래]		+1,000		+1,000	
[거래 후]	40,000	1,000	=	1,000	40,000

- **4월 15일의 거래** : K사로부터 5,000,000원의 세탁업무를 의뢰받고 서비스를 제공하였으며, 서비스대금은 현금으로 받다.
- **거래의 분석** : 5,000,000원의 세탁업무를 의뢰받고 서비스를 제공하여 서비스수

익이 발생하였으므로 용역매출(수익)이 5,000,000원 증가하였고, 대금을 현금으로 받았으므로 현금(자산)이 5,000,000원 증가하였다.

회계등식 : 자산 + 비용 = 부채 + 자본 + 수익

(단위: 만원)

	현금	소모품	=	미지급금	자본금	용역매출
[거래 전]	40,000	1,000	=	1,000	40,000	
[4/15 거래]	+5,000		=			+5,000
[거래 후]	45,000	1,000	=	1,000	40,000	5,000

- **4월 16일의 거래** : 거래처에 현금 1,000,000원을 3개월 기한으로 대여해주다.
- **거래의 분석** : 거래처에 현금 1,000,000원을 대여해 주었으므로 현금(자산)이 1,000,000원 감소하였고, 동시에 단기대여금(자산)이라는 새로운 자산이 1,000,000원 증가하였다.

회계등식 : 자산 + 비용 = 부채 + 자본 + 수익

(단위: 만원)

	현금	소모품	단기 대여금	=	미지급금	자본금	용역매출
[거래 전]	45,000	1,000		=	1,000	40,000	5,000
[4/16 거래]	-1,000		+1,000				
[거래 후]	44,000	1,000	1,000	=	1,000	40,000	5,000

- **4월 20일의 거래** : D사로부터 8,000,000원의 세탁업무를 의뢰받고 서비스를 제공하였으며, 서비스대금은 1개월 후에 받기로 하다.
- **거래의 분석** : 8,000,000원의 세탁업무를 의뢰받고 서비스를 제공하여 서비스수익이 발생하였으므로 용역매출(수익)이 8,000,000원 증가하였고, 대금은 1개월 후에 받기로 하였으므로 외상매출금(자산)이 8,000,000원 증가하였다.

회계등식 : 자산 + 비용 = 부채 + 자본 + 수익

(단위: 만원)

	현금	소모품	단기 대여금	외상 매출금	=	미지급금	자본금	용역매출
[거래 전]	44,000	1,000	1,000		=	1,000	40,000	5,000
[4/20 거래]				+8,000	=			+8,000
[거래 후]	44,000	1,000	1,000	8,000	=	1,000	40,000	13,000

- **4월 30일의 거래** : 소모품 구입대금 전액을 현금으로 지급하다. 월말 현재 소모품 재고액은 400,000원이다.
- **거래의 분석** : 4월 5일 구입한 소모품 대금 1,000,000원을 현금으로 지급하였으므로 현금(자산)이 1,000,000원 감소하였고, 4월 5일 거래대금에 대한 부채인 미지급금(부채)을 갚았으므로 부채 1,000,000원이 감소하였다. 또한 소모품 중 600,000원 만큼의 소모품을 사용하였으므로 소모품(자산)이 600,000원 감소하였고, 소모품비(비용)가 발생하여 비용이 600,000원 증가하였다.

회계등식 : 자산 + 비용 = 부채 + 자본 + 수익

(단위: 만 원)

	현금	소모품	단기 대여금	외상 매출금	소모 품비	=	미지급금	자본금	용역매출
[거래 전]	44,000	1,000	1,000	8,000		=	1,000	40,000	13,000
[4/30 거래]	-1,000	-600			+600	=	-1,000		
[거래 후]	43,000	400	1,000	8,000	600	=	0	40,000	13,000

- **4월 30일의 거래** : 임차료 500,000원을 현금으로 지급하다.
- **거래의 분석** : 임차료 500,000원을 현금으로 지급하였으므로 임차료(비용)가 500,000원 증가하였고, 대금을 현금으로 지급하였으므로 현금(자산)이 500,000원 감소하였다.

회계등식 : 자산 + 비용 = 부채 + 자본 + 수익

(단위: 만 원)

	현금	소모품	단기 대여금	외상 매출금	소모 품비	임차료	=	미지급금	자본금	용역매출
[거래 전]	43,000	400	1,000	8,000	600		=	0	40,000	13,000
[4/30 거래]	-500					+500	=			
[거래 후]	42,500	400	1,000	8,000	600	500	=		40,000	13,000

- **4월 30일의 거래** : 거래은행으로부터 2,000,000원을 현금으로 장기차입하다.
- **거래의 분석** : 거래은행으로부터 2,000,000원을 현금으로 장기차입하였으므로 현금(자산)이 2,000,000원 증가하였고, 장기차입금(부채)이 2,000,000원 증가하였다.

회계등식 : 자산 + 비용 = 부채 + 자본 + 수익

(단위: 만원)

	현금	소모품	단기 대여금	외상 매출금	소모 품비	임차료	=	장기차입금	자본금	용역매출
[거래 전]	42,500	400	1,000	8,000	600	500	=		40,000	13,000
[4/30 거래]	+2,000						=	+2,000		
[거래 후]	44,500	400	1,000	8,000	600	500	=	2,000	40,000	13,000

이상과 같이 대한세탁소(주)의 거래와 거래를 분석하여 재무상태의 변화와 손익의 변화를 회계등식인 [자산+비용 = 부채+자본+수익]을 이용한 거래의 기록방법으로 설명하였다. 앞에서 설명한 바와 같이 재무제표를 작성하기 위해서는 회계순환과정을 거쳐야 하나 여기서 본 바와 같이 [자산+비용 = 부채+자본+수익]이라는 회계등식을 통해서도 재무상태의 변화를 파악할 수 있으며, 당기순손익의 변화도 파악할 수 있다.

위 회계등식을 이용한 거래의 기록방법으로 대한세탁소(주)의 손익계산서와 재무상태표를 작성해보면 다음과 같다.

손익계산서(보고식)

대한세탁소(주) 2018년 4월 1일부터 2018년 4월 30일까지

(수익)			₩13,000,000
	용역매출	₩13,000,000	
(비용)			₩1,100,000
	소모품비	₩600,000	
	임차료	500,000	
(당기순이익)			₩11,900,000

재무상태표(계정식)

대한세탁소(주) 2018년 4월 30일 현재

현 금	₩44,500,000	장 기 차 입 금	2,000,000
매 출 채 권	8,000,000	자 본 금	40,000,000
단 기 대 여 금	1,000,000	이 익 잉 여 금	11,900,000
소 모 품	400,000		
자 산 총 계	₩53,900,000	부 채 와 자 본 총 계	₩53,900,000

재무상태표(보고식)

대한세탁소(주) 2018년 4월 30일 현재

(자산)	
현 금	₩44,500,000
매 출 채 권	8,000,000
단 기 대 여 금	1,000,000
소 모 품	400,000
자 산 총 계	₩53,900,000
(부채)	
장 기 차 입 금	₩2,000,000
(자본)	
자 본 금	40,000,000
이 익 잉 여 금	11,900,000
부 채 와 자 본 총 계	₩53,900,000

2.5 거래 8요소의 결합관계

◐ 거래의 8요소의 개념

모든 회계상의 거래는 재무상태표와 (포괄)손익계산서의 구성요소인 자산, 부채, 자본, 수익, 비용의 증가·감소 또는 발생을 가져오는 데, 반드시 두 가지 이상의 요소들이 관련되어 나타난다. 다만 거래를 분석하여 보면 거래의 구성요소는 다음과 같은 8가지 요소들로 구성됨을 볼 수 있는데 이것을 '**거래의 8요소**'라고 하며, 하나의 거래는 왼쪽 요소와 오른쪽 요소가 서로 결합되어 나타나는 것을 볼 수 있다.

거래의 8요소는 왼쪽(차변) 요소 4가지와 오른쪽(대변) 요소 4가지로 구성되는데 이들 왼쪽 요소와 오른쪽 요소가 결합함으로써 구체적인 거래로 나타나게 된다. 다음은 거래의 8요소가 어떻게 결합되는지를 나타낸 것이다.

거래 8요소의 결합관계

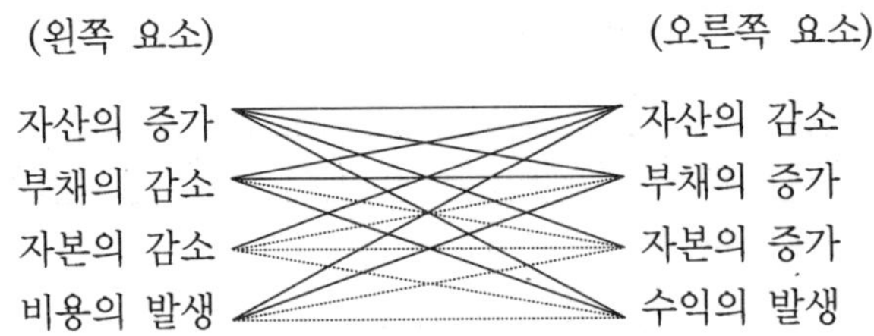

위의 거래의 결합관계를 설명하면 다음과 같다.

첫째, 거래의 결합관계에서 자산의 증가, 부채의 감소, 자본의 감소, 그리고 비용의 발생이 왼쪽 요소가 되는 이유를 설명하면 자산은 회계등식에서 자산이 왼쪽 항목이므로 당연히 왼쪽에 표시되어야 하며, 부채와 자본은 오른쪽 항목이므로 부채와 자본의 증가는 오른쪽에 표시되나 감소는 반대상황이므로 왼쪽에 표시되어야 한다. 또한, 비용의 발생은 자본의 감소에 해당되므로 당연히 거래의 결합관계에서 왼쪽 요소가 되는 것이다.

둘째, 거래의 결합관계에서 자산의 감소, 부채의 증가, 자본의 증가, 그리고 수익의 발생이 오른쪽 요소가 되는 이유를 설명하면 회계등식에서 자산의 증가는 왼쪽 항목이 되나, 감소는 반대상황이므로 오른쪽에 표시되어야 하며, 부채와 자본은 오른쪽 항목이므로 그 증가는 거래의 결합관계에서 오른쪽에 표시되어야 한다. 그리고 수익의 발생은 자본의 증가에 해당되므로 당연히 거래의 결합관계에서 오른쪽 요소가 되는 것이다.

셋째, 거래의 결합관계에서 점선표시(…)로 된 거래형태는 별로 발생하지 않는 거래를 의미한다.

넷째, 모든 거래는 거래의 8요소로 구성되며 거래요소의 결합관계는 왼쪽 요소와 오른쪽 요소가 결합되는데, 이 때 왼쪽 요소끼리 또는 오른쪽 요소끼리 상호 결합하여 거래가 발생하는 경우는 없다. 즉, 자산의 증가가 부채의 감소나 자본의 감소 및 비용의 발생과는 결합될 수 없으며, 자산의 감소가 부채의 증가나 자본의 증가 및 수익의 발생과는 결합될 수 없다. 또한 거래는 반드시 왼쪽 요소와 오른쪽 요소 하나씩만 결합하는 것이 아니라 양쪽이 상호 하나 이상의 요소가 결합하는 경우도 있다.

이와 같이 복식부기에서는 모든 회계상의 거래를 이상에서 설명한 거래 8요소의 결합관계로 분해할 수 있는데 그 몇 가지의 예를 들면 다음과 같다.

왼쪽 요소	오른쪽 요소	거래의 예시
자산의 증가	자산의 감소 부채의 증가 자본의 증가 수익의 발생	현금을 주고 비품을 구입하다. 현금을 은행에서 차입하다. 주식을 발행하여 현금을 조달하다. 대여금에 대한 이자를 현금으로 받다.
부채의 감소	자산의 감소 부채의 증가 자본의 증가 수익의 발생	차입금을 현금으로 상환하다. 외상매입금을 어음을 발행하여 지급하다. 전환사채가 주식으로 전환되다. 채무를 면제받다.
자본의 감소	자산의 감소 부채의 증가 자본의 증가 수익의 발생	자기주식을 현금으로 매입하여 소각하다. 주주총회에서 현금배당을 결의하다. 자본잉여금을 자본에 전입하다. 결손금 보전을 위해 감자를 실시하다.
비용의 발생	자산의 감소 부채의 증가 자본의 증가 수익의 발생	종업원 급여를 현금으로 지급하다. 결산일에 미지급비용을 계상하다. 상여금을 주식으로 지급하다. 임대료를 받아 이자비용을 지급하다.

학습보충자료

개성상인과 송도사개치부법

1. 개성상인(開城商人)

송도(松都)상인・송상(松商)으로도 불린다. 고려를 창건하여 개경(開京)에 도읍을 정한 왕건은 송악(松嶽) 지방의 신흥귀족의 후예로서, 그의 조상은 대대로 당(唐)나라와의 무역에 종사하여 부(富)를 축적함으로써 상당한 해상세력을 이루었다. 그 해상세력은 송악을 중심으로 패강진(浿江鎭)의 황해도 일부와 혈구진(穴口鎭)의 강화도 및 한강 하류 일대에 큰 영향력을 떨쳐, 개국 후 고려가 중국의 송(宋), 아라비아의 다지국[大食國] 및 왜(倭)와의 무역을 일으키는 데 크게 기여하였다. 이때 송악 근처 예성강 입구의 벽란도(碧瀾渡)는 국제무역항의 구실을 하였는데, 근처의 송악도 일국의 수도로서, 외국사신의 빈번한 왕래에 의한 공무역(公貿易)과 외국상인에 의한 사무역(私貿易)이 번창하여 상업도시로서도 발달하였다.

또한 개국 초부터 설치한 시전(市廛)은 국내 상거래는 물론 송나라 등 외국과의 교역도 활발하였는데, 이러한 무역과 국내 각지와의 상업활동은 주로 규모가 크고 상술이 앞선 개성상인이 맡아하였다. 개성 시전은 조선왕조가 도읍을 한양으로 옮긴 후에

도, 어려운 고비를 넘기며 훤전(縇廛), 백목전(白木廛), 청포전(青布廛), 어과전(魚果廛)의 4대전과 일반 시전이 서울의 6의전(六矣廛) 등에 맞서 꾸준히 발전을 거듭하였다.

개성상인에는 조선시대에 소외당한 구왕조의 사대부 계층과 많은 지식인이 있었는데, 이들의 지식은 상업의 합리적 경영과 상술을 개발하여 나가는 데 큰 힘이 되어, 이미 서양보다 2세기나 앞서서 사개송도치부법(四介松都置簿法)이라는 독특한 복식부기를 고안하여 사용하였다. 고려시대에 무역의 전성기를 보낸 개성상인들은 조선시대에는 민간상인에 의한 무역을 금지하였으므로 큰 타격을 받았고, 시전에서도 서울상인들이 관수품과 무역상품의 조달권을 장악하였다. 그러나 개성상인은 4대 시전과 문외(門外) 백목전 등 16종에 이르는 시전이 가지고 있던 전국 상업계를 연결하는 행상(行商) 조직으로, 이를 극복하고 조선 초기부터 기반을 확고히 다져나갔다. 여기에 근면, 성실과 높은 지식수준에 의한 상술의 개발로 서울 상인군과 쌍벽을 이루었다.

조선 중기 이후 상품, 화폐 경제의 발달에 따라 개성은 전국 제일의 상업도시로 발전하였다. 지방에 객주(客主), 여각(旅閣)이 생기면서 상권을 전국적으로 확대, 조직화하여 송방(松房)이라는 지점(支店)을 전국 주요 상업중심지에 설치하였으며, 지점장격인 차인(差人)을 파견하여 지방 생산품의 수집과 매매를 하였다. 송방 또는 개성상인이라는 특수한 명칭은 이때부터 전국적으로 알려졌으며, 특히 송방은 전국의 포목(布木) 상권을 장악하여 포목 가격이 그들에 의하여 좌우될 정도였다. 이들은 양태가 집산되는 강진(康津), 해남(海南) 근해까지 진출하여 서울의 양태전으로 팔려가던 양태를 매점, 직접 판매함으로써 서울 양태전에 큰 타격을 주었다. 이들은 이러한 도고상업(都賈商業: 매점 또는 독점상업)으로 상업자본을 축적하였다.

18세기에 이르러 개성상인은 중국 사신(使臣) 일행 속에 잠입하여 청상(淸商)과 은, 인삼 등을 직접 교역하는 밀무역도 하였다. 또한 독특한 도고방법으로 피혁, 지물 등도 매점하여 중국에 직접 수출하고, 중국에서는 바늘, 모자, 말총, 채련피(采蓮皮: 당나귀 가죽), 백삼승(白三升: 흰 무명), 궤자(가마테), 잡품(雜品) 등을 수입하였다. 개성상인은 삼포(蔘圃)에서 인삼을 재배하기 이전부터 선매(先買)하여 이를 일본에 수출하고, 일본으로부터는 은을 들여와서 다시 중국에 수출하여 큰 이익을 얻었다. 개성상인은 이렇게 해서 축적한 자본으로 인삼의 재배와 가공, 광산 개발 등에 투자하였다. 개성상인이 자본축적도를 높일 수 있었던 것은 무엇보다도 홍삼의 밀조와 밀수출이었다. 정부의 단속이 심하였으나 선박으로 밀수출하였으며, 이를 위한 홍삼제조장은 다른 지방에도 두었다.

개성상인의 자본은 개항 전 국내 최대의 토착 민간자본으로 성장하여, 개항 후 외국자본의 침입에 대항하는 가장 강한 민간자본으로 대두하였다. 이렇게 되자 개성상인의 자본은 외국자본에 의하여 철저히 봉쇄당하게 되었다. 특히 인삼의 수출권을 일본인에게 빼앗겨 그 붕괴 속도가 더욱 빨랐다. 근면과 상술, 철저한 상혼(商魂), 전국적 규모의 도고상업, 송방(松房) 등은 개성상인의 대명사라고 할 수 있다.

2. 송도사개치부법

사개치부법(四介治簿法)이라고도 하며, 고려시대의 수도인 송도(현재 개성)를 중심으로 쓰였기 때문에 일명 개성부기, 사개송도치부법(四介松都治簿法), 또는 송도사개치부법(松都四介治簿法)이라고도 한다. 이 부기법은 오늘날 우리가 사용하는 서양의 복식부기와 근본 원리가 같아 일찍부터 국제학계의 주목을 받아 왔다.

발생 시기에 대해서는 약간의 이론이 있으나, 고려시대 전성기에 발생한 서양의 복식부기법보다 200년 이상 앞서 개발된 점에서 역사적 의의가 크다. 이러한 사실은 개성이 일찍부터 상업도시로 발전한 역사적 사실과 깊은 관련이 있다.

부기의 조직은 봉차(奉次: 자산) 1개, 급차(級次: 부채) 1개, 이익 1개, 손해 1개로 이루어졌으며, 이처럼 부기의 조직(문서)이 모두 4개라는 데서 사개치부법이라는 이름이 생겨났다. 이것으로 만들어진 개성장부는 여러 가지가 있는데, 그 중 기본이 되는 것은 일기장(日記帳)과 분개장(分介帳)이다.

일기장에는 초일기(草日記), 중일기(中日記) 등이 있으며, 분개장에는 봉차장, 급차장, 원장(元帳), 외상장책(外上長冊), 타급장책(他給長冊), 결산장 등이 들어 있다.

일기장과 분기장 외에 통장을 통칭하여 주요 장부라고 하는데, 그 중에서도 기본이 되는 것은 일기장과 장책이다. 일기장 가운데 초일기는 영업일지에 해당하는 단순한 거래의 기록이고, 중일기는 정서한 일기책으로 분개인 장책에 전기(轉記) 매개구실을 한다. 장책은 복식부기에서의 총계정원장에 상당하는데, 외상장책은 준 것에 대해 나중에 갚아야 될 것을 기록한 장부이다.

개성장부에는 이 밖에도 보조장부에 속하는 현금출납장, 물품거래장, 위탁물처리장, 어험수지장(어음수지장), 회계책, 손익계산장 등이 있다. 개성상인은 이러한 장부를 사용하면서도 장부의 기록과 계산의 편의를 위해 독특한 부호를 개발하였다.

그 가운데 대표적인 것으로 대조 또는 전기할 때 쓰는 타점법(打點法), 대차의 완결을 표시하는 열기법(列旗法) 등이 있으며, 금전의 출납에 대해서는 '상(上)', '하(下)'의 문자를 사용하는 등 독특한 기록법을 창안하였다. 또 1~9의 숫자에 대해 한자를 사용하지 않고 그들이 개발한 별도의 문자를 사용하였다.

출처: 네이버 지식백과, 개성상인, 사개치부법, 두산백과

연습문제

1. 다음 사항 중 회계상의 거래인 것과 아닌 것을 구별하시오.

① 외상 매출하였던 상품 1,000,00원이 품질의 불량으로 반품되어 오다.
② 현금 5,000,000원을 은행에 예금하다.
③ 시가 2,000,000,000원의 부동산에 대한 매매계약을 맺다.
④ 상품 7,000,000원을 창고회사에 보관하다.
⑤ 은행에서 현금 20,000,000원을 빌리기로 약속 받았다.
⑥ 건물이 헐려서 30,000,000원의 가치가 감소되다
⑦ 상품 8,000,000원을 매출하기로 하고 대금 중 일부 5,000,000원을 미리 받다.

2. 다음 중 회계상의 거래에 해당하는 것은?

① 현금을 차입하고 차용증서를 작성하여 주다.
② 회사에 도둑이 들어 비품의 일부를 도난당하다.
③ 상품의 판매를 구두로 계약하다.
④ 채무자가 이자비용을 통장에 입금하다.
⑤ 보유한 현금잔액이 장부상의 금액보다 많은 것이 발견되다.
⑥ 상품을 매입하고 대금은 3개월 만기 어음으로 결제하다.
⑦ 건설회사와 공장건물을 10억 원에 짓기로 계약하다.
⑧ 내년도의 임차료 5,000,000원을 지급하기로 약속하다.
⑨ 자본주가 개인이 사용할 목적으로 현금 10,000,000원을 인출해 가다.

3. 다음의 거래들의 결합관계를 나타내시오.

① 현금 50,000,000원과 건물 300,000,000원을 출자하여 개업하다.
② 상품 13,000,000원을 매입하고, 대금은 현금으로 지급하다.
③ 원가 5,000,000원의 상품을 8,000,000원에 매출하고 대금은 외상으로 하다.
④ 상품 6,000,000원을 외상으로 매입하다.
⑤ 급여 10,000,000원을 현금으로 지급하다.
⑥ 대여금에 대한 이자 2,000,000원을 현금으로 받다.
⑦ 차입금 8,000,000원과 그 이자 500,000원을 현금으로 지급하다.

해답

1. 회계상의 거래인 것 — ①, ②, ⑥, ⑦
회계상의 거래가 아닌 것 — ③, ④, ⑤

2. ①, ②, ④, ⑤, ⑥, ⑨

3. ① 자산의 증가 — 자본의 증가
② 자산의 증가(또는 비용의 발생) — 자산의 감소
③ 자산의 증가 — 수익의 발생(또는 자산의 감소, 수익의 발생)
④ 자산의 증가(또는 비용의 발생) — 부채의 증가
⑤ 비용의 발생 — 자산의 감소
⑥ 자산의 증가 — 수익의 발생
⑦ 부채의 감소, 비용의 발생 — 자산의 감소

종합문제

1. 회계상의 거래(accounting transactions)란 무엇인가?

2. 일상적인 거래이나 회계상의 거래가 아닌 것을 예를 들어 설명하시오.

3. 거래의 이중성(duality of transactions)을 설명하시오.

4. 거래 8요소의 개념을 설명하고, 그 결합관계를 예를 들어 설명하시오.

5. 다음의 거래들의 결합관계를 분석하시오.

예 – 현금을 출자하여 사업을 시작하다.

해답 – 자산(현금)의 증가, 자본(자본금)의 증가

① 용역을 제공하고 현금을 받다.
② 상품을 매입하고 대금은 현금으로 지급하다.
③ 단기대여금을 현금으로 회수하다.
④ 비품을 구입하고 대금 중 일부는 현금으로 지급하고, 나머지는 외상으로 하다.
⑤ 소모품을 구입하고 대금은 현금으로 지급하다.
⑥ 화재로 상품의 일부가 소실되었다.
⑦ 외상매출금의 일부가 거래은행의 당좌예금에 입금되다.
⑧ 용역을 제공하고 대금은 후일에 받기로 하다.

6. 다음의 거래요소의 결합관계에 적절한 거래 예를 한 가지씩 제시하시오.

① 자산의 증가 — 수익의 발생
② 자산의 증가 — 자산의 감소, 부채의 증가
③ 자본의 감소 — 자산의 감소
④ 비용의 발생 — 부채의 증가
⑤ 수익의 소멸 — 자산의 감소
⑥ 자산의 증가, 자산의 증가 — 수익의 발생
⑦ 부채의 감소 — 수익의 발생
⑧ 부채의 감소, 비용의 발생 — 자산의 감소
⑨ 자산의 증가 — 자산의 감소, 수익의 발생
⑩ 부채의 감소 — 자본의 증가

7. 다음은 컨설팅제공을 주요 영업활동으로 하는 비룡컨설팅(주)의 2018년 4월의 거래내역이다.

- 4월 1일 : 주주들이 현금 8,000,000원을 출자하여 사업을 시작하다. 그리고 영업을 위한 공간에 대한 임차계약을 체결하였다. 단, 임차료는 매월 말에 지급하기로 하다.
- 4월 5일 : 소모품 200,000원을 구입하고 대금은 월말에 지급하기로 하다.
- 4월 15일 : 의뢰인으로부터 1,000,000원의 컨설팅업무를 의뢰받고 서비스를 제공하였으며, 대금은 현금으로 받다.
- 4월 16일 : 거래처에 현금 200,000원을 3개월 기한으로 대여해주다.
- 4월 20일 : 의뢰인으로부터 1,600,000원의 컨설팅업무를 의뢰받고 서비스를 제공하였으며, 서비스대금은 1개월 후에 받기로 하다.
- 4월 30일 : 소모품 구입대금 전액을 현금으로 지급하다. 월말 현재 소모품 재고액은 없다.
- 4월 30일 : 임차료 100,000원을 현금으로 지급하다.
- 4월 30일 : 거래은행으로부터 400,000원을 현금으로 장기차입하다.

[물음] 위 거래를 회계등식인 [자산 = 부채 + 자본]을 확장한 [자산 + 비용 = 부채 + 자본 + 수익]을 이용한 거래의 기록방법으로 각 거래를 분석하고, 거래의 분석을 토대로 재무상태와 당기순손익이 어떻게 변화하였는지 살펴보고, 그 결과를 손익계산서와 재무상태표로 나타내시오.

제4장 회계순환과정(Ⅱ)

회계기록의 대상인 회계상의 거래가 발생하면 회계순환과정의 첫 번째 단계인 회계상의 거래의 인식이 이루어진다. 거래의 인식이 끝나면 금액을 확정짓는 측정과 측정된 내용의 기록이 이어져야 한다. 본 장에서는 바로 그 거래의 측정과 기록을 설명하고자 한다. 즉 거래내용의 기록을 위해 설정되는 계정의 의미와 각 계정의 기입법칙 및 거래발생을 기록하는 단계인 분개로부터 각 계정으로의 전기까지를 설명하고자 한다.

제1절 계 정

1.1 계정의 의의

계정(Account)이란 자산, 부채, 자본, 수익, 비용에 속하는 여러 항목들을 각기 세분화하여 기록하는 장소를 말한다.

기업활동의 결과 거래가 발생하면 그 내용을 장부에 기입하게 되는데 이 경우에 자산, 부채, 자본, 수익, 비용과 같은 재무제표의 구성요소만으로는 거래내역을 명확하게 이해하기가 어렵다. 따라서 자산, 부채, 자본, 수익, 비용의 구체적인 항목별로 기록, 계산하는 단위를 설정하는데 이것을 '**계정**(account; a/c)'이라고 하며, 계정의 이름을 '**계정과목**(title of account)'이라고 하고, 계정의 기입장소를 '계정 계좌' 또는 '계좌'라고 한다.

그리고 계정은 왼쪽과 오른쪽에 2개의 계산 장소로 구성되는데 계정의 왼쪽을 '**차변**(debit; Dr.)', 오른쪽을 '**대변**(credit; Cr.)'이라고 한다.

비유적으로 말한다면 주류도매상에서 각종 술을 구입하여 판매하는 경우 술이라는 단일 자산항목만으로 기록하는 경우 어느 종류의 술이 얼마나 팔리고 남아있는가를 즉시 알 수가 없다. 이 때 술을 소주, 맥주, 양주 등으로 세분화하여 기록한다면 언제든지 술의 종류별로 판매금액과 재고금액에 관한 명확한 정보를 얻을 수 있을 것이다. 이 때 술이라는 자산을 술 종류별로 구분한 것을 계정이라 할 수 있고, 여기에 소주, 맥주, 양주 등의 이름을 붙인 것을 계정과목이라고 할 수 있다.

1.2 계정의 분류

계정은 크게 재무상태표계정과 손익계산서계정으로 구분되고, 재무상태표계정은 다시 자산계정, 부채계정, 자본계정으로 분류되며, 손익계산서계정은 다시 수익계정과 비용계정으로 분류된다.[1] 이와 같이 분류된 계정들은 다시 중분류, 소분류되어 최소단위인 계정과목으로 분류된다. 그러므로 거래가 발생하여 이것을 장부에 기록하는 경우에는 소분류된 계정과목을 사용하여야 한다. 예를 들어 은행으로부터 6개월간 현금 10,000,000원을 차입한 경우 다음과 같이 기록해서는 안 된다.

자산 10,000,000 ——— 부채 10,000,000

그 대신 소분류된 최소단위인 계정과목을 사용하여 다음과 같이 기록한다.

현금 10,000,000 ——— 단기차입금 10,000,000

1) 흔히 재무상태표 관련 계정인 자산계정, 부채계정, 자본계정은 실질적인 내용을 나타내는 계정으로 **실질계정(real account)** 또는 **영구계정(permanent account)**이라고 한다. 이것은 자산계정, 부채계정, 자본계정은 그것들의 증감(예로서 현금계정은 현금의 증감을 나타냄.)을 나타내는 계정이며, 기말에는 잔액을 실질적으로 차기로 이월시키기 때문이다. 반면 손익계산서 관련 계정인 수익계정과 비용계정은 실질적인 내용이 없는 **명목계정(nominal account)** 또는 **임시계정(temporary account)**이라고 한다. 이것은 수익계정이나 비용계정은 일정 시점에 실제로 존재하는 즉, 실체가 존재하는 것이 아니라 일정기간 동안의 기간손익 파악에 이용되는 수익과 비용을 나타내는 것이며, 차기로 이월되지 않기 때문이다.

| 계정의 분류 |

재무상태표계정	자산계정 :	현금및현금성자산, 매출채권, 단기대여금, 건물, 토지 등
	부채계정 :	단기차입금, 사채 등
	자본계정 :	자본금, 주식발행초과금 등
손익계산서계정	수익계정 :	매출, 이자수익, 임대료 등
	비용계정 :	매출원가, 이자비용, 보험료, 급여 등

1.3 계정의 양식

계정의 양식에는 본래 표준식과 잔액식이 있으나 회계를 학습하는 과정에서는 표준식을 약식(略式)으로 사용하여 다음과 같은 '약식계정'을 주로 이용한다.

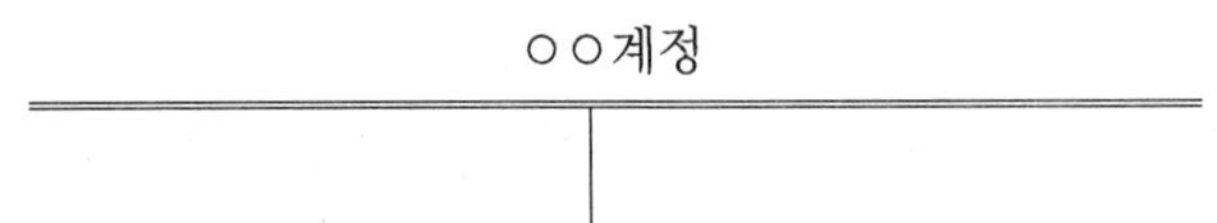

이 약식으로 만든 계정은 영어의 대문자 T자 모양으로 생겼기 때문에 흔히 **'T계정'**이라고 한다. 위 ○○계정에 '○○'에는 현금, 건물, 단기차입금 등과 같은 해당 계정과목을 기재한다.

1.4 차변과 대변

거래가 발생하면 그것을 계정의 왼쪽과 오른쪽에 기입하여야 하는데, 앞으로는 계정의 왼쪽이라는 말 대신 **'차변(debit; Dr.)'**이라는 용어를 사용하고, 계정의 오른쪽이라는 말 대신 **'대변(credit; Cr.)'**이라는 용어를 사용하고자 한다.

차변, 대변이라는 용어는 과거 회계의 초기 발전단계에서는 의미를 갖는 용어였지만, 오늘날에는 전혀 의미를 갖지 못한 채 단지 왼쪽과 오른쪽을 나타내는 말로 사용될 뿐이다. 예컨대, 현금이 증가하거나 감소하는 거래가 발생하면 현금계정에 기록하고, 비품의 증가나 감소를 수반하는 거래가 발생하면 비품계정에 기록하게 된다.

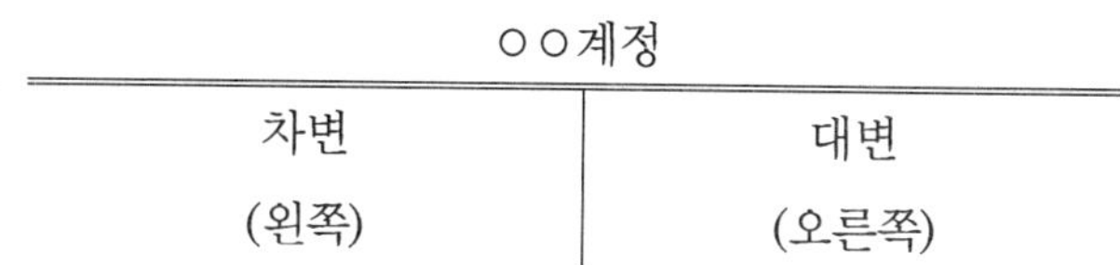

제2절 계정기입의 법칙

거래의 발생 시 나타나는 재무제표 구성요소의 증감변동을 각 해당계정의 차변과 대변의 어느 쪽에 기입하느냐에 대해서는 각 재무제표 구성요소에 따라 다르다. 따라서 거래를 분석하여 해당 계정에 기입할 때는 일정한 법칙을 따라야 하는데 이것을 흔히 '**계정기입의 법칙**'이라고 한다.

◐ 재무상태표 계정기입의 법칙

자산계정 : 증가는 차변, 감소는 대변에 기입
부채계정 : 감소는 차변, 증가는 대변에 기입
자본계정 : 감소는 차변, 증가는 대변에 기입

재무상태표에 표시되는 자산, 부채, 자본에 속하는 계정과목들은 거래 8요소의 결합관계나 재무상태표 양식을 이용하면 쉽게 이해할 수 있다. 재무상태표 양식을 보면 자산은 재무상태표 차변에 그 잔액이 표시되므로 자산의 증가는 자산계정 차변에 기입되

▌재무상태표 계정기입의 법칙▐

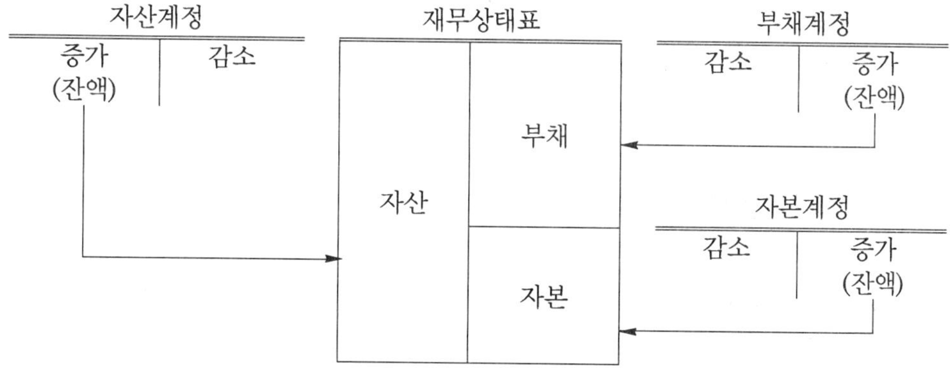

며, 감소는 대변에 기입된다. 반면에 부채와 자본은 재무상태표 대변에 그 잔액이 표시되므로 부채와 자본의 증가는 해당 계정 대변에 기입되며, 감소는 차변에 기입된다.

따라서 일정 시점에서의 자산, 부채, 자본계정의 잔액을 하나의 표에 집계하면 재무상태표가 작성되게 된다.

◐ 손익계산서 계정기입의 법칙

수익계정 : 발생 시 대변에 기입
비용계정 : 발생 시 차변에 기입

수익과 비용은 증가, 감소라고 하지 않고 **발생**, **소멸**이라고 한다. 손익계산서 양식을 보면 수익은 대변에 발생금액이 표시되므로 수익의 발생은 대변에, 반면에 비용은 차변에 발생금액이 표시되므로 비용의 발생은 차변에 기입한다.

따라서 수익과 비용의 발생액 잔액을 하나의 표에 집계하면 손익계산서가 작성되게 된다.

▌손익계산서 계정기입의 법칙▐

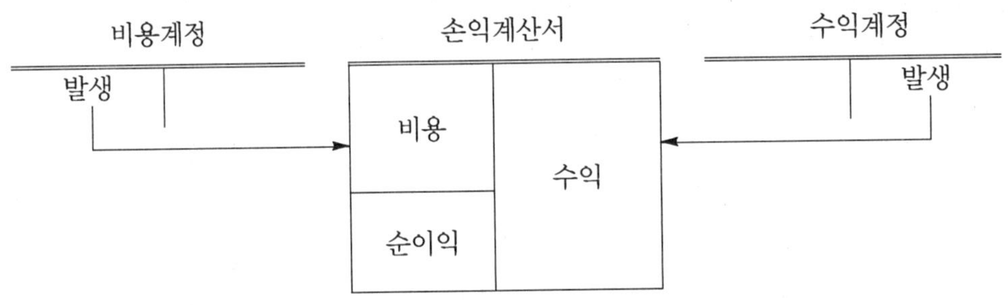

제3절 분 개

3.1 분개의 정의

분개(分介, Journalizing)란 거래를 장부에 차변과 대변으로 구분하여 계정과목과 금액을 결정하여 기록하는 회계행위를 말한다.

분개(journalizing)란 말 그대로 풀이하면 나누어 격리시킨다는 말인데, 내용적으로 보면 거래에 내재된 원인과 결과를 서로 구분하여 따로 따로 기록하는 것을 의미하며, 그 분개를 기록하는 장부를 '**분개장(journal)**'이라고 부른다.

거래 발생 시 이것을 해당 계정에 직접 기록하지 않고 분개를 먼저 하는 이유는 기록상의 오류를 방지하기 위함이다. 분개를 한 뒤에 이것을 다시 해당계정에 기입하게 되는데 이것은 거래를 분개장(journal)과 원장(ledger)이라는 장부에 두 번 기록하게 되는 어려움이 있으나 재무제표 작성의 기초가 되는 원장 즉, 계정의 기록에 오류가 있으면 재무제표를 정확하게 작성할 수 없으므로 거래 발생 시 분개장과 원장에 두 번 기록하는 것이다.

공 • 부 • 합 • 시 • 다

회계 장부에는 어떤 것이 있는가?

기업의 경영활동에서 발생하는 각종 거래를 기록, 계산, 정리하는 서류를 **회계 장부**라고 하며, 회계 장부는 크게 주요장부(주요부)와 보조장부(보조부)로 나누며, 보조장부는 다시 보조원장과 보조기입장으로 나눈다.

1. 주요장부(주요부)

주요장부(주요부)란 경영활동에서 발생하는 모든 거래를 총괄하여 기입하는 회계 장부로서, 여기에는 분개장과 총계정원장이 있다.

2. 보조장부(보조부)

보조장부(보조부)란 주요장부(주요부)를 보충하여 어떤 특수한 거래나 계정에 대해서 상세히 기입하는 회계 장부로서, 이것은 다시 **보조원장**과 **보조기입장**으로 나눈다.

(1) 보조원장

보조원장이란 특정 거래의 거래 내용을 구체적으로 기입하는 회계 장부로서, 여기에는 상품재고장, 매출처원장, 매입처원장 등이 있다.

(2) 보조기입장

보조기입장이란 거래가 발생한 순서대로 그 명세를 상세히 기입하는 회계 장부로서, 여기에는 현금출납장, 당좌예금출납장, 매입장, 매출장, 받을어음 기입장, 지급어음 기입장 등이 있다.

3.2 분개의 절차

거래를 분개하기 위해서는 다음의 세 가지를 결정하여야 한다.

① 계정과목을 결정한다.
② 금액을 결정한다.
③ 분개의 법칙을 적용하여 위의 계정과목과 금액을 차변, 대변 중 어느 쪽에 기입할 것인가를 결정한다.

계정과목을 결정하기 위해서는 자산, 부채, 자본, 수익, 비용 등에 속하는 계정과목을 알아야 한다.

차변과 대변으로 구분하는 방법은 거래의 결합관계를 적용하면 쉽게 알 수 있다.

분개를 기록하는 장부를 분개장이라고 한다. 그러나 학습 시에는 분개장의 양식을 일일이 작성하기 보다는 다음과 같이 간단히 표시하기도 한다.

차) 현 금 ×××	대) 단기차입금 ×××

◐ 분개의 절차

거래 : 현금 10,000,000원을 6개월간 은행으로부터 차입하다.

① 계정과목을 결정한다.
위 거래로 '현금'이라는 자산이 증가하고 '단기차입금'이라는 부채가 증가하였다. 따라서 분개 시 기입하여야 할 계정과목은 자산이 아닌 '현금'이라고 하는 계정과목과 부채가 아닌 '단기차입금'이라고 하는 계정과목이다.

② 금액을 결정한다.
현금계정과 단기차입금계정 모두 10,000,000원으로 동일하다. 즉, 위 거래의 금액은 현금 10,000,000원과 단기차입금 10,000,000원으로 결정한다.

③ 분개의 법칙을 적용한다.
위의 계정과목과 금액을 다음의 분개의 법칙에 따라 차변과 대변 중 어느 쪽에 기입할 것인가를 결정한다.

◐ 분개의 법칙

자산계정 : 증가는 차변, 감소는 대변에
부채계정 : 감소는 차변, 증가는 대변에
자본계정 : 감소는 차변, 증가는 대변에
수익계정 : 발생은 대변, 소멸은 차변에
비용계정 : 발생은 차변, 소멸은 대변에

예를 들어 '현금'은 자산에 속하는 계정과목이므로 자산이 증가하면 차변에 기입한다. 반면에 '단기차입금'은 부채에 속하는 계정과목이므로 부채가 증가하면 대변에 기입한다.

분개의 절차에 따라 위 거래를 분개하면 다음과 같다.

차) 현 금 10,000,000 대) 단기차입금 10,000,000

예제 4-1

다음은 서비스제공을 주요 영업활동으로 하는 서비스기업(용역제공기업)인 한국회계사무소의 거래내역이다.

7월 10일 : 현금 36,000,000원을 출자하여 사업을 시작하다.
7월 13일 : 건물을 임차하고 3년간의 임차료 5,400,000원을 현금으로 지급하다.
7월 25일 : 책상 등 업무용 비품을 9,000,000원에 구입하고 대금 중 3,000,000원은 현금으로 지급하고 나머지는 외상으로 하다.
8월 1일 : 보험회사와 보험계약을 체결하고 보험료 2,400,000원(1년분)을 현금으로 지급하다.
8월 1일 : 은행으로부터 연 12%의 이자(이자지급은 3개월 단위로 후급)를 주기로 하고, 9,000,000원을 장기차입하여 당좌예입하다.
8월 10일 : 소모품 1,800,000원을 구입하고 대금은 수표를 발행하여 지급하다.
8월 25일 : 회계업무를 대행해 주고 수수료 9,000,000원을 현금으로 받다.
8월 31일 : 업무용 비품의 외상구입 대금 중 3,000,000원을 수표를 발행하여 지급하다.
9월 16일 : 김갑동에게 현금 1,000,000원을 3개월 기한으로 대여해주다.
9월 30일 : 직원에 대한 급여 2,400,000원을 현금으로 지급하다.

10월 17일 : 회계업무를 대행해 주고 수수료 12,000,000원 중 절반은 현금으로 받아 당좌예입하고, 나머지는 외상으로 하다.

11월 1일 : 8월 1일의 차입금에 대한 3개월분의 이자를 수표를 발행하여 지급하다.

11월 25일 : 10월 17일의 회계업무 대행 수수료 중 3,000,000원을 현금으로 받아 당좌예입하다.

12월 15일 : 김갑동으로부터 원금 및 이자 1,300,000원을 현금으로 받다.

12월 20일 : 공과금 900,000원을 수표를 발행하여 지급하다.

[분개]

위의 2017년 7월에 영업을 시작한 한국회계사무소의 거래를 분개장에 분개하면 다음과 같다.

분 개 장

일	자	적 요		원면	차 변	대 변
7	10	현금		1	36,000,000	
			자본금	8		36,000,000
7	13	임차료2)		9	5,400,000	
			현금	1		5,400,000
7	25	비품		5	9,000,000	
			현금	1		3,000,000
			미지급금	6		6,000,000
8	1	보험료		10	2,400,000	
			현금	1		2,400,000
8	1	당좌예금		2	9,000,000	
			장기차입금	7		9,000,000
8	10	소모품비		11	1,800,000	
			당좌예금	2		1,800,000
8	25	현금		1	9,000,000	
			용역매출3)	15		9,000,000
8	31	미지급금		6	3,000,000	
			당좌예금	2		3,000,000
9	16	단기대여금		4	1,000,000	
			현금	1		1,000,000
9	30	급여		12	2,400,000	
			현금	1		2,400,000
10	17	당좌예금		2	6,000,000	
		외상매출금4)		3	6,000,000	
			용역매출	15		12,000,000

11	1	이자비용5)	13	270,000	
		당좌예금	2		270,000
11	25	당좌예금	2	3,000,000	
		외상매출금	3		3,000,000
12	15	현금	1	1,300,000	
		단기대여금	4		1,000,000
		이자수익	16		300,000
12	20	세금과공과	14	900,000	
		당좌예금	2		900,000

3.3 전 표

전표는 거래발생시 거래발생 사실을 일정 양식에 따라 기록함으로써 거래 발생사실을 증명할 수 있는 증빙서류를 말한다.

일반적으로 기업실무에서는 분개장을 대신하여 '**전표(slip)**'를 사용하며, 특히 매일 엄청난 양의 거래가 발생하는 기업일수록 전표를 사용하는 경향이 높다.

전표는 흔히 현금의 입금을 기록하는 '입금전표', 현금의 지급을 기록하는 '출금전표', 현금수지가 발생하지 않는 거래를 기록하는 '대체전표'를 사용하는 **3전표제**가 많이 사용되고 있다.6)

1. 입금전표

'**입금전표**'는 현금의 수입을 수반하는 거래를 기록하는 전표로서 '입금'이라는 명칭에서 알 수 있듯이 분개를 하면 차변에 '현금 ×××'가 이미 기록된다는 것을 알 수 있

2) 본서에서는 임차료의 지급에 대해 '비용의 발생(임차료)'으로 회계처리하였다. 그러나 이것을 '자산의 증가(선급임차료)'로 회계처리하는 것도 가능할 것이다(제3장 거래 8요소의 결합관계 참조). 8월 1일의 보험료의 지급에 대해서도 동일하게 '비용의 발생(보험료)'으로 회계처리하였다.

3) 용역제공으로부터 얻은 수익을 '용역매출'이라는 계정과목을 사용하고 있으나, '용역수익' 또는 '수수료수익'이라는 계정과목을 사용해도 무방할 것이다.

4) 이 경우도 '용역외상매출금' 또는 '매출채권'이라는 계정과목을 사용해도 무방할 것이다.

5) 이자(비용)는 원칙적으로 날짜 수를 산정하여 계산하여야 하나, 여기서는 이율이 연12%이므로 이자(비용)를 편의상 월 1%로 가정하여 계산하였다.

6) 전표의 종류에는 분개전표, 입금전표, 출금전표, 대체전표, 매입전표, 매출전표 등이 있으나, 사용하는 전표의 수에 따라 1전표제(분개전표), 3전표제(입금전표, 출금전표, 대체전표), 5전표제(입금전표, 출금전표, 대체전표, 매입전표, 매출전표) 등으로 나눌 수 있다.

다. 따라서 입금전표에는 대변에 기입할 사항만 기록하면 된다. 입금전표는 빨간색으로 인쇄되어 있다.

입 금 전 표

2017년 11월 15일

사장		전무		과장		담당	

계정과목	적 요	금 액								
이자수익	서울(주)에 대한 대여금의 이자수익					2	0	0	0	0
	합 계				₩	2	0	0	0	0

2. 출금전표

'**출금전표**'는 현금의 지출을 수반하는 거래를 기록하는 전표로서 '출금'이라는 명칭에서 알 수 있듯이 분개를 하면 대변에 '현금 ×××' 가 이미 기록된다는 것을 알 수 있다. 따라서 출금전표에는 차변에 기입할 사항만 기록하면 된다. 출금전표는 파란색으로 인쇄되어 있다.

출 금 전 표

2017년 11월 25일

사장		전무		과장		담당	

계정과목	적 요	금 액								
급 여	종업원에 대한 급여의 지급					3	0	0	0	0
	합 계				₩	3	0	0	0	0

3. 대체전표

'**대체전표**'는 현금의 수입과 지출이 수반되지 않는 (대체)거래를 기록하는 전표로 검정색으로 인쇄되어 있다.[7] 예를 들어 비품을 외상으로 구입한 거래는 현금을 수반하

7) 대체거래에는 전액 현금을 수반하지 않는 '전부 대체거래'와 거래액 중 일부가 현금을 수반하는 '일부 대체거래'가 있다. '전부 대체거래'는 대체전표만을 사용하나, '일부 대체거래'는 거래 금액 중 일부가 현금의 수입과 지출을 수반하는 거래이므로 현금의 수입이나 지출에 해당하는 거래

지 않는 대체거래이다.

대체전표에는 차변과 대변항목을 모르기 때문에 분개하는 것처럼 차변과 대변에 기입할 사항을 모두 기록한다.

대 체 전 표

2017년 12월 10일

사장	전무	과장	담당

금 액	원면	과목	적 요	과목	원면	금 액
70000	8	비 품	수원(주)에서 비품을 외상구입	미지급금	12	70000
₩70000			합 계			₩70000

제4절 전 기

4.1 전기의 정의

전기(轉記, Posting)는 분개장의 거래 기록을 총계정원장의 해당 계정에 옮겨 적는 것을 말한다.

분개는 각 계정에 거래 내용을 기록함에 있어 누락이나 중복이 발생하지 않도록 하기 위한 중간적 절차였다. 그러므로 분개가 완료되면 이제는 해당 계정에 옮겨 적어야 하는데 이것을 '**전기(posting)**'라고 한다.

각 계정에 전기된 내용을 파악함으로써 특정 시점의 현금이나 단기차입금 등의 잔액이 얼마인지, 또한 기초(期初)부터 그 시점까지의 매출액이나 임차료 지급액이 얼마였는지를 쉽게 파악할 수 있다.

자산, 부채, 자본, 수익, 비용의 각 항목별 계정은 원장이라는 두꺼운 장부에 편철되어 있다. 여기서 '**원장(ledger)**'이란 각 계정을 모아 놓은 두꺼운 장부이며, 이런 의미에서 이것을 '**총계정원장(general ledger)**'이라고 부르기도 한다.

부분은 각각 입금전표나 출금전표에 기입하고, 나머지 대체거래 부분은 대체전표에 기입한다.

4.2 전기의 절차

분개장에 분개한 기록을 원장 내 각 계정으로 전기하는 절차는 다음과 같다.

① 분개장에 기록된 계정과목을 원장에서 찾는다.

② 분개장의 차변에 기록되었으면 원장에도 차변에, 분개장의 대변에 기록되었으면 원장에도 대변에 기록한다.

③ 원장에 기록하는 내용은 상대편 계정과목과 자기금액을 기록한다(단, 상대편 계정과목이 2개 이상인 경우에는 계정과목 대신에 **'제좌'**라고 기록한다. 여기서 제좌란 여러 개의 계정이 있다는 의미이다).

◐ 전기의 절차

분개	차) 현 금	10,000,000	대) 단기차입금	10,000,000

① 분개장에 기록된 계정과목을 원장에서 찾는다.
분개장에 기록된 계정과목이 '현금'과 '단기차입금' 계정이므로 원장에서 해당계정을 찾는다.

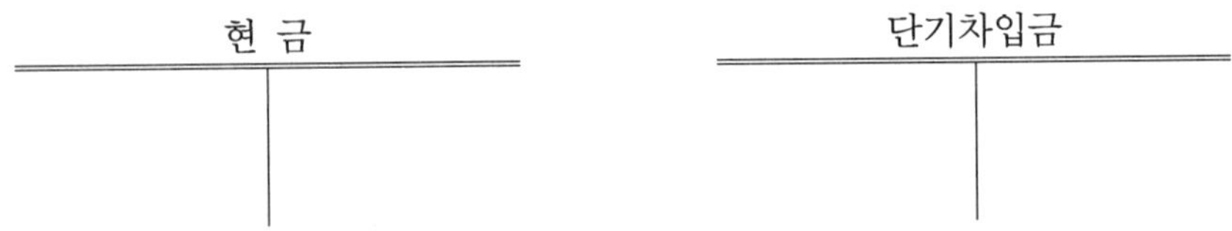

② 분개장의 차변에 기록되었으면 원장에도 차변에, 분개장의 대변에 기록되었으면 원장에도 대변에 기록한다.
분개장 차변에 현금이 기록되었으므로 원장에서 찾은 현금계정에도 차변에 기록하고, 반대로 분개장 대변에 단기차입금이 기록되었으므로 단기차입금계정에도 대변에 기록한다.

③ 원장에 기록하는 내용은 상대편 계정과목과 자기금액을 기록한다.
현금계정에 기록되는 계정과목은 대변에 기록된 단기차입금이며, 금액은 분개장의 현금에 표시된 10,000,000원을 기록한다. 반대로 단기차입금계정에는 상대편 계정과목인 현금을, 그리고 금액은 분개장의 단기차입금에 표시된 10,000,000원을 기록한다.

현 금

차변		대변	
단기차입금	10,000,000		

단기차입금

차변		대변	
		현금	10,000,000

➢ 앞의 <예제 4-1>의 분개 내역을 약식계정인 T계정에 전기하면 다음과 같다.

현 금 1

날짜	계정	금액	날짜	계정	금액
7/10	자 본 금	36,000,000	7/13	임 차 료	5,400,000
8/25	용역매출	9,000,000	7/25	비 품	3,000,000
12/15	제 좌	1,300,000	8/1	보 험 료	2,400,000
			9/16	단기대여금	1,000,000
			9/30	급 여	2,400,000

당좌예금 2

날짜	계정	금액	날짜	계정	금액
8/1	장기차입금	9,000,000	8/10	소 모 품 비	1,800,000
10/17	용 역 매 출	6,000,000	8/31	미 지 급 금	3,000,000
11/25	외상매출금	3,000,000	11/1	이 자 비 용	270,000
			12/20	세금과공과	900,000

외상매출금 3

날짜	계정	금액	날짜	계정	금액
10/17	용 역 매 출	6,000,000	11/25	당 좌 예 금	3,000,000

단기대여금 4

날짜	계정	금액	날짜	계정	금액
9/16	현 금	1,000,000	12/15	현 금	1,000,000

비 품 5

날짜	계정	금액	날짜	계정	금액
7/25	제 좌	9,000,000			

미 지 급 금 6

날짜	계정	금액	날짜	계정	금액
8/31	당 좌 예 금	3,000,000	7/25	비 품	6,000,000

장기차입금 7

날짜	계정	금액	날짜	계정	금액
			8/1	당 좌 예 금	9,000,000

자본금 8

날짜	계정	금액	날짜	계정	금액
			7/10	현 금	36,000,000

임차료 9

날짜	계정	금액	날짜	계정	금액
7/13	현 금	5,400,000			

보험료 10

날짜	계정	금액	날짜	계정	금액
8/1	현 금	2,400,000			

소모품비 11

날짜	계정	금액	날짜	계정	금액
8/10	당좌예금	1,800,000			

급 여 12

날짜	계정	금액	날짜	계정	금액
9/30	현 금	2,400,000			

이자비용 13

날짜	계정	금액	날짜	계정	금액
11/1	당좌예금	270,000			

세금과공과 14

날짜	계정	금액	날짜	계정	금액
12/20	당 좌 예 금	900,000			

용역매출 15

날짜	계정	금액	날짜	계정	금액
			8/25	현 금	9,000,000
			10/17	제 좌	12,000,000

이자수익 16

날짜	계정	금액	날짜	계정	금액
			12/15	현 금	300,000

학습보충자료 전표와 전표 회계

(1) 전표

1) 개념

회계상의 거래가 발생하면 그 거래 내용(거래 일자, 계정과목, 거래 내용, 금액, 거래처 등)을 기록하고, 관련부서에 전달할 수 있도록 일정한 양식을 갖춘 서식

2) 종류

전표의 종류에는 분개전표, 입금전표, 출금전표, 대체전표, 매입전표, 매출전표 등이 있으며, 사용하는 개수에 따라 1전표제, 3전표제, 5전표제 등으로 나눌 수 있다. 보통 기업의 업무와 규모 등에 따라 전표의 선택을 달리할 수 있으나, 실무에서는 3전표제(입금전표, 출금전표, 대체전표)를 가장 많이 사용하고 있다.

(2) 전표 회계

1) 개념

회계상의 거래가 발생하면 그 거래 내용을 기입하고, 전달하기 위하여 분개장 대신 전표를 이용하여 회계처리하는 것

2) 장점

전표 회계는 다음과 같은 장점이 있다.

① 분개장의 대용으로 장부조직을 간소화할 수 있다.
② 집계표(일계표)를 사용하여 전기(轉記)의 횟수를 줄일 수 있다.
③ 동시 다발적으로 발생하는 거래를 거래의 각 과나 계별로 분담해서 처리할 수 있다.
④ 발생된 거래 내용을 다른 부서에 신속하게 전달할 수 있다.
⑤ 결재 과정을 통해 책임 소재를 명확히 하고, 회계 장부 검사의 수단으로 이용할 수 있다.

참고 1전표제, 3전표제, 5전표제

앞의 [학습 보충 자료]에서 설명한 바와 같이 전표의 종류에는 분개전표, 입금전표, 출금전표, 대체전표, 매입전표, 매출전표 등이 있으며, 사용하는 개수에 따라 1전표제, 3전표제, 5전표제 등으로 나눌 수 있다.

1. 1전표제

모든 거래를 분개장과 같은 형식으로 기입할 수 있도록 고안된 전표로서, 하나의

전표에 모든 거래 내용을 기록한다. 분개전표(모든 거래를 분개 방법과 같은 형식으로 전표의 차변과 대변에 각각 계정과목과 금액을 기입하는 방식의 전표)는 보통 하나의 거래를 1매의 전표에 기록하는 1거래 1전표제이며, 전표의 발행 순서대로 철하면 분개장의 역할을 할 수 있다.

2. 3전표제

실무에서는 보통 현금의 입금을 기록하는 '입금전표', 현금의 지급을 기록하는 '출금전표', 현금수지가 발생하지 않는 거래를 기록하는 '대체전표'를 사용하는 3전표제를 많이 사용하고 있다.

(1) 입금전표

현금의 수입을 수반하는 거래를 기록하는 전표로서 '입금'이라는 명칭에서 알 수 있듯이 분개를 하면 차변에 '현금 ×××'가 이미 기록된다는 것을 알 수 있다. 따라서 입금전표에는 대변에 기입할 사항만 기록하면 된다. 입금전표는 빨간색으로 인쇄되어 있다.

(2) 출금전표

현금의 지출을 수반하는 거래를 기록하는 전표로서 '출금'이라는 명칭에서 알 수 있듯이 분개를 하면 대변에 '현금 ×××' 가 이미 기록된다는 것을 알 수 있다. 따라서 출금전표에는 차변에 기입할 사항만 기록하면 된다. 출금전표는 파란색으로 인쇄되어 있다.

(3) 대체전표

현금의 수입과 지출이 수반되지 않는 (대체)거래를 기록하는 전표로 검정색으로 인쇄되어 있다. 예를 들어 건물을 외상으로 구입한 거래는 현금을 수반하지 않는 대체거래이다. 대체전표에는 차변과 대변항목을 모르기 때문에 분개하는 것처럼 차변과 대변에 기입할 사항을 모두 기록한다.

3. 5전표제

5전표제는 입금전표, 출금전표, 대체전표 이외에 매입전표와 매출전표를 함께 사용하는 전표제도이다.

여기서 '매입전표'란 상품의 매입 거래를 기입하는 전표로서 매입처, 상품명, 수량, 단가, 금액 등을 기입하고, 적요란에는 대금 결제 방법을 기입한다. 특히 전표의 집계를 편리하게 하기 위하여 모든 매입 거래를 외상 매입한 것으로 가정하여 기입하기 때문에 상대 계정과목이 모두 외상매입금이 되므로 계정과목의 기입은 생략한다.

또한 '매출전표'란 상품의 매출 거래를 기입하는 전표로서 매출처, 상품명, 수량, 단가, 금액 등을 기입하고, 적요란에는 대금 수취 방법을 기입한다. 이 전표도 전표의 집계를 편리하게 하기 위하여 모든 매출 거래를 외상 매출한 것으로 가정하여 기입하기 때문에 상대 계정과목이 모두 외상매출금이 되므로 계정과목의 기입은 생략한다.

연습문제

1. 다음 거래를 분개하시오.

① 현금 50,000,000원을 출자하여 상품매매업을 시작하다.

② 상품 3,000,000원을 매입하고 대금은 현금으로 지급하다

③ 상품 2,600,000원(원가 2,000,000원)을 매출하고 대금은 외상으로 하다.

④ 외상매출금 중 2,000,000원을 현금으로 회수하다.

⑤ 현금 10,000,000원을 서울상점에 6개월간 대여하다.

⑥ 속초상점으로부터 현금 15,000,000원을 장기차입하다.

⑦ 영업용 책상 3,000,000원을 구입하고 대금은 외상으로 하다.

2. 다음의 분개로 거래를 추정하시오.

	차변		대변	
①	차) 현　금	500,000	대) 외상매출금	500,000
②	차) 상품(또는 매입)	800,000	대) 현　금	300,000
			외상매입금	500,000
③	차) 단기대여금	600,000	대) 현　금	600,000
④	차) 현　금	30,000,000	대) 자 본 금	80,000,000
	건　물	50,000,000		
⑤	차) 비　품	1,000,000	대) 현　금	600,000
			미지급금	400,000
⑥	차) 현　금	1,500,000	대) 용역매출	1,500,000
⑦	차) 현　금	700,000	대) 단기대여금	600,000
			이자수익	100,000
⑧	차) 임차료	500,000	대) 미지급비용	500,000
⑨	차) 현　금	700,000	대) 단기차입금	700,000

3. 다음의 T계정에 전기된 내용을 토대로 각 거래를 추정하시오.

현 금

①용역매출	5,000,000	②단기대여금	1,000,000
④외상매출금	3,000,000	③비 품	3,000,000
⑥단기차입금	2,000,000	⑤미지급금	1,000,000
		⑦제좌	2,100,000

외상매출금

①용역매출	5,000,000	④현금	3,000,000

비 품

③제좌	5,000,000		

미지급금

⑤현 금	1,000,000	③비 품	2,000,000

용역매출

		①제좌	10,000,000

단기대여금

②현금	1,000,000		

단기차입금

⑦현금	2,000,000	⑥현금	2,000,000

이자비용

⑦현금	100,000		

4. 다음의 거래에 대한 분개 중 오류가 있으면 찾아서 수정하시오.

① 비품 ₩5,000,000을 구입하고 대금은 월말에 지급하기로 하다.

차) 비　품　5,000,000　　대) 미지급비용　5,000,000

② 6개월 후 상환하기로 하고 은행으로부터 현금 ₩10,000,000을 차입하다.

차) 현　금　10,000,000　　대) 단기대여금　10,000,000

③ 사무실을 빌리고 대금은 현금 ₩3,000,000을 지급하다.

차) 임대료　3,000,000　　대) 현　금　3,000,000

④ 용역을 제공하고 대금 ₩6,000,000은 후일에 받기로 하다.

차) 미수금　6,000,000　　대) 용역매출　6,000,000

⑤ 광고료가 ₩500,000 발생하였으나 결산일 현재 아직 지급하지 못하였다.

차) 광고선전비 500,000　　대) 선급비용　500,000

해답

1.

	차변	금액	대변	금액
①	차) 현 금	50,000,000	대) 자본금	50,000,000
②	차) 상 품(또는 매입)	3,000,000	대) 현 금	3,000,000
③	차) 외상매출금	2,600,000	대) 매 출	2,600,000
	또는			
	차) 외상매출금	2,600,000	대) 상 품	2,000,000
			상품매출이익	600,000
④	차) 현 금	2,000,000	대) 외상매출금	2,000,000
⑤	차) 단기대여금	10,000,000	대) 현 금	10,000,000
⑥	차) 현 금	15,000,000	대) 장기차입금	15,000,000
⑦	차) 비 품	3,000,000	대) 미지급금	3,000,000

2. ① 외상매출금 500,000원을 현금으로 회수하다.
② 상품 800,000원을 매입하고 대금 중 300,000원은 현금으로 지급하고 잔액은 외상으로 하다.
③ 현금 600,000원을 단기간 대여하다.
④ 현금 30,000,000원과 건물 50,000,000원을 출자하여 개업하다.
⑤ 비품 1,000,000원을 구입하고 대금 중 600,000원은 현금으로 지급하고 나머지는 외상으로 하다.
⑥ 용역을 제공하고 현금 1,500,000원을 받다.
⑦ 단기대여금 600,000원과 이자 100,000원을 현금으로 받다.
⑧ 임차료 500,000원이 발생하였으나 기말 현재 지급하지 못하였다.
⑨ 현금 700,000원을 1년 이내에 지급하기로 하고 차입하다.

3. ① 용역을 제공하고 수수료 10,000,000원 중 절반은 현금으로 받고, 나머지는 외상으로 하다.
② 현금 1,000,000원을 단기간 대여하다.
③ 비품을 5,000,000원에 구입하고 대금 중 3,000,000원은 현금으로 지급하고, 나머지는 외상으로 하다.
④ 외상매출금 중 3,000,000원을 현금으로 회수하다.
⑤ 비품의 외상구입 대금 중 1,000,000원을 현금으로 지급하다.
⑥ 거래은행으로부터 현금 2,000,000원을 단기간 차입하다.
⑦ 거래은행으로부터의 단기차입금 2,000,000원(원금)과 그 이자 100,000원을 현금으로 지급하다.

4.

① 차) 비　　품 5,000,000 대) 미지급금 5,000,000

② 차) 현　　금 10,000,000 대) 단기차입금 10,000,000

③ 차) 임 차 료 3,000,000 대) 현　　금 3,000,000

④ 차) 외상매출금 6,000,000 대) 용역매출 6,000,000

⑤ 차) 광고선전비 500,000 대) 미지급비용 500,000

종합문제

1. 계정(accounts)이란 무엇인가?

2. 분개(journalizing)와 전기(posting)의 의미를 설명하시오.

3. 분개의 법칙과 거래 8요소의 결합관계는 어떠한 차이점이 있는가?

4. 전표 회계의 장점을 설명하시오.

5. 다음의 분개로서 거래를 추정하시오.

	차변	금액	대변	금액
①	차) 외상매입금	500,000	대) 현 금	500,000
②	차) 단기차입금	900,000	대) 당좌예금	900,000
	이자비용	80,000	현 금	80,000
③	차) 현 금	3,000,000	대) 외상매출금	3,000,000
④	차) 현 금	5,300,000	대) 단기대여금	5,000,000
			이자수익	300,000
⑤	차) 현 금	10,000,000	대) 단기차입금	10,000,000
⑥	차) 비품	25,000,000	대) 현 금	15,000,000
			미지급금	10,000,000
⑦	차) 외상매출금	10,000,000	대) 용역매출	10,000,000
⑧	차) 미지급금	5,000,000	대) 현 금	5,000,000

6. 다음의 T계정에 전기된 내용을 토대로 각 거래를 추정하시오.

현 금

차변	금액	대변	금액
②용역매출	500,000	④미지급금	500,000
⑤단기차입금	600,000	⑦제좌	700,000
⑥외상매출금	300,000		

외상매출금

차변	금액	대변	금액
③용역매출	1,000,000	⑥현금	300,000

비 품

차변		대변	
①미지급금	500,000		

미지급금

차변		대변	
④현 금	500,000	①비 품	500,000

용역매출

차변		대변	
		②현 금	500,000
		③외상매출금	1,000,000

단기차입금

차변		대변	
⑦현금	600,000	⑤현 금	600,000

이자비용

차변		대변	
⑦현금	100,000		

제 5 장 회계순환과정(Ⅲ)

기업은 일정기간 마다 기업의 회계정보를 기업외부의 이해관계자에게 전달하여야 한다. 이런 목적으로 회계기간 동안 발생한 자산, 부채, 자본의 변동내용과 그 변동으로 인한 결과를 종합하여 재무제표를 작성하게 된다. 이러한 일련의 과정을 '결산(決算)'이라고 하는데 본 장에서는 시산표의 작성으로부터 시작하여 결산정리분개 및 전기, 손익계산서 관련계정의 마감, 재무상태표 관련계정의 마감, 그리고 재무제표(손익계산서, 재무상태표)의 작성에 이르는 일련의 결산과정을 설명하고자 한다.

제 1 절 결 산

1.1 결산의 의의

결산(決算,Closing)이란 회계기간 동안 발생한 자산, 부채, 자본의 변동내용 및 그 변동들로 인한 결과를 종합하여 재무제표로 일목요연하게 요약하는 것을 말한다.

결산(closing)이란 일정기간(회계기간)이 종료된 후에 여러 회계장부를 정리, 마감하여 기업의 경영성과와 재무상태를 파악하기 위해 재무제표를 작성하는 절차를 말한다.

결산 시 주로 이용되는 장부는 총계정원장으로, 이 총계정원장에는 모든 거래가 빠짐없이 각 계정에 기록된다.

결산을 행하는 날을 결산일이라고 한다. 12월 결산법인은 결산일이 12월 31일이며, 6월 결산법인은 6월 30일이 된다.

1.2 결산의 절차

결산을 하는 순서를 '**결산절차**'라고 하는데 결산은 다음과 같은 순서로 이루어진다.

1. 결산예비절차
   ① (수정 전)시산표의 작성
   ② 결산정리분개
   ③ 정산표의 작성
2. 결산본절차
   ① 계정의 마감
   ② 장부의 마감
3. 재무제표의 작성
   ① (포괄)손익계산서의 작성
   ② 재무상태표의 작성

결산은 지금까지 기록해 온 총계정원장이라는 장부를 '닫는다(closing)'는 의미이다. 이런 의미에서 보면 결산의 본래 뜻은 총계정원장을 마감하여 재무제표를 작성하는 절차를 의미한다.

결산절차는 흔히 결산예비절차, 결산본절차, 재무제표(결산보고서)의 작성으로 나눌 수 있다. 결산절차 중 정산표는 결산예비절차에서도 작성할 수도 있지만 재무제표(결산보고서), 즉 (포괄)손익계산서나 재무상태표 등을 작성하는 재무제표의 작성단계에서 재무제표 작성을 위한 예비적 절차로서 작성할 수도 있다.

제2절 시산표의 작성

2.1 시산표의 의의

시산표(Trial Balance; T/B)는 회계기간 중에 발생한 거래를 분개 및 전기하여 하나의 표로 요약한 표로서, 총계정원장의 계정기록이 정확한지를 검증하기 위해서도 작성한다.

시산표(Trial Balance; T/B)는 한마디로 총계정원장의 모든 계정을 집계하여 하나의 표로 만든 것을 말한다.[1] 거래가 발생하면 분개장에 기록하고, 이것을 총계정원장에 계정과목별로 전기(轉記)를 하게 된다. 결국 총계정원장에 모든 거래상황이 기록되어 있으므로 재무제표는 총계정원장의 기록을 이용하여 작성하게 된다. 그러나 분개장의 기록을 총계정원장에 전기하는 과정에서 오류가 발생할 가능성이 있다. 따라서 분개장에서 총계정원장의 각 계정으로의 전기가 정확한지를 검토할 필요가 있으며, 이러한 목적에서 작성되는 '계정집계표'를 **'시산표'**라고 한다.

계정 기록의 정확성 여부는 시산표상의 차변 합계액과 대변 합계액의 일치여부로 판단한다. 즉, 차변합계액과 대변합계액이 일치하지 않으면 계정 기록상에 어디인가 오류가 있는 것으로 판단되기 때문이다.

◐ 시산표를 통하여 발견할 수 있는 오류들

① 분개장에 존재하는 오류
- 분개 시 차변금액과 대변금액이 일치하지 않는 경우
- 분개 시 계정과목을 잘못 기입한 경우

② 원장에 존재하는 오류
- 전기 시 차변과 대변이 잘못 전기된 경우
- 전기 시 금액이 잘못 전기된 경우
- 전기 시 누락된 경우
- 전기 시 어느 한 쪽만 이중(二重)으로 전기된 경우

③ 시산표 작성상의 오류
- 시산표로 이기(移記) 시 차변과 대변을 잘못 이기한 경우
- 시산표로 이기 시 계정과목을 누락한 경우
- 시산표로 이기 시 금액을 잘못 기록한 경우

2.2 대차평균의 원리

대차평균의 원리(Principle of Equilibrium)란 분개 및 전기를 모두 올바르게 했을 때, 모든 계정의 차변 합계액과 대변 합계액이 정확히 일치하는 현상을 말한다.

총계정원장 기록의 정확성을 검증하기 위해 시산표는 복식부기가 갖고 있는 대차평균의 원리를 이용하여 작성된다. 즉, 복식부기에서는 모든 거래를 차변과 대변으로 나

1) 시산표는 작성 시기에 따라 일계표, 주계표, 월계표 등으로 분류하기도 한다.

누어 동일한 금액으로 양쪽에 각각 분개한 다음, 차변(왼쪽)에 분개된 금액은 총계정원장의 차변(왼쪽)에 전기하고, 대변(오른쪽)에 분개된 금액은 총계정원장의 대변(오른쪽)에 전기한다. 따라서 만일 모든 거래를 올바르게 분개하고, 또한 올바르게 전기했다면 각 계정들의 차변 합계액과 대변 합계액은 완전히 일치하게 될 것이다. 이것을 복식부기가 가지고 있는 '**대차평균의 원리**(또는 **대차평형의 원리**, principle of equilibrium)'라고 한다.

만일 차변 합계액과 대변 합계액이 일치하지 않는다면 이것은 분개와 전기 중 적어도 하나 이상이 잘못 이루어졌음을 의미한다. 다시 말해 회계기록의 어딘가에 잘못이 있음을 뜻한다. 그러므로 차변 합계액과 대변 합계액의 일치여부를 점검해 보면 회계기록상에 오류가 있었는지 여부를 쉽게 알 수 있다.

2.3 시산표 등식

(잔액)시산표 등식 : 자산 + 비용 = 부채 + 자본 + 수익

시산표란 총계정원장에 있는 모든 계정의 차변 합계액(또는 잔액)과 대변 합계액(또는 잔액)을 단순히 한 곳에 모아 놓은 계정집계표이다. 이와 같이 단순히 한 곳에 모아 보는 것만으로도 계정 기록의 정확성 여부를 점검하는 좋은 방법이 되는 이유는 이미 앞에서 설명한 대차평균의 원리 때문이다.

즉, (잔액)시산표에는 총계정원장에 있는 자산, 부채, 자본, 수익, 비용 등에 속하는 모든 계정과목이 집계되는데 자산과 비용은 잔액이 차변에, 부채, 자본, 수익은 잔액이 대변에 기록되므로 대차평균의 원리인 차변 합계액 = 대변 합계액을 적용하면 위와 같은 (잔액)시산표 등식이 성립한다.

2.4 시산표의 종류

시산표는 총계정원장에 있는 모든 계정의 금액을 집계하여 작성하는데, 집계방법에 따라 합계시산표, 잔액시산표, 합계잔액시산표로 구분된다.2)

---

2) 시산표 그 집계방법에 따라 보통 합계시산표, 잔액시산표, 합계잔액시산표로 구분하나, 또한 결산정리분개가 반영되지 않은 시산표와 결산정리분개를 반영한 시산표로 구분할 수 있다. 전자의 시산표를 '**수정 전 시산표**'라고 하며, 후자의 시산표를 '**수정 후 시산표**'라고 한다. 본 절의 합계시산표, 잔액시산표, 합계잔액시산표는 모두 '수정 전 시산표'이다. 일반적으로 시산표라고 하면 '수정 전 시산표'를 의미한다.

1. 합계시산표

합계시산표는 각 계정의 차변 합계액과 대변 합계액을 모아서 작성한 것이다. 앞의 한국회계사무소의 거래를 분개 및 전기하여 합계시산표를 작성하면 다음과 같다.

합 계 시 산 표

한국회계사무소 2017년 12월 31일

차 변	원 면	계 정 과 목	대 변
46,300,000	1	현 금	14,200,000
18,000,000	2	당 좌 예 금	5,970,000
6,000,000	3	외 상 매 출 금	3,000,000
1,000,000	4	단 기 대 여 금	1,000,000
9,000,000	5	비 품	
3,000,000	6	미 지 급 금	6,000,000
	7	장 기 차 입 금	9,000,000
	8	자 본 금	36,000,000
5,400,000	9	임 차 료	
2,400,000	10	보 험 료	
1,800,000	11	소 모 품 비	
2,400,000	12	급 여	
270,000	13	이 자 비 용	
900,000	14	세 금 과 공 과	
	15	용 역 매 출	21,000,000
	16	이 자 수 익	300,000
₩96,470,000			₩96,470,000

2. 잔액시산표

잔액시산표는 각 계정의 잔액만을 모아서 작성한 것이다. 여기서 '**잔액**'이란 각 계정의 차변 합계액과 대변 합계액의 차이를 말한다. 즉, 각 계정의 차변 합계액과 대변 합계액 금액 중 차변에 잔액이 남으면 시산표 차변에, 대변에 잔액이 남으면 시산표 대변에 기록한다.

자산 및 비용계정은 차변에, 부채, 자본 및 수익계정은 대변에 잔액이 남는다. 잔액시산표는 각 계정의 기말 현재 잔액을 나타낸 것이므로 총계정원장 기록의 정확성을 검증하는 역할 외에도 기업의 경영성과와 재무상태를 개략적으로 파악하는데 도움이 된다. 실무적으로도 이 잔액시산표를 많이 사용하고 있다.[3] 앞의 한국회계사무소의 거래를 분개 및 전기하여 잔액시산표를 작성하면 다음과 같다.

3) 후술하는 바와 같이 본 장 '제4절 정산표의 작성' 시에도 이 잔액시산표를 사용하고 있다.

잔 액 시 산 표

한국회계사무소 2017년 12월 31일

차 변	원 면	계 정 과 목	대 변
32,100,000	1	현 금	
12,030,000	2	당 좌 예 금	
3,000,000	3	외 상 매 출 금	
	4	단 기 대 여 금	
9,000,000	5	비 품	
	6	미 지 급 금	3,000,000
	7	장 기 차 입 금	9,000,000
	8	자 본 금	36,000,000
5,400,000	9	임 차 료	
2,400,000	10	보 험 료	
1,800,000	11	소 모 품 비	
2,400,000	12	급 여	
270,000	13	이 자 비 용	
900,000	14	세 금 과 공 과	
	15	용 역 매 출	21,000,000
	16	이 자 수 익	300,000
₩69,300,000			₩69,300,000

3. 합계잔액시산표

합계잔액시산표는 합계시산표와 잔액시산표를 하나의 표로 결합한 것이다. 합계잔액시산표에는 양쪽에 각각 2개씩의 금액란이 있는데, 이 중 안쪽에 있는 두 개의 금액은 합계시산표를 나타낸 것이며, 바깥쪽에 있는 두 개의 금액은 잔액시산표를 나타낸 것이라 할 수 있다. 앞의 한국회계사무소의 거래를 분개 및 전기하여 합계잔액시산표를 작성하면 다음과 같다.

합계잔액시산표

한국회계사무소 2017년 12월 31일

차변잔액	차변합계	원면	계정과목	대변합계	대변잔액
32,100,000	46,300,000	1	현 금	14,200,000	
12,030,000	18,000,000	2	당 좌 예 금	5,970,000	
3,000,000	6,000,000	3	외 상 매 출 금	3,000,000	
	1,000,000	4	단 기 대 여 금	1,000,000	
9,000,000	9,000,000	5	비 품		
	3,000,000	6	미 지 급 금	6,000,000	3,000,000

		7	장 기 차 입 금	9,000,000	9,000,000
		8	자 본 금	36,000,0000	36,000,000
5,400,000	5,400,000	9	임 차 료		
2,400,000	2,400,000	10	보 험 료		
1,800,000	1,800,000	11	소 모 품 비		
2,400,000	2,400,000	12	급 여		
270,000	270,000	13	이 자 비 용		
900,000	900,000	14	세 금 과 공 과		
		15	용 역 매 출	21,000,00	21,000,000
		16	이 자 수 익	300,000	300,000
₩69,300,000	₩96,470,000		합 계	₩96,470,000	₩69,300,000

2.5 시산표 기능의 한계점

시산표는 다음과 같은 한계점을 가지고 있다.

① 시산표는 오류의 존재 유무만을 알려줄 뿐, 그 오류가 구체적으로 어느 계정에서 발생한 것인지를 알려주지 못한다.

② 시산표의 양쪽 합계액이 일치하더라도 다음과 같은 경우가 발생할 수가 있어 계정 기록에 오류가 전혀 없다고 확신할 수 없다.

가. 분개장에서 차변과 대변의 계정과목을 반대로 전기한 경우

나. 2개의 오류가 우연히 상계된 경우

다. 분개장에서 차변과 대변 양쪽에 동일한 금액을 오기(誤記)한 경우

라. 전기를 하지 않거나 또는 중복하여 전기한 경우

제3절 결산정리

회계상의 거래를 분개 및 전기하여 작성한 잔액시산표의 차변 합계와 대변 합계가 일치하더라도 통상 그 잔액시산표의 내용 그대로 재무제표를 작성할 수가 없다. 그 이유는 각 계정의 잔액이 올바른 금액이 아닌 경우가 있기 때문이다. 따라서 재무제표를 작성하기 전에 계정의 잔액을 '올바른 금액'으로 만드는 절차가 필요하다.

3.1 결산정리의 목적

결산정리란 기말 결산시점에서 계정잔액을 수정하는 것을 말하며, 이것을 위해 행하는 분개를 **결산정리분개**(adjusting entries, 이것은 계정의 잔액을 수정하기 위한 분개이므로 '**수정분개**'라고도 함[4])라고 한다. 즉 **결산정리분개**는 계정잔액을 결산시점에서 '올바른 금액'으로 수정하기 위해 행하는 분개를 말한다. 여기서 '**올바른 금액**'이란 자산, 부채, 자본의 경우에는 실제금액을 말하며, 수익, 비용의 경우에는 당기에 발생한 금액을 말한다.

결산정리는 계정잔액을 결산시점에서 '올바른 금액'으로 수정하는 것을 말하므로, 그 목적은 자산, 부채, 자본의 경우에는 실제금액으로, 수익, 비용의 경우에는 당기에 발생한 금액으로 수정하는 것이다.

(1) 자산, 부채, 자본계정의 잔액을 실제금액으로 수정한다.
(2) 수익, 비용계정의 잔액을 당기에 발생한 금액만으로 수정한다.

◐ 자산, 부채, 자본계정의 잔액을 실제금액으로 수정하는 이유

재무상태표에는 기말 결산시점 현재의 자산, 부채, 자본의 실제금액을 표시하여야 한다. 그러나 자산, 부채, 자본 중 일부 계정(대부분 자산에 속하는 계정의 경우)의 잔액은 실제금액과 다른 경우가 있다. 따라서 이러한 계정의 잔액은 실제금액으로 수정하여야 하며, 이것을 위해서는 결산정리분개를 하여야 한다.

예를 들어 다른 회사가 발행한 주식 중 1,000주를 단기투자목적으로 주당 10,000원에 구입하였다면, 이것을 당기손익-공정가치 측정 금융자산(줄여서 'FVPL 금융자산'이라고 함.) 차변에 10,000,000원으로 기록한다. 그런데 주가는 매일 매일 변동하기 때문에 결산일 현재의 주가가 1주당 12,000원이 되었다고 하자. 이 경우 재무상태표에는 결산일 현재 FVPL 금융자산의 실질가치(공정가치)인 12,000,000원으로 기록하고, 손익계산서에는 발생된 수익인 당기손익-공정가치 측정 금융자산평가이익(줄여서 'FVPL 금융자산평가이익'[5]이라고 함.) 2,000,000원을 기록하여야 한다. 이것을 위해 다음과 같은 결산정리분개를 하여야 한다.

차) FVPL 금융자산 2,000,000 대) FVPL 금융자산평가이익 2,000,000

---

4) 이것을 기말수정분개, 결산수정분개, 결산조정분개라고도 한다.
5) 일반기업회계기준에서는 "단기투자자산평가이익"계정으로 처리한다.

위 분개를 해당 계정에 전기하면 FVPL 금융자산계정의 잔액은 원래 기록한 10,000,000원에 2,000,000원을 가산하여 12,000,000원으로 수정되고, 주가 상승으로 발생된 수익 2,000,000원은 FVPL 금융자산평가이익계정에 기록한다.

◐ 수익, 비용계정의 잔액을 당기에 발생한 금액만으로 수정하는 이유

손익계산서에는 발생기준(발생주의)에 따라 당기에 발생한 수익과 비용만을 나타내야 한다. 그러나 수익, 비용 중 일부 계정의 잔액에는 차기에 속하는 금액이 포함되어 있거나, 또는 당기에 발생했음에도 해당 계정에 기록되지 않은 경우가 있다.

따라서 전자의 경우에는 차기에 속하는 금액을 해당계정에서 차감하고, 후자의 경우에는 당기에 발생한 금액을 해당계정에 추가로 기록하는 결산정리분개를 하여야 한다.

이것은 회계기간의 경영성과는 회계기간 중 행해지는 현금의 수입과 지출을 기준으로 기록하는 현금기준(현금주의)과는 달리 발생기준(발생주의)으로 회계처리 하여야 하기 때문이다.[6)]

예를 들어 12월 결산법인인 기업이 11월 1일에 3개월분(11월분, 12월분, 1월 분) 임차료 3,000,000원(1개월 당 1,000,000원)을 지급하였다고 하자. 이 경우, 11월 1일(지급 시)에 임차료 3,000,000원을 비용으로 계상하는 분개를 다음과 같이 한다.

차) 임차료	3,000,000	대) 현 금	3,000,000

그러나 12월 31일 결산일에 이 임차료 3,000,000원을 손익계산서에 전액 비용으로 기록해서는 안 될 것이다. 즉, 2개월분(11월분과 12월분) 임차료 2,000,000원만을 당기의 손익계산서에 기록하고, 나머지(차년도 1월분) 1,000,000원은 미래에 사무실을 이용할 수 있는 권리 즉, 자산(이것은 미리 지급한 임차료이므로 '선급임차료'라고 함.)으로서 재무상태표에 기록하여야 할 것이다. 이것을 위해 결산시점에서 다음과 같은 결산정리분개를 하여야 한다.

차) 선급임차료	1,000,000	대) 임차료	1,000,000

6) **'현금기준(현금주의)'**이란 현금의 수취 및 지출 시점에 수익과 비용을 인식하는 것을 말한다. 재무제표 중 현금흐름표는 현금기준으로 작성하며, 그 밖의 재무제표는 모두 발생기준(발생주의)에 의해 작성한다. 발생기준에 의하면 정확한 손익을 파악할 수 있는 장점이 있으나, 현금흐름(현금의 유입 및 유출) 정보를 파악하는 것이 어렵다. 예컨대, 손익계산서 상 당기순이익이 발생하였다고 해서 반드시 현금이 증가하였다고 말할 수 없다. '흑자도산'의 경우가 이 경우에 해당한다고 할 수 있다. 손익계산서 상으로는 흑자 즉 당기순이익이 발생하나 현금이 부족하여 도산하는 경우가 이것에 해당한다. 그런 면에서 현금흐름표는 손익계산서의 단점을 보완하는 재무제표라고 할 수 있다.

위의 분개를 해당계정에 전기를 하면 임차료계정은 차변에 11월 1일에 기록한 3,000,000원 중에서 1,000,000원이 차감되므로 잔액은 2,000,000원으로 수정된다. 즉, 당기에 발생한 임차료만이 기록되어 이 금액(2,000,000원)이 손익계산서에 표시된다. 반면에 선급임차료 1,000,000원은 자산으로서 재무상태표에 표시되게 되는 것이다.

3.2 결산정리의 예시

결산 시 행하는 결산정리는 크게 나누어 ① 자산의 결산정리와 ② 수익과 비용의 결산정리로 나눌 수 있다.[7)]

1. 자산의 결산정리

자산의 결산정리는 총계정원장의 자산에 속하는 각 계정의 잔액이 기말 현재의 실제금액과 일치하지 않는 경우 계정의 잔액을 실제금액으로 수정하는 절차를 말하는데, 다음과 같은 사항들이 그 대상이 된다.

① 현금과부족의 결산정리
② 매출채권의 결산정리
③ 당기손익-공정가치 측정 금융자산(FVPL 금융자산)의 결산정리
④ 재고자산의 결산정리
⑤ 유형자산의 결산정리
⑥ 무형자산의 결산정리 등

(1) 현금과부족의 결산정리

① 현금계정의 잔액 > 실제금액

차) 현금과부족	×××	대) 현 금	×××
잡손실	×××	현금과부족	×××

② 현금계정의 잔액 < 실제금액

차) 현 금	×××	대) 현금과부족	×××
현금과부족	×××	잡이익	×××

7) '부채의 결산정리'도 있다. 예컨대, 결산시점에 퇴직급여충당부채를 설정하거나 환율의 변동으로 외화부채가 증가한 경우에 행하는 결산정리 등이 부채의 결산정리에 속한다. 본서에서는 결산정리를 자산의 결산정리와 그리고 수익과 비용의 결산정리만을 설명하였다.

현금거래는 매우 빈번하게 일어나는 관계로 자칫 기록의 누락이나 중복이 발생하기도 하며 때로는 도난이나 분실이 발생하기도 하기 때문에, 금고에 보관 중인 현금의 실제잔액이 장부잔액과 일치하지 않는 경우도 있다.

양자 사이에 차이가 있음이 발견되면 그 원인을 조사하는 동안 임시로 '현금과부족' 계정에 차액을 기록함으로써 일단 현금계정의 잔액을 실제금액으로 수정한다. 추후에 차이의 원인이 밝혀지면 현금과부족이라는 임시계정은 제거하여야 한다. 그러나 결산시점까지 원인을 알 수 없으면 결산일에 현금과부족이라는 임시계정은 제거하여 잡손실 또는 잡이익으로 처리한다.

예제 1

다음을 회계처리하시오.

① 결산시점에 현금의 실제잔액은 900,000원, 장부상 현금계정의 잔액은 1,000,000원으로, 이 양자의 차이 100,000원이 발생한 이유를 현재로서는 알 수 없다.
② 위의 불일치의 원인을 조사해본 결과 보험료 70,000원에 대한 기장누락이 발견되었다.
③ 결산일 현재 나머지 금액에 대한 불일치 원인을 파악하지 못하였다.

[결산정리분개]

	차변	금액	대변	금액
①	차) 현금과부족	100,000	대) 현 금	100,000
②	차) 보험료	70,000	대) 현금과부족	70,000
③	차) 잡손실	30,000	대) 현금과부족	30,000

예제 2

다음을 회계처리하시오.

① 결산시점에 현금의 실제잔액은 900,000원, 장부상 현금계정의 잔액은 850,000원으로, 이 양자의 차이 50,000원이 발생한 이유를 현재로서는 알 수 없다.
② 위의 불일치의 원인을 조사해본 결과 단기대여금에 대해 받은 이자수익 30,000원에 대한 기장누락이 발견되었다.
③ 결산일 현재 나머지 금액에 대한 불일치 원인을 파악하지 못하였다.

[결산정리분개]

① 차) 현　　금	50,000	대) 현금과부족	50,000
② 차) 현금과부족	30,000	대) 이자수익	30,000
③ 차) 현금과부족	20,000	대) 잡이익	20,000

(2) 매출채권의 결산정리

① 자산손상 추정액 〉 손실충당금 잔액 :

차) 손상차손	×××	대) 손실충당금	×××

② 자산손상 추정액 〈 손실충당금 잔액 :

차) 손실충당금	×××	대) 손실충당금환입	×××

매출채권 금액은 일반적 상거래에서 발생한 외상매출금계정과 받을어음계정의 잔액을 합한 금액이다.

상거래상 외상매출금이나 받을어음계정 잔액 가운데 현실적으로는 이 중 일부만 회수되고 일부는 회수되지 못하는 것이 일반적이다. 매출채권 가운데 거래처의 부도나 파산으로 인하여 회수불가능할 것으로 추정되는 금액을 '(매출채권)손상차손'이라고 한다. 이 경우 매출채권에 대한 결산정리분개를 통해 매출채권 장부금액을 회수가능한 실제금액으로 수정해야 한다.

매출채권의 결산정리분개는 잔액시산표상의 손실충당금 잔액과 손상추정액의 크기에 따라 달라진다(이에 대한 상세한 내용은 제7장에서 설명함.).

① 손상추정액 > 손실충당금 잔액인 경우

자산손상 추정액과 손실충당금 잔액 간의 차액을 차변에 손상차손, 대변에 손실충당금으로 회계처리한다.

차) 손상차손	×××	대) 손실충당금	×××

② 손상추정액 < 손실충당금 잔액인 경우

자산손상 추정액과 손실충당금 잔액 간의 차액을 차변에 손실충당금, 대변에 손실충당금환입(당기 수익)으로 회계처리한다.[8] 즉, 손실충당금계정 잔액이 기말

8) K-IFRS에서는 손실충당금환입을 당기손익에 인식한다고 규정하고 있으나, 일반기업회계기준이나 중소기업회계기준에서는 이를 판매비와관리비의 부(-)의 금액으로 표시하도록 규정하고 있다.

의 대손추정액과 일치되도록 손실충당금계정에 그 차액을 가감하여야 한다.

차) 손실충당금 ××× 대) 손실충당금환입 ×××

예 제

기말의 매출채권 손상추정액은 500,000원이다. 손실충당금계정의 잔액이 다음과 같을 때 각각의 결산정리분개를 하시오.

① 손실충당금 계정의 잔액이 300,000원인 경우

차) 손상차손 200,000 대) 손실충당금 200,000

② 손실충당금 계정의 잔액이 800,000원인 경우

차) 손실충당금 300,000 대) 손실충당금환입 300,000

(3) 당기손익-공정가치 측정 금융자산(FVPL 금융자산)의 결산정리

① 취득원가 < 공정가치(시장가격) :

차) FVPL 금융자산 ××× 대) FVPL 금융자산평가이익 ×××

② 취득원가 > 공정가치(시장가격) :

차) FVPL 금융자산평가손실 ××× 대) FVPL 금융자산 ×××

FVPL 금융자산이란 주로 단기간 내의 매매차익을 목적으로 취득한 유가증권으로서 매수와 매도가 적극적이고 빈번하게 이루어지는 것을 말한다. 단기적인 차익을 획득할 목적으로 운용되는 것이 분명한 증권포트폴리오를 구성하는 유가증권은 FVPL 금융자산으로 분류한다(자세한 내용은 제6장의 '금융자산의 분류'에서 설명함.).

결산시점에 FVPL 금융자산을 공정가치로 평가하도록 규정하고 있으며, 공정가치는 일반적으로 결산일에 형성된 FVPL 금융자산의 시장가격을 말한다.

결산일에 FVPL 금융자산의 평가는 FVPL 금융자산의 장부금액(취득시점의 취득원가 또는 회계연도 말에 평가한 경우는 그 시점의 공정가치)과 공정가치(시장가격)의 크기에 따라 달라진다.

① 장부금액 〈 공정가치인 경우

공정가치가 장부금액보다 상승한 경우에는 상승액을 FVPL 금융자산계정 차변에 가산해 주고, 동액을 FVPL 금융자산평가이익으로 대변에 기록한다.

[결산정리분개]

차) FVPL 금융자산 ×××   대) FVPL 금융자산평가이익 ×××

② 장부금액 〉공정가치인 경우

장부금액(취득시점의 취득원가 또는 회계연도 말에 평가한 경우는 그 시점의 공정가치)이 공정가치보다 하락한 경우에는 하락액을 FVPL 금융자산계정 대변에 기록하고, 동액을 FVPL 금융자산평가손실로 차변에 기록한다.

[결산정리분개]

차) FVPL 금융자산평가손실 ×××   대) FVPL 금융자산 ×××

예 제

장부금액(취득원가)이 5,000,000원인 당기손익-공정가치 측정 금융자산(FVPL 금융자산)의 결산일 공정가치가 다음과 같은 경우 결산정리분개를 하시오.

① 결산일 공정가치가 5,700,000원인 경우

[결산정리분개]

차) FVPL 금융자산 700,000   대) FVPL 금융자산평가이익 700,000

② 결산일 공정가치가 4,600,000원인 경우

[결산정리분개]

차) FVPL 금융자산평가손실 400,000   대) FVPL 금융자산 400,000

(4) 재고자산의 결산정리

재고자산에는 상품뿐만 아니라 제품, 반제품, 원재료, 소모품 등 여러 가지가 있을 수 있으나 여기서는 상기업의 주요 재고자산인 상품(3분법)에 대한 결산정리분개를 중심으로 설명(평가손실과 감모손실에 대한 결산정리분개는 제8장에서 상세히 설명하며, 여기서는 평가손실이나 감모손실이 없는 경우를 가정함.)한다.

① 기초상품 : 차) 매 입 ×××   대) 이월상품 ×××

② 기말상품 : 차) 이월상품 ×××   대) 매 입 ×××

상품과 관련한 회계처리에는 계속기록법과 실지재고조사법이 있다. 계속기록법에 의하여 회계처리하는 경우에는 상품을 판매할 때마다 매출원가를 기록하기 때문에 결산정리분개가 필요하지 않다. 그러나 상품을 판매할 때마다 계속기록법에 의해 매출원가를 일일이 파악한다는 것은 매우 불편하기 때문에 거래가 빈번한 경우에는 이 방법을 적용하기 힘들다.

그러나 실지재고조사법에 의하여 회계처리하는 경우에는 상품을 판매할 때 매출액만 파악하므로 결산 시에 기말상품재고액을 조사하여 매출원가를 결정하기 위한 결산정리분개가 필요하다. 이하에서는 실지재고조사법으로 회계처리한 경우의 결산정리분개에 대해서 설명하기로 한다.

기말에 상품매출손익을 계산하기 위해서는 다음 절차에 따라 결산정리분개를 하여야 한다.

① 기초상품재고액(전기이월액)을 이월상품계정에서 매입계정의 차변으로 대체한다.

차) 매　입	×××	대) 이월상품	×××

② 기말상품재고액(차기이월액)을 매입계정에서 차감하여 이월상품계정의 차변으로 대체한다.

차) 이월상품	×××	대) 매　입	×××

예제

기초상품재고액이 600,000원이고, 기말에 실지재고조사법에 의한 기말상품재고액이 400,000원인 경우에 상품계정에 대한 결산정리분개를 하시오(3분법).

[결산정리분개]

차) 매　입	600,000	대) 이월상품	600,000
차) 이월상품	400,000	대) 매　입	400,000

(5) 유형자산의 결산정리

차) 감가상각비	×××	대) 감가상각누계액	×××

유형자산은 장기간에 걸쳐 영업활동에 사용하기 위한 목적으로 취득한 것으로 물리적 실체가 있는 자산을 말한다. 회계기간별 수익·비용의 대응이 적절히 이루어지기 위해서는 유형자산의 취득원가에서 잔존가치를 차감한 감가상각 대상금액을 매 기간별로 배분하여야 한다. 이것을 '감가상각(depreciation)'이라고 한다.

결산시점에서 감가상각 금액을 계산하여 차변에 감가상각비, 대변에 감가상각누계액으로 기록하는 결산정리분개를 하여야 한다(이에 대한 상세한 내용은 제9장에서 설명함.).

[결산정리분개]

차) 감가상각비	×××	대) 감가상각누계액	×××

감가상각비는 당기에 발생한 비용으로 인식하여 손익계산서에 표시되며, 감가상각비가 매년 누적된 감가상각누계액은 재무상태표에 해당 유형자산의 취득원가에서 차감하는 형식으로 표시된다.

예제

결산일에 유형자산의 감가상각비가 1,000,000원이다. 결산정리분개를 하시오.

[결산정리분개]

차) 감가상각비	1,000,000	대) 감가상각누계액	1,000,000

(6) 무형자산의 결산정리(산업재산권의 경우)

차) 산업재산권상각비 (무형자산상각비)	×××	대) 산업재산권	×××
또는			
차) 산업재산권상각비 (무형자산상각비)	×××	대) 산업재산권상각누계액	×××

무형자산은 물리적 실체가 없는 비유동자산으로 장기간에 걸쳐 기업의 영업활동에 효익을 제공하는 자산이다. 무형자산은 크게 경제적 권리를 표시하는 영업권과 법적인 권리를 표시하는 무형자산으로 구분할 수 있다. 법적인 권리를 표시하는 무형자산에는 산업재산권(특허권, 실용신안권, 디자인권, 상표권, 상호권 및 상품명 등), 라이선스와 프랜차이즈, 저작권, 컴퓨터소프트웨어, 개발비, 임차권리금, 광업권, 어업권 등이 포함된다.

유형자산과 마찬가지로 무형자산의 취득원가도 역시 합리적인 기간에 걸쳐 기간배분을 함으로써 비용으로 인식하여야 하는데 이것을 일반적으로 '상각(amortization)'이라고 한다.

결산일에 유한내용연수(finite life)를 갖는 무형자산에 대해서는 그 상각액을 계산하여 차변에 ○○○상각비(또는 무형자산상각비), 대변에 ○○○(또는 무형자산상각누계액)을 기록하는 결산정리분개를 한다.[9)]

[결산정리분개]

차) ○○○상각비* ××× 대) ○○○ ×××

또는

차) ○○○상각비* ××× 대) ○○○상각누계액 ×××

*○○○에는 해당 무형자산을 기록하거나 '무형자산상각비'로 처리한다. 그러나 손익계산서에 보고할 때는 "○○○상각비"로 각각 회계처리한 경우는 합계하여 '무형자산상각비'로 나타낸다.

무형자산상각비는 비용이므로 손익계산서에, 무형자산상각누계액은 무형자산에서 차감하여 재무상태표에 표시한다.

예제

결산일에 산업재산권 300,000원을 상각하다.

[결산정리분개]

차) 산업재산권상각비 300,000 대) 산업재산권 300,000
(무형자산상각비)

또는

차) 산업재산권상각비 300,000 대) 산업재산권상각누계액 300,000
(무형자산상각비)

2. 수익과 비용의 결산정리

수익과 비용의 결산정리에는 수익 및 비용의 이연과 수익 및 비용의 예상이 있다.

9) 유형자산의 감가상각비 인식의 회계처리와 달리 무형자산의 상각비 인식의 회계처리는 직접차감법 즉 차변에 해당 무형자산상각비(또는 산업재산권상각비나 합하여 무형자산상각비)를, 대변에 해당 무형자산을 기록하는 방법을 주로 사용한다.

> ① 수익의 이연과 비용의 이연* : 차기에 속하는 수익과 비용은 당해 계정잔액에서 차감한다.
> – 비용의 선급 : 비용을 차기로 이월시킨다. 즉 선급비용(자산)으로 계상한다.
> – 수익의 선수 : 수익을 차기로 이월시킨다. 즉 선수수익(부채)으로 계상한다.
> ② 수익의 예상과 비용의 예상**: 당기에 발생한 수익과 비용은 당기에 현금의 수취나 지출이 없어도 당기의 수익 및 비용계정으로 계상한다.
> – 비용의 미지급 : 당기의 비용으로 계상한다. 즉 미지급비용(부채)으로 계상한다.
> – 수익의 미수 : 당기의 수익으로 계상한다. 즉 미수수익(자산)으로 계상한다.
> *이연(deferrals)에 대한 수정분개임. **발생(accruals)에 대한 수정분개임.

(1) 수익과 비용의 이연

현금으로 주고받아 이미 원장의 각 계정에 기입된 수익과 비용이라 할지라도 차기에 속하는 부분이 포함되어 있으면 이것을 차기로 이월시키는 한편 당기의 수익계정과 비용계정에서 차감하여야 하는데 이것을 **'수익과 비용의 이연**(deferrals)'이라고 한다.

수익과 비용의 이연은 **'수익의 이연'**과 **'비용의 이연'**으로 나눌 수 있다.

1) 수익의 이연

> 당기에 수취한 수익 중 차기에 속하는 금액을 차기로 이월시키는 것을 말한다.

당기에 이자수익이나 임대료를 미리 받은 경우 그 금액이 모두 당기의 수익이 아니고 차기 이후의 수익에 속하는 것이 있을 수 있는데 이것을 선수수익(부채에 속하는 계정임.)이라고 한다. 이러한 선수수익은 차기 이후의 기간의 수익이 될 것이므로 당기의 수익에서 차감하여 차기로 이월시켜야 한다.

따라서 결산일에 선수수익을 당해 수익계정의 차변에 기입하여 차감(수익의 소멸로 처리함[10].)하는 동시에 부채계정인 선수수익계정의 대변에 기입하기 위한 결산정리분개를 하여야 한다.

[결산정리분개]

차) 해당 수익계정	×××	대) 선수수익	×××

10) 제4장의 '분개의 법칙' 중 수익계정의 경우 발생은 대변에, 소멸은 차변에 기입한다고 학습한 바 있다.

다음을 회계처리하시오.

9월 1일 : 이자수익 6개월분 600,000원을 미리 현금으로 받다.

차) 현 금	600,000	대) 이자수익	600,000

12월 31일 : 결산일에 이자수익 중 선수액 200,000원을 차기로 이월시키다.

[결산정리분개]

차) 이자수익	200,000	대) 선수수익 (선수이자)	200,000

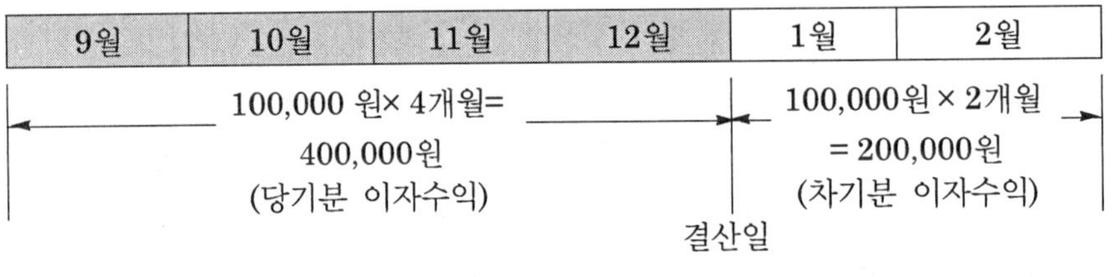

2) 비용의 이연

당기에 지출된 비용 중 차기에 속하는 금액을 차기로 이월시키는 것을 말한다.

당기에 이자비용이나 임차료를 미리 지급하는 경우에는 그 금액이 모두 당기의 비용이 아니고 차기 이후의 비용에 속하는 것이 있을 수 있는데 이것을 선급비용(자산에 속하는 계정임.)이라고 한다. 이러한 선급비용은 차기 이후의 기간에 비용이 될 것이므로 당기의 비용에서 차감(비용의 소멸로 처리함[11].)하여 차기로 이월시켜야 한다.

따라서 결산일에 선급비용을 당해 비용계정의 대변에 기입하여 차감하는 동시에 자산계정인 선급비용계정의 차변에 기입하기 위한 결산정리분개를 하여야 한다.

[결산정리분개]

차) 선급비용	×××	대) 해당 비용계정	×××

11) 제4장의 '분개의 법칙' 중 비용계정의 경우 발생은 차변에, 소멸은 대변에 기입한다고 학습한 바 있다.

예제

다음을 회계처리하시오.

9월 1일 : 이자비용 6개월분 600,000원을 현금으로 지급하다.

차) 이자비용	600,000	대) 현 금	600,000

12월 31일 : 결산일에 이자비용 중 선급액 200,000원을 차기로 이월시키다.

[결산정리분개]

차) 선급비용 (선급이자비용)	200,000	대) 이자비용	200,000

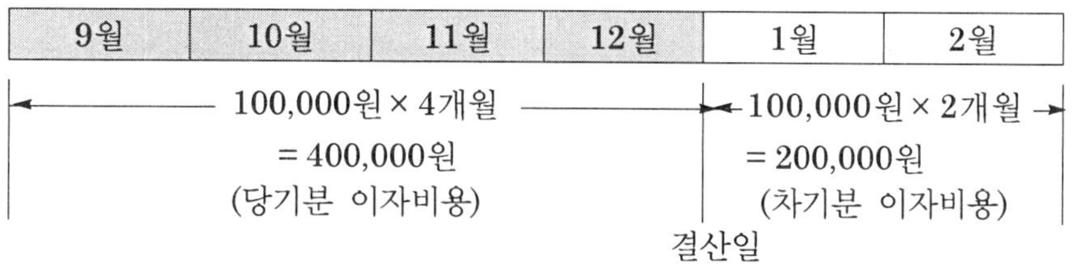

(2) 수익과 비용의 예상

현금을 주고받지 않은 수익과 비용이라도 당기에 발생(accruals)한 것이라면 당기의 수익과 비용으로 계상하여야 한다. 이 경우에는 미리 당기의 수익과 비용으로 계상하는 한편, 차기의 수익과 비용에 계상되지 않도록 처리하여야 하는데 이것을 '**수익과 비용의 예상(accruals, 발생)**'이라고 한다.

수익과 비용의 예상은 '**수익의 예상**'과 '**비용의 예상**'으로 나눌 수 있다.

1) 수익의 예상

수익의 예상이란 결산일까지 받지 않은 당기 발생 수익을 당기의 수익으로 계상하는 것을 말한다.

당기에 발생한 수익이지만 결산일 현재까지 받지 못한 것을 미수수익이라고 하며 이자수익, 임대료 등에서 발생한다.

결산일에 미수수익은 당기의 수익으로 계상하므로 당해 수익계정 대변에 기입함과 동시에 미수수익이라는 자산계정을 설정하여 그 계정 차변에 기입하기 위한 결산정리분개를 하여야 한다.

[결산정리분개]

차) 미수수익 ××× 대) 해당 수익계정 ×××

예 제

12월 31일 결산일 현재 받지 못한 이자 300,000원이 있어 이것을 당기의 이자수익으로 계상하다.

[결산정리분개]

차) 미수수익 (미수이자수익)	300,000	대) 이자수익	300,000

2) 비용의 예상

비용의 예상이란 결산일까지 지급하지 않은 당기 발생비용을 당기의 비용으로 계상하는 것을 말한다.

당기에 발생한 비용이지만 결산일 현재까지 지급하지 못한 것을 미지급비용이라고 하며 이자비용, 임차료, 급여 등에서 발생한다.

결산일에 미지급비용은 당기의 비용으로 계상시켜야 하므로 당해 비용계정 차변에 기입함과 동시에 미지급비용이라는 부채계정을 설정하여 그 계정 대변에 기입하기 위한 결산정리분개를 하여야 한다.

[결산정리분개]

차) 해당 비용계정 ××× 대) 미지급비용 ×××

예 제

12월 31일 결산일 현재 지급하지 못한 이자 500,000원이 있어 이것을 당기의 이자비용으로 계상하다.

[결산정리분개]

차) 이자비용	500,000	대) 미지급비용 (미지급이자비용)	500,000

3.3 한국회계사무소의 결산정리

앞의 한국회계사무소의 12월말 결산일 현재의 결산정리사항이 다음과 같은 여섯 가지가 있다고 가정하여 결산정리(분개)를 행하면 다음과 같다.

1. 비품에 대한 감가상각비 900,000원을 계상하다.[12)]

유형자산은 장기간에 걸쳐 영업활동에 사용하기 위한 목적으로 취득한 물리적 실체가 있는 자산으로서 시간의 경과나 사용함에 의해 그 가치가 감소하게 된다. 회계기간별 수익과 비용의 대응이 적절히 이루어지기 위해서는 이러한 유형자산의 취득원가에서 잔존가치를 차감한 감가상각 대상금액을 대상으로 매 기간별로 그 자산가치의 감소분을 배분하게 되는데 이것을 '감가상각'이라고 한다.

따라서 결산시점에 감가상각 금액을 계산하여 일반적으로 차변에 감가상각비, 대변에 감가상각누계액으로 기록하는 다음과 같은 결산정리분개를 한다(상세한 내용은 제9장의 감가상각비의 비용인식 중 간접법에서 설명함.).

차) (비품)감가상각비	900,000	대) (비품)감가상각누계액	900,000

2. 차입금에 대한 이자를 계상하다.

시산표상에 기록된 이자비용은 8월 1일 은행으로부터 차입한 장기차입금에 대한 3개월분(즉 8월분, 9월분, 10월분)에 대한 이자비용을 11월 1일에 지급한 것이다. 그러나 결산일 현재 아직 장기차입금을 사용하고 있으므로 회계기간 동안 발생한 2개월분(즉 11월분, 12월분)의 이자비용 180,000원을 이자비용에 추가하여야 한다. 이와 같이 당기에 발생한 비용이지만 결산일 현재 지급하지 못한 것을 미지급비용이라고 하며, 이와 같은 것은 이자비용은 물론 임차료나 급여 등에서도 발생한다(본 장의 '비용의 예상'을 참고).

따라서 결산일에 미지급비용은 당기의 비용으로 계상하여야 하므로 당해 비용계정 차변에 기입함과 동시에 미지급비용(구체적으로는 미지급이자비용)이라는 부채계정을 설정하여 그 계정 대변에 기입하기 위한 다음과 같은 결산정리분개를 한다.

차) 이자비용	180,000	대) 미지급이자비용	180,000

---

12) 여기서 '계상(計上)하다'라는 말은 특정 금액을 계산하여 장부나 재무제표에 올리는 것을 말한다.

3. 당기의 보험료를 계상하다.

당기에 보험료 등을 지급한 경우 그 금액이 전액 당기의 비용에 해당하는 것이 아니라면 일부는 차기 이후의 비용에 속하게 되는데 이것을 선급비용이라고 한다. 이러한 선급비용은 차기 이후의 기간에 비용이 될 것이므로 당기의 비용에서 차감하여 차기로 이월시켜야 한다(본 장의 '비용의 이연'을 참고).

한국회계사무소의 경우 시산표상에 기록된 보험료 2,400,000원은 8월 1일 보험회사와 보험계약을 체결하고 납부한 것으로 이것은 1년분(차년도 7월까지)에 해당한다. 그러므로 차기 이후에 속하는 1,400,000원은 결산일 현재 선급한 것이므로 당해 비용계정의 대변에 기입하여 차감하는 동시에 자산계정인 선급비용(구체적으로는 선급보험료)계정의 차변에 기입하기 위한 다음과 같은 결산정리분개를 한다.

차) 선급보험료	1,400,000	대) 보험료	1,400,000

4. 소모품 미사용분 500,000원이 남아있다.

시산표상의 소모품비 1,800,000원은 소모품을 구입하여 전액 당기에 모두 사용할 것으로 예상하여 소모품의 구입 시 소모품이라는 자산으로 처리하지 않고, 소모품비라는 비용으로 처리한 것이다[13]. 그러나 결산일 현재 소모품 미사용분이 500,000원만큼 남아 있으므로 그 만큼 소모품비도 적게 비용으로 계상되어야 한다. 따라서 소모품비를 당해 비용계정의 대변에 기입하여 차감하는 동시에 자산계정인 소모품계정의 차변에 기입하기 위한 다음과 같은 결산정리분개를 한다.

차) 소모품	500,000	대) 소모품비	500,000

5. 금번 회계기간의 임차료는 지급액의 1/6이다.

이 경우는 앞의 보험료의 경우와 동일한 회계처리를 한다. 당기에 임차료를 지급한 경우 그 금액이 전액 당기의 비용에 해당하는 것이 아니라면 일부는 차기 이후의 비

---

13) 소모품의 회계처리 방법에는 구입 시점에서 ① 비용(소모품비)으로 처리하는 방법과 ② 자산(소모품)으로 처리하는 방법이 있다. 본서에서는 전자인 비용으로 처리하는 방법에 따라 회계처리하였으나, 후자인 자산으로 처리하는 방법으로 회계처리하면 다음과 같다.

구입 시(8월 10일)	차) 소모품	1,800,000	대) 당좌예금	1,800,000
결산 시(12월 31일)	차) 소모품비	1,300,000	대) 소모품	1,300,000

용에 속하는 선급비용이 된다. 이러한 선급비용은 차기 이후의 기간에 비용이 될 것이므로 당기의 비용에서 차감하여 차기로 이월시켜야 한다(본 장의 '비용의 이연'을 참고).

한국회계사무소의 경우 시산표상에 기록된 임차료 5,400,000원은 건물을 임차하고 3년분에 해당하는 것을 납부한 것이므로 차기 이후에 속하는 4,500,000원은 결산일 현재 선급한 것이므로 당해 비용계정의 대변에 기입하여 차감하는 동시에 자산계정인 선급비용(구체적으로는 선급임차료)계정의 차변에 기입하기 위한 다음과 같은 결산정리분개를 한다.

차) 선급임차료	4,500,000	대) 임차료	4,500,000

6. 종업원에 대한 급여 미지급분 800,000원이 있다.

이 경우는 앞의 이자비용의 경우와 동일한 회계처리가 필요하다(본 장의 '비용의 예상'을 참고). 시산표상에 기록된 급여는 9월 30일 지급한 것이다. 그러나 결산일 현재 아직 지급하지 못한 종업원에 대한 미지급급여 800,000원이 있다면 이것을 급여에 추가하여야 한다. 이와 같이 당기에 발생한 비용이지만 결산일 현재 지급하지 못한 미지급비용은 당기의 비용으로 계상하여야 하므로 당해 비용계정 차변에 기입함과 동시에 미지급비용(구체적으로는 미지급급여)이라는 부채계정을 설정하여 그 계정 대변에 기입하기 위한 다음과 같은 결산정리분개를 한다.

차) 급 여	800,000	대) 미지급급여	800,000

3.4 결산정리분개의 전기

결산정리분개도 기중거래에 대한 분개와 마찬가지로 분개장에 기록하고 총계정원장에 전기한다. 앞에서 행한 한국회계사무소의 6가지 결산정리사항을 결산정리분개하여 총계정원장에 전기하면 다음과 같다.

이 때 추가적으로 감가상각비계정, 감가상각누계액계정, 미지급이자비용계정, 선급보험료계정, 소모품계정, 선급임차료계정, 미지급급여계정 등 7개의 새로운 계정이 총계정원장에 추가되게 된다.

현 금 1

일자	계정	금액	일자	계정	금액
7/10	자본금	36,000,000	7/13	임차료	5,400,000
8/25	용역매출	9,000,000	7/25	비품	3,000,000
12/15	제좌	1,300,000	8/1	보험료	2,400,000
			9/16	단기대여금	1,000,000
			9/30	급여	2,400,000

당좌예금 2

일자	계정	금액	일자	계정	금액
8/1	장기차입금	9,000,000	8/10	소모품비	1,800,000
10/17	용역매출	6,000,000	8/31	미지급금	3,000,000
11/25	외상매출금	3,000,000	11/1	이자비용	270,000
			12/20	세금과공과	900,000

외상매출금 3

일자	계정	금액	일자	계정	금액
10/17	용역매출	6,000,000	11/25	당좌예금	3,000,000

단기대여금 4

일자	계정	금액	일자	계정	금액
9/16	현금	1,000,000	12/15	현금	1,000,000

비 품 5

일자	계정	금액	일자	계정	금액
7/25	제좌	9,000,000			

미지급금 6

일자	계정	금액	일자	계정	금액
8/31	당좌예금	3,000,000	7/25	비품	6,000,000

장기차입금 7

일자	계정	금액	일자	계정	금액
			8/1	당좌예금	9,000,000

자본금 8

일자	계정	금액	일자	계정	금액
			7/10	현금	36,000,000

임차료 9

일자	계정	금액	일자	계정	금액
7/13	현금	5,400,000	12/31	선급임차료	4,500,000

보험료 10

일자	계정	금액	일자	계정	금액
8/1	현금	2,400,000	12/31	선급보험료	1,400,000

소모품비 11

일자	계정	금액	일자	계정	금액
8/10	당좌예금	1,800,000	12/31	소모품	500,000

급 여 12

일자	계정	금액	일자	계정	금액
9/30	현금	2,400,000			
12/31	미지급급여	800,000			

이자비용 13

일자	계정	금액	일자	계정	금액
11/1	당좌예금	270,000			
12/31	미지급이자비용	180,000			

세금과공과 14

일자	계정	금액	일자	계정	금액
12/20	당좌예금	900,000			

용역매출 15

일자	계정	금액	일자	계정	금액
			8/25	현금	9,000,000
			10/17	제좌	12,000,000

이자수익 16

일자	계정	금액	일자	계정	금액
			12/15	현금	300,000

감가상각비 17

일자	계정	금액	일자	계정	금액
12/31	감가상각누계액	900,000			

감가상각누계액 18

일자	계정	금액	일자	계정	금액
			12/31	감가상각비	900,000

미지급이자비용 19

일자	계정	금액	일자	계정	금액
			12/31	이자비용	180,000

선급보험료 20

일자	계정	금액	일자	계정	금액
12/31	보험료	1,400,000			

소모품 21

일자	계정	금액	일자	계정	금액
12/31	소모품비	500,000			

선급임차료 22

일자	계정	금액	일자	계정	금액
12/31	임차료	4,500,000			

미지급급여 23

일자	계정	금액	일자	계정	금액
			12/31	급여	800,000

제4절 정산표의 작성

지금까지 우리는 회계순환과정 중 결산예비절차로서 시산표의 작성과 결산정리(분개)를 학습하였다. 이제 결산예비절차의 하나로서 정산표의 작성을 학습하고자 한다. 정산표는 뒤에서 설명하는 바와 같이 반드시 작성할 필요는 없다. 그러나 정산표를 작성하면 정산표 속에 손익계산서나 재무상태표가 들어 있으므로, 이 정산표 속의 손익계산서나 재무상태표를 손익계산서나 재무상태표 양식에 맞추어 배열하면 제대로 된 손익계산서나 재무상태표 등을 작성할 수 있으므로 재무제표 작성을 용이하게 하기 위해서도 정산표의 작성은 필요하다. 물론 정산표를 작성하지 않고도 재무제표는 작성할 수 있다(후술하는 결산본절차 중 계정의 마감 참조).

결산예비절차에 의하면 시산표의 작성, 그리고 결산정리사항을 찾아 결산정리분개를 한 후 정산표를 작성하게 된다. 그런데 만일 결산정리사항이 없으면 (물론 결산정리사항이 없는 경우는 실제로 존재하지 않을 것임.) 앞에서 작성한 잔액시산표로 최종적인 재무제표를 작성할 수 있다. 그러나 결산정리사항이 있으면 결산정리분개를 통하여 잔액시산표상의 기말 계정잔액을 수정한 후에 재무제표를 작성하여야 한다. 이러한 수정작업은 정산표를 통하여 이루어진다.

4.1 정산표의 의의

정산표(Work Sheet)는 잔액시산표와 결산정리분개를 토대로 하여 손익계산서와 재무상태표를 작성하는 과정을 일람표로 나타낸 것을 말한다.

정산표(Work Sheet)를 작성하는 주된 목적은 손익계산서와 재무상태표의 작성을 정확하고 신속하게 하기 위한 것이다. 즉, 먼저 정산표에서 모든 결산절차를 예비적으로 수행하고, 이에 의하여 손익계산서와 재무상태표를 작성한 다음 결산본절차를 회계장부상에서 수행하는 것이 필요하다.

앞에서 이미 설명한 바와 같이 정산표는 반드시 작성하여야 하는 정식 회계보고서는 아니며, 재무제표 작성에 필요한 사항을 한 곳에 모아 결산정리 및 당기순이익 계산을 용이하게 하기 위한 보조양식에 불과하다. 따라서 정산표를 작성하지 않아도 재무제표 작성에 어려움이 없다면 얼마든지 생략할 수 있다.

◐ 정산표의 종류

정산표의 종류에는 구성요소의 칸수에 따라 6위식, 8위식, 10위식, 12위식 등이 있으며, 서비스기업과 상기업에서는 일반적으로 8위식 정산표를, 제조기업에서는 10위식 정산표를 주로 작성하고 있다.

종 류	구 성 요 소
6위식 정산표[14)]	잔액시산표, 손익계산서, 재무상태표
8위식 정산표	잔액시산표, 결산정리분개, 손익계산서, 재무상태표
10위식 정산표[15)]	잔액시산표, 결산정리분개, 수정 후 잔액시산표, 손익계산서, 재무상태표

4.2 정산표의 작성절차

다음은 상기업이나 서비스기업에서 주로 작성하는 8위식 정산표과 이것에 수정후 잔액시산표를 추가한 10위식 정산표 양식이다. 이 양식 중 8위식 정산표 작성이 일반적이므로 8위식 정산표를 보면서 작성절차를 이해하도록 하자. 8위식 정산표에는 잔액시산표, 결산정리분개, 손익계산서, 재무상태표 등 4개란이 있으며 각각 차변과 대변이 있어서 금액을 기록할 수 있는 칸은 총 8개가 된다.

14) 6위식 정산표는 기말에 결산정리사항이 없어 결산정리분개가 없는 경우이나 실제로 이러한 경우는 존재하지 않을 것이다. 따라서 6위식 정산표는 실제로 존재하지 않는다고 보아야 할 것이다.

15) 그러나 보통 전기로부터 이월된 이익잉여금이 있는 경우 서비스기업이나 상기업에서는 '이익잉여금처분계산서'가 포함된 10위식 정산표를 작성하기도 한다. 이 10위식 정산표는 손익계산서 다음에 '이익잉여금처분계산서'를 추가하여 작성한다. 한편, 제조기업에서는 보통 '제조계정'이 포함된 10위식 정산표를 작성한다. 이 경우 결산정리분개 다음에 '제조계정'을 추가하여 당기에 완성한 제품제조원가를 구하게 된다.

정 산 표(8위식)

(단위: 천원)

계정과목	잔액시산표		결산정리분개		손익계산서		재무상태표	
	차변	대변	차변	대변	차변	대변	차변	대변
현 금	32,100						32,100	
당 좌 예 금	12,030						12,030	
외 상 매 출 금	3,000						3,000	
비 품	9,000						9,000	
미 지 급 금		3,000						3,000
장 기 차 입 금		9,000						9,000
자 본 금		36,000						36,000
임 차 료	5,400			4,500	900			
보 험 료	2,400			1,400	1,000			
소 모 품 비	1,800			500	1,300			
급 여	2,400		800		3,200			
이 자 비 용	270		180		450			
세 금 과 공 과	900				900			
용 역 매 출		21,000				21,000		
이 자 수 익		300				300		
합 계	69,300	69,300						
감 가 상 각 비			900		900			
감가상각누계액				900				900
미지급이자비용				180				180
선 급 보 험 료			1,400				1,400	
소 모 품			500				500	
선 급 임 차 료			4,500				4,500	
미 지 급 급 여				800				800
합 계			8,280	8,280				
당 기 순 이 익					12,650			12,650
합 계					21,300	21,300	62,530	62,530

정 산 표(10위식)

(단위: 천원)

계정과목	잔액시산표		결산정리분개		수정후 잔액시산표		손익계산서		재무상태표	
	차변	대변	차변	대변	차변	대변	차변	대변	차변	대변
현 금	32,100				32,100				32,100	
당 좌 예 금	12,030				12,030				12,030	
외 상 매 출 금	3,000				3,000				3,000	
비 품	9,000				9,000				9,000	
미 지 급 금		3,000				3,000				3,000
장 기 차 입 금		9,000				9,000				9,000
자 본 금		36,000				36,000				36,000
임 차 료	5,400			4,500	900		900			
보 험 료	2,400			1,400	1,000		1,000			
소 모 품 비	1,800			500	1,300		1,300			
급 여	2,400		800		3,200		3,200			
이 자 비 용	270		180		450		450			
세 금 과 공 과	900				900		900			
용 역 매 출		21,000				21,000		21,000		
이 자 수 익		300				300		300		
	69,300	69,300								
감 가 상 각 비			900		900		900			
감가상각누계액				900		900				900
미지급이자비용				180		180				180
선 급 보 험 료			1,400		1,400				1,400	
소 모 품			500		500				500	
선 급 임 차 료			4,500		4,500				4,500	
미 지 급 급 여				800		800				800
당 기 순 이 익							12,650			12,650
			8,280	8,280	71,180	71,180	21,300	21,300	63,530	62,530

◐ 정산표 작성절차

위에서 제시된 8위식 정산표의 작성절차를 살펴보면 다음과 같다.

1. 잔액시산표의 작성

정산표 작성에 사용되는 시산표는 앞에서 작성한 (수정전) 시산표인 합계시산표, 잔액시산표, 합계잔액시산표 중 잔액시산표가 사용된다. 앞에서 작성한 잔액시산표의 계정과목과 금액을 정산표 왼쪽에 옮겨 적고, 차변의 합계액과 대변의 합계액을 기록한다. 위의 정산표의 예에서 잔액시산표의 차변의 합계액과 대변의 합계액은 69,300,000원임을 알 수 있다.

2. 결산정리분개의 기입

결산정리사항별로 결산정리분개를 하여 결산정리분개란에 기입한다. 예컨대, 감가상각비 900,000원에 대한 결산정리분개를 앞에서 다음과 같이 한 바 있다.

차) 감가상각비	900,000	대) 감가상각누계액	900,000

위의 결산정리분개를 정산표에 기입해보자. 이 경우 우선 차변의 감가상각비를 기입하기 위해서는 계정과목란에 감가상각비 계정과목이 있는가를 살펴본다. 만약 계정과목란에 감가상각비 계정과목이 없다면 계정과목 하단에 감가상각비 계정과목을 추가로 기입하고 결산정리분개란 차변에 금액 900,000원을 옮겨 적는다. 또한 대변의 감가상각누계액을 기입하는 경우도 동일한 방식으로 한다.

그리고 결산일 현재 미지급이자비용이 있어 이것에 대한 결산정리분개를 결산정리분개란에 기입하는 경우도 살펴보자. 이 경우도 앞에서 다음과 같은 결산정리분개를 한 바 있다.

차) 이자비용	180,000	대) 미지급이자비용	180,000

이 결산정리분개를 정산표의 결산정리분개란에 기입하기 위해서는 우선 차변의 이자비용을 기입하기 위해서 계정과목란에서 이자비용 계정과목이 있는가를 찾아본 후 이 경우 해당 계정과목이 있으면 계정과목 하단에 이자비용 계정을 추가로 기입할 필요 없이 이자비용 계정과목란의 결산정리분개란 차변에 금액 180,000원을 적는다. 그리고 대변의 미지급이자비용을 기입하기 위해서 계정과목란에서 미지급이자비용 계정과목이 있는가를 찾아본 후 그 계정과목이 없으면 계정과목 하단에 미지급이자비용 계정과목을 추가로 기입하고 결산정리분개란 대변에 금액 180,000원을 적는다.

이와 같이 하여 추가로 기입되는 계정과목으로는 감가상각비, 감가상각누계액, 미지급이자비용, 선급보험료, 소모품, 선급임차료, 미지급급여 등이 해당된다.

결산정리분개를 결산정리분개란에 모두 옮겨 적은 후에는 결산정리분개란의 차변과 대변의 합계를 계산한 후 이들 금액이 상호 일치하는지 확인하고 합계란에 기록한다. 만일 합계가 일치하지 않으면 결산정리분개가 잘못되거나 결산정리분개란에 기입하는 중에 오류가 발생한 것으로 볼 수 있다. 위의 정산표의 결산정리분개란의 차변 합계액과 대변 합계액은 8,280,000원으로 일치하여 결산정리분개와 결산정리분개란의 기입이 정확함을 알 수 있다.

참고로 본서에서는 '수정 후 잔액시산표(결산정리분개를 반영한 후 작성함.)'가 포함된 소위 '10위식 정산표'도 함께 제시하였다.

3. 손익계산서와 재무상태표란의 기입

잔액시산표란의 각 계정은 수익, 비용에 속하면 손익계산서란에, 자산, 부채, 자본에 속하는 계정의 금액은 재무상태표란에 기입한다. 금액은 잔액시산표란 차변에 있으면 차변으로, 대변에 있으면 대변으로 옮겨 적는다. 이 때 결산정리분개란에 금액이 있는 경우에는 잔액시산표란과 결산정리분개란의 같은 변에 있으면 더하고, 반대 변에 있으면 차감한 잔액만을 기입한다.

위의 정산표에서 급여계정은 잔액시산표 차변에 2,400,000원이 기입되어 있고, 동시에 결산정리분개란 차변에 800,000원이 기입되어 있다. 급여계정은 비용항목이므로 손익계산서란에 기입되며, 금액은 잔액시산표와 결산정리분개란의 같은 변에 있으므로 이것을 합한 금액인 3,200,000원을 차변에 기입한다.

추가로 기입된 계정과목들은 수익, 비용항목에 속하면 손익계산서란 해당 변에, 자산, 부채, 자본항목에 속하면 재무상태표란 해당 변에 기입한다. 예를 들어 위의 정산표에서 감가상각비는 비용계정이므로 손익계산서란 차변에 900,000원을 기입하고, 미지급급여는 부채에 속하는 항목이므로 재무상태표 대변에 800,000원을 기입한다.

4. 당기순손익의 기입

손익계산서란에서 차변의 비용금액과 대변의 수익금액을 합계하여 차변의 비용 합계액과 대변의 수익 합계액 사이의 차이를 당기순이익 또는 당기순손실로 기입한다.

재무상태표란에서 차변의 자산금액과 대변의 부채금액 및 자본금액을 합계하여 차변 합계액과 대변 합계액의 차액을 당기순이익 또는 당기순손실로 기입한다. 이 때 손익계산서란과 재무상태표란의 당기순이익 또는 당기순손실 금액은 일치하여야 한다.

제5절 계정 및 장부의 마감

한 기간의 모든 회계처리를 행한 후에는 총계정원장에 있는 모든 계정을 마감하여야 한다. 계정의 마감은 한 회계기간의 기록내용과 다음 회계기간의 기록내용을 구분하기 위하여 이루어지는 결산과정이다. 계정 및 장부를 마감하는 절차를 **'결산본절차'**라고 한다.

계정의 마감은 손익계산서에 속하는 수익, 비용계정의 마감과 재무상태표에 속하는 자산, 부채, 자본계정의 마감으로 구분된다.

계정을 마감한 후 다음 회계기간의 장부와 구분하기 위하여 분개장 등 각종 장부를 마감한다.

◐ 계정 및 장부의 마감절차

① 수익 및 비용계정을 마감하기 위해 (집합)손익계정을 설정한다.
② 모든 수익 및 비용계정의 잔액, 즉 당기 발생액을 (집합)손익계정에 대체한다.
③ (집합)손익계정의 잔액을 (미처분)이익잉여금계정(또는 자본금계정)에 대체한다. 이 때 (집합)손익계정이 마감된다.
④ 자산, 부채, 자본계정을 마감한다.
⑤ 분개장 등 각종 장부를 마감한다.

마감하는 순서는 손익계산서에 속하는 수익 및 비용계정을 먼저 마감한다. 그 이유는 재무상태표에 표시되는 당기순이익은 손익계산서가 작성된 후에 알 수 있기 때문이다.

(집합)손익계정은 수익 및 비용계정을 마감하기 위하여 결산일에만 설정하는 임시직 성격을 갖는 계정으로서, (집합)손익계정의 잔액은 당기순손이(즉, 당기순이익 또는 당기순손실)을 의미한다.

(집합)손익계정에는 모든 수익과 비용이 집계되므로 손익계산서의 작성자료로 사용된다.

수익계정과 비용계정이 마감되면 (집합)손익계정의 잔액을 (미처분)이익잉여금계정(또는 자본금계정)에 대체하게 된다. 따라서 (집합)손익계정은 재무상태표나 손익계산서 어디에도 나타나지 않는다.

자산, 부채, 자본계정을 마감한 후에는 마감이 정확하게 이루어졌는가를 확인하기 위하여 이월시산표를 작성하는 경우도 있다. 이 때 작성되는 이월시산표[16]는 재무상태표의 작성자료로 사용된다.

마지막으로 모든 계정이 마감되면 각종 장부를 마감한다.

5.1 수익 및 비용계정의 마감

수익 및 비용계정의 마감절차는 다음과 같은 세 가지 단계를 거쳐 이루어진다.

1. (집합)손익계정의 설정

총계정원장 맨 마지막에 수익계정 및 비용계정을 마감하기 위해 (집합)손익계정을 설정한다.

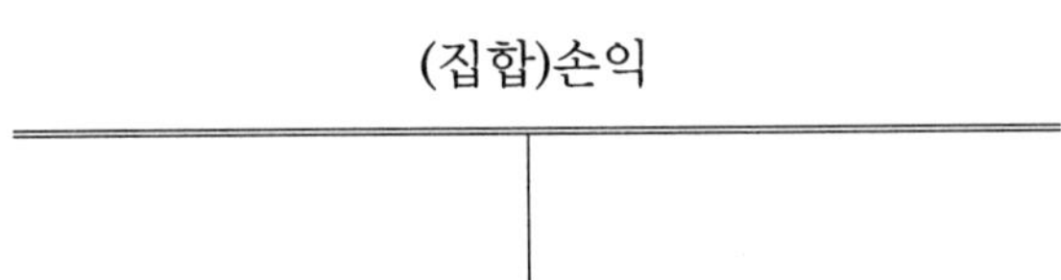

한 회계기간의 영업활동에서 발생한 모든 수익과 비용은 총계정원장에 각 계정별로 기입되어 있으므로 결산 시점에 기업의 경영성과를 측정하기 위해서는 기업의 전체적인 수익총액과 비용총액을 계산하여야 한다.

따라서 한 회계기간의 수익과 비용을 한 곳에 집계하여 당기순손익을 계산할 목적으로 설정되는 계정이 (집합)손익계정이다. 수익 및 비용계정이 마감되면 (집합)손익계정을 이용하여 손익계산서를 작성할 수 있다.

2. 모든 수익계정과 비용계정의 잔액을 (집합)손익계정에 대체

[(집합)손익계정에 대체하기 위한 분개]

수익계정 :	차) 해당 계정	×××	대) 손　익	×××
비용계정 :	차) 손　익	×××	대) 해당 계정	×××

16) 이월시산표란 자산, 부채, 자본에 속하는 각 계정의 이월 기입이 정확하게 되었는지 검증하기 위하여 자산, 부채, 자본계정의 차기 이월액을 집계한 일람표를 말한다. 이 이월시산표를 도대로 재무상태표를 작성할 수도 있다.

(집합)손익계정에서 한 회계기간 동안의 수익총액과 비용총액을 계산하여 성과의 측정지표인 당기순손익을 파악하기 위해서는 모든 수익계정과 비용계정을 (집합)손익계정에 모아야 한다. 이것을 위해 모든 수익계정 및 비용계정의 잔액, 즉 당기 발생액을 (집합)손익계정에 대체하는 분개를 한다.

여기서 '**대체**'란 한 계정에서 다른 계정으로 금액을 옮기는 것을 말하며, 옮기는 경우에 해당 계정에 직접 기록해서는 안되고 반드시 분개장에 분개를 통해서 이루어야 하는데 이것을 '**결산(대체)분개**'라고 한다.

결산(대체)분개 시 수익계정의 잔액(즉 당기 발생액)은 (집합)손익계정의 대변에, 비용계정의 잔액(즉 당기 발생액)은 (집합)손익계정의 차변에 대체하여야 한다.

◐ 수익계정 마감의 예

12월 31일의 이자수익 계정의 대변 잔액이 1,000,000원인 경우

결산(대체)분개 :

차) 이자수익	1,000,000	대) 손 익	1,000,000

전 기 :

이자수익 (단위: 1,000원)

12/31 손익	1,000	현 금	1,000

손 익 (단위: 1,000원)

		12/31 이자수익	1,000

결산(대체)분개를 전기함으로써 이자수익계정 차변에 1,000,000원이 기입되어 이자수익계정은 잔액이 0이 되어 마감된다(마감 시에는 차변합계액과 대변합계액 밑에 두 줄을 긋는다). 그리고 (집합)손익계정에는 대변에 이자수익 1,000,000원이 표시된다.

◐ 비용계정 마감의 예

12월 31일의 이자비용계정의 차변 잔액이 700,000원인 경우

결산(대체)분개 :

차) 손 익	700,000	대) 이자비용	700,000

전 기 :

이자비용 (단위: 1,000원)

현 금	700	12/31 손익	700

손 익 (단위: 1,000원)

12/31 이자비용	700		

결산(대체)분개를 전기함으로써 이자비용계정 대변에 700,000원이 기입되어 이자비용계정은 잔액이 0이 되어 마감된다(이 경우도 마감 시에는 차변합계액과 대변합계액 밑에 두 줄을 긋는다). 그리고 (집합)손익계정에는 차변에 이자비용 700,000원이 표시된다.

3. (집합)손익계정의 잔액을 (미처분)이익잉여금(또는 자본금)계정에 대체

[(미처분)이익잉여금(또는 자본금)계정에 대체하기 위한 분개]

당기순이익 발생시 :

차) 손 익	×××	대) (미처분)이익잉여금 (또는 자본금)	×××

당기순손실 발생시 :

차) (미처분)이익잉여금 (또는 자본금)	×××	대) 손 익	×××

모든 수익과 비용계정의 잔액을 (집합)손익계정에 대체하면 (집합)손익계정의 차변총액은 한 회계기간 동안 발생한 비용총액을, 대변총액은 수익총액을 나타내고 그 차액은 당기순손익이 된다. 즉, 잔액이 차변에 있으면 당기순손실, 대변에 있으면 당기순이익을 의미한다.

당기순손익은 자본의 증감을 의미하므로 개인기업의 경우에는 자본금계정에 대체하여 자본금의 기말 현재액을 반영하게 된다[그러나 주식회사의 경우에는 당기순손익의 처분이 주주총회에서 결정되므로 처분결정이 되기 전까지는 (미처분)이익잉여금계정에 대체한다].

◐ (집합)손익계정의 (미처분)이익잉여금(또는 자본금)계정 결산(대체)분개의 예

앞의 수익 및 비용계정의 마감 예를 이용하여 (집합)손익계정을 (미처분)이익잉여금(또는 자본금)계정에 대체해 보자. 우선 계정에 대체하기 위해서는 다음과 같은 결산(대체)분개를 하여야 한다.

결산(대체)분개 :

차) 손 익	300,000	대) (미처분)이익잉여금	300,000

전 기 :

손 익 (단위: 1,000원)

차변		대변	
12/31 이자비용	700	12/31 이자수익	1,000
12/31 (미처분) 이익잉여금	300		
	1,000		1,000

(미처분)이익잉여금 (단위:1,000원)

차변		대변	
		12/31 손익	300

위의 경우 당기순손익을 다음과 같이 (미처분)이익잉여금계정이 아닌 자본금계정에 대체할 수도 있다.17) (집합)손익계정 차변에는 이자비용 700,000원, 대변에는 이자수익 1,000,000원이 기입되어 있다(단, 자본금계정의 잔액은 10,000,000원이다). 이 경우 계정에 대체하기 위해서는 다음과 같은 결산(대체)분개를 하여야 한다.

결산(대체)분개 :

차) 손 익 300,000 대) 자본금 300,000

전 기 :

손 익 (단위: 1,000원)

차변		대변	
12/31 이자비용	700	12/31 이자수익	1,000
12/31 자본금	300		
	1,000		1,000

자 본 금 (단위: 1,000원)

차변		대변	
		현금	10,000
		12/31 손익	300

결산(대체)분개를 전기하면 (집합)손익계정의 차변에 자본금 300,000원이 기입되고, (집합)손익계정의 잔액은 0이 되어 마감된다. 자본금계정은 대변에 손익 300,000원이 기입되어 자본금이 300,000원 증가한 것으로 표시된다.

5.2 자산, 부채, 자본계정의 마감

◐ 자산, 부채, 자본계정의 마감절차

① 각 계정의 잔액이 있는 상대편 변에 잔액과 동일한 금액을 '차기이월'이라는 용어와 함께 기록한다.

② 각 계정의 차변 합계액과 대변 합계액을 그 아래 기록하면서 계정을 마감한다.

③ 각 계정에 '차기이월'이라고 기입한 반대편 변에 다음 회계연도 초일자(初日字)로 '전기이월'이라고 기록하고 이월된 금액을 기입한다.

---

17) 일반적으로 주식회사가 아닌 개인기업의 경우는 당기순손익을 자본금계정에 대체한다.

자산에 속하는 계정은 차변에 잔액이 생기고, 이 잔액은 차기로 이월되는 금액이므로 이 금액을 결산일에 대변에 '차기이월'이라고 기입하고 차변 합계액과 대변 합계액을 일치시켜 마감한다.

부채와 자본에 속하는 계정은 대변에 잔액이 생기고, 이 잔액은 차기로 이월되는 금액이므로 이 금액을 결산일에 차변에 '차기이월'이라고 기입하고 차변 합계액과 대변 합계액을 일치시켜 마감한다.

◐ 자산, 부채, 자본계정의 마감 예

현 금 (단위: 1,000원)

5/1	자 본 금	1,000	6/5	상 품	1,200
9/8	단 기 차 입 금	500	12/31	차 기 이 월	300
		1,500			1,500
1/1	전 기 이 월	300			

단기차입금 (단위: 1,000원)

8/1	현 금	2,000	6/5	현 금	3,000
12/31	차 기 이 월	1,000			
		3,000			3,000
			1/1	전 기 이 월	1,000

위의 경우 당기순손익을 (미처분)이익잉여금계정에 대체한 경우의 계정마감은 다음과 같다. 이 경우 당기순손익(여기서는 당기순이익임.)은 자본금계정에 대체하지 않고, 다음과 같이 (미처분)이익잉여금계정에 대체하게 된다.

자 본 금 (단위: 1,000원)

12/31	차 기 이 월	10,000	1/1	현 금	10,000
		10,000			10,000
			1/1	전 기 이 월	10,000

(미처분)이익잉여금 (단위: 1,000원)

12/31	차 기 이 월	300	12/31	손 익	300
		300			300
			1/1	전 기 이 월	300

한편 개인기업인 경우 위의 당기순손익(여기서는 당기순이익임.)을 다음과 같이 (미처분)이익잉여금계정이 아닌 자본금계정에 대체한다.

자 본 금 (단위: 1,000원)

날짜	적요	금액	날짜	적요	금액
12/31	차 기 이 월	10,300	1/1	현 금	10,000
			12/31	손 익	300
		10,300			10,300
			1/1	전 기 이 월	10,300

다음은 한국회계사무소의 각 계정을 마감하기 위하여 결산(대체)분개 및 전기를 한 후 수익계정과 비용계정, 자산계정, 부채계정, 자본계정을 마감한 것이다. 여기서는 당기순이익을 (미처분)이익잉여금계정에 대체하였다.

현 금 1

날짜	적요	금액	날짜	적요	금액
7/10	자본금	36,000,000	7/13	임차료	5,400,000
8/25	용역매출	9,000,000	7/25	비 품	3,000,000
12/15	제 좌	1,300,000	8/1	보험료	2,400,000
			9/16	단기대여금	1,000,000
			9/30	급 여	2,400,000
			12/31	차기이월	32,100,000
		46,300,000			46,300,000
1/1	전기이월	32,100,000			

당좌예금 2

날짜	적요	금액	날짜	적요	금액
8/1	장기차입금	9,000,000	8/10	소모품비	1,800,000
10/17	용역매출	6,000,000	8/31	미지급금	3,000,000
11/25	외상매출금	3,000,000	11/1	이자비용	270,000
			12/20	세금과공과	900,000
			12/31	차기이월	12,030,000
		18,000,000			18,000,000
1/1	전기이월	12,030,000			

외상매출금 3

날짜	적요	금액	날짜	적요	금액
10/17	용역매출	6,000,000	11/25	당좌예금	3,000,000
			12/31	차기이월	3,000,000
		6,000,000			6,000,000
1/1	전기이월	3,000,000			

단기대여금 4

날짜	적요	금액	날짜	적요	금액
9/16	현 금	1,000,000	12/15	현 금	1,000,000
		1,000,000			1,000,000

비 품 5

날짜	적요	금액	날짜	적요	금액
7/25	제 좌	9,000,000	12/31	차기이월	9,000,000
		9,000,000			9,000,000
1/1	전기이월	9,000,000			

미지급금 6

날짜	적요	금액	날짜	적요	금액
8/31	당좌예금	3,000,000	7/25	비 품	6,000,000
12/31	차기이월	3,000,000			
		6,000,000			6,000,000
			1/1	전기이월	3,000,000

장기차입금 7

날짜	적요	금액	날짜	적요	금액
12/31	차기이월	9,000,000	8/1	당좌예금	9,000,000
		9,000,000			9,000,000
			1/1	전기이월	9,000,000

자본금 8

날짜	적요	금액	날짜	적요	금액
12/31	차기이월	36,000,000	7/10	현 금	36,000,000
		36,000,000			36,000,000
			1/1	전기이월	36,000,000

임차료 9

7/13	현 금	5,400,000	12/31	선급임차료	4,500,000
			12/31	손 익	900,000
		5,400,000			5,400,000

보험료 10

8/1	현 금	2,400,000	12/31	선급보험료	1,400,000
			12/31	손 익	1,000,000
		2,400,000			2,400,000

소모품비 11

8/10	당좌예금	1,800,000	12/31	소 모 품	500,000
			12/31	손 익	1,300,000
		1,800,000			1,800,000

급 여 12

9/30	현 금	2,400,000	12/31	손 익	3,200,000
12/31	미지급급여	800,000			
		3,200,000			3,200,000

이자비용 13

11/1	당좌예금	270,000	12/31	손 익	450,000
12/31	미 지 급 이자비용	180,000			
		450,000			450,000

세금과공과 14

12/20	당좌예금	900,000	12/31	손 익	900,000
		900,000			900,000

용역매출 15

12/31	손 익	21,000,000	8/25	현 금	9,000,000
			10/17	제 좌	12,000,000
		21,000,000			21,000,000

이자수익 16

12/31	손 익	300,000	12/15	현 금	300,000
		300,000			300,000

감가상각비 17

12/31	감가상각 누 계 액	900,000	12/31	손 익	900,000
		900,000			900,000

감가상각누계액 18

12/31	차기이월	900,000	12/31	감가상각비	900,000
		900,000			900,000
			1/1	전기이월	900,000

미지급이자비용 19

12/31	차기이월	180,000	12/31	이자비용	180,000
		180,000			180,000
			1/1	전기이월	180,000

선급보험료 20

12/31	보 험 료	1,400,000	12/31	차기이월	1,400,000
		1,400,000			1,400,000
1/1	전기이월	1,400,000			

소모품 21

12/31	소모품비	500,000	12/31	차기이월	500,000
		500,000			500,000
1/1	전기이월	500,000			

선급임차료 22

12/31	임 차 료	4,500,000	12/31	차기이월	4,500,000
		4,500,000			4,500,000
1/1	전기이월	4,500,000			

미지급급여 23

12/31	차기이월	800,000	12/31	급여	800,000
		800,000			800,000
			1/1	전기이월	800,000

손익 24

12/31	임차료	900,000	12/31	용역매출	21,000,000
12/31	보험료	1,000,000	12/31	이자수익	300,000
12/31	소모품비	1,300,000			
12/31	급여	3,200,000			
12/31	이자비용	450,000			
12/31	세금과공과	900,000			
12/31	감가상각비	900,000			
12/31	이익잉여금	12,650,000			
		21,300,000			21,300,000

이익잉여금 25

12/31	사기이월	12,650,000	12/31	손익	12,650,000
		12,650,000			12,650,000
			1/1	전기이월	12,650,000

5.3 장부의 마감

계정이 모두 마감되면 다음 회계기간의 장부와 구분하기 위하여 장부를 마감한다.

기업에서 거래가 발생하면 기록/계산/정리하는 지면을 장부라고 하며, 이 장부에는 주요장부(주요부)와 보조장부(보조부)가 있다. '**주요장부**'란 기업의 경영활동에서 발생하는 모든 거래를 기록하는 기본 장부를 의미하며, 분개장과 총계정원장이 여기에 해당한다. 한편 '**보조장부**'란 주요장부의 기록을 보조하는 역할로 거래 명세를 발생 순서대로 또는 거래 내역을 상세하게 기록하는 장부를 의미한다. 보조장부는 다시 보조원장과 보조기입장으로 구분한다.18)

장부의 마감은 통상 기록된 금액의 합계를 구하고 마감선을 그어 장부를 마감한다. 예를 들어 분개장은 결산정리분개나 결산(대체)분개를 포함하여 지금까지 분개한 모든 금액의 합계를 기록하고 차변 금액과 대변 금액이 일치하는가를 확인한 후 마감선을 그어 마감한다.

---

18) '**보조원장**'이란 특정 거래의 거래 내역을 구체적으로 기입하는 장부로서 상품재고장, 매출처원장, 매입처원장 등이 있다. 한편 '**보조기입장**'이란 거래가 발생한 순서대로 그 명세를 상세히 기입하는 장부로서 현금출납장, 당좌예금출납장, 매입장, 매출장, 받을어음 기입장, 지급어음 기입장 등이 있다.

분 개 장

일 자		적 요		원면	차 변	대 변
		<결산정리분개>				
12	31	감가상각비		17	900,000	
			감가상각누계액	18		900,000
12	31	이자비용		13	180,000	
			미지급이자비용	19		180,000
12	31	선급보험료		20	1,400,000	
			보험료	10		1,400,000
12	31	소모품		21	500,000	
			소모품비	11		500,000
12	31	선급임차료		22	4,500,000	
			임차료	9		4,500,000
12	31	급여		12	800,000	
			미지급급여	23		800,000
		<결산대체분개>				
12	31	손익		24	8,650,000	
			임차료	9		900,000
			보험료	10		1,000,000
			소모품비	11		1,300,000
			급여	12		3,200,000
			이자비용	13		450,000
			세금과공과	14		900,000
			감가상각비	17		900,000
12	31	용역매출		15	21,000,000	
		이자수익		16	300,000	
			손익	24		21,300,000
12	31	손익		24	12,650,000	
			(미처분)이익잉여금	25		12,650,000

제6절 재무제표의 작성

계정 및 장부의 마감이 끝나면 한 회계연도의 성과를 나타내는 손익계산서와 결산일 현재의 재무상태를 파악하기 위하여 재무상태표를 작성한다.

6.1 손익계산서의 작성

◐ 손익계산서의 작성방법[19]

(집합)손익계정에 기입된 수익 및 비용 금액을 손익계산서 양식에 명시된 각 계정과목의 금액란에 옮겨 적으면 손익계산서가 작성된다.

손익계산서는 수익과 비용에 속하는 각 계정의 잔액, 즉 당기 발생액을 집계한 (집합)손익계정을 이용하여 작성할 수 있다. 만일 정산표를 작성하였다면 정산표에 있는 손익계산서를 이용하여 작성하여도 된다.

이 경우 손익계산서는 기업회계기준서에서 예시한 보고식 손익계산서 양식의 각 계정과목 금액란에 그대로 옮겨 적으면 된다.

(집합)손익계정의 금액을 옮겨 적을 때 주의할 점은 (집합)손익계정 마감 시 차변에 기입된 (미처분)이익잉여금(또는 자본금)은 '당기순이익' 또는 '당기순손실'로 손익계산서에 표시하여야 한다는 것이다.

앞의 한국회계사무소의 예를 보고식에 의한 (단일구분) 손익계산서로 작성하면 다음과 같다.[20]

---

19) 앞에서 설명한 바와 같이 정산표를 작성하면 정산표 속에 손익계산서나 재무상태표가 들어 있으므로, 이 정산표 속의 손익계산서나 재무상태표를 손익계산서나 재무상태표 양식에 맞추어 배열하면 제대로 된 손익계산서나 재무상태표 등을 작성할 수 있으므로 재무제표 작성을 용이하게 하기 위해서도 정산표의 작성은 필요하다고 하였다. 물론 본 절에서 설명하는 바와 같이 정산표를 작성하지 않고도 계정마감을 통해서 재무제표를 작성할 수도 있다.

20) 일반적으로 손익계산서는 '구분 손익계산서'를 작성하는 것이 원칙이나 여기서는 계정과목이 많지 않아 부득이하게 총수익과 총비용만을 구분한 '단일구분 손익계산서'를 작성하였다. 그러나 용역회사인 한국회계사무소의 손익계산서를 구분 손익계산서로 나타낸다면 다음과 같이 나타낼 수 있을 것이다(용역회사의 경우는 통상 상기업이나 제조기업과는 달리 매출원가와 판매비와관리비를 구분하는 것이 용이하지 않으므로 매출원가와 판매비와관리비를 합한 '영업비용'을 사용한다.).

손익계산서		
Ⅰ. 영업수익		21,000,000
1. 용역매출	21,000,000	
Ⅱ. 영업비용		
1. 임차료	900,000	
2. 보험료	1,000,000	
3. 소모품비	1,300,000	
4. 급여	3,200,000	
5. 세금과공과	900,000	
6. 감가상각비	900,000	8,200,000
Ⅲ. 영업이익		12,800,000

손익계산서

(수 익)	
용 역 매 출	₩21,000,000
이 자 수 익	300,000
수 익 합 계	₩21,300,000
(비 용)	
임 차 료	₩900,000
보 험 료	1,000,000
소 모 품 비	1,300,000
급 여	3,200,000
이 자 비 용	450,000
세 금 과 공 과	900,000
감 가 상 각 비	900,000
비 용 합 계	₩8,650,000
당 기 순 이 익	₩12,650,000

6.2 재무상태표의 작성

◐ 재무상태표의 작성방법[21)]

총계정원장의 자산, 부채, 자본계정의 차기이월액을 재무상태표 양식에 명시된 각 계정과목의 금액란에 옮겨 적으면 재무상태표가 작성된다.

재무상태표는 총계정원장의 자산, 부채, 자본에 속하는 계정의 차기이월액을 자료로 작성된다. 만일 정산표나 이월시산표를 작성한 경우에는 이것을 토대로 작성해도 된다.

자본금계정의 이월액은 기말자본금을 의미한다. 이것은 개인기업의 경우는 기초자

Ⅳ. 영업외수익(기타수익)		300,000
1. 이자수익	300,000	
Ⅴ. 영업외비용(기타비용)		450,000
1. 이자비용	450,000	
Ⅵ. 법인세비용차감전순이익(당기순이익)		12,650,000

21) 재무상태표의 작성도 앞에서 설명한 바와 같이 정산표를 작성하면 정산표 속에 손익계산서나 재무상태표가 들어 있으므로, 이 정산표 속의 손익계산서나 재무상태표를 손익계산서나 재무상태표 양식에 맞추어 배열하면 제대로 된 손익계산서나 재무상태표 등을 작성할 수 있다. 물론 본 절에서 설명하는 바와 같이 정산표를 작성하지 않고도 자산, 부채, 자본계정 마감을 통해서 재무제표를 작성할 수도 있다.

본금과 당기순손익이 합산된 금액이 되나, 주식회사의 경우라면 자본금계정과 (미처분)이익잉여금계정을 재무상태표에 구분하여 표시하여야 한다.

감가상각누계액계정은 원래 자산의 차감계정이므로 정산표와는 달리 자산(여기서는 비품계정)에서 차감하는 형식으로 나타낸다.

앞의 한국회계사무소의 예를 재무상태표(계정식)로 작성하면 다음과 같다.

재무상태표

한국회계사무소 2017년 12월 31일 현재 (단위: 원)

계정과목	금액		계정과목	금액
(지산)			(부채)	
현금		32,100,000	미지급금	3,000,000
당좌예금		12,030,000	미지급이자비용	180,000
외상매출금		3,000,000	미지급급여	800,000
선급보험료		1,400,000	장기차입금	9,000,000
선급임차료		4,500,000		
소모품		500,000	(자본)	
비품	9,000,000		자본금	36,000,000
감가상각누계액	900,000	8,100,000	(미처분)이익잉여금	12,650,000
자산합계		61,630,000	부채와자본합계	61,630,000

* '현금'계정과 '당좌예금'계정은 통합하여 '현금및현금성자산'계정으로, '외상매출금'계정은 '매출채권'계정으로, '선급보험료'계정과 '선급임차료'계정은 통합하여 '선급비용'계정으로, '미지급이자비용'계정과 '미지급급여'계정은 통합하여 '미지급비용'계정으로 나타낼 수 있다.

연습문제

1. 다음의 잔액시산표와 결산정리사항을 이용하여 8위식 정산표를 작성하시오.

잔액시산표

차변 계정	금액	대변 계정	금액
현 금	110,000	단 기 차 입 금	417,000
외 상 매 출 금	600,000	자 본 금	1,200,000
F V P L 금 융 자 산	225,000	이 자 수 익	300,000
건 물	800,000	잡 이 익	1,000
광 고 선 전 비	36,000		
보 험 료	10,000		
이 자 비 용	32,000		
급 여	105,000		
	1,918,000		1,918,000

[결산정리사항]

① FVPL 금융자산의 결산일 현재 공정가치는 300,000원이다.
② 결산일 현재 지급되지 않은 급여는 25,000원이다.
③ 결산일 현재 미리 지급한 광고선전비는 6,000원이다.
④ 결산일 현재 미리 받은 이자수익은 100,000원이다.

2. 다음의 비룡(주)의 자료로 각 요구사항에 답하시오.

(1) 기중거래의 분개 및 전기, (2) 결산정리분개, (3) 결산대체분개, (4) 각 계정의 마감, (5) 정산표를 작성하시오. 단, 계정마감시 당기순손익은 (미처분)이익잉여금계정에 대체한다.

(1) 비룡(주)의 2017년 초의 재무상태표 계정의 잔액(단위: 원)

현금 3,800,000 당좌예금 2,200,000 FVPL 금융자산 800,000 자본금 (　　　)
미지급금 1,000,000 외상매출금 600,000 장기차입금 1,000,000 선급임차료 800,000
소모품 100,000 이익준비금 500,000 비품 1,600,000 감가상각누계액 800,000

(2) 2017년 중의 기중거래

1) 용역을 제공하고 수수료 ₩7,000,000 중 ₩3,000,000을 현금으로 받고 나머

지는 외상으로 하다.

2) 미지급금 중 ₩750,000을 현금으로 지급하다.

3) 김갑동에게 현금 ₩1,000,000을 6개월 기한으로 대여해주다.

4) 소모품 ₩200,000을 현금으로 구입하다.

5) 급여 ₩1,000,000을 현금으로 지급하다.

6) 광고선전비 ₩100,000을 수표를 발행하여 지급하다.

7) 거래처로부터 축하금 ₩50,000을 현금으로 받다. 이를 잡이익으로 처리하다.

8) 보험료 ₩500,000을 수표를 발행하여 지급하다.

9) 김갑동으로부터 이자 ₩30,000을 현금으로 받다.

(3) 결산정리사항

1) 당년도 말 현재의 소모품 미사용액은 ₩200,000이다.

2) 비품의 연간 감가상각비는 ₩160,000이다.

3) 급여 미지급분이 ₩200,000 있다.

4) 위 재무상태표의 선급임차료는 2015년 초에 4년분 임차료를 지급한 것의 잔액이다. 2017년도의 임차료를 계상하다.

5) 결산일 현재의 FVPL 금융자산 평가액(공정가치)은 ₩900,000이다.

6) 보험료 중 ₩150,000은 차년도분이다.

7) 장기차입금에 대한 1년분 이자 ₩60,000이 미지급상태이다.

8) 결산일 현재 받지 못한 이자수익은 ₩30,000이다.

9) 광고선전비 중 ₩60,000은 내년도에 해당하는 선급분이다.

해답

1. ①	차) FVPL 금융자산	75,000	대) FVPL 금융자산평가이익	75,000
②	차) 급 여	25,000	대) 미지급급여	25,000
③	차) 선급광고선전비	6,000	대) 광고선전비	6,000
④	차) 이자수익	100,000	대) 선수이자수익	100,000

정 산 표

계정과목	잔액시산표		결산정리분개		손익계산서		재무상태표	
	차변	대변	차변	대변	차변	대변	차변	대변
현 금	110,000						110,000	
외상매출금	600,000						600,000	
FVPL금융자산	225,000		75,000				300,000	
건 물	800,000						800,000	
단기차입금		417,000						417,000
자 본 금		1,200,000						1,200,000
이 자 수 익		300,000	100,000			200,000		
잡 이 익		1,000				1,000		
광고선전비	36,000			6,000	30,000			
보 험 료	10,000				10,000			
이 자 비 용	32,000				32,000			
급 여	105,000		25,000		130,000			
합 계	1,918,000	1,918,000						
FVPL금융자산평가이익				75,000		75,000		
미지급급여				25,000				25,000
선급광고선전비			6,000				6,000	
선수이자수익				100,000				100,000
당기순이익					74,000			74,000
합 계			206,000	206,000	276,000	276,000	1,816,000	1,816,000

2.

(1) 기중거래 분개

1) 차) 현금	3,000,000	대) 용역매출	7,000,000
외상매출금	4,000,000		
2) 차) 미지급금	750,000	대) 현금	750,000
3) 차) 단기대여금	1,000,000	대) 현금	1,000,000
4) 차) 소모품	200,000	대) 현금	200,000
5) 차) 급여	1,000,000	대) 현금	1,000,000
6) 차) 광고선전비	100,000	대) 당좌예금	100,000
7) 차) 현금	50,000	대) 잡이익	50,000
8) 차) 보험료	500,000	대) 당좌예금	500,000
9) 차) 현금	30,000	대) 이자수익	30,000

(2) 결산정리분개

1) 차) 소모품비	100,000	대) 소모품	100,000

	차변	금액	대변	금액
2)	차) 감가상각비	160,000	대) 감가상각누계액	160,000
3)	차) 급여	200,000	대) 미지급급여	200,000
4)	차) 임차료	400,000	대) 선급임차료	400,000
5)	차) FVPL 금융자산	100,000	대) FVPL 금융자산평가이익	100,000
6)	차) 선급보험료	150,000	대) 보험료	150,000
7)	차) 이자비용	60,000	대) 미지급이자비용	60,000
8)	차) 미수이자수익	30,000	대) 이자수익	30,000
9)	차) 선급광고선전비	60,000	대) 광고선전비	60,000

(3) 결산대체분개

	차변	금액	대변	금액
1)	차) 용역매출	7,000,000	대) 손익	7,210,000
	이자수익	60,000		
	잡이익	50,000		
	FVPL 금융자산평가이익	100,000		
2)	차) 손익	2,310,000	대) 급여	1,200,000
			소모품비	100,000
			감가상각비	160,000
			보험료	350,000
			이자비용	60,000
			임차료	400,000
			광고선전비	40,000
3)	차) 손익	4,900,000	대) 미처분이익잉여금	4,900,000

※ 자본금 6,600,000

(4) 각계정의 마감 - 생략함

(5) 정산표의 작성

정 산 표(8위식)

(단위: 천원)

계정과목	잔액시산표		결산정리분개		손익계산서		재무상태표	
	차변	대변	차변	대변	차변	대변	차변	대변
현 금	3,930						3,930	
당 좌 예 금	1,600						1,600	
FVPL금융자산	800		100				900	
자 본 금		6,600						6,600
미 지 급 금		250						250
외 상 매 출 금	4,600						4,600	
장 기 차 입 금		1,000						1,000
선 급 임 차 료	800			400			400	
소 모 품	300			100			200	
이 익 준 비 금		500						500
비 품	1,600						1,600	
감가상각누계액		800		160				960
용 역 매 출		7,000				7,000		
단 기 대 여 금	1,000						1,000	
보 험 료	500			150	350			
급 여	1,000		200		1,200			
광 고 선 전 비	100			60	40			
잡 이 익		50				50		
이 자 수 익		30		30		60		
합 계	16,230	16,230						
소 모 품 비			100		100			
감 가 상 각 비			160		160			
미 지 급 급 여				200				200
임 차 료			400		400			
FVPL금융자산 평 가 이 익				100		100		
선 급 보 험 료			150				150	
이 자 비 용			60		60			
미 지 급 이 자				60				60
미 수 이 자			30				30	
선 급 광 고 선 전 비			60				60	
합 계			1,260	1,260				
당 기 순 이 익					4,900			4,900
합 계					7,210	7,210	14,470	14,470

종합문제

1. 결산예비절차란 무엇인가?

2. 합계시산표와 잔액시산표는 어떻게 다른가?

3. 잔액시산표 등식에 대해 설명하시오.

4. 결산본절차 중 계정의 마감(자산, 부채, 자본계정의 마감 및 수익, 비용계정의 마감)에 대해 설명하시오.

5. 다음은 기중거래의 분개 및 전기 일부를 나타낸 것이다. 결산정리사항을 분개 및 전기한 후 마감하시오(결산대체분개도 반드시 나타내고, 당기순손익은 미처분이익잉여금계정에 대체할 것).

(1) 기중거래

용역매출

	500,000
	800,000

잡이익

	50,000

이자수익

	40,000
	40,000

급 여

150,000	
250,000	

보험료

100,000	

임차료

30,000	

감가상각누계액

	300,000

소모품비

10,000	

자본금

	5,000,000

손익

(2) 결산정리사항

① 기말 현재 임차료 미지급분 10,000원이 있다.
② 비품에 대한 감가상각비 50,000원을 계상한다.
③ 보험료 중 30,000원은 차년도분이다.
④ 종업원에 대한 급여 미지급분 50,000원이 있다.
⑤ 이자수익 중 20,000원은 선수분이다.
⑥ 소모품의 기말재고액은 4,000원이다.

〈결산정리분개〉

① 차) 대)
② 차) 대)
③ 차) 대)
④ 차) 대)
⑤ 차) 대)
⑥ 차) 대)

〈결산대체분개〉

① 차) 대)
② 차) 대)
③ 차) 대)

6. 다음의 거래를 분개 및 T계정에 전기하고 각 계정을 마감하시오. 이 경우 필요한 결산정리분개와 결산(대체)분개도 표시하시오. 단, 당기순손익은 미처분이익잉여금계정에 대체한다.

다음은 비룡세탁소의 2017년의 거래내역이다.

① 현금 70,000,000원을 출자하여 사업을 시작하다.
② 현금 50,000,000원을 당좌예입하다.
③ 건물을 임차하고 3년간의 임차료 15,000,000원을 수표를 발행하여 지급하다.
④ 세탁기계 등을 12,000,000원에 구입하고 대금 중 8,000,000원은 수표를 발행하여 지급하고 나머지는 외상으로 하다.
⑤ 3월 초 보험회사와 보험계약을 체결하고 보험료 3년분 3,600,000원을 현금으

로 지급하다(보험료계정).

⑥ 4월 초 은행으로부터 연 12%의 이자(이자지급은 6개월 단위로 후급)를 주기로 하고, 9,000,000원을 장기차입하여 당좌예입하다.

⑦ 소모품 2,000,000원을 구입하고 대금은 현금으로 지급하다(소모품계정).

⑧ 세탁을 해 주고 대금 5,000,000원을 현금으로 받다.

⑨ 세탁기계 등 비품의 외상구입 대금 중 2,000,000원을 수표를 발행하여 지급하다.

⑩ 김갑동에게 현금 1,000,000원을 6개월 기한으로 대여해주다.

⑪ 직원에 대한 급여 3,600,000원을 현금으로 지급하다.

⑫ 세탁을 해 주고 대금 12,000,000원 중 절반은 현금으로 받고, 나머지는 외상으로 하다.

⑬ ⑥의 차입금에 대한 6개월분의 이자를 수표를 발행하여 지급하다.

⑭ ⑫의 외상대금 중 4,000,000원을 현금으로 받아 당좌예입하다.

⑮ 김갑동으로부터 원금 및 이자 1,500,000원을 현금으로 받다.

⑯ 공과금 600,000원을 수표를 발행하여 지급하다.

〈결산정리사항〉

① 비품에 대한 감가상각비 1,500,000원을 계상하다(감가상각누계액계정).

② 차입금에 대한 이자를 계상하다(금액은 각자계산).

③ 당기의 보험료를 계상하다(금액은 각자계산).

④ 소모품 미사용분 500,000원이 남아있다.

⑤ 금번 회계기간의 임차료는 지급액의 1/3이다.

⑥ 종업원에 대한 급여 미지급분 1,200,000원이 있다.

7. 다음의 현대(주)의 자료로 기중거래의 분개 및 전기, 결산정리분개, 결산대체분개, 각 계정의 마감(당기순손익은 미처분이익잉여금계정에 대체), 정산표(8위식), 손익계산서, 재무상태표를 작성하시오.

[자료]

현대(주)의 2017년 초의 재무상태표 및 2017년 회계연도에 발생한 기중거래는 다음과 같다.

재무상태표

현대(주) 2017년 1월 1일 (단위: 원)

계 정 과 목	금 액		계 정 과 목	금 액
(자 산)			(부 채)	
현 금		2,000,000	미 지 급 금	540,000
당 좌 예 금		300,000	장 기 차 입 금	600,000
외 상 매 출 금		200,000	(자 본)	
선 급 보 험 료		360,000	자 본 금	2,500,000
소 모 품		240,000	이 익 준 비 금	279,000
비 품	900,000			
감가상각누계액	81,000	819,000		
자 산 총 계		3,919,000	부채와자본총계	3,919,000

[기중거래]

1) 용역을 제공하고 수수료 1,560,000원 중 600,000원을 현금으로 받고 나머지는 외상으로 하다.
2) 미지급금 중 270,000원을 현금으로 지급하다.
3) 김갑동에게 현금 400,000원을 3개월 기한으로 대여해주다.
4) 소모품 300,000원을 현금으로 구입하다.
5) 급여 450,000원을 현금으로 지급하다.
6) 임차료 150,000원을 수표를 발행하여 지급하다.
7) 거래처로부터 축하금 50,000원을 현금으로 받다. 이것을 잡이익으로 처리하다.
8) 김갑동으로부터 원금 및 이자 450,000원을 현금으로 받다.

[결산정리사항]

1) 당년도의 소모품사용액은 400,000원이다.
2) 비품의 연간 감가상각비는 81,000원이다.
3) 급여 미지급분 80,000원이 있다.
4) 위 재무상태표의 선급보험료는 2016년 초에 3년분 보험료를 지급한 것의 잔액이다. 2017년도의 보험료를 계상하다.
5) 임차료 중 당기분은 50,000원이다.
6) 장기차입금에 대한 1년분 이자 72,000원이 미지급상태이다.

Part Ⅲ

재무제표 구성요소별 회계처리

제 6 장 유동자산(Ⅰ)

본 장에서는 유동자산[1] 중 유동성이 높은 현금및현금성자산, 단기예금 및 당기손익-공정가치 측정 금융자산 등 당좌자산에 대하여 살펴보기로 한다.

현금및현금성자산에는 현금과 요구불예금 및 현금성자산이 포함되며, 그 동안 실무적으로 처리가 곤란했던 각종 예금에 대해서는 만기가 3개월 이내인 것은 현금및현금성자산, 3개월 이상 1년 이내인 것은 단기예금, 1년 후인 것은 투자자산에 속하는 장기예금으로 분류한다.

또한 기업이 일시적인 여유자금으로 타사가 발행한 주식이나 채권을 구입한 경우에는 이것을 당기손익-공정가치 측정 금융자산으로 분류한다.

제 1 절 금융상품의 의의 및 분류

1.1 금융상품의 의의

K-IFRS에서 **금융상품**(financial instruments)은 거래 당사자가 일방에게 금융자산

1) 자산은 다음의 ① - ④에 해당하는 경우 유동자산으로 분류하며, 그 밖의 모든 자산은 비유동자산으로 분류한다(K-IFRS 1001호 문단 66). ① 기업의 정상영업주기 내에 실현될 것으로 예상하거나, 정상영업주기 내에 판매하거나 소비할 의도가 있다. ② 주로 단기매매 목적으로 보유하고 있다. ③ 보고기간 후 12개월 이내에 실현될 것으로 예상한다. ④ 현금이나 현금성자산으로서, 교환이나 부채 상환 목적으로의 사용에 대한 제한 기간이 보고기간 후 12개월 이상이 아니다. 여기서 '영업주기'란 영업활동을 위한 자산의 취득시점부터 그 자산이 현금이나 현금성자산으로 실현되는 시점까지 소요되는 기간이다. 정상영업주기를 명확히 식별할 수 없는 경우에는 그 기간이 12개월인 것으로 가정한다. 유동자산은 보고기간 후 12개월 이내에 실현될 것으로 예상되지 않는 경우에도 재고자산 및 매출채권과 같이 정상영업주기의 일부로서 판매, 소비 또는 실현되는 자산을 포함한다.

(financial assets)을 발생시키면서 다른 거래 상대방에게 금융부채(financial liabilities)나 지분상품(equity instruments)을 발생시키는 모든 계약으로 정의하고 있다. 금융상품에는 여러 가지 자산, 부채 및 지분상품이 포함된다. 또한 금융상품은 양면성을 가지고 있으며 한 거래 당사자에게는 금융자산을 발생시키고, 다른 거래 당사자에게는 금융부채 또는 지분상품을 발생시킨다.

금융자산은 금융상품 보유자 입장에서 정의가 되며, 금융부채와 지분상품은 금융상품 발행자의 입장에서 정의되고 있다. 여기서 **금융자산(financial assets)**은 현금, 타기업 발행의 지분상품, 거래 상대방으로부터 받은 현금 등 금융자산을 수취할 계약상 권리 등을 말하며, **금융부채(financial liabilities)**는 거래 상대방에게 현금 등 금융자산을 인도하기로 하였거나, 잠재적으로 불리한 조건으로 거래 상대방과 금융자산이나 금융부채를 교환하기로 한 계약상 의무 등을 말한다. 그리고 **지분상품(equity instruments)**은 주식처럼 기업의 자산에서 모든 부채를 차감한 후 잔여지분을 나타내는 모든 계약을 의미한다.

1.2 금융상품의 분류

K-IFRS에서는 금융자산과 금융부채를 다소 어렵게 정의하고 있으나, 금융상품 보유자는 금융자산을 인식하고, 금융상품 발행자는 금융상품의 성격에 따라 금융부채 또는 지분상품으로 구분한다.

❙ 금융상품의 분류 ❙

금융자산	금융부채[2]
현금	
다른 기업의 지분상품	
다음 중 하나에 해당하는 계약상의 권리 - 거래 상대방에게서 현금 등 금융자산을 수취할 계약상 권리 - 잠재적으로 유리한 조건으로 거래상대방과 금융자산이나 금융부채를 교환하기로 한 계약상 권리	다음 중 하나에 해당하는 계약상 의무 - 거래 상대방에게 현금 등 금융자산을 인도하기로 한 계약상 의무 - 잠재적으로 불리한 조건으로 거래상대방과 금융자산이나 금융부채를 교환하기로 한 계약상 의무
자기 기업의 지분상품으로 결제되거나 결제될 수 있는 다음 중 하나의 계약	자기 기업의 지분상품으로 결제될 수 있는 다음 중 하나의 계약

- 수취할 자기지분상품의 수량이 변동가능한 비파생상품 - 확정 수량의 자기지분상품에 대하여 확정금액의 현금 등 금융자산을 교환하여 결제하는 방법이 아닌 방법으로 결제될 수 있는 파생상품	- 인도할 자기지분상품의 수량이 변동가능한 비파생상품 - 확정수량의 자기지분상품에 대하여 확정금액의 현금 등 금융자산을 교환하여 결제하는 방법이 아닌 방법으로 결제될 수 있는 파생상품

금융자산은 현금과 다른 기업이 발행한 지분상품(주식)에 대한 투자가 있으며, 이를 제외한 나머지 금융상품은 보유자 입장에서는 금융자산이 되고 발행자 입장에서는 금융부채가 되는 항목들이다. 미래에 현금을 수취하거나 현금을 지급하기로 된 계약상의 권리 및 의무는 금융자산과 금융부채가 된다. 이 경우 권리를 가진 거래 당사자와 의무를 가진 상대방이 서로 대응되며, 매출채권 및 매입채무, 받을어음 및 지급어음, 대여금 및 차입금, 회사채에 대한 투자 및 발행한 회사채 등을 들 수 있다.

금융상품 보유자가 기록하는 금융자산과 금융상품 발행자가 인식하는 금융부채 또는 지분상품 중 대표적인 항목을 요약하면 위와 같다. 그러나 재고자산, 유형자산 및 무형자산은 현금 또는 금융자산을 유입시키는 계약상의 권리를 확보하는 것이 아니기 때문에 금융자산이 아니다. 또한 선급비용은 매래에 재화나 용역을 제공받을 수 있지만 현금 또는 금융자산을 받을 권리가 아니기 때문에 금융자산이 아니다.

▌대표적 금융상품▐

금융상품 보유자 기록	금융상품 발행자 기록	
금융자산	금융부채	지분상품(자본)
현금		
투자자산(주식, 회사채)	발행한 회사채, 일부 우선주	
매출채권 (외상매출금, 받을어음)	매입채무 (외상매입금, 지급어음)	
대여금	차입금(당좌차월 포함)	
잠재적으로 유리한 교환조건을 가진 파생상품	잠재적으로 불리한 교환조건을 가진 파생상품	

2) 금융부채의 예로는 매입채무, 미지급금, 차입금, 사채 등을 들 수 있다. 반면에 선수금, 선수수익 등은 현금 등 금융자산을 인도해야 하는 것이 아니고 재화나 용역을 인도해야 할 의무이므로 비금융부채에 해당한다.

1.3 금융자산의 구분

K-IFRS에서는 현금도 금융자산으로 취급하고, 현금을 제외한 금융자산을 그림에서 보는 바와 같이 기업이 보유하는 금융자산이 (1) 계약상 현금흐름 특성을 갖고 있는지, 그리고 (2) 기업의 사업모형(business model)이 무엇이냐에 따라 ① 상각후원가 측정(AC, amortized cost) 금융자산, ② 기타포괄손익-공정가치 측정(FVOCI, fair value through other comprehensive income) 금융자산, ③ 당기손익-공정가치 측정(FVPL, fair value through profit or loss) 금융자산으로 분류한다(K-IFRS 제1109호).

| 금융자산의 분류 |

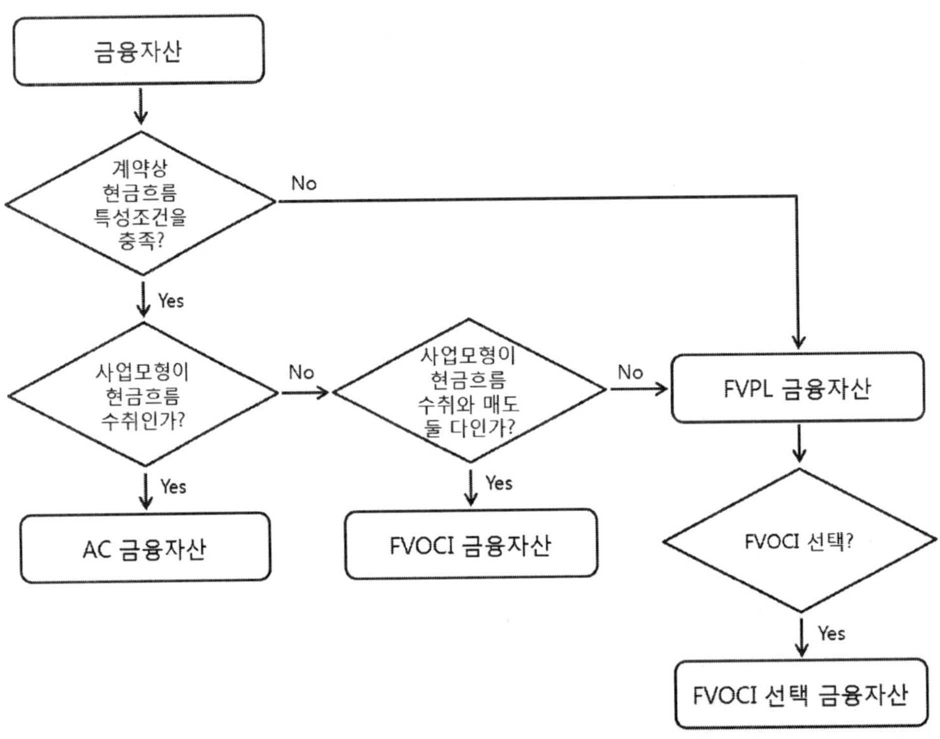

계약상 현금흐름 특성(contractual cash flow characteristics)은 계약조건에 따라 원금과 이자 지급만의 현금흐름이 특정일에 생기는 특성을 말하며, 예컨대, 채무상품(채권), 대여금, 수취채권 등과 같은 금융자산은 이 특성을 갖고 있으나, 지분상품(주식 등)은 이 특성을 갖고 있지 않다.

계약상 현금흐름 특성을 갖는 채무상품 등과 같은 금융자산은 기업의 사업모형(business model)이 무엇이냐에 따라 그 분류를 결정하는데, 사업모형은 다음의 3가지로 구분할 수 있다.

① 계약상 현금흐름의 수취를 통해 금융자산을 보유하는 것이 목적인 사업모형
② 계약상 현금흐름을 수취와 금융자산의 매도 모두를 통해 목적을 이루는 사업모형
③ 기타의 사업모형

위 중 ①의 금융자산은 계약상 현금흐름의 수취를 통해 금융자산을 보유하는 것이 목적이므로 공정가치 변동을 인식할 필요가 없어 상각후원가로 측정하는 금융자산, 즉 **상각후원가 측정 금융자산(이하 'AC 금융자산')**으로 분류한다. 물론 이 금융자산으로 분류한다고 하여 반드시 만기까지 보유할 필요는 없다.

그리고 ②의 금융자산은 계약상 현금흐름의 수취와 금융자산의 매도 모두를 통해 목적을 이루고자 하는 금융자산이므로 공정가치 변동에 대한 정보가 중요할 것이므로 이러한 금융자산은 공정가치 변동을 인식(기타포괄손익으로 인식)하는 금융자산, 즉 **기타포괄손익-공정가치 측정 금융자산(이하 'FVOCI 금융자산')**으로 분류한다.

또한 ③의 금융자산은 ①과 같은 현금흐름의 수취도 아니고 ②와 같은 현금흐름의 수취와 금융자산의 매도 모두도 아닌 사업모형 즉 금융자산의 매도를 통한 현금흐름 실현이 목적인 사업모형이므로, 금융자산의 공정가치 변동을 당기손익으로 인식하는 금융자산, 즉 **당기손익-공정가치 측정 금융자산(이하 'FVPL 금융자산')**으로 분류한다.

한편의 위 그림의 오른쪽 부분에 해당하는 계약상 현금흐름 특성을 충족하지 않는 금융자산(예로서 지분상품 등)과 위 ③의 사업모형에 해당하는 금융자산은 단기간의 매매차익을 목적으로 취득할 것이므로 공정가치 변동을 당기손익으로 인식하는 금융자산, 즉 **당기손익-공정가치 측정 금융자산(FVPL 금융자산)**으로 분류한다.[3)]

1. 상각후원가 측정 금융자산(AC 금융자산)

상각후원가 측정 금융자산은 위 금융자산의 분류에서 본 바와 같이 다음의 두 가지 조건을 모두 충족하여 **상각후원가(amortized cost)**로 측정하는 금융자산이다.

1) 계약상 현금흐름 특성(contractual cash flow characteristics), 즉 계약조건에 따라 원금과 이자 지급만의 현금흐름이 특정일에 생긴다. 그러므로 예컨대, 채무상품(투자채권), 대여금, 수취채권 등과 같은 금융자산은 이 특성을 갖고 있으므로 이 상각후원가 측정 금융자산에 속하나, 지분상품(주식 등)은 이 특성을 갖고 있지 않다.
2) 계약상 현금흐름의 수취를 통해 금융자산을 보유하는 것이 목적인 사업모형을 갖고 있다.

3) 종전의 기준서(K-IFRS 제1039호)에서는 금융자산을 당기손익인식금융자산, AC 금융자산, 대여금 및 수취채권, FVOCI 금융자산으로 분류한 바 있다.

계약상 현금흐름 특성 조건을 충족하면서 사업모형이 현금흐름의 수취를 목적으로 보유하는 금융자산은 그 자산의 공정가치가 변동되어도 이것을 매도하여 시세차익을 얻는 것이 아니므로 정보이용자 입장에서 공정가치 변동 정보는 그리 중요하지 않을 것이므로, 이러한 금융자산은 상각후원가로 측정하는 금융자산(AC 금융자산)에 해당할 것이다.[4)]

상각후원가 측정 금융자산(AC 금융자산)은 **유효이자율법**(effective interest rate method)을 적용하여 측정하여야 하는데, 일반적으로 단기금융자산(단기대여금, 매출채권 등)과 같은 상각후원가 측정 금융자산의 경우는 이 유효이자율법 및 현재가치 계산을 생략한다. 유효이자율법에 대한 설명은 제10장의 사채 부분에서 다룬다. 그 밖에 결산일로부터 1년 이내에 만기가 도래하거나 처분예정인 후술할 기타포괄손익-공정가치 측정 금융자산(FVOCI 금융자산)도 단기금융자산으로 분류한다.

AC 금융자산 중 단기대여금과 매출채권 등은 제7장에서 설명한다. 물론 AC 금융자산과 후술할 FVOCI 금융자산은 손상 요구사항을 적용하여 기대신용손실(expected credit losses)을 손실충당금(loss allowance)으로 인식하여야 한다.[5)] 이것에 대해서는 제7장에서 다룬다.

2. 기타포괄손익-공정가치 측정 금융자산(FVOCI 금융자산)

기타포괄손익-공정가치 측정 금융자산은 위 금융자산의 분류에서 본 바와 같이 다음의 두 가지 조건을 모두 충족하는 경우 공정가치의 변동을 인식하되, 그 평가손익을 기타포괄손익으로 인식하는 금융자산이다.

1) 계약상 현금흐름 특성을 충족한다. 즉 계약조건에 따라 원금과 이자 지급만의 현금흐름이 특정일에 생긴다.
2) 계약상 현금흐름의 수취와 금융자산의 매도를 통해 차익을 얻는 것 두 가지 모두를 목적으로 하는 사업모형을 갖고 있다.

이와 같이 특정 금융자산이 현금흐름 특성조건을 충족하면서, 기업의 사업모형이 현금흐름의 수취와 금융자산의 매도 모두를 통해 목적을 이루는 것이라면 그 금융자산은 공정가치의 변동을 인식하되, 평가손익을 기타포괄손익으로 인식하는 기타포괄손익-공정가치 측정 금융자산(FVOCI 금융자산)으로 분류한다.

---

4) 계약상 현금흐름을 수취하기 위해 금융자산을 보유하는 것이 목적이라면 당해 금융자산을 매각할 수도 있으나 그와 같은 중도 매각은 부수적이며, 당해 금융자산으로부터 원금과 이자를 회수하는 것이 주된 목적일 것이므로 당해 금융자산의 공정가치가 높아졌다고 차익을 목적으로 금융자산을 빈번하게 매도할 가능성이 낮을 것이므로 공정가치의 변동에는 큰 관심이 없을 것이다.

5) '손실충당금'은 종전(또는 현행 일반기업회계준이나 중소기업회계기준에서)의 '대손충당금'에 해당한다.

한편 후술할 당기손익-공정가치 측정 금융자산(FVPL 금융자산) 중 단기매매목적이 아닌 지분상품(주식)에 대해서는 공정가치의 변동을 기타포괄손익-공정가치 측정 금융자산(FVOCI)으로 분류할 수 있다(FVOCI 선택 금융자산).

이와 같은 기타포괄손익-공정가치 측정 금융자산(FVOCI 금융자산) 및 FVOCI 선택 금융자산에 대해서는 제9장의 투자자산 부분에서 자세히 설명한다.

3. 당기손익-공정가치 측정 금융자산(FVPL 금융자산)

당기손익-공정가치 측정 금융자산은 위 금융자산의 분류에서 본 바와 같이 계약상 현금흐름의 특성을 충족하지 못하거나, 사업모형이 현금흐름의 수취 또는 현금흐름의 수취와 금융자산의 매도 둘 다에 해당하지 않는 기타의 사업모형에 해당하는 금융자산으로, 이 금융자산은 공정가치의 변동을 당기손익의 인식한다. 즉 계약상 현금흐름의 특성을 충족하지 못하거나, 기타의 사업모형이라면 주로 단기매매목적으로 차익을 얻기 위해 보유하거나, 공정가치의 변동을 성과측정의 목적으로 사용할 경우가 많을 것이므로 공정가치의 변동을 당기손익으로 인식하는 것이 필요할 것이다. 그러므로 이러한 경우는 공정가치의 변동을 당기손익으로 인식하는 금융자산으로 분류한다. 다만, 단기매매목적이 아닌 지분상품의 경우 공정가치의 변동을 당기손익으로 인식하면 당기순손익 뿐만 아니라 당기 성과를 왜곡시킬 수 있으므로 이러한 공정가치의 변동은 기타포괄손익으로 인식하는 회계처리를 선택(FVOCI 선택 금융자산)할 수 있다.

본 장의 제4절에서는 당기손익-공정가치 측정 금융자산(FVPL 금융상품)의 취득부터 처분에 이르는 회계처리를 살펴본다.

제2절 현금 및 현금성자산

현금및현금성자산(cash and cash equivalents)은 ① 현금 : 보유 현금과 요구불예금, ② 현금성자산 : 유동성이 매우 높은 단기 투자자산으로서 확정된 금액의 현금으로 전환이 용이하고 가치변동의 위험이 경미한 자산으로 구성된다.[6)]

현금및현금성자산 ┬ 현금 : 보유 현금과 요구불예금
　　　　　　　　　└ 현금성자산

6) K-IFRS 제1007호(현금흐름표) 문단 6.

2.1 현 금

현금은 일반적으로 보유 현금과 요구불예금으로 구성된다.

현금에는 한국은행에서 발행한 지폐나 주화 등의 통화는 물론 통화대용증권이 포함된다. 여기서 '통화대용증권'이란 통화 즉, 현금처럼 사용할 수 있는 것으로 타인발행수표, 자기앞수표, 가계수표, 송금수표, 우편환증서, 만기가 된 공사채이자표 등을 말한다.

현 금
- 통화 : 지폐, 주화
- 통화대용증권 : 타인발행수표, 자기앞수표, 가계수표, 송금수표, 우편환증서, 만기가 된 공사채이자표 등

현금이 증가하면 현금계정 차변에, 감소하면 현금계정 대변에 기입한다.

예 제

다음을 분개하시오.

① 보험료 500,000원을 현금으로 지급하다.

차) 보험료	500,000	대) 현 금	500,000

② 비품 2,000,000원을 처분하고 대금은 거래처의 수표로 받다.[7)]

차) 현 금	2,000,000	대) 비 품	2,000,000

2.2 요구불예금

요구불예금(demand deposits)이란 입출금이 자유로운 예금으로 보통예금, 당좌예금, 가계당좌예금, 별단예금 등으로 구성된다.

---

7) 실무에서는 보통 다음과 같이 회계처리한다.
비품을 2,200,000원(부가가치세 포함)에 매각하고 대금은 당좌수표로 받다.

차) 현 금	2,200,000	대) 비 품	2,000,000
		부가가치세예수금	200,000

예금은 크게 예입 · 인출이 자유롭고 이자가 없거나 저리의 이자를 받는 **요구불예금**(demand deposits)과 일정기간 동안 예치해 둠으로써 보다 높은 이자를 받는 **저축성예금**(savings deposits)으로 구분된다.

요구불예금은 예금주가 지급을 원하면 언제든지 조건 없이 지급할 수 있는 입출금이 자유로운 예금으로, 현금과 유사한 유동성을 가지므로 '**통화성예금**'이라고도 한다. 이 예금은 예금인출이 자유로운 대신 금융기관이 조달하는 자금으로는 운용이 불안정하기 때문에 저축성예금에 비해 이자가 거의 없거나 매우 낮은 것이 특징이다. 반면에 지급준비율이 높아서 금융기관의 자금결제수단으로 많이 쓰인다. 우리나라에서 요구불예금에 속하는 예금의 종류로는 보통예금, 당좌예금, 가계당좌예금, 별단예금 등이 있다.

보통예금은 대표적인 요구불예금으로 가입대상, 예치금액, 예치기간, 입출금 횟수 등에 아무런 제한이 없이 자유롭게 거래할 수 있는 예금이다.

당좌예금은 은행과 당좌거래 계약을 체결한 기업이 일반 상거래로 취득한 자금을 은행에 예치하고 그 예금 잔액 범위 내에서 거래은행을 지급인으로 하는 당좌수표 또는 거래은행을 지급장소로 하는 약속어음을 발행할 수 있는 예금이다.

가계당좌예금은 은행과 가계당좌예금 거래약정을 맺은 고객이 지급결제를 가계수표로 행하는 일종의 개인당좌예금이다.

별단예금은 은행 업무수행과정에서 발생한 미결제 · 미정리 자금, 기타 다른 예금계정으로 처리하기 곤란한 자금 등을 업무처리 편의를 위하여 일시적으로 예수토록 하는 기타 예금과목이다. 별단예금은 한 가지 종류의 예금이 아니므로 거래약관도 없고 통장이나 증서를 발행하지 않으며, 예금기간도 일정하지 않다.

한편 저축성예금은 예금을 납입할 때나 찾을 때 특정한 조건이 따르는데, 저축예금, 정기예금, 정기적금, 상호부금, 근로자주택마련적금 등이 이에 속한다.

1. 당좌예금

요구불예금은 수시로 인출이 가능하여 현금과 동일한 속성을 갖는다. 이들 중 일반적으로 대부분의 기업들은 당좌거래를 많이 하므로 여기서는 당좌예금에 대해서만 살펴보기로 한다.

당좌예금은 기업이 거래은행과 당좌거래 약정을 체결하고 은행에 예입된 예금액의 범위 내에서 당좌수표를 발행하여 그 대금의 지급을 은행에 위임하는 형식의 예금을 말한다.

당좌예금은 상품거래 대금 등의 지급에 수표를 사용함으로써 현금의 도난이나 분실을 방지할 수 있어 기업의 영업상 편리한 예금이지만, 수시로 인출이 가능하기 때문에 이자가 없다는 것이 특징이다. 또한 당좌예금의 인출은 종전에는 수표발행을 통해서만 가능하였으나, 최근에는 기업들의 편의를 위해 보통예금과 같이 예금청구서로도 인출할 수 있도록 하고 있다.

은행에 당좌예금계좌를 개설하고 예입하면 당좌예금계정 차변에, 수표를 발행하면 당좌예금계정 대변에 기입한다.

참고로 은행은 기업이 발행한 당좌수표나 만기가 된 약속어음의 지급제시를 받고 해당기업의 당좌예금계정에서 지급결제를 하게 된다. 그러나 근래에는 종이로 된 당좌수표나 약속어음보다는 전자어음의 이용을 권장하고 있어 많은 기업들이 전자어음을 사용하고 있다.

전자어음은 어음발행 및 교환 등의 모든 행위를 관리기관의 전산시스템을 통해 전자화한 지급수단으로서, 기업의 유동성을 보완함으로써 실물거래를 촉진하는 어음제도의 순기능을 유지하면서도 장표방식 지급수단의 취급 비용을 절감하고 위변조 위험을 차단하며 연쇄부도 발생가능성을 경감하기 위해 2005년에 도입된 제도이다.

이 제도는 실물어음 관리에 수반되는 비용절감 뿐 아니라 약속어음의 발행 및 유통을 실명화하고 전자화함으로써 기업의 회계투명성을 높이는 효과도 있다. 「전자어음의 발행 및 유통에 관한 법률」에 의하면 2014년 4월부터는 자산총액 10억 이상 법인사업자는 전자어음발행을 의무화 하고 있어 종이로 된 어음과 수표 발행을 할 수 없게 되었다.

예 제

다음을 회계처리하시오.

① 현금 3,000,000원을 당좌예입하다.

차) 당좌예금	3,000,000	대) 현금	3,000,000

② 급여 1,000,000원을 수표를 발행하여 지급하다.

차) 급여	1,000,000	대) 당좌예금	1,000,000

2. 당좌차월

당좌차월(Bank Overdrafts)이란 당좌예금 잔액을 초과하여 수표를 발행한 금액을 말한다.

수표발행은 당좌예금 잔액의 범위 내에서 행해져야 하며, 만일 잔액을 초과한 경우에는 부도가 발생하여 은행으로부터 지급이 거절된다. 그러나 사전에 은행과 당좌차월 약정을 체결하여 인출한도액을 정해 놓으면 예금잔액을 초과하여도 그 한도액까지

는 수표를 계속 발행할 수 있다.8)

당좌차월(bank overdrafts)이 발생하면 당좌예금계정의 잔액이 負(-)인 상태에서 결산을 맞을 수도 있다. 이 때 부족액(당좌차월액)은 은행으로부터 단기적으로 차입한 금액이므로 재무상태표에는 단기차입금계정에 포함시켜 보고하거나 당좌차월계정으로 보고하여야 한다. 그러나 금융회사의 요구에 따라 즉시 상환하여야 하는 당좌차월은 기업의 현금관리의 일부를 구성하므로 현금및현금성자산의 구성요소에 포함되어야 한다.9)

예제

다음을 회계처리하시오.

① 상품을 3,000,000원에 매입하고 대금은 수표를 발행하여 지급하다(단, 당좌예금 잔액은 2,000,000원이고 당좌차월 한도는 5,000,000원이 약정되어 있다).

차) 매입	3,000,000	대) 당좌예금	3,000,000*

* 이 경우 당좌예금계정 잔액은 (−)1,000,000원이 된다. 만일 이 상태로 결산일이 되면 재무상태표에 '당좌차월 1,000,000원'으로 보고하거나, '단기차입금계정'에 포함하여 보고할 수도 있다.

② 거래처로부터 외상매출 대금 5,000,000원을 받아 당좌예입하다.

차) 당좌예금	5,000,000	대) 외상매출금	5,000,000

별해

위 거래를 다음과 같이 회계처리할 수도 있다.

① 차) 매입	3,000,000	대) 당좌예금	2,000,000
		당좌차월	1,000,000*

* 이 경우는 수표발행액 중 예금한도액까지만 당좌예금계정의 대변에 기록하고 예금초과액은 "당좌차월"계정을 설정하여 그 대변에 기록하는 방법이다. 물론 이 경우도 이 상태로 결산일이 되면 재무상태표에 유동부채의 일부로서 '단기차입금 1,000,000원'으로 보고할 수도 있으며, 그냥 당좌차월로 보고할 수도 있다.

② 차) 당좌차월	1,000,000	대) 외상매출금	5,000,000
당좌예금	4,000,000		

8) 당좌예금 잔액이나 당좌차월 한도를 초과하여 발행한 수표는 은행에서 지급이 거절되는 바, 이를 '부도수표(dishonored check)'라고 한다. 은행에 지급제시한 수표가 부도가 나면 당좌예금계정을 감소시키고, 발행기업의 외상매출금 계정(또는 부도수표 계정)에 대체(기입)한다.

9) K-IFRS 제1007호(현금흐름표) 문단 8.

3. 은행계정조정표

은행계정조정표(Bank Reconciliation)란 은행기록상의 당좌예금 잔액과 회사기록상의 당좌예금 잔액을 일치시키는 조정표를 말한다.

회사는 당좌예금을 효율적으로 관리하기 위해 매월 말 회사의 장부상 당좌예금 잔액과 거래은행의 당좌예금 잔액을 비교한다. 이 때 두 금액이 일치하지 않는 경우가 일반적인데, 이것을 조정하여 일치여부를 확인하는데 사용하는 표를 '**은행계정조정표(bank reconciliation)**'라고 한다.

회사와 거래은행의 잔액이 일치하지 않는 이유는 부정이나 횡령 등일 수도 있으나 대부분 다음과 같은 기록시점의 불일치가 주된 원인이다.

◐ 회사와 거래은행의 당좌예금 잔액 불일치의 원인

1) 미결제(미인출)수표(outstanding checks)

회사에서는 수표를 발행하여 지급하였으나 은행에서는 이 수표가 아직 지급 청구되지 않아 은행에서 기입하지 아니한 경우이다. 이 경우에는 은행의 잔액에서 차감한다.

2) 미기록예금(deposits in transits)

회사에서는 예금한 것으로 기록하였으나 은행에서는 아직 입금 처리되지 않아 기입하지 아니한 경우이다. 이 경우에는 은행의 잔액에 가산한다.

3) 미통지입금(deposits by third parties)

거래처에서 회사의 당좌예금 구좌로 대금을 송금한 사실을 은행이 회사에 통보하지 않은 경우 은행에서는 입금처리 되었으나 회사에서는 기입하지 아니한 상태가 된다. 이 경우에는 회사의 잔액에 가산한다.

4) 미통지 은행 수수료와 이자(bank service charges and interest expense)

일반적으로 은행은 회사에 통보를 하지 않고 당좌예금거래로 발생한 은행 수수료나 당좌차월에 대한 이자를 회사의 당좌예금 잔액에서 차감한다. 이 경우에는 회사의 잔액에서 차감한다.

5) 기타의 오류(bank or company errors)

은행이나 회사에서 실수로 장부에 기장오류를 하는 경우가 있다. 이 경우에는 오류가 발생한 측의 잔액을 가감한다.

◐ 은행계정조정표 작성방법

은행계정조정표를 작성하는 방법은 다음과 같은 3가지가 있다. 이 중 가장 일반적으로 사용하는 방법은 제3법이다.

① 제1법 : 은행의 잔액을 회사의 잔액으로 일치시키는 방법
② 제2법 : 회사의 잔액을 은행의 잔액으로 일치시키는 방법
③ 제3법 : 은행의 잔액과 회사의 잔액을 각각 조정하여 일치시키는 방법

예제

다음 자료를 이용하여 은행계정조정표를 작성하시오.

[자 료]

- 회사의 당좌예금 잔액 : 655,000원
- 은행계산서 잔액 : 700,000원
- 원인 : ① 미기록예금 : 100,000원
  ② 미통지입금 : 70,000원
  ③ 미결제수표 : 165,000원
  ④ 회사의 과대 계상오류 : 90,000원

은행계정조정표

은행측 잔액	700,000	회사 장부상 잔액	655,000
1. 가산		1. 가산	
(1) 미기록예금	100,000	(2) 미통지예금	70,000
2. 차감		2. 차감	
(3) 미결제수표	165,000	(4) 기장오류	90,000
조정후 잔액	635,000		635,000

2.3 현금성자산

현금성자산(Cash Equivalents)이란 유동성이 매우 높은 단기 투자자산으로서, 확정된 금액의 현금으로 전환이 용이하고 가치변동의 위험이 경미한 자산을 말한다.

현금성자산은 투자나 다른 목적이 아닌 단기의 현금수요를 충족하기 위한 목적으로

보유한다. 투자자산이 현금성자산으로 분류되기 위해서는 확정된 금액의 현금으로 전환이 용이하고, 가치변동의 위험이 경미해야 한다. 따라서 투자자산은 일반적으로 만기일이 단기에 도래하는 경우(예를 들어, 취득일로부터 만기일이 3개월 이내인 경우)에만 현금성자산으로 분류된다. 그러나 지분상품은 현금성자산에서 제외한다. 다만 상환일이 정해져 있고 취득일로부터 상환일까지의 기간이 단기인 우선주와 같이 실질적인 현금성자산인 경우에는 예외로 한다.[10)]

2.4 소액현금제도

소액현금제도(Petty Cash System)란 기업 내에서 소액의 현금지출을 필요로 하는 경우 소액현금기금을 설정하고 그 기금에서 필요한 현금을 지출하는 제도를 말한다.

현금은 성격상 도난이나 분실의 위험이 있으므로 가능한 한 은행 등에 예입하고 결제수단으로서 수표를 발행하거나 신용카드 또는 직불카드를 사용하는 것이 바람직하다. 그러나 업무 특성상 현금지출을 필요로 하는 경우를 대비하여 현금지출을 효율적으로 관리할 수 있도록 하기 위한 제도가 '**소액현금제도**(petty cash system)'이다.

그러나 최근 신용카드의 사용이 보편화되면서 소액의 경비지출도 현금 대신 신용카드로 결제하는 것이 가능해지고 있다. 이에 따라 많은 기업들은 소액의 경비 지출에 대해서도 법인신용카드로 결제하고 있어 이 소액현금제도를 이용하는 기업들이 점차 줄어들고 있다.

1. 정액자금전도제도

소액현금제도 중 가장 대표적인 방법으로서 기업이 일정액을 소액현금 자금(기금)으로 사전에 설정하여 관리하는 제도이다. 따라서 현금출납 담당자는 이 자금으로 현금을 지출하되 부족액을 보충하는 경우에는 원래 설정한 금액에서 실제로 사용한 금액만큼을 전도, 즉 정액자금을 전도시켜 언제나 사전에 설정한 자금이 유지되게 하는 제도를 **정액자금전도제도**(imprest system)라고 한다.

10) K-IFRS 제1007호(현금흐름표) 문단 7.

예제

다음을 정액자금전도제도에 따라 회계처리하시오.

① 수표 1,000,000원을 발행하여 총무팀에 전도하다.

차) 소액현금	1,000,000	대) 당좌예금	1,000,000

② 총무팀으로부터 통신비 150,000원, 여비교통비 300,000원, 소모품비 200,000원, 잡비 50,000원을 지출하였다는 보고를 받다.

차) 통 신 비	150,000	대) 소액현금	700,000
여비교통비	300,000		
소모품비	200,000		
잡 비	50,000		

③ 소액현금자금을 수표를 발행하여 보충해주다.

차) 소액현금	700,000	대) 당좌예금	700,000

※ 위의 ②와 ③을 결합하여 다음과 같이 회계처리하기도 한다.

차) 통 신 비	150,000	대) 당좌예금	700,000
여비교통비	300,000		
소모품비	200,000		
잡 비	50,000		

2. 부정액자금전도제도

부정액자금전도제도는 소액현금 자금의 설정금액이 일정하지 않고 보충할 때마다 실제로 사용한 금액과 달리 당좌예금으로부터 전도시키는 방법을 말한다. 따라서 이 부정액자금전도제도에 따르면 언제나 사전에 설정한 자금이 유지되지 않게 된다.

예제

다음을 부정액자금전도제도에 따라 회계처리하시오.

① 수표 1,000,000원을 발행하여 총무팀에 전도하다.

차) 소액현금	1,000,000	대) 당좌예금	1,000,000

② 총무팀으로부터 통신비 150,000원, 여비교통비 300,000원, 소모품비 200,000원, 잡비 50,000원을 지출하였다는 보고를 받다.

차) 통 신 비	150,000	대) 소액현금	700,000

여비교통비	300,000		
소모품비	200,000		
잡 비	50,000		

③ 소액현금자금 750,000원을 수표를 발행하여 보충해준다.

차) 소액현금	750,000	대) 당좌예금	750,000

2.5 현금과부족

현금과부족(Cash Short or Over)이란 장부상의 현금 잔액과 현금 실제보유액이 일치하지 않는 경우를 말하며, 그 경우 그 차이를 일시적으로 처리하기 위한 계정이 **현금과부족계정(cash short or over account)**이다.

현금거래는 매우 빈번하게 일어나는 관계로 자칫 기록의 누락이나 중복이 발생하기도 하며 때로는 도난이나 분실이 발생하기도 하기 때문에, 금고에 보관 중인 현금의 실제잔액이 장부잔액과 일치하지 않는 경우도 있다.

양자 간에 차이가 있음이 발견되면 그 원인을 조사하는 동안 임시로 '**현금과부족계정(cash short or over account)**'에 차액을 기록함으로써 일단 현금계정의 잔액을 실제금액으로 수정한다. 추후에 차이의 원인이 밝혀지면 현금과부족이라는 임시계정을 제거하여야 한다.

그러나 결산시점까지 원인을 알 수 없으면 결산일에 잡손실 또는 잡이익으로 처리한다.

◐ 현금과부족의 회계처리

① 현금계정의 잔액 > 실제금액

발생 시 :

차) 현금과부족	×××	대) 현금	×××

결산 시 :

차) 잡손실	×××	대) 현금과부족	×××

② 현금계정의 잔액 < 실제금액

발생 시 :

차) 현금	×××	대) 현금과부족	×××
결산 시 :			
차) 현금과부족	×××	대) 잡이익	×××

예제 1

다음을 회계처리하시오.

① 결산시점에 현금의 실제잔액은 4,500,000원, 현금계정의 잔액은 5,000,000원으로, 이 양자의 차이 500,000원이 발생한 이유를 현재로서는 알 수 없다.
② 위의 불일치의 원인을 조사해본 결과 보험료 350,000원에 대한 기장누락이 발견되었다.
③ 결산일 현재 나머지 금액에 대한 불일치 원인을 파악하지 못하였다.

[결산정리분개]

①	차) 현금과부족	500,000	대) 현 금	500,000
②	차) 보험료	350,000	대) 현금과부족	350,000
③	차) 잡손실	150,000	대) 현금과부족	150,000

예제 2

다음을 회계처리하시오.

① 결산시점에 현금의 실제잔액은 4,500,000원, 현금계정의 잔액은 4,250,000원으로, 이 양자의 차이 250,000원이 발생한 이유를 현재로서는 알 수 없다.
② 위의 불일치의 원인을 조사해본 결과 받은 이자 150,000원에 대한 기장누락이 발견되었다.
③ 결산일 현재 나머지 금액에 대한 불일치 원인을 파악하지 못하였다.

[결산정리분개]

①	차) 현 금	250,000	대) 현금과부족	250,000
②	차) 현금과부족	150,000	대) 이자수익	150,000
③	차) 현금과부족	100,000	대) 잡이익	100,000

제 3 절 단기예금

3.1 단기예금의 개념

단기예금이란 금융기관이 취급하는 금융상품으로 단기적 자금운용목적으로 소유하거나 만기가 1년 이내에 도래하는 것을 말한다.

단기예금이란 금융기관에서 취급하는 정기예금, 정기적금, 사용이 제한되어 있는 예금 및 기타 정형화된 금융상품(예금)으로 기업이 단기적인 자금운용목적으로 소유하거나 만기가 재무상태표일로부터 1년 이내에 도래하는 것을 말한다[11].

만일 만기가 1년 이상인 경우에는 투자자산에 속하는 장기예금계정으로 분류하여야 한다.

3.2 단기예금의 종류

단기예금으로는 예금 중 당좌예금과 보통예금을 제외한 정기예금, 정기적금, 사용이 제한되어 있는 예금 및 기타 정형화된 금융상품(예금) 등으로 기업이 단기적인 자금운용목적으로 소유하거나 기한이 재무상태표일[12]로부터 1년 이내에 도래하는 것을 말한다.

기타 정형화된 단기예금으로는 어음관리구좌(CMA), 종합금융회사의 발행어음, 표지어음, 환매조건부채권(RP), 신종기업어음(CP), 양도성예금증서(CD), 기업금전신탁 등이 있다.

그러나 부금·적금, 양도성예금증서(CD) 등은 취득당시 만기가 3개월 이내이면 현금및현금성자산계정으로, 만기가 1년 이내이면 단기예금계정으로, 만기가 1년 이상이면 장기예금계정으로 분류하여야 한다.

---

11) 일반적으로 기업이 여유자금의 활용목적으로 보유하는 단기예금, FVPL 금융자산, 단기대여금 및 유동자산으로 분류되는 FVOCI 금융자산과 AC 금융자산 등은 '단기투자자산'으로 보고할 수 있다.

12) K-IFRS에 의하면 정확히는 '보고기간종료일 또는 '보고기간 말'이라는 용어를 사용하고 있으나, 종전에 '대차대조표일'이라는 용어를 사용한 적 있어, 본서에서는 이를 응용하여 '재무상태표일'이라는 표현을 사용하기도 하였다.

예제

다음 거래를 회계처리하시오.

① 당좌수표 6,000,000원을 발행하여 정기예금(만기 1년 이내)에 예입하다.

차) 단기예금	6,000,000	대) 당좌예금	6,000,000

② 상기 정기예금이 오늘 만기가 되어, 이자 120,000원과 함께 동 은행의 정기예금(만기 1년 이상)에 예입하다.

차) 장기예금	6,120,000	대) 단기예금	6,000,000
		이자수익	120,000

학습보충자료 단기금융상품(CD, CMA, CP, MMF, RP)

– CD(Certificate of Deposit; 양도성예금증서)

정기예금과 같이 기간과 이율이 정해진 것인데 제3자에게 양도가 가능한 증서이다. 기간은 30일 이상으로 1년이 넘는 것도 있으나 대개는 90~180일이다. 양도성예금의 경우 중도에 해지가 불가능하며 만기일에 양도성예금증서를 은행에 제시하면 누구나 예금인출이 가능하다. 쉽게 생각하면 양도성 예금증서란 예금통장과는 달리 통장에 이름을 쓰지 않은 것이 보통이며, 보통의 예금과는 달리 통장대신에 증서를 준다. 무기명으로 이름이 없으니 누구에게나 팔 수 있고, 간혹 돈세탁 수단으로 활용되기도 한다.

– CMA(Cash Management Account; 종합자산관리계좌)

어음관리계좌 또는 종합자산관리계정이라고도 하며, 고객이 예치한 자금을 양도성예금증서(CD)나 국공채 등의 채권에 투자하여 그 수익을 고객에게 돌려주는 금융상품이다. 투자금융회사와 종합금융회사의 대표적인 단기금융상품이나 2005년 6월부터 증권회사에서도 취급하였다. 단기간을 예치해도 높은 이자율을 적용받아 여유자금을 운영하는 데 적합하다.

– CP(Commercial Paper; 기업어음)

기업이 자금조달을 목적으로 발행하는 어음형식의 단기 채권이다. 1981년 기업의 단기자금 조달을 쉽게 하기 위해 새로이 도입했다. 이제까지 고정이율로 발행되던 기업어음과는 달리 기업과 투자자 사이의 자금 수급관계 등을 고려하여 금리를 자율 결정한다는 점이 가장 큰 특징이다. CP는 신용도가 높은 우량기업이 자기신용으로 발행되기 때문에 발행기업이 부도를 내면 원금은 떼이게 되므로 지명도가 높은 기업어음이 인기를 얻고 있다. 우리나라에서는 국내 우량기업이 금융시장 실세금리 수준으로 어음을 발행하고 있는데, 금융회사가 이를 인수하여 일반고객에게 매출하고 있다.

– MMF(Money Market Fund; 머니마켓펀드)

가입 금액이나 만기가 정해져 있지 않고 하루 뒤 되찾아도 환매수수료가 붙지 않는 수시입출금식 펀드를 말한다. 양도성예금증서(CD)나 기업어음(CP) 등 단기 금융상품에 투자해 예금이자 수준의 수익을 제공한다. 수시로 현금화가 필요하거나 당장 투자할 곳을 찾지 못했을 때 돈을 맡기는 창구로 활용된다.

– RP(Repurchase Agreement; 환매조건부채권)

'환매채'라고도 하며, 일정 기간이 지난 후에 다시 매입하는 조건으로 채권을 매도함으로써 수요자가 단기자금을 조달하는 금융거래방식의 하나이다. 콜 자금과 같이 단기적인 자금수요를 충족시키기 위해 생긴 것이다. 일반적으로 채권을 만기일까지 보유하고 있으면 최초 매입 시에 약속된 확정이자를 계속 받고 만기 시에 원금을 상환받게 된다. 그러나 만기 이전에 현금화할 필요가 있을 때에는 만기 전 매매에 따른 불이익이 있을 수 있다. 이러한 불이익을 방지하고 채권의 유동성을 높이기 위한 제도가 바로 RP이다. RP거래는 단기 금융시장과 채권유통시장을 연결하여 채권 소화에 많은 기여를 하고 있으며 장기 채권시장을 안정시키는 역할을 한다. 한국은행이 통화조절용 수단으로 시중은행에 판매하는 RP가 있는데, RP금리는 자금사정에 따라 한국은행이 이를 조절하고 있다. 또 은행·증권회사 등 금융기관이 수신상품의 하나로 일정 기간 후 재매입 조건으로 고객에게 판매하는 것도 있다.

출처: 매일경제, 매일경제용어사전

제4절 당기손익-공정가치 측정 금융자산

4.1 당기손익-공정가치 측정 금융자산(FVPL 금융자산)

당기손익-공정가치 측정(Fair Value through Profit or Loss; FVPL) **금융자산**이란 앞에서 설명한 바와 같이 계약상 현금흐름의 특성을 충족하지 못하거나, 사업모형이 현금흐름의 수취 또는 현금흐름의 수취와 금융자산의 매도 둘 다에 해당하지 않는 기타의 사업모형에 해당하는 금융자산으로, 공정가치의 변동을 당기손익의 인식하는 당기손익-공정가치 측정 금융자산을 말한다.

기업은 여유자금이 있을 때 타사가 발행한 지분상품(주식)이나 사채 및 국공채 등 채무상품(채권)에 투자하여 투자수익을 얻고자 한다. 이와 같이 기업이 여유자금이 있을 때 주로 단기간 내의 매매차익을 목적으로 취득한 유가증권으로서 매수와 매도가 적극적이고 빈번하게 이루어지는 것을 당기손익-공정가치 측정 금융자산(FVPL 금융자산)이라고 말할 수 있다. 그러므로 기업에서 단기적인 이익을 획득할 목적으로 운용되는 것이 분명한 증권포트폴리오를 구성하는 유가증권은 당기손익-공정가치 측정 금융자산으로 분류한다.

4.2 FVPL 금융자산의 취득

취득원가 = 취득대가의 시장가격

FVPL 금융자산은 최초 인식(취득)시 공정가치로 측정한다. 여기서 '공정가치(fair value)'란 주된 시장에서의 정상거래에서 자산을 매도하면서 수취하게 될 가격이다. 자산의 거래가격(transaction price)은 자산을 취득하면서 지급한 가격을 말하며, 일반적으로 최초 인식시점에서 거래가격은 공정가치와 동일하다.

그리고 일반적으로 취득 시 거래원가가 발생할 수 있는데 이 FVPL 금융자산의 취득과 직접 관련되는 거래원가는 공정가치에 가산하지 않고 발생 시 비용으로 처리한다.[13)]

◐ 취득 시 회계처리

차) FVPL 금융자산	×××		
수수료비용	×××		
		대) 현 금	×××

한편 채무상품인 채권을 취득하였을 때에는 경과이자(이자수익)를 제외하여 취득원가를 결정하여야 한다. 이것은 일반적으로 채권에는 기간의 경과에 따른 경과이자가 발생하므로 채권의 공정가치도 그 경과이자 부분이 포함되어 형성되기 때문이다. 따라서 채권의 평가를 올바르게 하려면 채권의 공정가치에 포함되어 있는 경과이자 부분을 제외시켜야 한다.

13) 그러나 FVPL 금융자산이 아닌 경우 당해 금융자산의 취득과 직접 관련되는 거래원가는 최초 인식하는 공정가치에 가산하여 측정한다.

예제 1

서울(주)는 2017년 9월 16일 A사의 주식 100주와 B사의 주식 200주를 각각 주당 10,000원과 15,000원에 구입하고, 매입수수료 120,000원과 함께 현금으로 지급하다.

차) FVPL 금융자산-A주식	1,000,000	대) 현 금	4,120,000
FVPL 금융자산-B주식	3,000,000		
수수료비용	120,000		

예제 2

인천(주)는 2017년 1월 1일 서울(주)가 발행한 보증사채(액면금액 30,000,000원, 표시이자율 10%)를 2017년 4월 1일에 액면금액의 85%로 취득하였다. 이자는 1년에 두 번, 즉 7월 1일과 1월 1일에 수취한다. 이 거래의 거래수수료는 90,000원이었다.

차) FVPL 금융자산	25,500,000*	대) 현 금	26,340,000**
수수료비용	90,000		
미수이자	750,000		

* 채권을 발행일 이후에 취득한 경우에는 취득일 이전까지 이미 기일이 경과한 미수이자부분은 분리하여 미수이자로 처리하고 취득금액에서 이 기일 경과분 미수이자를 차감한 잔액을 당해 채권의 취득원가로 계상한다.

** 사채의 매입가격(30,000,000원 × 85%)	25,500,000원
수수료비용	90,000
계	25,590,000
1. 1.~3. 31.의 경과이자(₩30,000,000× 10% × 3/12)	750,000
현금지급액	26,340,000원

4.3 FVPL 금융자산의 보유

- 배당금을 받는 경우 : 차) 현 금 ××× 대) 배당금수익 ×××
- 이자를 받는 경우 : 차) 현 금 ××× 대) 이자수익 ×××

FVPL 금융자산을 보유하는 기간 중에 배당금이나 이자를 받게 된다. 즉 지분상품(주식)에 대해서는 배당금을, 채무상품(채권)에 대해서는 이자를 받게 된다. FVPL 금융자산에 대한 현금배당금과 이자는 배당금수익계정과 이자수익계정에 각각 기록한다.

한편 FVPL 금융자산을 보유하는 기간 중에 피투자회사로부터 주식을 무상으로 지급받거나 주식으로 배당을 받는 경우가 있다. 이러한 무상증자나 주식배당을 받는 경우는 별도의 투자수익이나 배당수익으로 인식하지 않고 주식의 단가만 조정하는 회계처리를 하게 된다.

예제 1

다음을 회계처리하시오.

① 보유하고 있는 채권에 대한 이자 200,000원을 현금으로 받다.

차) 현 금	200,000	대) 이자수익	200,000

② 보유하고 있는 주식에 대한 배당금으로 400,000원을 현금으로 받다.

차) 현 금	400,000	대) 배당금수익	400,000

예제 2

앞의 인천(주)는 2017년 7월 1일 보유하고 있는 서울(주)의 보증사채에 대한 이자를 현금으로 받았다. 이에 대한 회계처리를 나타내시오.

2017년 7월 1일

차) 현 금	1,500,000	대) 미수이자	750,000
		이자수익	750,000*

* 채권 보유 중 결산일이 도래하거나 상환일이 도래함으로써 계상하여야 할 이자수익은 당해 채권에 대하여 발생하였거나 받은 총이자수익에서 취득일 이전까지 이미 경과한 미수이자를 차감한 금액, 즉 채권 보유기간 동안 발생한 이자만을 이자수익으로 계상하여야 한다.

4.4 FVPL 금융자산의 평가

FVPL 금융자산은 보고기간 말 현재의 공정가치로 평가한다.

FVPL 금융자산의 평가는 결산일(보고기간 말)에 형성된 FVPL 금융자산의 공정가치로 한다. 이 때 공정가치는 합리적인 판단과 거래의사가 있는 독립된 당사자 간에 거래될 수 있는 교환가격을 의미하며, 공정가치(시장가격)는 보고기간 말 현재의 종가(거래가 없는 경우에는 직전 거래일 종가)를 의미한다.

◐ 평가 시 회계처리

• 장부금액 〈 공정가치(시장가격) :
차) FVPL 금융자산 ××× 대) FVPL 금융자산평가이익 ×××

• 장부금액 〉 공정가치(시장가격) :
차) FVPL 금융자산평가손실 ××× 대) FVPL 금융자산 ×××

FVPL 금융자산의 공정가치(시장가격)가 **장부금액(취득시점의 취득원가 또는 보고기간 말에 평가한 경우는 그 시점의 공정가치)** 보다 높은 경우에는 차액을 FVPL 금융자산평가이익으로, 낮은 경우에는 FVPL 금융자산평가손실로 인식하고 손익계산서에 수익 또는 비용으로 보고한다.

회계처리방법은 공정가치(시장가격)가 장부금액(취득시점의 취득원가 또는 보고기간 말에 평가한 경우는 그 시점의 공정가치)보다 높은 경우에는 두 금액의 차액을 FVPL 금융자산계정 차변에 기입하여 FVPL 금융자산이 공정가치(시장가격)만큼 증가했다는 것을 나타내며, 동시에 동액을 FVPL 금융자산평가이익계정 대변에 기록하여 평가이익이 발생했음을 나타낸다. 반대로 공정가치(시장가격)가 장부금액보다 낮은 경우에는 FVPL 금융자산계정 대변에, FVPL 금융자산평가손실계정 차변에 기록하여 FVPL 금융자산의 금액이 공정가치(시장가격)만큼 감소하고 동시에 평가손실이 발생했음을 나타낸다.

예제 1

서울(주)가 2017년 9월 16일 취득한 A사의 주식과 B사 주식의 2017년 말 현재의 공정가치(시장가격)는 다음과 같다.

종 목	취득원가	공정가치
A사 주식	1,000,000원	1,100,000원
B사 주식	3,000,000	2,850,000

2017년 12월 31일에 FVPL 금융자산평가와 관련된 회계처리를 하시오.

차) FVPL 금융자산－A주식 100,000 대) FVPL 금융자산평가이익 100,000*

*1,100,000원－1,000,000원

차) FVPL 금융자산평가손실 150,000* 대) FVPL 금융자산-B주식 150,000

*3,000,000원－2,850,000원

참고 FVPL 금융자산의 평가이익과 평가손실이 동시에 발생하는 경우에는 이것을 상계하지 않고 각각 총액으로 나타내는 것이 원칙이지만 그 금액이 중요하지 않은 경우에는 다음과 같이 이것을 상계하여 순액으로 표시할 수도 있다.

차) FVPL 금융자산평가손실 50,000* 대) FVPL 금융자산 50,000

*4,000,000원－3,950,000원

예제 2

앞의 인천(주)는 2017년 12월 31일 현재 소유하고 있는 서울(주)의 보증사채의 공정가치를 25,000,000원으로 평가하다.

차) 미수이자 1,500,000 대) 이자수익 1,500,000

차) FVPL 금융자산평가손실 500,000* 대) FVPL 금융자산 500,000

*25,500,000원(취득원가)－25,000,000원(공정가치)

4.5 FVPL 금융자산의 처분

• 장부금액〈 처분금액 :

차) 현 금 ××× 대) FVPL 금융자산 ×××

FVPL 금융자산처분이익 ×××

• 상부금액 〉처분금액 :

차) 현 금 ××× 대) FVPL 금융자산 ×××

FVPL 금융자산처분손실 ×××

FVPL 금융자산을 처분하는 경우에는 처분 당시의 처분금액과 FVPL 금융자산의 장부금액(보고기간 말 이후는 공정가치로 평가한 금액)의 차액을 FVPL 금융자산처분손익으로 인식하여 FVPL 금융자산처분이익(기타수익)이나 FVPL 금융자산처분손실(기타비용)로 보고한다. 즉 처분금액이 장부금액보다 높은 경우에는 FVPL 금융자산처분이익계정 대변에, 처분금액이 장부금액보다 낮은 경우에는 FVPL 금융자산처

분손실계정 차변에 기록한다.[14)]

그리고 처분 시 종목별 장부금액의 산정방법으로는 개별법, 가중평균법, 이동평균법 등이 사용된다.

한편 이자지급일 사이의 채무상품을 처분하는 경우 최종 이자지급일 이후 처분일 현재까지 발생한 경과이자는 이자수익으로 처리하고, 경과이자를 제외한 처분대가와 장부금액의 차액을 처분손익으로 처리한다.

예제 1

다음을 회계처리하시오.

① 장부금액 6,000,000원인 FVPL 금융자산을 6,800,000원에 처분하고 현금을 받다.

차) 현 금	6,800,000	대) FVPL 금융자산	6,000,000
		FVPL 금융자산처분이익	800,000

② 장부금액 6,000,000원인 FVPL 금융자산을 5,600,000원에 처분하고 거래수수료 100,000원을 차감한 나머지를 현금으로 받다.

차) 현 금	5,500,000*	대) FVPL 금융자산	6,000,000
FVPL 금융자산처분손실	500,000		

* FVPL 금융자산의 처분시 거래수수료 등 부대비용이 발생하는 경우 일반적으로 부대비용 만큼의 FVPL 금융자산처분손익이 조정된다. 위의 경우 거래수수료가 100,000원 발생함에 따라 FVPL 금융자산처분손실이 그 만큼 많게 계상되었다.

예제 2

앞의 서울(주)는 2018년 2월 1일 A주식과 B주식을 각각 1,150,000원과 2,980,000원에 처분하고 수수료 등으로 55,000원을 차감한 나머지를 현금으로 받았다.

차) 현 금	4,075,000	대) FVPL 금융자산-A주식	1,100,000*
		FVPL 금융자산-B주식	2,850,000
		FVPL 금융자산처분이익	125,000

* FVPL 금융자산의 장부금액은 취득원가가 아니라 공정가치로 평가한 금액이다.

---

14) 이 때 FVPL 금융자산의 처분과 관련하여 발생하는 거래수수료 등의 부대비용은 일반적으로 FVPL 금융자산의 처분금액에서 차감한다.

예제 3

앞의 인천(주)는 2018년 4월 1일 서울(주)의 보증사채를 3개월간 이자도 포함하여 액면금액의 94%에 처분하여 현금으로 받았으며, 거래수수료는 140,000원을 지급하였다.

(2018년 4월 1일)

차) 미수이자	750,000*	대) 이자수익	750,000
차) 현 금	28,060,000***	대) 미수이자	750,000
		FVPL 금융자산	25,000,000
		FVPL 금융자산처분이익	2,310,000**

*2018년 1월, 2월, 3월분의 이자

**사채의 판매가격(30,000,000원× 94%)	₩28,200,000
차감 : 거래수수료	140,000
사채의 순처분금액	28,060,000
사채의 장부금액(직전연도 평가액)	25,000,000
잔액	3,060,000
미수이자	750,000
사채의 처분이익	₩2,310,000

***28,200,00원 − 140,000원

참고 채권은 주식과 어떻게 다른가?

채권은 정부, 공공기관, 특수법인 등과 주식회사의 형태를 갖춘 기업이 비교적 거액의 장기자금을 일시에 대량으로 조달하기 위하여 발행하는 일종의 차용증서이다. 채권은 다음과 같은 몇 가지 특징을 갖고 있다. 채권은 확정이자부 증권(fixed income securities)으로서 발행 시에 채무자가 지급해야 하는 이자와 상환금액이 확정되어 있거나 또는 그 기준이 확정되어 있는 것이 특징이다. 이때 발행된 채권 1장의 가치를 액면금액(par valuc)라고 하고 이것이 만기 시점에 채권 보유자에게 상환해야 할 금액이 된다.

채권은 주식의 경우와는 달리 수익의 발생여부와 관계없이 이자를 지급해야 한다. 즉, 주식의 경우 순이익 발생여부에 따라 배당정책이 다르게 될 수 있으나, 채권은 적자가 발생하더라도 이미 확정되어 있는 이자를 지급해야 한다는 점에서 주식과 차이가 있다. 이때 액면에 대해 약정한 이자율을 연간 이율로 표시한 것을 표면금리(coupon rate)라고 한다. 또한, 채권은 원리금의 상환기간이 미리 정해져 있는 기한부 증권(term-limited securities)이다. 따라서 채권에는 만기(maturity)가 정해져 있고, 이때까지 정기적으로 이자를 지급하고 만기 시점에 표시된 액면가를 상환하는 것이 일반적이다.

채권투자는 수익성, 안전성, 유동성이란 측면에서 다음과 같은 장점을 갖는다. 첫째, 채권의 수익성이란 투자자가 채권을 보유함으로써 얻을 수 있는 수익으로서 이자소득과 자본소득이 있다. 이자소득은 발행 시에 정해진 이율에 따라 이자를 지급받는 것을 말하며, 자본소득은 채권의 유통가격이 변동되면서 발생될 수 있는 시세차익 또는 차손을 의미한다. 둘째, 채권은 정부, 공공단체, 금융회사 및 주식회사 등에 의해 발행되고, 발행기관의 신용등급 평가 등에 의해 정보 공개가 이루어지므로 비교적 안전성이 높다. 셋째, 채권은 어음, 수표와는 달리 채권유통시장에서 활발하게 거래되고 있어 언제든지 현금화가 가능하고 주식과 달리 당일 결제 처리로 매도당일에 출금이 가능하다.

한편, 채권투자에는 다음과 같은 투자위험도 내재되어 있다. 첫째, 채권가격의 변화로 인해 발생하는 시장위험이 존재한다. 일반적으로 채권의 가격은 시장금리 및 발행기관의 신용 변화에 따라 변동하게 된다. 따라서 시장가격이 매입가격 보다 낮아졌을 때에는 자본손실의 가능성이 있다. 둘째, 발행기관의 경영 및 재무상태가 악화될 경우 약정한 이자 및 원금의 지급이 지연되거나 지급불능 상태가 되는 채무불이행 위험이 발생할 수 있다. 셋째, 채권의 발행물량이 적고 유통시장이 발달되지 못한 경우는 채권을 현금화하기 어려운 유동성 위험이 존재한다.

채권투자수익의 원천은 세 가지 즉, 기간마다 정기적으로 지급되는 이자수익, 채권의 매입가격과 처분가격(만기 시에는 액면금액) 간의 차이로부터 발생하는 자본이득 또는 손실, 기간별 이자지급액의 재투자로부터 발생하는 수익 등이 포함된다. 이중에서 만기수익률을 계산할 때 이자수익과 자본이득 또는 손실은 확정적인 현금흐름이지만 이자의 재투자수익은 미래의 각 기간별 이자수익이 어떤 수익률로 재투자되느냐에 따라 달라질 수 있다.

일반적으로 채권은 주식에 비해 가격변동성이 작고, 만기까지 보유할 경우 발행기관이 파산하지 않는다면 원금을 돌려받을 수 있기 때문에 가격변동리스크도 피할 수 있다. 또한, 발행기관이 파산하는 경우에는 채권자가 주주보다 청산 순위가 앞서기 때문에 채권의 투자위험이 주식에 비해 상대적으로 작다고 할 수 있다. 다만, 'high risk high return'에 따라 채권의 기대수익률은 주식에 비해 낮아지게 된다. 채권은 소액 개인투자자가 직접 매매하기에는 적합하지 않다. 왜냐하면 채권은 거래소를 통한 소액거래보다는 장외시장에서 기관투자자 간의 대규모 거래가 일반적이기 때문이다. 따라서 개인투자자의 경우에는 채권형 펀드투자를 통한 간접투자를 하는 것이 보편적이다.

출처: 금융감독원, 대학생을 위한 실용 금융

연습문제

1. 다음은 KS(주)의 2017년 말 현재 보유하고 있는 당좌자산이다. 물음에 답하시오.

통화	₩150,000
자기앞수표	200,000
거래처 발행의 당좌수표	100,000
2017년 10월 1일 가입한 3년 만기 정기예금	500,000
2017년 12월 1일 취득한 2개월 만기의 양도성 예금증서	200,000
2017년 7월 1일 대여한 단기대여금	200,000
우편환증서	50,000
만기 도래한 국채 이자표	30,000
2017년 11월 1일 취득한 6개월 만기의 기업어음(CP)	100,000
2018년 10월 말 만기 예정인 2년 만기 정기적금	200,000

1) 2017년 말 현재의 현금및현금성자산은 얼마인가?

2) 2017년 말 현재의 단기금융자산은 얼마인가?

3) 2017년 말 현재의 장기금융자산은 얼마인가?

2. 다음의 일련의 거래 1)과 2)를 (1) 당좌예금계정만을 사용하는 경우와 (2) 당좌예금계정과 당좌차월계정을 사용하는 경우 각각에 대해 회계처리하시오. 단, 현재 당좌예금계정의 잔액은 ₩2,000,000이다.

(거래)

1) 상품을 구입하고 대금 ₩5,000,000을 수표를 발행하다. 회사는 은행과 한도액 ₩6,000,000의 당좌차월약정을 맺고 있다.

2) 상품을 매출하고 대금 ₩4,000,000을 받아 즉시 당좌예입하다.

(1) 당좌예금계정만을 사용하는 경우

1) 차) 대)

2) 차) 대)

(2) 당좌예금계정과 당좌차월계정을 사용하는 경우

1) 차) 대)

2) 차) 대)

3. 다음의 자료를 회계처리하시오.

KS(주)가 단기적 투자목적으로 취득하여 2016년 말 현재 보유중인 주식과 채권의 장부금액과 공정가치는 다음과 같다.

종 목	장부금액	공정가치
A사 주식	₩2,500,000	₩2,300,000
B사 주식	4,000,000	4,400,000
C사 채권	1,000,000	1,200,000

2017년 중의 거래는 다음과 같다.

① 2017년 3월 15일 A사 주식을 2,700,000원에 처분하였으며, 수수료 100,000원을 차감한 잔액을 현금으로 받다.
② 2017년 3월 31일 보유주식에 대해 125,000원의 현금배당을 받다.
③ 2017년 12월 31일 채권에 대한 이자 80,000원을 받다.
④ 2017년 말 현재의 B사 주식 및 C사 채권에 대한 공정가치는 다음과 같다.

종 목	공정가치
B사 주식	₩4,800,000
C사 채권	1,000,000

4. 다음은 인천(주)의 FVPL 금융자산과 관련한 거래내역이다.

① 10월 10일 A사의 주식 100주를 주당 10,800원에 매입하고 대금은 수표를 발행하여 지급하고, 수수료 20,000원은 현금으로 지급하다.
② 10월 15일 A사의 주식 200주를 주당 19,600원에 매입하고 수수료 80,000원과 함께 현금으로 지급하다.
③ 10월 17일 B사의 주식 200주를 주당 49,400원에 매입하고 수수료 120,000원과 함께 현금으로 지급하다.
④ 10월 20일 A사의 주식 100주를 주당 15,300원에 처분하고 수수료 30,000원

을 제외하고 현금으로 받다.

⑤ 10월 25일 B사의 주식 200주를 주당 47,600원에 매입하고 수수료 80,000원과 함께 수표로 지급하다.

⑥ 10월 31일 B사의 주식 300주를 주당 53,500원에 처분하고 수수료 150,000원을 제외하고 현금으로 받다.

이상의 자료로 1) 인천(주)의 10월 20일과 10월 31일의 거래(단가는 이동평균법을 적용), 2) 10월 31일 이후 거래가 없었으며 결산일 현재 각 주식의 공정가치가 다음과 같은 경우의 12월 31일의 회계처리를 나타내시오.

A사 주식 @₩15,000

B사 주식 @₩52,000

해답

1.

1) 통화 ₩150,000+자기앞수표 ₩200,000+거래처 발행의 당좌수표 ₩100,000+양도성 예금증서(2개월 만기) ₩200,000+우편환증서 ₩50,000+만기 도래한 국채 이자표 ₩30,000 = ₩730,000
2) 단기대여금 ₩200,000+기업어음(6개월 만기) ₩100,000 = ₩300,000
3) 정기예금 ₩500,000+정기적금 ₩200,000 = ₩700,000

2.

(1) 당좌예금계정만을 사용하는 경우

1) 차) 매입	5,000,000	대) 당좌예금	5,000,000
2) 차) 당좌예금	4,000,000	대) 매출 4,000,000	

(2) 당좌예금계정과 당좌차월계정을 사용하는 경우

1) 차) 매입	5,000,000	대) 당좌예금	2,000,000
		당좌차월	3,000,000
2) 차) 당좌차월	3,000,000	대) 매출	4,000,000
당좌예금	1,000,000		

3.

① 2016년 12월 31일

차) FVPL 금융자산평가손실	200,000	대) FVPL 금융자산	200,000
FVPL 금융자산	600,000	FVPL 금융자산평가이익	600,000

또는

차) FVPL 금융자산	400,000	대) FVPL 금융자산평가이익	400,000

② 2017년 3월 15일

차) 현 금	2,600,000	대) FVPL 금융자산	2,300,000
		FVPL 금융자산처분이익	300,000

③ 2017년 3월 31일

차) 현 금	125,000	대) 배당금수익	125,000

④ 2017년 12월 31일

차) 현 금	80,000	대) 이자수익	80,000
차) FVPL 금융자산	400,000	FVPL 금융자산평가이익	400,000
FVPL 금융자산평가손실	200,000	FVPL 금융자산	200,000

또는

차) FVPL 금융자산	200,000	대) FVPL 금융자산평가이익	200,000

4.

1)

① 차) 현 금	1,500,000	대) FVPL 금융자산-A주식	1,640,000
FVPL 금융자산처분손실	140,000		
② 차) 현 금	15,900,000	대) FVPL 금융자산-B주식	14,550,000
		FVPL 금융자산처분이익	1,350,000

2)

차) FVPL 금융자산평가손실	280,000	대) FVPL 금융자산-A주식	280,000
FVPL 금융자산-B주식	350,000	FVPL 금융자산평가이익	350,000

또는

차) FVPL 금융자산	70,000	대) FVPL 금융자산평가이익	70,000

종합문제

1. 다음의 일련의 거래를 당좌예금계정과 당좌차월계정을 사용하여 회계처리하시오. 단, 현재 당좌예금계정의 잔액은 ₩2,000,000이다.

① 상품을 구입하고 대금 ₩5,000,000을 수표를 발행하다. 회사는 은행과 한도액 ₩5,000,000의 당좌차월약정을 맺고 있다.

차)　　　　　　　　　　　　　　대)

② 상품을 매출하고 대금 ₩4,000,000을 받아 즉시 당좌예입하다.

차)　　　　　　　　　　　　　　대)

2. 다음은 서울(주)의 FVPL 금융자산(지분증권)과 관련된 거래이다. 각 거래를 회계처리하시오.

① 2017년 11월 30일 A사 주식 600주를 주당 6,000원에 취득하고 매입수수료 150,000원과 함께 현금으로 지급하다.

차)　　　　　　　　　　　　　　대)

② 2017년 말 현재 A사 주식의 공정가치는 4,000,000원이다.

차)　　　　　　　　　　　　　　대)

③ 2018년 2월 15일 A사 주식을 4,400,000원에 처분하고, 거래수수료 200,000원 차감한 나머지를 현금으로 받다.

차)　　　　　　　　　　　　　　대)

④ 2018년 3월 20일 A사 주식에 대한 배당금 300,000원을 현금으로 받다.

차)　　　　　　　　　　　　　　대)

3. 다음의 자료를 회계처리하시오.

KS(주)는 단기적 투자목적으로 취득하여 2016년 말 현재 보유중인 주식과 채권의 장부금액과 공정가치는 다음과 같다.

종 목	장부금액	공정가치
A사 주식(1,000주)	₩17,200,000	₩15,062,500
B사 주식(2,500주)	32,187,500	32,225,000
C사 채권(500좌)	13,125,000	14,000,000

2017년 중의 거래는 다음과 같다.

1) 2017년 3월 5일 A사 주식 500주를 주당 15,000원에 처분하였으며 수수료 300,000원을 제외하고 현금으로 받다.
2) 2017년 3월 31일 보유주식에 대해 1,750,000원의 현금배당을 받다.
3) 2017년 12월 31일 채권에 대한 이자 1,250,000원을 받다.
4) 2017년 말 현재 보유중인 주식과 채권의 공정가치는 다음과 같다.

종 목	공정가치
A사주식	₩6,500,000
B사주식	37,000,000
C사채권	16,000,000

1) 2016년 12월 31일
차) 대)

2) 2017년 3월 5일
차) 대)

3) 2017년 3월 31일
차) 대)

4) 2017년 12월 31일
① 차) 대)

② 차) 대)

4. 다음의 거래를 회계처리하시오.

(주)한국은 2016년 말 현재 다음과 같은 FVPL 금융자산의 포트폴리오를 가지고 있다.

	취득원가	주당 시가
A사 보통주(액면 @₩15,000) 1,000주	₩17,200,000	₩16,000
B사 보통주(액면 @₩10,000) 5,000주	75,000,000	14,000
계	₩92,200,000	

위 금융자산은 모두 2016년에 취득한 것이며, 2017년 중의 거래는 다음과 같다.

① 3월 10일 A사로부터 주당 2,000원, B사로부터 주당 1,500원의 배당금을 받다.
② 4월 14일 A사의 주식 500주를 주당 18,000원에 현금으로 매입하였으며, 이때 매입수수료 50,000원이 발생하였다.
③ 5월 1일 C사의 사채 100좌(좌당 액면금액 500,000원)를 경과이자를 포함하여 47,500,000원에 취득하였으며, 별도로 매입수수료 500,000원이 발생하였다. 사채의 액면이자율(표시이자율)은 12%이며, 발행일은 1월 1일이고, 이자 지급일은 12월 31일이다.
④ 8월 20일 B사의 보통주 전부를 주당 13,500원에 처분하였으며, 그 처분과 관련하여 수수료 등은 200,000원이 발생하였다.
⑤ 10월 15일 A사의 보통주 800주를 주당 18,500원에 처분하였으며 그와 관련한 수수료 등은 300,000원이 발생하였다(단가는 이동평균법 적용).
⑥ 12월 31일 C사로부터 사채의 이자를 받다.
⑦ 2017년 12월 31일 현재 FVPL 금융자산의 주당(혹은 좌당) 시가는 다음과 같다.

A사 보통주	15,000원	C사 사채	465,000원

이상의 자료로 1) 2016년 12월 31일, 2) 2017년 중의 거래, 3) 2017년 12월 31일의 회계처리를 나타내시오.

제 7 장 유동자산(Ⅱ)

기업의 경영활동 가운데 일상적으로 발생하는 사건 중 대표적인 것이 상품매매거래(또는 서비스제공 거래) 이다. 오늘날과 같은 신용사회에서는 외상거래가 주로 이루어지는 관계로 외상매출금, 외상매입금 또는 받을어음, 지급어음 등의 매출채권 및 매입채무계정이 회계처리 시 자주 사용된다.

또한 기업은 효율적인 현금관리를 위하여 여유자금을 대여해주거나 차입하는 경우가 빈번히 발생한다. 이 경우에 대여금, 차입금계정이 나타난다. 이외에도 미수금, 미지급금, 선수금, 선급금 등과 같이 일상생활에서도 자주 사용하는 채권 및 채무계정이 있다.

따라서 본 장에서는 유동자산의 일부인 당좌자산 중 단기채권 관련계정들을 설명함에 있어서 그것들과 밀접한 관련을 갖고 있는 유동부채의 일부인 단기채무 관련계정들도 함께 다루었다.

제 1 절 수취채권 및 지급채무

수취채권(receivables)은 매출채권(외상매출금과 받을어음), 미수금, 미수수익, 단기대여금으로 분류하고, **지급채무**(payables)는 매입채무(외상매입금과 지급어음), 미지급비용, 미지급금, 단기차입금으로 분류한다.[1)]

---

1) 수취채권은 그 발생원천에 따라 **매출채권(trade receivables)**과 **비매출채권(nontrade receivables)**으로 나뉘며, 매출채권에는 외상매출금과 받을어음, 비매출채권에는 미수금, 미수수익, 단기대여금 등이 포함된다. 한편 지급채무는 그 발생원천에 따라 **매입채무(trade payables)**와 **비매입채무(nontrade payables)**로 나뉘며, 매입채무에는 외상매입금과 지급어음, 비매입채무에는 미지급금, 미지급비용, 단기차입금 등이 포함된다.

1.1 매출채권과 매입채무의 의의

◐ 매출채권의 의의

매출채권은 일반적 상거래에서 발생한 외상매출금과 받을어음을 말한다.

여기서 '일반적 상거래'란 당해 회사의 사업목적을 위한 경상적 영업활동에서 발생하는 거래로서 예컨대, 상기업의 경우 상품을 구입하여 판매하는 것을, 서비스기업의 경우 서비스(용역)를 제공하는 것을 의미한다.

따라서 매출채권은 상기업의 경우 상품을 매출하면서 대금을 나중에 받기로 합의함에 따라 나타나는 권리(상품의 매출거래에서 발생한 수취채권)이며, 서비스기업의 경우 서비스(용역)를 제공하면서 대금을 나중에 받기로 합의함에 따라 나타나는 권리(서비스를 제공한 거래에서 발생한 수취채권)로서, 구두 약속에 의한 외상매출금과 약속증서인 어음을 받는 받을어음으로 구성된다.

매출채권 = 외상매출금 + 받을어음

기업 실무상으로는 외상매출금계정과 받을어음계정을 총계정원장에 별도로 구분하여 외상거래와 어음거래를 각각의 계정에 기록하고 있으나, 재무상태표 작성 시에는 '매출채권'이라는 단일 통합계정과목으로 외상매출금계정과 받을어음계정의 금액을 합산하여 보고한다.

◐ 매입채무의 의의

매입채무는 일반적 상거래에서 발생한 외상매입금과 지급어음을 말한다.

매입채무는 상기업의 경우 상품을 매입하면서 대금을 나중에 지급하기로 합의함에 따라 나타나는 채무(상품의 매입거래에서 발생한 지급채무)이며, 서비스기업의 경우 서비스(용역)를 제공받고 대금을 나중에 지급하기로 합의함에 따라 나타나는 채무(서비스를 제공받은 거래에서 발생한 지급채무)로서, 구두 약속에 의한 외상매입금과 어음을 발행하여 지급을 약속하는 지급어음으로 구성된다.

매입채무 = 외상매입금 + 지급어음

기업 실무상으로는 외상매입금계정과 지급어음계정을 총계정원장에 별도로 구분하여 외상거래와 어음거래를 각각의 계정에 기록하고 있으나, 재무상태표 작성 시에는 '매입채무'라는 단일 통합계정과목으로 외상매입금계정과 지급어음계정의 금액을 합산하여 보고한다.

제2절 외상매출금과 외상매입금

2.1 외상매출금과 외상매입금의 회계처리

- 외상매출금 : 증가(발생)는 차변에, 감소(소멸)는 대변에 기록한다.
- 외상매입금 : 증가(발생)는 대변에, 감소(소멸)는 차변에 기록한다.

상기업의 경우 상품을 외상으로 매출(또는 서비스기업의 경우 서비스를 외상으로 제공)함으로써 매출채권이 증가(발생)하면 이것을 외상매출금계정 차변에 기록하고, 대금 회수 시점에는 대변에 기록한다. 따라서 외상매출금계정의 잔액은 차변에 나타나며, 이것은 외상매출금의 미회수액을 의미한다.

외상매출금계정

외상매출 시(증가 시)	외상매출금 회수 시(감소 시)
	잔액(미회수액)

상기업의 경우 상품을 외상으로 매입함(또는 서비스기업의 경우 서비스를 외상으로 제공받음)으로써 매입채무가 증가(발생)하면 이것을 외상매입금계정 대변에 기록하고, 외상매입 대금 지급 시점에는 차변에 기록한다. 따라서 외상매입금계정의 잔액은 대변에 나타나며, 이것은 외상매입금의 미지급액을 의미한다.

외상매입금계정

외상매입대금 지급 시(감소 시)	외상매입 시(증가 시)
잔액(미지급액)	

2.2 인명계정과 통제계정

외상거래처가 많으면 총계정원장의 외상매출금 또는 외상매입금계정만으로는 거래처별 잔액을 파악하기가 어려워 효율적으로 거래처의 채권관리 및 채무관리를 할 수가 없게 된다. 이 경우 거래처별로 채권 및 채무의 증감을 기록하기 위해 매출처원장 또는 매입처원장이라는 보조원장을 작성한다

매출처원장 또는 매입처원장에는 X회사, Y회사 등과 같은 거래처 이름을 계정과목으로 사용하는데 이것을 '**인명계정(personal account)**'이라고 하며, 다음과 같이 회계처리한다.

① 서울상점에서 상품을 외상으로 매입한 경우

차) 매 입	×××	대) 서울상점	×××

② 대구상점에 상품을 외상으로 판매한 경우

차) 대구상점	×××	대) 매 출	×××

한편 외상매출금 또는 외상매입금계정과 같이 하나의 계정이 보조원장을 가지며 여기에 설정된 인명계정을 통제하는 구실을 하는 계정을 '**통제계정(control account)**'이라고 하며, 다음과 같이 회계처리한다.

① 상품을 외상으로 매입한 경우

차) 매 입	×××	대) 외상매입금	×××

② 상품을 외상으로 판매한 경우

차) 외상매출금	×××	대) 매 출	×××

외상으로 상품을 매출 또는 매입하는 거래가 발생하면 외상매출금 또는 외상매입금계정에 전기를 하는 동시에 보조원장에 있는 인명계정에 한 번 더 전기를 하여야 한다.

예제

다음 거래를 인명계정 및 통제계정으로 회계처리하고 외상매출금계정 및 보조원장에 전기하고, 외상매출금계정 잔액과 인명계정 잔액의 합계가 일치하는지 확인하시오.

[거래]

① 상품 1,000,000원을 서울회사에 외상으로 매출하다.

② 상품 500,000원을 수원회사에 외상으로 매출하다.
③ 서울회사에 대한 외상매출금 중 700,000원을 현금으로 회수하다.

[인명계정에 의한 회계처리]

	차변	금액	대변	금액
①	차) 서울회사	1,000,000	대) 매 출	1,000,000
②	차) 수원회사	500,000	대) 매 출	500,000
③	차) 현 금	700,000	대) 서울회사	700,000

[통제계정에 의한 회계처리]

	차변	금액	대변	금액
①	차) 외상매출금	1,000,000	대) 매 출	1,000,000
②	차) 외상매출금	500,000	대) 매 출	500,000
③	차) 현 금	700,000	대) 외상매출금	700,000

[전기]

총 계 정 원 장

외상매출금

차변	금액	대변	금액
① 매 출	1,000,000	③ 현 금	700,000
② 매 출	500,000		

매 출 처 원 장

서울회사

차변	금액	대변	금액
① 매 출	1,000,000	③ 현 금	700,000

수원회사

차변	금액	대변	금액
② 매 출	500,000		

- 외상매출금 계정 잔액 : 1,000,000원+500,000원-700,000원 = 800,000원
- 인명계정 잔액의 합계액 : 300,000원(서울회사)+500,000원(수원회사) = 800,000원

제3절 받을어음과 지급어음

어음의 종류에는 약속어음과 환어음이 있으나, 회계처리에 있어서는 약속어음이든 환어음이든 구분하지 않고 단지 일반적상거래에서 어음상의 채권이 발생하면 **받을어음**(notes receivable)이라는 자산계정으로, 어음상의 채무가 발생하면 **지급어음**(notes payable)이라는 부채계정으로 회계처리한다.

3.1 어음의 종류

어음(notes)이란 미래의 약정한 기일에 어음증서에 약속한 금액을 지급할 것을 약정한 증서를 말한다. 일반적으로 어음은 일반적 상거래에서 발행되는 상업어음과 금전의 차입이나 대여 등 금전거래에서 자금을 융통할 목적으로 발행되는 금융어음으로 나눌 수 있다.

일반적 상거래에서 발행되는 상업어음에는 **약속어음**과 **환어음**이 있다. 약속어음은 발행인(어음상의 의무자)이 수취인(어음상의 권리자)에게 일정기일에 일정금액의 지급을 약속하는 증서이며, 환어음은 발행인이 지명인(어음상의 의무자)에게 일정기일에 일정금액을 수취인(어음상의 권리자)에게 지급하도록 위탁한 약속증서이다.

약속어음과 환어음의 관계 당사자별 어음상의 채권 및 채무를 나타내면 다음과 같다.

◐ 약속어음과 환어음의 관계당사자

- 약속어음

  발행인 — 어음금액의 지급인

  수취인 — 어음금액의 수취인

- 환어음

  발행인 — 어음 발행인

  지명인 — 어음금액의 지급인(어음의 인수)

  수취인 — 어음금액의 수취인(어음의 제시)

3.2 어음의 회계처리

일반적 상거래에서 발행되는 상업어음에는 약속어음과 환어음이 있으나 회계처리에 있어서는 약속어음이든 환어음이든 구분하지 않고 어음거래의 결과 어음상의 권리 즉, 채권이 발생하면 받을어음계정(notes receivable account)으로, 그리고 어음상의 의무 즉 채무가 발생하면 지급어음계정(notes payable account)으로 회계처리한다.

- 받을어음 : 증가(발생) 시에는 차변에, 감소(소멸) 시에는 대변에 기록한다.
- 지급어음 : 증가(발생) 시에는 대변에, 감소(소멸) 시에는 차변에 기록한다.

◐ 받을어음의 회계처리

상품을 매출(또는 서비스를 제공)하고 약속어음이나 환어음을 받으면 받을어음계정 차변에 기록하고, 이것을 현금으로 회수하면 받을어음계정 대변에 기록한다.

다른 거래처가 발행한 어음으로 상품 대금을 결제(어음의 배서양도 포함)한 경우나 은행에서 할인(어음의 할인)한 경우에도 매각거래의 경우 받을어음계정 대변에 기록한다.[2)]

받을어음계정

차변	대변
어음의 수취(채권 증가)	어음대금의 회수(채권 감소) 어음의 배서양도 또는 할인(매각거래의 경우)
	잔액(미회수액)

예제 1

다음을 거래를 회계처리하시오.

1. 상품 1,500,000원을 매출하고 대금은 약속어음으로 받다.

   차) 받을어음 1,500,000 대) 매 출 1,500,000

2) 배서양도 또는 할인하였던 어음이 부도되면 배서인은 상환청구를 받게 된다. 이 때 상환청구를 받은 배서인은 상환함과 동시에 자기에게 배서한 사람에게 상환청구를 한다. 이 경우 부도된 어음금액과 지급거절증서 작성비용 등을 받을어음 계정의 차변에 기입하고, 후에 회수하면 받을어음 계정 대변에 기입한다. 그리고 별도로 어음의 만기일(부도일)로부터 회수일까지의 이자는 이자수익 계정에 기입한다.

2. 만기일이 되어 위 어음을 현금으로 회수하다.

차) 현 금	1,500,000	대) 받을어음	1,500,000

3. 상품 8,000,000원을 매입하고 대금은 소유하고 있던 다른 거래처가 발행한 약속어음을 배서양도하다(매각거래).

차) 매 입	8,000,000	대) 받을어음	8,000,000

예제 2

다음을 거래를 회계처리하시오.

1. 인천상사는 대구상사에 상품 4,500,000원을 매출하고 대금은 당점수취, 부산상사앞 환어음을 받다(단, 대구상사는 부산상사로부터 받을 매출채권이 있다).

차) 받을어음	4,500,000	대) 매 출	4,500,000

2. 만기일이 되어 위 어음을 현금으로 회수하다.

차) 현 금	4,500,000	대) 받을어음	4,500,000

◐ 지급어음의 회계처리

상품을 매입하고(또는 서비스를 제공받고) 약속어음을 발행하면 지급어음계정 대변에 기록하고, 어음대금을 지급하면 지급어음계정 차변에 기록한다.

환어음을 '인수(acceptance)'한 경우에는 어음상의 금액을 지급할 법적 의무가 발생하므로 지급어음계정 대변에 기록한다.

지급어음계정

차변	대변
어음대금의 지급(채무 감소)	약속어음의 발행(채무 증가) 환어음의 인수
잔액(미지급액)	

예제 1

다음을 거래를 회계처리하시오.

1. 약속어음을 발행하고 상품 10,000,000원을 매입하다.

차) 매 입	10,000,000	대) 지급어음	10,000,000

2. 만기일이 되어 위 어음대금이 당좌계정에서 지급되다.

차) 지급어음	10,000,000	대) 당좌예금	10,000,000

예제 2

다음을 거래를 회계처리하시오.

1. 인천상사는 광주상사 발행, 부산상사 수취, 당점앞 환어음 3,000,000원을 제시받고 이것을 인수하였다.

차) 외상매입금	3,000,000	대) 지급어음	3,000,000

2. 만기일이 되어 위 어음대금이 당좌계정에서 지급되다.

차) 지급어음	3,000,000	대) 당좌예금	3,000,000

3.3 어음의 배서양도와 할인

어음 거래의 경우 어음의 발행과 수취, 어음대금의 지급 등과 같은 일반적인 어음 거래뿐만 아니라 어음의 배서양도, 할인, 부도 등과 같은 특수한 어음 거래도 발생할 수 있다.

일반적으로 어음 수취인은 어음 만기일에 어음 금액을 수취하게 되나, 필요한 경우에는 만기일 이전에 어음을 제3자에게 **배서양도(endorsement)**하거나 **할인(discount)**하여 필요한 자금을 활용하게 된다.[3)]

어음을 배서양도하거나 할인하는 경우 어음상의 위험과 보상이 양도인과 분리되어 실질적으로 양수인에게 이전되느냐에 따라 이것을 **매각거래**와 **차입거래**로 나눈다. 즉

---

3) **할인(discount)**이란 어음의 만기일 이전에 금융기관 등에 어음을 양도하고 자금을 (할인)받는 것을 말하며, 이와 유사한 것으로 **팩토링(factoring)**이라는 거래 방법이 있다. 이것도 매출채권 등 수취채권을 금융기관 등에 양도하고 현금을 수취하는 거래로서 어음의 할인과 성격이 유사하다고 할 수 있다.

어음을 배서양도하거나 할인하는 경우 어음상의 위험과 보상이 양수인에게 대부분 이전되었다면 그 어음의 부도와 관계없이 양도인의 상환의무가 없게 되므로 당해 어음을 제거(**매각거래**로 인식)하고, 그렇지 않은 경우이면 당해 어음을 계속 인식(**차입거래**로 인식[4])한다.

매각거래로 회계처리하는 경우는 보유한 어음(받을어음 또는 매출채권)을 제거하는 것이므로 받을어음(또는 매출채권)에서 직접 차감하고, 발생하는 금융비용은 매출채권처분손실로 기록한다.[5]

한편 차입거래로 회계처리하는 경우는 그 어음을 담보로 자금을 차입한 것으로 간주하여 회계처리하게 되므로 보유한 어음(받을어음 또는 매출채권)을 제거하지 않고, 발생하는 금융비용은 이자비용으로 기록한다.

◐ 매각거래와 차입거래의 회계처리

[매각거래]

어음 할인 시점 :

차) 현금	×××		
매출채권처분손실	×××		
		대) 매출채권	×××

어음 결제 시점 :

분개 없음.

[차입거래]

어음 할인 시점 :

차) 현　　금	×××		
이자비용	×××		
		대) 단기차입금	×××

어음 결제 시점 :

차) 단기차입금	×××		
		대) 받을어음	×××

4) 어음을 배서양도하거나 할인하는 경우 어음상의 위험과 보상이 양수인에게 대부분 이전되지 않은 경우 즉 어음상의 위험과 보상이 거의 대부분 양도인에게 그대로 있다면 이것은 그 어음을 담보로 제공하고 자금을 차입한 것과 그 실질이 동일하다고 인정되어 당해 어음을 제거하지 않고 차입거래로 인식한다.

5) 한편 소유에 따른 위험과 보상의 대부분이 이전되었는지 불명확한 경우에는 양도자가 해당 금융자산을 통제하는지 판단하여 통제하지 않는 경우 매각거래로 본다.

예제 1

다음을 거래를 회계처리하시오.

1. 현대상점으로부터 받은 무이자부 약속어음(3개월 만기, 액면금액 10,000,000원)을 발행일로부터 1개월 경과한 후 대한은행으로부터 연 이자율 12%로 할인받다.

(매각거래의 회계처리)

1) 어음 할인 시점

차) 현 금	9,800,000	대) 받을어음	10,000,000
받을어음처분손실	200,000*	(매출채권)	
(매출채권처분손실)			

*10,000,000원×12%×2/12

2) 어음 결제 시점

분개 없음.

(차입거래의 회계처리)

1) 어음 할인 시점

차) 현 금	9,800,000	대) 단기차입금	10,000,000
이자비용	200,000		

2) 어음 결제 시점

차) 단기차입금	10,000,00	대) 받을어음	10,000,000

2. 삼성상점으로부터 받은 이자부 약속어음[6)](3개월 만기, 이자율 12%, 액면금액 10,000,000원)을 발행일로부터 1개월 경과한 후 대한은행으로부터 연 이자율 15%로 할인받다.

(매각거래의 회계처리)

1) 어음 할인 시점

차) 현 금	10,042,500*	대) 받을어음	10,000,000
받을어음처분손실	57,500***	이자수익	100,000**
(매출채권처분손실)			

*만기금액 : 10,000,000원 + 10,000,000원×12%×3개월/12개월 = 10,300,000원
할인료(차감) : 10,300,000원×15%×2개월/12개월 = 257,500원
현금 수취액 10,042,500원

**10,000,000원×12%×1개월/12개월

***어음상의 장부금액인 (10,000,000원+10,000,000원×12%×1개월/12개월)과 현금

수취액 10,042,500원의 차이

2) 어음 결제 시점

분개 없음.

(차입거래의 회계처리)

1) 어음 할인 시점

차) 현 금	10,042,500	대) 단기차입금	10,000,000
이자비용	57,500	이자수익	100,000

2) 어음 결제 시점

차) 단기차입금	10,000,00	대) 받을어음	10,000,000

◐ 어음거래 회계처리 시 주의점

어음거래를 받을어음과 지급어음으로 회계처리하기 위한 전제조건은 어음의 발행 또는 어음의 수취가 반드시 상기업의 경우 상품거래에서 발생한 경우에만 국한된다는 점이다. 그러므로 상품이외의 물건을 어음을 발행하고 구입한 경우에는 지급어음계정으로 회계처리하지 않고 미지급금계정으로 회계처리하며, 상품이외의 물건을 어음을 받고 처분한 경우에는 받을어음계정으로 회계처리하지 않고 미수금계정으로 회계처리 한다. 또한 어음을 받고 현금을 대여해 주거나 차입하는 경우에도 받을어음계정이나 지급어음계정으로 회계처리하지 않고 대여금계정이나 차입금계정으로 회계처리한다.

다시 말하면, 상품거래와 관련되지 않은 어음은 받을어음계정이나 지급어음계정으로 회계처리하지 못한다는 것이다.

예제 1

다음을 거래를 회계처리하시오.

1. 건물 100,000,000원을 매입하고 대금은 약속어음을 발행하여 지급하다.

차) 건 물	100,000,000	대) 미지급금	100,000,000

6) 어음은 어음상에 별도의 이자율이 표시되어 있어 액면금액과는 별도로 이자를 지급(수취)해야 하는 **이자부어음(interest bearing notes)**과 만기일에 액면금액만 지급(수취)하기로 한 **무이자부어음(non-interest bearing notes)**으로 나눌 수 있다. 우리나라에서 사용되는 어음은 대부분 무이자부어음이다. 이자부어음은 어음수취시점부터 할인(만기)시점까지 어음 보유기간 동안 발생한 이자수익을 별도로 인식하여야 한다.

2. 자금난을 겪고 있는 (주)경기로부터 10개월 기한으로 약속어음을 받고 현금 6,000,000원을 대여하다.

차) 단기대여금	6,000,000	대) 현 금	6,000,000

제4절 매출채권의 손상차손회계

4.1 손상차손의 의미

손상차손(대손)이란 기업이 보유하고 있는 매출채권 중 거래처의 부도나 파산 등으로 인하여 채권의 회수가 불가능하게 되는 경우에 발생하는 손실을 말한다[7]. 손상차손(대손)처리 한다는 것은 채권이 회수되지 않을 것으로 보고 채권을 장부에서 제거하는 것을 말하며, '제각(write-off)'이라고도 한다.

손상차손(대손)이 발생하면 매출채권(금융자산)이 감소하게 되어 손상차손 금액(대손액) 만큼 비용으로 계상하게 되는데 이 경우의 비용계정으로는 손상차손계정을 사용한다.

손상차손(대손)은 비단 매출채권 뿐만 아니라 모든 종류의 채권(대여금, 미수금 등)에 대해서도 발생한다.[8] 즉 매출채권으로부터 손상차손(대손)이 발생한 경우는 물론 대여금, 미수금 등의 기타채권에서 손상차손(대손)이 발생하며, 상각후원가 측정 금융자산(AC 금융자산), 기타포괄손익-공정가치 측정 금융자산(FVOCI 금융자산), 유형자산과 무형자산에 대해서도 발생한다.[9]

---

7) 일반기업회계기준과 중소기업회계기준 뿐만 아니라 종전의 K-IFRS에서도 '손상차손', '손실충당금'이라는 용어보다 '대손상각비', '대손충당금'이라는 용어를 사용하여 왔으며, 현재도 일반기업회계기준과 중소기업회계기준에서는 '대손상각비'와 '대손충당금' 용어를 사용하고 있어, 학습자의 이해를 위해 본 교재에서는 '손상차손'을 '대손', '대손상각비'와 함께 일부 혼용하여 사용하였다.

8) 일반기업회계기준과 중소기업회계기준에서는 손상차손(대손)이 발생하는 경우 매출채권으로부터 발생하는 경우와 기타채권으로부터 발생하는 경우로 나누고, 매출채권으로부터 발생하는 '대손상각비'는 판매비와관리비로, 기타채권으로부터 발생하는 '기타의대손상각비'는 영업외비용으로 분류하고 있다.

9) 당기손익-공정가치 측정 금융자산(FVPL 지정 포함한 FVPL 금융자산)은 당기에 평가손익을 인식하므로 손상차손을 인식하지 않으며, 지분상품도 계약상 현금흐름 즉 원금과 이자가 발생

예제

다음을 거래를 회계처리하시오.

1. 거래처의 파산으로 외상매출금 2,000,000원을 손상차손 처리하다(손실충당금 잔액이 없는 경우).

차) 손상차손	2,000,000	대) 외상매출금	2,000,000

2. 거래처의 부도로 단기대여금 3,000,000원을 손상차손 처리하다(손실충당금 잔액이 없는 경우).

차) 손상차손	3,000,000	대) 단기대여금	3,000,000

4.2 손상차손의 회계처리

K-IFRS에 의하면 매 보고기간 말 즉 결산일에 금융상품(매출채권)의 신용위험이 유의적으로 증가하였는지 판단하고, 미래 전망 정보를 포함하여 합리적이고 뒷받침될 수 있는 모든 정보를 고려하여 **기대신용손실(expected credit losses)**을 추정[10]하고, 그 금액을 손상차손(손실충당금)으로 인식한다.[11] 기대신용손실은 매출채권에서 수취하지 못할 것으로 추정한 현금흐름 즉 현금부족액의 현재가치가 채무불이행 발생위험으로 가중평균한 금액을 말한다. 그리고 기대신용손실을 측정할 때 실무적 간편법으로서 '**충당금 설정률표(provision matrix)**'를 사용하여 기대신용손실을 계산할 수 있다.[12]

하지 않으므로 손상차손을 인식하지 않는다.

10) 종전의 기준서인 K-IFRS 제1039호에서는 손상 사건이 발생한 결과 금융자산이 손상되었다는 객관적 증거가 있는 경우에만 손상차손을 인식하도록 하는 '**발생손실모형(incurred loss model)**'을 적용하여, 금융자산의 손상에 대한 객관적 증거가 없으면 손상차손을 인식하지 못하였으나, 현 기준서인 제1109호에서는 '**기대손실모형(expected credit loss model)**'을 도입하여 결산일에 신용위험이 유의적으로 증가하였다고 판단되면 기대신용손실(expected credit loss)을 추정하여, 이를 손상차손으로 인식하도록 규정하고 있다.

11) 이 경우는 신용위험이 유의적으로 증가한 경우이며, 유의적으로 증가하지 않은 경우에는 결산일에 '12개월 기대신용손실'에 해당하는 금액을 손상차손(손실충당금)으로 인식한다.

12) 이것은 종전에 사용하던 **연령분석법(aging schedule method)**과 같다고 할 수 있다. 예를 들면 충당금 설정률표는 매출채권의 연체 일수에 따라 고정된 충당률을 설정할 수 있다(예: 연체가 없는 경우에 1%, 연체 일수가 30일 미만인 경우에 2%, 30일 초과 90일 미만인 경우에 3%, 90일과 180일 사이인 경우에 20% 등). 한편 일반기업회계기준(제6장 6.17의2)이나 중소기업회계기준(제40조 제3항)에서는 '합리적이고 객관적인 기준에 따라 대손추정액을 산출하도

K-IFRS에 의하면 당기손익-공정가치 측정 금융자산(FVPL 금융자산)을 제외한 상각후원가 측정 금융자산(AC 금융자산)과 기타포괄손익-공정가치 측정 금융자산(FVOCI 금융자산)도 매기 말 손상여부를 평가하여 그 금융자산의 추정미래현금흐름에 악영향이 예상되는 경우에는 손상차손을 인식하도록 규정하고 있다. 손상차손은 모든 수취채권에서 발생하고, 회계처리도 동일하므로 본 장에서는 매출채권의 손상차손만 다루고자 한다.

상각후원가를 장부금액으로 하는 금융자산인 대여금 및 수취채권 등 상각후원가 측정 금융자산(AC 금융자산)의 손상차손은 당해 자산의 장부금액과 최초의 유효이자율(최초 인식시점에 계산된 유효이자율)로 할인한 추정미래현금흐름의 현재가치의 차이로 측정한다. 이 경우 아직 발생하지 아니한 미래의 대손은 미래예상현금흐름에 포함하지 아니한다.

1. 손상차손의 회계처리방법

손상차손에 대한 회계처리방법에는 직접차감법(직접상각법 또는 직접제각법)과 충당금설정법이 있으나, K-IFRS에서는 이 중 충당금설정법만을 인정하고 있다[13].

(1) 직접차감법

이 방법은 대손이 확정되기 전까지는 회계처리하지 않고 매출채권(금융자산)의 회수가 불가능한 경우로 확정되었을 때 회수불가능한 금액을 손상차손(당기 비용)으로 인식하고 동시에 매출채권에서 차감한다. 이 방법 하에서는 손상차손 금액, 즉 손상차손은 추정금액이 아니라 실제로 회수가 불가능한 채권 금액이 된다. 이와 같이 직접차감법에서는 손상이 확정되는 시점에 비용으로 인식하므로 '수익비용대응(matching)의 원칙'에도 어긋나는 방법이라고 할 수 있다.

(2) 충당금설정법

앞에서 설명한 바와 같이 K-IFRS에 의하면 매 보고기간 말 즉 결산일에 금융상품(매출채권)의 신용위험이 유의적으로 증가하였다고 판단되면, 미래 전망 정보를 포함하여 합리적이고 뒷받침될 수 있는 모든 정보를 고려하여 기대신용손실(expected credit losses)을 추정하고, 그 금액을 손실충당금으로 인식한다.

록' 규정하고 있어 기말의 채권 잔액에 대해 과거의 경험율, 즉 일정한 대손예상율을 적용하거나 채권 잔액을 경과기간별로 분류하여 연령분석표(aging schedule)를 작성하고 그 경과기간(연령)에 따라 상이한 대손예상율을 적용하는 연령분석법 등을 많이 사용하고 있다.

13) 일반기업회계기준이나 중소기업회계기준에서도 충당금설정법만을 인정하고 있다.

이 방법은 매출채권(금융자산)의 손상추정액을 손실충당금으로 설정하고 실제로 회수가 불가능한 경우로 확정되었을 때 그 손실충당금과 상계하고, 손실충당금이 부족한 경우에는 그 부족액을 손상차손으로 처리한다. **충당금설정법**은 '수익비용 대응(matching)의 원칙'에 따른 회계처리방법이라고 할 수 있으며, 재무상태표에 표시되는 매출채권 잔액은 회수가능한 채권 잔액을 표시하게 된다. 이 경우 손실충당금계정은 자산에 대한 차감적 성격의 평가계정이다. 이하에서는 이 방법의 회계처리를 설명하고자 한다.

1) 인식시점의 회계처리

가. 손실충당금 잔액이 없는 경우

차) 손상차손*	×××	대) 손실충당금	×××*

*또는 금융자산손상차손, 금액은 기대신용손실 추정액을 기입한다.

기업은 기말의 매출채권계정 잔액 중 손상 발생에 대한 신용위험이 유의적으로 증가하였다면 기대신용손실을 추정한 다음 이것을 금융자산손상차손(대손상각비)이라는 비용계정의 차변에 기록하여 손익계산서에 기재하고, 재무상태표에는 매출채권을 그만큼 감액시켜 기재하여야 한다. 그러나 아직은 대손이 확정된 것이 아니고 단지 발생할 것으로 추정한 금액이므로 매출채권계정에서 직접 차감하지 않고 이것을 일단 매출채권계정의 평가계정(차감계정)인 손실충당금계정 대변에 기록하며, 재무상태표에서는 매출채권에서 차감하는 형식으로 기재한다.

◐ 매출채권의 손실충당금 표시방법

재무상태표

유동자산			
	매출채권	10,000,000	
	손실충당금	(200,000)	9,800,000

재무상태표에서 기말 현재 매출채권의 잔액은 10,000,000원이고, 이 중 손상추정액(미래에 회수가 불가능할 것으로 예상되는 손상추정액)은 200,000원이며, 결과적으로 회수가 가능한 매출채권 금액은 9,800,000원이라는 것을 나타낸다.

예 제

결산기말 매출채권계정 잔액 10,000,000원 중 500,000원이 손상될 것으로 추정되었다(단, 기말 현재 손실충당금계정 잔액은 0이다.). 이에 대한 결산정리분개를 하고 재무상태표에 나타내시오.

[결산정리분개]

차) 손상차손	500,000	대) 손실충당금	500,000

[재무상태표 표시방법]

재무상태표

유동자산			
	매출채권	10,000,000	
	손실충당금	(500,000)	9,500,000

나. 손실충당금 잔액이 존재하는 경우

• 손상추정액 〉 손실충당금 잔액

차) 손상차손	×××	대) 손실충당금	×××

• 손상추정액 〈 손실충당금 잔액

차) 손실충당금	×××	대) 손실충당금환입	×××

(두 경우 모두 금액은 손상추정액과 손실충당금 잔액 간의 차액을 기입함.)

결산일에 손실충당금을 설정하는 근본적인 목적은 재무상태표에 매출채권의 실제 회수가능한 금액을 표시하는데 있다. 따라서 매출채권의 기말잔액에서 손상추정액을 차감하는 형식으로 나타내면 매출채권이 회수가능한 금액이 표시된다.

위 논리에 따라 손실충당금의 잔액은 손상추정액과 일치하도록 회계처리를 하면 된다. 즉, 손실충당금 잔액이 손상추정액 보다 적으면 **보충법**에 따라 그 차액만큼 손실충당금계정에 보충(가산)하는 동시에 같은 금액을 손상차손(당기 비용)계정 차변에 기록하고, 반대로 손실충당금 잔액이 손상추정액 보다 많으면 그 차액만큼 대변의 손실충당금계정에서 차감하는 동시에 같은 금액을 손실충당금환입(당기 수익)계정 대변에 기록한다.[14] **손실충당금환입**이란 전기 말에 설정했던 손실충당금이 과다한 관계로 이제 손실충당금계정으로부터 환입(차감)한다는 의미를 갖는 것이다.

예제

결산기말에 매출채권에 대한 손상추정액이 5,000,000원으로 예상된다. 다음 각 사항에 대하여 결산정리분개를 하시오.

① 손실충당금 잔액이 3,000,000원인 경우
② 손실충당금 잔액이 8,000,000원인 경우

[분개]

	차변	금액	대변	금액
①	차) 손상차손	2,000,000	대) 손실충당금	2,000,000

(손상추정액과 손실충당금 잔액이 일치하도록 차액 2,000,000원을 손실충당금계정에 보충, 즉 가산하는 회계처리를 한다.)

	차변	금액	대변	금액
②	차) 손실충당금	3,000,000	대) 손실충당금환입	3,000,000

(손상차손 추정액과 손실충당금 잔액이 일치하도록 차액 3,000,000원을 손실충당금계정으로부터 환입, 즉 차감하는 회계처리를 한다.)

2) 확정시점의 회계처리

• 손상발생액 ≤ 손실충당금 잔액

차변	금액	대변	금액
차) 손실충당금	×××	대) 매출채권	×××

• 손상발생액 > 손실충당금 잔액

차변	금액	대변	금액
차) 손실충당금	×××	대) 매출채권	×××
손상차손	×××		

손상차손(대손)이 확정되면 매출채권을 감소시켜야 한다. 이 경우 손상을 대비하여 미리 설정한 손실충당금이 있으면 손상발생액을 손실충당금과 상계한다. 즉, 손상발생 시에는 매출채권계정 대변과 손실충당금계정 차변에 기록한다. 그러나 손상발생액이 손실충당금계정 잔액보다 많은 경우에는 그 초과된 금액을 당기의 손상차손계정

---

14) K-IFRS 제1109호(금융상품) 문단 5.5.8에 의하면 보고기간 말에 이 기준서에 따라 인식해야 하는 금액으로 손실충당금을 조정하기 위한 기대신용손실액(또는 환입액)은 **손상차손(환입)**으로 당기손익에 인식한다고 규정하고 있다. 즉 '손상차손'이나 '손실충당금환입'은 당기손익으로 인식한다고 규정하고 있다. 그러나 일반기업회계기준이나 중소기업회계기준에서는 매출채권의 '대손상각비'는 판매비와관리비에, '대손충당금환입'은 판매비와관리비의 부(-)의 금액으로 표시하고 있다.

차변에 기록한다.

예제

다음을 거래를 회계처리하시오.

① 거래처의 파산으로 인하여 매출채권 중 5,000,000원을 손상차손으로 처리하다. 단, 손실충당금계정 잔액은 6,000,000원이 있다.

차) 손실충당금	5,000,000	대) 매출채권	5,000,000

② 거래처의 파산으로 인하여 매출채권 중 10,000,000원을 손상차손으로 처리하다. 단, 손실충당금계정 잔액은 6,000,000원이 있다.

차) 손실충당금	6,000,000	대) 매출채권	10,000,000
손상차손	4,000,000		

3) 회수시점의 회계처리

• 손상처리 시 손상발생액 ≤ 손실충당금 잔액

차) 현 금	×××	대) 손실충당금	×××

• 손상처리 시 손상발생액 > 손실충당금 잔액

차) 현 금	×××	대) 손실충당금	×××
		손상차손	×××

당기에 손상차손으로 처리했던 매출채권이 당기에 회수되면 과거의 회계처리가 결과적으로 오류였다는 것을 의미한다. 따라서 이제 손실충당금(또는 손상차손)을 회복시키는 회계처리가 필요하며, 또한 회수액을 현금계정 차변에 기록하는 회계처리가 필요하다. 그러므로 만일 손상차손으로 회계처리 시 손실충당금계정 잔액이 부족하여 일부를 손상차손계정으로 회계처리하였던 경우는 손실충당금을 회복시킴과 아울러 당연히 과거에 기록했던 손상차손도 제거하여야 한다.

그러나 전기에 손상차손으로 처리했던 매출채권이 당기에 회수되면 회수금액 모두를 손실충당금계정 대변에 기록한다.

예제

당기에 손상차손으로 처리했던 매출채권 6,000,000원을 현금으로 회수하였다. 다음 각 경우에 따라 회계처리하시오.

① 손상차손 처리 시 손실충당금계정 잔액이 손상발생액보다 많았던 경우

차) 현 금	6,000,000	대) 손실충당금	6,000,000

② 손상차손 처리 시 손실충당금계정 잔액이 손상발생액보다 1,000,000원이 부족하여 손상차손계정을 사용했던 경우

차) 현 금	6,000,000	대) 손실충당금	5,000,000
		손상차손	1,000,000

예제

다음의 자료로 서울(주)의 매출채권의 손상차손에 관한 회계처리를 충당금설정법으로 나타내고, 부분재무제표도 나타내시오. 서울(주)의 결산일은 매년 12월 31일이다.

① 2017년 2월 5일 전기에 매출한 매출채권 중 120,000원이 회수불가능한 것으로 판명되었다. 이 중 90,000원은 전기 말에 이미 손상차손을 인식한 금액이다.
② 2017년 3월 5일 당기분 매출채권 중 40,000원이 손상되었다.
③ 2017년 7월 15일 전기에 손상차손으로 처리한 매출채권 중 30,000원이 회수되었다.
④ 2017년 9월 10일 당기 3월에 손상차손으로 처리한 매출채권 중 20,000원이 회수되었다.
⑤ 2017년 12월 31일 매출채권 잔액은 800,000원이며, 이 중 40,000원이 회수불가능할 것으로 추정된다.

풀이

①	차) 손실충당금	90,000	대) 매출채권	120,000
	손상차손	30,000		
②	차) 손상차손	40,000	대) 매출채권	40,000
③	차) 현 금	30,000	대) 손실충당금	30,000
④	차) 현 금	20,000	대) 손상차손	20,000

⑤ 차) 손상차손 10,000 대) 손실충당금 10,000

(재무제표에의 표시)

재무상태표		손익계산서	
매출채권	800,000	손상차손	(60,000)
손실충당금	(40,000)		
계	760,000		

예제

다음은 서울(주)의 2017년 말 현재의 매출채권 잔액과 관련된 회계자료이다. 서울(주)는 기말 매출채권 잔액에 대하여 다음과 같은 충당금 설정률표를 이용하여 매출채권의 기대신용손실을 결정하고자 한다.

경과 일수	매출채권	채무불이행률
정상금액	₩70,000,000	0.1%
21일~50일	61,500,000	1%
51일~80일	30,000,000	3%
81일~120일	10,000,000	5%
120일 초과	8,500,000	20%
계	₩180,000,000	

물음 1) 2017년 말 현재의 매출채권에 대한 손실충당금 추정액을 구하시오.

물음 2) 2017년 말 현재 매출채권에 대한 손실충당금 잔액이 ₩4,000,000일 때의 회계처리를 나타내시오.

풀이

물음 1)

경과일수	매출채권	채무불이행률	손실충당금
정상금액	₩70,000,000	0.1%	₩70,000
21일~50일	61,500,000	1%	615,000
51일~80일	30,000,000	3%	900,000
81일~120일	10,000,000	5%	500,000
120일 초과	8,500,000	20%	1,700,000
계	₩180,000,000		₩3,785,000

물음 2)

② 차) 손실충당금 215,000 대) 손실충당금환입 215,000*

*손상추정액과 손실충당금 잔액이 일치하도록 차액 215,000원을 손실충당금계정으로부터 환입, 즉 차감하는 회계처리를 한다.

제5절 기타채권과 기타채무

5.1 단기대여금과 단기차입금

- **단기대여금** : 차용증서나 어음 등을 받고 단기간 현금을 대여해주는 경우에 사용하는 자산에 속하는 계정
- **단기차입금** : 차용증서나 어음 등을 주고 단기간 현금을 차입하는 경우에 사용하는 부채에 속하는 계정

타인에게 현금을 단기간 대여하는 경우에는 자산계정인 단기대여금계정 차변에 기록하고, 반면에 타인으로부터 현금을 단기간 차입하는 경우에는 부채계정인 단기차입금계정 대변에 기록한다.

이러한 대여나 차입은 대부분 차용증서나 어음의 교환과 함께 이루어지며, 어느 경우든 그 경제적 내용이 현금의 대여 또는 차입이므로 모두 단기대여금계정 또는 단기차입금계정으로 기록한다. 즉, 상품거래와 관련되지 않은 어음거래는 받을어음계정 또는 지급어음계정을 사용해서는 안 된다.

상환기간이 결산일로부터 1년 이내인 것은 단기대여금계정 또는 단기차입금계정으로 기록하고, 1년 이상인 것은 장기대여금계정 또는 장기차입금계정으로 기록한다.

예제

다음을 거래를 회계처리하시오.

① 거래처에 현금 6,000,000원을 대여하고 9개월 후에 회수하기로 약정하다.

차) 단기대여금 6,000,000 대) 현 금 6,000,000

② 거래처로부터 위 대여금 6,000,000원과 이자 500,000원을 현금으로 회수하다.

차) 현 금	6,500,000	대) 단기대여금	6,000,000
		이자수익	500,000

③ 거래처로부터 6개월 후에 상환하기로 하고 현금 10,000,000원을 차입하다.

차) 현 금	10,000,000	대) 단기차입금	10,000,000

④ 위 차입금의 만기가 도래하여 이자 1,000,000원과 함께 전액 현금으로 상환하다.

차) 단기차입금	10,000,000	대) 현 금	11,000,000
이자비용	1,000,000		

5.2 선급금과 선수금

- **선급금** : 상품이나 용역 등을 인수하거나 제공받는 시점 이전에 대금의 일부 또는 전부를 미리 지급한 금액을 나타내는 자산계정
- **선수금** : 상품이나 용역 등을 인도하거나 제공하는 시점 이전에 대금의 일부 또는 전부를 미리 받은 금액을 나타내는 부채계정

예컨대 상품이 품귀현상을 보일 때 상품 계약 시 선금으로 계약금의 일부 또는 전부를 주고받는 경우가 있다. 상품을 매입하기로 계약하고 대금의 일부 또는 전부를 미리 지급하면 선급금계정의 차변에 기록한다. 선급금은 상품을 제공받을 권리를 나타내는 자산계정이며, 후에 상품을 제공받는 시점에서 매입대금과 상계한다.

반면에 상품 등을 판매(제공)하기로 계약하고 대금의 일부 또는 전부를 미리 받으면 선수금계정의 대변에 기록한다. 선수금은 미래에 상품(용역)을 공급(제공)하여야 할 의무를 나타내는 부채계정이며, 상품(용역)을 인도(제공)하는 시점에서 판매대금과 상계한다.

상품권은 추후 상품을 인도할 것을 전제로 상품대금을 미리 받는 것이므로 상품권 판매액은 선수금계정의 대변에 기록한다.[15)]

15) '상품권선수금계정' 또는 '상품권계정'을 사용하기도 한다.

예제

다음을 거래를 회계처리하시오.

① ㈜인천은 상품 4,000,000원을 거래처에 주문하고 대금 중 1,000,000원을 계약금으로 수표를 발행하여 지급하다.

차) 선급금	1,000,000	대) 당좌예금	1,000,000

② ㈜서울은 거래처에 상품 3,000,000원을 매출하기로 하고 계약금으로 현금 2,000,000원을 받다.

차) 현 금	2,000,000	대) 선수금	2,000,000

③ ㈜인천은 위의 주문상품이 도착하여 인수하고 계약금을 제외한 잔액은 모두 월말에 지급하기로 하였다.

차) 매 입	4,000,000	대) 선급금	1,000,000
		외상매입금	3,000,000

④ ㈜서울은 위의 상품을 모두 발송하고 계약금을 제외한 잔액은 후일에 받기로 하였다.

차) 선수금	2,000,000	대) 매 출	3,000,000
외상매출금	1,000,000		

⑤ 한국백화점은 상품권 35,000,000원을 발행하고 대금은 수표로 받다.

차) 현 금	35,000,000	대) 선수금	35,000,000

⑥ 후일 상품 47,000,000원을 매출하고 대금은 이미 발행한 상품권과 현금으로 받다.

차) 선수금	35,000,000	대) 매 출	47,000,000
현 금	12,000,000		

5.3 미수금과 미지급금

- **미수금** : 외상으로 상품(또는 용역) 이외의 자산을 판매한 경우 발생하는 채권액을 나타내는 자산계정
- **미지급금** : 외상으로 상품(또는 용역) 이외의 자산을 구입한 경우 발생하는 채무액을 나타내는 부채계정

비품, 건물, 토지 등과 같이 상품(또는 용역) 이외의 자산을 외상으로 처분할 때 발생하는 채권은 자산계정인 미수금계정 차변에 기록하고, 외상으로 구입할 때 발생하는 채무는 부채계정인 미지급금계정 대변에 기록한다.

즉, 상품(또는 용역)을 외상으로 거래한 경우에는 외상매출금계정 또는 외상매입금계정으로 기록하지만, 상품(또는 용역) 이외의 자산을 외상으로 거래한 경우에는 미수금계정 또는 미지급금계정으로 기록한다.

예제

다음을 거래를 회계처리하시오.

① 건물을 500,000,000원에 구입하고 대금 중 300,000,000원은 수표를 발행하여 지급하였으며, 잔액은 1개월 후에 지급하기로 하였다.

차) 건 물	500,000,000	대) 당좌예금	300,000,000
		미지급금	200,000,000

② 토지를 80,000,000원(장부금액)에 처분하고 대금 중 30,000,000원은 현금으로 받고 나머지는 월말에 받기로 하였다.

차) 현 금	30,000,000	대) 토 지	80,000,000
미수금	50,000,000		

③ 월말에 위의 토지 처분대금의 나머지를 모두 현금으로 받다.

차) 현 금	50,000,000	대) 미수금	50,000,000

5.4 가지급금과 가수금

- **가지급금** : 현금은 지출하였으나 이것을 처리할 계정과목이나 금액이 불분명한 경우에 사용하는 자산계정
- **가수금** : 현금을 받았으나 이것을 처리할 계정과목이나 금액이 불분명한 경우에 사용하는 부채계정

현금의 출금이나 입금은 있었지만 계정과목이나 금액을 명확히 확정할 수 없는 애매한 경우가 있는데, 이 경우는 이것들을 일단 가지급금계정 또는 가수금계정이라는 임시계정에 기록해 두었다가 후에 계정과목이나 금액이 확정되는 시점에 해당계정으

로 기록한다.

현금의 출금이 있을 때는 자산계정인 가지급금계정의 차변에 기록하고, 반대로 현금의 입금이 있을 때는 부채계정인 가수금계정의 대변에 기록한다.

가지급금계정과 가수금계정은 그 내용이 불분명하고 회계조작의 가능성이 있으므로 재무상태표 작성 시에는 그것을 나타내는 적절한 계정과목으로 보고하여야 한다. 그러므로 가수금 또는 가지급금이라는 계정과목으로 재무상태표에 그대로 보고해서는 안 된다.

예제

다음을 거래를 회계처리하시오.

① 종업원을 출장 보내기로 하고 현금 1,000,000원을 여비명목으로 지급하다.

차) 가지급금	1,000,000	대) 현 금	1,000,000

② 출장 중인 사원으로부터 내역을 알 수 없는 3,000,000원이 당좌예금 통장으로 송금되어 오다.

차) 당좌예금	3,000,000	대) 가수금	3,000,000

③ 사원이 출장으로부터 돌아와서 여비 중에서 100,000원은 반환하고, 전일의 송금액은 거래처의 외상매출금을 회수한 것으로 밝혀지다.

차) 여비교통비	900,000	대) 가지급금	1,000,000
현 금	100,000		
차) 가수금	3,000,000	대) 외상매출금	3,000,000

5.5 선대금과 예수금

- **선대금** : 기업이 앞으로 지급할 금액 중 일부를 미리 종업원 등에게 지급하는 경우 그것을 나타내는 자산계정
- **예수금** : 기업이 외부기관을 대신하여 종업원 급여에서 차감하여 보관하고 있는 경우 그것을 나타내는 부채계정

기업은 앞으로 지급할 금액 중 일부 또는 전부를 종업원 등에게 미리 지급하는 경우가 있는데 이 경우 선대금이라는 자산계정으로 회계처리한다. 선대금은 대여금과

혼동하기 쉬우나 전자는 앞으로 지급할 금액 중에서 미리 지급하는 것이지만, 후자는 그러한 조건 없이 현금을 대여하는 것이다. 선대금은 또한 선급금이나 선급비용과도 혼동해서는 안 된다.

기업은 종업원이 부담하여야 할 소득세, 국민연금 등을 급여에서 차감하여 보관하고 있다가 나중에 세무서, 국민연금관리공단 등 관련기관에 직접 납부하게 된다. 이와 같이 외부기관을 대신하여 보관하고 있는 금액은 부채계정인 예수금계정 대변에 기록하였다가 후에 관련기관에 납부하는 시점에 상계하여 회계처리한다.

예수금의 종류가 많을 때는 예수금원장을 작성하여 소득세예수금, 국민연금예수금 등으로 별도로 기록한다.

예 제

다음을 거래를 회계처리하시오.

① 종업원들의 요청에 따라 당월분 급여의 일부인 3,000,000원을 현금으로 선급하다.

차) 선대금	3,000,000	대) 현 금	3,000,000

② 종업원의 당월분 급여 10,000,000원 중 소득세, 국민연금, 의료보험료 등 2,000,000원과 선대금 3,000,000원을 차감하고 나머지를 현금으로 지급하다.

차) 급 여	10,000,000	대) 예수금	2,000,000
		선대금	3,000,000
		현 금	5,000,000

③ 소득세, 국민연금, 의료보험료를 관련기관에 납부하다.

차) 예수금	2,000,000	대) 현 금	2,000,000

연습문제

1. 다음 거래를 회계처리하시오.

① 비품 5,000,000원(장부금액)을 매각하고 그 대금은 월말에 받기로 하다.

② 토지 10,000,000원을 취득하고, 대금 중 반은 수표를 발행하여 지급하고, 잔액은 월말에 지급하기로 하였다.

③ 상품 8,000,000원을 인천상사에 주문하고, 계약금으로 2,000,000원을 수표를 발행하여 지급하다.

④ 위의 상품을 인수하고 잔액은 외상으로 하다.

⑤ 전북상사에 상품 6,000,000원을 매출하기로 계약하고, 계약금으로 매출액의 50%를 현금으로 받다.

⑥ 현금 3,000,000원을 6개월간 대여하고 약속어음을 받다.

⑦ 위 대여금이 만기가 되어 이자 150,000원과 함께 현금으로 회수하다.

⑧ 단기 차입한 4,000,000원이 만기가 되어 이자 150,000원과 함께 수표를 발행하여 지급하다.

⑨ 출장가는 사원에게 여비 개산액 2,000,000원을 현금으로 지급하다

⑩ 출장 중인 사원으로부터 7,000,000원의 송금이 있었지만 그 내용을 알 수가 없다.

⑪ 출장갔던 사원이 돌아와서 여비 중에서 잔액 400,000원을 반납하였다. 아울러 송금액 7,000,000원은 대전상사에 대한 외상매출금의 회수액이라고 밝혔다.

2. 다음은 KS(주)의 매출채권과 관련한 연속된 거래이다. 이를 회계처리하시오.

1) 2016년 말 현재 KS(주)가 보유한 매출채권 잔액은 ₩10,000,000이며, 이에 대한 회수가능성을 검토한 결과 손상추정액은 ₩200,000이다. 기말 현재 손실충당금 잔액은 ₩50,000이다.

차) 대)

2) 2017년 3월 5일 거래처 도산으로 매출채권 ₩180,000이 회수 불능인 것으로 판명되었다.

차) 대)

3) 2017년 8월 16일 또 다른 거래처의 도산으로 매출채권 ₩80,000이 회수 불능인 것으로 판명되었다.

차) 대)

4) 2017년 10월 18일 KS(주)는 3월 5일 거래처 도산으로 손상처리 하였던 매출채권 중 ₩120,000을 회수하였다.

차) 대)

5) 2017년 말 현재 KS(주)가 보유한 매출채권 잔액은 ₩8,000,000이며, 이에 대한 회수가능성을 검토한 결과 손상추정액은 ₩80,000이다.

차) 대)

6) 2017년 말 매출채권과 관련한 부분재무상태표와 부분손익계산서를 나타내시오.

해답

1.

	차변	금액	대변	금액
①	차) 미수금	5,000,000	대) 비 품	5,000,000
②	차) 토 지	10,000,000	대) 당좌예금	5,000,000
			미지급금	5,000,000
③	차) 선급금	2,000,000	대) 당좌예금	2,000,000
④	차) 매 입	8,000,000	대) 선급금	2,000,000
			외상매입금	6,000,000
⑤	차) 현 금	3,000,000	대) 선수금	3,000,000
⑥	차) 단기대여금	3,000,000	대) 현 금	3,000,000
⑦	차) 현 금	3,150,000	대) 단기대여금	3,000,000
			이자수익	150,000
⑧	차) 단기차입금	4,000,000	대) 당좌예금	4,150,000
	이자비용	150,000		
⑨	차) 가지급금	2,000,000	대) 현 금	2,000,000
⑩	차) 현 금	7,000,000	대) 가수금	7,000,000
⑪	차) 현 금	400,000	대) 가지급금	2,000,000
	여비교통비	1,600,000	외상매출금	7,000,000
	가수금	7,000,000		

2.

1) 차) 손상차손 150,000 대) 손실충당금 150,000
2) 차) 손실충당금 180,000 대) 매출채권 180,000
3) 차) 손실충당금 20,000 대) 매출채권 80,000
손상차손 60,000
4)* 차) 현 금 120,000 대) 손실충당금 120,000
5) 차) 손실충당금 40,000 대) 손실충당금환입 40,000
6)

재무상태표
2017년 12월 31일 현재

매출채권	8,000,000	
손실충당금	80,000	7,920,000

손익계산서
2017년 1월 1일부터 2017년 12월 31일까지

판매비와관리비	
손상차손	60,000
손실충당금환입**	(40,000)

*정확한 회계처리를 하자면 다음과 같은 역분개와 회수분개를 하여야 한다. 그러나 위 분개는 이 두 분개를 결합한 것이다.

역분개: 차) 매출채권 120,000 대) 손실충당금 120,000
회수분개: 차) 현금 120,000 대) 매출채권 120,000

**K-IFRS에서는 손실충당금환입은 당기손익으로 인식한다고 규정하고 있으며, 일반기업회계기준과 중소기업회계기준에서는 이를 판매비와관리비의 부(-)의 금액으로 표시하도록 규정하고 있다.

종합문제

1. 다음 거래를 회계처리하시오.

① 서울상사로부터 현금 ₩20,000,000을 단기 차입하다.
② ①의 차입금 ₩20,000,000과 이자 ₩2,000,000을 수표를 발행하여 지급하다.
③ 부산상사에 차용증서를 받고 현금 ₩10,000,000을 3개월간 대여하다.
④ 부산상사의 대여금이 만기가 되어 원금과 이자 ₩300,000을 현금으로 받다.
⑤ 사원에게 출장을 명하고 여비 개산액 ₩1,000,000을 현금으로 지급하다.
⑥ 출장 중인 사원으로부터 ₩30,000,000이 송금되어 오다.
⑦ 사원이 돌아와서 상기의 송금의 내역을 다음과 같이 밝히다
광주상회의 외상매출금 회수액 ₩20,000,000
목포상사의 상품 주문 선수금 ₩10,000,000
그리고 여비를 제외한 잔액 ₩120,000을 현금으로 반납하다.
⑧ 사원에게 ₩1,000,000을 급여의 일부를 미리 지급하다.

2. 다음의 거래를 각 거래처의 입장에서 회계처리하시오.

① 서울상사는 수원상사로부터 상품 ₩3,000,000을 매입하고 약속어음을 발행하다.
② 광주상사는 부산상사로부터 상품 ₩5,000,000을 매입하고 대금은 인천상사앞 환어음을 발행하여 지급하다(단, 광주상사는 인천상사로부터 받을 매출채권이 있다.).

3. 현대상점으로부터 받은 무이자부 약속어음(3개월 만기, 액면금액 ₩10,000,000)을 발행일로부터 1개월 경과한 후 대한은행으로부터 연 이자율 12%로 할인받다. 위 거래를 매각거래와 차입거래의 회계처리로 나타내시오.

① 매각거래의 회계처리

② 차입거래의 회계처리

4. 다음의 연속된 거래를 충당금설정법으로 회계처리하시오.

① 2015. 12. 31. 기말의 외상매출금 ₩60,000,000에 대하여 ₩1,200,000이 회수불가능할 것으로 추정된다. 기말 현재의 손실충당금 잔액은 ₩1,000,000이다.
② 2016. 3. 5. 전기분 외상매출금 중 ₩1,450,000이 손상되었다.
③ 2016. 12. 31. 외상매출금 잔액 ₩100,000,000에 대하여 ₩2,000,000이 회

수불가능할 것으로 추정되다.

④ 2017. 2. 10. 전기에 손상처리 된 외상매출금 중 ₩150,000을 회수하다.

⑤ 2017. 12. 31. 외상매출금 잔액 ₩70,000,000에 대하여 ₩1,400,000이 회수불가능할 것으로 추정되다.

5. 인천(주)의 다음의 연속된 거래를 손실충당금설정법으로 회계처리하시오.

① 2016. 12. 31. 기말의 매출채권 잔액 ₩8,000,000에 대하여 회수가능성을 검토한 결과 ₩160,000의 손상이 예상되었다. 손실충당금 기말 현재의 잔액은 ₩200,000이 있다.

차) 대)

② 2017. 3. 5. 전기분 매출채권 중 ₩200,000이 손상되다.

차) 대)

③ 2017. 7. 5. 전기에 손상 처리된 매출채권 중 ₩60,000이 회수되다.

차) 대)

④ 2017년 말 현재의 인천(주)의 매출채권 잔액 ₩6,000,000에 대하여 회수가능성을 검토한 결과 ₩90,000의 손상이 예상되었다.

차) 대)

⑤ 인천(주)의 2017년도의 매출채권 관련 부분 재무상태표와 손익계산서를 나타내시오.

재무상태표

매출채권 (   )

손실충당금 (______) (   )

손익계산서

손상차손 (   )

제 8 장 유동자산(Ⅲ)

상기업(상품매매기업)에 있어서의 재고자산은 상품과 소모품 정도이다. 그 중 상품계정은 다른 계정에 비해 회계처리가 다소 복잡하다. 그 이유는 상품거래를 위주로 하는 상기업의 경우 주된 영업활동이 상품의 매입 및 판매 활동이며, 기말 상품재고액이 재무상태표상의 재고자산에 기록됨과 동시에 손익계산서상의 매출원가 산정에도 큰 영향을 미치기 때문이다.

상품의 기말재고액을 평가하는 방법으로는 원가법을 기초로 한 선입선출법, 평균법 등이 자주 사용되고 있으며, 기타 상품 매매와 관련된 여러 가지 회계처리문제도 숙지하여야 할 것이다.

그리고 본 장에서는 상품거래를 기록하는 방법 중 일반적으로 많이 사용되고 있는 실지재고조사법을 중심으로 설명하였다. 계속기록법의 회계처리에 대해서는 [보론]에서 별도로 설명한다.

제 1 절 재고자산의 의의와 종류

1.1 재고자산의 의의

재고자산(inventories)이란 구체적 형태를 가지는 자산으로서 기업 내의 총자산 중 차지하는 비중이 높으며, 기업의 주된 영업활동이 되어 수익을 창출하는 자산이다. 이 재고자산은 기업의 정상적인 영업활동과정에서 판매를 목적으로 소유하고 있거나, 판매할 자산의 생산을 위하여 직접 또는 간접으로 사용되거나 소모될 유형의 자산을 총칭하는 말이다.

재고자산은 다음과 같이 구분할 수 있다.[1)]

① 통상적인 영업과정에서 판매를 위하여 보유중인 자산 : 상품, 제품, 부산물 등
② 통상적인 영업과정에서 판매를 위하여 생산중인 자산 : 재공품, 반제품 등
③ 생산이나 용역제공에 사용될 자산 : 원재료, 소모품 등

어떤 자산이 재고자산으로 분류되기 위해서는 그 기업의 통상적인 영업활동과정과의 관련 하에 판단되어야 하므로 동일한 자산이라도 그 자산을 보유하고 있는 기업의 통상적인 영업활동이 무엇이냐에 따라 달리 분류될 수도 있다.

예컨대, 통상적인 영업활동이 부동산판매를 목적으로 하는 기업이 보유하고 있는 토지는 '재고자산(상품)'이지만, 제조업을 영위하는 기업이 판매목적으로 보유하고 있는 토지는 통상적인 영업활동 과정이 아니므로 '투자자산(투자부동산)'이며, 판매목적 이외의 이유 예컨대, 사용하기 위하여 보유하고 있는 토지는 '유형자산(토지)'이라고 할 수 있다. 또한 판매를 목적으로 현재 생산중인 자산은 재고자산(제조업의 경우는 재공품, 건설업에 있어서 도급공사의 경우는 미성공사, 분양공사의 경우는 미완성주택)이지만, 사용을 위해 현재 생산중인 자산은 유형자산(건설중인자산)으로 분류하여야 한다.

1.2 재고자산의 종류

1. 상품

상품(merchandise)은 판매를 목적으로 구입한 상품・미착상품・적송품 등을 말하며, 부동산 매매업에 있어서는 판매를 목적으로 소유하는 토지・건물・기타 유사한 부동산 등이 포함된다. 여기서 '미착상품'이란 결산일 현재 아직 도착하지 아니한 상품을 말하며, '적송품'이란 위탁자가 상품의 위탁판매를 위하여 수탁자에게 상품을 적송하고 인도 중에 있는 것을 말한다.

따라서 상품의 재고자산에의 포함여부는 상품의 인도조건에 따라 달라진다. 예컨대, 미착상품(goods in transit)의 경우는 매입계약조건에 따라 재고자산에의 포함여부를 결정하여야 한다. 즉 선적지 인도기준(F. O. B. shipping point)에 의한 구매계약의 경우는 상품의 선적시점에 소유권이 이전되므로 미착상품은 구매자의 재고자산에 포함되지만, 목적지 인도기준(F. O. B. destination)에 의한 구매계약의 경우는 상품이 목적지에 도착하였을 때 소유권이 이전되므로 미착상품은 구매자의 재고자산

1) K-IFRS 제1002호(재고자산) 문단 6.

에 포함시켜서는 안 된다.

운송중인 상품의 권리를 유가증권으로 나타낸 것이 화물상환증 또는 선하증권(bill of landing : B/L)이다. 이들 역시 법적으로는 유가증권이지만 화물에 대한 권리를 나타내는 것이므로 재고자산으로 회계처리하여야 한다. 그러므로 이들 증권의 매매도 상품의 매매와 동일한 효력을 가진다.

2. 제품

제품(merchandise)은 판매를 목적으로 제조한 생산품・부산물 등을 말한다. 여기서 '생산품'은 제조과정이 완료된 재화로서 현재 상태로 판매할 수 있는 것이며, '부산물'은 주된 제품의 생산과정에서 필연적으로 발생하는 생산물로서 상당한 정도의 판매가치를 지닌 것이다.

3. 반제품

반제품(semi-finished goods)은 자가제조한 중간제품과 부분품 등을 말하며 현재 상태로 판매할 수 있다는 점에서는 제품과 동일하나, 추가 가공하여 완제품으로 판매할 수 있다는 점에서는 재공품과 성격이 같다. 그러나 외부에서 구입한 중간제품 및 부분품은 반제품에 포함되지 않으며 원재료에 포함된다.

4. 재공품

재공품(work in-process)은 제품 또는 반제품의 제조를 위하여 현재 재공과정 또는 가공과정에 있는 것으로서 제조과정 중에 있는 미완성 생산물을 말한다. 건설업의 경우는 이것을 '미성공사' 또는 '미성공사지출금'의 계정과목으로 사용하고 있다.

5. 원재료

원재료(raw materials)는 제품의 생산에 직접 소비할 목적으로 외부에서 구입한 모든 물품 즉, 원료・재료・매입부분품・미착원재료 등을 말한다. 여기서 '매입부분품'은 다른 기업이 생산한 부분품으로서 제품생산에 사용하기 위하여 매입한 것이다.

6. 소모품

소모품(supplies)은 소모공구기구비품・수선용 부분품・기타의 소모품 등을 말한다. 따라서 소모품이란 생산용으로 사용되는 소모성 물품으로서 유형자산(비품)으로 분류되지 아니하는 것, 즉 소모공구기구비품(유형자산으로 분류되지 아니하는 소액의 소모성 공구기구비품), 수선용 부분품(수선하기 위하여 저장하고 있는 부분품), 기타의 소모품(기타의 보조재료나 사무용 소모품) 등을 말한다.

제2절 상품의 회계처리

상품이란 기업이 고객에게 재판매할 목적으로 취득한 물건을 말한다. 즉, 상품은 일반적 상거래에서 매매의 대상이 되는 일체의 재화를 말한다.

상품의 범위에는 판매를 목적으로 구입하여 회사의 창고에 보관 중인 상품은 물론이고 판매를 목적으로 구입하였으나 결산일 현재 아직 도착하지 아니한 미착상품과 상품판매를 위해 인도 중에 있는 적송품 등과 같이 그 소유권이 기업에 귀속되는 것은 모두 상품에 포함시켜야 한다.

상품은 재무상태표상에 유동자산으로 분류되어 기재되는데, 이것은 상품이 판매과정을 통하여 즉시 현금화될 수 있기 때문이다.

상품의 판매는 매출액이라는 상기업의 주된 수익의 창출과 함께 매출원가라는 주된 비용의 발생을 수반하게 되는데, 매출액과 매출원가는 상기업에서 중요한 수익과 비용이기 때문에 손익계산서에 다른 수익이나 비용과는 구분하여 보고하여야 한다.

2.1 회계처리의 유형

상품매매의 회계처리방법에는 다음의 3가지가 있다.

① '순수계정으로서의 상품계정'으로 회계처리하는 방법
② '혼합계정으로서의 상품계정'으로 회계저리하는 방법
③ '상품계정을 분할'하여 회계처리하는 방법

위의 3가지 회계처리 방법 중 ①과 ②의 방법은 손익계산서에 상품매출이익(상품매매이익)만 기록하는 방법으로서 이것은 수익과 비용의 총액표시(총액주의)에 어긋나므로 ③의 방법이 가장 바람직한 회계처리방법이라고 할 수 있다. 따라서 본 장에서는 ③의 방법인 상품계정을 분할하여 회계처리하는 방법에 대해서만 설명하고자 한다.

2.2 상품계정의 분할

상품계정을 분할하여 회계처리하기 위해서는 우선 상품계정을 여러 계정으로 분할하게 되는데, 그 분할하는 수에 따라 다음과 같이 구분할 수 있다.

상품계정
- ① 2분법 : 매입 · 매출
- ② 3분법 : 이월상품 · 매입 · 매출
- ③ 4분법 : 이월상품 · 매입 · 매출 · 매출원가
- ④ 5분법 : 이월상품 · 매입 · 매출 · 매입에누리와 환출 · 매출에누리와 환입
- ⑤ 7분법 : 이월상품 · 매입 · 매출 · 매입에누리 · 매입환출 · 매출에누리 · 매출환입
- ⑥ 8분법 : 이월상품 · 매입 · 매출 · 매입에누리 · 매입환출 · 매출에누리 · 매출환입 · 매입제비용
- ⑦ 9분법 : 이월상품 · 매입 · 매출 · 매입에누리 · 매입환출 · 매출에누리 · 매출환입 · 매입할인 · 매출할인

위의 여러 분할방법 중 3분법이 일반적으로 많이 사용되고 있다. 따라서 이제부터는 상품매매의 회계처리는 3분법으로 설명하고자 한다.

2.3 3분법의 회계처리

3분법은 '상품계정'을 '이월상품계정', '매입계정', '매출계정'으로 나누어 상품매매를 기록하는 방법이다. 재무상태표에는 '이월상품계정'의 '이월'이란 용어를 생략하여 '상품계정'으로 보고하므로 '이월상품계정' 대신 '상품계정'을 사용하기도 한다.

3분법에서 이월상품계정의 잔액은 기초상품재고액으로서 자산을 나타내며, 매입계정의 잔액은 차변에 표시되어 순매입액을 나타내고, 매출계정의 잔액은 대변에 표시되어 순매출액을 나타낸다.

따라서 상품 매입 시점에는 매입계정 차변에 기록하며, 상품 매출 시점에는 매출계정 대변에 기록한다.[2] 매입계정은 결산후의 잔액을 손익계산서에 매출원가라는 비용으로, 매출계정은 결산후의 잔액을 손익계산서에 매출액이라는 수익으로 표시한다.

2) 본장의 [보론]에서 설명한 바와 같이 상품거래를 기록하는 방법으로는 계속기록법과 실지재고조사법이 있다. 계속기록법에 의하면 상품의 매입 시 상품계정을 증가시키고, 매출 시 상품계정을 감소시키며, 또한 매출 시 매출액(수익)과 매출원가(비용)를 기록하는 방법을 사용한다. 그러나 본장에서는 상품거래를 기록하는 방법 중 일반적으로 많이 사용하고 있는 실지재고조사법을 중심으로 설명하였으며, 계속기록법의 회계처리에 대해서는 [보론]에서 별도로 설명하였다.

3분법으로 회계처리하는 경우 상품매출이익을 기말결산 시점에 이월상품계정, 매입계정 및 매출계정을 마감하여 일괄적으로 계산한다.

◐ 상품매입 시점의 회계처리

차) 매 입	×××	대) 외상매입금(또는 현금)	×××

상품을 매입하는 경우의 회계처리는 매입계정 차변에, 외상매입금(또는 현금)계정 대변에 기록한다. 따라서 매입계정의 차변 합계액은 당기의 상품총매입액을 나타낸다.

◐ 상품매출 시점의 회계처리

차) 외상매출금(또는 현금)	×××	대) 매 출	×××

상품을 매출하는 경우의 회계처리는 매출계정 대변에, 외상매출금(또는 현금)계정 차변에 기록한다. 따라서 매출계정의 대변 합계액은 당기의 상품총매출액을 나타낸다.

◐ 3분법의 계정분할

이월상품

차변	대변
전기이월 (기초재고액)	

매 입

차변	대변
총매입액	매입에누리와 매입환출액
	매입할인액
	잔액 (순매입액)

매 출

차변	대변
매출에누리와 매출환입액	총매출액
매출할인액	
잔액 (순매출액)	

제3절 매입계정 및 매출계정의 수정

3.1 부대비용

1. 매입 부대비용

상품의 매입 및 매출 시 발생하는 비용을 '부대비용(incidental costs)'이라고 한다. 일반적으로 상품의 매입과 관련하여 발생하는 매입 부대비용은 상품의 취득원가에 포함시킨다. 여기서의 '**매입 부대비용**'이란 재고자산을 현재의 장소에 현재의 상태로 이르게 하는 데 발생한 기타 원가 모두를 말하며, 이것에는 인수운임・매입수수료・수입관세・창고료・하역비 등이 포함된다.[3)]

한편 매입 부대비용으로서 매출처가 대신 지급한 매입처 부담의 인수운임 등은 채무로서 매입채무(또는 외상매입금)계정에서 처리하며, 매입처가 대신 지급한 매출처 부담의 인수운임 등은 매입채무(또는 외상매입금)계정에서 차감하여 처리한다.

예제

다음을 거래를 회계처리하시오.

① 강남(주)부터 상품 1,000,000원을 외상으로 매입하고 인수운임 20,000원은 현금으로 지급하다.

차) 매 입	1,020,000	대) 외상매입금	1,000,000
		현 금	20,000

② 강북(주)로부터 상품 3,000,000원을 구입하고 대금은 추후 지급하기로 하였다. 그리고 이 때 발생한 인수운임 50,000원은 당사가 부담하기로 하고 우선 강북(주)가 대신 지급하였다.

차) 매 입	3,050,000	대) 외상매입금	3,050,000

3) K-IFRS 제1002호(재고자산) 문단 10-11은 재고자산의 취득원가에 대해 다음과 같이 규정하고 있다. 재고자산의 취득원가는 매입원가, 전환원가 및 재고자산을 현재의 장소에 현재의 상태로 이르게 하는 데 발생한 기타 원가 모두를 포함한다. 그리고 이 중 재고자산의 매입원가는 매입가격에 수입관세와 제세금(과세당국으로부터 추후 환급받을 수 있는 금액은 제외), 매입운임, 하역료 그리고 완제품, 원재료 및 용역의 취득과정에 직접 관련된 기타 원가를 가산한 금액이다. 매입할인, 리베이트 및 기타 유사한 항목은 매입원가를 결정할 때 차감한다.

③ 강북(주)로부터 상품 3,000,000원을 구입하고 대금은 추후 지급하기로 하였다. 그리고 이 때 발생한 인수운임 50,000원은 강북(주)가 부담하기로 하고 우선 당사가 대신 현금으로 지급하였다.

차) 매 입	3,000,000	대) 외상매입금	2,950,000
		현 금	50,000

2. 매출 부대비용

일반적으로 상품의 매출과 관련하여 발생하는 매출 부대비용은 매출처가 부담하는 경우 이것을 비용(운반비)으로 회계처리한다. 한편 매입처가 부담할 것을 매출처가 대신 지급한 경우에는 매출채권(또는 외상매출금)계정 차변에 기록하여 매출채권(외상매출금)을 증가시키며, 매출처가 부담할 것을 매입처가 대신 지급한 경우에는 운반비 계정을 설정하여 비용처리함과 동시에 매출채권(외상매출금)에서 차감시킨다.

예제

다음을 거래를 회계처리하시오.

① 수원상사에 상품 5,000,000원을 외상으로 매출하고, 운임 20,000원은 현금으로 지급하다.

차) 외상매출금	5,000,000	대) 매 출	5,000,000
운 반 비	20,000	현 금	20,000

② 강북(주)에 상품 3,000,000원을 판매하고 대금은 추후 받기로 하였다. 그리고 이 때 발생한 운임 50,000원은 강북(주)가 부담하기로 하고 우선 당사가 대신 현금으로 지급하였다.

차) 외상매출금	3,050,000	대) 매 출	3,000,000
		현 금	50,000

③ 강북(주)에 상품 3,000,000원을 판매하고 대금은 추후 받기로 하였다. 그리고 이 때 발생한 운임 50,000원은 당사가 부담하기로 하고 우선 강북(주)가 대신 현금으로 지급하였다.

차) 외상매출금	2,950,000	대) 매 출	3,000,000
운반비	50,000		

3.2 매입에누리와 환출

매입한 상품의 품질불량, 수량부족, 운송도중의 파손 등으로 인하여 매출처와 합의하여 매입액의 일부를 감액받는 것을 '**매입에누리(purchase allowances)**'라고 하며, 매입한 상품 중 상품이 불량품이거나 하자가 있어 매입한 상품의 일부를 반품하는 것을 '**매입환출(purchase returns)**'이라고 한다.

매입에누리와 매입환출은 매입의 취소로 볼 수 있으므로 '매입에누리와 환출'은 총매입액에서 차감한다.

일정기간의 거래수량이나 거래금액에 따라 매입액의 일부를 감액받는 '**매입장려금(purchase rebate)**'은 매입에누리에 포함시켜 총매입액에서 차감한다.

매입에누리 또는 매입환출이 발생하면 3분법에서는 매입계정 대변에 기입하여 매입액을 차감시키든지 아니면 5분법에서는 '매입에누리와환출계정'을 별도로 설정하여 이 계정의 대변에 기입할 수도 있다.

◐ 매입에누리와 환출의 회계처리(3분법)

차) 외상매입금	×××	대) 매 입	×××

예제

경북회사로부터 외상으로 매입한 상품 500개(@8,000원) 중 50개가 불량품으로 판명되어 반품하다.

차) 외상매입금	400,000	대) 매 입	400,000

3.3 매출에누리와 환입

매출한 상품의 품질불량, 수량부족, 운송 도중의 파손 등으로 인하여 매출액의 일부를 감액해 주는 것을 '**매출에누리(sales allowances)**'라고 하며, 매출한 상품 중에 불량품이나 하자가 발생하여 매입처로부터 반품되는 경우 이것을 '**매출환입(sales returns)**'이라고 한다.

매출에누리와 매출환입은 매출의 취소에 해당하므로 총매출액에서 차감한다.

일정기간의 거래수량이나 거래금액에 따라 매출액의 일부를 감액하는 '**매출장려금(sales rebate)**'은 매출에누리에 포함시켜 총매출액에서 차감한다.

매출에누리 또는 매출환입이 발생하면 3분법에서는 매출계정의 차변에 기입하여 매출액을 감소시키며, 5분법에서는 '매출에누리와환입계정'을 별도로 설정하여 이 계정의 차변에 기입할 수도 있다.

◐ 매출에누리와 환입의 회계처리(3분법)

차) 매 출	×××	대) 외상매출금	×××

예제

경인상사에 외상으로 매출한 상품 800,000원이 하자가 있어 반품되어 오다.

차) 매 출	800,000	대) 외상매출금	800,000

3.4 매입할인과 매출할인

1. 매입할인

'**매입할인(purchase discount)**'이란 상품을 외상으로 매입하였을 경우에 외상매입금을 약정된 기일 이전에 지급함으로써 대금의 일부를 할인(감액)받는 것을 말하며, 이 매입할인은 총매입액에서 차감한다.

할인조건을 표시하는 방법으로 2/10, n/30 등으로 표시하는데, 이것은 상품의 외상대금을 10일 이내에 지급하면 상품대금의 2%를 할인해주고 만일 30일, 즉 말일에 지급하면 상품대금 전부를 받겠다는 조건을 나타내는 것이다. 따라서 10일 이내에 상품대금을 지급하게 되면 할인을 받게 된다.

◐ 매입할인의 회계처리(3분법)

차) 외상매입금	×××	대) 매 입	×××

예제

전북회사에 대한 외상매입금 10,000,000원을 기일 전에 지급함으로써 3%의 할인을 받고, 잔액은 현금으로 지급하다.

차) 외상매입금	10,000,000	대) 현 금	9,700,000
		매 입	300,000

예제

다음을 거래를 회계처리하시오.

① 2017년 9월 15일 충북상점은 상품 250개(@8,000원)를 충남상점으로부터 '2/10, n/30'의 현금할인 조건으로 구입하였다.

② 2017년 9월 22일 충북상점은 충남상점에 외상매입금의 반을 지급하였다.

③ 2017년 9월 30일 충북상점은 충남상점에 대한 외상매입금의 잔액을 모두 지급하였다.

① 차) 매 입	2,000,000	대) 외상매입금	2,000,000
② 차) 외상매입금	1,000,000	대) 현 금	980,000
		매 입	20,000
③ 차) 외상매입금	1,000,000	대) 현 금	1,000,000

2. 매출할인

외상매출금을 약정된 기일 전에 회수함으로써 외상매출금 중의 일부를 할인해주는 것을 '**매출할인**(sales discount)'이라고 하며, 이 매출할인은 총매출액에서 차감한다. 매출할인의 조건을 표시하는 방법은 매입할인과 동일하다.

◐ 매출할인의 회계처리(3분법)

차) 매 출	×××	대) 외상매출금	×××

예제

인천상점은 충남상점이 외상매출금 10,000,000원을 할인기간에 지급함으로써 3%를 할인해 주고, 잔액은 현금으로 받다.

차) 현 금	9,700,000	대) 외상매출금	10,000,000
매 출	300,000		

예제

다음을 거래를 회계처리하시오.

① 2017년 9월 15일 충남상점은 상품 250개(@8,000원)를 충북상점에 '2/10, n/30'의 현금할인 조건으로 판매하였다.
② 2017년 9월 22일 충남상점은 충북상점으로부터 외상매출금의 반을 회수하였다.
③ 2017년 9월 30일 충남상점은 충북상점에 대한 외상매출금의 잔액을 모두 회수하였다.

①	차) 외상매출금	2,000,000	대) 매 출	2,000,000
②	차) 현 금	980,000	대) 외상매출금	1,000,000
	매 출	20,000		
③	차) 현 금	1,000,000	대) 외상매출금	1,000,000

3.5 상품거래의 결산

결산일에는 상품매출손익을 이월상품계정, 매입계정 및 매출계정을 마감하여 계산한다. 즉, 결산 시 수익·비용계정의 금액을 집계하기 위하여 설정된 (집합)손익계정에서 상품매출손익을 계산하는데, 다음과 같은 과정을 통하여 계산한다.

> 상품매출손익 = 당기 순매출액 − 매출원가
> 매출원가 = 전기이월액(기초상품재고액) + 당기상품순매입액 − 차기이월액(기말상품재고액)

위의 식에서 보듯이 상품매출손익을 계산하려면 먼저 순매출액과 매출원가를 알아야 한다. 순매출액은 매출계정의 대변 잔액이므로 별도로 계산할 필요는 없으나, 매출원가계정은 설정되어 있지 않으므로 이월상품계정과 매입계정을 통하여 매출원가를 계산하여야 한다.

그리고 결산 시 설정된 (집합)손익계정의 대변으로 순매출액을, 그리고 차변으로 이월상품계정과 매입계정에서 계산된 매출원가를 대체하면 상품매출손익이 계산된다.

◐ 상품매출손익의 계산을 위한 회계처리절차[4](3분법)

상품매출손익을 위의 식에서 계산하는 대신 원장에서 구하기 위해서 다음 절차에 따라 결산분개를 한다.

① 기초상품재고액(전기이월액)을 이월상품계정에서 매입계정의 차변으로 대체한다.

차) 매 입	×××	대) 이월상품	×××

② 기말상품재고액(차기이월액)을 매입계정에서 차감하여 이월상품계정의 차변으로 대체한다.

차) 이월상품	×××	대) 매 입	×××

③ 위의 ①, ②의 분개에 의하여 계산된 매출원가(매입계정의 차변잔액)를 (집합)손익계정의 차변으로 대체시킨다.

차) 손 익	×××	대) 매 입	×××

④ 매출계정에서 순매출액(매출계정의 대변잔액)을 (집합)손익계정의 대변으로 대체시킨다.

차) 매 출	×××	대) 손 익	×××

(집합)손익계정에서 순매출액과 매출원가의 차액이 상품매출손익이 된다. 순매출액이 매출원가보다 큰 경우에는 상품매출이익이 발생하고, 순매출액이 매출원가보다 작은 경우에는 상품매출손실이 발생한다.

---

4) 여기서의 상품매출손익은 계속기록법이 아니라 실지재고조사법에 의한 것이다. 상품매출손익을 계산하는 방법(3분법의 경우)은 매입계정에서 산출된 매출원가를 매출계정에 대체하는 방법(순액법)과 손익계정에 대체하는 방법(총액법)이 있다. 여기서 '순액법'이란 매출원가를 매출계정에 대체하여 매출계정에서 상품매출손익을 계산하는 방법을 말하며, '총액법'은 매출원가를 손익계정에 대체하여 손익계정에서 상품매출손익을 계산하는 방법을 말한다. 본서에서는 총액법에 의한 상품매출손익의 회계처리를 설명하였으며, 순액법의 매출원가 산출 시와 상품매출손익의 산출 시의 회계처리를 나타내면 다음과 같다.

① 매출원가의 산출 시

매 입 ×××	이월상품 ×××
이월상품 ×××	매 입 ×××

② 상품매출손익의 산출 시

매 출 ×××	매 입 ×××
매 출 ×××	손 익 ×××

예제

다음은 서울상점의 상품관련계정의 잔액이다. 상품매출손익을 산출을 위한 분개를 하고 총계정원장에 전기하여 마감하시오(3분법).

전기이월액	₩2,000,000	당기총매입액	₩5,000,000
매입환출액	₩1,000,000	당기총매출액	₩8,000,000
매출에누리액	₩1,000,000	기말재고액	₩1,500,000

[분개 및 전기]

① 전기이월액을 이월상품계정에서 매입계정에 대체한다.
차) 매 입 2,000,000 대) 이월상품 2,000,000

② 기말재고액을 매입계정에서 차감하여 이월상품계정에 대체한다.
차) 이월상품 1,500,000 대) 매 입 1,500,000

③ 매입계정의 차변잔액 즉, 매출원가를 (집합)손익계정에 대체하다.
차) 손 익 4,500,000 대) 매 입 4,500,000

④ 매출계정의 대변잔액 즉, 순매출액을 (집합)손익계정에 대체하다.
차) 매 출 7,000,000 대) 손 익 7,000,000

이 월 상 품

전기이월	2,000,000	① 매 입	2,000,000
② 매 입	1,500,000	차기이월	1,500,000
	3,500,000		3,500,000

매 입

총매입액	5,000,000	환출액	1,000,000
① 이월상품	2,000,000	② 이월상품	1,500,000
		③ 손익	4,500,000
	7,000,000		7,000,000

매 출

매출에누리	1,000,000	총매출액	8,000,000
④ 손익	7,000,000		
	8,000,000		8,000,000

손 익

③ 매입	4,500,000	④ 매출	7,000,000

참고

◐ 상품매출손익의 계산을 위한 회계처리절차(4분법)

최근 일부 국내외 교재에서 4분법에 의한 상품매출손익의 계산을 위한 회계처리절차를 설명하고 있어 이것에 대해 간략히 설명하고자 한다. 앞의 상품계정의 분할에서 설명한 바와 같이 '**4분법**'이란 상품계정을 4개의 계정 즉, '이월상품(상품)계정', '매입계정', '매출계정', '매출원가계정'으로 분할하여 사용하는 방법을 말한다. 이 방법은 소위 '3분법'하에서는 매출원가를 매입계정에서 직접 산출하던 것을 매출원가계정을 추가로 만들어 거기서 매출원가를 산출하는 방법이다.

상품매출손익을 산정하기 위하여 다음 절차에 따라 결산분개를 한다.

① 기초상품재고액(전기이월액)을 이월상품계정에서 매출원가계정의 차변으로 대체한다.

차) 매출원가	×××	대) 이월상품	×××

② 당기 매입액을 매입계정의 대변에서 매출원가계정의 차변으로 대체한다.

차) 매출원가	×××	대) 매 입	×××

③ 기말상품재고액(차기이월액)을 매출원가계정에서 차감하여 이월상품계정의 차변으로 대체한다.

차) 이월상품	×××	대) 매출원가	×××

④ 위의 ①, ②, ③의 분개에 의하여 계산된 매출원가를 (집합)손익계정의 차변으로 대체시킨다.

차) 손 익	×××	대) 매출원가	×××

⑤ 매출계정에서 순매출액(매출계정의 대변잔액)을 (집합)손익계정의 대변으로 대체시킨다.

차) 매 출	×××	대) 손 익	×××

(집합)손익계정에서 순매출액과 매출원가의 차액이 상품매출손익이 된다. 순매출액이 매출원가보다 큰 경우에는 상품매출이익이 발생하고, 순매출액이 매출원가보다 작은 경우에는 상품매출손실이 발생한다.

예제

위 서울상점의 상품거래의 예를 이용하여 상품매출손익을 산출을 위한 분개를 하고 총계정원장에 전기하여 마감하시오(4분법).

[분개 및 전기]

① 기초상품재고액(전기이월액)을 이월상품계정에서 매출원가계정의 차변으로 대체한다.

차) 매출원가 2,000,000 대) 이월상품 2,000,000

② 당기 순매입액을 매입계정의 대변에서 매출원가계정의 차변으로 대체한다.

차) 매출원가 4,000,000 대) 매 입 4,000,000

③ 기말상품재고액(차기이월액)을 매출원가계정에서 차감하여 이월상품계정의 차변으로 대체한다.

차) 이월상품 1,500,000 대) 매출원가 1,500,000

④ 매출원가계정의 차변잔액을 (집합)손익계정에 대체하다.

차) 손 익 4,500,000 대) 매출원가 4,500,000

⑤ 매출계정의 대변잔액 즉, 순매출액을 (집합)손익계정에 대체하다.

차) 매 출 7,000,000 대) 손 익 7,000,000

이 월 상 품

전기이월	2,000,000	① 매출원가	2,000,000
③ 매출원가	1,500,000	차기이월	1,500,000
	3,500,000		3,500,000

매 입

총매입액	5,000,000	환출액	1,000,000
		② 매출원가	4,000,000
	5,000,000		5,000,000

매출원가

① 이월상품	2,000,000	③ 이월상품	1,500,000
② 매 입	4,000,000	④ 손 익	4,500,000
	6,000,000		6,000,000

매 출

매출에누리	1,000,000	총매출액	8,000,000
⑤ 손 익	7,000,000		
	8,000,000		8,000,000

손 익

④ 매출원가	4,500,000	⑤ 매 출	7,000,000

제4절 기말상품의 평가

4.1 기말상품 평가의 중요성

결산 시 상품매출손익은 매출액에서 매출원가를 차감하여 계산하고 매출원가는 '기초상품재고액 + 당기상품순매입액 − 기말상품재고액'의 식으로 계산한다.

상품매출손익을 계산하기 위해서는 기말상품재고액을 평가하여야 한다. 즉, 기말상품재고액의 평가는 매출원가의 계산과 밀접한 관계가 있다. 또한 기말상품재고액은 차기로 이월되어 차기의 기초상품재고액이 되므로 역시 차기의 매출원가를 구성하게 된다.

따라서 기말상품재고액을 정확히 평가하지 못하면 당기순손익에 영향을 미치는 것은 물론 차기의 당기순손익에도 영향을 미치게 된다. 또한 기말결산 결과 작성되는 재무상태표도 기업의 재무상태를 정확하게 반영하지 못하게 된다.

4.2 기말상품의 평가

기말상품의 평가는 기말의 재고량과 여기에 적용할 가격(단가)을 결정함으로써 이루어진다.

기말상품재고액 = 기말재고량 × 단가

따라서 기말재고량(수량)과 단가를 결정하면 기말상품재고액이 계산된다.

1. 수량의 결정방법

기말재고량을 결정하는 방법에는 실지재고조사법과 계속기록법이 있다.

(1) 실지재고조사법

실지재고조사법(Periodic Inventory System)은 결산일에 실제로 상품재고량을 조사하여 수량을 결정하는 방법을 말한다.

실지재고조사법은 상품의 출고시마다 장부에 기록하지 않고 기말에 실제로 창고에 남아 있는 재고량을 조사하여 그것을 기말재고량으로 결정하는 방법이다.

그리고 결정된 기말재고량을 기초상품재고량과 당기순매입량의 합계에서 차감함으로써 당기판매량을 간접적으로 파악하는 방법이다. 즉, 다음과 같은 등식을 통하여 당기판매량이 계산된다.

기초상품재고량 + 당기순매입량 − 기말상품재고량 = 당기판매량

이 방법에 의하여 기말재고량을 결정하면 기중에 발생한 도난·파손·분실 등도 기중에 모두 판매된 것으로 계산되는 단점이 있다. 그러나 이 방법은 상품의 종류와 수량이 많고 그 단가가 상대적으로 중요하지 않으며, 입고와 출고가 빈번하게 발생하는 기업에서 계속기록의 복잡성을 피하기 위해서 사용된다. 또한 기말에 있어서 상품재고장의 재고량과 실지재고량과의 차이를 비교하기 위해서 사용되기도 한다.

(2) 계속기록법

계속기록법(Perpetual Inventory System)은 상품 입고 및 출고시 일일이 상품재고장에 기록하여 기말재고량을 파악하는 방법을 말한다.

계속기록법은 상품의 입고와 출고 시 일일이 상품재고장에 기록함으로써 언제나 상품재고장을 통해 판매량과 재고량을 파악할 수 있는 방법이다.

이 방법에 의한 기말재고량은 다음과 같은 등식으로 파악할 수 있다.

기초상품재고량 + 당기순매입량 − 당기판매량 = 기말재고량

이 방법에 의하면 상품재고장에 있어야 하는 정확한 장부상의 재고량을 파악할 수 있어 결산일에 실지재고조사가 이루어진다면 기중에 있었던 파손・도난・분실 등으로 인한 재고감모량을 파악할 수 있는 장점이 있다. 따라서 계속기록법만 사용하는 것은 별 의미가 없고 기말에 반드시 실제로 재고조사를 하는 것이 바람직하다.

2. 단가 결정방법

상품을 매입하면 매입원가로 기록한다. 상품의 매입원가가 매입시점에 관계없이 일정하다면 판매된 상품의 원가와 기말재고상품의 원가를 계산하는 것이 문제될 필요가 없겠으나, 일반적으로 동일한 상품이라 하더라도 매입시점에 따라 매입원가가 변하는 경우가 많다.

이런 경우에 상품을 판매할 때에는 얼마의 단가로 매입한 것이 판매되었는가를 결정하여야만 매출원가를 계산할 수 있다. 창고에는 서로 다른 시점에서 매입한 상품들이 혼재되어 있기 때문에 기업에서는 상품을 판매할 때마다 일일이 얼마짜리의 상품이 판매되었나를 확인한다는 것은 거의 불가능하다.

따라서 여러 가지 원가로 구성된 상품의 판매순서에 대한 가정이 필요하다. 이것을 **'원가흐름에 대한 가정(cost flow assumptions)'**이라고 한다.[5] 이러한 원가흐름에 대한 가정에는 개별법, 선입선출법, 후입선출법, 가중평균법(총평균법), 이동평균법 등이 있으나 K-IFRS에서는 개별법과 선입선출법, 가중평균법만을 인정하고 있다[6].

(1) 개별법

개별법(specific identification method)이란 상품을 매입할 때마다 금액을 개별적으로 식별하여 두었다가 판매할 때마다 판매상품의 매입원가가 얼마인가를 확인하여 그 금액을 출고단가로 하는 방법이다.[7] 이 방법은 상품의 개별성이 강하고 비교적 고가

5) 재고자산 원가흐름의 가정(cost flow assumptions)과 관련하여 알아두어야 할 것은 선입선출법과 평균법 중 어떤 방법을 선택하느냐에 따라 이익이 달라질 수 있으며, 또한 현금흐름 효과 즉 세금효과도 달라질 수 있다는 것이다. 예컨대, 물가가 지속적으로 오르는 상황에서는 매입단가가 상승하므로 선입선출법을 적용하는 경우 평균법에 비해 이익이 많아지므로 법인세를 더 부담하게 되는 문제가 발생할 수 있다. 이것은 선입선출법을 적용하는 경우 평균법에 비해 기말재고자산이 많아지므로 (그 결과 매출원가가 적어져서) 매출총이익, 더 나아가 법인세차감전이익이 많아지므로 법인세를 더 부담하게 된다. 물론 물가가 하락하는 경우는 반대현상이 나타나게 된다.

6) K-IFRS 제1002호(재고자산) 문단 23-27.

(高價)인 귀금속 등의 경우에 적용할 수 있는 방법이다.

개별법은 실제의 입고・출고에 적용되는 원가가 일치하여 이상적이라는 장점이 있으나, 상품의 수량과 종류가 많고 매매거래가 빈번하게 일어나는 경우에는 개별적으로 원가를 파악하는 것이 번거로우며, 때로는 경영자가 매출이익을 조작하는데 악용할 소지도 있다는 단점이 있다.

(2) 선입선출법

선입선출법(first-in first-out method; FIFO)은 먼저 매입(생산)한 상품(제품)이 먼저 판매되는 것으로 가정하여 매출상품의 출고단가를 계산하는 방법이다. 먼저 매입된 것부터 순차적으로 출고된다고 가정하기 때문에 '매입순법(買入順法)'이라고도 한다.

이 방법은 실제의 물량흐름에 따라 재고자산의 가격을 결정하므로 개별법과 비슷한 면을 갖고 있으나 상품을 개별적으로 식별하지 않는다는 점에서 다르다.

이 방법에 의하면 기말상품재고액은 최근에 구입한 상품의 매입원가로 표시되고, 상품판매시의 매출액에 대응되는 매출원가는 오래 전에 구입한 상품의 매입원가로 표시된다.

따라서 상품의 단가가 지속적으로 상승하는 물가상승기에 선입선출법을 사용하면 기말상품재고액은 최근의 매입원가로 표시되어 재무상태표상의 상품금액이 그 자산의 실제 시가(時價)를 나타내는 반면, 손익계산서상에서 매출원가는 오래 전에 매입한 상품의 원가로 표시되므로 이익이 과대표시되어 물가상승으로 인한 가공이익(架空利益)이 매출총손익에 포함되는 단점이 있다.

(3) 후입선출법

후입선출법(last-in first-out method; LIFO)은 선입선출법과 반대로 나중에 매입(생산)한 상품(제품)이 먼저 판매되는 것으로 가정하여 매출상품의 출고단가를 계산하는 방법이다.[8] 나중에 매입한 것부터 순차적으로 출고된다고 가정하기 때문에 '매입역순법(買入逆順法)'이라고도 한다.

이 방법에 의하면 기말상품재고액은 오래 전의 매입원가로 표시되고, 매출원가는

---

7) 개별법은 식별되는 재고자산별로 특정한 원가를 부과하는 방법으로, 통상적으로 상호 교환될 수 없는 재고자산항목의 원가와 특정 프로젝트별로 생산되고 분리되는 재화 또는 용역의 원가는 이 방법을 사용하여 결정한다(K-IFRS 제1002호 문단 23-24).

8) 이 후입선출법은 일반기업회계기준에서는 인정(일반기업회계기준 제7장 7.12, 7.13)하고 있으나 K-IFRS에서는 인정하고 있지 않으며(K-IFRS 제1002호 문단 23-27), 중소기업회계기준에서는 이에 대한 언급이 없다. 이것은 이 방법이 재고자산의 흐름을 충실히 반영하지 못하며, 기말에 표시되는 재고자산이 오래 전에 취득한 원가를 반영하게 되어 영업성과를 왜곡시킬 가능성이 크기 때문이다.

최근의 매입원가로 표시된다. 따라서 상품의 가격이 계속 상승하는 물가상승기에 상품의 물량흐름을 후입선출법을 가정하게 되면 기말상품재고액이 오래 전에 매입한 상품의 원가로 표시되므로 재무상태표에 계상되는 상품금액이 그 자산의 실제 시가(時價)보다 현저하게 낮게 표시되는 단점이 있다. 반면에 손익계산서에 표시되는 매출원가는 최근에 매입한 상품의 원가로 계산되기 때문에 물가상승에 의한 가공이익(架空利益)이 매출총손익에 포함되지 아니하므로 매출총이익이 과대계상되지 않는 장점이 있다.

(4) 가중평균법

가중평균법(weighted-average method; **총평균법**)은 결산일에 일정기간 동안의 상품에 대한 전체 매입원가를 평균하여 단가를 구하는 방법이다. 즉, 상품의 출고 시에는 판매수량만을 기록하여 두었다가 기말에 가서 전기이월액과 당기매입액의 합계액을 전기이월량과 당기매입량의 합계액으로 나누어 평균단가를 구하고 이것을 그 기간 동안의 매출상품의 출고단가로 하는 방법이다.

이 방법은 일정기간 동안의 상품 출고단가가 균일하게 계산된다는 장점이 있지만 그 단가가 기말이 되어야 비로소 확정되는 단점이 있다.

$$\text{단가} = \frac{\text{일정기간의 총매입금액}}{\text{일정기간의 총매입수량}} = \frac{\text{전기이월액} + \text{당기매입액}}{\text{전기이월량} + \text{당기매입량}}$$

(5) 이동평균법

이동평균법(moving-average method)은 상품을 매입할 때마다 그 수량과 금액을 매입 직전의 보유상품의 수량과 금액에 가산하여 새로운 가중평균단가(moving-average cost)를 산출하고 이 단가를 매출상품의 출고단가로 하는 방법이다.[9)]

이 방법은 상품이 입고될 때마다 평균단가가 신속하게 계산되므로 이익조작의 여지는 적으나, 평균단가의 계산과정에서 단수(端數)가 생기고 계산이 번잡하다는 단점이 있다.

$$\text{단가} = \frac{\text{매입직전 재고금액} + \text{매입금액}}{\text{매입직전 재고수량} + \text{매입수량}}$$

---

9) 앞에서 가중평균법을 총평균법이라고도 한다고 하였으나 이것은 재고자산의 장부기록 방법이 실지재고조사법인 경우에 해당하며, 계속기록법을 사용하는 경우는 가중평균법이 이동평균법이 된다.

4.3 기말상품의 평가손실

기말상품의 평가는 지금까지 설명한 개별법, 선입선출법, 후입선출법, 가중평균법(총평균법, 이동평균법) 등과 같은 원가법으로 하는 것이 원칙이나 상품의 시가 즉 순실현가능가치가 취득원가보다 하락한 경우에는 '**저가법**(lower of cost or market; LCM)'으로 기말재고상품을 평가한다.10)

기말재고상품을 저가법으로 평가하는 경우 '**순실현가능가치**(net realizable value'란 상품의 통상적인 영업과정의 예상 판매가격에서 예상되는 추가 완성원가와 판매비용을 차감한 금액을 말한다.

평가손실 = (단위당 취득원가 − 단위당 순실현가능가치) × 실제수량
= 실제 재고액(원가) − 순실현가능가치

저가법은 총액기준(aggregate basis)을 적용할 수 없으며, 항목별기준(individual item basis; 종목별기준)을 적용하여야 한다. 그러나 재고항목들이 서로 유사하거나 관련되어 있는 경우에는 동종군별기준(조별기준, major category basis)을 적용할 수 있다.11)

상품의 순실현가능가치가 장부금액 이하로 하락하여 발생한 평가손실은 발생한 기

---

10) 반면에 순실현가능가치가 취득원가보다 높은 경우에는 평가이익을 인식하지 않는다. 이와 같이 평가이익은 인식하지 않고 평가손실만 인식하는 것은 재고자산을 보수적으로 평가하는 방법이다. 전통적으로 회계에서는 재무상태표의 자산 금액을 표시할 때 **보수주의(conservatism)**를 적용하였는데, 이 저가법에 의한 재고자산의 평가는 보수주의가 적용되는 대표적인 예이다. 이 보수주의에 반대되는 것이 분식회계라고 할 수 있다. 분식회계의 전형은 수익을 과대계상하고 비용을 과소계상하여 이익을 과대표시하는 것이지만, 자산을 과대계상(과대표시)하거나 부채를 과소계상(과소표시)하는 것도 분식회계의 하나이다.

11) 저가법으로 재고자산을 평가하는 경우 항목별(종목별)기준(individual item basis), 동종군별(조별 또는 그룹별)기준(major category basis), 총액기준(total inventory basis, aggregate basis) 등 세 가지 방법으로 평가할 수 있으나, K-IFRS 제1002호(재고자산) 문단 29에서는 이들 방법 중 가장 보수적인 회계처리방법인 항목별기준에 의한 평가를 원칙으로 하며, 경우에 따라 동종군(조)별기준 평가를 할 수 있도록 규정하고 있다. 세 가지 적용기준에 의한 재고자산 평가에 미치는 영향을 비교하여 보면 항목별기준 평가액 ≤ 동종군별(조별 또는 그룹별)기준 평가액 ≤ 총액기준 평가액의 관계가 성립한다. 이것은 항목별로 평가하는 것이 동종군별기준 또는 총액기준으로 평가하는 것 보다 평가액이 낮아진다는 것을 의미한다. 그 이유는 동종군별기준이나 총액기준으로 평가하는 경우에는 일부 재고자산의 시가가 하락하여도 일부 다른 재고자산의 시가가 상승하여 어느 정도 시가의 변화가 서로 상쇄되기 때문이다. 따라서 항목별로 재고자산을 평가하는 것이 가장 보수적으로 평가하게 된다. 일반기업회계기준도 K-IFRS와 마찬가지로 항목별기준에 의한 평가를 원칙으로 하며 경우에 따라 동종군별기준 평가를 할 수 있도록 규정하고 있으나, 중소기업회계기준에서는 이에 대한 언급이 없다.

간에 비용으로 인식한다.[12)] 따라서 재고자산을 저가기준으로 평가하는 경우 1) 재고자산에서 직접 차감하는 방법과 2) 재고자산평가충당금계정을 사용하는 방법 중 선택하여 회계처리하는 것이 가능하다.

1. 재고자산에서 직접 차감하는 방법

이 방법은 재고자산평가손실을 재고자산에서 직접 차감하는 방법으로, 기말 재고액을 재고자산평가손실 만큼 적게 계상하므로 자동적으로 매출원가에 포함시켜 당기 손익계산에 반영하게 된다.

2. 재고자산평가충당금계정을 사용하는 방법

이 방법은 재고자산평가충당금계정을 사용하여 재무상태표의 재고자산에서 차감하여 표시하고, 재고자산평가손실을 매출원가에 가산하는 방법이다.

차) 재고자산평가손실*	×××	대) 재고자산평가충당금	×××

*매출원가에 가산하거나, 매입 또는 매출원가계정을 사용하여 회계처리할 수도 있다.

부분손익계산서

Ⅱ. 매출원가		
1. 기초상품재고액	×××	
2. 당기상품매입액	×××	
3. 기말상품재고액	(×××)	
4. 재고자산평가손실	××	×××

부분재무상태표

자산		
Ⅰ. 유동자산		
재고자산	×××	
재고자산평가충당금	(××)	×××

그러나 저가법의 적용에 따른 평가손실을 초래하였던 상황이 해소되거나 경제상황의 변동으로 순실현가능가치가 상승한 명백한 증거가 있는 경우에는 최초의 장부금액을 초과하지 않는 범위 내에서 평가손실을 환입한다. 재고자산평가손실의 환입은 매

12) K-IFRS 제1002호(재고자산) 문단 34.

출원가에서 차감한다.[13)]

차) 재고자산평가충당금 ××× 대) 재고자산평가손실환입* ×××

*매출원가에서 차감하거나, 매입 또는 매출원가계정을 사용하여 회계처리할 수도 있다.

예제

다음의 자료로 기말의 결산정리분개(3분법)와 부분손익계산서 및 부분재무상태표를 나타내시오.

[자료] ① 기초상품재고액 3,000,000원
② 당기상품매입액 50,000,000원
③ 기말상품재고액 : 장부상 평가액(원가) 4,000,000원
순실현가능가치 2,500,000원

1) 재고자산에서 직접 차감하는 방법

차)		대)	
매 입	3,000,000	이월상품	3,000,000
이월상품	2,500,000	매 입	2,500,000

부분손익계산서

Ⅱ. 매출원가

1. 기초상품재고액	3,000,000	
2. 당기상품매입액	50,000,000	
3. 기말상품재고액	(2,500,000)	50,500,000

부분재무상태표

자산

Ⅰ. 유동자산

재고자산	2,500,000

13) K-IFRS 제1002호(재고자산) 문단 34에 의하면 순실현가능가치의 상승으로 인한 재고자산 평가손실의 환입은 환입이 발생한 기간의 비용으로 인식된 재고자산 금액의 차감액으로 인식한다고 명시하고 있으나 그 내용이 명확하지 않아 일반기업회계기준(제7장 7.19)이나 중소기업회계기준(제27조)과 같이 재고자산평가손실환입은 매출원가에서 차감하는 회계처리를 하는 것이 바람직할 것으로 생각된다.

2) 재고자산평가충당금계정을 사용하는 방법

차) 매 입	3,000,000	대) 이월상품	3,000,000
이월상품	4,000,000	매 입	4,000,000
재고자산평가손실*	1,500,000	재고자산평가충당금#	1,500,000

*매출원가에 가산하거나, 매입 또는 매출원가계정을 사용하여 회계처리할 수도 있다.
#재고자산에서 차감표시한다.

<u>부분손익계산서</u>

Ⅱ. 매출원가		
1. 기초상품재고액	3,000,000	
2. 당기상품매입액	50,000,000	
3. 기말상품재고액	(4,000,000)	
4. 재고자산평가손실*	1,500,000	50,500,000

<u>부분재무상태표</u>

자산		
Ⅰ. 유동자산		
재고자산	4,000,000	
재고자산평가충당금*	(1,500,000)	2,500,000**

*재고자산평가손실은 매출원가에 가산하며, 재고자산평가충당금은 재고자산의 기말상품재고액에서 차감하는 형식으로 기재한다.
**위와 같이 회계처리하는 경우 손익계산서상 매출원가 항목의 기말상품재고액(4,000,000원)과 재무상태표상의 기말상품재고액(2,500,000원)이 일치하지 않으며, 그 차이는 재고자산평가손실만큼 차이가 난다는 것에 유의할 필요가 있다.

예제

한국(주)의 2017년 말 현재의 재고자산 현황은 다음과 같다.

	원 가	예상판매가격
X상품－가	140,000원	180,000원
X상품－나	100,000	65,000
Y상품－가	70,000	50,000
Y상품－나	120,000	160,000

X상품과 Y상품의 예상판매비는 각각 판매가격의 10%와 5%이다.

물음 2017년 말 현재의 재고자산을 재고자산평가충당금계정을 사용하여 다음과 같이 평가하시오.

① 항목별(종목별)기준 평가
② 동종군(조)별기준 평가
③ 총액기준 평가

풀이

1) 저가법에 의한 평가

원가		순실현 가능가치	저가법 적용		
			항목별기준	동종군별 기준	총액기준
X상품-가 140,000원		162,000원	140,000원		
X상품-나 100,000		58,500	58,500		
소계	240,000원	220,500원		220,500원	
Y상품-가 70,000원		47,500원	47,500원		
Y상품-나 120,000		152,000	120,000		
소계	190,000원	199,500		190,000	
총계	430,000원	420,000원			420,000원
재고자산평가액			366,000원	410,500원	420,000원
재고자산평가손실*			64,000원	19,500원	10,000원

*취득원가 430,000원－재고자산평가액

2) 회계처리

[항목별기준 평가]

차) 재고자산평가손실 64,000 대) 재고자산평가충당금 64,000

[동종군별기준 평가]

차) 재고자산평가손실 19,500 대) 재고자산평가충당금 19,500

[총액기준 평가*]

차) 재고자산평가손실 10,000 대) 재고자산평가충당금 10,000

*K-IFRS 제1002호(재고자산)에서는 인정하지 않고 있다.

4.4 기말상품의 감모손실

상품의 보관 중 분실, 도난, 파손 등의 사유로 재고상품의 실제수량이 장부상(상품재고장)의 수량에 미달하면 그 차이를 '재고감모'라고 하며, 그 재고감모에 따른 손실을 '**재고자산감모손실**'이라고 한다.

> 감모손실 = (장부수량 - 실제수량) × 단위당 취득원가
> = 장부 재고액 - 실제 재고액

재고자산감모손실은 그것이 정상적 감모손실이든 비정상적 감모손실이든 관계없이 감모가 발생한 기간에 비용으로 인식한다[14]. 따라서 이하와 같이 재고자산감모손실계정으로 처리하여 매출원가에 가산할 수도 있고 재고자산평가손실의 회계처리와 마찬가지로 재고자산에서 직접 차감하는 방법도 가능할 것이다.

[감모손실의 회계처리 : 매출원가에 가산하는 방법]

차) 재고자산감모손실*	×××	대) 재고자산	×××

*매입 또는 매출원가계정을 사용하여 회계처리할 수도 있다.

<u>부분손익계산서</u>

Ⅱ. 매출원가		
1. 기초상품재고액	×××	
2. 당기상품매입액	×××	
3. 기말상품재고액	(×××)	
4. 재고자산감모손실	××	×××

예제 1

다음의 자료로 기말의 결산정리분개(3분법)를 1) 재고자산에서 직접 차감하는 방법과 2) 매출원가에 가산하는 방법으로 나타내시오.

자료

① 기초상품재고액	1,000,000원
② 당기상품매입액	5,000,000원

14) K-IFRS 제1002호(재고자산) 문단 34. 한편 일반기업회계기준과 중소기업회계기준에서는 정상적 감모손실과 비정상적 감모손실로 구분하고, 정상적 감모손실은 매출원가에 가산하고 비정상적 감모손실은 영업외비용으로 처리한다(일반기업회계기준 제7장 7.20, 중소기업회계기준 제27조).

③ 기말상품재고액 : 장부재고액(원가) 2,000,000원
실지재고액(원가) 1,500,000원

1) 재고자산에서 직접 차감하는 방법

차) 매 입	1,000,000	대) 이월상품	1,000,000
이월상품	1,500,000	매 입	1,500,000

부분손익계산서

Ⅰ. 매출원가

1. 기초상품재고액	1,000,000	
2. 당기상품매입액	5,000,000	
3. 기말상품재고액	(1,500,000)	4,500,000

부분재무상태표

자산

Ⅰ. 유동자산

재고자산 1,500,000*

*이와 같이 회계처리하는 경우 손익계산서의 기말상품재고액(1,500,000원)과 재무상태표 기말상품재고액(1,500,000원)이 일치하게 된다.

2) 매출원가에 가산하는 방법

차) 매 입	1,000,000	대) 이월상품	1,000,000
이월상품	2,000,000	매 입	2,000,000
재고자산감모손실*	500,000	이월상품	500,000

*매입 또는 매출원가계정을 사용하여 회계처리할 수도 있다.

부분손익계산서

Ⅰ. 매출원가

1. 기초상품재고액	1,000,000	
2. 당기상품매입액	5,000,000	
3. 기말상품재고액	(2,000,000)	
4. 재고자산감모손실	500,000	4,500,000

부분재무상태표

자산

Ⅰ. 유동자산

재고자산* 1,500,000**

*상품, 원재료, 재공품 및 제품 등은 재고자산의 항목으로 통합하여 표시할 수 있다.
**이와 같이 회계처리하는 경우 손익계산서의 기말상품재고액(2,000,000원)과 재무상태표 기말상품재고액(1,500,000원)이 일치하지 않는 문제점이 있다.

예제 2

다음의 자료로 각 물음에 답하시오.

자료 ① 기초상품재고액 : 3,000,000원
② 기말상품재고액 : 장부상재고= 수량 400개, 원가 10,000원/개
실제 재고 =수량 350개, 순실현가능가치 8,000원/개

물음1 장부상의 기말재고액, 실제의 기말재고액, 재고자산평가손실, 재고자산감모손실은 각각 얼마인가?

물음2 평가손실 및 감모손실에 대한 회계처리(매출원가에 가산하는 경우)를 나타내시오.

풀이

① 장부상의 기말재고액 = 400개 × 10,000원 = 4,000,000원
실제의 기말재고액 = 350개 × 8,000원 = 2,800,000원
재고자산평가손실* = 350개 × (10,000원 - 8,000원) = 700,000원
재고자산감모손실* = (400개 - 350개) × 10,000원 = 500,000원

*재고자산평가손실과 재고자산감모손실이 동시에 발생하는 경우를 그림으로 나타내면 다음과 같다.

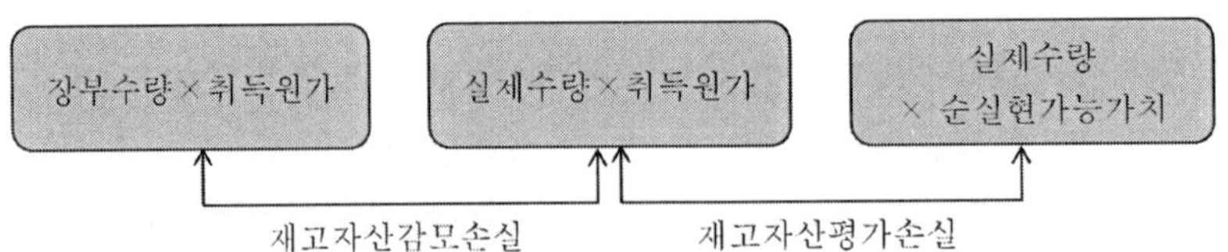

② 차) 매 입	3,000,000	대) 이월상품	3,000,000
이월상품	4,000,000	매 입	4,000,000

재고자산감모손실	500,000	이월상품	500,000
재고자산평가손실	700,000	재고자산평가충당금	700,000

제5절 원가법 외의 재고자산 추정

앞에서는 재고자산의 원가를 원가법으로 추정하였다. 그러나 경우에 따라서는 원가법 이외의 방법으로 재고자산의 원가를 추정하기도 한다. 이와 같은 원가법 이외의 방법으로 재고자산을 추정하는 방법은 매출총이익법(gross profit method)과 소매재고법(retail inventory method) 또는 매출가격환원법(capitalization method)이 있다. 재고자산 추정은 분기, 반기 재무제표를 작성할 때 분기말 또는 반기말 재고금액을 결정하기 위하여, 또는 화재, 자연재해, 도난 등으로 재고자산이 손상되었을 때 그 손실을 추정하기 위하여 사용된다.

5.1 매출총이익법

매출총이익법(gross profit method)은 기초재고액에 당기매입액을 가산한 금액인 판매가능 재고자산이 회계처리의 대상이 되고, 판매된 재고자산의 원가는 매출원가가 되며, 판매되지 않은 재고자산의 원가는 기말재고액이 된다는 가정에 근거하여 계산된다. 매출액 - 매출원가 = 매출총이익이라는 등식에 기초하여 매출액에 원가율(1-매출총이익율)을 곱하여 매출원가를 추정하고 판매가능 재고자산=매출원가+기말재고액이라는 것에 기초하여 판매가능 재고자산에서 추정매출원가를 차감하여 기말재고액을 추정한다. 따라서 매출총이익율이 합리적으로 추정될 수 있고 안정적이라면 이 방법을 이용하여 재고자산을 추정하여도 무난하다고 본다. 일반적으로 매출총이익율은 과거의 매출총이익을 과거의 매출액으로 나누어 계산한다.

그러나 과거의 자료로부터 구한 매출총이익율은 추정에 불과하므로 당기의 재고자산을 적절히 반영하기 어렵고 판매가능 재고자산이 반드시 판매되거나 기말재고로 남아 있어야 한다는 가정에 근거하고 있기 때문에 파손, 도난 등과 같은 감모손실을 파악할 수 없어 재무보고의 목적으로는 적합하지 않다.

예제

KS(주)는 2017년 7월 말 화재로 인해 창고에 있던 재고자산(상품)이 모두 소실되었다. KS(주)는 실제재고조사법을 사용하고 있어 재고자산 보유액을 파악하지 못하고 있으며, 다음의 자료로 재고자산을 추정하고자 한다. 물음에 답하시오.

2017년 초 재고자산(상품)	₩10,000,000
연초부터 7월 말까지의 총매출액	₩8,000,000
연초부터 7월 말까지의 총매입액	₩5,000,000
전년도 매출총이익률 25%	

물음1 전년도의 매출총이익률을 유지하였다고 가정할 경우 2017년 7개월간의 매출원가는 얼마로 추정하는가?

물음2 화재 당시 보유 재고자산(상품)의 규모는 얼마로 추정하는가?

풀이

물음1 2017년 7개월간의 매출원가 = (7개월간의) 매출액-매출총이익
= ₩8,000,000-(₩8,000,000×25%)
= ₩6,000,000*

*이를 달리 산출하면 매출총이익률이 25%이면 매출원가율(매출원가/매출액)은 75%이다. 따라서 매출원가 = 매출액(₩8,000,000)×75% = ₩6,000,000이 된다.

물음2 화재 당시 보유 재고자산(상품) = 기초 재고자산(₩10,000,000)+매입액(₩5,000,000)-매출원가(₩6,000,000) = ₩9,000,000이 된다.

5.2 소매재고법(매출가격환원법)

회사가 종사하는 업종에 따라 적합한 재고자산 평가방법을 이용해야 한다. 금, 은 같은 귀금속 등은 개별법이 적합하고, 일반적인 경우에는 가중평균법 또는 선입선출법을 이용하여 평가한다. 그러나 대형할인매장 같이 다양하고 값싼 제품을 대량으로 취급하는 경우 제품의 원가를 측정하고, 수송비 등을 개별제품에 배분하고, 시가의 변동을 체크하는 등의 작업을 제품별로 하는 것은 어렵다.

따라서 이와 같이 이익률이 유사하고 품종변화가 심한 다품종 상품을 취급하는 유

통업체 등에서는 원가에 의한 재고자산의 평가보다는 소매재고법(매출가격환원법)을 이용하는 것이 합리적이라고 할 수 있다.[15)]

소매재고법(retail inventory method)은 기초재고액과 당기매입에 대한 원가와 매출가격 정보를 가지고, 이들로부터 각각 원가와 판매가격으로 측정된 판매가능 재고액에 근거한 원가율(원가/판매가격)을 계산하고, 판매가격으로 측정된 판매가능 재고액에서 매출액을 차감하여 판매가격으로 측정된 기말재고액을 계산하고, 판매가격으로 측정된 기말재고액에 다시 원가율을 곱하여 원가로 측정된 기말재고액을 산출한다.

이를 계산식으로 나타내면 다음과 같다.

1) 원가율 계산 = 판매가능 재고액(원가)/판매가능 재고액(판매가격)
2) 기밀재고액(판매가격) = 핀매가능 재고액(판메가격) - 매출액
3) 기말재고액(원가) = 기말재고액(판매가격) × 원가율

예제

한국(주)의 2017년 말 현재의 재고자산에 관한 자료는 다음과 같다. 다음의 자료로 소매재고법(매출가격환원법)에 의한 한국(주)의 기말재고액을 추정하시오.

자료

	기초재고액	당기매입액	당기매출액
원가	31,500원	141,750원	–
판매가격(소매가)	45,000	202,500	191,250원

풀이

	원가	판매가격(소매가)
기초재고액	31,500원	45,000원
당기매입액	141,750	202,500
판매가능 재고액	173,250원	247,500원
당기매출액		191,250
기말재고액(판매가격)		56,250원
기말재고액(원가)	39,375원*	

*원가율 = 173,250원/247,500원 = 0.7
기말재고액(원가) = 56,250원×0.7 = 39,375원

15) 소매재고법에서 재고자산의 원가는 재고자산의 판매가격을 적절한 총이익률을 반영하여 환원하는 방법으로 결정한다. 이때 적용되는 이익률은 최초판매가격 이하로 가격이 인하된 재고자산을 고려하여 계산하는데, 일반적으로 판매부문별 평균이익률을 사용한다.

제6절 상품재고장

6.1 상품재고장의 의의

상품재고장이란 상품의 인수(입고)와 인도(출고)시 상품의 종류별로 기록하여 각 상품의 증감변동 및 잔액을 표시하는 보조원장이다.

상품재고장이 있으면 언제든지 상품의 재고를 파악할 수 있을 뿐만 아니라 창고에 보관중인 실제의 재고수량을 상품재고장의 수량과 대조함으로써 재고자산의 관리를 할 수도 있다.

상품재고장의 양식을 보면 다음과 같다.

상 품 재 고 장

날짜	적 요	인 수			인 도			잔 액		
		수량	단가	금액	수량	단가	금액	수량	단가	금액

6.2 작성시 유의사항

상품재고장을 작성하는 경우에 수량의 증감만을 기입하는 데 그치지 않고, 여기에 금액까지 아울러 기입하게 될 때는 다음과 같은 점들을 고려하여야 한다.

① 매입원가로 기입하여야 한다.

② 매입 부대비용은 인수란(입고란)에 기입하여야 한다.

③ 매입에누리와 환출은 인도란(출고란)에 기입하거나 또는 인수란에서 붉은색으로 기입, 즉 차감표시를 한다.

④ 매출환입은 인수란에 기입하거나 또는 인도란에 붉은색으로 기입, 즉 차감표시를 한다.

⑤ 매출에누리의 경우는 상품재고장에 기입되지 않는다. 왜냐하면 상품재고장은 매입원가를 기입하여야 하는데, 매출에누리는 매출액에 대한 차감항목이기 때문이다. 즉, 매출에누리가 발생하면 매출액이 감소하며 그 결과 매출이익도 감소한

다. 따라서 매출이익을 상품재고장에 기입하지 않기 때문에 매출에누리도 기입되지 않는다.

상품재고장은 각 상품별로 작성되며, 인수란·인도란·잔액란을 두고 각 난은 수량·단가·금액란으로 세분된다. 인수란에는 전기이월액과 당기매입액이 기입되고, 인도란에는 판매상품의 원가가 기록되며, 잔액란에는 남아 있는 상품의 잔액이 기입된다. 상품재고장의 인수란·인도란·잔액란은 모두 매입원가로 기입된다.

일정기간 동안의 인수란의 합계액은 전기이월액을 제외하면 당기상품매입원가가 되고, 인도란의 합계액은 매출원가가 되며, 잔액란의 마지막 금액은 기말상품재고액이 된다.

예제

다음의 10월 중 상품 매매거래를 선입선출법, 후입선출법, 가중평균법, 이동평균법에 의하여 상품재고장에 기입하시오.

10월 1일	전월이월	200개	@₩200	₩40,000
10월 5일	매 입	200개	@₩220	₩44,000
10월 10일	매 출	200개	@₩250	₩50,000
10월 15일	매 입	100개	@₩240	₩24,000

(1) 선입선출법에 의한 상품재고장

상품재고장

(선입선출법)

날짜	적 요	인 수			인 도			잔 액		
		수량	단가	금액	수량	단가	금액	수량	단가	금액
10/1	전 월 이 월	200	200	40,000				200	200	40,000
10/5	매 입	200	220	44,000				200	200	40,000
								200	220	44,000
10/10	매 출				200	200*	40,000	200	220	44,000
10/15	매 입	100	240	24,000				200	220	44,000
								100	240	24,000
10/31	차 월 이 월				200	220	44,000			
					100	240	24,000			
		500		108,000	500		108,000			
11/ 1	전 월 이 월	200	220	44,000				200	220	44,000
		100	240	24,000				100	240	24,000

* 선입선출법, 즉 먼저 인수된 것이 먼저 인도된다는 가정에 의거하여 ⓐ₩200의 상품이 먼저 인도되는 것으로 회계처리한 것이다.

(2) 후입선출법에 의한 상품재고장

상품재고장

(후입선출법)

날짜	적 요	인 수			인 도			잔 액		
		수량	단가	금액	수량	단가	금액	수량	단가	금액
10/1	전월이월	200	200	40,000				200	200	40,000
10/5	매 입	200	220	44,000				200	200	40,000
								200	220	44,000
10/10	매 출				200	220*	44,000	200	200	40,000
10/15	매 입	100	240	24,000				200	200	40,000
								100	240	24,000
10/31	차월이월				200	200	40,000			
					100	240	24,000			
		500		108,000	500		108,000			
11/1	전월이월	200	200	40,000				200	200	40,000
		100	240	24,000				100	240	24,000

* 나중에 인수된 것이 먼저 인도된다는 가정에 의거하여 ⓐ₩220의 상품이 먼저 인도되는 것으로 회계처리한 것이다.

(3) 가중평균법에 의한 상품재고장

상품재고장

(가중평균법)

날짜	적 요	인 수			인 도			잔 액		
		수량	단가	금액	수량	단가	금액	수량	단가	금액
10/1	전 월 이 월	200	200	40,000				200	200	40,000
10/5	매 입	200	220	44,000					216*	86,400
10/10	매 출				200	216*	43,200	400	216*	43,200
10/15	매 입	100	240	24,000					216*	64,800
10/31	차 월 이 월				300	216*	64,800	200		
		500		108,000	500		108,000	300		
11/1	전 월 이 월	300	216	64,800				300	216	64,800

* 가중평균법의 단가산정은 단가 $= \frac{\text{일정기간의 총매입금액}}{\text{일정기간의 총매입수량}}$ 으로 구해진다. 이 식에 의해 $\frac{₩108,000}{500}$ =ⓐ₩216이 산출된다.

(4) 이동평균법에 의한 상품재고장

상품재고장

(이동평균법)

날짜	적 요	인 수			인 도			잔 액		
		수량	단가	금액	수량	단가	금액	수량	단가	금액
10/1	전 월 이 월	200	200	40,000				200	200	40,000
10/5	매 입	200	220	44,000				400	210*	84,000
10/10	매 출				200	210	42,000	200	210	42,000
10/15	매 입	100	240	24,000			66,000	300	220**	66,000
10/31	차 월 이 월				300	220				
		500		108,000	500		108,000			
11/1	전 월 이 월	300	220	66,000				300	220	66,000

* 이동평균법의 단가산정은 $\text{단가} = \dfrac{\text{매입직전 재고금액} + \text{매입금액}}{\text{매입직전 재고수량} + \text{매입수량}}$ 으로 구해진다. 이 식에 의해 $\dfrac{₩40,000 + ₩44,000}{200\text{개} + 200\text{개}}$ = ⓐ₩210이 산출된다.

** $\dfrac{₩42,000 + ₩24,000}{200\text{개} + 100\text{개}}$ = ⓐ₩220이 산출된다.

제7절 상기업의 재무제표 작성

기업은 영업활동에 따라 서비스기업(service company; 용역제공기업), 상기업(merchandise company; 상품매매기업), 제조기업(manufacturing company)으로 크게 나눌 수 있다. 여기서 '서비스기업'이란 서비스제공을 주된 영업활동으로 하는 기업이며, '상기업'이란 상품을 구매하여 판매하는 것을 주된 영업활동으로 하는 기업을 말한다. 한편 '제조기업'이란 원재료 등을 구입하여 제품을 제조하고 그 제품을 판매하는 것을 주된 영업활동으로 하는 기업을 말한다.

앞의 제3장에서부터 제5장까지의 회계순환과정(accounting cycle)에서는 서비스기업인 한국회계사무소의 거래(예제 4-1)로서 재무제표 작성절차[분개-전기-결산(시산표의 작성, 결산정리분개, 정산표의 작성, 각 계정의 마감, 손익계산서의 작성 및 재무상태표의 작성 등)]를 설명하였다.

이것은 앞에서 설명한 3가지 형태의 기업(서비스기업, 상기업, 제조기업) 중 서비스기업의 영업활동이 상기업이나 제조기업의 영업활동보다 단순한 편이기 때문이었다.

그러나 재무제표 작성절차를 보다 포괄적으로 이해하기 위해서는 상기업의 거래로 재무제표 작성절차를 이해하는 것도 필요할 것이다. 따라서 이하에서는 상기업의 예로 재무제표를 작성하고자 한다.

7.1 상기업의 재무제표 작성

예제

다음은 상품매매를 주요 영업활동으로 하는 상기업(상품매매기업)인 비룡(주)의 거래 관련 자료이다. 다음의 12월 결산법인인 비룡(주)의 자료로 각 요구사항에 답하시오.

요구사항 1) 결산정리분개, 2) 결산대체분개, 3) 정산표, 4) 손익계산서, 5) 재무상태표를 작성하시오.

(1) 비룡(주)의 2017년 말 (수정 전)잔액시산표 잔액은 다음과 같다(단위: ₩1,000).

현금	5,000	외상매출금	6,000	FVPL 금융자산	7,000	단기대여금	5,000
비품	5,000	자본금	( )	외상매입금	7,000	단기차입금	3,000
이월상품	5,000	매입	10,000	매출	15,000	광고선전비	2,000
이자비용	1,500	보험료	2,500	이자수익	4,000	감가상각누계액	500
손실충당금	200						

(2) 비룡(주)의 결산일 현재의 결산정리사항은 다음과 같다.

1) 기말 상품 재고액은 ₩6,000,000이다.
2) 비품의 연간 감가상각비 ₩500,000을 계상하다.
3) 결산일 현재의 보험료 미경과액은 ₩800,000이다.
4) 결산일 현재의 미수이자 ₩1,000,000을 계상하다.
5) 매출채권에 대해 ₩300,000의 손상이 예상되다.
6) 결산일 현재 미지급이자 ₩500,000을 계상하다.

풀이

(1) 결산정리분개

	차변	금액	대변	금액
1)	차) 매 입	5,000,000	대) 이월상품	5,000,000
	이월상품	6,000,000	매 입	6,000,000

(4분법)

차변	금액	대변	금액
차) 매출원가	5,000,000	대) 이월상품	5,000,000
매출원가	10,000,000	매 입	10,000,000
이월상품	6,000,000	매출원가	6,000,000

2) 차) 감가상각비 500,000 대) 감가상각누계액 500,000
3) 차) 선급보험료 800,000 대) 보험료 800,000
4) 차) 미수이자수익 1,000,000 대) 이자수익 1,000,000
5) 차) 손상차손 100,000 대) 손실충당금 100,000
6) 차) 이자비용 500,000 대) 미지급이자비용 500,000

(2) 결산대체분개

	차변	금액	대변	금액
1)	차) 매 출	15,000,000	대) 손 익	20,000,000
	이자수익	5,000,000		
2)	차) 손 익	15,300,000	대) 매 입*	9,000,000
			광고선전비	2,000,000
			이자비용	2,000,000
			보험료	1,700,000
			감가상각비	500,000
			손상차손	100,000
3)	차) 손익	4,700,000	대) 미처분이익잉여금	4,700,000

*4분법의 경우는 '매출원가계정'을 사용한다.

(3) 정산표의 작성

정산표(8위식)

비룡(주) (단위: 천원)

계정과목	잔액시산표		결산정리분개		손익계산서		재무상태표	
	차변	대변	차변	대변	차변	대변	차변	대변
현 금	5,000						5,000	
외 상 매 출 금	6,000						6,000	
FVPL 금융자산	7,000						7,000	
단 기 대 여 금	5,000						5,000	
비 품	5,000						5,000	
자 본 금		(19,300)						19,300
외 상 매 입 금		7,000						7,000
단 기 차 입 금		3,000						3,000
이 월 상 품	5,000		6,000	5,000			6,000	
매 입	10,000		5,000	6,000	9,000			
매 출		15,000				15,000		
광 고 선 전 비	2,000				2,000			
이 자 비 용	1,500		500		2,000			
보 험 료	2,500			800	1,700			
이 자 수 익		4,000		1,000		5,000		

감가상각누계액		500		500				1,000
손실충당금		200		100				300
합계	49,000	49,000						
감가상각비			500		500			
선급보험료			800				800	
미수이자수익			1,000				1,000	
손상차손			100		100			
미지급이자비용				500				500
합계			14,100	14,100				
당기순이익					4,700			4,700
합계					20,000	20,000	35,800	35,800

(4) 손익계산서의 작성

손익계산서

Ⅰ. 매출액		15,000,000
Ⅱ. 매출원가		
1. 기초상품재고액	5,000,000	
2. 당기상품매입액	10,000,000	
3. 기말상품재고액	(6,000,000)	9,000,000
Ⅲ. 매출총이익		6,000,000
Ⅳ. 판매비와관리비		
1. 광고선전비	2,000,000	
2. 보험료	1,700,000	
3. 감가상각비	500,000	
4. 손상차손	100,000	4,300,000
Ⅴ. 영업이익		1,700,000
Ⅵ. 영업외수익		
1. 이자수익	5,000,000	5,000,000
Ⅶ. 영업외비용		
1. 이자비용	2,000,000	2,000,000
Ⅷ. 법인세비용차감전순이익 (당기순이익)		4,700,000

(5) 재무상태표의 작성

재무상태표

비룡(주) (단위: 원)

계정과목	금액		계정과목	금액
(자산)				
현금		5,000,000	(부채)	
매출채권	6,000,000		매입채무	7,000,000
손실충당금	300,000	5,700,000	단기차입금	3,000,000
FVPL금융자산		7,000,000	미지급이자비용	500,000
단기대여금		5,000,000		
선급보험료		800,000		
미수이자수익		1,000,000	(자본)	
상품		6,000,000	자본금	19,300,000
비품	5,000,000		미처분이익잉여금	4,700,000
감가상각누계액	1,000,000	4,000,000		
자산합계		34,500,000	부채와자본합계	34,500,000

보론 · 계속기록법과 실지재고조사법의 회계처리 비교

상품거래를 기록하는 방법으로는 계속기록법과 실지재고조사법이 있다.

(1) 계속기록법

계속기록법(perpetual inventory system)은 상품의 매입 및 매출 시 상품의 증감을 상품계정에 기록(즉 매입 시 상품계정을 증가시키고, 매출 시 상품계정을 감소시키는) 하고, 또한 매출 시 매출액(수익)과 매출원가(비용)를 기록하는 방법이다. 즉 이 방법에서는 상품을 매입하면 매입한 상품의 취득원가를 상품계정 차변에 기입하고, 상품을 매출하면 상품의 취득원가를 상품계정 대변에 기입함과 동시에 그 금액을 매출원가 차변에 기입한다.

그러므로 이 방법에 의하면 회계기간 중에 상품의 증감과 매출원가를 계속적으로 기록하므로 어느 시점에서나 그 동안의 매출원가 총액뿐만 아니라 상품계정의 잔액을 통해 남아있는 기말상품재고액을 알 수 있어 개념적으로는 타당한 기록법이라고 할 수 있다. 따라서 기말에 매출원가 산정을 위한 별도의 결산정리분개를 할 필요가 없는 장점이 있다.

물론 이 방법은 상품을 매출할 때 마다 매출원가를 기록해야 하므로 판매거래가 빈번하게 발생하는 경우 판매되는 상품의 취득원가가 얼마인지 일일이 파악해야 하는 번거로움이 있다. 이러한 번거로움을 피하기 위해 지금까지는 주로 후술하는 실지재고조사법을 사용하였다. 그러나 최근 전산회계시스템의 도입으로 이 계속기록법을 사용하는 기업들이 점차 늘어나고 있는 실정이다. 예컨대, 편의점 등과 같은 소매기업들의 경우 상품의 바코드(bar code)를 읽어 상품의 판매와 재고를 기록하는 것이 대표적이다. 이 경우 수작업으로 상품재고장을 기록할 필요 없이 컴퓨터 소프트웨어를 활용하여 상품의 판매와 관련된 기록을 할 수 있기 때문이다.

계속기록법에 의한 상품의 매입 및 매출 시의 회계처리를 나타내면 다음과 같다.

① 상품 매입 시: 상품계정 차변에 상품의 증가를 기록한다.

차) 상품	×××	대) 외상매입금	×××

② 상품 매출 시: 매출액과 매출원가를 기록하며, 동시에 상품의 감소를 상품계정 대변에 기록한다.

차) 외상매출금	×××	대) 매출	×××
차) 매출원가	×××	대) 상품	×××

③ 결산 시: 결산정리분개는 필요 없다.

(2) 실지재고조사법

실지재고조사법(periodic inventory system)은 상품의 매입과 매출 시에 상품의 증감을 상품계정에 기록하지 않고 매출원가도 기록하지 않으며, 그 대신 기말에 재고조사를 통해 파악한 기말상품재고액과 회계기간 동안의 매출원가 총액을 일괄적으로 산정한다. 단, 상품의 매입 시와 매출 시에 매입계정 차변과 매출계정 대변에 매입액과 매출액을 기록한다.

그러므로 이 방법에 의하면 회계기간 중에 상품의 증감을 기록하지 않으므로 상품계정은 기초상품재고액(beginning inventory)을 나타내며, 매출원가도 기록하지 않으므로 일정 시점의 매출원가나 기말상품재고액을 알 수 없으므로 기말에 실지재고조사를 통해 기말상품재고액을 파악하여 다음의 등식을 이용하여 회계기간 동안의 매출원가 총액을 구하게 된다.

기초상품재고액 + 당기상품 매입액 = 매출원가 + 기말상품재고액

따라서 매출원가 = 기초상품재고액 + 당기상품 매입액 - 기말상품재고액이 된다. 이를 통해 기말상품재고액과 매출원가가 구해지면, 기말에 결산정리분개를 하여 상품계정과 매출원가계정에 기입한다.

실지재고조사법에 의한 상품의 매입, 매출 시 및 결산 시의 회계처리를 나타내면 다음과 같다.

① 상품 매입 시: 매입계정 차변에 매입액을 기록한다.

차) 매입	×××	대) 외상매입금	×××

② 상품 매출 시: 매출액만 기록하고 매출원가와 상품의 감소는 기록하지 않는다.

차) 외상매출금	×××	대) 매출	×××

③ 결산 시 : 재고조사를 통해 기말상품재고액과 매출원가가 구해지면, 기말에 결산정리분개를 하여 상품계정과 매입계정(또는 매출원가계정)에 기입한다.

(3분법)

차) 매 입	×××*	대) 이월상품	×××
이월상품	×××**	매 입	×××

*기초재고액 **기말재고액

(4분법)

차) 매출원가	×××*	대) 이월상품	×××

매출원가	×××**	매　입	×××
이월상품	×××***	매출원가	×××

*기초재고액　**당기순매입액　***기말재고액

(3) 양 방법의 비교

계속기록법은 회계기간 중에 상품의 증감과 매출원가를 계속적으로 기록하므로 어느 시점에서나 그 동안의 매출원가 총액뿐만 아니라 상품계정의 잔액을 통해 남아있는 기말상품재고액을 알 수 있는 장점이 있으나, 상품을 판매할 때 마다 매출원가를 기록해야 하므로 판매거래가 빈번하게 발생하는 경우 판매되는 상품의 취득원가가 얼마인지 일일이 파악해야 하는 번거로움이 있다.

한편 실지재고조사법은 상품을 판매할 때 마다 판매하는 상품의 취득원가를 일일이 파악할 필요가 없으나 실지 조사를 하지 않는 한 특정시점의 상품재고액과 그 때까지의 매출원가를 파악할 수 없는 문제점이 있다.

앞에서도 언급한 바와 같이 최근 전산회계의 도움으로 계속기록법을 사용하는 기업들이 늘어나고 있는 추세이다. 물론 어느 방법을 사용하든 매출액과 매출원가를 총액으로 나타내며, 매출총이익도 구분 표시할 수 있다.

예제

다음은 한국판매(주)의 2017년 상품 거래를 나타낸 것이다. 단, 회계기간은 6개월이다.

7월 1일 : 기초상품재고액은 ₩4,000,000이다.
7월 20일 : 상품 ₩8,000,000을 외상으로 매입하다.
8월 13일 : 상품 ₩9,000,000(원가 ₩6,000,000)을 외상으로 매출하다.
9월 20일 : 상품 ₩10,000,000을 외상으로 매입하다.
11월 15일 : 상품 ₩11,000,000(원가 ₩8,000,000)을 매출하고 대금은 현금으로 받다.
12월 31일 : 상품에 대한 실지재고 결과 ₩8,000,000의 상품이 남아있는 것이 확인되었다.

물음 1) 계속기록법과 실지재고조사법으로 상품거래의 회계처리를 나타내시오.
물음 2) 이 두 방법으로 각각 매출원가를 구하시오.
물음 3) 이 두 방법으로 각각 매출총이익을 구하시오.

풀이

물음 1) 상품거래의 회계처리

	계속기록법	실지재고조사법
7/1	없음	없음
7/20	차) 상품 8,000,000 대) 외상매입금 8,000,000	차) 매입 8,000,000 대) 외상매입금 8,000,000
8/13	차) 외상매출금 9,000,000 대) 매출 9,000,000 차) 매출원가 6,000,000 대) 상품 6,000,000	차) 외상매출금 9,000,000 대) 매출 9,000,000
9/20	차) 상품 10,000,000 대) 외상매입금 10,000,000	차) 매입 10,000,000 대) 외상매입금 10,000,000
11/15	차) 현금 11,000,000 대) 매출 11,000,000 차) 매출원가 8,000,000 대) 상품 8,000,000	차) 현금 11,000,000 대) 매출 11,000,000
11/30 결산 시	없음	(3분법) 차) 매입 4,000,000 대) 이월상품 4,000,000 차) 이월상품 8,000,000 대) 매입 8,000,000 (4분법) 차) 매출원가 4,000,000 대) 이월상품 4,000,000 차) 매출원가 18,000,000 대) 매입 18,000,000 차) 이월상품 8,000,000 대) 매출원가 8,000,000

물음 2) 매출원가의 산정

① 계속기록법 : 매출원가계정의 차변합계인 ₩14,000,000이 매출원가 총액이다.

② 실지재고조사법 : 다음의 등식을 통해 매출원가를 산정할 수 있다.

기초상품재고액 + 당기상품 매입액 = 매출원가 + 기말상품재고액이므로
매출원가 = 기초상품재고액 + 당기상품 매입액 - 기말상품재고액
= ₩4,000,000 + ₩18,000,000 - ₩8,000,000
= ₩14,000,000

물음 3) 매출총이익의 산정

어느 방법에 의하든지 총매출액 ₩20,000,000, 매출원가 ₩14,000,000이므로, 매출총이익은 두 방법 모두 ₩6,000,000이다.

참고 **분식회계(粉飾會計, window dressing settlement, accounting fraud)**

기업이 고의로 자산이나 이익 등을 크게 부풀리고 부채나 비용을 적게 계상함으로써 재무상태나 경영성과, 그리고 재무상태의 변동을 고의로 조작하는 것을 의미한다. 일반적으로 분식회계라 하면 수익의 과대 계상과 비용의 과소계상을 통한 이익을 과대계상하는 것으로 알려져 있지만, 자산을 과대계상하거나 부채를 과소계상하는 것도 분식회계라 할 수 있다.

이렇게 분식회계를 통해 그 기업의 가치를 실제보다 부풀리면 투자자들은 그 기업의 가치를 믿고 투자를 했다가 손해를 보게 된다. 분식회계가 일어나는 이유는 우선 자금 차입이 쉬워질 뿐만 아니라 금융비용을 절감할 수 있기 때문이다. 자본시장에서 자금을 차입할 때 매출액이 많고, 순이익이 높으면 우량 기업으로 인정되어 차입 자금에 대해 지급해야 하는 이자율이 낮아진다. 또한 주식시장에서는 반기 및 분기 재무제표 등을 공시할 때, 순이익이 높으면 주가가 그만큼 높게 형성된다. 따라서 자금의 차입비용을 절감하고, 주가를 높이기 위해서 분식회계가 이루어진다.

분식회계를 방지하기 위한 장치로서 회사는 감사를 두어야 하고, 외부감사인인 공인회계사에게 회계감사를 받아야 한다. 분식회계를 제대로 적발하지 못한 회계법인에 대하여는 영업정지 또는 설립인가 취소의 처분을 내릴 수 있다. 분식회계화된 재무제표를 보고 투자하여 손해를 본 투자자나 채권자는 손해배상 청구소송을 할 수 있다. 2007년 1월부터는 분식회계에 대한 집단소송제가 적용되었다.

그동안 한국을 비롯하여 많은 국가에서 분식회계의 사례가 밝혀졌으나, 가장 대표적인 것이 미국 엔론사의 분식회계 사례라고 할 수 있습니다. 엔론사는 한 때 미국의 7대기업이라 불리워졌으며, 미국 - EU간 석유거래의 20%를 점유하던 기업이었고, 불과 15년 사이에 1,700%라는 성장률을 기록한 기업이었다고 합니다. 그로 인

해서 포춘지로부터 수년간 최고의 혁신기업으로 뽑혔던 기업이었지요. 이러한 엔론사는 2001년 10월 16일에 3년간의 회계 오류를 수정하겠다고 발표합니다. 이것이 엔론 사태의 시작이 되었지요. 엔론사가 수상하다고 판단하고 같은 해 10월 22일 미국 증권거래위원회(SEC)가 엔론사의 금융거래를 조사하기 시작하고 이내 엔론사의 회계부정 행위가 드러나게 됩니다. 이 때 엔론사는 에너지 거래에 있어서 선물시장, 파생상품 등의 복잡한 금융거래를 통하여 부채의 과소계상과 손실의 축소 등의 효과를 만들어내어 대차대조표(현 재무상태표)에서 상당한 부채와 금융계약(차입금 등)을 누락하는 방법을 사용했습니다. 이로 인해 주당 80달러에 육박하던 주가가 순식간에 40센트로 곤두박질 쳤다고 합니다. 그로 인하여 수많은 투자자와 채권자를 비롯하여 노후대책을 위해 많은 자사주를 보유하고 있던 사원들까지도 엄청난 손해를 보게 되었습니다.

출처: 두산백과 및 매일경제용어사전

연습문제

1. 비룡상사의 5월 중의 거래는 다음과 같다. 다음의 거래를 3분법에 의해 분개하고, 이월상품계정, 매입계정, 매출계정에 전기한 후 계정을 마감하시오(단, 필요한 결산분개도 표시할 것).

5월	1일	전기이월액은 다음과 같다. A상품 20개 @500원 10,000원 B상품 30개 @400원 12,000원
	5일	서울상사로부터 다음의 상품을 외상으로 매입하고 매입제비용 2,000원을 현금으로 지급하다. B상품 100개 @430원 43,000원
	10일	서울상사로부터 매입한 B상품의 일부에 불량품이 있어 5,000원의 에누리를 받다.
	20일	대구상사에 다음의 상품을 외상으로 매출하다. A상품 10개 @700원 7,000원 B상품 80개 @600원 48,000원
	25일	대구상사로부터 B상품 5개(@600원, 3,000원)가 견품과 상이하다는 이유로 반품되어 오다.
	31일	기말 상품재고액은 다음과 같다. A상품 10개 @500원 5,000원 B상품 55개 @430원 24,750원

2. 다음은 한국(주)의 상품매매거래이다. 이것을 3분법으로 회계처리하시오.

① 강북(주)로부터 상품 4,000,000원을 구입하고 대금은 추후 지급하기로 하였다. 이 때 인수운임 85,000원은 당사가 부담하기로 하고 우선 강북(주)가 대신 지급하였다.

② 강동(주)에 상품 3,000,000원을 외상으로 판매하고 매입처 부담의 운임 50,000원을 현금으로 대신 지급하다.

③ 강북(주)로부터 구입한 상품 중 일부가 불량품이므로 300,000원 상당의 상품을 반품하였다. 이 때 발생한 운임은 강북(주)가 부담하기로 하고 5,000원을 현금으로 대신 지급하다.

④ 강동(주)에 매출한 상품 중 일부인 400,000원의 상품이 반품되어 오다. 이에 대한 인수운임 6,000원을 현금으로 지급하다.

⑤ 강북(주)로부터 구입한 상품은 2/10, n/30의 조건으로 구입한 것인데 이것을 1주일만에 모두 현금으로 지급하였다.

3. 다음의 거래를 강남(주) 입장에서 3분법으로 회계처리하시오.

① 강남(주)는 강북(주)로부터 상품 2,000,000원을 구입하고 대금은 추후 지급하기로 하였다. 그리고 이 때 발생한 인수운임 50,000원은 당사가 부담하기로 하고 우선 강북(주)가 대신 지급하였다.

차) 대)

② 강남(주)는 강동(주)에 상품 5,000,000원을 판매하고 대금은 추후 받기로 하였다. 그리고 이 때 발생한 운임 50,000원은 강동(주)가 부담하기로 하고 우선 당사가 대신 현금으로 지급하였다.

차) 대)

③ 강남(주)는 서울(주)에 상품 5,000,000원을 외상으로 판매하고, 운임 250,000원은 현금으로 지급하였다.

차) 대)

④ 강남(주)는 위 서울(주)에 대한 외상매출금을 기일 전에 받음으로써 3%를 할인해 주고 잔액은 현금으로 받다.

차) 대)

4. 다음은 강원상점의 상품관련계정의 잔액이다. 물음에 답하시오.

전기이월액	₩3,000,000	당기총매입액	₩6,000,000
매입할인액	₩1,000,000	당기총매출액	₩9,000,000
매출환입액	₩1,000,000	기말재고액	₩2,000,000

물음1 상품매출손익을 산출을 위한 분개를 3분법과 4분법으로 하시오.

물음2 당기의 매출총손익은 얼마인가?

5. 다음은 KS(주)의 재고자산 관련 자료이다. 물음에 답하시오.

상품 종류	기말 재고량	단위당 취득원가	단위당 예상판매가격	단위당 예상 판매비
A-1	100개	@₩5,000	@₩4,500	@₩200

A-2	50개	6,000	6,500	200
B	100개	4,000	5,000	300
C	200개	7,000	8,000	400

물음1 항목별기준을 적용하여 평가하는 경우의 평가손실 및 회계처리를 나타내시오.

물음2 동종군별기준을 적용하여 평가하는 경우의 평가손실 및 회계처리를 나타내시오.

물음3 총액기준을 적용하여 평가하는 경우의 평가손실 및 회계처리를 나타내시오.

물음4 저가기준에 의해 재고자산을 평가하는 경우 평가손실의 크기는 어떠한 순서인가?

6. 한국(주)의 2016년 말 현재의 상품재고액은 ₩20,000,000이었으며, 2017년의 총매출액은 ₩12,000,000, 총매입액은 ₩7,600,000이었다. 그리고 전년도의 매출총이익률은 30%이었다.

물음1 전년도의 매출총이익률을 유지하였다고 가정할 경우 2017년의 매출원가는 얼마로 추정하는가?

물음2 2017년 말의 상품재고액은 얼마로 추정하는가?

해답

1.

<분개 및 전기>

5/1	분개 없음			
5/5	차) 매 입	45,000	대) 외상매입금	43,000
			현 금	2,000
5/10	차) 외상매입금	5,000	대) 매 입	5,000
5/20	차) 외상매출금	55,000	대) 매 출	55,000

5/25	차) 매 출	3,000	대) 외상매출금	3,000
5/31	차) 매 입	22,000	대) 이월상품	22,000
	이월상품	29,750	매 입	29,750
	차) 손 익	32,250	대) 매 입	32,250
	차) 매 출	52,000	대) 손 익	52,000

이월상품

5/1	전 기 이 월	22,000	5/31	매 입	22,000
5/31	매 입	29,750	5/31	차 기 이 월	29,750
		51,750			51,750

매 입

5/5	제 좌	45,000	5/10	외상매입금	5,000
5/31	이 월 상 품	22,000	5/31	이 월 상 품	29,750
			5/31	손 익	32,250
		67,000			67,000

매 출

5/25	외상매출금	3,000	5/20	외상매출금	55,000
5/31	손 익	52,000			
		55,000			55,000

손 익

5/31	매 입	32,250	5/31	매 출	52,000
5/31	상 품 매 출 이 익	19,750			
		52,000			52,000

2.

①	차) 매 입	4,085,000	대) 외상매입금	4,085,000
②	차) 외상매출금	3,050,000	대) 매 출	3,000,000
			현 금	50,000
③	차) 외상매입금	305,000	대) 매 입	300,000
			현 금	5,000
④	차) 매 출	400,000	대) 외상매출금	400,000
	운반비	6,000	현 금	6,000
⑤	차) 외상매입금	3,780,000	대) 현 금	3,706,000*
			매 입	74,000**

*₩3,700,000 × 0.98 + ₩80,000　　** ₩3,700,000 × 0.02

3.

①	차) 매입	2,050,000	대) 외상매입금	2,050,000
②	차) 외상매출금	5,050,000	대) 매출	5,000,000
			현금	50,000
③	차) 외상매출금	5,000,000	대) 매출	5,000,000
	운 반 비	250,000	현금	250,000
④	차) 현금	4,850,000	대) 외상매출금	5,000,000
	매출	150,000		

4. 물음1

(3분법)

① 차) 매 입	3,000,000	대) 이월상품	3,000,000
② 차) 이월상품	2,000,000	대) 매 입	2,000,000
③ 차) 손 익	6,000,000	대) 매 입*	6,000,000
④ 차) 매 출	8,000,000	대) 손 익	8,000,000

* 매출원가를 의미함.

(4분법)

① 차) 매출원가	3,000,000	대) 이월상품	3,000,000
② 차) 매출원가	5,000,000	대) 매 입	5,000,000
③ 차) 이월상품	2,000,000	대) 매출원가	2,000,000
④ 차) 손 익	6,000,000	대) 매출원가	6,000,000
⑤ 차) 매 출	8,000,000	대) 손 익	8,000,000

물음2 당기의 매출총이익 = 순매출액 8,000,000원 - 매출원가 6,000,000원
= 2,000,000원

5.

물음1

상품 종류	기말 재고량	단위당 취득원가	단위당 순실현가능가치	단위당 평가손익
A-1	100개	@₩5,000	@₩4,300	-₩700
A-2	50개	6,000	6,300	+ 300
B	100개	4,000	4,700	+ 700
C	200개	7,000	7,600	+ 600

표에서 보는 바와 같이 항목별기준을 적용하여 재고자산을 평가하는 경우 평가손실을 인식해야 하는 상품은 A-1뿐이다. 따라서 재고자산평가손실(상품평가손실)은 100개 × @ - ₩700 = -₩70,000이다.

차) 재고자산평가손실* 70,000 대) 재고자산평가충당금 70,000

물음2

동종군별기준을 적용하여 재고자산을 평가하는 경우 평가손실을 인식해야 하는 상품은 A상품(A-1과 A-2)뿐이다. 따라서 재고자산평가손실(상품평가손실)은 (100개 × @ - ₩700) + (50개 × @₩300) = -₩55,000이다.

차) 재고자산평가손실* 55,000 대) 재고자산평가충당금 55,000

*매입 또는 매출원가계정으로 회계처리하는 것도 가능함.

물음3

총액기준을 적용하여 재고자산을 평가하는 경우 취득원가(₩2,600,000) 보다 순실현가능가치(₩2,735,000)가 더 크므로 오히려 재고자산평가이익이 발생하나, 저가기준으로 재고자산을 평가하는 경우 이 평가이익은 인식하지 않는다.

물음4

물음 1), 물음 2), 물음 3)에서 본 바와 같이 재고자산평가손실은 항목별기준을 적용하여 평가하는 경우가 가장 크게 나타나며, 그 다음으로 동종군별기준을 적용하여 평가하는 경우, 총액기준을 적용하여 평가하는 경우의 순서가 된다. 즉 재고자산평가손실은 항목별기준≥동종군별기준≥총액기준 순서가 된다.

6.

물음1 2017년 매출원가 = 매출액-매출총이익

= ₩12,000,000 - (₩12,000,000 × 30%)

= ₩8,400,000*

*또는 매출액(₩12,000,000) × 매출원가율(70%) = 매출원가(₩8,400,000)

물음2 2017년 말 상품재고액 = 기초상품재고액(₩20,000,000) + 당기 총매입액(₩7,600,000) - 당기 매출원가(₩8,400,000) = ₩19,200,000이 된다.

종합문제

1. 다음은 현대상사의 상품관련거래 내역이다. 물음에 답하시오.

5월 1일 전기이월액은 다음과 같다.

A상품 20개 @500원 10,000원

B상품 30개 @400원 12,000원

5일 서울상사로부터 다음의 상품을 외상으로 매입하고, 이 때 발생한 인수운임 2,000원은 당사가 부담하기로 하고 우선 서울상사가 대신 지급하였다.

B상품 100개 @430원 43,000원

10일 서울상사로부터 매입한 B상품의 일부에 불량품이 있어 3,000원의 에누리를 받다.

20일 대구상사에 다음의 상품을 외상으로 매출하다. 그리고 이 때 발생한 운임 5,000원은 대구상사가 부담하기로 하고 우선 당사가 대신 현금으로 지급하였다.

A상품 10개 @700원 7,000원

B상품 80개 @600원 48,000원

25일 대구상사로부터 B상품 5개(@600원)가 견품과 상이하다는 이유로 반품되다.

27일 대구상사에 판매한 상품은 2/10, n/30의 조건으로 판매한 것인데 이것을 1주일만에 모두 현금으로 받았다

31일 기말재고액은 다음과 같다.

A상품 10개 @500원 5,000원

B상품 55개 @450원 24,750원

물음 위의 거래를 3분법에 의해 분개하고, 이월상품계정, 매입계정, 매출계정에 전기한 후 계정을 마감하시오(단, 필요한 결산분개도 표시할 것).

2. 다음의 한국상사의 2017년도 매입, 매출 및 이월상품과 관련된 자료이다.

(매입관련 자료)

당기매입액 ₩2,000,000 매입운임 ₩30,000 매입환출 ₩20,000

매입할인 ₩20,000

(매출관련 자료)

당기매출액 ₩3,000,000 판매운임 ₩50,000 매출에누리 ₩10,000
매출환입 ₩10,000

(이월상품 자료)

기초상품 재고액 ₩200,000 기말상품 재고액 ₩300,000

① 한국상사의 2017년도 순매입액과 순매출액을 구하시오.
순매입액 =
순매출액 =

② 한국상사의 2017년도 매출원가는 얼마인가?

③ 한국상사의 2017년도의 매출총손익은 얼마인가?

④ ③을 산출하기 위한 분개 및 전기하여 계정을 마감하시오(4분법).
차) 대)

3. 다음의 자료로 평가충당금계정을 사용하여 기말의 결산정리분개(3분법) 및 부분손익계산서와 부분재무상태표를 나타내시오.

자료

① 기초상품재고액		₩200,000
② 당기매입액		₩5,000,000
③ 기말상품재고액 :	장부상 평가액(원가)	₩400,000
	순실현가능가치	360,000

(분개)

차) 대)

(부분손익계산서)

Ⅱ. 매출원가

1. 기초상품재고액 (　　　)
2. 당기매입액 (　　　)
3. 기말상품재고액 (　　　)
4. (　　　) (　　　) (　　　)

(부분재무상태표)

자산

I. 유동자산

상 품 (   )

(   ) (   ) (   )

4. 다음은 강원상점의 상품관련계정의 잔액이다. 물음에 답하시오.

전기이월액	₩6,000,000	당기총매입액	₩12,000,000
매입에누리액	₩1,000,000	당기총매출액	₩18,000,000
매출할인액	₩1,000,000	기말재고액	₩4,000,000

물음 1) 상품매출손익을 산출을 위한 분개를 3분법과 4분법으로 하시오.

물음 2) 당기의 매출총손익은 얼마인가?

5. 다음은 KS(주)의 재고자산 관련 자료이다. 물음에 답하시오.

상품 종류	기말 재고량	단위당 취득원가	단위당 예상판매가격	단위당 예상 판매비
가-1	100개	@₩10,000	@₩8,000	@₩500
가-2	50개	12,000	13,000	400
나	100개	8,000	9,000	300
다	200개	14,000	13,000	600

물음1 항목별기준을 적용하여 평가하는 경우의 평가손실 및 회계처리를 나타내시오.

물음2 동종군별기준을 적용하여 평가하는 경우의 평가손실 및 회계처리를 나타내시오.

물음3 총액기준을 적용하여 평가하는 경우의 평가손실 및 회계처리를 나타내시오.

물음4 저가기준에 의해 재고자산을 평가하는 경우 평가손실의 크기는 어떠한 순서인가?

6. 한국(주)의 (수정전) 시산표 계정잔액과 결산정리사항에 의하여 손익계산서 및 재무상태표를 작성하시오. 단, 회계기간은 2017년 1월 1일부터 2017년 12월 31일이다.

(1) 계정잔액(단위: 원)

현금	182,000	당좌예금	712,000	외상매출금	400,000
손실충당금	8,000	FVPL 금융자산	160,000	이월상품	900,000
비품	280,000	비품감가상각누계액	96,000	건물	1,600,000
건물감가상각누계액	300,000	외상매입금	240,000	지급어음	140,000
단기차입금	100,000	자본금	(　　　)	매출	1,870,000
잡이익	35,000	매입	1,360,000	급여	134,000
이자비용	15,000	보험료	24,000	잡비	22,000

(2) 결산정리사항

1) 기말 상품의 장부금액은 ₩830,000이나, 순실현가능가치는 ₩780,000이다.
2) 매출채권의 잔액 중 ₩12,000의 손상이 예상되다.
3) 비품 및 건물의 감가상각비는 정액법(잔존가치 0, 내용연수 10년)으로 계상하다.
4) FVPL 금융자산의 기말 평가액(공정가치)은 ₩128,000이다.
5) 이자비용 중 ₩6,000은 선급분이다.
6) 잡비 미지급분은 ₩5,000이다.
7) 보험료 미경과분은 ₩8,000이다.

제 9 장 비유동자산

비유동자산의 종류에는 여러 가지가 있다.[1] 본 장에서는 첫째, 유형자산의 개념과 구성항목을 파악하고 유형자산의 인식과 원가측정, 감가상각, 손상, 재평가모형 선택 시, 후속원가, 감가상각방법 변경 등 추정의 변경과 제거의 회계처리 등을 다루었다. 둘째, 무형자산을 영업권을 제외한 영업권과 사업결합으로 취득한 영업권으로 나누어 무형자산의 의의와 종류 및 인식과 원가측정, 상각, 손상, 재평가 모형 선택 시, 후속원가, 상각방법 변경 등 추정의 변경, 제거의 회계처리를 다루었다. 그리고 마지막으로 투자자산에 대한 회계처리방법에 대해 다루었다.

제 1 절 유형자산

1.1 유형자산의 의의

유형자산은 재화나 용역의 생산이나 제공, 타인에 대한 임대 또는 관리활동에 사용할 목적으로 보유하는 물리적 형태가 있는 자산으로서 한 회계기간을 초과하여 사용할 것이 예상되는 자산을 말한다.[2]

---

1) 자산은 다음의 ① - ④에 해당하는 경우 유동자산으로 분류하며, 그 밖의 모든 자산은 비유동자산으로 분류한다(K-IFRS 1001호 문단 66). ① 기업의 정상영업주기 내에 실현될 것으로 예상하거나, 정상영업주기 내에 판매하거나 소비할 의도가 있다. ② 주로 단기매매 목적으로 보유하고 있다. ③ 보고기간 후 12개월 이내에 실현될 것으로 예상한다. ④ 현금이나 현금성자산으로서, 교환이나 부채 상환 목적으로의 사용에 대한 제한 기간이 보고기간 후 12개월 이상이 아니다.

2) 다음의 자산은 위 유형자산의 정의를 충족하더라고 'K-IFRS 제1016호(유형자산)'를 적용하지

유형자산은 기업이 1년 이상 영업활동을 위해 사용할 목적으로 보유하는 구체적인 형태를 가진 자산을 말하며 토지, 건물, 구축물, 기계장치, 건설중인자산 등이 유형자산의 대표적인 항목이다.

일반적으로 유형자산은 기업이 보유하고 있는 자산 중 금액의 비중이 가장 크고 중요한 자산이다. 이와 같이 유형자산은 기업이 소유하는 자산의 중요한 부분을 차지하는 경우가 많기 때문에 재무상태표 표시가 매우 중요하며, 또한 유형자산 관련 지출의 자산인식 또는 비용처리 여부는 당기 손익에 큰 영향을 미친다.

1.2 유형자산의 특징

① 영업활동에 사용된다.
② 물리적 실체가 있다.
③ 장기간 사용할 목적으로 보유한다.

유형자산은 영업활동에 사용하기 위한 자산이다. 이런 점에서 판매를 목적으로 보유하는 재고자산과 구별된다. 그리고 유형자산은 명칭에서 알 수 있듯이 물리적 실체(physical substance)를 갖는 자산이다. 물리적 실체가 있다는 점에서 유형자산은 영업권, 산업재산권 등의 무형자산과는 구별된다.

유형자산은 장기간 사용할 목적으로 보유하므로 사용에 따른 가치가 감소하는 자산이다. 유형자산은 1년 이상의 기간에 걸쳐서 사용하는 장기자산이며, 일반적으로 취득원가를 감가상각을 통하여 사용기간 동안의 비용으로 배분하게 된다. 다만, 토지와 건설중인자산은 감가상각 대상에서 제외된다.

1.3 유형자산의 회계처리문제

유형자산의 거래는 자주 일어나지 않지만 총자산에서 차지하는 비중이 크기 때문에 어떠한 회계처리를 하느냐에 따라 재무제표에 미치는 영향이 달라질 수 있다. 유형자

아니한다. ① K-IFRS 제1105호 '매각예정비유동자산과 중단영업'에 따라 매각예정으로 분류하는 유형자산, ② 생산용식물(bearer plants)을 제외한 농림어업활동과 관련되는 생물자산(K-IFRS 제1041호 '농림어업' 참조), ③ 탐사평가자산의 인식과 측정(K-IFRS 제1106호 '광물자원의 탐사와 평가' 참조), ④ 석유, 천연가스, 이와 유사한 비재생 자원과 같은 매장광물과 광업권. 그러나 ②-④의 자산을 개발하거나 유지하기 위하여 사용하는 유형자산에는 K-IFRS 제1016호를 적용한다.

산과 관련된 회계처리문제는 다음과 같이 구분할 수 있다.

첫째, 유형자산의 취득은 자산의 분류 및 취득원가의 결정문제로 요약된다.

둘째, 유형자산의 감가상각은 취득원가에서 잔존가치를 차감한 금액을 내용연수에 걸쳐 체계적이고 합리적인 방법으로 배분하여 비용으로 반영하여야 한다.

셋째, 유형자산 취득 후의 지출은 사용기간 동안 자산의 유지 및 개량을 위하여 지출한 금액을 자산의 원가에 포함시키느냐 또는 당기의 비용으로 처리하느냐의 문제이다.

넷째, 유형자산의 재평가는 회사의 선택에 의하여 원가모형 또는 재평가모형을 사용할 수 있다. 재평가모형을 사용하는 경우 유형자산을 공정가치로 수정하는 회계처리를 해야 한다.

다섯째, 유형자산의 손상차손은 유형자산의 장부금액이 회수가능액에 미달하는 경우 손상차손을 인식해야 한다.

여섯째, 유형자산의 제거는 처분과 관련하여 발생하는 회계처리로서 처분손익을 인식한다.

1.4 유형자산의 종류

1. 토지

대지, 임야, 전답, 잡종지 등을 말하며, 판매목적으로 보유하는 토지와 비업무용 토지는 투자자산으로서 여기에 포함되지 않는다. 토지는 다른 유형자산과 달리 감가상각의 대상이 되지 않는 것이 특징이다.

2. 설비자산

(1) 건물

건물과 냉난방, 조명, 통풍 및 기타의 건물부속물을 말한다.

(2) 구축물

구축물은 교량, 궤도, 안벽, 부교, 저수지, 갱도, 굴뚝, 정원설비 및 기타의 토목설비 또는 공작물 등을 말한다.

(3) 기계장치

기계장치는 기계장치, 공장내부에 고정되어 있는 운송설비 등을 말한다.

3. 건설중인자산

건설중인자산(construction in progress)은 유형사산을 자가제작 또는 자가건설하는 경우에 이와 관련하여 발생하는 원가를 제작 또는 건설이 완료될 때까지 기록하는 한시적인 계정을 말한다. 건설중인자산 역시 토지와 함께 감가상각의 대상의 되지 않는데, 그 이유는 아직 영업활동에 사용되지 않고 있기 때문이다.

4. 기타의 유형자산

차량운반구, 선박, 비품, 공기구 등 기타의 유형자산이 여기에 포함된다.

1.5 유형자산의 인식과 원가측정

유형자산으로 인식되기 위해서는 자산으로부터 발생하는 미래 경제적 효익이 기업에 유입될 가능성이 높고, 자산의 원가를 신뢰성 있게 측정할 수 있어야 한다. 그리고 이렇게 인식되는 유형자산은 원가로 측정하여야 한다. 여기서 **'원가'**란 자산을 취득하기 위하여 자산의 취득시점이나 건설시점에서 지급한 현금 또는 현금성자산이나 제공한 기타 대가의 공정가치를 말한다. 그리고 유형자산과 관련된 모든 원가는 그 발생시점에 인식원칙을 적용하여 평가한다. 이러한 원가에는 유형자산을 매입하거나 건설할 때 최초로 발생하는 원가뿐만 아니라 후속적으로 증설·대체 또는 수선·유지와 관련하여 발생하는 원가를 포함한다.

1. 인식시점의 측정

인식하는 유형자산은 원가로 측정하며, 그 원가는 다음과 같이 구성된다.

① 관세 및 환급불가능한 취득 관련 세금을 가산하고 매입할인과 리베이트 등을 차감한 구입가격

② 경영진이 의도하는 방식으로 자산을 가동하는 데 필요한 장소와 상태에 이르게 하는 데 직접 관련되는 원가[3]

3) 이 원가의 예는 다음과 같다. ① 유형자산의 매입 또는 건설과 직접적으로 관련되어 발생한 종업원급여(K-IFRS 제1019호 '종업원급여' 참조), ② 설치장소 준비 원가, ③ 최초의 운송 및 취

③ 자산을 해체, 제거하거나 부지를 복구하는 데 소요될 것으로 최초에 추정되는 원가: 이 경우 회사가 자산을 해체, 제거하거나 부지를 복구할 의무는 해당 유형자산을 취득한 시점에 또는 해당 유형자산을 특정기간 동안 재고자산 생산 이외의 목적으로 사용한 결과로서 발생한다.

(1) 구입의 경우

취득원가 = 구입원가 + 취득관련비용

유형자산은 최초에는 취득원가로 측정하며, 구입에 의해 유형자산을 취득하는 경우의 취득원가는 구입원가 또는 건설(제작)원가와 자산을 가동할 수 있도록 준비하는데 직접 관련되는 지출 등으로 구성된다. 매입할인 등이 있는 경우에는 이것을 차감하여 취득원가를 산출하며, 유형자산의 취득, 건설 또는 생산과 직접 관련된 차입원가는 당해 자산의 취득원가에 포함시킨다.[4)]

한편 여러 가지의 유형자산을 동시에 일괄구입(lump sum purchase)하는 경우에는 개별적으로 구입하는 경우보다 유리한 가격으로 구입할 수 있다. 이 경우 일괄구입액을 각 자산의 공정가치 등 일정한 기준으로 개별 유형자산에 배분해야 한다.

또한, 유형자산을 시장가격 보다 현저하게 싸게 구입(저가구입)하거나 비싸게 구입(고가구입)하는 경우가 있다. 이 경우 ① 저가구입의 경우는 취득원가로 회계처리하나, ② 고가구입의 경우는 공정가치를 취득원가로 계상하며 그 차액은 기부금(당기비용)으로 회계처리한다.

예제

다음을 회계처리하시오.

① 서울회사는 기계를 구입하고 구입대금 7,000,000원을 수표를 발행하여 지급하였다. 그리고 운반비 200,000원, 설치비 300,000원, 시운전비 500,000원을 현금으로 지급하였다.

차) 기계장치	8,000,000	대) 당좌예금	7,000,000

급 관련 원가, ④ 설치원가 및 조립원가, ⑤ 유형자산이 정상적으로 작동되는지 여부를 시험하는 과정에서 발생하는 원가(단, 시험과정에서 생산된 재화, 예컨대 장비의 시험과정에서 생산된 시제품의 순매각금액은 당해 원가에서 차감), ⑥ 전문가에게 지급하는 수수료

4) K-IFRS 제1023호(차입원가) 문단 8.

		현　금	1,000,000

② 강원(주)는 토지・건물・기계를 일괄구입하고 48,000,000원을 지급하였다. 각 자산에 대한 공정가치는 다음과 같다.

토 지 25,000,000원　　건 물 15,000,000원　　기 계 20,000,000원

차) 토　지	20,000,000	대) 현　금	48,000,000
건　물	12,000,000		
기계장치	16,000,000		

③ 현대(주)는 공정가치가 30,000,000원의 토지를 취득하며 45,000,000원의 현금을 지급하였다.

차) 토　지	30,000,000	대) 현　금	45,000,000
기 부 금	15,000,000		

(2) 교환의 경우

자산을 상호 교환하여 유형자산을 취득하는 교환거래의 경우 취득한 유형자산의 원가는 제공한 자산의 공정가치로 측정한다. 다만, 취득한 자산의 공정가치가 더 명확한 경우에는 취득한 자산의 공정가치로 측정한다. 그러나 교환거래에 상업적 실질이 결여되어 있거나,[5] 교환대상 자산의 공정가치를 모두 신뢰성 있게 측정할 수 없는 경우, 취득한 자산의 원가는 제공한 자산의 장부금액으로 측정한다.[6]

예제 1

A사는 사용 중인 차량운반구와 교환으로 B사의 기계장치를 취득하였다. 교환당시 차량운반구의 장부금액은 6,000,000원(취득원가 10,000,000원, 감가상각누계액 4,000,000원)이었으며, 공정가치는 5,000,000원이었다. 한편 B사의 기계장치

5) K-IFRS 제1016호(유형자산) 문단 25에서는 교환거래의 결과 미래현금흐름이 얼마나 변동될 것인지를 고려하여 해당 교환거래에 상업적 실질이 있는지를 결정한다고 규정하고 있다. 이것은 일반적으로 다음 ① 또는 ②에 해당하면서 ③을 충족하는 경우에 교환거래는 상업적 실질이 있다고 본다. ① 취득한 자산과 관련된 현금흐름의 구성(위험, 유출입시기, 금액)이 제공한 자산과 관련된 현금흐름의 구성과 다르다. ② 교환거래의 영향을 받는 영업 부분의 기업 특유가치가 교환거래의 결과로 변동한다. ③ 위 ①이나 ②의 차이가 교환된 자산의 공정가치에 비하여 유의적이다.

6) K-IFRS 제1016호(유형자산) 문단 24-26.

의 장부금액은 4,400,000원(취득원가 10,000,000원, 감가상각누계액 5,600,000원)이었으며, 공정가치는 5,500,000원이었다.
이상의 자료로 A사의 입장에서 차량운반구와 기계장치를 1) 다른 조건없이 교환하여 취득한 경우와 2) 현금 500,000원을 제공하고 취득한 경우의 회계처리를 나타내시오.

1) 차) 기계장치 5,000,000* 대) 차량운반구 10,000,000
감가상각누계액 4,000,000
유형자산처분손실 1,000,000**

*제공한 자산(차량운반구)의 공정가치
**(10,000,000원-4,000,000원)-5,000,000원

2) 차) 기계장치 5,500,000* 대) 차량운반구 10,000,000
감가상각누계액 4,000,000 현 금 500,000
유형자산처분손실 1,000,000

*제공한 자산(차량운반구)의 공정가치(5,000,000원) + 제공한 현금(500,000원)

예제 2

다음을 회계처리하시오.

A사는 사용 중인 차량운반구와 교환으로 B사의 차량운반구를 취득하였다. 교환 당시 A사 차량운반구의 장부금액은 10,000,000원(취득원가 20,000,000원, 감가상각누계액 10,000,000원)이었으며, 공정가치는 9,500,000원이었다. 한편 B사 차량운반구의 장부금액은 9,500,000원(취득원가 15,000,000원, 감가상각누계액 5,500,000원)이었으며, 공정가치는 10,000,000원이었다.
이상의 자료로 A사의 차량운반구와 B사의 차량운반구를 다른 조건없이 교환한 경우의 회계처리를 나타내시오.

[A사의 회계처리]
차) 차량운반구 9,500,000* 대) 차량운반구 20,000,000
감가상각누계액 10,000,000
유형자산처분손실 500,000

*제공한 자산(차량운반구)의 공정가치

[B사의 회계처리]

차) 차량운반구	10,000,000	대) 차량운반구	15,000,000
감가상각누계액	5,500,000	유형자산처분이익	500,000

(3) 자가건설(자가제작)의 경우

기업이 필요로 하는 유형자산을 외부로부터 구입하지 않고 기업이 스스로 자가건설 또는 자가제작하는 경우가 있다. 이 경우 건설 또는 제작에 소요된 재료비, 노무비, 경비 등의 지출액은 우선 **'건설중인자산'**계정으로 처리한 후 건설 또는 제작이 완료된 시점에 해당 유형자산계정으로 대체한다.[7] 물론 앞에서도 설명한 바와 같이 유형자산의 건설 또는 생산과 직접 관련된 차입원가도 당해 자산의 취득원가에 포함시킨다. 이 때 회계기간 동안 그 차입금으로부터 실제 발생한 차입원가에서 당해 차입금의 일시적 운용에서 생긴 투자수익을 차감한 금액을 자본화한다.

예제

다음을 회계처리하시오.

① 건물신축을 위한 공사계약이 체결되어 동 공사도급금액 2,000,000,000원 중 500,000,000원을 착수금으로 지급하고, 설계사에게 설계비용 100,000,000원을 별도로 지급하다.

차) 건설중인자산	600,000,000	대) 현　금	600,000,000

② 상기 공사도급금액 중 중도금으로서 500,000,000원을 지급하다.

차) 건설중인자산	500,000,000	대) 현　금	500,000,000

③ 상기의 공사가 완공되어 신축된 건물을 인도받고 공사도급금액의 잔액 1,000,000,000원을 모두 지급하다.

차) 건　물	2,100,000,000	대) 건설중인자산	1,100,000,000
		현　금	1,000,000,000

7) 취득에 장기간이 소요되는 경우도 우선 '건설중인자산'계정으로 처리한 후 취득이 완료되는 시점에 해당 유형자산계정으로 대체한다.

(4) 현물출자, 증여, 무상취득의 경우

현물출자, 증여, 기타 무상으로 취득한 자산의 금액은 공정가치를 취득원가로 한다.[8] 여기서 **'현물출자'**란 유형자산을 취득하면서 그 대가로 회사의 주식을 발행하여 교부하는 것을 말한다. 현물출자로 자산을 취득하는 경우 발행하여 교부하는 주식의 공정가치를 취득원가로 한다.

예제

다음을 회계처리하시오.

① A사는 건물을 취득하고 그 대가로 신주 50,000주를 발행하여 교부하다. 주식의 액면금액은 주당 5,000원이며, 발행당시 주식의 공정가치는 주당 8,000원이다.

차) 건 물	400,000,000	대) 자본금	250,000,000
		주식발행초과금	150,000,000

② A사는 지방자치단체로부터 공정가치 10,000,000원인 토지를 기증받았다.

차) 토 지	10,000,000	대) 자산수증이익[9]	10,000,000

1.6 유형자산 취득 후의 지출

유형자산의 취득 후 사용 중에 본래의 목적대로 기능이 발휘되도록 하기 위하여 추가적인 지출(**후속원가의 발생**)을 하는 경우가 있다. 예를 들어 건물의 외벽을 페인트칠을 다시 하거나, 에어컨을 설치하는 경우 등이다. 이 때 발생하는 회계상의 문제는 이 유형자산에 대한 추가적 지출을 비용(비용화)으로 볼 것인가 아니면 자산(자본화) 즉 투자로 볼 것인가 하는 점이다.[10] 유형자산 취득 후의 지출은 유형에 따라 수익적 지출과 자본적 지출로 구분한다.[11]

---

8) 유형자산을 무상으로 취득하는 경우 취득원가를 '0'으로 처리하는 것도 가능하다. 이렇게 취득시점에 취득원가를 '0' 으로 처리할 경우도 결산시점에는 유형자산의 재평가를 통해 공정가치로 자산을 인식할 필요가 있다. 그런 면에서 볼 때 유형자산의 공정가치를 기준으로 취득원가를 정하는 것이 회계정보의 목적적합성 측면에서 보다 타당할 것으로 생각된다.

9) 일반적으로 주주로부터 증여받는 경우는 자본항목(자본잉여금)으로 회계처리하며, 기타의 경우는 당기의 수익으로 회계처리한다.

10) 유형자산의 취득 후 추가적인 지출(후속원가의 발생)이 이루어지는 경우, 이 추가적 지출을 비용(비용화)으로 처리할 것이냐 자산(자본화)으로 처리할 것이냐는 즉시 해당연도에 비용으로 처리할 것이냐 추후 일정기간(내용연수 동안)에 걸쳐 감가상각을 통해 비용처리할 것이냐의 문제이다.

1. 수익적 지출

수익적 지출(revenue expenditures)[12]은 유형자산의 원상을 회복시키거나 능률유지를 위한 지출을 말한다. 즉 유형자산의 수선·유지를 위한 지출은 해당 자산으로부터 당초 예상되었던 성능수준을 회복하거나 유지하기 위한 것이므로 일반적으로 발생한 기간의 비용으로 인식한다. 예를 들어, 공장설비에 대한 유지·보수나 수리를 위한 지출은 당초 예상되었던 성능수준을 향상시켜주기 보다는 유지시켜주기 위한 지출이므로 비용으로 처리한다. 따라서 수익적 지출은 그 지출의 효과가 당기에 끝나기 때문에 다음과 같이 당기의 비용인 수선비계정으로 회계처리한다.

차) 수선비	×××	대) 현 금	×××

◐ 수익적 지출의 특징

① 효과가 단기간에 종료하는 지출
② 금액이 적거나, 자산의 원상회복, 능률유지를 위한 지출
③ 전액 당기 비용으로 처리

2. 자본적 지출

자본적 지출(owner's equity expenditures; capital expenditures)은 지출의 효과가 당기 이후의 장기에 걸쳐 발생하여 유형자산의 가치를 실질적으로 증가시키거나 내용연수를 연장시키는 지출을 말한다.[13] 즉 유형자산의 취득 또는 완성 후의 지출이 가장 최근에 평가된 성능수준을 초과하여 미래 경제적 효익을 증가시키는 경우에는 자본적 지출로 처리한다. 예를 들어, 새로운 생산공정의 채택이나 기계부품의 성능개선을 통하여 생산능력 증대, 내용연수 연장, 상당한 원가절감이나 품질향상을 가져오는 경우에는 관련된 지출이 미래 경제적 효익을 증가시키므로 자본적 지출로 처리한다.

자본적 지출은 다음과 같이 해당 유형자산의 장부금액을 증가시키는 회계처리를 한다.[14]

---

11) K-IFRS 제1016호(유형자산)에서는 후속원가를 '자본적 지출', 또는 '수익적 지출'이라는 별도의 용어 사용하지 않고 있다.

12) 수익적 지출이라는 표현보다는 '비용적 지출'이 더 적절할 것 같으나, 전통적으로 '수익적 지출'이라는 용어를 사용해오고 있다.

13) 일반적으로 증설(additions)이나 개량(improvement) 등에 의해 유형자산의 생산능력이 증대하거나 내용연수 등이 증가한다.

14) 자본적 지출로 인해 해당 유형자산의 장부금액을 증가하면 그 지출로 인해 지출연도 이후 감가상각비가 증가하게 된다(예제 참고).

차) 해당유형자산 ××× 대) 현 금 ×××

◐ 자본적 지출의 특징

① 효과가 장기간에 걸쳐 발생하는 지출
② 금액이 크거나, 자산의 능률향상, 가치증가, 내용연수 연장을 위한 지출
③ 해당 유형자산의 취득원가에 가산

예제 1

다음을 회계처리하시오.

① 건물에 대하여 현금 30,000,000원을 들여 증축을 하였다

차) 건 물 30,000,000* 대) 현 금 30,000,000

*건물을 증축하면 건물의 가치가 증가하므로 자본적 지출로 처리한다. 따라서 해당 유형자산인 건물의 장부금액이 증가하게 되므로 이후의 감가상각비도 증가한다.

② 기계가 고장이 나서 원상회복을 위한 수선을 하고 현금 200,000원을 지급하다.

차) 수선비 200,000* 대) 현 금 200,000

*원상회복을 위한 지출은 수익적 지출로 처리한다. 따라서 당기의 비용인 수선비계정으로 처리한다.

예제 2

다음의 자료로 각 물음에 답하시오.

자료

2015년 초 차량운반구 취득, 취득원가 10,000원, 추정 내용연수 4년,
잔존가치 0, 정액법
2018년 초 후속원가 2,000원 발생

물음1 후속원가의 발생이 자산의 인식기준을 충족하는 경우이나, 이 경우 내용연수나 잔존가치는 변함이 없다고 가정하는 경우 2018년도의 회계처리를 나타내시오.

물음2 후속원가의 발생이 자산의 인식기준을 충족하는 경우로서 이 경우 내용연

수는 1년 증가하나 잔존가치는 변함이 없다고 가정하는 경우 2018년도의 회계처리를 나타내시오.

물음3 후속원가의 발생이 자산의 인식기준을 충족하지 못하는 경우 2018년도의 회계처리를 나타내시오.

풀이

[물음 1]

2018년 초)

차) 차량운반구	2,000	대) 현금	2,000

(2018년 말)

차) 감가상각비	4,500	대) 감가상각누계액	4,500*

*2015년 말부터 3년에 걸쳐 매년 2,500원씩 감가상각을 하여 감가상각누계액이 7,500원이므로 2018년 초 현재의 미상각잔액은 2,500원이다. 그러데 추가로 자산의 인식기준을 충족하는 후속원가가 2,000원 발생(장부금액은 4,500원으로 증가)하나, 내용연수는 연장되지 않으므로 장부금액 4,500원 모두가 감가상각하게 된다. 이와 같이 자본적 지출로 처리하면 이후 감가상각비도 증가하게 된다.

[물음 2]

(2018년 초)

차) 차량운반구	2,000	대) 현금	2,000

(2018년 말)

차) 감가상각비	2,250	대) 감가상각누계액	2,250*

*2015년 말부터 3년에 걸쳐 매년 2,500원씩 감가상각을 하여 감가상각누계액이 7,500원이므로 2018년 초 현재의 미상각잔액은 2,500원이다. 그러데 추가로 자산의 인식기준을 충족하는 후속원가가 2,000원 발생(장부금액은 4,500원으로 증가)하고, 내용연수도 1년 연장되어 총2년의 내용연수 동안 매년 2,250원씩 감가상각하게 된다. 이 경우도 위 [물음 1]과 같이 자본적 지출로 처리하면 이후 감가상각비도 증가하게 된다.

[물음 3]

(2018년 초)

차) 수선비	2,000	대) 현금	2,000

(2018년 말)

차) 감가상각비	2,500	대) 감가상각누계액	2,500*

*종전대로 매년 2,500원씩 감가상각을 하게 된다.

1.7 감가상각

1. 감가상각의 의의

감가상각(Depreciation)이란 유형자산의 취득원가에서 잔존가치를 차감한 감가상각 대상금액을 그 자산의 내용연수 동안 매 기간별로 합리적이고 체계적인 방법으로 배분함으로써 적절한 수익과 비용의 대응을 이루고자 하는 원가배분방법을 말한다.

유형자산은 사용하거나 시간이 경과하면 가치가 감소하게 되는데 이것을 감가(減價)라고 하며, 유형자산의 취득원가에서 잔존가치를 차감한 감가상각 대상금액을 그 자산이 사용되는 내용연수 기간에 걸쳐 합리적이고 체계적인 절차에 따라 배분하여 비용으로 처리하는 절차를 감가상각(減價償却)이라고 한다.

이와 같이 '**감가상각(depreciation)**'이란 유형자산의 감가상각 대상금액을 그 자산의 내용연수 동안 체계적인 방법에 의하여 각 회계기간에 배분하는 것을 말한다. 즉 감가상각이란 유형자산의 취득에 소요된 취득원가를 시간의 경과나 사용에 따라 감소되는 가치를 측정하여 이것을 감가상각비로서 비용화(제품의 제조원가나 비용으로)하는 원가배분과정을 말한다.

유형자산의 장부금액은 일반적으로 이러한 경제적 효익의 소멸을 반영할 수 있는 감가상각비의 계상을 통하여 감소한다. 감가상각의 주목적은 취득원가의 배분이며 자산의 재평가는 아니다. 따라서 감가상각비는 유형자산의 장부금액이 공정가치에 미달하더라도 계속하여 인식한다.

각 기간의 감가상각비는 다른 자산의 제조와 관련된 경우에는 관련 자산의 제조원가로, 그 밖의 경우에는 비용으로 계상한다. 따라서 제조과정에서 사용된 유형자산의 감가상각비는 재고자산의 원가를 구성한다.

2. 감가상각비 계산요소

①감가상각 대상금액 ②내용연수 ③감가상각방법

감가상각비는 자산의 취득원가, 잔존가치, 내용연수, 그리고 감가상각방법에 의해 결정된다. 이론적으로 감가상각비는 자산의 효익 제공기간 동안 취득원가를 기간별로 배분하는 것으로 체계적이고 합리적인 방법에 따라 계상되어야 한다.

'**감가상각 대상금액(depreciation base)**'이란 유형자산의 (취득)원가에서 잔존가치를 차감한 금액을 말한다. 여기서 '**(취득)원가**'란 자산을 취득하기 위하여 자산의 취득시점이나 건설시점에서 지급한 현금 또는 현금성자산이나 제공한 기타 대가의 공정가치를 말하며, **'잔존가치(salvage value)'**란 자산이 이미 오래되어 내용연수 종료시점에 도달하였다는 가정하에 자산의 처분으로부터 현재 획득할 금액에서 추정 처분부대원가를 차감한 금액의 추정치를 말한다.

감가상각 대상금액은 취득원가에서 추정 잔존가치를 차감하여 결정하지만 실무상 잔존가치가 중요하지 않은 경우가 많다. 예컨대, 유형자산의 잔존가치는 기업이 합리적으로 추정하는 것이 원칙이나 실무에서는 법인세법에 따라 0으로 하며, 감가상각방법을 정률법으로 하는 경우에는 취득원가의 5%로 하기도 한다.

'내용연수(useful life)'란 기업이 자산을 사용할 수 있을 것으로 예상하는 기간이나 자산에서 얻을 것으로 예상하는 생산량 또는 이와 비슷한 단위 수량을 말한다. 즉 이것은 자산의 수익획득과정에 사용될 것으로 기대되는 기간을 말한다. **'감가상각방법(depreciation method)'**은 감가상각 대상금액을 내용연수 동안 배분하는 방법으로, 여기에는 보통 정액법, 체감잔액법(예를 들면, 정률법, 연수합계법 등), 생산량비례법 등이 있다.

감가상각방법은 자산의 미래 경제적 효익이 소비될 것으로 예상되는 형태를 반영한 합리적인 방법이어야 하며, 이것은 적어도 매 회계연도 말에 재검토하여야 한다. 만일 자산에 내재된 미래경제적 효익의 예상되는 소비형태가 유의적으로 달라졌다면, 달라진 소비형태를 반영하기 위하여 감가상각방법을 변경하여야 한다. 그러한 변경은 회계추정의 변경으로 회계처리하여야 한다(K-IFRS 제1008호 참조).

3. 감가상각방법

(1) 정액법

정액법(fixed amount method)이란 '직선법(straight line method)' 또는 '균등상각법'이라고도 하는데, 당해 감가상각자산의 잔존가치가 변동하지 않는다고 가정할 때 추정 내용연수 동안 매 기간 일정액의 감가상각액, 즉 정액(定額)으로 감가상각비를 계상하는 방법을 말한다.

정액법에 의한 감가상각비는 다음의 산식으로 계산된다.

감가상각비 = (취득원가 - 추정 잔존가치) ÷ 추정 내용연수

예제

한국(주)의 취득원가 5,000,000원, 추정 잔존가치 500,000원, 추정 내용연수 5년인 기계장치의 감가상각비를 정액법으로 계산하시오.

풀이

[감가상각비(정액법)의 산정 예]

$$감가상각비 = \frac{₩5,000,000-₩500,000}{5년} = ₩900,000$$

연 도	기초순장부금액	감가상각비	감가상각누계액	기말순장부금액
1차년도	₩5,000,000	₩900,000	₩900,000	₩4,100,000
2차년도	4,100,000	900,000	1,800,000	3,200,000
3차년도	3,200,000	900,000	2,700,000	2,300,000
4차년도	2,300,000	900,000	3,600,000	1,400,000
5차년도	1,400,000	900,000	4,500,000	500,000

(2) 체감잔액법

체감잔액법(declining balance method)이란 감가상각비를 내용연수 초기에 많이 계상하고 후기로 갈수록 보다 적게 계상하는 이른바 **'가속상각법(accelerated depreciation method)'**으로서 자산의 내용연수 동안 감가상각비를 점차 감소시키는 방법을 말한다. 여기에는 정률법, 연수합계법, 이중체감법 등이 포함된다.

1) 정률법

정률법(fixed percentage method)이란 유형자산의 장부금액(미상각잔액)에 대하여 매 기간 동일한 감가상각률을 적용하는 방법으로, 당해 감가상각자산의 취득원가에서 감가상각누계액을 차감한 잔액에 당해 자산의 내용연수에 따른 정률법에 의한 상각률, 즉 정률(定率)을 곱하여 그 회계연도의 감가상각비를 계산하는 방법을 말한다.

정률법은 세법에서 인정하는 일종의 가속상각법이며 우리나라 기업들이 가장 많이 사용하는 감가상각방법이다. 이것은 초기의 감가상각 금액이 매우 크므로 세금절감 효과가 있기 때문이다.

정률법에 의한 감가상각은 내용연수가 경과함에 따라서 미상각잔액이 감소하며, 이것에 정률을 곱하기 때문에 감가상각비도 매년 체감되는 감가상각방법이다.

정률법에 의한 감가상각비는 다음의 산식으로 계산된다.

감가상각비 = 미상각잔액(장부금액) × 정률법에 의한 감가상각률
= (취득원가 - 감가상각누계액) × 정률법에 의한 감가상각률

여기서 감가상각률, 즉 정률은 다음의 식으로 계산한다.[15)]

$$정률 = 1 - \sqrt[내용연수]{\frac{잔존가치}{취득원가}}$$

예제

위 한국(주)의 기계장치에 대한 감가상각비를 정률법으로 계산하시오(정률은 0.369임).

풀이

[감가상각비(정률법)의 산정 예]

정률법에 의한 매년도 감가상각비 = 장부금액×감가상각률(정률)

연도	감가상각비	장부금액 (기초장부금액 - 감가상각비)
		5,000,000원
1년	5,000,000 × 0.369 = 1,845,000원	3,155,000
2년	3,155,000 × 0.369 = 1,164,195	1,990,805
3년	1,990,805 × 0.369 = 734,607	1,256,198
4년	1,256,198 × 0.369 = 463,537	792,661
5년	792,661 × 0.369 = 292,661*	500,000
합 계	4,500,000원	

*5년간의 감가상각누계액 합계가 4,500,000원이 되도록 단수(端數)를 조정함.

2) 연수합계법

연수합계법(sum of the years' digits method; SYD법)은 유형자산의 감가상각비를 취득한 초기에는 많은 금액을 상각하고, 기간이 경과할수록 점차 적은 금액을 상각하는 방법을 말한다.

이 방법은 정률법과는 달리 취득원가에서 추정 잔존가치를 차감한 금액에 매년 다른 상각률을 적용하여 감가상각액을 계산하게 되므로 감소되는 감가상각 금액의 정도

15) 매년 동일한 감가상각률을 r, 그리고 내용연수를 n으로 표현하면, n년 후의 잔존가치는 다음과 같다. 잔존가치 = 취득원가 × $(1-r)^n$이므로 이 식을 감가상각률 즉 r에 대하여 풀면, $r = 1 - (잔존가치/취득원가)^{1/n}$이 된다.

가 정률법 보다는 완만한 편이다. 다만, 정확히 추정할 수 있을 경우에만 사용할 수 있다.

이 방법은 감가상각 대상금액에 감가상각률을 곱하여 계산하는데 이 때 적용하는 감가상각률은 내용연수의 합계(예로서 내용연수를 5년으로 가정하는 경우의 경우는 1+2+3+4+5 =15)를 분모로 하고 연초 현재의 잔여 내용연수를 분자로 하여 계산한다.

감가상각비 = (취득원가 - 추정 잔존가치) × 연도별 감가상각률

여기서 감가상각률은 다음의 식으로 계산한다.

$$감가상각률 = \frac{잔여\ 내용연수}{내용연수의\ 합계}$$

예제

위 한국(주)의 예제를 연수합계법으로 매년도 감가상각비를 계산하시오.

풀이

[감가상각비(연수합계법)의 산정 예]

연수합계법에 의한 매년도 감가상각비

1차년도 (5,000,000원-500,000 원) × $\frac{5}{15}$ = 1,500,000원

2차년도 (5,000,000원-500,000 원) × $\frac{4}{15}$ = 1,200,000원

3차년도 (5,000,000원-500,000 원) × $\frac{3}{15}$ = 900,000원

4차년도 (5,000,000원-500,000 원) × $\frac{2}{15}$ = 600,000원

5차년도 (5,000,000원-500,000 원) × $\frac{1}{15}$ = 300,000원

3) 이중체감법

이중체감법(double declining method)은 이른바 **이중체감잔액법**(double declining balance method)이라고도 하며 미국 세법에서 인정하는 가속상각법 중의 하나이다. 이 방법에 의한 감가상각비는 상각률을 정액법의 두 배로 계산한다는 점을 제외하고는 정률법과 계산방법이 동일하다.[16]

이중체감법의 감가상각비 산식은 다음과 같다.

> 감가상각비 = 유형자산의 미상각잔액(장부금액) × 감가상각률
> = (취득원가 - 감가상각누계액) × 감가상각률
>
> 여기서 감가상각률은 다음의 식으로 계산한다.
> 감가상각률 = (1 ÷ 내용연수) × 2

이중체감법에 의한 감가상각비는 감가상각률 계산 시 잔존가치를 고려하지 않으므로 상각연도 말(마지막 연도)에는 장부금액과 잔존가치의 차액을 감가상각비로 계상하여야 한다. 왜냐하면 감가상각비 총액이 감가상각 대상금액을 넘어서는 안 되기 때문이다

예제

위 한국(주)의 예제를 이중체감법으로 매년도 감가상각비를 계산하시오.

풀이

[감가상각비(이중체감법)의 산정 예]

감가상각률 = (1÷내용연수)×2 = (1÷5년)×2 = 40%

연도	기 초 순 장부금액	감 가 상각률	감가상각비	감가상각 누계액	기 말 순 장부금액
1차년도	₩5,000,000	40%	₩2,000,000	₩2,000,000	₩3,000,000
2차년도	3,000,000	40%	1,200,000	3,200,000	1,800,000
3차년도	1,800,000	40%	720,000	3,920,000	1,080,000
4차년도	1,080,000	40%	432,000	4,352,000	648,000
5차년도	648,000	40%	148,000*	4,500,000	500,000

*잔존가치인 ₩500,000 이하로 감가상각이 이루어져서는 안 되므로 5차년도의 감가상각비를 ₩148,000 만큼만 인식하여 기말 순장부금액과 잔존가치를 일치시켜야 한다.

(3) 생산량비례법

생산량비례법(units of production method)이란 자산의 예상조업도 또는 예상생산

16) 일반적으로 정액법의 200%, 즉 두 배로 계산하는 것이 보통이나 때로는 정액법의 150%, 즉 1.5배로 계산하는 방법을 사용하기도 한다.

량에 기초하여 감가상각액을 계상하는 방법을 말한다. 즉 생산량비례법은 생산량 또는 기계사용시간 등에 비례해서 감가상각비를 계상하는 방법으로 보통 천연자원인 광산, 유전, 삼림 등 소위 감모성자산의 상각액을 계산할 때 적용하는 방법이다[17].

생산량비례법은 유형자산의 가치감소가 사용기간이 아닌 사용정도와 관련성이 높을 때 사용한다. 즉, 이 방법은 유형자산이 생산물의 양이나 용역의 제공에 비례해서 이용된 것으로 보고 내용연수 대신에 생산량을 기준으로 감가상각비를 계산한다.

감가상각비 계산방법은 취득원가에서 잔존가치를 차감한 감가상각 대상금액을 추정총생산량(또는 사용시간)으로 나누어 단위당 감가상각비를 계산한 다음, 그 단위당 감가상각비에 매기의 실제생산량(또는 사용시간)을 곱하여 감가상각비를 계산한다.

$$\text{감가상각비} = (\text{취득원가} - \text{잔존가치}) \times \frac{\text{실제생산량}}{\text{추정총생산량}}$$

예 제

강원회사는 기계장치(취득원가 5,000,000원, 잔존가치 500,000원)를 취득하여 생산작업에 사용하고 있다. 그리고 이 기계장치의 추정총생산시간은 50,000시간이다. 당기의 실제생산시간이 10,000시간인 경우 생산량비례법에 의한 감가상각비를 계산하시오.

풀이

$$\text{감가상각비} = (5{,}000{,}000\text{원} - 500{,}000\text{원}) \times \frac{10{,}000\text{시간}}{50{,}000\text{시간}} = 900{,}000\text{원}$$

(4) 조별상각법과 종합상각법

조별상각법과 종합상각법은 개별 자산별로 감가상각비를 계산하는 것이 아니라 몇몇의 자산을 함께 묶어 감가상각비를 계산하는 방법을 말한다.

조별상각법(group depreciation method)이란 자산의 성질, 구조, 용도, 소속 장소, 사용정도 등이 본질적으로 동일한 자산군(homogeneous assets)을 하나의 그룹으로 묶어 감가상각하는 방법이다.

---

17) 기계 사용시간 등을 기준으로 감가상각비를 계상하는 방법을 '사용시간 비례법'이라고 하며, 이것에는 항공기나 차량운반구를 감가상각할 때 비행거리(또는 운항시간)나 운행거리(운행시간)를 기준으로 감가상각을 하는 것 등도 포함한다고 할 수 있다.

종합상각법(composite depreciation method)이란 자산의 성질이 서로 다른 자산군(heterogeneous assets)을 하나의 그룹으로 하여 감가상각하는 방법이다.

조별상각법과 종합상각법은 자산을 자산군으로 나누는 데 차이가 있을 뿐이지 회계상의 관점에서 감가상각비를 계산하는 방법에 있어서는 차이가 없다.

조별상각법과 종합상각법을 적용하여 감가상각비를 계산하기 위해서는 위에서 설명한 구분에 따라 자산군으로 나눈다. 그런 다음 자산군의 평균 조별(종합)감가상각률[자산별 연간 감가상각비의 총합계 ÷ 자산별 취득원가의 총합계]을 구해서 취득원가에 곱하여 감가상각비를 계상한다.

유의할 점은 평균 감가상각률을 감가상각 대상금액에 곱하는 것이 아니라 자산군의 취득원가의 총합계액에 곱하여 감가상각비를 구한다는 점이다. 단점은 처분시점에서는 개별자산의 감가상각누계액을 알 수 없어 처분손익을 파악할 수 없다. 그러므로 처분 시에는 처분손익을 인식하지 않고 자산군의 마지막 자산항목이 제거되거나, 자산군의 장부금액이 0이 되거나, 처분으로 인하여 감가상각누계액이 0이 되는 시점에서 처분손익을 인식한다.

4. 감가상각비의 비용인식과 재무제표에의 표시

유형자산의 가치감소는 회계기간 중에도 계속적으로 발생하지만 감가상각비를 비용으로 인식하는 회계처리는 회계연도 중에 해당 유형자산을 처분하는 경우를 제외하고는 회계연도 말에 행해지는 것이 일반적이다. 따라서 회계연도 말에 연간 감가상각비를 계산하고 비용으로 인식하는 회계처리(결산정리분개)를 한다.

이 경우 회계처리는 크게 두 방법 중 하나를 사용한다. 하나의 방법은 차변에 감가상각비계정을, 대변에 해당 유형자산계정을 기입하는 것으로, 직접법이라고 한다.

차) 감가상각비	×××	대) 해당 유형자산	×××

이 방법으로 회계처리하는 경우 감가상각비는 손익계산서의 판매비와관리비(제조와 관련된 유형자산의 감가상각비는 제조경비)로, 해당 유형자산은 재무상태표의 비유동자산 중 유형자산에 해당 유형자산의 순액(감가상각 후 장부금액)을 표시한다. 그러므로 감가상각비를 직접법으로 회계처리하면 일정기간이 지나면 원래의 취득원가가 얼마인지를 알 수 없게 된다. 따라서 실무에서는 유형자산의 감가상각비 비용인식과 재무제표에의 표시는 이 방법보다는 후술하는 간접법을 관습적으로 많이 사용하고 있다.

다른 하나의 방법인 간접법은 차변에 감가상각비계정을, 대변에 해당 유형자산 감가상각누계액(accumulated depreciation)이라는 차감계정을 기입하고,[18] 감가상각비는 손익계산서의 판매비와관리비(제조와 관련된 유형자산의 감가상각비는 제조경비)로, 해당 유형자산은 재무상태표의 비유동자산 중 유형자산에 해당 유형자산의 취득원가에서 그동안 감가상각을 해온 감가상각누계액을 차감하여 표시한다.

차) 감가상각비 ××× 대) 해당 유형자산 감가상각누계액 ×××

이 간접법으로 회계처리하면 해당 유형자산의 취득원가가 재무제표 상에 표시되고, 해당 유형자산 감가상각누계액이 해당 유형자산의 취득원가에서 차감표시되므로 일정기간이 지나도 원래의 취득원가는 물론 그 동안의 감가상각누계액, 그리고 더 나아가 해당 유형자산의 현재 장부금액도 알 수 있으므로 회계정보 이용자에게 앞에서 설명한 직접법보다 보다 많은 정보를 제공하게 된다.

위 두 방법 모두 사용가능하나 앞에서도 서술한 바와 같이 실무에서는 유형자산의 감가상각비 비용인식과 재무제표에의 표시는 간접법을 관습적으로 많이 사용하고 있다. 위 두 방법에 의한 재무제표의 표시는 다음과 같다.

[직접법에 의한 재무제표의 표시]

재무상태표

유형자산		
	건물	×××*
	기계장치	×××*

*감가상각 후 장부금액만 표시됨.

[간접법에 의한 재무제표의 표시]

재무상태표

유형자산			
	건물	×××	
	감가상각누계액	(××)	×××
	기계장치	×××	
	감가상각누계액	(××)	×××

18) 감가상각누계액은 일괄하여 유형자산의 합계액에서 차감하는 형식으로 기재할 수도 있는데 이와 같이 감가상각누계액을 일괄표시하는 경우에는 그 내용을 주석으로 기재하여야 한다.

예제

2017년 1월 1일에 기계를 5,000,000원에 취득하였다. 2017년 12월 31일 결산일에 이 기계의 감가상각비는 1,000,000원이다.

① 감가상각비를 기록하기 위한 결산정리분개(간접법)를 하시오.
② 위의 사항을 재무상태표에 표시하시오.

풀이

① 회계처리 :

차) 감가상각비	1,000,000	대) 감가상각누계액	1,000,000

② 재무상태표 표시 :

재무상태표

유형자산		
기계장치	5,000,000	
감가상각누계액	(1,000,000)	4,000,000

5. 감가상각에 대한 추가적 논의

(1) 회계연도 중에 취득한 유형자산의 감가상각

앞에서는 편의상 유형자산을 회계연도 초에 취득한 경우를 설명하였으나, 유형자산은 회계연도 중에 취득하는 것이 보다 일반적일 것이다. 그러면 이와 같이 회계기간 중에 취득한 유형자산의 감가상각비는 어떻게 인식하여야 하는가?

유형자산에 대한 감가상각은 기말에 연단위(year basis)로 하는 것이 일반적이지만, 회계연도 중에 취득한 경우에는 일단위(daily basis)나 월단위(monthly basis)로 인식하거나 경우에 따라서는 분기나 반년단위로 산정하는 것도 가능하다. 물론 월단위로 인식(월할 계산방식)하는 것이 가장 일반적이며, 어떤 방법을 적용하든 그 방법은 계속적으로 적용하여야 한다.

예제

12월 결산법인인 비룡(주)는 2015년 회계연도 중 다음과 같은 비품을 취득하였다. 물음에 답하시오.

자료

취득일: 2015년 10월 1일 취득원가: ₩5,000,000
추정 내용연수: 3년 추정 잔존가치: ₩500,000

물음1 정액법을 적용하여 월단위 계산방식(월할 계산방식)을 사용할 경우 회계연도별 감가상각비는?

물음2 연수합계법을 적용하여 월단위 계산방식(월할 계산방식)을 사용할 경우 회계연도별 감가상각비는?

풀이

물음 1) 정액법을 적용할 경우 각 회계연도별 감가상각비는 다음과 같이 계산된다.

2015년 감가상각비 = (₩5,000,000-₩500,000)×3/36 = ₩375,000
2016년 감가상각비 = (₩5,000,000-₩500,000)×12/36 = ₩1,500,000
2017년 감가상각비 = (₩5,000,000-₩500,000)×12/36 = ₩1,500,000
2018년 감가상각비 = (₩5,000,000-₩500,000)×9/36 = ₩1,125,000

물음 2) 연수합계법을 적용할 경우 각 회계연도별 감가상각비는 다음과 같이 계산된다. 이 방법으로 감가상각비를 계산하기 위해서는 먼저 연수합계를 구해야 한다. 추정 내용연수가 3년이므로 연수합계는 1년+2년+3년 = 6년이 되며, 1차연도, 2차연도, 3차연도에 감가상각 대상금액의 각각 3/6, 2/6, 1/6씩 감가상각을 한다. 따라서 1차연도, 2차연도, 3차연도의 1년분 감가상각비는 다음과 같이 계산한다.

1차연도의 1년분 감가상각비 = (₩5,000,000-₩500,000)×3/6 = ₩2,250,000
2차연도의 1년분 감가상각비 = (₩5,000,000-₩500,000)×2/6 = ₩1,500,000
3차연도의 1년분 감가상각비 = (₩5,000,000-₩500,000)×1/6 = ₩750,000

따라서 위 1년분 감가상각비를 월수를 기준으로 배분하면 각 회계연도별 감가상각비는 다음과 같다.

2015년의 감가상각비 = 1차연도의 1년분 감가상각비(₩2,250,000)×3/12(3개월분)
= ₩562,500
2016년의 감가상각비 = 1차연도의 9개월분 + 2차연도의 3개월분
= ₩2,250,000 × 9/12 + ₩1,500,000 × 3/12
= ₩2,062,500

2017년의 감가상각비 = 2차연도의 9개월분 + 3차연도의 3개월분
= ₩1,500,000 × 9/12 + ₩750,000 × 3/12
= ₩1,312,500
2018년의 감가상각비 = 3차연도의 9개월분
= ₩750,000 × 9/12
= ₩562,500

(2) 감가상각방법의 선택에 따른 세금효과

앞에서 본 바와 같이 어떤 감가상각방법을 선택하든 내용연수 동안 동일한 감가상각 대상금액을 감가상각하게 되나, 어떤 감가상각방법을 선택하느냐에 따라 연간 감가상각비는 다르게 계산되며, 이로 인해 법인세차감전이익이 달라지므로 법인세 부담액도 달라진다. 예를 들면 정액법은 매기 일정한 금액만큼 감가상각을 하나 정률법이나 연수합계법 등과 같은 가속상각법으로 감가상각을 하는 경우 내용연수의 초기 연도에 더 많은 감가상각비를 인식하므로 초기 연도의 법인세차감전이익이 적게 계상되어 초기 연도에는 세금을 적게 부담하게 된다.

물론 가속상각법으로 감가상각을 하는 경우 내용연수의 후기로 갈수록 정액법보다 더 적은 감가상각비를 인식하므로 후기 연도로 갈수록 법인세차감전이익이 많게 되어 후기 연도에 세금을 더 부담하게 된다.

1.8 유형자산의 손상차손

일반적으로 자산은 회수가능액 이상으로 기록되어서는 안 된다. 따라서 유형자산의 경우도 회수가능액(recoverable amount)이 장부금액(취득원가 - 감가상각누계액) 보다 낮은 경우 이를 평가감하여야 한다. 물론 회사는 매 보고기간말마다 자산의 손상(impairment)을 시사하는 징후가 있는지 검토하고, 징후가 발견되면 회수가능액을 추정하여, 추정한 회수가능액이 장부금액보다 적다면 그 차액을 손상차손으로 인식하여야 한다.

K-IFRS에 의하면 자산의 **회수가능액(recoverable amount)**[19]이 장부금액에 미달하

19) 여기서 '**회수가능액(recoverable amount)**'은 자산의 처분부대원가를 뺀 공정가치와 사용가치 중 더 많은 금액을 말하며, '공정가치'는 측정일에 시장참여자 사이의 정상거래에서 자산을 매도할 때 받거나 부채를 이전할 때 지급하게 될 가격(K-IFRS 제1113호 참조)이며, '사용가치'는 자산에서 얻을 것으로 예상되는 미래현금흐름의 현재가치를 말한다(K-IFRS 제1036호(자산손상) 문단 18.)

는 경우에는 회수가능액을 장부금액으로 하고 그 차액을 '**손상차손(impairment loss)**'으로 즉시 당기손익으로 인식하고, 동시에 손상차손누계액으로 계상하도록 하고 있다.[20]

또한 과거에 인식한 손상차손이 더 이상 존재하지 않거나 감소된 것을 시사하는 징후가 있는 경우 당해 자산의 회수가능액을 추정하고, 손상되지 않았을 경우의 장부금액을 한도로 '**손상차손환입(Reversal of impairment loss)**'으로 당기손익으로 환입하도록 하고 있다.

[손상차손의 회계처리]

차) 손상차손	×××	대) 손상차손누계액	×××

[손상차손환입의 회계처리]

차) 손상차손누계액	×××	대) 손상차손환입	×××

예 제

한국(주)는 2015년 초 취득원가 5,000,000원, 추정 잔존가치 0원, 추정 내용연수 5년인 기계장치를 취득하였으며 감가상각방법은 정액법을 사용하고 있다. 2016년 말 동 기계장치의 회수가능액을 2,100,000원으로 추정하고 있으며, 2017년 말에는 2,500,000원으로 회복될 것으로 추정하고 있다. 유형자산의 손상차손과 관련하여 2016년 말, 2017년 말의 회계처리를 나타내시오.

풀이

[2016년 말(손상차손)의 회계처리]

차) 손상차손	900,000*	대) 손상차손누계액	900,000

*손상차손 = (5,000,000원 − 1,000,000원 × 2년) − 2,100,000원 = 900,000원

[2017년 말의 회계처리]

① 손상차손 후의 감가상각의 회계처리

차) 감가상각비	700,000*	대) 감가상각누계액	700,000

*감가상각비 = 2,100,000원/3년 = 700,000원

② 손상차손환입 인식의 회계처리

차) 손상차손누계액	600,000*	대) 손상차손환입	600,000

*손상차손환입액 =회수가능액 한도 − 장부금액
= (5,000,00원 − 1,000,000원 × 3년) − (2,100,000원 − 700,000원)
= 600,000원

20) K-IFRS 제1036호(자산손상) 문단 8.

1.9 상각방법 변경 등 추정의 변경

유형자산은 취득하여 사용 중에 감가상각방법뿐만 아니라 내용연수나 잔존가치 등도 변경할 수 있다. 예컨대, 유형자산을 사용 중에 추가적인 지출이 이루어진 경우(후속원가가 발생한 경우) 그 지출로 인해 자산의 인식기준을 충족하여 자산의 가치가 증대되거나 내용연수가 증가할 수 있으며, 그와 동시에 잔존가치도 변경할 수 있다 이와 같은 감가상각방법이나 내용연수, 잔존가치의 추정치가 변경되는 것을 '**회계추정의 변경**'이라고 한다.

그리고 유형자산의 감가상각방법은 적어도 매 회계연도 말에 재검토하여야 한다. 재검토결과 자산에 내재된 미래 경제적 효익의 예상되는 소비형태가 유의적으로 달라졌다면, 달라진 소비형태를 반영하기 위하여 감가상각방법을 변경하여야 한다. 그러한 변경은 회계추정의 변경으로 회계처리하여야 한다.[21]

유형자산의 잔존가치와 내용연수도 적어도 매 회계연도 말에 재검토하여야 한다. 재검토결과 추정치가 종전 추정치와 다르다면 그 차이도 감가상각방법의 변경과 마찬가지로 회계추정의 변경으로 회계처리하여야 한다.

그리고 감가상각과 관련한 회계추정의 변경은 **전진법**(prospective method)으로 회계처리한다. 이 '**전진법**'은 과거의 기록은 그대로 두고 변경시점부터 새로운 추정치를 적용하여 회계처리를 하는 것이다. 따라서 회계추정의 변경이 이루어지면 그 회계처리는 과거에 인식한 감가상각비나 감가상각누계액을 소급하여 수정하지 않고, 변경시점부터 변경된 감가상각방법이나 내용연수, 잔존가치를 반영하여 감가상각비를 계산한다.

예제

다음은 한국(주)의 유형자산(차량운반구) 관련 자료이다. 물음에 답하시오,

자료

취득일: 2015년 1월 1일　　　취득원가: ₩30,000,000

추정 내용연수: 5년　　　추정 잔존가치: ₩3,000,000

감가상각방법: 정액법

물음 한국(주)는 2년 후인 2017년 초에 차량의 추정 내용연수를 5년에서 7년

21) K-IFRS 제1008호(회계정책, 회계추정의 변경 및 오류) 문단 32-36.

으로 변경하였으며, 추정 잔존가치도 ₩3,000,000에서 ₩2,000,000으로 변경하였다. 2015년, 2016년, 2017년의 감가상각비를 계산하시오.

풀이

2015년과 2016년의 감가상각비 = (₩30,000,000-₩3,000,000)÷5년
= ₩5,400,000/년

2015년 말과 2016년 말에 각각 ₩5,400,000씩 감가상각을 하였으므로 2017년 초의 장부금액은 ₩19,200,000(₩30,000,000 - ₩5,400,000 × 2년)이다.
그런데 2017년 초에 추정 잔존가치와 내용연수를 변경하였으므로 2017년의 감가상각비는 변경된 내용연수나 잔존가치를 반영하여 전진법으로 다음과 같이 계산한다.

2017년부터의 감가상각비 = 변경 후의 감가상각대상금액 ÷ 변경 후 추정 잔여내용연수
= (₩19,200,000 - ₩2,000,000) ÷ 5년
= ₩3,440,000/년

1.10 유형자산의 제거

유형자산은 여러 방법(예 : 매각 또는 기부)으로 처분할 수 있다. 유형자산은 처분하는 때, 또는 사용이나 처분을 통하여 미래 경제적 효익이 기대되지 않을 때 재무상태표에서 제거한다.

유형자산의 제거로 인하여 발생하는 손익(유형자산처분손익)은 자산을 제거할 때 당기손익으로 인식한다. 즉 유형자산의 제거로 인하여 발생하는 손익은 순매각금액과 장부금액의 차이로 결정된다[22]. 따라서 유형자산 순매각금액이 장부금액보다 크면 그 차액을 유형자산처분이익계정에, 반대로 작으면 그 차액을 유형자산처분손실계정에 기록한다. 이 경우 유형자산의 장부금액은 취득원가에서 매각시점의 감가상각누계액과 손상차손누계액을 차감한 금액을 말한다.

22) 유형자산의 제거(처분)는 회계연도 중 언제라도 가능하므로, 회계연도 중 처분하는 경우 연초부터 제거(처분)시점까지의 기간에 대한 감가상각비를 먼저 인식하여 제거(처분)시점의 장부금액을 산정한다. 그러므로 이 산정된 장부금액과 순매각금액의 차이가 유형자산처분손익이 된다.

예 제

다음을 회계처리하시오.

① 사용해 오던 기계장치(취득원가 10,000,000원, 감가상각누계액 7,000,000원)를 3,500,000원에 매각하고 대금은 현금으로 받다.

차) 감가상각누계액	7,000,000	대) 기계장치	10,000,000
현 금	3,500,000	유형자산처분이익	500,000

② 사용해 오던 차량운반구(취득원가 10,000,000원, 감가상각누계액 8,000,000원)를 1,000,000원에 매각하고 대금은 현금으로 받다. 매각시 매각비용이 200,000원 발생하였다.

차) 감가상각누계액	8,000,000	대) 차량운반구	10,000,000
현 금	800,000*		
유형자산처분손실	1,200,000		

*순매각금액 = 매각금액(1,000,000원) - 매각비용(200,000원) = 800,000원

1.11 유형자산의 재평가

K-IFRS에서는 유형자산의 취득시점에 취득원가로 기록한 후, 사용기간 중에는 원가모형이나 재평가모형 중 하나를 적용하여 평가할 수 있도록 하고 있다.

원가모형(cost model)은 기존의 회계처리방법으로 유형자산을 최초 취득시점에 취득원가로 인식한 후에 재평가를 하지 않는 방법이다. 이 모형 하에서 최초 인식 후에 유형자산은 원가에서 감가상각누계액과 손상차손누계액을 차감한 금액을 장부금액으로 한다.

재평가모형(revaluation model)은 취득원가로 유형자산을 최초에 인식한 후에 공정가치를 신뢰성 있게 측정할 수 있는 경우에는 재평가일에 유형자산을 재평가하고, 재평가일의 공정가치에서 이후의 감가상각누계액과 손상차손누계액을 차감한 재평가금액을 장부금액으로 표시하는 방법이다. 이 경우 재평가는 보고기간 말에 자산의 장부금액이 공정가치와 중요하게 차이가 나지 않도록 주기적으로 수행하여야 한다.

재평가모형을 적용하는 경우 감가상각자산은 재평가한 금액을 기초로 감가상각비를 인식하므로 재평가 후의 감가상각비도 변동되며, 처분하는 경우 기타포괄손익으로 인식한 재평가이여금은 제거하지 않는다. 이것은 재평가잉여금을 당기손익으로 재분류하지 않기 때문이다. 다만, 이 경우 기업의 선택에 따라 재평가잉여금을 다른 자본항목(이익잉여금 등)으로 대체할 수는 있다.

1. 재평가로 인하여 장부금액이 증가한 경우

자산의 장부금액이 재평가로 인하여 증가된 경우에 그 증가액은 기타포괄손익으로 인식하고 재평가잉여금의 과목으로 자본에 가산한다. 그리고 이후 재평가로 인하여 증가되면 재평가잉여금으로 인식한다. 그러나 이후 재평가로 인하여 감소되면 전기에 인식하였던 재평가잉여금을 우선 감소시키고, 초과액의 경우 재평가손실(당기손실)로 인식한다.

2. 재평가로 인하여 장부금액이 감소한 경우

자산의 장부금액이 재평가로 인하여 감소된 경우에 그 감소액을 재평가손실로 당기손익으로 인식한다. 그리고 이후 재평가로 인하여 감소되면 재평가손실로 인식한다. 그러나 이후 재평가로 인하여 증가되면 전기에 인식하였던 재평가손실 만큼 재평가이익(당기이익)으로 인식하고, 초과액의 경우 재평가잉여금(기타포괄손익)으로 인식한다.

예제 1

유형자산의 재평가모형 1

자료 서울(주)는 2014년에 토지를 10,000원에 취득하였으며, 2015년 말, 2016년 말, 2017년 말의 공정가치는 각각 11,500원, 8,000원, 10,500원이다.

물음 2015년 말, 2016년 말, 2017년 말의 회계처리를 나타내시오.

풀이

① 2015년 말

차) 토 지	1,500	대) 재평가잉여금	1,500

② 2016년 말

차) 재평가잉여금	1,500	대) 토 지	3,500
재평가손실	2,000		

③ 2017년 말

차) 토 지	2,500	대) 재평가이익	2,000*
		재평가잉여금	500*

*전기에 인식하였던 재평가손실 만큼 재평가이익(당기이익)으로 인식하고, 초과액의 경우 재평가잉여금(기타포괄손익)으로 인식한다.

예제 2

유형자산의 재평가모형 2

자료 서울(주)는 2014년에 토지를 10,000원에 취득하였으며, 2015년 말, 2016년 말, 2017년 말의 공정가치는 각각 9,500원, 8,000원, 11,500원이다.

물음 2015년 말, 2016년 말, 2017년 말의 회계처리를 나타내시오.

풀이

① 2015년 말

차) 재평가손실	500	대) 토 지	500

② 2016년 말

차) 재평가손실	1,500	대) 토 지	1,500

③ 2017년 말

차) 토 지	3,500	대) 재평가이익	2,000
		재평가잉여금	1,500

제2절 무형자산(Ⅰ) : 영업권을 제외한 무형자산

2.1 무형자산의 의의

무형자산에 대한 회계처리는 크게 둘로 나뉜다. 하나는 '영업권을 제외한 무형자산(K-IFRS 제1038호)'이며, 다른 하나는 '사업결합으로 취득한 영업권(K-IFRS 제1103호)'이다. 본 절에서는 우선 '영업권을 제외한 무형자산'을 설명하고, 다음 절에서는 '사업결합으로 취득한 영업권'을 설명하고자 한다.

> 무형자산이란 물리적 실체는 없지만 식별가능한 비화폐성자산을 말한다.

'영업권을 제외한 무형자산(intangible assets)'은 눈으로 확인할 수 있는 물리적 실체는 없으나, 식별가능한 비화폐성자산[23]을 말하며, 무형자산으로 인식되기 위해서는 식별가능성이 있고, 미래 경제적 효익의 통제능력이 있으며 미래 경제적 효익이 존재하여야 한다는 3가지 조건을 모두 충족하여야 한다. 이러한 조건을 충족하는 것으로는 라이선스, 지적재산권, 컴퓨터 소프트웨어, 특허권, 저작권, 어업권, 프랜차이즈, 개발비 등이 있으며, 사업결합으로 취득하는 영업권도 무형자산이지만 개별적으로 식별하는 것이 곤란하므로 식별가능한 다른 무형자산과 구분하여 인식하고 있다.

무형자산은 일반적으로 다음과 같은 특성을 갖고 있다.

첫째, 무형자산은 물리적 실체(physical existence)가 없다.

둘째, 무형자산은 식별가능하다.

셋째, 무형자산은 기업이 통제하고 있으며, 미래 경제적 효익이 기업에 유입될 것으로 기대되는 자산이다.

2.2 무형자산의 종류

1. 산업재산권

법률에 의하여 일정기간 독점적, 배타적으로 이용할 수 있는 권리를 말한다. 산업재산권에는 특허권, 실용신안권, 디자인권, 상표권, 상호권 및 상품명 등이 있다.

2. 라이선스와 프랜차이즈

라이선스(licence)란 방송사업, 시내버스 운송사업, 전화사업 등 주로 중앙정부나 지방정부로부터 허가의 형태로 권리를 부여받아 영업을 할 수 있는 일종의 권리를 말하며, 프랜차이즈(franchise)란 일정한 지리적 관할권 내에서 특정의 제품이나 용역, 상호 등을 사용하여 영업을 할 수 있는 권리를 말한다.

3. 저작권

저작권(copyrights)이란 특정한 저작물(영화, 음반, 서적 등)을 독점적, 배타적으로 사용할 수 있는 권리를 말한다.

---

23) '**비화폐성자산**'이란 일반적으로 기간이 경과하거나 화폐가치가 변동함에 따라 화폐평가액이 변동하는 항목으로 일정액의 화폐액으로 확정되어 있지 않은 자산(예컨대, 현금, 예금, 채권을 제외한 대부분의 자산)을 말한다. 한편 '**화폐성자산**'이란 화폐가치의 변동과 상관없이 자산의 금액이 계약 등에 의해 일정액의 화폐액으로 확정되어 있는 자산(예컨대, 매출채권 등), 즉 보유하고 있는 현금과 확정되었거나 결정가능한 화폐금액으로 받을 자산을 말한다.

4. 컴퓨터 소프트웨어

무형자산의 인식조건을 충족하는 소프트웨어를 구입하여 사용하는 경우의 동 구입 비용은 컴퓨터 소프트웨어의 과목으로 하여 무형자산으로 처리한다.

5. 어업권

수산업법에 의하여 일정한 수면에서 독점적, 배타적으로 어업을 경영할 수 있는 권리로서, 자기만이 특정의 어장에서 수산동식물을 포획 또는 양식할 수 있는 권리를 말한다.

2.3 무형자산의 인식과 측정

1. 무형자산의 외부취득

어떤 항목을 무형자산으로 인식하기 위해서는 앞에서 설명한 무형자산의 정의 즉 식별가능성, 통제 및 미래 경제적 효익의 존재를 충족하면서 다음과 같은 일반적인 자산의 인식기준을 모두 충족하여야 한다.

① 자산에서 발생하는 미래 경제적 효익이 기업에 유입될 가능성이 높다.

② 자산의 원가를 신뢰성 있게 측정할 수 있다.

여기서의 미래 경제적 효익의 유입가능성은 개별 취득하는 무형자산과 사업결합으로 취득하는 무형자산에 대하여 항상 충족되는 것으로 본다. 그리고 무형자산을 최초로 인식할 때에는 원가(cost)로 측정한다. 이 때 '원가'는 유형자산에서의 원가와 마찬가지로 자산을 취득하기 위하여 자산의 취득시점이나 건설시점에서 지급한 현금 또는 현금성자산이나 제공한 기타 대가의 공정가치를 말한다.

무형자산을 개별 취득하는 경우 원가는 ① 구입가격(매입할인과 리베이트를 차감하고 수입관세와 환급받을 수 없는 제세금을 포함)과 ② 자산을 의도한 목적에 사용할 수 있도록 준비하는 데 직접 관련되는 원가로 구성된다. 여기서 ②의 직접 관련되는 원가의 예로는 그 자산을 사용 가능한 상태로 만드는 데 직접적으로 발생하는 종업원급여(K-IFRS 제1019호의 정의 참조), 그 자산을 사용 가능한 상태로 만드는 데 직접적으로 발생하는 전문가 수수료, 그 자산이 적절하게 기능을 발휘하는지 검사하는 데 발생하는 원가 등이 포함된다.

한편 사업결합으로 취득하는 무형자산의 원가는 K-IFRS 제1103호 '사업결합'에 따라 취득일의 공정가치로 한다. 무형자산의 공정가치는 그 자산이 갖는 미래 경제적 효익이 기업에 유입될 확률에 대한 시장참여자의 기대를 반영할 것이다. 즉, 기업은 유입의 시기와 금액이 불확실하더라도 미래 경제적 효익의 유입이 있을 것으로 기대한다. 따라서 사업결합으로 취득하는 무형자산은 미래 경제적 효익이 기업에 유입될 가능성이 높고, 그것의 원가를 신뢰성 있게 측정할 수 있을 것으로 본다.

하나 이상의 무형자산을 하나 이상의 비화폐성자산 또는 화폐성자산과 비화폐성자산이 결합된 대가와 교환하여 취득하는 경우가 있다. 그러한 무형자산의 원가는 교환거래에 상업적 실질이 결여된 경우나, 취득한 자산과 제공한 자산의 공정가치를 둘 다 신뢰성 있게 측정할 수 없는 경우를 제외하고는 공정가치로 측정한다. 그러나 교환거래에 상업적 실질이 결여되어 있거나, 교환대상 자산의 공정가치를 모두 신뢰성 있게 측정할 수 없는 경우, 취득한 자산의 원가는 제공한 자산의 장부금액으로 측정한다.

2. 내부적으로 창출한 무형자산

(1) 내부적으로 창출한 무형자산의 인식기준

내부적으로 창출한 무형자산이 인식기준을 충족하는지를 평가하는 것은 용이하지 않다. 그 이유는 기대 미래 경제적 효익을 창출할 식별가능한 자산이 있는지와 시점을 파악하기 어려우며, 자산의 원가를 신뢰성 있게 결정하는 것이 어렵기 때문이다.

어떤 경우에는 무형자산을 내부적으로 창출하기 위한 원가를 내부적으로 창출한 영업권을 유지 또는 향상시키는 원가나 일상적인 경영관리활동에서 발생하는 원가와 구별할 수 없다. 그러므로 내부적으로 창출한 무형자산에 대해서는 무형자산의 인식과 최초 측정에 대한 일반적 규정과 함께 규정과 지침을 추가로 적용하고 있다[24].

내부적으로 창출한 무형자산이 인식기준을 충족하는지를 평가하기 위하여 무형자산의 창출과정을 연구단계와 개발단계로 구분한다. 그러나 무형자산을 창출하기 위한 내부 프로젝트를 연구단계와 개발단계로 구분할 수 없는 경우에는 그 프로젝트에서 발생한 지출은 모두 연구단계에서 발생한 것으로 본다.

연구활동[25](또는 내부 프로젝트의 연구단계)에서 발생하는 무형자산은 인식하지 않으며, 그것에 대한 지출은 발생시점에 비용으로 인식한다. 그러나 개발활동[26](또는

24) K-IFRS 제1038호(무형자산) 문단 52-67.

25) 연구활동의 예는 다음과 같다. ① 새로운 지식을 얻고자 하는 활동, ② 연구결과나 기타 지식을 탐색, 평가, 최종 선택, 응용하는 활동, ③ 재료, 장치, 제품, 공정, 시스템이나 용역에 대한 여러 가지 대체안을 탐색하는 활동, ④ 새롭거나 개선된 재료, 장치, 제품, 공정, 시스템이나 용역에 대한 여러 가지 대체안을 제안, 설계, 평가, 최종 선택하는 활동

26) 개발활동의 예는 다음과 같다. ① 생산이나 사용 전의 시제품과 모형을 설계, 제작, 시험하는 활동, ② 새로운 기술과 관련된 공구, 지그, 주형, 금형 등을 설계하는 활동, ③ 상업적 생산 목

내부 프로젝트의 개발단계)에서 발생한 무형자산은 인식한다.

(2) 내부적으로 창출한 무형자산의 원가

내부적으로 창출한 무형자산의 원가는 그 무형자산이 인식기준을 최초로 충족시킨 이후에 발생한 지출금액의 합으로 한다. 이미 비용으로 인식한 지출은 무형자산의 원가로 인식할 수 없다.

내부적으로 창출한 무형자산의 원가는 그 자산의 창출, 제조 및 경영자가 의도하는 방식으로 운영될 수 있게 준비하는 데 필요한 직접 관련된 모든 원가를 포함한다.

예 제

내부적으로 창출한 무형자산

KS(주)는 신기술 개발을 위하여 내부 프로젝트를 진행한바 다음과 같은 단계에서 3,500원의 지출이 이루어졌다.
연구단계 : 1,000원
개발단계 : 2,000원(이 중 1,500원은 무형자산 인식조건 충족 후 지출)
기타(연구단계와 개발단계가 모호) : 500원

물음 이상의 자료로 회계처리를 나타내시오.

풀이

차) 연 구 비	1,500*	대) 현 금	3,500
개 발 비	1,500		
경상개발비	500		

*무형자산을 창출하기 위한 내부 프로젝트를 연구단계와 개발단계로 구분할 수 없는 경우에는 그 프로젝트에서 발생한 지출은 모두 연구단계에서 발생한 것으로 본다. 즉 연구비로 처리한다.

3. 무형자산의 최초 인식시점 이후의 측정

무형자산의 최초 인식시점 이후의 측정에는 원가모형이나 재평가모형 중 하나를 회계정책으로 선택하여 무형자산 분류별로 동일하게 적용할 수 있다.

적으로 실현가능한 경제적 규모가 아닌 시험공장을 설계, 건설, 가동하는 활동, ④ 신규 또는 개선된 재료, 장치, 제품, 공정, 시스템이나 용역에 대하여 최종적으로 선정된 안을 설계, 제작, 시험하는 활동

원가모형을 선택하는 경우 최초 인식 후에 무형자산은 원가에서 상각누계액과 손상차손누계액을 차감한 금액을 장부금액으로 하며, 재평가모형을 선택하는 경우 최초 인식 후에 무형자산은 재평가일의 공정가치에서 이후의 상각누계액과 손상차손누계액을 차감한 재평가금액을 장부금액으로 한다. 재평가는 보고기간 말에 자산의 장부금액이 공정가치와 중요하게 차이가 나지 않도록 주기적으로 실시하여야 한다.

4. 무형자산의 상각

(1) 의의

무형자산의 상각이란 내용연수가 유한한 무형자산의 상각대상금액을 그 자산의 내용연수 동안 체계적으로 배분하는 것을 말한다. 그러나 내용연수가 비한정인 무형자산은 상각하지 않으며, 매년 자산의 가치가 손상되었는지 검사하여 손상차손(또는 손상차손환입)을 인식한다.

(2) 상각기간과 상각방법

내용연수가 유한한 무형자산의 상각대상금액은 내용연수 동안 체계적인 방법으로 배분하여야 한다. 상각은 자산이 사용가능한 때부터 시작한다. 즉 자산이 경영자가 의도하는 방식으로 운영할 수 있는 장소와 상태에 이르렀을 때부터 시작한다. 무형자산의 상각방법에는 정액법, 체감잔액법과 생산량비례법이 있다. 상각방법은 자산이 갖는 예상 미래 경제적 효익의 예상되는 소비형태에 기초하여 선택하고, 미래 경제적 효익의 예상되는 소비형태가 달라지지 않는다면 매 회계기간에 일관성 있게 적용한다. 다만, 소비되는 형태를 신뢰성 있게 결정할 수 없는 경우에는 정액법을 사용하며, 무형자산의 상각액은 일반적으로 당기손익으로 인식한다. 그리고 일반적으로 내용연수가 유한한 무형자산의 잔존가치는 없는 것으로 본다.

◐ 내용연수가 유한한 무형자산 상각의 회계처리

차) 산업재산권상각비	×××	대) 산업재산권	×××
또는			
차) 산업재산권상각비	×××	대) 산업재산권상각누계액	×××

무형자산의 재무상태표에의 표시는 일반적으로 다음과 같이 그 상각누계액을 당해 자산에서 차감하는 형식으로 기재하거나(간접법), 직접 상각하는 경우는 그 잔액만을

기재한다(직접법).[27]

▌무형자산의 기재형식(직접법으로 상각후 장부금액을 표시하는 경우)▐

재무상태표(보고식)

Ⅱ. 비유동자산
 2. 무형자산
  산업재산권 ×××(장부금액)

▌무형자산의 기재형식(간접법으로 차감표시하는 경우)▐

재무상태표(보고식)

Ⅱ. 비유동자산
 2. 무형자산

산업재산권	×××	
산업재산권상각누계액	×××	×××

예제

경북(주)는 2015년 초 산업재산권(특허권)을 60,000,000원에 구입하고, 내용연수 10년에 걸쳐 정액법으로 상각 중 2017년 7월 1일에 경남(주)에 현금 40,000,000원에 매각하였다.
무형자산의 취득, 상각, 처분에 대한 회계처리를 나타내시오(직접법).

① 취득 시 회계처리

차) 산업재산권(특허권)	60,000,000	대) 현 금	60,000,000

② 상각 시 회계처리
(2015년 말, 2016년 말)

차) 산업재산권상각비 (무형자산상각비)	6,000,000	대) 산업재산권(특허권)	6,000,000

27) 무형자산의 상각비 비용인식과 재무제표에의 표시는 일반적으로 직접법을 사용한다. 즉 무형자산을 직접법으로 상각하는 경우 차변에 무형자산상각비계정, 대변에 해당 무형자산계정을 기입하고, 무형자산상각비는 손익계산서의 판매비와관리비로, 해당 무형자산은 재무상태표의 비유동자산 중 무형자산에 해당 무형자산의 순액(장부금액)을 표시한다.

(2017년 7월 1일)

차) 산업재산권상각비 (무형자산상각비)	3,000,000	대) 산업재산권(특허권)	3,000,000

③ 처분 시 회계처리

차) 현 금	40,000,000	대) 산업재산권(특허권)	45,000,000
무형자산처분손실	5,000,000		

5. 무형자산의 손상

회사는 매 보고기간말마다 자산의 손상(impairment)을 시사하는 징후가 있는지 검토하고, 징후가 발견되면 회수가능액을 추정하여, 추정한 회수가능액이 장부금액보다 적다면 그 차액을 손상차손으로 인식하여야 한다.

손상차손은 즉시 당기손익으로 인식하고 동시에 손상차손누계액으로 다음과 같이 계상한다.

[손상차손의 회계처리]

차) 손상차손	×××	대) 손상차손누계액	×××

한편 과거에 인식한 손상차손이 더 이상 존재하지 않거나 감소된 것을 시사하는 징후가 있는 경우 당해 자산의 회수가능액을 추정하고, 손상되지 않았을 경우의 장부금액을 한도로 '**손상차손환입**(Reversal of impairment loss)'으로 당기손익으로 환입하도록 하고 있다.

[손상차손환입의 회계처리]

차) 손상차손누계액	×××	대) 손상차손환입	×××

6. 무형자산의 상각방법 변경 등 추정의 변경

내용연수가 유한한 무형자산의 잔존가치, 상각기간과 상각방법은 적어도 매 회계연도 말에 검토한다. 검토 결과 잔존가치, 상각기간과 상각방법을 변경하는 경우 회계추정의 변경으로 보고 전진법으로 회계처리한다.[28] 전진법은 과거의 기록은 그대로 두고 변경시점부터 새로운 추정치를 적용하여 회계처리를 하는 것이다.

28) K-IFRS 제1008호(회계정책, 회계추정의 변경 및 오류) 문단 32-36.

7. 무형자산의 폐기와 처분

무형자산은 처분하는 때, 또는 사용이나 처분으로부터 미래 경제적 효익이 기대되지 않을 때 재무상태표에서 제거한다. 무형자산의 제거로 인하여 발생하는 무형자산 처분손익은 순매각금액과 장부금액의 차이로 결정하며, 자산을 제거할 때 당기손익으로 인식한다. 물론 회계기간 중 무형자산을 처분하는 경우 처분 시점까지의 상각비를 우선 인식한 후 처분의 회계처리를 한다.

제3절 무형자산(Ⅱ) : 영업권

3.1 영업권의 의의

영업권이란 개별적으로 식별하여 별도로 인식할 수 없으나, 사업결합에서 획득한 그 밖의 자산에서 발생하는 미래 경제적 효익을 나타내는 자산을 말한다. 어기서 '**사업결합**'이란 취득자가 하나 이상의 사업에 대한 지배력을 획득하는 거래나 그 밖의 사건을 말하며, 사업결합은 취득법을 적용하여 회계처리한다.

이와 같은 정의는 취득자가 '사업결합으로 취득한 영업권'인 유상으로 취득한 매수영업권을 의미하며, 취득자가 창출한 '내부창출 영업권'인 자기개발 영업권은 무형자산으로 인정하지 않고 발생한 기간비용으로 처리한다.

3.2 영업권의 인식과 측정

취득일 현재, 취득자는 영업권과 분리하여 식별가능한 취득 자산, 인수 부채 및 피취득자에 대한 비지배지분을 인식한다. 그리고 취득자는 식별가능한 취득 자산과 인수 부채를 취득일의 공정가치로 측정한다. 그러나 사업결합과 관련한 취득 관련원가는 발생기간의 비용으로 처리한다.

취득자는 피취득자에게 지급하는 이전대가[29] 즉 취득대가가 취득일의 식별가능한

29) 사업결합에서 이전대가는 공정가치로 측정하며, 그 공정가치는 취득자가 이전하는 자산, 취득자가 피취득자의 이전 소유주에 대하여 부담하는 부채 및 취득자가 발행한 지분의 취득일의 공정가치 합계로 산정한다.

취득 자산과 인수 부채의 순액인 '순자산 공정가치'를 초과하면 **'영업권'**으로 인식하고, 그 반대의 경우는 염가매수로 발생한 것이므로 **'염가매수차익'**으로 인식하며, 이것은 당기손익으로 처리한다.

> 영업권의 원가(취득원가)
> = 이전대가 - 취득 자산과 인수 부채의 순액(순자산 공정가치)

예 제

갑회사는 2018년 초 을회사를 인수하였다. 취득 당시 취득 자산과 부채의 공정가치는 다음과 같다.

매출채권	2,000	매입채무	1,000	상 품	500
단기차입금	500	비 품	300	건 물	3,000

물음 사업결합의 이전대가로 1) 현금 5,000원을 지급한 경우, 2) 현금 4,000원을 지급한 경우의 회계처리를 나타내시오.

풀이

1) 현금 5,000원을 지급한 경우

차)		대)	
매출채권	2,000	매입채무	1,000
상 품	500	단기차입금	500
비 품	300	현 금	5,000
건 물	3,000		
영 업 권	700		

2) 현금 4,000원을 지급한 경우

차)		대)	
매출채권	2,000	매입채무	1,000
상 품	500	단기차입금	500
비 품	300	현 금	4,000
건 물	3,000	염가매수차익	300

3.3 영업권의 상각과 손상검사

K-IFRS에 의하면 사업결합으로 취득한 영업권은 상각하지 않으며, 매년 손상검사를 한다. 그리고 영업권에 대해 인식한 손상차손은 후속기간에 환입하지 않는다[30].

제4절 투자자산

4.1 투자자산의 의의

> 투자자산은 ① 장기적인 투자수익 목적 또는 ② 타기업을 지배, 통제할 목적으로 장기간(1년 이상) 보유하는 자산을 말한다.

투자자산은 영업활동을 위한 목적이 아니라 기업이 장기적인 투자수익이나 타기업 지배목적 등의 부수적인 기업활동의 결과로 보유하는 자산이다. 따라서 투자자산은 기업이 장기 여유자금 운용이나 다른 기업 지배목적 등의 부수적인 활동의 결과로 보유하게 되는 자산이므로, 기업 본연의 영업활동을 위해 장기간 사용되는 자산인 유형자산이나 무형자산과는 그 성격이 다르다.

장기적인 투자수익을 목적으로 보유하는 유가증권(채무증권과 지분증권, 즉 AC 금융자산과 FVOCI (선택) 금융자산)은 장기간 투자목적으로 보유하는 장기자산이라는 점에서 유동자산에 속하는 일시 소유목적의 유가증권(채무증권과 지분증권으로서 FVPL 금융자산)과 구별되며, 주된 영업활동에 사용되지 않는다는 점에서 기업 본연의 영업활동을 위해 장기간 사용되는 자산인 유형자산이나 무형자산과는 그 성격이 다르다.

투자자산에는 장기적인 투자수익을 목적으로 보유하는 유가증권(채무증권과 지분증권), 관계기업 투자, 영업활동에 사용되지 않는 토지와 설비자산(투자부동산), 기타

30) K-IFRS 제1036호(자산손상). 그러나 일반기업회계기준에 의하면 영업권은 그 내용연수에 걸쳐 정액법으로 상각하며, 내용연수는 미래에 경제적 효익이 유입될 것으로 기대되는 기간으로 하며, 20년을 초과하지 못한다고 규정하고 있다(일반기업회계기준 제12장 12.32). 한편 중소기업회계기준에 의하면 사업결합에서 발생한 영업권은 정액법으로 상각하며, 무형자산의 상각기간은 독점적・배타적인 권리를 주는 관계 법령이나 계약에서 정해진 경우를 제외하고는 20년을 초과할 수 없다고 규정하고 있다(중소기업회계기준 제38조).

의 투자자산(장기대여금, 장기매출채권, 장기미수금, 설비확장 및 채무상환 등에 사용할 특정목적의 장기예금 등) 등이 포함된다.

◐ 투자자산을 보유하는 이유

기업이 투자자산을 보유하려는 이유는 다음과 같다.

첫째, 장기 투자수익을 얻기 위해서이다. 즉, 기업은 장기간 사용 가능한 여유자금이 있는 경우에는 자금을 효율적으로 활용하기 위하여 타사가 발행한 채무증권이나 지분증권 등의 유가증권이나 비업무용 부동산에 장기적으로 투자하여 투자수익을 얻고자 한다.

둘째, 타기업을 지배 또는 통제할 목적에서이다. 이것은 기업이 원자재를 안정적으로 공급받거나 시장에서의 경쟁력을 확보하기 위하여 관련 기업의 주식을 일정 지분 이상 취득하려고 한다. 특정기업이 타기업이 발행한 주식의 20% 이상을 보유하면 회사에 '유의적인 영향력(significant influence)'을 행사할 수 있어 이 두 회사를 '특수관계자'라고 부른다. 이러한 유의적인 영향력을 행사할 수 있는 회사에 대한 투자주식인 '관계기업 투자'가 여기에 해당한다.

4.2 투자자산의 종류

1. 투자부동산

투자부동산이란 임대수익이나 시세차익 또는 두 가지 모두를 얻기 위하여 소유자나 금융리스의 이용자가 보유하고 있는 부동산으로서, 다음의 목적으로 보유하는 부동산은 제외한다.[31)]

① 재화의 생산이나 용역의 제공 또는 관리목적에 사용

② 정상적인 영업과정에서의 판매

2. 상각후원가 측정 금융자산 및 FVOCI (선택) 금융자산

유동자산에 속하지 아니하는 장기 투자수익을 목적으로 하는 채무증권 및 지분증권은 상각후원가 측정 금융자산(AC 금융자산)과 FVOCI (선택) 금융자산으로 분류한다. 그러나 타기업이 발행한 주식의 20% 이상을 보유하여 그 회사에 유의적인 영향력을 행사할 수 있는 투자주식인 관계기업 투자는 별도로 구분한다.

---

31) K-IFRS 제1040호(투자부동산) 문단 5.

주로 단기간 내의 매각할 목적으로 취득한 채무증권 및 지분증권은 유동자산에 속하는 FVPL 금융자산으로 분류하며, 이 유동자산에 속하지 아니하는 장기 투자수익을 목적으로 하는 채무증권 및 지분증권은 장기투자증권으로서 상각후원가 측정 금융자산(AC 금융자산)과 FVOCI (선택) 금융자산으로 분류한다.

이 중 상각후원가 측정 금융자산(AC 금융자산)은 만기가 고정되어 있고 지급금액이 확정되었거나 결정가능한 비파생금융자산을 말하며, FVOCI (선택) 금융자산이란 금융자산 중 FVPL 금융자산, 그리고 상각후원가 측정 금융자산(AC 금융자산)으로 분류되지 않는 비파생금융자산을 말한다.

3. 관계기업 투자

'**관계기업**'이란 투자자가 유의적인 영향력을 보유하는 기업을 말한다. 여기서 '**유의적인 영향력(significant influence)**'이란 피투자자의 재무정책과 영업정책에 관한 의사결정에 참여할 수 있는 능력을 말하며, 투자자가 직접 또는 간접(예: 종속기업을 통하여)으로 피투자자에 대한 의결권의 20% 이상을 소유하고 있다면 유의적인 영향력을 보유하는 것으로 본다. 따라서 이러한 유의적인 영향력을 행사할 수 있는 회사에 대한 투자주식이 '**관계기업 투자**'이다.

4. 기타의 투자자산

투자자산 중 투자부동산, 상각후원가 측정 금융자산, FVOCI (선택) 금융자산, 관계회사 투자 이외에도 유동자산에 속하지 아니하는 장기의 대여금 및 수취채권(매출채권, 미수금 등)과 설비확장 및 채무상환 등에 사용할 특정목적의 장기예금 등의 장기금융상품 등이 있다.

4.3 투자자산의 회계처리

1. 투자부동산의 회계처리

투자부동산이란 임대수익이나 시세차익 또는 두 가지 모두를 얻기 위하여 보유하고 있는 부동산[토지, 건물(또는 건물의 일부분) 또는 두 가지 모두]으로서, 다음의 목적으로 보유하는 부동산은 제외한다.

① 재화의 생산이나 용역의 제공 또는 관리목적에 사용
② 통상적인 영업과정에서의 판매

투자부동산은 투자부동산에서 발생하는 미래 경제적 효익의 유입가능성이 높고, 투자부동산의 원가를 신뢰성 있게 측정할 수 있을 때 투자부동산으로 인식하며, 최초 인식시점에 원가로 측정한다. 물론 거래원가는 최초 측정에 포함시킨다.

투자부동산의 경우 특별한 경우를 제외하고는 공정가치모형과 원가모형 중 하나를 선택하여 모든 투자부동산에 적용한다. 투자부동산에 대하여 공정가치모형을 선택한 경우에는 최초 인식 후 모든 투자부동산을 공정가치로 측정하며, 투자부동산의 공정가치 변동으로 발생하는 손익은 발생한 기간의 당기손익에 반영한다. 그리고 공정가치모형에 의하여 측정하는 투자부동산은 감가상각을 하지 않는다. 그러나 투자부동산의 평가방법을 원가모형으로 선택한 경우에는 모든 투자부동산에 대하여 원가모형으로 측정하며, 투자부동산 중 감가상각 대상자산은 감가상각을 하여야 한다.[32)]

예제 1

대한(주)는 임대수익을 목적으로 2016년 초 건물을 100,000,000원에 취득하고 취득관련 거래비용 5,000,000원과 함께 수표를 발행하여 교부하다. 건물의 내용연수는 10년이며, 잔존가치는 없는 것으로 한다. 위 건물의 2016년 말 및 2017년 말의 공정가치는 각각 115,000,000원과 90,000,000원으로 평가하였다. 이상의 자료로 (1) 원가모형을 적용하는 경우와 (2) 공정가치모형을 적용하는 경우의 대한(주)의 2016년 초, 2016년 말, 2017년 말의 회계처리를 나타내시오.

풀이

(1) 원가모형을 적용하는 경우

① 2016년 초의 회계처리

차) 투자부동산	105,000,000	대) 당좌예금	105,000,000

② 2016년 말의 회계처리

차) 감가상각비	10,500,000	대) 감가상각누계액	10,500,000

③ 2017년 말의 회계처리

차) 감가상각비	10,500,000	대) 감가상각누계액	10,500,000

(2) 공정가치모형을 적용하는 경우

① 2016년 초의 회계처리

차) 투자부동산	105,000,000	대) 당좌예금	105,000,000

32) K-IFRS 제1040호(투자부동산) 문단 16-56.

② 2016년 말의 회계처리

차) 투자부동산 10,000,000 대) 투자부동산평가이익* 10,000,000

③ 2017년 말의 회계처리

차) 투자부동산평가손실* 25,000,000 대) 투자부동산 25,000,000

*당기 수익 또는 당기 비용으로 처리함.

예제2

다음을 회계처리하시오.

① 한국(주)는 토지 500평을 투자목적으로 50,000,000원에 매입하고 취득관련 거래원가 3,000,000원과 함께 수표를 발행하여 교부하다.

차) 투자부동산 53,000,000 대) 당좌예금 53,000,000

② 위 토지를 65,000,000원에 처분하다.

차) 현 금 65,000,000 대) 투자부동산 53,000,000

투자자산처분이익 12,000,000

2. 상각후원가 측정 금융자산(AC 금융자산)

상각후원가 측정 금융자산(AC 금융자산)은 앞의 제6장 금융자산의 분류에서 본 바와 같이 다음의 두 가지 조건을 모두 충족하여 상각후원가(amortized cost)로 측정하는 금융자산이다.

1) 계약상 현금흐름 특성(contractual cash flow characteristics), 즉 계약조건에 따라 원금과 이자 지급만의 현금흐름이 특정일에 생긴다. 그러므로 예컨대, 채무상품(투자채권), 대여금, 수취채권 등과 같은 금융자산은 이 특성을 갖고 있으므로 이 상각후 측정 금융자산에 속하나, 지분상품(주식 등)은 이 특성을 갖고 있지 않다.
2) 계약상 현금흐름의 수취를 통해 금융자산을 보유하는 것이 목적인 사업모형을 갖고 있다.

계약상 현금흐름 특성 조건을 충족하면서 사업모형이 현금흐름의 수취를 목적으로 보유하는 금융자산은 그 자산의 공정가치가 변동되어도 이것을 매도하여 시세차익을 얻는 것이 아니므로 회계정보이용자 입장에서 공정가치 변동 정보는 그렇게 중요하지 않을 것이므로 이러한 금융자산은 상각후원가로 측정하는 금융자산(AC 금융자산)에 해당할 것이다.

상각후원가 측정 금융자산(AC 금융자산)은 유효이자율법(effective interest rate method)을 적용하여 측정하여야 한다.

AC 금융자산 중 단기대여금과 매출채권 등은 이미 앞의 제7장에서 설명하였다. 물론 AC 금융자산과 후술할 FVOCI 금융자산은 손상 요구사항을 적용하여 기대신용손실(expected credit losses)을 손실충당금(loss allowance)을 인식하여야 한다[33]. 이것에 대해서도 이미 제7장에서 다루었다.

AC 금융자산은 최초 인식시점에 공정가치로 측정한다. 이 때 '공정가치'란 미래 현금흐름을 최초 인식하는 시점의 유효이자율(effective interest rate)로 할인한 현재가치를 의미하며, 취득과 직접 관련되는 거래원가는 최초 인식하는 공정가치에 가산하여 측정한다.

한편 투자자가 이자지급일 사이에 AC 금융자산을 취득하는 경우는 일반적으로 경과이자를 포함하여 취득하므로 이 때의 취득원가는 지급한 대금의 총액에서 경과이자를 차감한 금액이 되는 것은 FVPL 금융자산(채무증권)의 경우와 동일하다.

AC 금융자산은 보고기간 말 시점에 공정가치로 평가하지 않고 유효이자율법을 적용하여 상각후원가로 측정하며, 유효이자율법을 적용하여 계산한 이자수익을 당기손익으로 인식한다.

물론 손상발생의 객관적인 증거가 있는 경우에는 손상차손을 인식한다. 이 때의 손상차손 금액은 자산의 장부금액(상각후원가)과 추정 미래현금흐름의 현재가치의 차이이다. 손상차손은 이후에 환입도 가능하다.

그리고 상각후원가 측정 금융자산은 채무증권을 취득하여 만기까지 보유할 적극적인 의도와 능력을 가지고 보유하는 경우이므로 특별한 경우를 제외하고 만기에 상환하므로 처분손익이 발생하지 않는 것이 일반적이다.

예제

다음을 회계처리하시오.

KS(주)는 2016년 초 A사의 회사채를 취득하여 보유하고 있으며, 회사채의 조건은 다음과 같다.

액면금액 : 1,000,000원

표시이자율 : 연 10%, 이자는 매년 말 지급

33) 종전의 대손상각비와 대손충당금의 회계처리에 해당한다.

발행일 : 2016년 1월 1일

만기일 : 2018년 12월 31일

회사채 발행일 당시의 시장이자율(유효이자율)은 연 12%이며, 동 회사채의 매년 말 공정가치는 다음과 같다.

2016년 말 : 955,000원 2017년 말 : 985,000원

물음 A사의 회사채를 상각후원가 측정 금융자산(AC 금융자산)으로 가정하여 취득 시부터 만기 시까지의 회계처리를 나타내시오.

풀이

1) 2016년 초

차) AC 금융자산 951,963* 대) 현 금 951,963

*1,000,000원×0.71178(3년, 12%, 현가계수)+100,000원×2.40183(3년, 12%, 연금현가계수)

2) 2016년 말

차) 현 금 100,000 대) 이자수익 114,236*

AC 금융자산 14,236**

*951,963원×12% **114,236원-100,000원

3) 2017년 말

차) 현 금 100,000 대) 이자수익 115,944*

AC 금융자산 15,944**

*(951,963원+14,236원)×12% **115,944원-100,000원

4) 2018년 말

차) 현 금 100,000 대) 이자수익 117,857*

AC 금융자산 17,857**

*(951,963원+14,236원+15,944원)×12% **117,857원-100,000원

차) 현 금 1,000,000 대) AC 금융자산 1,000,000

3. 기타포괄손익-공정가치 측정 금융자산(FVOCI (선택) 금융자산)

기타포괄손익-공정가치 측정 금융자산(FVOCI 금융자산)은 앞 제6장의 금융자산 분류에서 본 바와 같이 다음의 두 가지 조건을 모두 충족하는 경우 공정가치의 변동을 인식하되, 평가손익을 기타포괄손익으로 인식하는 금융자산이다.

1) 계약상 현금흐름 특성을 충족 즉 계약조건에 따라 원금과 이자 지급만의 현금흐름이 특정일에 생긴다.
2) 계약상 현금흐름의 수취와 금융자산의 매도 모두를 통해 금융자산을 보유하는 것이 목적인 사업모형을 갖고 있다.

이와 같이 특정 금융자산이 현금흐름 특성조건을 충족하면서, 기업의 사업모형이 현금흐름의 수취와 금융자산의 매도 모두를 통해 목적을 이루는 것이라면 그 금융자산은 공정가치의 변동을 인식하되, 평가손익을 기타포괄손익으로 인식하는 기타포괄손익-공정가치 측정 금융자산(FVOCI 금융자산)으로 분류한다.

한편 후술할 당기손익-공정가치 측정 금융자산(FVPL 금융자산) 중 단기매매목적이 아닌 지분상품(주식)에 대해서는 (대부분 장기투자 목적으로 지분상품을 보유하는 경우일 것이므로) 공정가치의 변동을 기타포괄손익-공정가치 측정 금융자산(FVOCI)으로 분류할 수 있다(FVOCI 선택 금융자산).[34]

이와 같이 FVOCI 금융자산으로 분류된 채무상품과 FVOCI 금융자산으로 분류된 지분상품 모두 공정가치 변동을 기타포괄손익으로 인식하나, 차이가 있다면 FVOCI 금융자산으로 분류된 채무상품에 대해서 인식한 기타포괄손익은 후속적으로 당기손익으로 재분류할 수 있으나, FVOCI 금융자산으로 분류된 지분상품에 대해서 인식한 기타포괄손익은 후속적으로 당기손익으로 재분류할 수 없다는 것이다.

이하에서는 FVOCI 금융자산 중 지분상품(주식)의 회계처리만을 다루고자 한다.

(1) 취득의 회계처리

주식을 취득하고 후속적인 공정가치 변동을 기타포괄손익(OCI)으로 표시하기로 최초 인식(취득) 시점에 선택하는 경우 FVOCI 선택 금융자산으로 분류하고 그 공정가치를 취득원가로 기록한다. 즉 FVOCI 선택 금융자산의 경우 최초 인식 시점에 공정가치로 측정하며, 취득과 직접 관련되는 거래원가는 최초 인식하는 공정가치에 가산하여 측정한다.

(2) 결산일의 회계처리

FVOCI 선택 금융자산은 보고기간 말 시점에서 공정가치 즉 시장가격으로 평가(공정가치법)하며, 공정가치의 변동으로 인한 평가손익은 기타포괄손익(자본항목)으로 인식한다. 즉 FVOCI 선택 금융자산을 공정가치로 평가하는 경우 공정가치와 장부금

---

34) 그러므로 주식의 경우 1년 이내에 매각할 목적이면 유동자산인 당기손익-공정가치 측정 금융자산(FVPL 금융자산)으로 분류하고, 후속적인 공정가치 변동을 기타포괄손익(OCI)으로 표시하도록 최초 인식(취득)시 선택(그러나 일단 선택하면 취소 불가)하면 장기투자이익을 목적으로 보유하는 것이므로 FVOCI 선택 금융자산(투자자산)으로 분류한다.

액의 차액인 FVOCI 금융자산평가손익은 FVPL 금융자산평가손익처럼 당기손익으로 처리하지 않고, 포괄손익계산서에서 기타포괄손익으로 총포괄손익 계산에 포함시키고 처분시점까지 재무상태표의 자본항목 중 기타포괄손익누계액에 그 계정잔액과 함께 표시한다(단, 처분시점에 평가손익을 그대로 나둘 수도 있고, 이익잉여금에 반영할 수도 있다.).

◐ 회계처리방법

• 장부금액 〈 공정가치 :
차) FVOCI 금융자산 ×××
대) FVOCI 금융자산평가이익 ×××
(기타포괄손익)

• 장부금액 〉 공정가치 :
차) FVOCI 금융자산평가손실 ×××
(기타포괄손익)
대) FVOCI 금융자산 ×××

(3) 투자수익의 회계처리

주식을 보유하는 경우 현금 또는 주식으로 배당을 받을 수가 있다. 배당을 현금으로 받게 되면 앞의 제6장에서 설명한 바와 같이 다음과 같이 회계처리한다.

• 현금으로 배당금을 받는 경우

차) 현 금 ××× 대) 배당금수익 ×××

한편 주식의 보유 기간 중에 피투자회사로부터 주식을 무상으로 지급받거나 주식으로 배당을 받는 경우가 있다. 즉 이러한 무상증자나 주식배당을 받는 경우는 별도의 투자수익이나 배당수익으로 인식하지 않고, 주식의 단가만 조정하는 회계처리를 하게 된다.

(4) 처분일의 회계처리

보유 FVOCI 금융자산 중 주식을 처분하는 경우 처분시점에 처분시점의 공정가치로 먼저 재평가를 하여 기타포괄손익을 인식한 후 처분하므로, 처분으로 인하여 처분손익은 발생하지 않는다. 즉 처분시점에 기타포괄손익으로 인식한 평가손익은 후속적으로 당기손익으로 재분류하지 않는다(즉 처분시점에 처분손익을 인식하지 않는다). 다만, 누적된 평가손익을 이익잉여금으로의 대체는 선택적으로 허용된다.

예제 1

KS(주)는 2016년 중 시장성 있는 A사 주식을 취득하여 보유하고 있으며, 취득원가, 2016년 말 및 2017년 말의 공정가치, 그리고 2018년의 처분금액은 다음과 같다.

취득원가	2016년 말 공정가치	2017년 말 공정가치	2018년 처분금액
1,000,000원	1,300,000원	900,000원	1,100,000원

물음 A사의 주식을 FVOCI (선택) 금융자산으로 가정하여 회계처리를 나타내시오.

풀이

1) 2016년 중

차) FVOCI 금융자산 1,000,000 대) 현 금 1,000,000

2) 2016년 말

차) FVOCI 금융자산 300,000 대) FVOCI 금융자산평가이익 300,000

3) 2017년 말

차) FVOCI 금융자산평가이익 300,000 대) FVOCI 금융자산 400,000
FVOCI 금융자산평가손실 100,000

4) 2018년 중

차) FVOCI 금융자산 200,000 대) FVOCI 금융자산평가손실 100,000
FVOCI 금융자산평가이익 100,000*

차) 현 금 1,100,000 대) FVOCI 금융자산 1,100,000*

*처분시점의 평가손익의 회계처리에 대해 국제회계기준에는 명시적으로 없으나, 앞에서 설명한 바와 같이 FVOCI 금융자산 처분 후 기타포괄손익에 남아있는 금융자산평가이익 ₩100,000을 위와 같이 그대로 유지할 수도 있으며, 아니면 이익잉여금으로 대체할 수도 있다.

만일 기타포괄손익에 남아있는 금융자산평가이익 ₩100,000을 이익잉여금으로 대체하는 경우의 회계처리를 나타내면 다음과 같다.

차) FVOCI 금융자산평가이익 100,000 대) 이익잉여금 100,000

예제 2

인천(주)는 장기투자수익을 얻을 목적으로 강원(주)의 주식 1,000주를 2017년 8월 중 ₩49,000,000(거래비용 ₩1,000,000 별도)에 취득하였다. 인천(주)는 이 주식의 후속적인 공정가치 변동을 기타포괄손익(OCI)으로 표시하기로 하였으며, 2017년 말 동 주식의 공정가치는 ₩55,000,000으로 상승하였으며, 2018년 4월 중 동 주식을 모두 처분하고, 수수료 등을 차감하고 ₩53,000,000을 현금으로 받았다.

물음 인천(주)의 입장에서 강원(주) 주식의 취득 시, 평가 시, 처분 시의 회계처리를 나타내시오.

풀이

1) 2017년 8월(취득 시)

차) FVOCI 금융자산 50,000,000　　대) 현금 50,000,000

2) 2017년 말(평가 시)

차) FVOCI 금융자산 5,000,000　　대) FVOCI 금융자산평가이익 5,000,000*

3) 2018년 4월(처분 시)

차) FVOCI 금융자산평가이익 2,000,000*　　대) FVOCI 금융자산 2,000,000

차) 현금 53,000,000　　대) FVOCI 금융자산 53,000,000

*처분시점의 평가손익의 회계처리에 대해 국제회계기준에는 명시적으로 없으나, FVOCI 금융자산 처분 후 기타포괄손익에 남아있는 금융자산평가이익 ₩3,000,000을 위와 같이 그대로 유지할 수도 있으며, 아니면 이익잉여금으로 대체할 수도 있다. 만일 기타포괄손익에 남아있는 금융자산평가이익 ₩3,000,000을 이익잉여금으로 대체(선택적으로 허용)하는 경우의 회계처리를 나타내면 다음과 같다.

3) 2018년 4월(처분 시)

차) FVOCI 금융자산평가이익 2,000,000*　　대) FVOCI 금융자산 2,000,000

차) 현금 53,000,000　　대) FVOCI 금융자산 53,000,000

차) FVOCI 금융자산평가이익 3,000,000　　대) 이익잉여금 3,000,000

4. 관계기업 투자의 회계처리

투자자가 '유의적인 영향력'을 행사할 수 있는 피투자자에 대한 투자주식을 '관계기업 투자'라고 한다. 여기서 '유의적인 영향력(significant influence)'이란 피투자자의 재무정책과 영업정책에 관한 의사결정에 참여할 수 있는 능력을 말하며, 투자자가 직접으로 또는 간접(예 : 종속기업을 통하여)으로 피투자자에 대한 의결권의 20% 이상을 소유하고 있다면 유의적인 영향력을 보유하는 것으로 본다[35].

따라서 이러한 유의적인 영향력을 행사할 수 있는 회사에 대한 투자주식이 **'관계기업 투자'**이다.

◐ 평가방법

피투자자에 대하여 유의적인 영향력을 행사할 수 있는 경우는 지분법(equity method)을 적용하여 회계처리하므로 투자자는 이 경우 지분법을 적용하여 평가한 가액을 재무상태표 금액으로 하여야 한다.

여기서 **'지분법(equity method)'**이란 투자자산을 최초에 원가로 인식하고, 취득시점 이후 발생한 피투자자의 순자산 변동액 중 투자자의 몫을 해당 투자자산에 가감하여 보고하는 회계처리방법을 말한다.

◐ 회계처리방법

① 관계기업에 투자 시 :

차) 관계기업 투자	×××	대) 현　　금	×××

② 피투자자의 당기순손익 보고 시

• 당기순이익 보고 시 :

차) 관계기업 투자	×××	대) 지분법이익	×××

• 당기순손실 보고 시 :

차) 지분법손실	×××	대) 관계기업 투자	×××

③ 배당금 수령 시 :

차) 현 금	×××	대) 관계기업 투자	×××

관계기업 투자를 지분법을 적용하여 평가하는 경우에는 다음과 같이 회계처리를 한다. 즉, 투자자가 관계기업에 투자하는 경우 관계기업 투자를 최초에 원가로 인식하고, 피투자자가 당기순이익을 보고하면 그 만큼 관계기업 투자의 가치가 증가하게 되어 그것의 가치 증가분을 이익으로 기록한다. 이것을 위해 결산일에 관계기업 투자계정 차변에, 지분법이익(당기 수익)계정 대변에 기록한다. 만일 피투자자가 당기순손실

35) K-IFRS 제1028호(관계기업과 공동기업에 대한 투자) 문단 3-5.

을 보고하면 반대로 관계기업 투자계정 대변에, 지분법손실(당기 비용)계정 차변에 기록한다.

그리고 피투자자로부터 배당금을 받는 경우에는 당기순손익이 보고된 시점에서 인식한 투자를 회수한 것으로 간주하여 관계기업 투자를 감소시킨다. 따라서 배당금을 받는 경우에는 배당액만큼 피투자자의 투자주식의 가치가 감소하고 대신 배당금 수입으로 현금이 증가하게 되어 배당금 지급일에 관계기업 투자계정 대변에, 현금계정 차변에 기록한다.

예 제

2017년 8월에 수원회사는 경북회사의 발행주식 중 30%를 10,000,000원에 취득하였다. 2017년 12월 31일 결산일에 경북회사는 당기순이익 1,000,000원을 보고하였으며 또한 2018년 3월에 700,000원의 배당을 실시하였다.

수원회사의 주식 취득 시, 경북회사의 당기순이익 보고 시, 그리고 수원회사의 배당금 수령 시에 대한 회계처리를 나타내시오.

풀이

① 주식취득 시 회계처리 :

차) 관계기업 투자	10,000,000	대) 현　　금	10,000,000

② 당기순이익 보고 시 :

차) 관계기업 투자	300,000	대) 지분법이익	300,000*

*1,000,000원 × 30%

③ 배당금 수령 시 :

차) 현　　금	210,000	대) 관계기업 투자	210,000*

*700,000원 × 30%

5. 기타 투자자산의 회계처리

투자자산 중 투자부동산, AC 금융자산, FVOCI 금융자산, 관계회사 투자 이외에도 유동자산에 속하지 아니하는 장기의 대여금 및 수취채권(매출채권, 미수금 등)과 설비확장 및 채무상환 등에 사용할 특정목적의 장기금융상품 등이 기타의 투자자산에 속한다.

일반적으로 지급금액이 확정되었거나 결정가능하며 활성시장에서 가격이 공시되지 않는 비파생금융자산은 대여금 및 수취채권으로 분류한다. 대여금 및 수취채권 중 회수기일이 1년 이내에 도래하는 것은 유동자산으로 분류하며, 회수기일이 1년 이후에 도래하는 것은 비유동자산으로 분류한다.

장기의 대여금이나 수취채권의 회계처리도 명목금액과 현재가치의 차이가 유의적인 경우에는 이를 현재가치로 평가하여야 한다. 여기서의 현재가치는 당해 채권·채무로 인하여 미래에 수취하거나 지급할 총금액을 적정한 이자율로 할인한 금액이다.[36)]

예제 1

A사는 2017년 초 B사에 10,000,000원을 대여하고 2018년 말에 11,000,000원을 받기로 하였다. 2017년 초의 동종시장이자율은 연 10%이다. 이 경우 A사의 입장에서 각각 2017년 및 2018년의 회계처리를 나타내시오.

[2017년 초]

차) 장기대여금	11,000,000	대) 현　금	10,000,000
기부금	909,050**	현재가치할인차금	1,909,050*

*현재가치 = 11,000,000원 × 0.82645(현가계수, 2년, 10%) = 9,090,950원
현재가치할인차금 = 11,000,000원 - 9,090,950원 = 1,909,050원
**현재가치(9,090,950원) 보다 더 많이 대여해 준 금액 909,050원,
즉 (10,000,000원 - 9,090,950원)은 즉시 기부금(당기 비용)으로 처리한다.

[2017년 말]

차) 현재가치할인차금	909,095	대) 이자수익	909,095*

*9,090,950원 × 10%

[2018년 말]

차) 현재가치할인차금	999,955*	대) 이자수익	999,955
차) 현　금	11,000,000	대) 장기대여금	11,000,000

*1,909,050원 - 909,095원

참고 위에서 2017년 초의 회계처리는 다음과 같은 두 가지 거래가 혼합된 것으로 이해하면 이해가 쉬울 것이다.

차) 장기대여금	11,000,000	대) 현　금	9,090,950
		현재가치할인차금	1,909,050
차) 기부금	909,050	대) 현　금	909,050

36) K-IFRS 제1018호(수익) 문단 11에서도 판매대가의 유입이 이연되어 대금지급약정이 실질적으로 자금대여거래에 해당하는 경우, 그 대가의 공정가치는 미래 총수취액을 내재이자율로 할인한 현재가치로 결정한다고 규정하고 있다. 그리고 판매대가의 공정가치 즉 현재가치와 명목금액의 차이는 대금회수기간에 걸쳐 유효이자율법을 적용하여 이자수익으로 인식한다. 다만, 현재가치와 명목금액의 차이가 중요하지 않은 경우는 명목금액으로 회계처리할 수 있다.

예제 2

다음을 회계처리하시오.

강남(주)는 2017년 초에 장기 연불조건으로 상품 10,000,000원을 판매하였다. 상품대금은 5회 분할로 하고 제1회 대금은 제1기말에 받기로 하였다. 시장이자율을 연 12%로 가정하여 2017년의 회계처리를 나타내면 다음과 같다.

① 2017년 초(매출 시)

차)	장기매출채권	10,000,000	대) 매 출	7,209,560*
			현재가치할인차금	2,790,440

*2,000,000원 × 3.60478(유효이자율 12%, 기간 5년의 연금현가계수)

② 2017년 말

차)	현 금	2,000,000	대) 장기매출채권	2,000,000
	현재가치할인차금	865,147*	이자수익	865,147

*7,209,560원 × 12%

참고 다음과 같이 현재가치할인차금 계정을 사용하지 않고 회계처리하는 방법도 가능할 것이다.

① 2017년 초(매출 시)

차)	장기매출채권	7,209,560	대) 매 출	7,209,560*

② 2017년 말

차)	현 금	2,000,000	대) 장기매출채권	2,000,000
	장기매출채권	865,147	이자수익	865,147

연습문제

1. 다음은 대한(주)가 업무용 건물을 신축하기 위해 취득한 토지 및 건물 관련 자료이다. 물음에 답하시오.

자료 (단위: 만원)

토지 구입원가	5,000	중개인 수수료 등	180
구건물 철거비용	400	건물 설계비용	500
건물 신축비용 일부	8,000		

물음1 토지의 취득원가는 얼마인가?

물음2 토지 및 건물 취득의 회계처리를 나타내시오. 단, 건물은 신축 중이며, 모든 지출은 현금으로 지급하였다.

2. 다음은 12월 결산법인인 대한(주)의 업무용 건물과 관련된 자료이다.

자료

취득일: 2015년 1월 1일 취득원가: ₩55,000,000
추정 내용연수: 5년 추정 잔존가치: ₩5,000,000
감가상각방법: 정액법

물음1 대한(주)는 2017년 1월 초 위 건물의 증설을 위하여 ₩10,000,000을 지출(후속원가의 지출)하였으며, 건물의 외벽에 대한 페인트 칠을 위하여 ₩3,000,000을 지출하였다. 이 지출을 회계처리하시오. 이 지출로 인해 취득원가와 감가상각누계액은 어떻게 변화되었는가?

물음2 2017년 말 감가상각비를 계산하시오, 단, 이 지출로 인해 건물의 추정 내용연수와 잔존가치는 변함이 없다고 가정한다.

물음3 2017년 말 감가상각비를 계산하시오, 단, 이 지출로 인해 건물의 추정 내용연수가 1년 연장되었다고 가정한다.

3. 12월 결산법인인 한국(주)는 2015년 초 다음과 같은 차량운반구를 취득하였다.

자료

취득원가: ₩50,000,000　　　추정 내용연수: 4년
추정 잔존가치: ₩5,000,000

물음1 정액법을 적용하여 회계연도별 감가상각비를 계산하시오.

물음2 정률법을 적용하여 회계연도별 감가상각비를 계산하시오(감가상각률은 0.438임).

물음3 연수합계법을 적용하여 회계연도별 감가상각비를 계산하시오.

4. 비룡(주)는 2016년 중 정밀기계를 취득하였다. 취득원가는 ₩63,000,000이었으며, 이 정밀기계는 30,000시간을 사용하면 수명이 다할 것으로 기대하고, 잔존가치는 ₩3,000,000으로 추정한다. 비룡(주)는 생산량비례법(사용시간 비례법)을 적용하여 감가상각을 할 예정이다. 2016년 중 6,000시간을 사용하였으며, 2017년에는 12,000시간을 사용하였다.

물음1 2016년 및 2017년의 감가상각비를 계산하시오.

물음2 2017년 말의 감가상각누계액과 장부금액은 얼마인가?

5. 다음은 대한(주)의 유형자산(차량운반구) 관련 자료이다. 물음에 답하시오.

자료

취득일: 2015년 10월 1일　　　취득원가: ₩34,000,000
추정 내용연수: 5년　　　추정 잔존가치: ₩4,000,000
감가상각방법: 정액법

물음1 대한(주)는 차량운반구를 취득 후 2년이 지난 2017년 9월 30일에 현금 ₩24,000,000에 처분하였다면 유형자산처분손익은 얼마인가?

물음2 차량운반구 처분과 관련한 회계처리를 나타내시오.

6. 다음 거래를 회계처리하시오.

(1) ① 업무용 건물을 60,000,000원에 매입하고 등기비용 600,000원, 취득세 3,000,000원, 그리고 중개인 수수료 300,000원을 현금으로 지급하다.

② 수년 후 동 건물을 48,000,000원에 처분하고 대금은 1개월 후 만기가 도래하는 어음을 받다. 처분당시 건물의 감가상각누계액은 27,000,000원이다.

(2) ① 서울주식회사는 건설회사와 계약하여 본사 건물을 신축하기로 하고 공사대금의 일부인 35,000,000원과 공사설계비 7,500,000원을 수표를 발행하여 지급하다.

② 위의 신축공사가 완료되어 건물을 인도받고 공사도급금 잔액 22,500,000원을 수표로 지급하다.

(3) 소유 중인 건물에 엘리베이터를 설치하고 공사비 150,000,000원을 수표를 발행하여 지급하였으며, 건물의 일부가 파손되어 이것을 수선하고 그 비용으로서 15,000,000원을 현금으로 지급하였다.

(4) 사용해오던 기계장치(취득원가 20,000,000원, 감가상각누계액 14,000,000원)를 5,000,000원에 매각하고 대금은 현금으로 받다.

(5) A회사는 B회사를 흡수합병하고자 한다. B회사의 재무상태(공정가치)는 다음과 같다.

자산총계 900,000,000원, 부채총계 828,000,000원, 자본총계 72,000,000원

A회사가 ① 86,400,000원과 ② 60,000,000원의 현금으로 B회사를 흡수합병하였을 때의 합병관련 회계처리를 나타내시오.

(6) 다음의 거래를 회계처리하시오.

① 한국(주)는 2016년 말 현재 다음과 같은 시장성있는 장기투자증권을 보유하고 있다.

	취득원가	공정가치
A사 주식	10,000,000원	9,000,000원
B사 주식	5,000,000	5,500,000

② 2017년도 중 위 장기투자증권에 대한 거래는 다음과 같다.

3월 15일 : B사 주식을 6,500,000원에 처분하고 수수료 등 300,000원을 차감한 잔액을 받다.

6월 10일 : A사 주식을 3,000,000원에 취득하고 수수료 100,000원을 지급하다.

12월 31일 : 결산일 현재의 A사 주식의 공정가치는 15,000,000원이다.

7. 한국(주)는 대한(주)의 보통주 30%을 60억 원에 현금으로 취득하였다. 다음 자료는 주식 취득 이후의 관련 자료이다. 물음에 답하시오.

① 대한(주)는 2017년도 당기순이익 20억 원을 보고하였다.

② 한국(주) 대한(주)의 주주총회를 거쳐 2억 원의 현금배당을 받았다.

③ 한국(주)는 보유한 대한(주)의 주식 50%을 현금으로 처분하고 35억 원을 받았다. 이 주식의 처분으로 한국(주)는 대한(주)에 대해 중대한 영향력을 행사할 수 없게 되었다.

물음1 대한(주)의 주식 취득에 대한 한국(주)의 회계처리를 나타내시오.

물음2 대한(주)의 당기순이익 보고에 대한 한국(주)의 회계처리를 나타내시오.

물음3 배당금 수취에 따른 한국(주)의 회계처리를 나타내시오.

물음4 대한(주)의 주식 처분에 따른 한국(주)의 회계처리를 나타내시오.

물음5 대한(주) 주식의 처분으로 한국(주)는 대한(주)에 대해 중대한 영향력을 행사할 수 없게 된 경우 한국(주)의 회계처리를 나타내시오.

해답

1.

물음1 토지의 취득원가 = 토지 구입원가 + 중개인 수수료 등 + 구건물 철거비용*
= 5,000만원+180만원+400만원 = 5,580만원

*토지를 사용하기 위해 구건물을 철거해야 하는 경우 그 구건물의 철거비용도 토지의 취득원가에 포함시킴.

물음2

(단위: 만원)

차) 토지	5,580	대) 현금	5,580
차) 건설중인자산*	8,500**	대) 현금	8,500

*현재 신축 중에 있어 '건설중인자산계정'으로 회계처리하나, 추후 건물이 완공되면 '건물계정'으로 대체함.

**설계비용 500만원+신축비용 8,000만원

2.

물음1 증설을 위한 지출(후속원가의 지출)은 자산의 인식기준을 충족시키는 것으로 자본적 지출에 해당하므로 취득원가에 가산하나, 건물 외벽의 페인트칠에 대

한 지출(후속원가의 지출)은 자산의 인식기준을 충족하지 못하므로 수익적 지출에 해당하므로 비용(수선비)으로 처리한다. 따라서 후속원가의 지출에 대한 회계처리는 다음과 같이 한다

(차) 건물 10,000,000 (대) 현금 13,000,000
수선비 3,000,000

이에 따라 건물의 취득원가는 ₩65,000,000(₩55,000,000+₩10,000,000)이 되며, 감가상각누계액은 변함이 없이 ₩20,000,000[(₩55,000,000-₩5,000,000)÷5년×2년]이다.

이 자본적 지출을 반영하여 2017년 초의 재무상태표를 나타내면 다음과 같다.

건물	₩65,000,000	
감가상각누계액	(20,000,000)	₩45,000,000

물음2 물음 1)을 토대로 2017년, 2018년, 2019년의 연간 감가상각비를 계산하면 다음과 같다.

(취득원가 ₩65,000,000-잔존가치 ₩5,000,000)÷잔여 내용연수 3년 = ₩20,000,000

이상과 같이 2017년, 2018년, 2019년의 연간 감가상각비는 매년 동일하게 ₩20,000,000씩이 된다.

물음3 추정 내용연수가 1년 연장되었으므로 2017년, 2018년, 2019년의 연간 감가상각비를 계산하면 다음과 같다.

(취득원가 ₩65,000,000-잔존가치 ₩5,000,000)÷잔여 내용연수 4년 = ₩15,000,000

이상과 같이 2017년, 2018년, 2019년의 연간 감가상각비는 매년 동일하게 ₩15,000,000씩이 된다. 이것에 대한 회계처리는 나중에 설명할 회계추정의 변경과 동일한 회계처리에 해당한다.

3.

물음1 연간 감가상각비 = (취득원가-추정 잔존가치)÷추정 내용연수
= (₩50,000,000-₩5,000,000)÷4년
= ₩11,250,000

물음2 연간 감가상각비 = 연초의 장부금액×감가상각률
= (취득원가-전년 말까지의 감가상각누계액)×감가상각률

연도	연간 감가상각비	감가상각누계액	연도 말 장부금액
2015년 초			₩50,000,000
2015년 말	₩50,000,000×0.438=₩21,900,000	₩21,900,000	28,100,000
2016년 말	28,100,000×0.438= 12,307,800	34,207,800	15,792,200
2017년 말	15,792,200×0.438= 6,916,984	41,124,784	8,875,216
2018년 말	8,875,216×0.438= 3,875,216*	45,000,000	5,000,000
합계	₩45,000,000		

*감가상각 대상금액 ₩45,000,000에 맞추기 위해 조정함.

물음3 연수합계 = 1년+2년+3년+4년 = 10년

연간 감가상각비 = (취득원가-추정 잔존가치)×잔여 내용연수/내용연수 합계

(단위: 천원)

연도	연간 감가상각비	감가상각누계액	연도 말 장부금액
2015년 초			₩50,000
2015년 말	(₩50,000-₩5,000)×4/10=₩18,000	₩18,000	32,000
2016년 말	(₩50,000-₩5,000)×3/10= 13,500	31,500	18,500
2017년 말	(₩50,000-₩5,000)×2/10= 9,000	40,500	9,500
2018년 말	(₩50,000-₩5,000)×1/10= 4,500	45,000	5,000
합계	₩45,000		

4.

물음1

① 2016년 감가상각비의 계산

단위당 감가상각비 = (취득원가-추정 잔존가치)÷예상 사용량(사용시간)
= (₩63,000,000-₩3,000,000)÷30,000시간
= @₩2,000/시간

연간 감가상각비 = 단위당 감가상각비×연간 사용량(사용시간)
= @₩2,000/시간×6,000시간
= ₩12,000,000

② 2017년 감가상각비의 계산

2017년 감가상각비의 계산도 위와 같은 방법으로 계산하면 다음과 같다.

연간 감가상각비 = 단위당 감가상각비×연간 사용량(사용시간)
= @₩2,000/시간×12,000시간
= ₩24,000,000

물음2 ① 2017년 말의 감가상각누계액 = 2016년 감가상각비+2017년 감가상각비
= ₩12,000,000+₩24,000,000
= ₩36,000,000

② 2017년 말의 장부금액 = 취득원가-2017년 말의 감가상각누계액
= ₩63,000,000-₩36,000,000
= ₩27,000,000

5.

물음1 취득 후 처분까지 2년 동안의 감가상각비(또는 감가상각누계액)는 다음과 같이 계산한다,

2년 동안의 감가상각비(또는 감가상각누계액)
= (₩34,000,000-₩4,000,000)×24/60
= ₩12,000,000

따라서 처분 시점의 차량운반구 장부금액은 ₩22,000,000(₩34,000,000-₩12,000,000)이다. 이에 따라 유형자산처분이익은 ₩2,000,000(처분 시점의 장부금액 ₩22,000,000과 처분금액 ₩24,000,000의 차이)이다.

물음2 (단위: 만원)

차변	금액	대변	금액
차) 현금	2,400	대) 차량운반구	3,400
감가상각누계액	1,200	유형자산처분이익	200

6.

(1) ①	차) 건 물	63,900,000	대) 현 금	63,900,000
②	차) 감가상각누계액	27,000,000	대) 건 물	63,900,000
	미수금	48,000,000	유형자산처분이익	11,100,000
(2) ①	차) 건설중인자산	42,500,000	대) 당좌예금	42,500,000
②	차) 건 물	65,000,000	대) 건설중인자산	42,500,000
			당좌예금	22,500,000
(3)	차) 건 물	150,000,000	대) 당좌예금	150,000,000
	수선비	15,000,000	현 금	15,000,000
(4)	차) 감가상각누계액	14,000,000	대) 기계장치	20,000,000
	현 금	5,000,000		
	유형자산처분손실	1,000,000		
(5) ①	차) 자 산	900,000,000	대) 부 채	828,000,000
	영업권	14,400,000	현 금	86,400,000
②	차) 사 산	900,000,000	대) 부 채	828,000,000

현 금 60,000,000
염가매수차익 12,000,000

(6)

① 차) FVOCI 금융자산평가손실 1,000,0000
대) FVOCI 금융자산(A) 1,000,000
차) FVOCI 금융자산(B) 500,000
대) FVOCI 금융자산평가이익 500,000*

② (3월 15일)
차) FVOCI 금융자산(B) 700,000
대) FVOCI 금융자산평가이익 700,000*

차) 현 금 6,200,000 대) FVOCI 금융자산(B) 6,200,000

*처분시점의 평가손익의 회계처리에 대해 국제회계기준에는 명시적으로 없으나, 앞에서 설명한 바와 같이 FVOCI 금융자산 처분 후 기타포괄손익에 남아있는 금융자산평가이익 ₩1,200,000을 그대로 유지할 수도 있으며, 아니면 이익잉여금으로 대체할 수도 있다.

(6월 10일)
차) FVOCI 금융자산(A) 3,100,000 대) 현 금 3,100,000

(12월 31일)
차) FVOCI 금융자산(A) 2,900,000 대) FVOCI 금융자산평가손실 1,000,000
FVOCI 금융자산평가이익 1,900,000

7. (단위: 억 원)

물음1 차) 관계기업 투자 60 대) 현금 60

물음2 차) 관계기업 투자 6 대) 지분법이익 6*

*당기순이익 20억원×30%

물음3 차) 현금 2 대) 관계기업 투자 2

물음4 차) 현금 35 대) 관계기업 투자 32*
투자자산처분이익 3

*(60억 원+6억 원-2억 원)×50%

물음5 차) FVOCI 금융자산 32* 대) 관계기업 투자 32

*주식 처분으로 지분율이 20% 이하로 낮아져 더 이상 대한(주)에 대해 중대한 영향력을 행사할 수 없으므로 FVOCI 금융자산으로 재분류하여야 함.

종합문제

1. 다음 거래를 회계처리하시오.

① 취득원가 5,000,000원의 기계를 매년 1회 정률법으로 감가상각하여 오던 중 제3차년도 말에 2,000,000원에 처분하여 대금을 수표로 받아 당좌예금하다. 감가상각률은 연간 20%로 한다.

② 취득원가 1,500,000원, 감가상각누계액 1,100,000원의 기계를 500,000원에 처분하고 대금은 추후에 받기로 하다.

③ 영업용 비품(취득원가 10,000,000원)을 4년간 사용 후 2,500,000원에 처분하고, 현금으로 받다. 비품의 추정 내용연수는 5년, 잔존가치는 없으며, 정액법으로 감가상각을 해왔다.

2. 다음의 자료로 물음에 답하시오.

KS(주)는 2015년 7월 1일 다음의 차량운반구를 취득하였다.

취득원가 : 22,000,000원　　추정 잔존가치 : 2,000,000원
추정 내용연수 : 5년　　감가상각방법 : 정액법

물음1 2015년도 차량운반구의 감가상각비는 얼마인가?

물음2 2018년 1월 1일의 감가상각누계액은 얼마인가?

물음3 2018년 3월 31일 위 차량운반구를 8,500,000원(현금)에 처분하였다. 2018년 3개월간의 감가상각비에 대한 회계처리를 나타내시오.

물음4 처분시점인 2018년 3월 31일의 차량운반구의 취득원가, 감가상각누계액, 그리고 장부금액은 얼마인가?

물음5 2018년 3월 31일의 처분관련 회계처리를 나타내시오.

3. 12월 결산법인인 대한(주)는 2015년 회계연도 중 다음과 같은 사무용 비품을 취득하였다.

자료

취득일: 2015년 9월 1일　　　취득원가: ₩10,000,000
추정 내용연수: 4년　　　추정 잔존가치: ₩400,000

물음1 정액법을 적용하여 월단위 계산방식(월할 계산방식)을 사용할 경우 회계연도별 감가상각비는?

물음2 연수합계법을 적용하여 월단위 계산방식(월할 계산방식)을 사용할 경우 회계연도별 감가상각비는?

4. 다음은 대한(주)의 유형자산(차량운반구) 관련 자료이다. 물음에 답하시오.

자료

취득일: 2015년 1월 1일　　　취득원가: ₩33,000,000
추정 내용연수: 5년　　　추정 잔존가치: ₩3,000,000
감가상각방법: 정액법

물음 대한(주)는 2년 후인 2017년 초에 차량의 추정 내용연수를 5년에서 6년으로 변경하였으며, 추정 잔존가치도 ₩3,000,000에서 ₩4,000,000으로 변경하였다. 2015년의 연간 감가상각비와 2016년 말 현재의 장부금액, 그리고 내용연수와 잔존가치를 변경한 2017년부터의 감가상각비를 계산하시오.

5. 다음은 대한(주)의 유형자산(차량운반구) 관련 자료이다.

자료

취득일: 2015년 7월 1일　　　취득원가: ₩30,000,000
추정 내용연수: 5년　　　추정 잔존가치: ₩3,000,000
감가상각방법: 정액법

물음1 대한(주)는 차량운반구를 취득 후 2년 반이 지난 2017년 말에 현금 ₩15,000,000에 처분하였다면 유형자산처분손익은 얼마인가?

물음2 차량운반구 처분과 관련한 회계처리를 나타내시오.

6. 한국(주)는 2017년 초 기초적 연구활동에 1,000만원, 신제품 X-101 개발에 1,500만원, 신제품 X-102 개발에 2,500만원을 지출하였다. 그런데 신제품 X-102 개발은 미래 경제적 효익을 창출할 것으로 기대되나, X-101 개발은 미래 경제적 효익을 창출할 것으로 기대하지 못하고 있다.

물음1 위 투자액 지출과 관련한 회계처리를 나타내시오.

물음2 위 신제품 개발과 관련하여 미래 경제적 효익이 기대되는 무형자산을 5년에 걸쳐 정액법으로 상각(잔존가치 0)하는 2017년 말의 회계처리를 나타내시오.

물음3 위 물음 1), 물음 2)를 반영한 2017년 말 부분재무상태표와 부분손익계산서를 나타내시오.

7. 한국(주)는 대한(주)와 합병하는 것을 검토하고 있다. 합병 전 대한(주)의 자산과 부채의 공정가치는 다음과 같다(단위: 100만원).

현금	100	매출채권	60	상품	40	건물 150		토지 50
매입채무	50	단기차입금	20	장기차입금	30			

물음1 대한(주)의 순자산 공정가치는 얼마인가?

물음2 한국(주)가 대한(주)를 합병하기로 결정하고 대한(주) 주주들에게 3억 5천만 원의 수표를 발행하여 지급하였다. 한국(주)의 대한(주) 합병에 따른 영업권 은 얼마인가?

물음3 위 합병에 대한 한국(주)의 회계처리를 나타내시오.

물음4 한국(주)가 대한(주)를 합병하기로 결정하고 대한(주) 주주들에게 2억 7천만 원의 수표를 발행하여 지급한 경우의 합병에 대한 한국(주)의 회계처리를 나타내시오.

8. 한국(주)는 임대수익을 목적으로 2016년 초 건물을 취득관련 거래비용 10,000,000원을 포함하여 500,000,000원에 취득하고 수표를 발행하여 교부하다. 건물의 내용연수는 10년이며, 잔존가치는 없는 것으로 한다. 그리고 감가상각방법은 정액

법이다. 한편 각 시점별 건물의 공정가치는 다음과 같다.

2016년 말 450,000,000원 2017년 말 600,000,000원

이상의 자료로 1) 원가모형을 적용하는 경우와 2) 공정가치모형을 적용하는 경우로 나누어 한국(주)의 2016년 초, 2016년 말, 2017년 말의 회계처리를 나타내시오.

9. A사는 B사의 주식을 2017년 중 4,150만 원에 취득(거래비용 100만 원 별도)하였다. 2017년 말 동 주식의 공정가치는 4,500만 원으로 상승하였으며, 2018년 4월 중 동 주식을 모두 4,400만원에 처분하였다.

물음 위 주식을 기타포괄손익 측정 금융자산(FVOCI)으로 가정하여 취득, 평가, 처분의 회계처리를 나타내시오.

10. 충북(주)는 강원(주)의 보통주 30%을 18억 원에 현금으로 취득하였다. 다음 자료는 주식 취득 이후의 관련 자료이다.

① 강원(주)는 2017년도 당기순손실 10억 원을 보고하였다.
② 강원(주)는 주주총회를 열고 배당하지 않기로 결의하였다.
③ 충북(주)는 보유한 강원(주)의 주식 60%을 현금으로 처분하고 8억 원을 받았다. 이 주식의 처분으로 충북(주)는 강원(주)에 대해 중대한 영향력을 행사할 수 없게 되었다.

물음1 충북(주)의 대한(주)의 주식 취득에 대한 회계처리를 나타내시오.

물음2 강원(주)의 당기순손실 보고에 대한 충북(주)의 회계처리를 나타내시오.

물음3 강원(주)의 주주총회 결의에 대한 충북(주)의 회계처리를 나타내시오.

물음4 강원(주)의 주식 처분에 따른 충북(주)의 회계처리를 나타내시오.

물음5 강원(주) 주식의 처분으로 충북(주)는 강원(주)에 대해 중대한 영향력을 행사할 수 없게 된 경우 충북(주)의 회계처리를 나타내시오.

제 10 장 부 채

부채(liabilities)란 기업이 미래에 재화나 용역의 형태로 타인에게 제공하여야 할 현재의 채무를 말한다. 부채는 1년 이내에 상환하여야 하는 유동부채(current liabilities)와 1년 이후에 상환하여야 하는 비유동부채(non-current liabilities)로 나눌 수 있다. 유동부채는 단기부채(short-term liabilities)라고도 하며, 기업은 이 유동부채를 상환하기 위해서는 유동자산을 사용하거나 다른 유동부채로 부담하여야 한다. 한편 비유동부채는 장기부채(long-term liabilities)라고도 하며, 주식의 발행을 통해 조달되는 자기자본과 더불어 기업의 장기자금을 조달하는 중요한 원천이 되고 있다.

제 1 절 부채의 의의

1.1 부채의 본질

'재무보고를 위한 개념체계'에 의하면 "부채란 과거 사건에 의하여 발생하였으며 경제적 효익을 갖는 자원이 기업으로부터 유출됨으로써 이행될 것으로 기대되는 현재의무이다."라고 정의하고 있다.

부채의 본질적 특성은 기업이 현재의무를 갖고 있다는 것이다. 여기서 '의무'란 특정 방법으로 실행하거나 수행할 책무 또는 책임을 말하는 것으로서 이것은 구속력 있는 계약이나 법규에 따라 법률적 강제력이 있을 수 있다. 제공받은 재화와 용역에 대한 미지급채무가 일반적인 예이다. 의무는 정상적인 거래실무, 관행 또는 원활한 거래관계를 유지하거나 공평한 거래를 하려는 의도에서 발생할 수도 있다. 만일 어떤 기업이 보증기간이 명백히 경과한 후에 발생하는 제품하자에 대해서도 수리해 주기로 방침을 정한 경우에 이미 판매된 제품과 관련하여 지출될 것으로 예상되는 금액은 부채이다. 그리고 현재의무와 미래의 약속은 구별되어야 한다. 미래에 특정 자산을 취득하겠다는 경영진의 의사결정 그 자체만으로는 현재의무가 발생하지 아니한다. 의무는 일반적으로 그 자산이 인도되는 때 또는 기업이 자산획득을 위한 취소불능약정을 체결하는 때 발생한다. 후자의 경우에 속하는 취소불능약정은 예를 들어, 의무불이행의 결과에 따른 상당한 위약금 때문에 거래상대방에 대한 자원의 유출을 회피할 여지가 거의 없는 약정을 말한다.

기업이 거래 상대방의 요구에 따라 현재의무를 이행하기 위해서는 일반적으로 미래 경제적 효익을 갖는 자원을 희생하게 된다. 현재의무는 다양한 방법 예컨대, 현금 지급, 다른 자산의 이전, 용역의 제공, 다른 의무로 대체, 부채의 자본 전환 등으로 이행될 수 있다. 또한 의무는 채권자의 권리포기나 권리상실 등 다른 방법에 의해서 소멸되기도 한다.

그리고 부채는 과거의 거래나 그 밖의 사건에서 발생한다. 예를 들어, 재화를 구입하거나 용역을 제공받는 경우 매입채무가 발생하며(선급 또는 인도와 동시에 지급이 이루어지지 아니한 경우), 은행대출을 받은 경우에는 상환의무가 발생한다. 또한 기업이 고객의 연간 매입액에 따라 미래에 지급할 환불액을 부채로 인식할 경우 고객에 대한 과거의 매출이 부채를 발생시키는 거래가 된다.

그러나 일부 부채는 상당한 정도의 추정을 해야만 측정이 가능할 수 있다. 이러한 부채는 '충당부채'라고도 한다. 어떤 충당부채가 현재의무를 수반하며 부채의 나머지 정의를 충족한다면 금액을 추정해야 하더라도 부채이다. 그러한 예로는 제품보증에 따른 충당부채와 연금지급의무에 대한 충당부채가 있다.

1.2 유동부채와 비유동부채의 구분

부채는 1년을 기준으로 유동부채와 비유동부채로 분류하며, 다음의 경우는 유동부채로 분류하며, 그 밖의 모든 부채는 비유동부채로 분류한다.

① 정상영업주기 내에 결제될 것으로 예상하고 있다.

② 주로 단기매매 목적으로 보유하고 있다.

③ 보고기간 후 12개월 이내에 결제하기로 되어 있다.

④ 보고기간 후 12개월 이상 부채의 결제를 연기할 수 있는 무조건의 권리를 가지고 있지 않다.

다만, 정상 영업주기 내에 소멸할 것으로 예상되는 매입채무, 그리고 종업원 및 그 밖의 영업원가에 대한 미지급비용 등은 보고기간 후 12개월 후에 결제일이 도래한다 하더라도 유동부채로 분류한다. 동일한 정상영업주기가 기업의 자산과 부채의 분류에 적용되며, 기업의 정상영업주기가 명확하게 식별되지 않는 경우 그 주기는 12개월인 것으로 가정한다.

그리고 기타 유동부채는 정상영업주기 이내에 결제되지는 않지만 보고기간 후 12개월 이내에 결제일이 도래하거나 주로 단기매매목적으로 보유한다. 이에 대한 예로는 단기매매항목의 정의를 충족하는 일부 금융부채, 당좌차월, 비유동금융부채의 유동성대체 부분, 미지급배당금, 법인세, 기타 지급채무 등이 있다(K-IFRS 제1109호 참조).

장기적으로 자금을 조달하며(즉, 기업의 정상영업주기내에 사용되는 운전자본의 일부가 아닌 경우) 보고기간 후 12개월 이내에 만기가 도래하지 아니하는 금융부채는 비유동부채이다. 그러나 다음 모두에 해당하는 경우라 하더라도 금융부채가 보고기간 후 12개월 이내에 결제일이 도래하면 이를 유동부채로 분류한다. ① 원래의 결제기간이 12개월을 초과하는 경우, ② 보고기간 후 재무제표 발행승인일 전에 장기로 차환하는 약정 또는 지급기일을 장기로 재조정하는 약정이 체결된 경우

한편 기업이 기존의 대출계약조건에 따라 보고기간 후 적어도 12개월 이상 부채를 차환하거나 연장할 것으로 기대하고 있고, 그런 재량권이 있다면, 보고기간 후 12개월 이내에 만기가 도래한다 하더라도 비유동부채로 분류한다. 그러나 기업에게 부채의 차환이나 연장에 대한 재량권이 없다면(예를 들어, 차환약정이 없는 경우), 차환가능성을 고려하지 않고 유동부채로 분류한다.

제 2 절 유동부채

2.1 유동부채의 종류

1. 단기차입금

단기차입금(short-term borrowings; short-term loan payable)은 1년 내에 상환될 차입금을 말한다. 즉 단기차입금은 금전소비대차계약에 의하여 금전을 차입하는 경우 1년 내에 상환될 금액으로 한다.

한편 금융기관으로부터의 당좌차월 즉 금융기관과의 사전 약정에 의하여 예금잔액을 초과하여 발행한 당좌차월도 단기차입금에 포함시킬 수도 있으나, 금액이 큰 경우에는 '단기차입금계정'과 구분하여 별도의 계정인 '당좌차월계정'으로 보고하는 것이

보다 바람직할 것이다.

예제

다음을 회계처리하시오.

충북(주)는 경남(주)로부터 현금 30,000,000원을 10개월간 차입하고 약속어음을 발행하였다.

차) 현 금	30,000,000	대) 단기차입금	30,000,000

2. 매입채무

매입채무(trade payables)는 일반적 상거래에서 발생한 외상매입금(accounts payable)과 지급어음(notes payable)을 말한다. 그러나 지급기한이 정해져 있고 장기인 경우는 장기매입채무(장기외상매입금, 장기지급어음)로 처리한다.

특수관계자에 대한 매입채무의 금액이 중요한 경우 특수관계자 외상매입금 등의 과목으로 보고할 수도 있다.

예제

다음을 회계처리하시오.

인천(주)는 A상품 500개(@15,000원)를 외상으로 구입하였다. 이 때 상품의 구입과 관련하여 매입제비용 300,000원도 발생하였으며 현금으로 지급하였다.

차) 매 입	7,800,000	대) 매입채무*	7,500,000
		현 금	300,000

*상품을 외상으로 매입하는 경우는 '외상매입금'계정으로, 상품을 매입하고 어음을 지급하는 경우는 '지급어음'계정으로 회계처리할 수도 있으나 재무상태표를 보고할 때는 반드시 '매입채무'계정이라는 통합계정과목으로 보고하여야 한다.

3. 미지급금

미지급금(other accounts payable)은 일반적 상거래(상품 판매 거래나 용역 제공 거래) 이외에서 발생한 채무(예 : 비품, 토지, 유가증권 등과 관련한 채무)로서 미지급비용은 제외한다. 예컨대, 재고자산 이외의 자산을 구입하고 약속어음을 발행하여 교부하는 경우도 지급어음이 아닌 미지급금계정으로 처리한다.

미지급금은 이미 계약상 확정된 채무(지급기일이 도래한 채무)로서 그 지급이 완료되지 아니한 것이므로, 비용은 발생하였으나 아직 지급기일이 도래하지 않아 지급되지 않고 있는 비용인 미지급비용과 차이가 있다.

예제

다음을 회계처리하시오.

수원(주)는 사무용비품 40,000,000원을 구입하고 3개월 만기의 약속어음을 발행하여 교부하였다.

차) 비 품	40,000,000	대) 미지급금	40,000,000

4. 선수금

선수금(advance from customers)은 수주공사 · 수주품 및 일반적 상거래(용역 거래 포함)에서 발생한 선수액을 말한다. 그러므로 선수금은 제품, 상품, 용역 등을 주문받거나 수주공사 및 기타 일반적 상거래에서 미래에 재화나 용역을 제공한다는 조건으로 용역 등을 제공하기 전에 대가의 전부 또는 일부를 먼저 받은 금액이다.

또한 상품권을 판매한 경우에도 선수금계정(상품권선수금계정 또는 상품권계정으로도 회계처리 가능)으로 처리하며, 상품을 판매하고 상품권을 회수하였을 때 매출수익으로 인식한다.

예제

다음을 회계처리하시오.

① 서울상사는 대구상사로부터 상품 20,000,000원의 주문을 받고 계약금 5,000,000원을 수표로 받아 은행에 예입하였다.

차) 당좌예금	5,000,000	대) 선수금	5,000,000

② 서울상사는 위의 상품을 발송하고 계약금을 제외한 잔액은 후일에 받기로 하였다.

차) 선수금	5,000,000	대) 매 출	20,000,000
외상매출금	15,000,000		

5. 예수금

예수금(withholdings)은 일반적 상거래 이외에서 발생한 일시적 제예수액(예 : 소득세예수금, 조합비예수금, 부가가치세예수금 등)으로서 미래에 변제할 의무가 있는 것을 말한다.

예 제

다음을 회계처리하시오.

① 한국(주)는 2018년 3월말 종업원에 대한 급여 30,000,000원 중 소득세 1,500,000원, 의료보험료 1,000,000원, 조합비 500,000원을 차감한 잔액을 현금으로 지급하다.

차) 급 여	30,000,000	대) 소득세예수금	1,500,000
		보험료예수금	1,000,000
		조합비예수금	500,000
		현 금	27,000,000

② 2018년 5월초 소득세, 의료보험료, 조합비를 납부하다. 단, 회사부담 의료보험료 1,000,000원도 함께 지급하다.

차) 소득세예수금	1,500,000	대) 현 금	4,000,000
보험료예수금	1,000,000		
조합비예수금	500,000		
복리후생비	1,000,000		

6. 미지급비용

미지급비용(accrued expenses)은 발생된 비용으로서 지급되지 아니한 것(예 : 미지급이자, 미지급급여, 미지급임차료 등)을 말한다. 이 미지급비용은 발생기준에 의하여 기간손익을 정확히 계산하기 위한 경과계정이라고 할 수 있다.

예 제

다음을 회계처리하시오.

성북(주)의 기말 결산일 현재의 결산정리사항은 다음과 같다.

① 단기차입금에 대한 이자 미지급액 450,000원을 계상하다.

차) 이자비용	450,000	대) 미지급비용	450,000

② 건물에 대한 임차료 미지급액 6개월분 3,000,000원을 계상하다.

차) 임 차 료	3,000,000	대) 미지급비용	3,000,000

7. 당기법인세부채

당기법인세부채(종전의 미지급법인세, accrued income taxes)는 결산 시 법인세법에 따라 과세당국에 납부하여야 할 법인세비용을 인식할 때 사용하는 계정이다. 그러므로 과세소득이 발생하면 납부할 법인세비용을 당기법인세부채로 인식하고, 향후 과세당국에 법인세를 납부하면 당기법인세부채를 감소시키는 회계처리를 한다. 당기법인세부채는 법인세 등의 미지급액인데 이것은 주로 기업의 결산 시 당해 사업연도의 과세소득에 대한 법인세를 추정하고 기중에 이미 납부한 중간예납액 등을 차감한 잔액과 과거 사업연도에 해당하는 확정된 법인세를 미지급한 경우에 동 금액 등을 계상하는 일종의 미지급비용계정이다. 그러나 실무에서는 당기법인세부채를 별도계정으로 표시하는 것이 일반적이다. 이 당기법인세부채는 현금으로 지급할 의무이지만 계약에 기초한 의무가 아니므로 금융부채로 분류하지 않는다.

예제

다음을 회계처리하시오.

강북(주)의 당기 과세소득은 36,000,000원이며, 당기 법정세율은 40%이다.

차) 법인세비용 14,400,000 대) 당기법인세부채 14,400,000

8. 유동성장기차입금

유동성장기차입금(current portion of long-term debt)은 장기차입부채 중 1년 내에 상환될 것 등을 말한다. 예컨대, 사채 중 1년 이내에 상환될 금액이나 장기차입금 중 상환조건에 따라 1년 이내에 분할하여 상환될 금액 등은 유동성장기차입금으로 보고 한다.

예제

한국(주)의 2017년 결산일 현재 장기차입금 200,000,000원 중 50,000,000원이 2018년 중에 만기일이 도래하게 되었다.
이와 같은 경우 한국(주)의 2017년 결산일에 행할 회계처리와 부분재무상태표를 나타내시오.

차) 장기차입금 50,000,000 대) 유동성장기차입금 50,000,000

재무상태표	
부채	
Ⅰ. 유동부채	
유동성장기차입금	50,000,000
Ⅱ. 비유동부채	
장기차입금	150,000,000

9. 선수수익

선수수익(unearned revenue)은 받은 금액 중 차기 이후에 속하는 금액(예 : 선수이자수익, 선수임대료 등)을 말하며, 일정한 계약에 따라 받은 수익 중 시간의 경과에 따라 수익으로 대체되는 것이다.

선수수익은 그 내용이 선수이자수익, 선수임대료, 선수수수료 등과 같이 수익과목과 관련하여 발생하는 것이므로 은행업이나 보험업 및 부동산업에서 많이 발생하며 그와 같은 용역제공계약 이외의 계약에 따른 선수금과는 구별되어야 한다.

따라서 선수금은 영업이익과 관련을 갖는 반면 선수수익은 기타수익과 관련을 갖는 것으로서 시간의 경과에 따라 수익으로 전환되는 것이 일반적이다.

예 제

다음을 회계처리하시오.

경기(주)의 기말 결산일 현재의 결산정리사항은 다음과 같다.

① 단기대여금에 대한 이자 선수액 3,500,000원을 계상하다.

차) 이자수익	3,500,000	대) 선수수익	3,500,000

② 건물에 대한 임대료 선수액 4개월분 4,000,000원을 계상하다.

차) 임대료	4,000,000	대) 선수수익	4,000,000

10. 단기충당부채

단기충당부채(short-term liability provisions)는 1년 이내에 사용되는 충당부채로서 그 사용목적을 표시하는 과목을 말한다. 충당부채는 지출의 시기 또는 금액이 불확실한 부채로서 현재의무이고 이를 이행하기 위하여 경제적 효익을 갖는 자원이 유출될 가능성이 높고 당해 금액을 신뢰성 있게 추정할 수 있을 때 부채로 인식한다[1].

충당부채 중 1년 이내에 사용되는 것은 '단기충당부채(유동부채)'로, 1년 이후에 사용되는 것은 '장기충당부채(비유동부채)'로 구분하여 표시하여야 한다.

단기충당부채에는 판매보증충당부채, 공사보증충당부채, 경품충당부채 등과 같이 '사용목적을 표시'하는 과목으로 기재하며 1년 이내에 사용되는 것만 표시하여야 한다.

단기충당부채의 설정 시에는 그 계정의 대변에 기입하고, 비용예상액을 그 차변에 기입한다. 그리고 실제로 비용이 발생하면 우선 해당 충당부채와 상계하고 그것이 부족하면 그 초과비용을 비용으로서 처리한다.

① 충당부채 설정 시(결산 시)

차) ××비용	×××	대) ××충당부채	×××

② 실제로 비용 발생 시

차) ××충당부채	×××	대) 현 금	×××

또는

차) ××충당부채	×××	대) 현 금	×××
××비용	××		

예 제

다음을 회계처리하시오.

① 강동(주)는 상품을 판매한 후 1년간 보증수리를 해 주고 있다. 강동(주)는 매년 판매한 제품의 3%에 상당하는 판매보증비가 발생할 것으로 예상하고 있다. 강동(주)는 2017년 300,000,000원의 제품을 판매하였으며, 2017년 중 판매된 제품에 대한 판매보증비용이 1,500,000원 발생하였다.

[판매보증비용 발생 시]

차) 판매보증비	1,500,000	대) 현 금	1,500,000

[기말 결산 시]

차) 판매보증비	7,500,000	대) 판매보증충당부채	7,500,000*

*(3,000,000,000원×3%)-1,500,000원

1) 충당부채는 다음의 요건을 모두 충족하는 경우에 인식한다. ① 과거사건의 결과로 현재의무(법적의무 또는 의제의무)가 존재한다. ② 당해 의무를 이행하기 위하여 경제적 효익을 갖는 자원이 유출될 가능성이 높다. ③ 당해 의무의 이행에 소요되는 금액을 신뢰성 있게 추정할 수 있다. 따라서 위의 요건을 충족하지 못할 경우에는 어떠한 충당부채도 인식할 수 없다(K-IFRS 제1037호 충당부채, 우발부채 및 우발자산 문단 14).

② 실제로 2018년 초에 판매보증비가 10,000,000원 발생하였다.

차) 판매보증충당부채	7,500,000	대) 현 금	10,000,000
판매보증비	2,500,000		

제3절 비유동부채

3.1 화폐의 시간가치

여기서는 다음에서 설명하고자 하는 비유동부채를 학습하기 전에 먼저 '화폐의 시간가치(time value of money)' 개념을 설명하고자 한다. 이 화폐의 시간가치 개념은 사실 비유동부채만 관련되는 것이 아니라 장기채권과 장기채무(예컨대, 장기연불조건의 매매거래나 장기금전대차거래[2])와 관련되는 개념이므로 회계의 많은 부분과 관련이 있다고 할 수 있다.

1. 화폐의 시간가치의 의의

화폐는 시간가치(time value)를 갖는다. 이것은 현재의 ₩1의 가치와 미래의 ₩1의 가치는 다르며, 현재의 ₩1의 가치가 미래의 ₩1의 가치보다 크다는 것을 의미한다. 이것은 쉽게 말하면 현재의 ₩1을 투자하면 미래에는 이자(interest)와 같은 투자수익이 발생하므로 미래 일정시점에는 ₩1보다 큰 금액이 되기 때문이다. 그러므로 현재의 화폐가치와 미래의 화폐가치의 차이는 이자율에 따라 달라진다고 할 수 있다.

(1) 단순이자

단순이자(simple interest; 단리라고도 함.)란 최초의 원금에 대해서만 이자가 계속 발생하는 것이므로 매기의 이자는 동일하게 계산된다. 예컨대, 원금 ₩1,000,000을 은행에 연 10%의 이자로 3년간 예입하는 경우의 단순이자 계산법으로 3년 후의 이자를 받는 경우의 이자를 계산하면 다음과 같다.

2) 장기연불조건의 매매거래에는 장기의 재고자산 매매거래, 용역수수거래, 유형자산 매매거래 등이 포함되며, 장기금전대차거래에는 장기의 금전대차거래 뿐만 아니라 투자채무증권, 사채, 전환사채, 리스 등이 포함된다.

1차년도	₩1,000,000×10% =	₩100,000
2차년도	₩1,000,000×10% =	₩100,000
3차년도	₩1,000,000×10% =	₩100,000
합계		₩300,000

(2) 복리이자

복리이자(compound interest; 복리라고도 함.)란 1차년도의 이자는 위 단순이자법에 의한 경우와 같지만 2차년도부터의 이자는 원금에 이자를 가산한 금액에 대해 이자가 발생하므로 시간이 갈수록 이자가 증가하게 된다.[3] 예컨대, 원금 ₩1,000,000을 은행에 연 10%의 이자로 3년간 예입하는 경우의 복리이자 계산법으로 3년 후의 이자를 받는 경우의 이자를 계산하면 다음과 같다.

1차년도	₩1,000,000×10% =	₩100,000
2차년도	(₩1,000,000+₩100,000)×10% =	₩110,000
3차년도	(₩1,000,000+₩100,000+₩110,000)×10% =	₩121,000
합계		₩331,000

이러한 복리의 개념은 회계 전반(특히 장기채권 및 장기채무)에는 물론 의사결정 시에도 고려하여야 하는 개념이다.

2. 단순현금의 현재가치와 미래가치

단순현금흐름(원금)의 현재가치 또는 미래가치의 계산은 확정된 미래의 특정일에 지급하거나 수취하게 될 일정의 금액(원금), 즉 현금흐름이 한번 있는 경우 현재시점의 금액으로 할인(현재가치)하거나 미래의 금액(미래가치)을 계산하는 것을 말하며, 전자를 현재가치(present value; 줄여서 현가(現價)라고도 함.), 후자를 미래가치(future value)라고 한다.

(1) 현재가치

현재가치(present value)란 미래시점의 일정금액이 현재시점에서 얼마에 해당하는가를 나타낸 것이다. 예를 들어 앞의 원금 ₩1,000,000을 은행에 연 10%의 이율로 3년간 예입하는 경우의 복리이자 계산법에 의하면 3년 후의 원금 및 이자는 총 ₩1,331,000이었다. 그러므로 이 금액은 일정금액을 은행에 연 10%의 이율로 3년간

3) 연 1회 이자가 발생하는 경우를 가정한 것이며, 연2회(6개월마다 1회씩) 또는 연4회(3개월마다 1회씩) 등과 같이 이자가 발생하는 경우는 이자가 달리 계산된다.

예입하는 경우의 복리이자 계산법에 의한 3년 후의 원금 및 이자 즉 미래가치에 해당하므로, 이 금액의 현재시점에서의 금액이 현재가치에 해당한다. 즉 현재가치는 다음과 같이 산정할 수 있다.

$$₩1,331,000/(1+0.1)^3 = ₩1,000,000$$

이와 같은 현재가치를 계산하는 것을 일반식으로 표현해보면 다음과 같다. 미래 n기간 후 발생(지급 또는 수취)할 미래의 일정금액에 대하여 이자율 r을 적용하여 현재가치를 구하는 식은 다음과 같이 나타낼 수 있다.

$$\text{현재가치} = \text{n기간 후 발생할 미래금액}/(1+r)^n$$

이와 같이 현재가치를 구하는 것은 '미래 현금흐름을 할인하는 것'이므로, 현재가치는 곧 '미래 현금흐름의 할인액'이라고 할 수 있다.

그러므로 단순현금흐름(원금)의 현가는 다음과 같이 계산된다.

$$P = \frac{F_n}{(1+r)^n}$$

P : 원금의 현가 Fn : 미래의 특정일에 지급 또는 수취할 금액
r : 이자율(할인율) n : 기간

위 현재가치 계산식에서 $1/(1+r)^n$을 **현재가치계수(현가계수)**라고 하며, 이것을 계산하여 표로 작성한 것을 현재가치표 또는 현가표라고 한다. 현재가치표는 이 책 후반부에 부록으로 수록하였다.

원금의 현가계수는 현재가치표에서 n(기간)과 r(이자율)이 교차하는 곳의 숫자가 된다. 예를 들어 이자율이 10%인 경우 5년 후의 100만원은 현재가치로는 얼마인가를 알아보기로 하자. 현재가치표에서 n = 5년, r = 10%가 교차하는 곳을 찾아보면 0.62092임을 알 수 있다. 이것은 5년 후에 1원의 현재가치가 0.62092원이라는 뜻이다. 즉, 이자율이 10%일 때 5년 후에 1원은 현재 0.62092원과 가치가 같다는 것을 말한다. 그러므로 5년 후에 받게 되는 금액은 100만원이므로, 원금의 현재가치는 100만원 × 0.62092 = 620,920원이 된다.

(2) 미래가치

미래가치(present value)란 현재시점의 일정금액이 미래시점에서 얼마에 해당하는가를 나타낸 것이다. 예를 들어 앞의 원금 ₩1,000,000을 은행에 연 10%의 이율로 3년간 예입하는 경우의 복리이자 계산법에 의하면 3년 후의 원금 및 이자는 총 ₩1,331,000이었다. 그러므로 이 금액이 원금 ₩1,000,000에 대한 미래가치이다. 미래가치는 다음과 같이 산정할 수 있다.

$$\text{미래가치} = \text{현재금액} \times (1+r)^n$$

위 미래가치 계산식에서 $(1+r)^n$을 **미래가치계수**라고 하며, 이것을 계산하여 표로 작성한 것을 미래가치표이다. 미래가치표도 이 책 후반부에 부록으로 수록하였다.

미래가치계수도 미래가치표에서 n(기간)과 r(이자율)이 교차하는 곳의 숫자가 된다. 예를 들어 원금 100만원을 이자율 10%, 기간 5년으로 예금한다고 가정할 때의 미래가치가 얼마인가를 알아보기로 하자. 미래가치표에서 n = 5년, r = 10%가 교차하는 곳을 찾아보면 1.61051임을 알 수 있다. 이것은 5년 후에 1원의 미래가치가 1.61051원이라는 의미이다. 즉, 이자율이 10%일 때 5년 후에 현재의 1원은 미래 1.61051원과 가치가 같다는 것을 말한다. 그러므로 5년 후에 받게 되는 금액은 원금 100만원의 미래가치는 100만원 × 1.61051 = 1,610,510원이 된다.

2. 다기간 현금흐름의 현재가치와 미래가치

(1) 다기간 현금흐름의 현재가치(정상연금의 현재가치)

앞에서는 미래에 한번 발생(지급 또는 수취)할 현금흐름(single sum으로서, 예컨대 3년 후 또는 5년 후 한번 지급 또는 수취할 금액)의 현재가치와 미래가치에 대한 것을 설명하였다. 그러나 여기서는 미래에 여러 번 발생하는 현금흐름의 현재가치와 미래가치, 즉 정상연금(ordinary annuity)의 현재가치와 미래가치에 대해 설명하고자 한다.[4)]

정상연금의 현재가치의 계산은 매기 말의 지급액 또는 수취액을 각각 현재가치로 할인하여 합산한 금액을 계산하는 것을 말한다.

정상원금의 현재가치는 다음과 같이 계산된다.

4) 정상연금은 일정기긴미다 매 기긴 말에 일정한 금액을 지급하거나 수취하는 것을 말한다. 정상연금의 현재가치나 미래가치를 계산할 때는 현금흐름이 매 기간 말에 있는 것으로 가정한다.

$$P = \frac{A}{(1+r)} + \frac{A}{(1+r)^2} + \dots + \frac{A}{1+r^{n-1}} + \frac{A}{(1+r)^n}$$

$$= A\left(\frac{1 - \frac{1}{(1+r)^n}}{r}\right)$$

P : 정상연금의 현재가치　　A : 매기간의 지급 또는 수취액
r : 이자율　　n : 기간

위의 식에서 $\left(\frac{1 - \frac{1}{(1+r)^n}}{r}\right)$을 **'정상연금의 현가가치계수(또는 연금현가계수)'**라고 하며, 이것을 계산하여 표로 작성한 것을 연금현재가치표 또는 연금현가표라고 한다.

정상연금의 현가계수를 연금현재가치표에서 찾는 방법은 원금의 현재가치표에서 설명한 것과 동일하다. 예를 들어 이자율이 10%인 경우 5년 동안 연금처럼 매년 말 100만원씩을 받을 때 이 연금의 현재가치는 얼마인가를 알아보기로 하자. 연금현재가치표에서 n = 5년, r = 10%가 교차하는 곳을 찾아보면 3.79079임을 알 수 있다. 이것은 매년 말 5년 동안 1원씩 받은 금액의 현재가치가 3.79079원이라는 뜻이다. 그러나 5년 동안 매년 받게 되는 금액은 100만원씩이므로 (명목금액은 100만원씩×5년 = 500만원이나) 정상연금의 현재가치는 100만원 × 3.79079 = 3,790,790원이 된다. 이것은 다음과 같이 매년도의 현재가치를 구하여 더하여도 같은 결과가 된다.

1차년도 말	₩1,000,000÷1.1	=	₩909,091
2차년도 말	₩1,000,000÷1.1^2	=	₩826,450
3차년도 말	₩1,000,000÷1.1^3	=	₩751,315
4차년도 말	₩1,000,000÷1.1^4	=	₩683,013
5차년도 말	₩1,000,000÷1.1^5	=	₩620,921
			₩3,790,790

(2) 다기간 현금흐름의 미래가치(정상연금의 미래가치)

이것은 앞에서 설명한 정상연금의 현재가치와는 반대의 개념이라고 설명할 수 있다. 즉 정상연금의 현재가치가 예를 들어 이자율이 10%인 경우 5년 동안 연금처럼 매년 말 100만원씩을 받을 때 이 연금의 현재가치는 얼마인가를 알아보는 것이라면, 정상연금의 미래가치는 이자율 10%, 5년 동안 매년 말 100만원씩 은행에 예입하는 경우 5년 후에 받을 수 있는 금액(미래가치)은 얼마인가를 구하는 경우라고 이해하면

된다. 그러므로 이 경우 정상연금의 미래가치의 계산은 매기 말 받을 금액을 합산한 금액을 계산하는 것을 말한다.

$$P = A\left(\frac{(1+r)^n - 1}{r}\right)$$

P : 정상연금의 미래가치 A : 매기간의 지급 또는 수취액
r : 이자율 n : 기간

이 식을 이용하여 정상원금의 미래가치를 계산하면 다음과 같이 계산된다.

$$\begin{aligned} P &= A\left(\frac{(1+r)^n - 1}{r}\right) \\ &= ₩1{,}000{,}000 \times \{[(1+0.1)^5 - 1]/0.1\} \\ &= ₩6{,}105{,}100 \end{aligned}$$

위의 식에서 $\left(\frac{(1+r)^n - 1}{r}\right)$을 '**정상연금의 미래가치계수**'라고 하며, 이것을 계산하여 표로 작성한 것을 연금미래가치표라고 한다.

정상연금의 미래가치계수를 연금미래가치표에서 찾는 방법은 일정금액의 미래가치표에서 설명한 것과 동일하다. 예를 들어 이자율이 10%인 경우 5년 동안 연금처럼 매년 말 100만원씩을 은행에 예입할 때 이 저축의 미래가치는 얼마인가를 알아보기로 하자. 연금미래가치표에서 n = 5년, r = 10%가 교차하는 곳을 찾아보면 6.10510을 알 수 있다. 이것은 매년 말 5년 동안 1원씩 저축한 금액의 미래가치가 6.10510원이라는 뜻이다. 그러나 5년 동안 매년 말 은행에 예입(저축)하는 금액은 100만원씩이므로 (명목금액은 100만원씩×5년 = 500만원이나) 정상연금의 미래가치는 100만원 × 6.10510 = 6,105,100원이 된다. 이것은 다음과 같이 매년도 말의 미래가치를 구하여 더하여도 같은 결과가 된다.

1차년도 말	$₩1{,}000{,}000 \times 1.1^4$ =	₩1,464,100
2차년도 말	$₩1{,}000{,}000 \times 1.1^3$ =	₩1,331,000
3차년도 말	$₩1{,}000{,}000 \times 1.1^2$ =	₩1,210,000
4차년도 말	₩1,000,000×1.1 =	₩1,100,000
5차년도 말	₩1,000,000×1 =	₩1,000,000
		₩6,105,100

참고 아인슈타인도 놀라워한 복리이야기

최근 초저금리(超低金利) 상태에 있던 은행 이자가 조금씩 올라가고 있습니다. 올해 등장한 인터넷 전문 은행들이 1년에 2%대 이자를 주는 예금을 선보이기 시작했고, 저축은행들은 이보다 더 높은 이자를 앞세우고 있죠. 금융 전문가들은 "이럴 때 복리(複利)의 힘을 빌려 저축을 하라"고 권고하고 있답니다.

은행은 보험·증권·신용카드 회사 등 여러 종류의 금융회사 가운데 우리가 가장 자주 이용하는 곳이에요. 은행을 뜻하는 영어 단어 'bank'는 중세 이탈리아 상인들이 작은 탁자(banko) 하나를 놓고 서로 돈을 빌려주던 데서 유래했어요. 한자어인 '은행(銀行)'은 옛날 중국 상인들 모임인 '행(行)'이 무역을 할 때 '은(銀)'을 사용한 것에서 비롯됐답니다. 은행은 고객의 돈을 맡아주거나(예금), 돈을 필요한 사람에게 빌려주거나(대출), 우리나라 돈을 외국 돈으로 바꿔주거나(환전), 다른 사람에게 돈을 보내주는 업무(송금) 등 여러 가지를 해요. 이 중 가장 핵심적인 기능이 예금과 대출이죠. 우리는 은행에 돈을 맡기면서 그 대가로 이자(예금이자)를 받고, 은행은 그 돈을 필요한 사람에게 빌려주면서 이자(대출이자)를 받는답니다. 이자란 돈에 대한 일종의'사용료'인 셈이죠.

은행이 고객에게 예금 이자를 주는 방식은 크게 두 가지예요. 단리(單利)와 복리(複利)이죠. 단리는 내가 예금한 돈(원금)에 대해서만 정해진 이자를 주는 것이고, 복리는 원금에 이자를 붙여 늘어난 액수(원리금)에 또다시 이자를 주는 방식이에요. 단리는 1년을 맡기든 10년을 맡기든 매년 똑같은 이자를 제공하지만, 복리는 원리금에 이자를 붙이는 방식이 계속 반복되기 때문에 시간이 갈수록 돈이 많이 늘게 돼요. 예를 들어 볼까요? 내가 100만원을 연 10% 이자를 주는 은행에 2년 간 맡길 예정이에요. 단리를 적용하면 내가 2년 후 은행에서 찾을 수 있는 돈(원리금)은 원금 100만원에다 이자 20만원을 합친 120만 원이 돼요. 1년마다 100만원의 10%에 해당하는 이자(10만원)를 두 번 받기 때문이죠. 하지만 복리를 적용하면 첫해 100만원의 10%에 해당하는 이자(10만원)를 받고, 둘째 해에는 늘어난 돈(100만+10만=110만원)의 10%에 해당하는 이자(11만원)를 받아 2년 간 총 121만원을 받게 된답니다. 이런 차이는 별것 아닌 것처럼 보이지만 예금기간이 길어질수록 기하급수적으로 늘어나요. 만약 100만원을 10년 간 예금한다고 했을 때, 단리를 적용하면 10년 후 200만원, 복리를 적용하면 259만원을 받을 수 있죠. 1만원에 불과했던 차이가 무려 59만원으로 훌쩍 커지는 거예요. 이런 복리의 위력을 두고 미국의 천재 과학자 알베르트 아인슈타인(Einstein, 1879 - 1955)은 "복리는 지구상에서 가장 강력한 힘"이라며 경이로워했어요.

복리의 강력한 힘을 보여주는 대표적인 사례가 있어요. 미국 뉴욕의 중심인 맨해튼 섬 이야기인데요. 맨해튼은 세계 금융·문화의 중심지이기 때문에 전 세계적으로

땅값이 비싸기로 유명하죠. 맨해튼은 유럽 강대국들이 신대륙 발견에 나서기 전까지 인디언들의 땅이었어요. 1600년대 초 영국 탐험가 헨리 허드슨이 맨해튼을 발견했고, 이후 이곳으로 네덜란드계 이민자들이 이주해 들어옵니다. 1626년 네덜란드 정부는 본국에서 건너온 이민자들이 살 땅을 마련하기 위해 맨해튼 섬을 원래 주인인 인디언으로부터 사들이게 돼요. 그러면서 이곳을 네덜란드 수도인 암스테르담에서 이름을 딴 '뉴 암스테르담(New Amsterdam)'이라고 부르죠. 네덜란드 정부는 맨해튼 섬을 사면서 인디언들에게 얼마만큼의 돈을 줬을까요? 네덜란드 식민지 총독이 당시 인디언들에게 건넨 돈은 고작 60길더(24달러). 그것도 현금이 아닌 귀걸이·목걸이 같은 장신구로 24달러어치를 줬답니다. 아무리 돈의 가치가 현재와 달랐다 해도 너무나 싼 값에 노른자위 땅을 넘긴 것이죠.

하지만 이 돈의 가치는 '복리'로 계산 했을 때 전혀 다르게 나타나요. 미국 월스트리트에서 가장 뛰어난 투자가 중 한 사람으로 손꼽히는 존 템플턴(Templeton; 1912~ 2008)은 인디언이 당시 받은 24달러를 연 이자율 8%의 복리로 은행에 예금했다면 지금쯤 어떻게 됐을까를 추정해봤어요. 그랬더니 불린 돈으로 현재(2006년 기준)의 맨해튼을 두 번 사고도 남아 LA 일부 지역까지 살 수 있었을 것이라는 결론을 내렸답니다. 즉, 첫해 원금 24달러에 8% 이자가 붙고 그 다음 해 불어난 돈에 또다시 8% 이자를 지급하는 방식으로 380년간 복리를 적용했더니 24달러가 5조배(倍)만큼 뛰어 125조 달러라는 천문학적 금액이 됐다는 얘기죠. 반면, 똑같은 8% 이자라 하더라도 단리로 예금했을 경우, 380년 후 받게 되는 돈은 9771달러에 불과했답니다. 복리의 위력이 엄청나죠?

한편 미국 월스트리트의 전설적인 펀드매니저인 피터 린치(Lynch)는 금융 투자를 할 때 참고해야 할 공식으로 '72의 법칙(The Rule of 72)'을 만들었어요. 이를 활용하면 복리로 예금을 할 경우, 원금이 지금보다 두 배로 늘어나는 데 필요한 시간 즉 [원금이 두 배 되는 데 걸리는 시간 = 72÷복리 이자]의 계산식으로 쉽게 계산할 수 있죠. 예를 들어, 복리 이자가 1년에 4%면 원금을 두 배로 불리는 데 걸리는 시간은 72÷4=18, 즉 18년이 걸리는 거예요. 이 법칙은 경제성장률 계산에도 적용돼요. 매년 경제성장률을 8%로 유지할 경우, 국민소득이 현재의 두 배가 되는 시점은 72÷8=9, 즉 9년 후가 되죠. 물가상승률이 4%대로 유지된다고 가정할 때 물가수준이 지금의 두 배가 되는 시점은 72÷4=18 이라서 18년 후가 된답니다.

출처: 조선일보, [경제이야기]

3.2 비유동부채의 종류

비유동부채는 보고기간 후 12개월 이후에 상환하거나 의무를 이행하여야 하는 장기부채이다. 이 비유동부채는 크게 장기금융부채[5](장기차입금, 사채, 장기매입채무,

장기미지급금, 임대보증금 등), 충당부채(제품보증충당부채, 퇴직급여충당부채 등), 기타비유동부채(장기선수금 등) 등으로 나눌 수 있다.

1. 사채

(1) 사채의 의의

사채는 회사가 회사의 채무임을 표시하는 증서를 발행해 주고 증권시장의 일반투자자들로부터 거액의 장기자금을 조달하는 방법을 말한다.

사채(bonds)란 주식회사가 회사의 확정채무임을 표시하는 증권을 발행하여 약정된 이자를 지급함과 동시에 일정한 기일에는 액면금액을 상환할 것을 약정하고, 일반대중으로부터 장기간 거액의 자금을 차입하였을 때 발생하는 채무를 말한다.

사채는 유가증권의 형태를 취하고 원칙적으로 일반대중으로부터 자금을 조달한다는 점에서 주식과 유사하나, 주식은 배당금을 지급하고 상환할 의무가 없는 장기자금인 반면에, 사채는 매년 이자를 지급하고 만기일에는 액면금액을 상환하여야 할 장기채무라는 점에서 주식과 차이가 있다.

◐ 사채권의 표시내용

사채발행 시 사채권에는 다음과 같은 내용들이 표시된다.

① 사채의 발행일과 만기일
② 사채의 액면금액
③ 사채이자율
④ 사채이자 지급시기

사채의 발행일은 사채를 발행한 기일을 의미하며, 만기일(maturity date)은 사채의 액면금액을 상환하는 기일을 의미한다. 일반적으로 사채의 만기는 3년에서 5년 사

5) 앞의 제6장에서는 금융자산을 ① 계약상 현금흐름 특성(계약조건에 따라 원금과 이자 지급만의 현금흐름이 특정일에 생기는 특성)을 갖느냐, 그리고 ② 기업의 사업모형이 무엇이냐에 따라 분류한 바 있다. 그러나 금융부채는 이것과는 달리 최초 인식시점에서는 공정가치로 측정하지만 후속적으로 ① 상각후원가로 측정하는 금융부채(AC 금융부채), ② 상각후원가로 측정하지 않고 별도의 후속 측정기준을 적용하는 금융부채(별도의 후속측정기준 적용 금융부채), ③ 공정가치 측정 금융부채(FVPL 금융부채)로 분류할 수 있다. 그러나 금융부채를 이 ③과 같이 FVPL 항목으로 지정하지 않는다면 대부분의 금융부채는 AC 금융부채에 해당할 것이다. 사채가 대표적인 AC 금융부채에 속한다.

이가 일반적이나 국·공채의 경우에는 10년 이상인 것도 있다.

사채의 액면금액(par value)은 사채의 표면에 기재된 금액으로서, 만기일에 상환하여야할 금액을 말한다.

사채권에 표시된 사채이자는 사채의 액면금액에 사채이자율[6]을 곱하여 계산된 금액이며, 이자 지급시기는 일반적으로 1년에 두 번 지급하는 경우가 많다.

(2) 사채의 발행

사채의 발행은 발행금액과 액면금액의 관계에 의하여 액면발행, 할인발행, 할증발행의 세 가지로 구분된다.

① 액면발행 : 액면금액 = 발행금액
분개 : 차) 현 금 ××× 대) 사 채 ×××
② 할인발행 : 액면금액 > 발행금액
분개 : 차) 현 금 ××× 대) 사 채 ×××
사채할인발행차금 ×××
③ 할증발행 : 액면금액 < 발행금액
분개 : 차) 현 금 ××× 대) 사 채 ×××
사채할증발행차금 ×××

1) 액면발행

액면발행이란 액면금액과 발행금액이 동일하게 사채를 발행하는 것을 말한다.
액면발행 시 회계처리는 차변에 현금, 대변에 사채를 기록하여 분개를 한다.
차) 현 금 ××× 대) 사 채 ×××

예 제

다음을 회계처리하시오.

액면금액 1,000,000원인 사채를 액면금액으로 발행하고 대금은 당좌예금하다.
차) 당좌예금 1,000,000 대) 사 채 1,000,000

2) 할인발행

할인발행이란 사채를 액면금액 이하로 발행하는 것을 말한다. 이 때 액면금액과 발

6) 액면이자율, 명목이자율, 또는 표시이자율이라고도 한다.

행금액의 차액인 **사채할인발행차금**(discount on bonds payable)이 발생한다.

사채의 할인발행은 일반적으로 사채이자율이 시장이자율보다 낮은 경우에 행해지므로, 사채할인발행차금은 사채상환기간 동안의 사채이자에 해당한다. 사채할인발행차금은 사채의 평가계정으로서 다음과 같이 사채에서 차감하는 형식으로 표시한다.

재무상태표

비유동부채		
사 채	×××	
사채할인발행차금	(××)	×××

할인발행 시 회계처리는 차변에 현금(발행금액)을, 대변에 사채(액면금액)를 기록하고, 차변에 액면금액과 발행금액의 차액인 사채할인발행차금을 기록하여 회계처리를 한다.

[회계처리]

차) 현 금	×××	대) 사 채	×××
사채할인발행차금	××		

예 제

다음을 회계처리하시오.

액면금액 1,000,000원인 사채를 980,000원에 발행하고 대금은 당좌예금하다.

차) 당좌예금	980,000	대) 사 채	1,000,000
사채할인발행차금	20,000		

3) 할증발행

할증발행이란 사채를 액면금액 이상으로 발행하는 것을 말한다. 이 때 발행금액과 액면금액의 차액을 **사채할증발행차금**(premium on bonds payable)이라고 하는데, 이것은 일반적으로 사채이자율이 시장이자율보다 높기 때문이다.

사채할증발행차금은 발행연도의 수익으로 계상하지 않고 사채상환기간 중에 있어서 지급되는 이자비용(사채이자)에서 차감하여야 한다. 즉, 사채할증발행차금은 사채상환기간의 매 이자지급 시에 이자비용(사채이자)에서 차감하여 처리한다.

사채할증발행차금의 재무상태표의 표시는 다음과 같이 사채에 직접 가산(부가)하는 형식으로 표시하여야 한다.

재무상태표

비유동부채		
사채	×××	
사채할증발행차금	××	×××

할증발행 시 회계처리는 차변에 현금(발행금액)을, 대변에 사채(액면금액)를 기록하고, 발행금액과 액면금액의 차액인 사채할증발행차금을 대변에 기록하여 회계처리를 한다.

[회계처리]

차) 현 금	×××	대) 사 채	×××
		사채할증발행차금	××

예 제

다음을 회계처리하시오.

액면금액 1,000,000원인 사채를 1,050,000원에 발행하고 대금은 당좌예금하다.

차) 당좌예금	1,050,000	대) 사 채	1,000,000
		사채할증발행차금	50,000

◐ 사채의 발행금액

사채의 발행금액 = 사채발행으로 조달한 현금 − 사채발행비
= 만기에 상환할 액면금액의 현재가치*
+사채이자의 현재가치** − 사채발행비***

*만기에 상환할 액면금액의 현재가치 = 사채의 액면금액 × 현가계수
**사채이자의 현재가치 = 사채이자 × 연금 현가계수
***사채발행비 = 사채발행 시 발생하는 비용

사채를 발행하면 발행회사는 정기적으로 사채이자를 지급하고, 만기일에는 액면금액을 지급하게 된다. 따라서 사채의 발행금액은 만기에 상환할 액면금액과 매 기말 지급하여야 할 사채이자를 현재가치로 할인한 금액이 된다. 이 때 할인율은 시장이자

율을 적용한다.

여기서 '시장이자율'이란 금융시장에서 형성된 이자율로 사채발행자가 실질적으로 부담하여야 할 이자율이다.

만기에 상환하여야 할 액면금액의 현재가치는 사채의 액면금액에 현가계수를 곱하여 계산하고, 매 기말 지급하여야 할 사채이자의 현재가치는 사채이자에 연금 1원의 현가계수(이것을 '**연금현가계수**'라고 한다)를 곱하여 계산한다.

사채를 발행하는 경우에는 사채권인쇄비, 사채공모비용, 증권회사에 대한 수수료 등 사채발행과 관련한 비용이 발생하게 되는데 이것을 '**사채발행비**'라고 한다.

사채발행비는 사채발행금액에서 차감한다. 즉, 사채발행으로 조달한 현금에서 사채발행비를 차감한 것이 사채의 발행금액이 된다. 이 때 투자자 입장에서는 할인율이 기대수익률보다 높은 경우에는 사채를 구입하고, 반대로 낮은 경우에는 사채구입을 회피하게 된다. 현재가치와 현가계수에 대한 내용은 앞에서 설명하였다.

예 제

다음은 서울(주)의 사채발행 관련자료이다. 이 자료로 사채의 발행금액을 계산하고 사채발행과 관련한 회계처리를 나타내시오.

자료 ① 사채의 액면금액 : 1,000,000원
② 액면이자율 : 연 10%
③ 이자지급일 : 매년 12월 31일
④ 사채발행일 : 2016년 1월 1일
⑤ 사채만기일 : 2018년 12월 31일

1) 시장이자율이 9%, 사채발행비가 25,309원인 경우
3년, 9%의 1원의 현가계수 : 0.77218
3년, 9%의 연금 1원의 현가계수 : 2.53129

만기에 상환할 액면금액의 현재가치(1,000,000원× 0.77218)	₩772,180
매 연도 말에 지급되는 이자의 현재가치	
(1,000,000원×10%×2.53129)	253,129
사채발행비	(-)25,309
사채의 발행금액	₩1,000,000

차) 현 금	1,000,000	대) 사 채	1,000,000

2) 시장이자율이 12%, 사채발행비가 22,798원인 경우

3년, 12%의 1원의 현가계수 : 0.71178

3년, 12%의 연금 1원의 현가계수 : 2.40183

만기에 상환할 액면금액의 현재가치(1,000,000원× 0.71178)	₩711,780
매 연도 말에 지급되는 이자의 현재가치	
(1,000,000원×10%×2.40183)	240,183
사채발행비	(-)22,798
사채의 발행금액	₩929,165

차) 현　금	929,165	대) 사　채	1,000,000
사채할인발행차금	70,835		

3) 시장이자율이 8%, 사채발행비가 26,231원인 경우

3년, 8%의 1원의 현가계수 : 0.79383

3년, 8%의 연금 1원의 현가계수 : 2.57710

만기에 상환할 액면금액의 현재가치(1,000,000원× 0.79383)	₩793,830
매 연도 말에 지급되는 이자의 현재가치	
(1,000,000원×10%×2.57710)	257,710
사채발행비	(-)26,231
사채의 발행금액	₩1,025,309

차) 현　금	1,025,309	대) 사　채	1,000,000
		사채할증발행차금	25,309

(3) 사채발행차금과 사채이자

사채의 할인발행 시에는 사채할인발행차금(discount on bonds payable)이 발생하고, 사채의 할증발행 시에는 사채할증발행차금(premium on bonds payable)이 발생한다.

사채할인발행차금은 엄밀한 의미에서는 시장이자율에 접근시키기 위한 이자의 추가 보상적인 성격이라고 할 수 있다. 그러므로 이것은 사채이자를 사채 발행 시에 미리 준 이자, 즉 선급이자의 성격을 갖고 있으므로 사채의 상환기간에 걸쳐서 일정한 방법으로 상각(이자비용으로 인식하는 것을 의미함.)하여야 한다.

사채할증발행차금은 액면금액 이상으로 사채를 발행하므로 발생하는 것이므로 이것은 사채발행 시부터 사채상환기간에 걸쳐 환입(이자비용에서 차감하는 것을 의미함.)하여야 한다.

사채발행차금을 상각하는 방법에는 정액법과 유효이자율법의 두 가지 방법이 있으

나 K-IFRS에서는 사채할인발행차금은 유효이자율법을 적용하여 상각하여 그 금액을 이자비용에 가산하고, 사채할증발행차금은 유효이자율법을 적용하여 환입하여 그 금액을 이자비용에서 차감하도록 규정하고 있다.

사채에 대한 이자는 액면금액에 표시이자율, 즉 사채이자율을 곱하여 계산하는데 그 지급액은 이자비용계정에 기입한다.

◐ 유효이자율법

유효이자율(effective interest rate)이란 사채의 발행으로 인하여 미래에 지급하게 될 액면금액과 이자의 현재가치가 발행금액과 일치하도록 하는 할인율을 의미한다.

따라서 **유효이자율법**(effective interest rate method)이란 사채발행차금(사채할인발행차금과 사채할증발행차금)을 유효이자율을 적용하여 상각 또는 환입하는 방법을 말한다. 예컨대, 사채할인발행차금을 상각하는 경우 사채의 장부금액(즉, 액면금액에서 사채할인발행차금을 차감한 금액)에 유효이자율을 곱하여 매기의 사채이자 발생액을 계산하고, 이 금액에서 실제로 사채권자에게 현금으로 지급하는 사채이자액(즉, 사채액면금액에 사채이자율을 곱하여 계산된 금액)을 차감한 차액을 매기의 사채할인발행차금 상각액으로 하는 방법이다.

> [사채할인발행차금상각의 경우]
> 사채이자 발생액(유효이자) = (액면금액 - 사채할인발행자금) × 유효이자율
> 사채할인발행차금 상각액 = 유효이자 - 현금이자(액면금액 × 사채이자율)

예제

위의 서울(주)의 자료로 1) 사채할인발행차금의 상각, 2) 사채할증발행차금의 환입에 대한 회계처리를 나타내시오.

1) 사채할인발행차금의 상각

① 유효이자율의 계산

사채할인발행차금을 유효이자율법으로 상각하기 위해서는 유효이자율을 우선 계산하여야 한다. **유효이자율**(effective interest rate)이란 앞에서 설명한 바와 같이 사채의 발행으로 인하여 미래에 지급하게 될 액면금액과 이자의 현재가치가 발행금액과 일치하도록 하는 할인율을 말한다. 유효이자율은 다음과 같이 계산한다.

$$\frac{₩100,000}{(1+r)}+\frac{₩100,000}{(1+r)^2}+\frac{₩1,100,000}{(1+r)^3}=₩929,165$$

여기서 r = 13%가 구해지는데, 이 13%가 유효이자율이다. 이 유효이자율 13%로 사채할인발행차금을 상각하게 된다.

② 회계처리

(2016년 1월 1일)

차) 현 금	929,165	대) 사 채	1,000,000
사채할인발행차금	70,835		

(2016년 12월 31일)

차) 이자비용	120,792*	대) 현 금	100,000**
		사채할인발행차금	20,792***

*929,165원×13% **1,000,000원×10% ***120,792원-(1,000,000원×10%)

(2017년 12월 31일)

차) 이자비용	123,494*	대) 현 금	100,000
		사채할인발행차금	23,494
차) 사 채	1,000,000	대) 유동성장기차입금**	1,000,000

*(929,165원 + 20,792원)×13%

**상환기일이 1년 이내로 도래함으로 비유동부채인 사채를 유동성장기차입금이라는 유동부채로 대체한다.

(2018년 12월 31일)

차) 이자비용	126,549*	대) 현 금	100,000
		사채할인발행차금	26,549
차) 유동성장기차입금	1,000,000	대) 현 금	1,000,000

*(929,165원 + 20,792원 + 23,494원)×13%

2) 사채할증발행차금의 환입

① 유효이자율의 계산

이 경우도 유효이자율은 앞의 방법으로 동일하게 구할 수 있다.

$$\frac{₩100,000}{(1+r)}+\frac{₩100,000}{(1+r)^2}+\frac{₩1,100,000}{(1+r)^3}=₩1,025,309$$

여기서 r = 9%가 구해지는데 이 9%가 유효이자율이다. 이 유효이자율 9%로 사채할증발행차금을 환입하면 된다.

② 회계처리

(2016년 12월 31일)

차) 이자비용	92,278*	대) 현 금	100,000**
사채할증발행차금	7,722***		

*1,025,309원×9% **1,000,000원×10% ***100,000원-(1,025,309원×9%)

(2017년 12월 31일)

차) 이자비용	91,583*	대) 현 금	100,000
사채할증발행차금	8,417		
차) 사 채	1,000,000	대) 유동성장기차입금	1,000,000

*(1,025,309원-7,722원)×9%

(2018년 12월 31일)

차) 이자비용	90,830*	대) 현 금	100,000
사채할증발행차금	9,170		
차) 유동성장기차입금	1,000,000	대) 현 금	1,000,000

*(1,025,309원-7,722원-8,417원)×9%

(4) 사채의 상환

사채발행에 의하여 조달한 자금을 사채권자에게 반환하는 것을 사채의 상환이라고 한다. 사채의 상환방법은 만기상환과 조기상환으로 구분된다.

1) 만기상환

사채의 만기일에 액면금액을 지급하는 방법으로서, 만기 시 사채할인발행차금이 모두 상각되었으므로 회계처리상의 별문제는 없다. 그러나 만약 사채할인발행차금의 미상각분이 남아 있다면 당연히 그것을 상각하여야 한다.

예 제

다음을 회계처리하시오.

사채 100,000원이 만기가 되어 현금으로 상환하다.

차) 사　채*	100,000	대) 현　금	100,000

*정확하게는 "유동성장기차입금"이라는 계정과목으로 표시하여야 한다.

2) 조기상환

기업이 자금의 여유가 있는 경우나 시장이자율이 하락한 경우, 또는 시가가 하락한 경우에는 만기일 이전이라도 사채를 상환하는 것이 유리하다.

이와 같이 만기일 이전에 사채의 상환이 이루어지는 경우 장부금액과 상환금액과는 차액이 생기는 것이 보통이며, 이 차액이 사채상환이익 또는 사채상환손실이다.

사채상환손익을 정확하게 계산하기 위해서는 상환하는 시점에 사채할인발행차금의 미상각액을 계산하여 전액을 상각함으로써 사채의 순장부금액을 계산하여야 한다.

예제

다음을 회계처리하시오.

액면금액 1,000,000원, 사채할인발행차금 미상각액 50,000원인 사채를 현금 980,000원을 지급하여 조기상환하다.

차) 사　채	1,000,000	대) 사채할인발행차금	50,000
사채상환손실	30,000	현　금	980,000

예제

위 서울(주)는 할인발행한 당사의 사채를 2018년 초 950,000원으로 매입하여 상환하였다. 이에 대한 회계처리를 나타내시오.

차) 사　채	1,000,000	대) 현　금	950,000
		사채할인발행차금	26,549
		사채상환이익	23,451*

*1,000,000원-950,000원-26,549원

(5) 전환사채와 신주인수권부사채

1) 전환사채

전환사채(convertible bonds)란 처음에는 사채로 발행되었으나 일정기간 후에 사채권자가 전환을 청구하면 주식으로 전환될 수 있는 권리를 부여한 사채를 말한다.

일반적으로 전환사채의 표시이자율은 일반사채의 표시이자율보다 훨씬 낮은 것이 보통인데, 이것은 일정기간 후 일정한 전환가격에 의해 사채발행회사의 주식으로 전환할 수 있는 권리를 부여함에 따른 권리금이 포함된 것으로 간주되기 때문이다.

2) 신주인수권부사채

신주인수권부사채(bonds with stock warrants)란 전환사채와 같이 사채발행회사의 주식에 연결된 자금조달수단으로서 사채권자의 의사에 따라 일정기간 내에 일정한 금액으로 사채발행회사의 신주를 인수할 수 있는 권리가 부여된 사채이다.

전환사채와 다른 점은 전환사채의 경우 전환이 되면 추가의 주식대금 납입 없이 주식으로 받을 수 있지만, 신주인수권부사채의 경우에는 추가로 주식대금을 납입하여 신주를 인수하고 신주인수권을 행사한 후에도 사채 자체는 소멸하지 않고 존속한다는 점이다.

공 · 부 · 합 · 시 · 다

특수한 형태의 채권(회사채)에는 어떤 것이 있나?

보통 채권(회사채)하면 일반적인 형태의 채권, 즉 일반사채를 말하나 이와는 다른 계약 조건이 다양하게 변형된 특수한 형태의 채권이 다양한 목적으로 발행되고 있다.

– 전환사채(Convertible Bond; CB)

발행 당시에는 순수한 회사채의 형태로 발행되지만 일정 기간이 경과된 후 보유자의 청구에 의하여 발행회사의 주식으로 전환될 수 있는 권리가 붙어 있는 사채이다. 따라서 전환사채는 사실상 주식과 채권의 중간적 성격을 갖고 있다. 전환사채에는 발행조건으로 전환할 때 받게 되는 주식의 수를 나타내는 전환비율이 정해져 있다.

따라서 전환사채 발행기관의 주가가 어느 수준 이상으로 상승하게 되면 전환권을 행사하여 채권을 포기하고 주식을 취득함으로써 추가적인 수익을 추구하고, 그렇지 않을 때는 전환하지 않고 사채로 계속 보유하게 된다. 전환사채는 보유자가 자신에게 유리할 때만 전환권을 행사하여 추가적인 수익을 꾀할 수 있는 선택권이 주어지기 때문에 다른 조건이 같다면 일반사채에 비해 낮은 이자율로 발행된다.

– 신주인수권부사채(Bond with Warrant; BW)

신주인수권부사채란 채권자에게 일정기간이 경과한 후에 일정한 가격(행사가격)으로 발행회사의 일정 수의 신주를 인수할 수 있는 권리, 즉 신주인수권이 부여된 사채이다. 전환사채와는 달리 발행된 채권은 그대로 존속하는 상태에서 부가적으로 신주인수권이라는 옵션이 부여되어 있고, 신주인수권은 정해진 기간 내에는 언제든지 행사할 수 있다.

신주인수권부사채의 발행조건에는 몇 주를 어느 가격에 인수할 수 있는지가 정해져 있어 전환사채와 마찬가지로 발행기관의 주가가 상승하게 되면 신주인수권을 행사하여 당시 주가보다 낮은 가격에 주식을 보유할 수 있게 된다. 이와 같이 신주인수권부사채는 보유자에게 유리한 선택권이 주어지기 때문에 다른 조건이 같다면 일반사채에 비해 낮은 이자율로 발행된다.

– 교환사채(Exchangeable Bond; EB)

교환사채란 회사채의 형태로 발행되지만 일정기간이 경과된 후 보유자의 청구에 의하여 발행회사가 보유 중인 다른 주식으로의 교환을 청구할 수 있는 권리가 부여된 사채이다. 교환사채에는 발행조건으로 교환할 때 받게 되는 주식의 수를 나타내는 교환비율이 정해져 있다. 따라서 교환권을 행사하게 되면 사채권자로서의 지위를 상실한다는 점에서는 전환사채와 동일하지만, 전환사채의 경우에는 전환을 통해 발행회사의 주식을 보유하게 되는 반면에 교환사채의 경우는 발행회사가 보유 중인 타 주식을 보유하게 된다는 점에서 차이가 있다.

이 밖에 옵션부사채나 변동금리부채권 등도 있다.

출처: 금융감독원, 대학생을 위한 실용 금융

2. 장기차입금

장기차입금은 재무상태표일로부터 1년 이후에 지급기한이 도래하는 차입금이다. 부동산이나 유가증권을 담보로 한 차입금이나 어음에 의한 차입금도 이것에 포함된다. 장기차입금은 상환방법이 분할상환방법도 있고, 만기에 일시상환하는 방법도 있다.

장기차입금 중에서 결산일로부터 지급기한이 1년 이내에 도래하는 금액은 단기차입금과 동일한 것이므로 장기차입금계정에서 유동성장기차입금계정으로 대체하여 유동부채에 포함시켜야 한다.

장기차입금은 금전대차거래로부터 발생하는 부채이므로 명목금액과 현재가치의 차이가 중요한 경우에는 이것을 현재가치로 평가하여야 하며, 그 차액은 “현재가치할인차금”의 과목으로 하여 장기차입금에서 차감하는 형식으로 보고하여야 한다. 그리고 이 현재가치할인차금은 유효이자율법을 적용하여 상각하며 이자비용으로 계상하여야 한다.

특수관계자 장기차입금, 주주·임원·종업원장기차입금, 외화장기차입금 등은 그 금액이 중요하지 않은 경우 장기차입금에 포함하여 표시한다.

예제1

인천(주)는 2017년 초 대한은행으로부터 연 이율 10%의 조건으로 2년 기한으로 현금 100,000,000원을 차입하다. 이자는 매년 말 지급하기로 하고 만기일에 원금을 지급하기로 하였다. 차입일의 동종시장이자율은 연 12%이다.
이상의 자료로 2017년의 회계처리를 나타내시오.

① 2017년 초

차변	금액	대변	금액
차) 현 금	100,000,000	대) 장기차입금	100,000,000
현재가치할인차금	3,380,500*	자산수증이익	3,380,500*

*현재가치보다 더 많이 차입된 금액은 "자산수증이익"(당기 수익)으로 처리하며, 현재가치보다 더 적게 차입된 금액은 "기부금"(당기 비용)으로 처리한다.

[계산]

원금 : 100,000,000원 × 0.79719(현가계수, 2년, 12%) = 79,719,000원
이자 : 10,000,000원 × 1.69005(연금현가계수, 2년, 12%) = 16,900,500원
합계 96,619,500원

따라서 현재가치할인차금은 3,380,500원(100,000,000원 − 96,619,500원)이 된다.

② 2017년 말

차변	금액	대변	금액
차) 이자비용	11,594,340*	대) 현 금	10,000,000
장기차입금	100,000,000	현재가치할인차금	1,594,340**
		유동성장기차입금	100,000,000***

*96,619,500원 × 12% **11,594,340원-10,000,000원
***상환기일이 1년 이내로 도래함으로 장기차입금을 유동성장기차입금으로 대체한다.

예제2

충청(주)는 2017년 초 충청은행으로부터 현금 10,000,000원을 차입하고, 2018년 말에 13,500,000원을 지급하기로 하였다. 차입일의 동종시장이자율은 연 10%이다.
이상의 자료로 2017년의 회계처리를 나타내시오.

① 2017년 초

차변	금액	대변	금액
차) 현 금	10,000,000	대) 장기차입금	13,500,000
현재가치할인차금	2,342,925*		
기부금	1,157,075**		

*현재가치 = 13,500,000원×0.82645(현가계수, 2년, 10%) = 11,157,075원
따라서 현재가치할인차금은 2,342,925원(13,500,000원 - 11,157,075원)이 된다.
**현재가치보다 더 적게 수령한 금액 1,157,075원(11,157,075원 - 10,000,000원)은 "기부금"(당기 비용)으로 처리한다.

② 2017년 말

차) 이자비용	1,115,707*	대) 현재가치할인차금	1,115,707
장기차입금	13,500,000	유동성장기차입금	13,500,000

*11,157,075원×10%

3. 장기충당부채

(1) 장기충당부채의 의의

충당부채(provisions)란 지출의 시기 또는 금액이 불확실하지만 과거의 사건이나 거래의 결과에 의하여 재무상태표일 현재 부담하는 의무를 이행하기 위해 자원이 유출될 가능성이 높고, 그 금액을 신뢰성 있게 추정할 수 있는 의무를 말한다.

충당부채(provisions)는 지출의 시기 또는 금액이 불확실한 부채로서 다음의 요건을 모두 충족하는 경우에 인식한다.

① 과거사건의 결과로 현재의무(법적의무 또는 의제의무[7])가 존재한다.
② 당해 의무를 이행하기 위하여 경제적 효익을 갖는 자원이 유출될 가능성이 높다.
③ 당해 의무의 이행에 소요되는 금액을 신뢰성 있게 추정할 수 있다.

따라서 위의 요건을 충족하지 못할 경우에는 어떠한 충당부채도 인식할 수 없다. 충당부채는 1년 기준에 의하여 1년 이내에 사용되는 유동부채인 **단기충당부채**와 1년 이후에 사용되는 비유동부채인 **장기충당부채**로 분류한다.

(2) 장기충당부채의 종류

충당부채에는 판매보증충당부채, 공사보증충당부채, 퇴직급여충당부채 등이 있다.

---

7) 여기서 현재의무는 법적의무와 의제의무를 포함하는데 여기서 법적의무란 명시적 또는 묵시적 조항에 따른 계약, 법률, 기타 법적 효력 중 하나에 의하여 발생하는 의무를 말하며, 의제의무란 과거의 실무관행, 발표된 경영방침 또는 구체적이고 유효한 약속 등을 통하여 기업이 특정 책임을 부담하겠다는 것을 상대방에게 표명하고, 그 결과 기업이 당해 책임을 이행할 것이라는 정당한 기대를 상대방이 가지게 함에 따라 발생하는 의무를 말한다.

1) 판매보증충당부채

판매보증충당부채란 제품 또는 상품을 일정기간 동안 품질을 보증해 주기로 약속하고 판매하였을 경우 미래에 발생할 무상수리를 위한 비용 예상액을 판매시점의 비용으로 계상하기 위하여 설정하는 충당부채이다.

판매보증충당부채의 설정 시에는 그 계정의 대변에 기입하고, 무상수리를 위한 비용 예상액을 그 차변에 기입한다.

그리고 실제로 무상수리를 하면서 발생하는 비용은 우선 판매보증충당부채와 상계하고 그것이 부족하면 그 초과비용을 판매보증비로 처리한다.

① 충당부채 설정시(결산 시)

차) 판매보증비	×××	대) 판매보증충당부채	×××

② 판매보증비 발생 시

차) 판매보증충당부채	×××	대) 현 금	×××

예제

다음을 거래를 회계처리하시오.

① 상품 2,000,000,000원을 2년 보증으로 판매하였는데, 과거의 경험에 비추어 3%의 보증수리비를 계상하다.

차) 판매보증비	60,000,000	대) 판매보증충당부채	60,000,000

② 보증수리비용으로 현금 20,000,000원이 지출되다.

차) 판매보증충당부채	20,000,000	대) 현 금	20,000,000

2) 퇴직급여충당부채

종업원이 1년 이상 근무하고 퇴직하게 되면 기업은 퇴직하는 사람에게 퇴직급여를 지급할 의무가 있다. 근로기준법에 의하면 기업은 근속연수 1년에 대하여 30일분 이상의 평균임금을 퇴직금으로 퇴직하는 근로자에게 지급하는 제도를 마련하여야 한다.

이와 같은 퇴직급여는 종업원이 실제로 퇴직하는 때에 기업의 채무로서 확정된다. 그러나 종업원이 실제로 퇴직하지 않았다 하더라도 종업원은 언제인가는 퇴직할 것이므로 기업으로서는 퇴직금지급이라는 부채가 발생하는 것은 확실한 것이다. 또한 종업원의 퇴직급여는 근무연수에 비례하게 되므로 정확한 회계기간별 손익계산을 위해서 퇴직급여의 매 기간 당 부담액을 추정하여 이것을 비용화하여야 한다.

따라서 퇴직급여의 매 회계기간 당 부담액을 추정하여 비용화하기 위하여 상대계정으로 설정되는 것이 퇴직급여충당부채계정이다[8]. 이 때 매 결산 시에 설정하여야 할 퇴직급여충당부채의 금액은 당해 결산기 말 현재로 모든 종업원이 일시에 퇴직한다면 지급하게 될 퇴직급여총액에서 퇴직급여충당부채의 기말잔액을 차감한 금액이다. 그리고 종업원이 실제로 퇴직하여 퇴직금을 지급하는 경우에는 퇴직급여충당부채를 감소시킨다.

퇴직급여충당부채의 회계처리는 충당부채 설정 시에는 차변에 퇴직급여, 대변에 퇴직급여충당부채로 분개한다. 퇴직급여는 손익계산서에 판매비와관리비에 속하는 비용으로 계상된다. 퇴직금 지급 시에는 차변에 퇴직급여충당부채, 대변에 현금을 기록한다.

① 퇴직급여충당부채 설정 시(결산 시)

차) 퇴직급여	×××	대) 퇴직급여충당부채	×××

② 퇴직금 지급 시

차) 퇴직급여충당부채	×××	대) 현　　금	×××

예 제

다음을 거래를 회계처리하시오.

① 2016년 결산일에 당기에 모든 임직원이 일시에 퇴직한다고 가정할 경우 지급하여야 할 퇴직금 추계액은 500,000,000원이고 전기 말까지 설정된 퇴직급여충당부채는 400,000,000원이다.

차) 퇴직급여	100,000,000	대) 퇴직급여충당부채	100,000,000*

* 당기에 설정할 퇴직급여충당부채 = 500,000,000원 - 400,000,000원 = 100,000,000원

② 2017년 중 종업원이 퇴직하여 퇴직금 30,000,000원을 현금으로 지급하다.

차) 퇴직급여충당부채	30,000,000	대) 현　금	30,000,000

③ 2017년 결산일에 당기에 모든 임직원이 일시에 퇴직한다고 가정할 경우 지급하여야 할 퇴직금 추계액은 550,000,000원이다.

차) 퇴직급여	80,000,000	대) 퇴직급여충당부채	80,000,000*

* 당기에 설정할 퇴직급여충당부채 = 550,000,000원 -(500,000,000원-30,000,000) = 80,000,000원

---

8) 퇴직급여와 관련하여 종업원은 퇴직 시점에 '일시퇴직금'을 지급받거나 퇴직 후에 퇴직연금을 받을 수 있다. 종전에는 일시퇴직금을 지급받는 제도만 있었으나 2005년 말에 도입된 새로운 퇴직연금제도에 의하면 '확정급여형퇴직연금제도'나 '확정기여형퇴직연금제도' 중 하나를 선택할 수 있어 현재 기업들은 세 가지 퇴직금세도(**일시퇴직금, 확정급여형퇴식연금, 확성기여형퇴직연금**) 중 하나를 선택할 수 있다. 본서에서는 '일시퇴직금제도'의 회계처리만 다루고자 한다.

4. 장기매입채무

장기매입채무란 유동부채에 속하지 아니하는 일반적 상거래에서 발생한 매입채무를 말한다. 즉, 지급기한이 재무상태표일로부터 1년 후에 도래하는 장기의 외상매입금 및 지급어음을 말한다. 그러나 일반적 상거래 이외에서 발생하는 장기의 미지급금, 즉 설비자산이나 부동산 등을 구입할 때 발생하는 장기의 채무는 장기미지급금으로 처리한다.

장기매입채무는 장기연불조건의 매매거래에서 발생하는 부채이므로 명목금액과 현재가치의 차이가 중요한 경우에는 이것을 현재가치로 평가하며, 그 차액은 "현재가치할인차금"의 과목으로 하여 장기매입채무에서 차감하는 형식으로 보고한다. 그리고 이 현재가치할인차금은 유효이자율법을 적용하여 상각하며 이자비용으로 계상한다.[9)]

예 제

A사는 2017년 1월 1일 연불조건으로 상품을 구입하였다. 연불조건은 2017년 12월 31일부터 매년 말에 1,000,000원씩 5년간 지급한다. 2017년 1월 1일의 시장이자율은 10%이다. 위 자료로 상품구입 시 및 2017년 말의 회계처리를 나타내시오.

① 2017. 1. 1.

차) 매 입	3,791,000*	대) 장기매입채무	5,000,000
현재가치할인차금	1,209,000		

*1,000,000원 × 3.791(연금현가계수)

② 2017. 12. 31.

차) 장기매입채무*	1,000,000	대) 현 금	1,000,000
이자비용	379,100**	현재가치할인차금	379,100

*상품을 장기연불조건으로 매입하는 경우는 "장기외상매입금"계정으로, 상품을 매입하고 어음을 지급하는 경우는 "장기지급어음"계정으로 회계처리할 수도 있으나 재무상태표를 보고할 때는 반드시 "장기매입채무"라는 단일계정과목으로 표시한다.

**3,791,000원×10%

---

9) 장기매입채무나 장기미수금 등의 경우도 앞의 장기매출채권과 같은 회계처리가 요구될 것이다. 장기매출채권의 경우 판매대가의 유입이 이연되어 대금지급약정이 실질적으로 자금 대여거래에 해당하는 경우, 그 대가의 공정가치는 미래 총수취액을 내재이자율로 할인한 현재가치로 결정하고 있다. 그리고 판매대가의 공정가치 즉 현재가치와 명목금액의 차이는 대금회수기간에 걸쳐 유효이자율법을 적용하여 이자수익으로 인식한다. 그러나 현재가치와 명목금액의 차이가 중요하지 않은 경우는 명목금액으로 회계처리하여야 할 것이다.

한편 다음의 회계처리도 가능할 것이다.

① 2017. 1. 1.

차) 매 입	3,791,000*	대) 장기매입채무	3,791,000

*1,000,000원 × 3.791(연금현가계수)

② 2017. 12. 31.

차) 장기매입채무	1,000,000	대) 현 금	1,000,000
이자비용	379,100*	장기매입채무	379,100

*3,791,000원×10%

5. 장기미지급금

장기미지급금이란 유동부채에 속하지 아니하는 일반적 상거래 이외에서 발생한 채무를 말한다. 즉, 장기미지급금이란 일반적 상거래 이외에서 발생하는 장기의 채무, 즉 설비자산이나 부동산 등을 구입할 때 발생하는 장기의 미지급금이다.

장기미지급금도 명목금액과 현재가치의 차이가 중요한 경우에는 이것을 현재가치로 평가하며, 그 차액은 "현재가치할인차금"의 과목으로 하여 장기미지급금에서 차감하는 형식으로 보고한다. 그리고 이 현재가치할인차금은 유효이자율법을 적용하여 상각하며 이자비용으로 계상한다.

예 제

A사는 2017년 1월 1일 연불조건으로 기계를 구입하였다. 지급조건은 2017년 12월 31일부터 매년 말에 10,000,000원씩 5년간 지급한다. 2017년 1월 1일의 시장이자율은 연 10%이다. 이 경우 2017년의 회계처리를 나타내면 다음과 같다.

① 2017. 1. 1.

(차) 기계장치	37,910,000*	(대) 장기미지급금	50,000,000
현재가치할인차금	12,090,000		

*10,000,000원 × 3.791(연금현가계수)

(현재가치할인차금의 표시방법)

위의 경우 현재가치할인차금을 재무상태표에 표시하면 다음과 같다.

재무상태표

Ⅱ. 비유동부채

장기미지급금	50,000,000	
현재가치할인차금	(12,090,000)	37,910,000

② 2017. 12. 31.

(차) 장기미지급금	10,000,000	(대) 현 금	10,000,000
이자비용	3,791,000*	현재가치할인차금	3,791,000

*37,9100,000원×10%

2017년 말 현재의 회계처리를 재무상태표와 손익계산서에 나타내면 다음과 같다.

재무상태표

Ⅱ. 비유동부채

장기미지급금	40,000,000	
현재가치할인차금	(8,299,000)	31,701,000

손익계산서

Ⅶ. 기타비용

1. 이자비용	3,791,000

참고 **퇴직연금제도(Retirement Pension)**

퇴직연금제도는 회사로 하여금 퇴직금 지급을 위한 재원을 외부 금융회사에 적립토록 하고 근로자가 퇴직 시 금융회사가 연금 또는 일시금을 지급토록 하는 제도로서 근로자퇴직급여보장법에 의해 2005년 12월에 도입되었다. 퇴직연금제도에는 회사가 적립금 운용을 책임지고 근로자가 받을 퇴직금이 사전에 확정되어 있는 확정급여형제도(Defined Benefit; DB형), 근로자 개인이 적립금 운용을 책임지고 운용성과에 따라 퇴직금이 변동되는 확정기여형제도(Defined Contribution; DC형), 10인 미만 소규모 회사를 위한 기업형 개인퇴직계좌(Individual Retirement Pension; IRP)와 타회사로 전직 또는 은퇴 등으로 퇴직금을 지급받은 개인을 위한 개인퇴직계좌가 있다. 퇴직연금제도는 법정 강제사항은 아니며 노사간 합의를 통해 자율적으로 도입여부를 결정할 수 있다.

– 확정급여형 퇴직연금(Defined Benefit; DB형)

「근로자퇴직급여보장법」에 의해 2005년 12월에 도입된 퇴직연금제도의 한 유형으로서 회사는 퇴직금 지급을 위한 재원을 외부 금융기관에 적립하여 적립금을 운용하고 근로자가 퇴직 시 근속연수 등을 고려하여 사전에 확정된 퇴직금을 금융회사가 연금 또는 일시금 형태로 지급하는 제도이다. 확정급여형 제도의 경우 적립금 운용결과와 관계없이 근로자는 사전에 정해진 퇴직금을 지급받을 수 있으며 퇴직금지급을 위한 적립금 운용은 회사가 책임지고 수행한다는 측면에서 적립금 운용을 근로자가 직접 수행하고 운용성과에 따라 퇴직금 규모가 달라지는 확정기여형 퇴직연금제도(Defined Contribution; DC형)와 구별된다.

– 확정기여형 퇴직연금 [Defined Contribution; DC형]

「근로자퇴직급여보장법」에 의해 2005년 12월에 도입된 퇴직연금제도의 한 유형으로서 회사는 퇴직금 지급을 위한 재원을 외부 금융기관에 적립하고 적립금 운용성과에 따라 근로자가 받을 퇴직금이 변동되는 제도이다. 확정기여형 퇴직연금제도의 경우 근로자가 적립금을 운용을 직접 수행하며 적립금 운용결과에 따라 퇴직 시 받을 퇴직금이 변동된다는 측면에서 적립금 운용을 회사가 수행하고 적립금 운용결과와 관계없이 근로자는 사전에 정해진 퇴직금을 지급받게 되는 확정급여형 퇴직연금제도(Defined Benefit; DB형)와 구별된다.

– 개인퇴직계좌(Individual Retirement Pension; IRP)

「근로자퇴직급여보장법」에 의해 2005년 12월에 도입된 퇴직연금제도의 한 유형으로서 기업형 개인퇴직계좌와 개인형 개인퇴직계좌가 있다. 기업형 개인퇴직계좌는 상시근로자 10인 미만 사업장에 한해 적용되는 제도로서 기업형 개인퇴직계좌를 도입한 경우 확정기여형 제도를 도입한 것과 그 효과가 동일하다. 따라서 퇴직금 지급을 위해 회사가 외부 금융회사에 적립한 금액을 근로자 개개인이 직접 운용하고 운용성과에 따라 퇴직금이 변동하게 된다. 개인형 개인퇴직계좌는 근로자가 이직 등으로 받은 퇴직금을 저축할 수 있는 일종의 저축계좌로서 직장이전으로 받은 퇴직금을 생활자금으로 소진하는 대신 노후생활을 위해 활용할 수 있도록 마련된 제도이다.

출처: 금융감독원, 금융용어사전

학습보충자료 **충당부채, 우발부채 및 우발자산**

1. 충당부채

충당부채(provisions)는 지출의 시기 또는 금액이 불확실한 부채로서 다음의 요건을 모두 충족하는 경우에 인식한다.

① 과거사건의 결과로 현재의무(법적의무 또는 의제의무)가 존재한다.
② 당해 의무를 이행하기 위하여 경제적 효익을 갖는 자원이 유출될 가능성이 높다.
③ 당해 의무의 이행에 소요되는 금액을 신뢰성 있게 추정할 수 있다.

2. 우발부채

우발부채(contingent liabilities)는 부채의 인식조건을 충족하지 못하는 다음의 2가지에 해당하는 의무를 말한다.

① 과거사건으로 생겼으나, 기업이 전적으로 통제할 수는 없는 하나 이상의 불확실한 미래 사건의 발생 여부로만 그 존재 유무를 확인할 수 있는 잠재적 의무이다.
② 과거사건으로 생겼으나, 다음 ㈎나 ㈏의 경우에 해당하여 인식하지 않는 현재의무이다. ㈎ 해당 의무를 이행하기 위하여 경제적 효익이 있는 자원을 유출할 가능성이 높지 않은 경우, ㈏ 해당 의무의 이행에 필요한 금액을 신뢰성 있게 측정할 수 없는 경우

3. 충당부채와 우발부채의 차이

충당부채와 우발부채는 다음과 같은 점에서 차이가 있다.

① 충당부채는 현재의무이고, 이를 이행하기 위하여 경제적 효익이 있는 자원을 유출할 가능성이 높고, 해당 금액을 신뢰성 있게 추정할 수 있으므로 부채로 인식한다.
② 우발부채는 다음의 ㈎나 ㈏의 이유로 부채로 인식하지 아니한다. ㈎ 기업이 경제적 효익이 있는 자원을 유출할 현재의무를 가지고 있는지가 아직 확인되지 않은 잠재적 의무이며, ㈏ 현재의무이지만, 이를 이행하기 위하여 경제적 효익이 있는 자원을 유출할 가능성이 높지 않거나, 해당 금액을 신뢰성 있게 추정할 수 없으므로, 부채의 인식기준을 충족하지 못한다.

4. 우발자산

우발자산(contingent assets)은 과거사건으로 생겼으나, 기업이 전적으로 통제할 수는 없는 하나 이상의 불확실한 미래 사건의 발생 여부로만 그 존재 유무를 확인할 수 있는 잠재적 자산으로서, 이것은 재무제표에 인식하지 아니한다. 일반적으로 우발자산은 사전에 계획하지 않았거나 다른 예상하지 못한 사건으로 생기며, 그 사건은

경제적 효익의 유입 가능성을 불러온다. 기업이 제기하였으나 그 결과가 불확실한 소송을 예로 들 수 있다.

미래에 전혀 실현되지 않을 수도 있는 수익을 인식하는 결과를 가져올 수 있기 때문에 우발자산은 재무제표에 인식하지 아니한다. 그러나 수익의 실현이 거의 확실하다면 관련 자산은 우발자산이 아니므로 해당 자산을 재무제표에 인식하는 것이 타당하다.

관련 상황의 변화가 적절하게 재무제표에 반영될 수 있도록 우발자산을 지속적으로 평가하고, 상황 변화로 경제적 효익의 유입이 거의 확실하게 되는 경우에는 그러한 상황변화가 일어난 기간의 재무제표에 그 자산과 관련 이익을 인식한다. 그러나 경제적 효익의 유입 가능성이 높아진 경우에는 우발자산을 공시하여야 한다.

5. 충당부채와 우발부채의 의사결정도

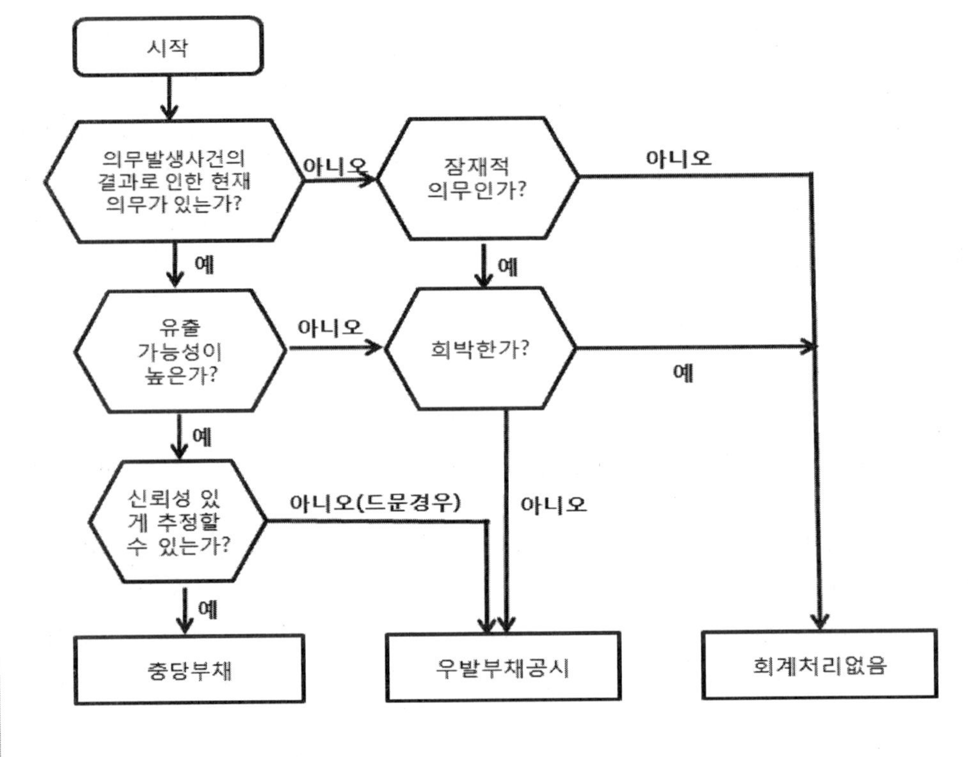

연습문제

1. 다음의 자료로 물음에 답하시오(이하 연 1회 복리, 교재 뒷면의 미래가치표 등을 활용하여 계산함.).

(1) 현금 ₩10,000,000을 연 8%의 이율로 정기예금하였다. 3년 후 받게 될 정기예금의 원리금 합계는 얼마인가?

(2) 친구의 부탁을 받고 사업자금을 대여하였다. 이율은 연 4%, 기간은 3년이며, 3년 후 일시금으로 이자를 포함하여 ₩225,000,000을 받기로 하였다. 친구에게 대여한 금액은 얼마인가?

(3) A씨는 2015년 말부터 5회에 걸쳐 1년에 ₩5,000,000씩 정기적금에 가입하기로 하였다. 연 이율 6%일 때 만기 시 정기적금을 수취할 금액은 얼마인가?

(4) 한국(주)는 2016년 초 3년 만기 사채를 발행하고 매년 말 이자를 ₩800,000씩 지급하기 하였으며, 만기에 액면금액 ₩10,000,000을 지급하기로 하였다. 발행시점의 사채의 액면금액 및 원금의 현재가치는 얼마인가? 사채발행 시점의 시장이자율은 연 10%이다.

2. 한국(주)는 2016년 1월 1일 액면금액 1,000,000원, 사채이자율 연 10%, 3년 만기의 회사채를 발행하였다. 이자는 매년 12월 31일에 지급한다. 사채발행시점의 시장이자율은 연 12%이며, 사채발행과 관련하여 직접 발생한 비용은 44,830원이다. 단 현가계수(3년, 12%)는 0.71178이며, 연금현가계수(3년, 12%)는 2.40183이다.

이상의 자료로 다음의 물음에 답하시오.

물음1 한국(주)의 유효이자율을 구하시오,

물음2 사채발행시점의 회계처리를 나타내시오.

물음3 유효이자율법을 이용하여 2016년 말의 회계처리를 나타내시오.

물음4 2016년 말 현재의 사채의 장부금액은?

물음5 2017년 말의 회계처리를 나타내시오.

물음6 2018년 말의 회계처리를 나타내시오.

해답

1.

(1) ₩10,000,000×1.08^3 = ₩10,000,000×1.25971 = ₩12,597,100

(2) $P = \frac{F_n}{(1+r)^n}$ = ₩225,000,000/$(1+0.04)^3$

= ₩225,000,000×0.88900 ≒ ₩200,000,000

(3) 정상연금의 미래가치 = ₩5,000,000×5.63709(5년, 6%)

= ₩28,185,450

(4) 액면금액의 현재가치 : ₩10,000,000×0.75131(3년, 10%) = ₩7,513,100

이자의 현재가치 : ₩800,000×2.48685(3년, 10%) = ₩1,989,480

합 계 ₩9,502,580

2.

물음1 14%

물음2 액면금액 : 1,000,000원 × 0.71178(현가계수, 3년, 12%) = ₩711,780

이자 : 100,000원 × 2.40183(연금현가계수, 3년, 12%) = 240,183

사채발행비 (−)44,830

사채발행금액 ₩907,133

2016년 1월 1일(사채발행 시 회계처리)

차) 현 금	907,133	대) 사 채	1,000,000
사채할인발행차금	92,867		

물음3 2016년 12월 31일(결산 시)

차) 이자비용	126,999*	대) 현 금	100,000**
		사채할인발행차금	26,999***

*907,133원×14% **1,000,000원×10% ***126,999원-(1,000,000원×10%)

물음4 사채의 장부금액 = 사채-사채할인발행차금

= 1,000,000원-(92,867원 -26,999원)

= 934,132원

물음5

차) 이자비용	130,778*	대) 현 금	100,000
		사채할인발행차금	30,778
차) 사 채	1,000,000	대) 유동성장기차입금**	1,000,000

*(907,133원 + 26,999원)×14%
**상환기일이 1년 이내로 도래함으로 비유동부채인 사채를 유동성장기차입금이라는 유동부채로 대체한다.

물음6

차) 이자비용	135,090*	대) 현 금		100,000
			사채할인발행차금	35,090
차) 유동성장기차입금	1,000,000	대) 현 금		1,000,000

* (907,133원 + 26,999원 + 30,778원)×14%를 단수차이로 조정함. 즉 (92,867원-26,999원-30,778원)+1,000,00원×10%

종합문제

1. 인천(주)는 2016년 1월 1일 사채 100,000원을 95,196원으로 할인발행하였다. 사채발행과정에서 사채발행비 6,612원이 발생하였다. 사채의 상환일은 2018년 12월 31일이며 이자는 매년 말 지급한다. 사채의 액면이자율은 연 10%이며, 사채발행 당시의 시장이자율은 연 12%이다.

이상의 자료로

① 유효이자율을 구하고

② 2016년 1월 1일부터 2018년 12월 31일까지의 회계처리를 나타내시오.

2. 한국(주)는 2017년 1월 1일 액면가 100,000원, 액면이자율 연 10%, 2년 만기의 회사채를 발행하였다. 이자는 매년 12월 31일에 지급한다. 사채발행시점의 시장이자율은 연 12%이며, 사채발행과 관련하여 직접 발생한 비용은 3,207원이다. 동 회사는 2018년 4월 1일에 이 사채 전부를 103,000원에 취득하였다. 이상의 자료로 다음의 물음에 답하시오. 단 현가계수(2년, 12%)는 0.79719이며, 연금현가계수(2년, 12%)는 1.69005이다.

물음1 한국(주)의 유효이자율을 구하시오.

물음2 사채발행시점의 회계처리를 나타내시오.

물음3 유효이자율법을 이용하여 2017년 말의 회계처리를 나타내시오.

물음4 2018년 4월 1일의 회계처리를 나타내시오.

3. 다음을 회계처리하시오.

서울전자유통(주)는 냉장고를 판매한 후 2년간 무상 보증수리를 해 주고 있다. 이 회사는 매년 판매한 제품의 3%에 상당하는 판매보증비가 발생할 것으로 예상하고 있다. 서울전자유통(주)는 2017년 200,000,000원의 제품을 판매하였으며, 2018년 중 판매된 제품에 대한 판매보증비용이 1,500,000원 발생하였다.

물음1 서울전자유통(주)가 2017년에 판매보증충당부채를 설정할 때의 회계처리를 나타내시오.

물음2 서울전자유통(주)가 2018년에 판매보증비용을 지출할 때의 회계처리를 나타내시오.

제 11 장 자 본

현대기업의 거의 대부분은 법률적으로 주식회사이다. 주식회사는 대표적인 물적 결합체로서 거대한 자본조달이 용이하고 주주가 유한책임을 지는 특징을 가지고 있다. 본 장에서는 이러한 주식회사에서의 자본에 대하여 살펴본다.

자본은 크게 자본금, 자본잉여금, 자본조정, 기타포괄손익누계액, 이익잉여금으로 구분된다. 자본금과 자본잉여금은 주주들이 출자한 납입자본이고, 자본조정 및 기타포괄손익누계액은 자본에 부가 또는 차감되는 조정항목을 말한다. 그리고 이익잉여금은 손익계산서에 보고된 손익과 다른 자본항목에서 이입된 금액의 합계액에서 주주에 대한 배당, 자본금으로의 전입 및 자본조정 항목의 상각 등으로 처분된 금액을 차감한 잔액을 말한다. 이러한 내용을 기초로 본 장에서는 주식의 종류, 자본의 구성요소, 주식의 발행, 자기주식의 회계처리, 자본조정 및 기타포괄손익누계액 항목, 이익잉여금의 처분항목, 현금배당과 주식배당 등의 회계처리를 다루게 될 것이다.

제 1 절 주식회사의 자본

주식회사는 자본을 중심으로 한 물적 회사로서 오늘날 자본주의 경제사회에서 가장 대표적인 기업형태이다. 주식회사는 상법의 규정에 따라 발기인이 정관을 작성하여 법원에 설립등기를 마침으로써 설립된다.

1.1 주식회사의 특징

주식회사는 주식을 발행하여 조달된 자금으로 설립되는 기업으로 다른 기업형태와 다른 다음과 같은 특징이 있다.

> ① 주식 제도
> ② 주식의 자유양도 제도
> ③ 주주의 유한책임 제도

주식회사의 자본은 소액의 주식(100원 이상의 균일한 금액)으로 분할되어 있다.[1] 이로써 소액의 자금을 지닌 일반 투자자들로부터도 광범위하게 거액의 자본을 모으는 것이 가능하다.

주주들은 언제든지 증권시장에서 자유로이 주식을 처분함으로써 출자액을 쉽게 회수할 수 있다. 주식을 언제든지 처분할 수 있기 때문에 투자자들은 쉽게 현금화할 수 있는 주식에 투자하는데 매력을 느끼게 되어 회사는 수많은 개인투자자들로부터 거액의 자금을 모을 수 있다.

주주들은 출자액까지만 책임을 진다. 즉, 회사가 부채를 갚지 못하게 되더라도 주주가 개인적으로 갚아야만 할 책임은 없으며, 주주는 자기가 투자한 금액만을 손해보면 되는 유한책임을 진다.

1.2 주식회사의 설립

주식회사는 상법의 규정에 따라 발기인이 정관을 작성하고 법원에 설립등기를 함으로써 설립된다. 회사설립 시 주식발행사항은 다음과 같다.

가. 주식의 종류와 수
나. 액면주식(par value shares)의 경우에 액면 이상의 주식을 발행할 때에는 그 수와 금액
다. 무액면주식(no-par value shares)을 발행하는 경우에는 주식의 발행가액과 주식의 발행가액 중 자본금으로 계상하는 금액

회사가 발행할 주식의 총수를 '수권주식 수'라고 하며, 주식은 회사가 설립된 이후 이사회의 결의만으로 필요한 때에 수권주식 수 범위 내에서 발행할 수 있다. 이와 같은 제도를 '**수권자본제도**'라고 한다. 상법상 주식 1주의 액면금액은 100원 이상이며,

---

1) 물론 후술하는 바와 같이 무액면주식을 발행할 수도 있다. 즉 회사는 정관으로 정한 경우에는 주식의 전부를 무액면주식으로 발행할 수 있으며, 무액면주식을 발행하는 경우에는 액면주식을 발행할 수 없다.

액면주식의 금액은 균일하여야 한다. 회사는 정관으로 정한 경우에는 주식의 전부를 무액면주식으로 발행할 수 있다. 다만, 무액면주식을 발행하는 경우에는 액면주식을 발행할 수 없다. 물론 회사는 정관으로 정하는 바에 따라 발행된 액면주식을 무액면주식으로 전환하거나 무액면주식을 액면주식으로 전환할 수도 있다(상법 제329조, 자본금의 구성).

1.3 주식의 종류

1. 보통주

보통주(common stock)란 회사가 다음에서 설명하는 여러 종류의 주식을 발행하고 있는 경우 그 표준이 되는 주식을 말한다.

보통주를 소유하고 있는 주주는 주주총회에 참석하여 의결권을 행사할 수 있고, 회사가 청산되는 경우에는 자산 처분액에서 부채와 우선주의 지분을 상환하고도 나머지가 있으면 이에 대한 청구권을 가진다.

2. 우선주

우선주(preferred stock)란 이익배당, 잔여재산의 분배 등에 대해 보통주보다 우선적 지위가 인정된 주식을 말한다. 즉, 영업활동에 따른 이익을 배당하는 경우 우선주가 보통주보다 먼저 배당 받을 권리가 있으며, 회사가 청산하는 경우에도 자산을 처분한 금액에 대해 우선주가 보통주보다 먼저 배분 받을 권리가 있다. 반면에 이러한 권리가 있기 때문에 우선주는 주주총회에서의 의결권이 없는 것이 일반적이다.

우선주는 누적여부와 참가여부에 따라 누적적 우선주와 비누적적 우선주, 그리고 참가적 우선주와 비참가적 우선주로 나누어진다.

누적적 우선주(cumulative preferred stock)란 과거 특정연도에 배당을 받지 못하였거나 우선주 배당액(우선주자본금×우선주배당률)에 미달한 경우 이것을 차후에 우선적으로 배당받을 수 있는 우선주를 말한다. 그리고 **비누적적 우선주**(non-cumulative preferred stock)란 과거 특정연도에 배당을 받지 못하였거나 우선주 배당액에 미달한 경우 이것을 차후에 배당받을 수 없는 우선주를 말한다. 일반적으로 우선주라고 할 때는 누적적 우선주를 말한다.

한편 **참가적 우선주**(participating preferred stock)란 일단 당해 연도분에 대한 우선주 배당액을 받고 보통주에 대한 배당 이후 잔여이익이 발생할 경우 그것에 대해 참가하여 추가적인 배당을 받을 수 있는 우선주를 말하며, **비참가적 우선주**(non-participating preferred stock)란 일단 당해 연도분에 대한 우선주 배당액만을 받고 보통주에 대한 배당 이후 잔여이익이 발생하여도 그것에 대해 참가할 수 없는 우선주를 말한다. 이 밖에도 일정한 조건이 충족되었을 때 발행회사가 약정가격으로 약정기간 내에 매입상환할 수 있는 우선주와 보통주식으로 전환할 수 있는 권리가 인정된 우선주가 있다. 전자를 **상환우선주**(redeemable preferred stock)라고 하며, 후자를 **전환우선주**(convertible preferred stock)라고 한다.[2] 그러나 상환우선주 중 상환일이나 상환조건에 따라 발행회사가 상환의무를 부담하거나 보유자가 상환청구권을 갖고 있는 것은 지분상품(자본)이 아니라 금융부채(부채)로 분류하며, 이러한 상환우선주에 대한 배당은 손익계산서상 손익항목에 해당한다.[3]

공•부•합•시•다

주식회사의 효시는 '17세기 동인도회사'

우리나라에서 2017년 '코스피 2500 시대'가 열렸어요. 얼마 전 증시에서 코스피(증권거래소 주식시장) 지수가 사상 처음으로 2500을 넘은 거예요. 전문가들은 "미국 증시가 제2차 세계대전 이후 가장 긴 상승세를 타고 있는 데다, 국내 기업들 실적이 탄탄하기 때문"이라고 분석하고 있어요. 이처럼 주가지수는 한 나라의 경제 상황을 보여주는 중요한 지표 중 하나이지요.

어떤 기업이 공장을 세우고 물건을 만들려면 돈이 많이 필요해요. 공장을 지을 땅도 있어야 하고 기계도 들여야 하고 근로자에게 월급도 줘야 하지요. 하지만 그렇게 큰 돈을 가지고 있는 기업은 많지 않기 때문에 투자자들로부터 돈을 모으게 돼요. 이때 기업이 투자자들에게 주는 증서는 '주식(株式)', 주식을 팔아서 세운 회사는 '주식회사', 주식을 산 사람은 '주주(株主)'라고 하지요. 주식은 물건처럼 누구나 사고팔 수 있는데, 주식을 사고파는 곳을 '주식시장'이라고 해요. 우리나라의 한국거래소, 미국 뉴욕증권거래소, 일본 도쿄증권거래소 등이 있지요.

주식이 처음 등장한 건 17세기 유럽이었어요. 당시 영국·스페인·네덜란드 등 유럽 각국은 인도, 동남아시아를 상대로 하는 무역을 독점하려고 치열한 경쟁을 벌이고 있었지요. 특히 네덜란드는 후추·커피·사탕·면직물 등을 수입해 유럽 여러 나라에 비싸게 팔아서 큰 이윤을 남겼어요. 하지만 배를 타고 무역을 한다는 건 위험 부담이 컸어

---

2) 비참가적 우선주는 사채와 유사한 우선주로서 외국에서 흔히 발행되고 있으며, 우리나라에서는 우선주로서 전환우선주나 추가적인 이익분배뿐만 아니라 무상증자 시 무상 신주도 받을 수 있는 권리도 부여된 참가적 우선주가 주로 발행되고 있는 실정이다.

3) 상환우선주는 일정한 기간이 지나면 발행 기업이 약정된 가격으로 상환해야 하는 우선주 또는 우선주주가 상환청구권을 갖고 있는 우선주로서, 이것은 사채와 유사한 성격을 갖고 있으므로 자본으로 분류하지 않고 부채로 분류한다.

요. 예기치 못한 태풍이나 질병을 만나거나, 해적의 약탈로 빈손으로 돌아오는 일도 많았거든요. 1602년 네덜란드 정부가 무역회사 간 과도한 경쟁을 막기 위해 이들을 통합한 '네덜란드 동인도회사'를 세웁니다. 그러면서 막대한 자금을 댈 수 있는 새로운 운영 방식을 도입하는데요. 투자자들에게 돈을 받고 주식을 나눠준 뒤 배가 돌아오면 투자한 금액만큼 이윤을 나눠 갖기로 한 거죠. 세계 최초의 주식회사가 탄생한 것이에요. 주식을 사고파는 사람이 많아지자 네덜란드에는 세계 최초의 주식시장인 '암스테르담 증권거래소'도 생겼어요.

그러면 주가는 왜 변동할까요? 보통 금리(은행 이자율)가 높으면 주식가격(주가)이 떨어지고, 금리가 낮으면 주가가 올라요. 금리가 높으면 이자를 많이 받기 위해 저축하는 사람이 많아지고 주식을 사려는 사람이 줄기 때문이지요. 반면 금리가 낮으면 저축하는 대신 주식을 사려는 사람이 많아져 주가가 오른답니다. 기업 매출이 늘어도 주가가 오르지요. 기업이 장사를 잘해 투자자들이 더 많은 배당금(회사의 이익 분배금)을 받을 수 있게 되면, 그 기업 주식을 사려는 사람도 많아져 주가가 올라요. 정부가 특정한 산업이나 기업을 지원할 때도 해당 기업 매출이 늘어날 것으로 보고 주가가 오를 가능성이 높답니다.

주식시장에는 다양한 회사 주식이 거래돼요. 어떤 회사 주가는 올라가고 어떤 회사 주가는 떨어지지요. 그래서 전체 주식시장이 어떻게 움직이는지 판단하려면 주가가 평균적으로 올랐는지 떨어졌는지를 보여주는 '주가지수'가 필요하답니다. 한국의 코스피, 미국의 다우존스, 일본의 닛케이 등이 있어요.

코스피 지수는 현재 거래되는 주식 가격이 과거보다 얼마나 뛰었는지 보여주는 것이랍니다. 우리나라는 1980년 1월 4일을 기준으로 당시 시가총액을 100포인트로 잡고 현재 시가총액을 여기에 비교해 구하지요. 예를 들어 현재 코스피 지수가 2,500포인트라고 하면 현재 주식시장에서 거래되는 주식 가격이 평균적으로 1980년 1월 4일에 비해 25배 올랐다고 해석할 수 있답니다.

주가와 관련해 가장 유명한 사건이 1929년 10월 뉴욕증권거래소에서 벌어진 '검은 목요일(Black Thursday)'이에요. 주가가 갑자기 크게 떨어지며 미국 전역을 대공황으로 몰고 간 사건을 말하지요. 1920년대 미국은 풍부한 자원과 기술력을 바탕으로 호황을 누리고 있었어요. 하지만 여윳돈이 과도하게 주식시장으로 몰려들면서 주가가 실제 기업 가치보다 높아지는 '거품 현상'을 보였지요. 1929년 10월 24일 목요일, 수많은 투자자가 갑자기 주식을 대량으로 팔아치우기 시작하면서 주가가 폭락합니다. 많은 사람이 파산했고, 은행과 기업 수천 곳이 문을 닫았어요. 일자리를 잃은 사람들은 거리로 쏟아져 나왔지요.

한 기업의 주가가 오르면 주주들 재산이 늘어나 경제적으로 풍족해져요. 기업도 주식을 더 많이 발행해 돈을 쉽게 모을 수 있기 때문에 새로운 사업에 투자할 기회가 생기지요. 하지만 주가가 떨어지면 개인 재산이 줄어들고 기업도 돈이 부족해 생산과 일자리를 모두 줄여야 하기 때문에 나라 경제 전체가 어려워질 수 있어요. 주식을 잘 사고팔면 개인과 기업, 나라 모두가 이득을 보지만, 섣불리 거래하면 모두가 손해를 볼 수 있기 때문에 많이 공부하고 신중히 해야 한답니다.

출처: 조선일보, [경제이야기]

제2절 자본의 의의와 구성

2.1 자본의 의의

자본 = 자산 - 부채

기업의 자산은 채권자들로부터 차입한 자본과 자기자본을 합친 자본으로 구입되므로 자산은 채권자지분(부채)과 주주지분(자본)의 합으로 구성된다. 따라서 자본이란 기업의 자산에서 채권자지분을 차감하고 남은 잔여지분(residual equity), 즉 주주지분(stockholders' equity)을 의미한다. 즉 자산 = 채권자지분(부채) + 주주지분(자본)이므로 자본 = 자산 - 채권자지분(부채)이 성립된다.

자본을 이와 같이 잔여지분이라고 하는 이유는 자산이나 부채는 그 자체의 금액을 알 수 있지만, 자본은 그 자체금액을 독립적으로 알 수 없기 때문이다. 즉, 자본에 영향을 미치는 순손익의 발생에 따라 자본이 변동하기 때문이다.

자본은 주주지분이므로 기업이 청산하는 경우에 자산을 처분한 금액 중 채권자지분인 부채를 차감한 잔액이 주주들에게 배분된다.

2.2 자본의 구성

K-IFRS에서는 자본에 대해서 직접적으로 정의하고 있지 않으며, 대신 지분상품에 대해 정의하고 있으며 이 지분상품을 재무상태표에 어떻게 표시할 것인가에 대해 언급하고 있다.

지분상품은 재무상태표의 자본에 표시되는데 K-IFRS 제1001호(재무제표 표시)에서는 재무상태표에 표시되는 정보로서 비지배지분과 지배기업의 소유주에게 귀속되는 납입자본과 적립금만 언급하고 있다(문단 54). 그리고 납입자본과 적립금은 자본금, 주식발행초과금, 적립금 등과 같이 다양하게 세분화할 수 있다고 규정하고 있다(문단 78).

한편 K-IFRS 제1001호(재무제표 표시)의 실무적용지침에서 예시하는 재무상태표에는 자본을 납입자본, 이익잉여금 및 기타자본구성요소로 표시하고 있다.

이와 같이 K-IFRS에서는 자본의 구성 및 분류표시에 대해 명확하게 규정하고 있지 않아 본서에서는 편의상 '일반기업회계기준'에 따라 자본을 자본금, 자본잉여금, 자본조정, 기타포괄손익누계액, 그리고 이익잉여금(또는 결손금)으로 분류[4]하여 설명하고자 한다.

① 자본금 : 법정자본금(주식의 액면금액×발행주식수)
② 자본잉여금 : 주주와의 거래에서 발생하여 자본을 증가시키는 잉여금
③ 자본조정 : 자본거래에 해당하나 최종 납입된 자본으로 볼 수 없거나 자본의 가감 성격으로 자본금이나 자본잉여금으로 분류할 수 없는 항목
④ 기타포괄손익누계액 : 보고기간종료일 현재의 기타포괄손익의 잔액
⑤ 이익잉여금 : 손익거래 결과 발생한 잉여금, 즉 손익계산서에 보고된 손익과 다른 자본항목에서 이입된 금액의 합계액에서 주주에 대한 배당, 자본금으로의 전입 및 자본조정 항목의 상각 등으로 처분된 금액을 차감한 잔액

자본금(owner's equity stock)이란 주식의 액면금액에 발행주식수를 곱한 금액으로서, 이것은 주주가 회사에 납입한 법정자본금(legal capital)이다. 예를 들어 어느 회사가 주당 액면금액 5,000원인 주식을 주당 6,000원에 1만주를 주주들에게 발행하고 대금을 현금으로 받았다고 하자. 이 때 주주들은 회사에 주식대금으로 6,000만원(6,000원×1만주)을 현금으로 납입하지만, 회사의 자본금은 5,000만원(5,000원×1만주)이 되고, 나머지 1,000만원은 자본잉여금이 된다.

자본잉여금(additional paid-in owner's equity)은 증자나 감자 등 주주와의 거래에서 발생하여 자본을 증가시키는 잉여금을 말한다. 여기서 '주주와의 거래'란 회사와 주주 사이에 주식을 사고 파는 거래를 말한다. 위의 예처럼 회사가 주주들에게 주식을 액면금액 이상으로 발행한 경우 회사는 1,000만원만큼 이익이 발생하는데 이것을 자본잉여금이라고 한다. 자본금과 자본잉여금은 주주가 회사에 납입한 자본이므로 보통 **납입자본**(paid-in owner's equity)이라고도 한다.

4) 중소기업회계기준에서도 자본의 분류를 명확히 하고 있으나, 자본을 자본금, 자본잉여금, 자본조정, 그리고 이익잉여금(또는 결손금)으로 분류하고 있다.

자본조정(owner's equity adjustments)은 자본거래에 해당하나 최종 납입된 자본으로 볼 수 없거나 자본의 가감 성격으로 자본금이나 자본잉여금으로 분류할 수 없는 항목을 말한다. 즉 자본조정이란 자본거래로 인한 순자산의 변동(증감)으로서 자본잉여금과는 달리 일시적인 성격을 갖고 있어 관련 후속거래가 종료되면 소멸될 항목(부가 또는 차감 항목)을 말한다.

기타포괄손익누계액(accumulated other comprehensive income)은 보고기간종료일 현재의 기타포괄손익의 잔액을 말한다. 기타포괄손익이란 자본거래가 아닌 손익거래 즉 영업활동과 관련된 순자산의 변동(증감) 중에서 당기순손익 계산에 포함되지 않는 일시적인 성격의 항목으로서 관련 후속거래가 종료되면 소멸될 항목(부가 또는 차감 항목)을 말한다. 기타포괄손익에는 FVOCI 금융자산평가손익, 해외사업환산손익 등이 포함된다.

이익잉여금(retained earnings)은 손익계산서에 보고된 손익과 다른 자본항목에서 이입된 금액의 합계액에서 주주에 대한 배당, 자본금으로의 전입 및 자본조정항목의 상각 등으로 처분된 금액을 차감한 잔액을 말한다.

재무상태표

<table>
<tr><td rowspan="6">자 산</td><td colspan="2">부 채</td></tr>
<tr><td rowspan="5">자
본</td><td>자본금</td></tr>
<tr><td>자본잉여금</td></tr>
<tr><td>자본조정</td></tr>
<tr><td>기타포괄손익누계액</td></tr>
<tr><td>이익잉여금</td></tr>
</table>

제3절 자본금

3.1 자본금의 의의

자본금이란 법정자본금으로 발행주식수의 액면총액(액면금액에 발행주식수를 곱한 금액)을 말한다.

자본금 = 액면금액×발행주식수

자본금은 수권자본 내에서는 이사회의 결의만으로 자본금을 증가시킬 수 있으나 수권자본을 초과하는 자본금의 증가는 주주총회의 의결을 거쳐야 한다.

자본금은 상법에 정하는 절차에 의하지 않고는 임의로 감소시킬 수 없다. 이것은 채권자를 보호하기 위한 것이다. 즉, 채권자의 권리를 보호하기 위해서는 기업이 언제든지 일정 수준 이상의 실물자산을 보유하고 있을 것이 요구된다. 상법은 이 일정 수준에 해당되는 금액을 바로 액면금액 수준이라고 보고, 액면금액을 명시적으로 구분하여 자본금으로 기재하도록 하고 있다.[5)]

자본금은 발행되는 주식의 형태에 따라 보통주자본금과 우선주자본금으로 구분하여 재무상태표에 다음과 같이 표시한다. 이것은 배당금 지급 및 청산시의 권리가 상이하기 때문에 자본금을 보통주자본금과 우선주자본금으로 구분하여 표시하는 것이다.

재무상태표

자본금		
1. 보통주자본금	×××	
2. 우선주자본금	×××	×××

3.2 주식의 발행

주식회사는 자본을 조달하기 위하여 주식을 발행한다. 주식을 발행하는 경우는 회사를 설립할 때나 설립 후 필요에 따라 증자(增資) 즉, 자본금을 증가시키는 경우이다. 물론 이와는 반대로 회사의 주식을 취득하여 소각시키는 방법 등을 통해 감자(減資) 즉, 자본금을 감소시키는 경우도 있다.

자본금을 증가시키는 증자의 경우 주금납입이 수반되는 유상증자(有償增資)와 주금납입절차 없이 증자하는 무상증자(無償增資)가 있으며, 자본금을 감소시키는 감자의

5) 상법 개정으로 기업들은 2012년부터 액면금액이 없는 소위 '무액면주식'을 발행할 수 있다. 이 경우 당해 기업은 이미 발행된 액면주식도 무액면주식으로 전환해야 한다. 그리고 개정 상법에 의하면 기업이 무액면주식을 발행하는 경우 그 발행금액의 1/2 이상의 금액을 자본금으로 계상하여야 한다(상법 제291조 및 제329조). 무액면주식을 발행하는 경우 이사회 또는 주주총회에서 신주발행금액의 1/2 이상의 금액을 자본금으로 계상하여야 하므로 이 때 총발행금액에서 자본금을 차감한 금액이 주식발행초과금이 된다. 그러나 무액면주식을 발행하는 경우 주식할인발행차금은 인식하지 않는다.

경우 주금지급이 수반되는 유상감자(有償減資)와 주금 지급절차 없이 감자하는 무상감자(無償減資)가 있다.

1. 유상증자

회사가 주식을 발행하여 자금을 조달하는 경우이며, 실제로 주금납입이 수반되는 증자를 유상증자라고 한다.

(1) 주식발행비

사채를 발행할 때와 마찬가지로 주식을 발행할 때도 주권인쇄비, 광고비 등의 주식발행비가 발생한다. 주식발행비는 회사 설립 시에도 발생하고, 설립 이후 유상증자 시에도 발생한다. 설립 시에 발생하는 주식발행비는 물론 유상증자 시에 발생하는 주식발행비도 주주들로부터 받은 금액에서 차감한다.[6)]

> 주식의 발행금액 = 주주가 납입한 금액 - 주식발행비

(2) 주식발행 방법

유상증자 시 주식발행 방법은 액면발행, 할인발행, 할증발행으로 구분된다.

① 액면발행 : 액면금액으로 발행하는 경우(액면금액 = 발행금액*)

분개 : 차) 현 금	×××	대) 자본금	×××

② 할증발행 : 액면금액을 초과하여 발행하는 경우(액면금액 < 발행금액*)

분개 : 차) 현 금	×××	대) 자본금	×××
		주식발행초과금	×××

③ 할인발행 : 액면금액에 미달하여 발행하는 경우(액면금액 > 발행금액*)

분개 : 차) 현 금	×××	대) 자본금	×××
주식할인발행차금	×××		

6) K-IFRS 제1032호(금융상품 : 표시) 문단 37에 의하면 주식발행비와 관련하여 다음과 같이 규정하고 있다. 일반적으로 자기지분상품을 발행하거나 취득하는 과정에서 다양한 원가가 발생한다. 이러한 원가는 등록 및 그 밖의 감독과 관련된 수수료, 법률, 회계, 그 밖의 자문수수료, 주권인쇄비, 인지세 등을 포함한다. 이러한 자본거래의 거래원가 중 해당 자본거래가 없었다면 회피할 수 있고 해당 자본거래에 직접 관련하여 생긴 증분원가는 자본에서 차감하여 회계처리한다. 중도에 포기한 자본거래의 원가는 비용으로 인식한다.

*발행금액은 앞의 주식발행비에서 설명한 바와 같이 주주가 납입한 금액에서 주식발행비를 차감한 것이므로, 1주당 액면금액이 5,000원인 주식을 액면금액으로 발행하였다고 하더라도 ①의 액면발행에 해당하지 않을 것이며, 실제로는 주식발행비가 발생할 것이므로 ③의 할인발행에 해당할 것이다.

1) 액면발행

액면발행이란 주식의 액면금액과 발행금액이 동일한 경우로서 납입된 금액 전부를 자본금계정에 계상한다.

액면발행 시 회계처리는 차변에 현금, 대변에 (보통주)자본금으로 기록한다.

[회계처리]

차) 현 금 ××× 대) (보통주)자본금 ×××

예제1

다음을 회계처리하시오.

1주당 액면금액 5,000원인 보통주 10,000주를 5,000원에 액면발행하고 대금은 현금으로 받다.

차) 현 금 50,000,000 대) (보통주)자본금 50,000,000

예제2

다음을 회계처리하시오.

1주당 액면금액 5,000원인 보통주 10,000주를 5,300원에 발행하고 대금은 현금으로 받다. 단, 주식발행비 3,000,000원이 발생하다.

차) 현 금 50,000,000* 대) (보통주)자본금 50,000,000

* 발행금액 = 납입액(10,000주 × @5,300원) - 주식발행비(3,000,000원)

2) 할증발행

할증발행은 주식의 발행금액이 액면금액을 초과하는 경우로서 납입된 금액 중 액면총액만을 자본금으로 계상하고, 액면총액을 초과하는 부분은 주식발행초과금으로 계상한다. 주식발행초과금(paid-in capital in excess of par)은 주주가 납입한 금액이므로 자본잉여금에 속한다.

할증발행 시 회계처리는 차변에 현금(총발행금액을 기록), 대변에 자본금(액면금액 × 발행주식수)을 기록하고 총발행금액과 액면총액의 차액인 주식발행초과금은 대변에 기록한다.

[회계처리]

차) 현 금	×××	대) (보통주)자본금	×××
		주식발행초과금	×××

예제

다음을 분개하시오.

① 한국(주)는 2017년 4월 1일 액면금액 5,000원의 보통주 100,000주를 1주당 7,500원에 발행하였다. 이 과정에서 주식발행비가 30,000,000원 발생하였으며 대금을 전액 납입하였다.

차) 현 금	720,000,000*	대) (보통주)자본금	500,000,000
		주식발행초과금	220,000,000**

*발행금액 = 납입액(100,000주 × @7,500원) - 주식발행비(30,000,000원)
**주식발행초과금 = 발행금액(720,000,000원) - 액면금액(500,000,000원)

위 회계처리는 다음의 두 회계처리를 통합한 것으로 이해할 수 있다.

[주식발행비의 발생 시]

차) 주식발행초과금	30,000,000	대) 현 금 (주식발행비)	30,000,000

[주식발행 시]

차) 현 금	750,000,000	대) (보통주)자본금	500,000,000
		주식발행초과금	250,000,000

② 한국(주)는 2017년 6월 1일 액면금액 5,000원인 보통주 20,000주를 15,000원씩 할증발행하고, 동시에 액면금액 5,000원인 우선주 10,000주를 7,000원씩 할증발행하였다.

차) 현 금	370,000,000	대) 보통주자본금	100,000,000
		우선주자본금	50,000,000
		주식발행초과금	220,000,000*

*보통주 주식발행초과금 200,000,000원+우선주 주식발행초과금 20,000,000원

3) 할인발행

할인발행은 주식의 발행금액이 액면금액에 미달하는 경우로서 납입된 금액과 관계없이 액면총액을 자본금으로 계상하고, 액면총액에 미달하는 부분은 주식할인발행차금으로 계상한다. 주식의 할인발행은 회사의 부실화를 초래할 수 있으므로, 상법은 예외적인 경우(상법 제 417조[7])를 제외하고 주식을 액면금액 미만으로 발행하지 못하도록 정하고 있다(제330조, 액면미달발행의 제한).

주식할인발행차금은 자본조정항목으로 분류하고 재무상태표의 자본에서 차감하는 형식으로 표시한다.[8]

할인발행 시 회계처리는 차변에 현금(총발행금액을 기록), 대변에 자본금(액면금액×발행주식수)을 기록하고 액면총액과 총발행금액의 차액인 주식할인발행차금은 차변에 기록한다.

[회계처리]

차) 현 금	×××	대) (보통주)자본금	×××
주식할인발행차금	×××		

예 제

다음을 회계처리하시오.

1주당 액면금액 5,000원인 보통주 10,000주를 주당 4,500원에 발행하고 대금은 현금으로 받다. 이 과정에서 주식발행비가 3,000,000원 발생하였으며 대금을 전액 납입하였다. 이 경우 유상증자일 현재 1) 주식발행초과금이 없는 경우와 2) 주식발행초과금이 5,000,000원 있는 경우 각각에 대해 회계처리하시오.

1) 주식발행초과금이 없는 경우

차) 현 금	42,000,000*	대) 보통주자본금	50,000,000
주식할인발행차금	8,000,000**		

*발행금액 = 납입액(10,000주×@4,500원) - 주식발행비(3,000,000원)
**주식할인발행차금 = 액면금액(50,000,000원) - 발행금액(42,000,000원)

7) 회사가 성립한 날로부터 2년을 경과한 후에 주식을 발행하는 경우에는 주주총회의 결의와 법원의 인가를 얻어서 주식을 액면미달의 금액으로 발행할 수 있다.

8) 주식할인발행차금은 이미 인식한 주식발행초과금이 있다면 그 주식발행초과금과 우선 상계하고, 미상계된 금액이 있다면 이것을 자본조정(자본 차감항목)으로 분류한 후 나중에 이익잉여금 처분과정에서 미처분이익잉여금과 상계처리한다.

2) 주식발행초과금이 5,000,000원 있는 경우

차) 현 금	42,000,000	대) 보통주자본금	50,000,000
주식발행초과금	5,000,000		
주식할인발행차금	3,000,000*		

*주식할인발행차금 = 액면금액 - 발행금액 - 주식발행초과금
= 50,000,000원-42,000,000원-5,000,000원
= 3,000,000원

2. 무상증자

앞에서 자본금을 증가시키는 증자의 경우 주금납입이 수반되는 증자를 유상증자(有償增資)라고 하였다. 그러나 자본금의 증가는 이루어지나 주금 납입절차 없이 증자하는 경우도 있는데 이를 무상증자(無償增資)라고 한다. 보통 무상증자는 자본잉여금과 이익잉여금의 일부인 법정적립금을 자본금으로 전입하는 것을 말한다. 무상증자의 경우 주주들로부터의 주금 납입이 없는 것이므로 자본 내 항목 간의 대체거래에 해당하며, 자본 총액은 변동되지 않는 것이다.

주식발행초과금(자본잉여금)을 재원으로 무상증자를 하는 경우의 회계처리를 나타내면 다음과 같다.

[회계처리]

차) 주식발행초과금	×××	대) (보통주)자본금	×××

예 제

다음을 회계처리하시오.

비룡(주)는 주식발행초과금 1,000,000원을 재원으로 보통주 1주당 0.5주의 비율로 신주 2,000주를 무상증자하였다(주식 수 4,000주, 1주당 액면금액 500원). 비룡(주)의 무상증자 시 회계처리를 나타내면 다음과 같다.

차) 주식발행초과금	1,000,000	대) (보통주)자본금	1,000,000

이와 같이 무상증자를 하는 경우 주식발행초과금(자본잉여금)이 감소하고, 대신 (보통주)자본금이 증가한다. 무상증자는 주주들로부터의 주금 납입이 없는 것이므로 자본 내 항목 간의 대체거래(자본잉여금에서 자본금으로 항목 간 대체)에 해당한다. 무상증자로 인해 주식 수는 종전의 4,000주에서 6,000주로 증가하였다.

3. 유상감자

감자란 회사의 주식을 취득하여 소각시키는 방법 등을 통해 자본금을 감소시키는 것으로, 주금지급이 수반되는 감자를 유상감자(有償減資)라고 한다. 그러므로 유상감자는 현금 등 자산을 주주들에게 지급하고 주식을 반환받아 소각하여 자본금을 감소시키는 거래이다. 이 때 감소시키는 주식의 액면금액보다 주주들에게 지급하는 대가가 더 적으면 감자차익이 발생하며, 그 반대의 경우 감자차손이 발생한다.

유상감자를 하는 경우의 회계처리를 나타내면 다음과 같다.

[회계처리]

차) (보통주)자본금	×××	대) 현　　금	×××
		감자차익	×××

또는

차) (보통주)자본금	×××	대) 현　　금	×××
감자차손	×××		

감자차익은 자본잉여금으로 분류하고, 감자차손은 자본조정항목으로 분류하여 재무상태표의 자본에서 차감하는 형식으로 표시한다(예제는 제4절의 자본잉여금을 참조)[9].

4. 무상감자

앞에서 자본금을 감소시키는 감자의 경우 주금지급이 수반되는 감자를 유상감자(有償減資)라고 하였다. 그러나 자본금의 감소는 이루어지나 주금 지급절차 없이 감자하는 경우도 있는데 이를 무상감자(無償減資)라고 한다.

무상감자는 통상적으로 회사의 결손금을 보전하기 위하여 주금의 지급 없이 주식의 액면금액이나 발행된 주식수를 줄이는 방법 등으로 법정자본금을 감소시키는 것으로, 감자과정에서 감자차익이 발생한다. 감자차익이 발생하면 이를 인식한 후 일반적으로 다음 연도에 개최되는 주주총회의 결의에 따라 그 감자차익을 미처리결손금과 상계한다.

주주총회의 결의를 거쳐 무상감자가 이루어지는 경우의 회계처리를 나타내면 다음과 같다(예제는 제4절의 자본잉여금을 참조).

---

9) 감자차손은 이미 인식한 감자차익이 있다면 그 감자차익과 우선 상계하고, 미상계된 금액이 있다면 이것을 자본조정(자본 차감항목)으로 분류한 후, 결산 시 이익잉여금 처분과정에서 미처분이익잉여금과 상계처리한다.

[회계처리]

차) (보통주)자본금	×××	대) 미처리결손금	×××
		감 자 차 익	×××

제4절 자본잉여금

4.1 자본잉여금의 의의

주식회사에 있어서 자본금 이외의 자본항목을 잉여금이라고 한다. 잉여금 중 증자(增資)나 감자(減資) 등 주주와의 거래에서 발생하여 자본을 증가시키는 잉여금을 '**자본잉여금**'이라고 한다.

자본잉여금은 자본적 성격이 강하므로 자본금을 증가시키거나(이것을 '자본전입'이라고 함.), 결손금을 없애는(이것을 '결손보전'이라고 함.) 등의 목적 이외에는 사용할 수 없다. 따라서 자본잉여금으로 배당을 해서는 안 된다.

4.2 자본잉여금의 분류

자본잉여금은 주식발행초과금과 기타자본잉여금으로 구분한다.

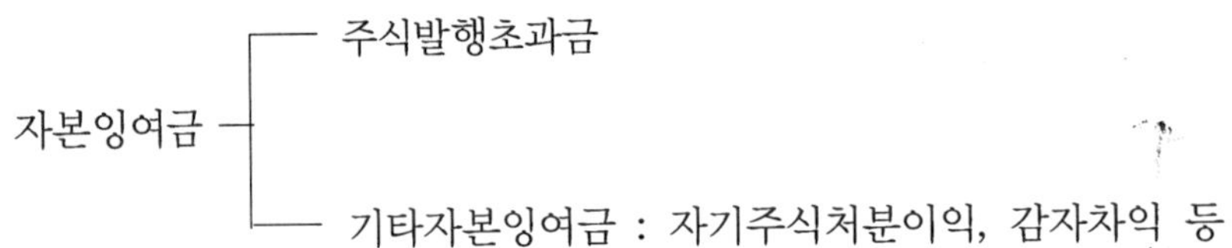

1. 주식발행초과금

주식발행초과금(paid-in capital in excess of par value)은 주식발행 시 액면금액을 초과하여 발행하는 경우 그 초과액을 말한다. 즉 주식발행초과금은 주식발행금액(증자의 경우에 주식발행비를 차감한 후의 금액)이 액면금액을 초과하는 경우 그 초과하는 금액을 말한다.

주식발행초과금은 주금납입이 수반되는 유상증자(有償增資)의 경우에 발생하며, 주금 납입절차가 없는 주식배당이나 무상증자(無償增資)의 경우에는 발생하지 않는다.

주식발행초과금은 법정준비금으로서 자본준비금으로 적립하여야 하며(상법 제459조), 자본의 결손보전에 충당하는 경우 외에는 처분하지 못하며(상법 제460조), 이사회의 결의에 의하여 그 전부 또는 일부를 자본에 전입할 수 있도록 정하고 있다(상법 제461조).

2. 기타자본잉여금

(1) 자기주식처분이익

1) 자기주식의 개념

자기주식이란 자기회사가 발행한 주식을 구입하여 보유하고 있는 것을 말한다.

자기주식(treasury stock; 금고주 또는 재취득주식이라고도 함.)이란 회사가 이미 발행하여 유통되고 있는 주식을 다시 취득하여 보관하고 있는 주식을 말한다. 과거에는 자기주식의 취득은 주가조작에 이용하거나 채권자의 이익을 해칠 가능성이 있기 때문에 종전의 상법에서는 자기주식의 취득을 원칙적으로 금지하였으나, 개정 상법에 의하면 모든 기업은 배당가능이익의 한도 내에서는 자기주식을 취득할 수 있도록 규정하고 있다.[10] 실무에서 자기주식의 취득은 주로 자기회사의 주가를 안정적으로 관리하기 위한 것이 일반적이다.[11]

자기주식은 자본조정항목으로 재무상태표의 자본에서 차감하는 형식으로 표시한다.

자기주식에 대한 기업회계기준의 입장은 자기주식의 본질을 미발행주식으로 파악하여 자기주식의 취득을 자본조정계정으로 보아 그 장부금액(취득원가)을 자본에서 차감하는 형식으로 기재하는 이른바 자본평가계정설에 입각한 원가법의 회계처리방법을 규정하고 있다.[12]

---

10) 여기서 '배당가능이익'이란 재무상태표의 순자산액으로부터 다음의 금액을 공제한 금액을 말한다(상법 제341조 및 제462조제1항). ① 자본금, ② 그 결산기까지 적립된 자본준비금과 이익준비금의 합계액, ③ 그 결산기에 적립하여야 할 이익준비금

11) 물론 회사는 다음과 같은 특정목적을 위해서도 자기의 주식을 취득할 수 있다(상법 제341조의 2). ① 회사의 합병 또는 다른 회사의 영업전부의 양수로 인한 경우, ② 회사의 권리를 실행함에 있어 그 목적을 달성하기 위하여 필요한 경우, ③ 단주(端株)의 처리를 위하여 필요한 경우

12) 자기주식에 대한 회계처리는 그것을 자산으로 보고할 것인가(자산설), 또는 미발행주식으로 볼 것인가(미발행주식설)의 견해로 나누어진다. K-IFRS에서는 후자를 따르고 있으나, 이 경우도 자기주식의 취득을 자본금에서 차감하는 형식으로 기재하느냐(자본금평가계정설), 또는 자본전체에서 차감하는 형식으로 기재하느냐(자본평가계정설)로 다시 구분한다. 자기주식에 대한 K-IFRS의 입장은 자기주식의 본질을 미발행주식으로 파악하여 자기주식의 취득을 자본조정항목으로 보아 그 장부금액(취득원가)을 자본에서 차감하는 형식으로 기재하는 이른바 자본평가

2) 자기주식의 회계처리

자기주식의 회계처리방법으로는 원가법(cost method)과 액면금액법(par value method)이 있으나 기업회계기준에서는 원가법을 채택하고 있다. 즉, 자기주식의 취득 및 처분 시에 취득원가로 기입한다.

① 취득 시 : 차) 자기주식	×××	대) 현 금		×××
② 처분 시 :				
• 취득원가 < 처분가격				
차) 현 금	×××	대) 자기주식		×××
			자기주식처분이익	×××
• 취득원가 > 처분가격				
차) 현 금	×××	대) 자기주식		×××
자기주식처분손실*	×××			

* 자기주식처분이익이 있는 경우에는 그것과 상계한 차액을 기입한다.

자기주식 취득 시에는 그 취득원가를 자기주식계정의 차변에 기입하고, 처분 시에는 취득원가를 자기주식계정의 대변에 기입한다.

자기주식을 취득원가보다 높은 금액으로 처분하였다면 그 차액은 자기주식처분이익으로 하여 기타자본잉여금으로 분류한다. 반대로 취득원가에 미달되게 처분하였다면 그 차액은 자기주식처분손실로 처리하나, 만일 자기주식처분이익이 존재하는 경우에는 그 자기주식처분이익과 상계한 차액만을 자기주식처분손실(자본조정)로 한다[13]. 그리고 이 자기주식처분손실도 감자차손과 마찬가지로 결산 시 미처분이익잉여금과 상계한다.

예 제

다음을 회계처리하시오.

① 주당 10,000원에 자기주식 1,000주를 구입하고 대금은 현금으로 지급하다.

계정설에 입각한 원가법의 회계처리방법을 규정하고 있다(K-IFRS 제1032호, 금융상품: 표시 문단 33.)

13) 자기주식을 보유하다 이를 소각할 수도 있다. 이와 같이 자기주식을 소각하는 경우는 유상감자를 하는 경우와 유사한 회계처리를 한다. 즉 차변에 자본금(액면금액)을, 대변에 자기주식(취득원가), 그리고 그 차액을 감자차손으로 처리한다. 물론 소각시점에 감자차익계정 산액이 있으면 그것으로 우선적으로 처리하고, 부족액을 감자차손으로 처리한다.

차) 자기주식	10,000,000	대) 현 금	10,000,000

② 위의 자기주식 400주를 주당 12,000원에 처분하고 대금은 현금으로 받다.

차) 현 금	4,800,000	대) 자기주식	4,000,000
		자기주식처분이익	800,000

③ 위의 자기주식 나머지 600주를 주당 7,000원에 처분하고 대금은 현금으로 받다.

차) 현 금	4,200,000	대) 자기주식	6,000,000
자기주식처분이익	800,000		
자기주식처분손실	1,000,000		

(2) 감자차익

감자차익(gain on owner's equity reduction)은 자본감소의 경우에 그 자본금의 감소액이 주식의 소각, 주식대금의 반환에 소요된 금액과 결손금 보전에 충당한 금액을 초과할 때 그 초과금액을 말한다. 다만, 자본금의 감소액이 주식의 소각, 주금의 반환에 필요한 금액에 미달하는 금액, 즉 감자차손이 있는 경우에는 동 금액을 차감한 후의 금액으로 한다.

회사는 주주총회의 결의와 법적 절차를 밟아 자기회사의 주식을 액면금액 이하의 금액으로 매입하거나 또는 무상으로 취득하여 이것을 소각함으로써 자본금을 감소시킬 수 있는데 이 때 감자차익이 발생할 수 있다.

유상감자의 경우 소각되는 주식의 종류에 관계없이 상환가격을 액면금액과 비교하여 상환가격이 액면금액보다 낮은 경우에는 그 차액을 감자차익계정의 대변에 기록하여 자본잉여금으로 처리하며, 높은 경우에는 그 차액을 감자차익계정의 잔액에서 우선적으로 차감하고, 차액이 감자차익계정의 잔액을 초과하는 경우에는 초과금액을 감자차손계정의 차변에 기록하고 이것을 자본조정항목으로 처리한다. 이 감자차손은 자본조정항목으로 계상한 후 이익잉여금 처분 시 미처분이익잉여금과 상계한다.

예제1

다음을 회계처리하시오.

현대(주)는 이월결손금 450,000,000원을 보전하기 위하여 자본금 10억원에 대하여 주식 200,000주를 100,000주로 병합하였다.

차) (보통주)자본금	500,000,000	대) 이월결손금	450,000,000

		감자차익*	50,000,000

* 무상감자(형식적 감자)의 경우 자본감소분을 이월결손금에서 우선적으로 차감하고 자본감소분이 이월결손금을 초과하는 경우에 한하여 초과액을 감자차익계정의 대변에 기록한다.

예제 2

다음을 회계처리하시오.

한국(주)는 보통주 1주당 액면금액이 5,000원인 주식 2,000주를 주당 7,500원씩 취득하여 소각하였다. 소각시점의 감자차익계정의 잔액은 3,000,000원이다.

차) 보통주자본금	10,000,000	대) 현　　금	15,000,000
감자차익	3,000,000		
감자차손*	2,000,000		

*감자차손은 감자차익에서 우선적으로 상계하고 그 잔액은 자본조정으로 계상한 후, 결산 시 미처분이익잉여금과 상계한다.

위 회계처리는 다음의 회계처리를 결합한 것이라고 할 수 있다.

[취득 시]

차) 자기주식	15,000,000	대) 현 금	15,000,000

[소각 시]

차) 보통주자본금	10,000,000	대) 자기주식	15,000,000
감자차익	3,000,000		
감자차손	2,000,000		

제5절 자본조정과 기타포괄손익누계액

5.1 자본조정

1. 자본조정의 개념

자본조정은 당해 항목의 성격으로 보아 자본거래에 해당하나 최종 납입된 자본으로 볼 수 없거나 자본의 가감 성격으로 자본금이나 자본잉여금으로 분류할 수 없는 항목을 말한다. 즉 자본조정이란 자본거래로 인한 순자산의 변동(증감)으로서 자본잉여금과는 달리 일시적인 성격을 갖고 있어 관련 후속거래가 종료되면 소멸될 항목(부가 또는 차감 항목)을 말한다.

자본조정에는 자기주식, 주식할인발행차금, 주식선택권, 출자전환채무, 감자차손 및 자기주식처분손실 등이 포함된다.14) 이 밖에도 미교부주식배당금, 신주청약증거금, 전환권대가, 신주인수권대가 등의 자본조정항목이 있다.

2. 자본조정의 항목

자본조정은 당해 항목의 성격으로 보아 자본거래에 해당하나 최종 납입된 자본으로 볼 수 없거나 자본의 가감 성격으로, 자본금이나 자본잉여금으로 분류할 수 없는 항목으로 자본에서 가감하는 형식으로 표시한다.

자본조정 중 자기주식은 별도 항목으로 구분하여 표시하며, 주식할인발행차금, 주식선택권, 출자전환채무, 감자차손, 자기주식처분손실 등은 기타자본조정으로 통합하여 표시할 수 있다.15)

◐ 재무상태표 표시 예

재무상태표

Ⅲ. 자본조정		×××
1. 자기주식	×××	
2. 주식할인발행차금	×××	
3. 주식선택권	×××	
4. 출자전환채무	×××	
5. 감자차손	×××	
6. 자기주식처분손실	×××	

(1) 주식할인발행차금

주식할인발행차금은 주식의 발행금액(유상증자의 경우 주식발행비를 차감한 후의 금액)이 액면금액에 미달하는 경우 그 미달하는 금액을 말한다.

---

14) K-IFRS 제1032호(금융상품 : 표시)에서는 자기주식의 회계처리만을 언급하고 있으며, 다른 자본조정항목에 대해서는 언급하고 있지 않다. 따라서 여기서 예시하고 있는 자기주식 이외의 자본조정항목들은 '일반기업회계기준'에서 언급하고 있는 항목들이다.

15) 일반기업회계기준 제2장(2.38).

주식을 할인발행하는 경우 액면금액에 해당하는 금액은 자본금(보통주자본금이나 우선주자본금 등)으로 기록하고, 액면금액과 발행금액의 차이는 주식할인발행차금으로 기록한다. 물론 앞에서 설명한 바와 같이 무액면주식을 유상증자하는 경우 주식발행금액 중 1/2 이상을 자본금으로 정하여야 하며, 나머지 금액이 주식발행초과금이 되므로 주식할인발행차금은 발생하지 않는다. 그리고 액면주식을 유상증자하는 경우 주식발행초과금이 있다면 이미 인식한 주식발행초과금과 우선 상계하고, 상계 후에도 잔액이 있으면 이를 자본조정으로 구분한 후 이익잉여금 처분과정에서 미처분이익잉여금과 상계처리한다.16) 또한 이익잉여금 처분 후에도 주식할인발행차금이 남으면 향후 발생하는 주식발행초과금과 상계처리한다.

[회계처리]

① 주식할인발행 시

차) 현 금	×××	대) (보통주)자본금	×××
주식할인발행차금	×××		

② 주식발행초과금이 존재하는 경우

차) 주식발행초과금	×××	대) 주식할인발행차금	×××

③ 주식할인발행차금 상각 시

차) 미처분이익잉여금	×××	대) 주식할인발행차금	×××

예제

서울(주)는 2017년 4월 1일 액면금액 5,000원인 보통주를 주당 4,700원에 100,000주를 발행하였다. 이 과정에서 주식발행비가 6,000,000원 발생하였다. 이상의 자료로 2017년 4월 1일의 주식발행 시와 2017년 12월 31일의 주식할인발행차금 상각시의 필요한 회계처리를 나타내시오.

① 주식의 할인발행(2017년 4월 1일)

차) 현 금	464,000,000*	대) 보통주자본금	500,000,000
주식할인발행차금	36,000,000**		

*발행금액 = 납입액(100,000주 × @4,700원) - 주식발행비(6,000,000원)

**주식할인발행차금 = 액면금액(500,000,000원) - 발행금액(464,000,000원)

16) K-IFRS에서는 주식할인발행차금에 대한 후속 회계처리를 언급하고 있지 않아, 일반기업회계기준을 준용하여 설명하였다(일반기업회계기준 제2장 재무제표의 작성과 표시I 실2.15).

② 주식할인발행차금의 상각 시(2017년 12월 31일)

차) 미처분이익잉여금 36,000,000 대) 주식할인발행차금 36,000,000*

*처분할 미처분이익잉여금이 충분하다면 이와 같이 모두 상계처리하나, 미처분이익잉여금이 충분하지 못하여 전액 상계처리하지 못하면 향후 발생하는 주식발행초과금과 상계처리한다(만일 주식발행초과금이 없다면 차후 미처분이익잉여금과 상계처리하면 될 것이다).

(2) 출자전환채무

출자전환채무란 채권자와 채무를 조정하면서 채무를 자본으로 전환할 것을 합의하였으나 출자전환이 즉시 이행되지 않은 경우에 조정대상 채무를 '출자전환채무'의 과목으로 하여 자본조정으로 대체한 것을 말한다. 출자전환채무는 전환으로 인해 발행할 주식의 공정가치로 하고, 조정대상 채무의 장부금액과의 차이는 채무조정이익으로 회계처리한다.

예 제

한국(주)는 2017년 말 대한(주)로부터의 장기차입금 1억 원을 2018년 초에 출자전환하고 보통주 16,000주(액면금액 주당 ₩5,000)를 교부하기로 하였다. 출자전환 합의시점인 2017년 말의 한국(주)의 주가는 주당 ₩8,000이었다. 한국(주)의 출자전환 합의시점과 출자전환시점의 필요한 회계처리를 나타내시오.

① 출자전환 합의시점(2017년 말)

차) 장기차입금	100,000,000	대) 출자전환채무	80,000,000*
		채무조정이익	20,000,000**

*전환시점의 주식의 공정가치(@₩5,000×16,000주)
**채무 장부금액-주식의 공정가치

② 출자전환시점(2018년 초)

차) 출자전환채무	80,000,000	대) 보통주자본금	50,000,000
		주식발행초과금	30,000,000

(3) 자기주식

자기주식에 대한 기업회계기준의 입장은 자기주식의 본질을 미발행주식으로 파악하여 자기주식의 취득을 자본조정계정으로 보아 그 장부금액(취득원가)을 자본에서 차감하는 형식으로 기재(자본평가계정설에 입각한 원가법의 회계처리방법을 규정)하도록 하고 있다. 자기주식 및 자기주식처분이익에 대한 구체적인 설명과 예는 앞의 자본잉여금 부분을 참고하기 바랍니다.

5.2 기타포괄손익누계액

1. 총포괄손익과 기타포괄손익의 의의

총포괄손익(total comprehensive income)이란 앞의 제2장에서 설명한 바와 같이 기업이 일정 기간 동안 소유주와의 자본거래를 제외한 모든 거래나 사건으로 인하여 발생한 순자산의 변동을 말하며, 당기에 발생한 모든 수익과 비용을 차감한 금액으로서, 당기순손익(net income or net loss)과 기타포괄손익(other comprehensive income)으로 구분한다.

총포괄손익(total comprehensive income) = 당기순손익(net income or net loss)
+ 기타포괄손익(other comprehensive income)

물론 총포괄손익은 대부분 당기순손익으로 구성되나 당기순손익에 포함되지 않는 일부의 손익인 FVOCI 평가손익, 해외사업환산손익, 현금흐름위험회피 파생상품평가손익 등은 기타포괄손익으로 분류한다.

2. 기타포괄손익누계액의 개념

기타포괄손익이란 자본거래가 아닌 손익거래 즉 영업활동과 관련된 순자산의 변동(증감) 중에서 당기순손익 계산에 포함되지 않는 일시적인 성격의 항목으로서 관련 후속거래가 종료되면 소멸될 항목(부가 또는 차감 항목)을 말하며, 기타포괄손익누계액은 그 기타포괄손익의 잔액을 나타낸다.

기타포괄손익누계액에는 재무상태표일 현재의 FVOCI 금융자산평가손익, 해외사업환산손익, 현금흐름위험회피 파생상품평가손익 등의 잔액이 포함된다.

기타포괄손익누계액을 구성하는 FVOCI 금융자산평가손익, 해외사업환산손익, 현금흐름위험회피 파생상품평가손익 등은 성격이 상이하고 포괄손익의 구성항목과의 연계성을 유지하기 위하여 구분하여 표시한다.

3. FVOCI 금융자산평가손익

FVOCI 금융자산이란 FVPL 금융자산으로 분류되지 않는 지분증권과 FVPL 금융자산 및 AC 금융자산으로 분류되지 않는 채무증권을 말한다.

FVOCI 금융자산 중 시장성 있는 지분증권은 공정가치로 평가하고, 시장가격을 공정가치로 보아 재무상태표에 표시한다.

시장가격은 재무상태표일 현재의 종가를 의미하며, 재무상태표일 현재의 종가가 없는 경우에는 직전 거래일의 종가로 할 수 있다.

◐ 회계처리방법

• 장부금액 < 공정가치 :

차) FVOCI 금융자산	×××	대) FVOCI 금융자산평가이익 (기타포괄손익)	×××

• 장부금액 > 공정가치 :

차) FVOCI 금융자산평가손실 (기타포괄손익)	×××	대) FVOCI 금융자산	×××

FVOCI 금융자산(유동자산으로 분류된 FVOCI 금융자산도 포함)을 공정가치로 평가하는 경우 공정가치와 장부금액의 차액은 FVOCI 금융자산평가손익의 과목으로 하여 자본항목 즉, 기타포괄손익으로 처리한다.

즉 결산일의 공정가치(시장가격)가 장부금액 보다 높은 경우(즉 주가가 상승한 경우)에는 그 차액을 FVOCI 금융자산계정 차변과 FVOCI 금융자산평가이익계정 대변에 회계처리하고, 공정가치(시장가격)가 장부가격 보다 낮은 경우(즉 주가가 하락한 경우)에는 차액을 FVOCI 금융자산계정 대변과 FVOCI 금융자산평가손실계정 차변에 회계처리한다.

FVOCI 금융자산평가손익은 FVPL 금융자산평가손익처럼 손익계산서의 당기손익으로 처리하지 않고 처분시점까지 재무상태표의 자본(기타포괄손익누계액)으로 기재한다. 이것은 두 평가손익의 실현시점이 다르기 때문이다. 즉, FVPL 금융자산은 주로 단기간 내의 매매차익을 목적으로 취득한 것이므로 평가손익이 곧바로 실현될 수 있는 것인 반면 FVOCI 금융자산은 단기간 내의 매매차익을 목적으로 취득한 것이 아니므로 평가손익이 그대로 실현되지 않을 수 있기 때문이다.

FVOCI 금융자산평가손익 = 공정가치 - 장부금액

한편 시장성이 없는 지분증권은 공정가치를 측정할 수 있는 경우에는 공정가치로 평가하고, 공정가치를 신뢰성있게 측정할 수 없는 경우에는 취득원가로 평가한다.

시장성이 없는 지분증권의 공정가치를 신뢰성있게 측정할 수 없어 취득원가로 평가한 지분증권의 공정가치가 측정가능하게 된 경우 공정가치로 평가하고, 장부금액과 공정가치의 차이는 자본항목(기타포괄손익)으로 처리한다.

일반적으로 시장성 없는 지분증권은 비상장 지분증권이므로 매일 매일의 시장가격이 존재하지 않기 때문에 취득원가로 평가하게 된다.

제6절 이익잉여금

6.1 이익잉여금의 의의

이익잉여금(또는 결손금)은 손익계산서에 보고된 손익과 다른 자본항목에서 이입된 금액의 합계액에서 주주에 대한 배당, 자본금으로의 전입 및 자본조정 항목의 상각 등으로 처분된 금액을 차감한 잔액을 말한다. 즉 '**이익잉여금**'이란 기업의 정상적인 경영활동 과정에서 발생한 순이익과 다른 자본항목에서 이입된 금액에서 주주에 대한 배당, 자본금으로의 전입 및 자본조정 항목의 상각(예로서 주식할인발행차금의 상각 등) 등으로 처분된 금액을 차감한 잔액으로 구성한다. 따라서 이익잉여금을 '유보이익(retained earnings)'이라고도 한다.

이익잉여금은 크게 두 가지 요인에 의해 증가 또는 감소한다. 하나는 당기순이익이며, 다른 하나는 배당금이다. 즉, 당기순이익이 증가하면 이익잉여금은 증가하나 배당금이 증가하면 사내에 유보되는 금액이 적어져 이익잉여금이 감소한다.

6.2 이익잉여금의 분류

이익잉여금은 법정적립금, 임의적립금 및 미처분이익잉여금(또는 미처리결손금)으로 구분한다.[17)]

17) 일반기업회계기준(제2장 재무제표의 작성과 표시I 2.40)에 의하면 이익잉여금은 법정적립금, 임의적립금 및 미처분이익잉여금(또는 미처리결손금)으로 구분하여 표시한다고 규정하고 있으므로. 여기서의 미처분이익잉여금은 당기순이익을 미처분이익잉여금에 대체한 후 이것으로 자기주식처분손실 등과 같은 자본조정항목을 상계하고, 법정적립금과 임의적립금을 적립한 후의 잔액을 의미한다고 할 수 있다.

1. 법정적립금

가장 대표적인 법정적립금은 상법의 규정에 의한 **이익준비금**이다. 이익준비금은 상법의 규정에 의하여 의무적으로 적립하는 법정적립금으로서, 자본금의 2분의 1에 달할 때까지 매 결산기마다 현금배당액의 10분의 1 이상을 적립하여야 한다.

상법에서 이익준비금을 적립하도록 규정한 취지는 자본충실의 원칙을 지키고자 하는 것으로 투자자본을 충실히 유지함으로써 기업의 재무구조를 견실하게 하고자 하는 것이다. 즉, 이익잉여금이 모두 배당으로 사외로 유출되는 경우 기업은 재투자 자금이 부족하여 기업의 성장 및 발전을 기대할 수 없게 된다. 따라서 기업이 충분한 자금을 보유하도록 하고, 이익잉여금의 과도한 배당을 억제하기 위해 법으로 이익잉여금의 일부 금액을 강제로 적립하도록 한 것이다.

이익준비금은 결손보전과 자본전입 이외의 용도에는 사용하지 못한다.[18]

2. 임의적립금

임의적립금은 법규에 의하여 강제로 적립되는 것이 아니라 주주총회의 결의 또는 정관의 규정에 따라 임의로 회사 내에 적립되는 적립금을 말한다. 임의적립금을 설정하는 주된 목적은 가급적 이익잉여금을 배당금으로 사외에 유출되는 것을 막아 충분한 자금을 사내에 유보하기 위한 것이다. 예를 들어 사업확장이나 부채의 상환 등을 위하여 배당을 제한할 필요가 있다고 판단될 때 주주총회의 결의에 의하여 사업확장적립금, 감채적립금, 배당평균적립금 등의 임의적립금을 설정하게 된다.

임의적립금은 그 설정목적에 따라 적극적 적립금과 소극적 적립금으로 구분된다.

◐ 적극적 적립금

적극적 적립금은 기업의 자산을 증가시킬(회사를 발전시킬) 목적으로 설정되는 임의적립금으로서 사업확장적립금, 감채적립금 및 신축적립금 등이 여기에 속한다.

적극적 적립금은 적립목적을 달성하더라도 소멸하지 않고 미처분이익잉여금으로 이입하여 다른 목적의 적립에 사용하거나, 특별한 적립목적이 없는 경우에는 별도적립금으로 대체된다. 여기서 별도적립금이란 어떠한 일반목적에도 사용될 수 있는 적립금을 말한다.

18) 이익준비금과 주식발행초과금의 합계액이 자본금의 1.5배를 초과하는 경우에는 주주총회의 결의를 거쳐 그 초과한 금액을 감액하여 다른 용도로 사용할 수 있다(상법 제461조의2, 준비금의 감소).

◐ 소극적 적립금

소극적 적립금은 장래에 발생할 자산의 감소(장래 거액의 손실이나 지출)에 대비하기 위한 적립금을 말하며 배당평균적립금, 결손보전적립금, 자가보험적립금 등이 여기에 속한다. 예를 들어 배당평균적립금은 매기의 배당률을 일정수준으로 유지하기 위하여 이익이 많은 연도에는 이익의 일부를 적립하여 두었다가 이익이 적은 연도에 이것을 재원으로 배당하는 것을 말한다. 자가보험적립금은 유형자산에 대한 보험을 외부의 보험회사와 계약을 하지 않고, 대신 보험회사에 지급할 보험료를 자체 적립한 후 실제 사고 발생 시에 그 손해를 보전하기 위한 적립금을 말한다.

예제

다음을 회계처리하시오.

① 경북(주)는 2015년 당기순이익이 많이 발생하여 앞으로도 주주들에게 매년 일정한 배당을 할 수 있도록 배당평균적립금으로서 300,000,000원을 적립하다.
차) 미처분이익잉여금 300,000,000 대) 배당평균적립금 300,000,000

② 2016년 당기순이익이 적게 계상되어 배당평균적립금 중 200,000,000원을 이익잉여금에 대체(이입)하다.
차) 배당평균적립금 200,000,000 대) 미처분이익잉여금 200,000,000

③ 2017년 주주총회의 결의에 따라 이익잉여금 중 170,000,000원을 결손보전적립금으로 적립하다.
차) 미처분이익잉여금 170,000,000 대) 결손보전적립금 170,000,000

3. 미처분이익잉여금

미처분이익잉여금이란 기업이 획득한 이익 중 자기주식처분손실 등과 같은 자본조정항목을 상계하고, 법정적립금과 임의적립금을 적립한 후의 잔액을 말한다[19]. 따라서 여기서의 미처분이익잉여금은 후술하는 이익잉여금처분계산서의 미처분이익잉여금과는 다소 차이가 있다.

---

19) 일반적인 이익잉여금 처분 유형을 보면 자본조정항목(예로서 주식할인발행차금, 자기주식처분손실, 감자차손 등)과의 상계, 주주 등에게 현금 또는 주식 배당(사외 유출), 법정적립금이나 임의적립금의 적립(사내 유보)이 있다.

6.3 배당금

배당금(dividend)은 주주의 투자에 대한 보상으로서 상법에선 현금배당과 주식배당만을 인정하고 있다. 배당을 이해하기 위해서는 우선 배당과 관련하여 배당기준일, 배당선언일 및 배당지급일 등의 날짜가 의미하는 것을 알아야 한다.

◐ 배당기준일

배당기준일이란 배당을 받을 권리가 있는 주주를 확정짓는 날을 말한다. 따라서 배당기준일에 주주명부에 기재된 주주에 한해서 배당금이 지급되며, 배당기준일 이후에 취득한 주식의 주주는 배당을 받지 못한다.

일반적으로 주주총회는 사업연도 종료 후 90일 이내에 열리지만 배당기준일은 통상 회계연도 말이므로 배당기준일이 배당선언일(주주총회일)보다 2개월 내지 3개월 앞서게 된다.

◐ 배당선언일

배당선언일이란 주주총회에서 배당을 결의한 날(일반적으로 주주총회일)로서, 이 날 이후에 회사는 실제적으로 주주에게 배당금을 지급할 의무가 발생하므로 예컨대 결의한 현금배당의 경우 미지급배당금(유동부채)으로 기록한다.[20]

◐ 배당지급일

배당지급일이란 회사가 배당금을 주주에게 지급하는 날을 말하며, 예컨대 현금배당의 경우 이 날 미지급배당금 등을 없애는 회계처리를 한다.

1. 현금배당

(1) 현금배당의 의의

현금배당(cash dividend)이란 현금으로 배당을 하는 것을 말한다. 회사가 현금배당을 어느 수준으로 할 것인가는 배당가능이익과 현금지급능력을 고려하여 결정하여야 한다. 비록 높은 순이익을 보고하였다 하더라도 회사가 보유하고 있는 현금이 충분하지 못한 경우에는 높은 수준의 현금배당이 불가능하다.

일반적으로 회사는 현금 유동성을 높이기 위해 되도록 현금배당을 억제하려는 경향

---

20) 개정 상법에 의하면 일정한 경우에는 주주총회 개최 전에 이사회에서 재무제표를 승인하고 배당을 결정할 수 있다.

이 있다.

(2) 현금배당의 회계처리

- 배당선언일 :
  차) 미처분이익잉여금 ××× 대) 미지급배당금 ×××
- 배당지급일 :
  차) 미지급배당금 ××× 대) 현 금 ×××

배당선언일에 미처분이익잉여금을 감소시키기 위해 미처분이익잉여금계정 차변에 기록하고, 반면에 배당금이 아직 지급되지 않은 상태이므로 미지급배당금계정 대변에 기록하여 부채로 인식하는 회계처리를 한다.

[배당선언일의 회계처리]
차) 미처분이익잉여금 ××× 대) 미지급배당금 ×××

배당금이 실제로 지급되는 배당지급일에는 미지급배당금계정 차변에 기록하여 부채를 없애고, 배당금으로 지급된 현금액을 대변에 기록하는 회계처리를 한다.

[배당지급일의 회계처리]
차) 미지급배당금 ××× 대) 현 금 ×××

예 제

다음을 회계처리하시오.

2018년 3월 10일 이익잉여금처분계산서(안)을 주주총회에서 그대로 통과시켜 100,000,000원의 배당금을 계상하고 2018년 3월 27일에 주주들에게 배당금을 현금으로 지급하였다.

[배당선언일(3월 10일)]
차) 미처분이익잉여금 100,000,000 대) 미지급배당금 100,000,000

[배당지급일(3월 27일)]
차) 미지급배당금 100,000,000 대) 현 금 100,000,000

2. 주식배당

(1) 주식배당의 의의

주식배당(stock dividend)은 투자의 대가로 주주에게 현금을 지급하는 대신 회사가 주식을 발행하여 지급하는 배당형태를 말한다. 따라서 회사의 현금은 감소하지 않고 다만 미처분이익잉여금이 감소하면서 동시에 자본금이 증가하게 된다.

상법에 의하면 이익배당 총액의 2분의 1을 초과하지 않는 범위 내에서 주식배당을 할 수 있다고 규정(상법 제462조의2, 주식배당)하고 있어 과도한 주식배당을 억제하고 있다. 또한 주식배당액은 상법의 규정에 따라 발행주식의 액면금액으로 한다(액면금액법).

(2) 주식배당의 회계처리

• 배당선언일 :			
차) 미처분이익잉여금	×××	대) 미교부주식배당금	×××
• 배당지급일 :			
차) 미교부주식배당금	×××	대) (보통주)자 본 금	×××

배당선언일에 예상 주식배당액을 계상하여 미처분이익잉여금계정 차변에 기록하여 이익잉여금을 감소시키고, 미교부주식배당금계정 대변에 기록한다. 이 미교부주식배당금은 부채계정이 아닌 자본조정항목(부가 항목)에 속한다. 이것은 부채는 반드시 자산으로 갚아야 되는데 주식은 자산이 아닌 자본에 속하는 계정이기 때문이다.

[배당선언일의 회계처리]

차) 미처분이익잉여금	×××	대) 미교부주식배당금	×××

주식을 발행하여 주주에게 교부하는 배당지급일에는 미교부주식배당금을 제거하기 위해 미교부주식배당금계정 차변에 기록하고, 동시에 자본금계정 대변에 기록하여 주식발행으로 자본금이 증가한 것으로 기록한다.

[배당지급일의 회계처리]

차) 미교부주식배당금	×××	대) (보통주)자 본 금	×××

예제

다음을 거래를 회계처리하시오.

주주총회에서 이익잉여금처분계산서(안)에 따라 200,000,000원의 배당금을 주식으로 지급할 것을 결의하고, 2018년 3월 27일에 주주들에게 주식을 발행하여 교부하였다.

[배당선언일의 회계처리]

차) 미처분이익잉여금 200,000,000 대) 미교부주식배당금 200,000,000

[배당지급일의 회계처리]

차) 미교부주식배당금 200,000,00 대) (보통주)자 본 금 200,000,000

6.4 이익잉여금처분계산서(결손금처리계산서)

1. 이익잉여금처분계산서

K-IFRS 제1001호(재무제표 표시)에서는 이익잉여금처분계산서(또는 결손금처리계산서)를 기본 재무제표에 포함시키지 않고 있으며, 배당 이외에는 이익잉여금의 처분에 대해 별도로 언급하고 있지 않다. 따라서 이익잉여금처분계산서(또는 결손금처리계산서)를 상법 등에서 요구하는 경우에는 재무상태표의 이익잉여금(또는 결손금)에 대한 보충정보로서 이익잉여금처분계산서(또는 결손금처리계산서)를 주석으로 공시하여야 할 것이다.

일반적으로 당기말 재무상태표에는 주주총회에서 이익잉여금이 처분되기 전의 이익잉여금 잔액만 표시되며, 이익잉여금의 처분내역은 이익잉여금처분계산서에 표시된다. 이익잉여금처분계산서(또는 결손금처리계산서)는 주주총회 전에 작성되므로 주주총회에서 그 처분내용이 변경되면 이익잉여금처분계산서(또는 결손금처리계산서)를 다시 작성하여야 한다.

(1) 이익잉여금처분계산서의 의의

이익잉여금처분계산서는 전기로부터 이월된 미처분이익잉여금과 당기에 발생한 당기순이익 등이 어떻게 처분되었는지를 나타내는 재무보고서를 말한다. 즉 이익잉여금처분계산서는 이익잉여금의 처분사항을 명확히 보고하기 위한 동적 재무보고서이다.

(2) 이익잉여금처분계산서의 기본구조

이익잉여금처분계산서는 미처분이익잉여금, 임의적립금 등의 이입액, 이익잉여금처분액, 차기이월 미처분이익잉여금으로 구분하여 표시한다.

1) 미처분이익잉여금

미처분이익잉여금은 전기이월 미처분이익잉여금(또는 전기이월 미처리결손금)에 회계정책의 변경으로 인한 누적효과, 전기오류수정손익, 중간배당액 및 당기순이익(또는 당기순손실)을 가감하여 산출한다.

2) 임의적립금 등의 이입액

기업이 임의적립금을 설정하게 된 본래의 목적을 달성하였거나 혹은 적립금에 대한 회사정책이 변동되는 경우가 있을 것이다. 이 때 과거에 사내에 적립된 임의적립금을 해제하여 미처분이익잉여금으로 환원시키게 되는 금액을 '임의적립금 등의 이입액'이라고 한다.

예를 들어 사업을 확장할 목적으로 적립한 적립금인 사업확장적립금을 회사정책상 다른 용도로 사용하고자 할 경우, 또는 당해 연도 당기순이익이 매우 적어 충분한 배당이 어려운 경우 그 동안 적립한 배당평균적립금으로 배당하고자 하는 경우가 있다. 이런 경우 회사는 이러한 임의적립금을 해체하여 미처분이익잉여금으로 이입하여 본래 사용목적을 변경하여 처분하게 된다.

3) 이익잉여금처분액

이익잉여금처분액은 이익준비금, 기타법정적립금, 이익잉여금처분에 의한 상각 등, 배당금, 임의적립금으로 구분하여 표시한다.

이익잉여금처분에 의한 상각 등은 주식할인발행차금상각, 자기주식처분손실 잔액 등으로 한다. 배당금의 경우 현금배당과 주식배당으로 구분한다. 주식의 종류별 주당배당금액, 액면배당률은 배당금 다음에 표시하고, 배당수익률, 배당성향, 배당액의 산정내역은 주석으로 기재한다.

4) 차기이월 미처분이익잉여금

차기이월 미처분이익잉여금은 미처분이익잉여금과 임의적립금 등의이입액의 합계액에서 이익잉여금처분액을 차감한 금액으로 이것은 차기로 이월되는 미처분이익잉여금을 말한다. 차기이월 미처분이익잉여금은 다음 회계연도의 당기순이익 등과 합산하여 다음 회계연도의 미처분이익잉여금이 되어 주주총회에 보고된다.

[이익잉여금처분계산서의 표준양식]

이익잉여금처분계산서

제×기 20××년 ×월 ×일부터
20××년 ×월 ×일까지
처분예정일 20××년 ×월 ×일　　처분확정일 20××년 ×월 ×일

한국(주)　　(단위: 원)

과 목	금 액	
Ⅰ. 미처분이익잉여금		××××
1. 전기이월미처분이익잉여금 (또는 전기이월미처리결손금)		
2. 회계정책변경누적효과		
3. 전기오류수정		
4. 중간배당액		
5. 당기순이익(또는 당기순손실)		
Ⅱ. 임의적립금등의이입액		××××
1. ○○적립금		
2. ○○적립금		
합계		
Ⅲ. 이익잉여금처분액		××××
1. 이익준비금		
2. 기타법정적립금		
3. 주식할인발행차금상각액		
4. 배당금		
현금배당		
주식배당		
5. 사업확장적립금		
6. 감채적립금		
7. · · · · · · · · ·		
Ⅳ. 차기이월미처분이익잉여금		××××

2. 결손금처리계산서

(1) 결손금처리계산서의 의의

결손금처리계산서는 미처리결손금, 결손금처리액, 차기이월 미처리결손금으로 구분

하여 표시한다. 미처리결손금은 전기이월 미처리결손금(또는 전기이월 미처분이익잉여금)에 회계정책의 변경으로 인한 누적효과, 전기오류수정손익, 중간배당액 및 당기순이익(또는 당기순손실)을 가감하여 산출한다.

(2) 결손금의 처리

결손금의 처리는 보통 임의적립금 이입액, 법정적립금(이익준비금) 이입액, 자본잉여금 이입액의 순으로 하는 것이 일반적이다[21].

[결손금처리계산서의 표준양식]

결손금처리계산서
제×기 20××년 ×월 ×일부터
20××년 ×월 ×일까지
처분예정일 20××년 ×월 ×일 처분확정일 20××년 ×월 ×일

한국(주) (단위: 원)

과 목	금 액	
Ⅰ. 미처리결손금		××××
1. 전기이월미처분이익잉여금 (또는 전기이월미처리결손금)		
2. 회계정책변경누적효과		
3. 전기오류수정		
4. 중간배당액		
5. 당기순이익(또는 당기순손실)		
Ⅱ. 결손금처리액		××××
1. 임의적립금이입액		
2. 법정적립금이입액		
3. 자본잉여금이입액		
Ⅲ. 차기이월미처리결손금		××××

3. 이익잉여금처분계산서의 작성 예

다음은 한국(주)의 이익잉여금과 관련된 자료이다.

21) 과거와 달리 개정 상법에서는 미처리결손금의 상계순서를 규정하고 있지 않다. 따라서 일반적으로 미처리결손금을 임의적립금으로 우선 상계하고, 그것으로 부족한 경우 법정적립금(이익준비금)이나 자본잉여금으로 상계하면 될 것이다.

자료

① 전기이월 미처분이익잉여금 744,000원 당기순이익 12,855,000원
② 임의적립금 등의 이입액
별도적립금 1,080,000원 배당평균적립금 1,950,000원
결손보전적립금 870,000원
③ 이익잉여금 처분액
이익준비금 1,350,000원 배당금 13,500,000원
사업확장적립금 1,020,000원 감채적립금 900,000원
④ 잔액은 차기로 이월한다.

이상의 자료로 이익잉여금처분계산서를 작성하면 다음과 같다.

이익잉여금처분계산서

Ⅰ. 미처분이익잉여금		₩13,599,000
1. 전기이월 미처분이익잉여금	₩744,000	
2. 당기순이익	12,855,000	
Ⅱ. 임의적립금 등의 이입액		3,900,000
1. 별도적립금	1,080,000	
2. 배당평균적립금	1,950,000	
3. 결손보전적립금	870,000	
합계		17,499,000
Ⅲ. 이익잉여금 처분액		16,770,000
1. 이익준비금	1,350,000	
2. 배당금	13,500,000	
3. 사업확장적립금	1,020,000	
4. 감채적립금	900,000	
Ⅳ. 차기이월 미처분이익잉여금		₩729,000

참고 **공익과 이윤 두 마리 토끼를 쫓는 사회적 기업**

최근 정부가 일자리를 늘리겠다며 '사회적 경제'를 활성화하겠다고 밝혔어요. '사회적 경제'란 이윤보다는 일자리 만들기나 빈부 격차 해소 등 공공의 이익을 목적으로 하는 기업들의 경제활동을 말해요. 정부는 앞으로 국가나 지방자치단체가 어떤

물건을 살 때 사회적 경제 기업에서 만든 물건을 우선 사도록 하고, 사회적 경제 기업이 쉽게 대출받을 수 있도록 하는 등 지원을 더 늘리겠다고 했어요. 정부에서는 사회적 경제를 확대하면 일자리가 늘어나고 양극화 현상을 해결할 수 있다고 말해요. 하지만 사회적 경제가 과연 일자리 만들기에 도움이 되는지 의문이라는 지적도 적지 않지요.

사회적 경제를 추구하는 기업에는 장애인이나 노인 등 취약 계층을 직원으로 고용하는 '사회적 기업'이 대표적이며, 그 밖에도 지역주민들이 물품·서비스를 협동으로 구매하거나 생산하는 '협동조합', 지역 내 자원을 활용해 생산 활동을 하는 '마을기업' 등이 포함돼요. 쉽게 이야기하면 우리가 알고 있는 일반 기업(주식회사)과 시민 단체의 중간쯤으로, 돈을 벌면서 공공 이익을 달성하려는 기업이지요. 주식회사와 같이 이윤을 많이 얻기보다는 구성원 전부에게 도움이 되는 경제활동을 우선적으로 하고, 의사결정과정에도 구성원들이 동등하게 참여해요.

사회적 경제는 산업혁명이 한창 진행 중이던 19세기 영국에서 처음 등장했어요. 1844년 12월, 맨체스터 방직 공장 근로자 28명이 1파운드씩 내고 '로치데일 공정선구자 조합'을 세운 거예요. 당시 영국을 비롯한 유럽에는 자본주의가 급속도로 발달하면서 근로자의 낮은 임금, 열악한 근로 환경, 불안정한 일자리가 심각한 사회문제로 떠오르고 있었지요. 조합원들은 모은 돈으로 작은 가게를 열고 버터, 밀가루, 설탕 같은 생활필수품을 공동 구입했어요. 물건 가격을 사 올 때와 거의 그대로 해서 팔았답니다. 무엇을 팔 것인지, 가게를 어떻게 운영할 것인지 같은 중요 결정은 모든 조합원이 같은 투표권을 갖고 결정했어요. 이윤이 생기면 조합원들이 나눠 가졌지요. 또 가게 한편에 책이나 신문을 갖춰놓고 조합원들이 무언가를 새롭게 배우게 했어요. 당시 이윤을 추구하던 일반 자본가들은 상상하기 힘든 방식으로 운영했던 거예요. 이런 방식에 대중은 크게 호응했고, 20년도 안 돼 조합원 수가 3500여 명까지 늘었답니다. 프랑스, 이탈리아 등 다른 유럽 국가로도 번졌지요.

오스트리아 출신 미국 경제학자 칼 폴라니(Polanyi; 1886~1964)는 사회적 경제의 이론적 배경을 제시한 사람인데요. 그는 1944년에 쓴 '거대한 전환(The Great Transformation)'에서 정부가 전혀 개입하지 않고 오로지 시장에서 수요와 공급을 자율적으로 조정하는 시장 만능주의는 현실에선 불가능한 허구라고 주장했어요. 그렇기 때문에 시장경제의 한계를 극복하려면 사람과 관계를 중시하는 사회적 경제로 패러다임을 바꿔야 한다고 주장했지요. 이를 위해선 자원이나 소득을 공평하게 재분배하는 것이 중요하다고 강조했어요. 이러한 주장은 당시 좌파 경제학자들에게 크게 환영받았어요. 또 지난 2008년 금융 위기로 전 세계가 불황을 겪었을 때는 '폴라니 열풍'이라는 말이 나올 만큼 인기가 높았지요.

우리나라는 1920년대 농민들의 협동조합 형태로 사회적 경제활동이 시작됐어요. 1960년대 산업화 이후 지자체나 마을 중심으로 협동조합이 많이 만들어졌지요. 지금은 정부에서 '사회적 기업 육성법'(2007년)과 '협동조합 기본법'(2012년)을 제정해 인건비·보험료 지원, 세금 감면 혜택 등을 주고 있어요. 2017년 현재 우리나라의 사회적 경제 기업은 1만5000여 곳이고 9만여 명이 일하고 있답니다. 일자리 비율로 따지면 전체의 1.4%로, 아직은 미미한 수준이지요.

정부가 사회적 경제 기업을 늘리려는 이유는 고용이나 복지, 문화·예술, 지역 발전 같은 공익을 우선하는 경제활동을 벌이면서 장애인 등 취약 계층에게 일자리를 줄 수 있고, 젊은 사람들도 비교적 적은 자본금으로 다양한 분야에서 쉽게 창업할 수 있다고 보기 때문이에요. 이를 통해 현재 문제가 큰 실업난을 어느 정도 해결할 수 있다고 보는 것이지요. 하지만 사회적 경제 활성화로 사람들이 좋아하는 양질(良質) 일자리를 만들어낼 수 있는가에 대해선 회의적 시각도 있답니다. 아직까지 사회적 경제 기업 대부분이 영세한 규모로 운영하고 있고, 정부 지원이 끝나도 스스로 수익을 올릴 만큼 경쟁력을 갖추고 있는지 의문이라는 거예요. 예를 들어 지금까지 설립된 마을 기업 중 절반 이상이 폐·휴업하거나 적자를 내는 등 부실 경영에 시달리는 것으로 나타났어요.

사회적 경제에 대한 지원이 일자리 만들기로 연결될지 모르겠다는 지적도 있어요. 일부 사회적 경제 기업이 인건비 등을 부풀려 지원금을 받아내는 경우가 있었고, 정부의 지원이 끝나면 일자리를 갑자기 줄이는 일도 종종 있어 일자리 창출 효과가 생각보다 낮다는 거예요. 사회적 경제의 생산성을 올릴 만한 실행 방안을 마련하는 것이 우선돼야 한다는 얘기지요.

많은 전문가가 우리가 선택한 시장경제의 문제점을 해결하고자 다양한 방법을 제시하고 있어요. 정부가 추진하는 사회적 경제 정책이 시장경제의 모순점을 해결하고 더 합리적인 제도로 발전하는 훌륭한 보완책이 되길 기대합니다.

출처: 조선일보, [경제이야기]

학습보충자료 **주주총회에서는 무엇을 하나?**

Q: 통산 3월이 되면 신문에서는 정기 주주총회 소식이 봇물을 이룹니다. 주주총회에서 대표이사가 새로 선임됐다거나, 서로 다른 의견을 가진 주주들끼리 표 대결을 해서 한쪽이 이겼다는 뉴스도 있었습니다. 주주총회는 도대체 무엇이고, 어떤 일을 결정하나요?

A: 주주총회(주총)는 말 그대로 회사의 주식을 갖고 있는 주주들이 한곳에 모여 여는 회의입니다. 보유한 주식 수에 따라 영향력은 다르지만 주주는 모두 회사의

주인입니다. 이런 주인들이 모여 회사의 중요한 사안을 결정하는 것이 주주총회입니다. 매번 수많은 주주가 한자리에 모일 수 없기 때문에 평소에는 이사회에서 중요한 결정을 합니다. 그러나 회사의 연간 결산에 대한 승인, 회사 운명이 걸린 중요한 일은 주총에서 결정합니다. 그래서 주총은 주식회사의 최고 의사결정 기구입니다.

3월에 주총이 몰리는 것은 12월 결산법인이 많기 때문입니다. 일반적으로는 12월이면 한 해가 끝난다고 생각하지만 기업의 '회계연도'는 통상적인 달력과 차이가 있습니다. 어떤 기업은 4월에서 이듬해 3월까지를 회계연도로 규정하고 있습니다. 증권·보험사 일부가 3월 결산법인입니다. 하지만 대부분은 우리가 일상적으로 쓰는 시간 개념에 맞춰 1~12월을 회계연도로 삼습니다. 이런 12월 결산법인은 약 2개월간 이전 연도의 사업·자금 상황을 정리한 장부를 만들어 주주들에게 보고합니다. 이렇게 연간 사업을 정리하는 주총을 정기 주주총회(정기 주총)라고 합니다. 정기 주총은 결산일로부터 90일 이내에 반드시 열어야 하기 때문에 주로 3월에 열립니다. 정기 주총 이외 임시로 주총을 열기도 합니다. 기업 인수 합병(M&A)처럼 주주들이 모여 당장 결정해야 할 중대한 사안이 발생했을 때 주로 열립니다. 증권시장에서 주식이 거래되는 상장사의 경우는 지분 1.5% 이상을 가진 주주면 누구나 임시 주총 소집을 요구할 수 있습니다.

그렇다고 주총에서 모든 것을 다루지는 않습니다. 그러려면 기업들은 매번 주총을 여느라 시간을 허비하게 되지요. 하지만 회사 운명이 걸린 중요한 사안은 반드시 주총을 열어 결정하거나 승인을 받도록 상법에 명시돼 있습니다. 주총에서 결정되는 사안은 크게 보통 결의사항과 특별 결의사항으로 나뉩니다. 보통 결의는 재무제표 승인이나 주식 배당률 결정, 이사·감사의 선임 등입니다. 보통 결의는 발행 주식 총수의 4분의 1 이상에 해당하는 주주의 출석이 필요합니다. 또 출석(위임 포함)한 의결권의 과반수이상의 찬성이 있어야 안건이 통과됩니다. 한편 특별 결의는 주식 총수의 3분의 1 이상이 표결에 참여하고, 이 가운데 3분의 2 이상이 찬성해야 효력을 갖습니다. 이사·감사의 해임, 정관 변경, 영업의 양도, 자본의 감소 등이 주로 특별 결의사항입니다. 정관이란 주식회사의 목표·조직·경영 등에 관한 가장 기본적인 규칙을 정리해 놓은 것입니다.

이런 각종 안건을 결정할 때 주주들은 주당 1개의 의결권을 행사합니다. 단 특정 회사 주식이 있더라도 의결권을 행사하지 못하는 경우도 있습니다. 우선주가 대표적입니다. 우선주는 일반 주식에 비해 배당을 더 많이 받을 순 있지만 의결권이 없습니다. 주주가 주총에 참석할 수 없을 때는 위임장을 쓰고 대리인을 참석시킬 수도 있습니다. 주총에 가지 않는다고 해서 배당 등에서 불이익을 받지는 않습니다.

주총을 둘러싼 논란도 있습니다. 아무래도 지분이 많은 주요 주주 뜻대로 주총 결과가 나올 가능성이 큽니다. 또 주총은 3월, 그중에서도 금요일에 집중되는데

'무더기 주총'으로 인해 소액주주나 시민단체 등이 주총 내용을 꼼꼼히 들여다보고 문제를 제기하기 어렵게 한다는 비판도 있습니다. 반면에 주요 주주가 아니면 주총에 무관심한 것도 사실입니다. 그래서 주총에 나오는 주주는 대부분 주요 주주(대주주)인 경우가 많습니다. 무관심한 주주로 인해 정족수 미달로 주총이 무산될 수도 있기 때문에 상법은 주총의 원활한 진행을 위해 '섀도보팅(Shadow Voting; 그림자 투표)'이라는 제도를 두고 있습니다. 주총에 참석하지 않은 주주의 의결권은 주총에 참여한 주주의 찬성·반대 비율대로 자동 계산하는 제도입니다.

이런 점을 보완하기 위해 전자투표를 하는 기업도 있습니다. 1996년 미국의 카메라 제조업체인 벨앤하웰이 처음으로 도입했습니다. 주총에 갈 수 없는 주주가 온라인을 통해 주총 안건에 대해 간편하게 의결권을 행사하는 것입니다. 미국, 일본에선 전자투표를 도입한 기업이 50~60%지만 한국에선 거의 없는 실정입니다. 그래서 전자투표를 의무화해야 한다는 주장도 커지고 있습니다.

출처: 중앙일보, [틴틴 경제]

연습문제

1. 다음을 회계처리하시오.

① 1주당 액면금액 5,000원인 주식 50,000주를 주당 7,500원에 발행하고 대금은 현금으로 받다.

② 1주당 액면금액 5,000원인 주식 100,000주를 7,000원에 발행하고 대금은 현금으로 받다. 단, 주식발행비 40,000,000원이 발생하다.

③ 1주당 액면금액 5,000원인 주식 100,000주를 주당 4,500원에 발행하고 대금은 현금으로 받다. 단, 주식발행비 30,000,000원이 발생하다.

2. 다음을 회계처리하시오.

① 주당 10,000원에 자기주식 30,000주를 구입하고 대금은 현금으로 지급하다.

② 위의 자기주식 15,000주를 주당 13,000원에 처분하고 대금은 현금으로 받다.

③ 위의 자기주식 나머지 15,000주를 주당 8,000원에 처분하고 대금은 현금으로 받다.

3. 충청(주)는 2018년 3월 10일 주주총회에서 15%의 배당을 하기로 하였다. 이 중 8%는 현금으로 배당하며 나머지는 주식으로 배당하기로 하였다. 충청(주)의 주식 수는 현재 보통주 100,000주이며 액면금액은 주당 5,000원이다.

이상의 자료로 1) 이익처분안 확정일(배당선언일) 및 배당금 지급일(주식발행일)의 회계처리를 나타내시오.

4. 다음은 KS(주)의 재무상태표에 나타난 자본항목들이다. 물음에 답하시오.

보통주자본금(@₩5,000)	₩50,000,000
우선주자본금(@₩5,000)	10,000,000
주식발행초과금	10,000,000
자기주식(보통주 1,000주)	(6,000,000)
이익준비금	15,000,000
사업확장적립금	10,000,000
배당평균적립금	5,000,000
감채적립금	3,000,000

미처분이익잉여금	7,000,000

물음1 보통주와 우선주의 발행주식수는 각각 몇 주씩인가?

물음2 보통주 유통주식수는 몇 주인가?

물음3 주주들이 납입한 납입자본은 얼마인가?

물음4 이익잉여금 총액은 얼마이며, 법정적립금과 임의적립금은 각각 얼마인가?

물음5 주주총회를 통해 주주들에게 배당가능한 이익잉여금은 얼마인가?

물음6 KS(주)의 자본 총액은 얼마인가?

해답

1.

	차변	금액	대변	금액
①	차) 현 금	375,000,000	대) 자본금	250,000,000
			주식발행초과금	125,000,000
②	차) 현 금	660,000,000	대) 자본금	500,000,000
			주식발행초과금	160,000,000
③	차) 현 금	420,000,000	대) 자본금	500,000,000
	주식할인발행차금	80,000,000		

2.

	차변	금액	대변	금액
①	차) 자기주식	300,000,000	대) 현 금	300,000,000
②	차) 현 금	195,000,000	대) 자기주식	150,000,000
			자기주식처분이익	45,000,000
③	차) 현 금	120,000,000	대) 자기주식	150,000,000
	자기주식처분이익*	30,000,000		

* 자기주식처분이익이 존재하는 경우에는 그 자기주식처분이익을 우선 상계한다.

3.

① 이익처분안 확정일(배당선언일)

차) 미처분이익잉여금	75,000,000	대) 미지급배당금	40,000,000
		미교부주식배당금	35,000,000

② 배당금지급과 주식발행일

차) 미지급배당금	40,000,000	대) 현 금	40,000,000
미교부주식배당금	35,000,000	보통주자본금	35,000,000

4.

물음1 보통주 발행주식수 = ₩50,000,000÷@₩5,000 = 10,000주
우선주 발행주식수 = ₩10,000,000÷@₩5,000 = 2,000주

물음2 보통주 유통주식수 = 보통주 발행주식수 - 자기주식수
= 10,000주 - 1,000주 = 9,000주

물음3 납입자본 총액 = 보통주자본금+우선주자본금+주식발행초과금
= ₩50,000,000+₩10,000,000+₩10,000,000
= ₩70,000,000

물음4 이익잉여금 총액 = 법정적립금+임의적립금+미처분이익잉여금
= ₩15,000,000+₩18,000,000+₩7,000,000
= ₩40,000,000

물음5 배당가능한 이익잉여금 = 임의적립금+미처분이익잉여금
= ₩18,000,000+₩7,000,000
= ₩25,000,000

물음6 자본 총액 = 납입자본 총액+이익준비금+임의적립금+미처분이익잉여금-자기주식 = ₩70,000,000+₩15,000,000+₩18,000,000+₩7,000,000-₩6,000,000
= ₩104,000,000

종합문제

1. 다음의 거래를 회계처리하시오.

① 1주당 액면금액 10,000원인 주식 10,000주를 주당 12,000원에 발행하였다. 이 과정에서 주식발행비가 5,000,000원 발생하였으며 대금은 전액 납입하였다.

② 1주당 액면금액 10,000원인 주식 10,000주를 주당 9,000원에 발행하고 대금은 주식발행비 3,000,000원을 제외하고 전액 현금으로 납입하였다.

③ 주당 12,000원에 자기주식 100,000주를 구입하고 대금은 수표를 발행하여 지급하다.

④ ③의 자기주식 50,000주를 주당 15,000원에 처분하고 대금은 수표로 받다.

⑤ ③의 자기주식 나머지를 주당 11,000원에 처분하고 대금은 추후에 받기로 하다.

2. 다음의 자료로 물음에 답하시오.

한국(주)의 2017년 초의 자본구성과 2017년 중 다음과 같은 거래가 있었다.

부분재무상태표	2017년 초
자본금 : 보통주자본금(1,000주,@5,000원)	5,000,000원
감자차익	20,000
자기주식처분이익	40,000
자기주식(20주, @8,000원)	(160,000)
이익잉여금	1,100,000
자본총계	6,000,000원

물음1 다음을 회계처리하시오.

① 5/15 자기주식 10주를 @7,000씩 처분하다

② 7/28 자기주식 나머지 10주를 모두 소각하다.

물음2 2017년 말의 부분재무상태표를 나타내시오.

3. 다음의 비룡(주)의 감자와 관련한 자료이다. 각각에 대해 회계처리하시오.

(1) 사업을 축소하기 위하여 보통주(주당 액면금액 5,000원) 300주를 주당 4,000원에 매입하여 소각하다.

(2) 추가로 보통주(주당 액면금액 5,000원) 200주를 주당 7,500원에 매입하여 소각하다.

4. 다음의 한강(주)의 자기주식과 관련한 자료이다. 이를 회계처리하시오.

① 3월 15일 자기주식 보통주(주당 액면 금액 5,000원) 100주를 주당 20,000원씩 취득하다.

② 6월 30일 자기주식 30주를 주당 25,000원씩 처분하다.

③ 8월 18일 자기주식 50주를 주당 15,000씩 처분하다.

④ 9월 16일 자기주식 나머지는 모두 소각하다.

재무제표의 작성과 활용

제 12 장 재무제표의 작성

기업은 일정기간 단위로 기업의 재무회계정보를 기업외부의 이해관계자에게 전달하여야 한다. 이런 목적으로 회계기간 동안 발생한 자산, 부채, 자본의 변동내용과 그 변동으로 인한 결과를 종합하여 재무제표를 작성하게 된다. 본 장에서는 회계순환과정(Accounting Cycle) 결과 최종적으로 작성되는 재무상태표, (포괄)손익계산서, 자본변동표, 현금흐름표 등 재무제표 작성에 관해서 간략히 설명하고자 한다.

제 1 절 재무상태표의 작성

2.1 재무상태표의 의의

1. 재무상태의 개념과 측정

재무상태(financial position)란 일정시점에 있어서의 기업의 부(wealth)나 경제적 자원의 보유상태를 나타낸다. 그러므로 기업의 재무상태는 그 기업이 보유하는 경제적 자원, 재무구조, 유동성과 재무건전성 및 환경변화에 적응할 수 있는 능력 등에 의해 결정된다.

재무상태는 일정시점, 즉 결산일(재무상태표일[1])이라고도 함.)이라는 특정시점에 측정되므로 저장량(stock) 개념에 의해 측정된다.

1) K-IFRS에서는 '보고기간종료일'과 '보고기간 말'이라는 용어를 주로 사용하고 있으나, 종전에 주로 많이 사용하던 '대차대조표일'을 그대로 사용하는 의미에서 이 책에서는 '재무상태표일'이라는 용어도 부분적으로 사용하였다.

기업의 재무상태는 재무상태표로 요약된다. 재무상태표는 일정시점의 기업의 재무상태, 즉 자산, 부채, 자본의 상태를 나타내기 때문이다.

2.2 재무상태표의 기본구조

1. 재무상태표의 기본구조

재무상태표는 일정시점의 기업의 재무상태를 나타내는 재무보고서이다.

재무상태표(statement of financial position)는 일정시점에 있어서의 기업의 재무상태를 나타내는 보고서이다. 따라서 기업의 재무상태를 나타내는 표이므로 '재무상태보고서'라고도 부른다. 즉 재무상태표는 일정 시점 현재 기업이 보유하고 있는 경제적 자원인 자산과 경제적 의무인 부채, 그리고 자본에 대한 정보를 제공하는 재무보고서로서, 정보이용자들이 기업의 유동성, 재무적 탄력성, 수익성과 위험 등을 평가하는데 유용한 정보를 제공한다.

여기서 일정시점이란 결산일을 의미하며, 재무상태란 조달된 자본의 구체적인 운용상태(자산)와 이 자산의 조달원천(부채와 자본)을 나타내는 것을 말한다. 그러므로 재무상태표는 일정시점에 어떠한 재산(자산)이 어느 정도 있는가, 또한 그 재산을 획득하기 위한 자금을 타인으로부터 어느 정도 빌려왔는가(부채), 그리고 자본이 어느 정도인가(자본)를 나타내는 것이다.

기업의 재무상태는 다음의 등식으로도 설명할 수 있다.

자산 = 부채 + 자본

이 식은 흔히 **'재무상태표 등식(재무상태표 방정식, statement of financial position equation)'**이라고 부른다. 이 등식에 따라 왼쪽에 자산항목과 금액을 기입하고, 오른쪽에 부채 및 자본항목과 금액을 기입하면 일정시점에 있어서의 기업의 재무상태를 나타내는 재무상태표가 작성되게 된다.

재무상태표의 기본구조를 구성요소인 자산, 부채, 자본의 상호관계에 따라 식으로 표현하면 다음과 같은데, 이 식을 재무상태표 등식(또는 재무상태표 방정식)이라고 한다.

재무상태표 등식 : 자산 = 부채 + 자본

이 등식은 자본등식(자산-부채=자본)을 변형한 것으로 자산총액이 부채 및 자본을 합한 총액과 일치한다는 뜻이며, 재무상태표의 구조적 특징은 경영활동을 통하여 자산, 부채, 자본에 변화가 발생하더라도 이 등식은 언제나 항상 성립한다는 점이다.

재무상태표 등식을 그림으로 표시하면 다음과 같다.

재무상태표

자 산	부 채
	자 본

재무상태표에 부채를 자본보다 먼저 표시하는 이유는 기업의 자산에 대한 소유주 즉, 주주의 소유권보다 채권자의 청구권이 우선하기 때문이다. 즉, 주주는 기업의 자산 중에서 채권자의 지분을 차감한 잔여지분에 대한 권리를 가진다는 것이다.

한편 재무상태표의 구성요소인 자산, 부채, 자본은 각각 다음과 같이 구분한다.

① 자산은 유동자산과 비유동자산으로 구분한다[2].

② 부채는 유동부채와 비유동부채로 구분한다.

③ 자본은 자본금, 자본잉여금, 자본조정, 기타포괄손익누계액 및 이익잉여금(또는 결손금)으로 구분한다.[3]

이상의 구성요소를 토대로 재무상태표를 일반기업회계기준에 따라 다시 나타내보면 다음과 같다.

<u>재무상태표</u>

자 산	부 채
I. 유동자산	I. 유동부채
1. 당좌자산	II. 비유동부채
2. 재고자산	자 본
II. 비유동자산	I. 자본금
1. 투자자산	II. 자본잉여금
2. 유형자산	III. 자본조정
3. 무형자산	IV. 기타포괄손익누계액
4. 기타비유동자산	V. 이익잉여금

2) 일반기업회계기준과 중소기업회계기준에서는 유동자산을 당좌자산과 재고자산으로 다시 세분하고, 비유동자산을 투자자산, 유형자산, 무형자산, 기타비유동자산으로 다시 세분한다.

3) 한국채택국제회계기준(K-IFRS)에서는 자본에 대해 명확히 구분하고 있지 않으며, K-IFRS 1001호(재무제표 표시)의 실무적용지침에 자본을 납입자본, 이익잉여금, 기타자본구성요소로 분류하고 있다. 한편 중소기업회계기준에서는 자본을 자본금, 자본잉여금, 자본조정 및 이익잉여금(또는 결손금)으로 구분하고 있다.

2. 재무상태표의 양식

재무상태표에는 다음의 내용이 포함되어야 한다.

① 표제

재무상태표에는 그것이 작성되는 형태(보고식 또는 계정식)에 관계없이 반드시 "재무상태표"라는 명칭을 붙인다.[4)]

② 회사명

기업에 있어서의 회계처리는 그 기업의 소유주나 종업원과는 별개로 존재하는 기업 그 자체를 위한 것, 즉 기업 그 자체가 존재한다는 가정 하에 회계가 수행되므로 그 기업의 "회사명"을 명시하여야 한다.

③ 재무상태표일

재무상태표는 일정시점에 있어서의 기업의 재무상태를 나타내는 보고서이므로 그 일정시점, 즉 결산일(재무상태표일, 보고기간종료일 또는 보고기간 말)을 명시하여야 한다. 물론 통상 비교재무상태표가 작성되므로 당해 연도의 재무상태표일과 직전 회계연도(전기)의 재무상태표일을 표시한다.

④ 유동성배열법

자산과 부채는 유동성이 큰 항목부터 배열하는 것을 원칙으로 한다(유동성배열법). 유동성배열법에 따라 자산과 부채를 배열하는 경우 자산은 유동성이 큰 유동자산을 비유동자산보다 먼저 배열하며, 부채의 경우도 유동성이 큰 유동부채를 비유동부채보다 먼저 배열하게 된다. 유동성배열법에 따라 재무상태표를 작성하는 경우에는 당해 기업의 단기지급능력을 쉽게 분석(유동성 분석)할 수 있다[5)].

자산은 1년을 기준으로 유동자산과 비유동자산으로 분류한다. 다만, 정상적인 영업주기 내에 판매되거나 사용되는 재고자산과 회수되는 매출채권 등은 재무상태표일로부터 1년 이내에 실현되지 않더라도 유동자산으로 분류한다.

부채는 1년을 기준으로 유동부채와 비유동부채로 분류한다. 다만, 정상적인 영업주기 내에 소멸할 것으로 예상되는 매입채무와 미지급비용 등은 재무상태표일로부터 1년 이내에 결제되지 않더라도 유동부채로 분류한다.

---

4) 중소기업회계기준에서는 '대차대조표'라는 명칭을 사용한다.

5) 한국채택국제회계기준에서는 유동성배열법을 명시하지 않고 다만 유동성 항목과 비유동성 항목을 구분(유동성/비유동성 구분법)하도록 정하고 있으나, 일반기업회계기준과 중소기업회계기준에서는 유동성배열법에 따라 자산과 부채를 배열하도록 규정하고 있다.

⑤ 양식

기업회계기준서에 따르면 재무제표는 이해하기 쉽도록 간단하고 명료하게 표시하여야 하며, 일반기업회계기준과 중소기업회계기준에서는 기준서의 부록에 예시된 재무제표의 양식을 참조하여 작성하도록 되어 있으므로 재무상태표의 양식은 "보고식"을 원칙으로 작성하여야 할 것이나, 경우에 따라서는 "계정식"으로도 작성하여도 무방할 것이다.

3. 재무상태표의 유용성과 한계

(1) 재무상태표의 유용성

재무상태표는 일반적으로 다음과 같은 유용성을 갖고 있다.

① 일정시점의 기업의 재무상태에 관한 정보를 제공한다.
재무상태표는 기업의 경제적 자원인 자산, 경제적 채무인 부채, 잔여지분인 자본에 관한 정보를 제공한다.

② 기업의 장・단기 지급능력에 관한 정보를 제공한다.
재무상태표를 통해 기업의 유동성 상태, 즉 기업의 장・단기 지급능력을 파악할 수 있다. 예컨대, 재무상태표에서 유동자산과 유동부채를 비교해 봄으로써 유동자산과 유동부채의 크기를 파악할 수 있으며, 그것들의 차이인 잔액으로 순운전자본의 크기를 산정할 수 있다. 일반적으로 순운전자본의 크기가 크면 그 기업은 단기지급능력이 있다고 평가할 수 있다.

③ 기업의 재무구조에 관한 정보를 제공한다.
재무상태표를 통해 기업의 재무구조, 특히 부채(타인자본)와 자본(자기자본)의 관계를 파악할 수 있다.

④ 기업의 재무능력을 평가하는데 도움이 되는 정보를 제공한다.
재무상태표로부터 총자산・순자산 등의 규모를 파악함으로써 기업의 재무능력을 평가할 수 있다.

(2) 재무상태표의 한계

재무상태표를 통하여 제공되는 정보들도 다음과 같은 한계를 갖고 있다.

① 재무상태표상의 금액을 역사적 원가로 나타내는 경우가 많다.
이에 따라 기업의 자산이 시가(현행가치) 보다 낮은 원가로 표시되는 경우가 있다.

② 회계담당자의 주관적 판단에 따라 평가되는 경우가 있다.

예컨대, 자산이나 부채의 평가에 여러 가지 평가기준이 적용되고 있으며, 많은 회계추정이 적용되고 있다.

③ 화폐적으로 측정 가능한 정보만이 기재되고 있으며, 많은 재무적 가치가 있는 양적 정보 및 질적 정보가 무시되고 있다.

④ 대체적인 회계처리방법들이 허용되고 있어 기업별, 연도별 비교가능성을 해칠 수 있다.

4. 재무상태표의 작성 예

다음의 자료는 한국(주)의 수정전 시산표와 결산정리사항이다. 단, 회계기간은 2017년 1월 1일부터 2017년 12월 31일이다.

잔 액 시 산 표

차변	금액	대변	금액
현금및현금성자산	3,650,000	매입채무	450,000
FVPL금융자산	435,000	가수금	300,000
매출채권	1,170,000	사채	1,200,000
이월상품	261,000	퇴직급여충당부채	200,000
FVOCI금융자산	150,000	손실충당금	16,000
건물	1,050,000	감가상각누계액	152,000
매입	5,046,000	자본금	3,000,000
급여	268,000	이익준비금	400,000
세금과공과	12,000	이월이익잉여금	240,000
보험료	54,000	매출	5,904,000
소모품비	90,000	이자수익	390,000
잡비	30,000	잡이익	19,000
이자비용	55,000		
	12,271,000		12,271,000

[결산정리사항]

(1) 기말상품재고액 : 장부금액 380,000원, 순실현가능가치 340,000원

(2) FVPL 금융자산 평가액 360,000원

(3) 가수금은 전액 외상매출금의 회수로 판명되다.

(4) 매출채권 잔액 중 17,400원의 손상을 예상하다.

(5) 당기분 퇴직급여충당부채 20,000원을 설정하다(일시퇴직금제도 채택 시).

(6) 건물에 대한 감가상각비를 장부금액의 10%로 계상하다.

(7) 사채는 2년 전 초에 발행하였으며, 기한 5년, 이율 연 12%, 이자지급 연 1회, 사채이자를 계상하다.

(8) 이자 미수액 60,000원을 계상하다.

(9) 소모품 미사용액 30,000원을 계상하다.

[결산정리분개]

	차변	금액	대변	금액
1)	매 입	261,000	이월상품	261,000
	이월상품	380,000	매 입	380,000
	상품평가손실	40,000	상품평가충당금	40,000
2)	FVPL 금융자산평가손실	75,000	FVPL 금융자산	75,000
3)	가수금	300,000	매출채권	300,000
4)	손상차손	1,400	손실충당금	1,400
5)	퇴직급여	20,000	퇴직급여충당부채	20,000
6)	감가상각비	89,800	감가상각누계액	89,800
7)	이자비용	144,000	미지급이자	144,000
8)	미수이자	60,000	이자수익	60,000
9)	소모품	30,000	소모품비	30,000
10)	이월이익잉여금	240,000	미처분이익잉여금	836,800
	손 익	596,800		

* 10)은 결산정리분개라고 하기보다는 이익잉여금처분 관련분개라고 말할 수 있다.

이상의 자료로 계정식 재무상태표를 작성하면 다음과 같다.

재무상태표

한국(주) 2017년 12월 31일 현재 (단위 : 원)

과 목	금 액		과 목	금 액
자 산			부 채	
I. 유 동 자 산			I. 유 동 부 채	
1. 현금및현금성자산		3,650,000	1. 매 입 채 무	450,000
2. FVPL 금융자산		360,000	2. 미 지 급 이 자	144,000
3. 매 출 채 권	870,000		II. 비 유 동 부 채	
손 실 충 당 금	17,400	852,600	1. 사 채	1,200,000
4. 미 수 이 자		60,000	2. 퇴직급여충당부채	220,000
5. 상 품	380,00		부 채 총 계	2,014,000
상품평가충당금	40,000	340,000	자 본	

6. 소 모 품		30,000	Ⅰ. 자 본 금	
Ⅱ. 비 유 동 자 산			1. 보통주자본금	3,000,000
1. FVOCI 금융자산		150,000	Ⅱ. 이 익 잉 여 금	
2. 건 물	1,050,000		1. 이 익 준 비 금	400,000
감가상각누계액	241,800	808,200	2. 미처분이익잉여금	836,800
			(당기순이익 596,800)	
			자 본 총 계	4,236,800
자산 총계		6,250,800	부채와 자본 총계	6,250,800

제 2 절 (포괄)손익계산서의 작성

2.1 (포괄)손익계산서의 의의

1. 성과의 개념과 측정

성과(results of operation)란 일정기간에 있어서의 기업의 경영결과로 나타난 경제적 성과를 말한다[6]. 기업의 성과는 일정시점이 아닌 일정기간, 즉 회계기간 동안의 기업의 경제적 성과를 측정하는 것이므로 흐름량(flow) 개념에 의해 측정된다.

기업의 성과(경영성과 또는 재무성과)는 손익계산서 또는 포괄손익계산서로 요약된다. 일반기업회계기준과 중소기업회계기준에 의해 작성되는 손익계산서는 일정기간의 기업의 경영성과, 즉 수익과 비용의 차이인 당기순손익(순이익 또는 순손실)을 나타낸다. 그러나 한국채택국제회계기준에 의해 작성되는 포괄손익계산서는 일정 기간 동안의 기업의 재무성과에 대한 정보를 제공하는 재무보고서로서, 당기순손익 뿐만 아니라 수익과 비용항목 중에서 당기순손익을 구성하지 않고 직접 재무상태표의 자본으로 인식하는 항목인 기타포괄손익의 당기변동액도 표시하여, 그 결과 총포괄손익을 나타낸다.

6) 한국채택국제회계기준에서는 '경영성과'라는 용어 대신 '재무성과'라는 용어를 사용한다.

2.2 (포괄)손익계산서의 기본구조

1. (포괄)손익계산서의 의의

(포괄)손익계산서는 일정기간 동안 기업의 성과(경영성과 또는 재무성과)에 대한 정보를 제공하는 재무보고서이다.

- **일정기간** : 손익계산서는 수익과 비용이 영업활동기간 동안 계속 발생하므로 일정기간, 즉 회계기간(보통 1년) 동안 발생한 수익과 비용을 모두 표시하여야 한다.
- **성과** : 기업의 성과란 일정기간 동안의 기업의 경영활동 결과 나타난 경제적 성과를 말한다. 따라서 손익계산서는 일정기간 동안 발생한 기업의 성과(경영성과 또는 재무성과)를 나타내므로 성과보고서라고도 한다. 그러므로 기업의 경영성과는 일정기간 동안의 경영활동 결과 발생한 수익과 비용의 차이인 순손익으로 평가하며, 기업의 재무성과는 일정기간 동안의 경영활동 결과 발생한 수익과 비용의 차이인 순손익 뿐만 아니라 기타포괄손익도 포함한 총포괄손익으로 평가한다. 즉 포괄주의 관점에서 작성한 포괄손익계산서는 일정기간의 순손익과 그 구성요소인 수익과 비용 등에 대한 정보뿐만 아니라 기타포괄손익에 대한 정보도 포함하므로 이러한 정보를 통해 투자자 및 채권자 등의 정보이용자는 일정기간 동안의 기업의 재무성과를 파악할 수 있게 된다.

2. (포괄)손익계산서의 기본요소

기업의 성과에 대한 재무정보를 제공하는 (포괄)손익계산서의 기본요소는 수익, 비용 및 순손익(또는 포괄손익계산서는 기타포괄손익을 포함한 총포괄손익)이다.

(1) 수 익

1) 수익의 개념

수익이란 기업의 경영활동과 관련된 재화의 판매 또는 용역의 제공 등에 대한 대가로 발생하는 자산의 유입 또는 부채의 감소를 말한다.

수익(revenues)은 기업의 주요 경영활동의 결과로서 발생하였거나 발생할 현금유입액을 나타내며, 경영활동의 종류와 당해 수익이 인식되는 방법에 따라 매출액, 이자수익, 배당금수익 및 임대수익 등과 같이 다양하게 구분될 수 있다.

일반사회에서는 경영활동을 판매활동만을 의미하는 것으로 사용되나, 회계에서 의미하는 경영활동은 구매활동, 생산활동, 판매활동을 모두 포함한다.

2) 수익의 분류

손익계산서에 기재되는 수익은 매출액, 영업외수익으로 크게 구분되며, 포괄손익계산서에 기재되는 수익은 매출액, 기타수익, 기타포괄이익으로 크게 구분된다.

① 매출액

매출액이란 기업의 주된 영업활동에서 발생한 제품, 상품, 용역 등의 총매출액에서 매출할인, 매출환입, 매출에누리 등을 차감한 금액을 말한다. 차감 대상 금액이 중요한 경우에는 총매출액에서 이것들을 차감하는 형식으로 표시하거나 주석으로 기재한다.

② 영업외수익(또는 기타수익)

영업외수익이란 기업의 주된 영업활동이 아닌 투자활동과 재무활동으로부터 발생한 수익과 차익으로서 중단사업손익에 해당하지 않는 것을 말한다. 한국채택국제회계기준에서는 '기타수익'으로 칭한다.

(2) 비 용

1) 비용의 개념

비용이란 기업의 경영활동과 관련된 재화의 판매 또는 용역의 제공 등에 따라 발생하는 자산의 유출이나 사용 또는 부채의 증가를 말한다.

비용(expenses)은 기업의 경영활동의 결과로서 발생하였거나 발생할 현금유출액을 나타내며, 경영활동의 종류와 당해 비용이 인식되는 방법에 따라 매출원가, 급여, 감가상각비, 이자비용, 임차비용 등과 같이 다양하게 구분될 수 있다.

2) 비용의 분류

손익계산서에 기재되는 비용은 매출원가, 판매비와관리비, 영업외비용, (계속사업손익)법인세비용으로 크게 구분된다.

① 매출원가

매출원가는 제품, 상품 등의 매출액에 대응되는 원가로서 판매된 제품이나 상품 등에 대한 제조원가 또는 매입원가를 말한다.

상기업의 경우는 기초상품재고액에 당기상품매입액을 가산하고 기말상품재고액을 차감하여 산정하며, 제조기업의 경우는 기초제품재고액에 당기제품제조원가를 가산하고 기말제품재고액을 차감하여 산정한다.

② 판매비와관리비

판매비와관리비는 제품, 상품, 용역 등의 판매활동과 기업의 관리활동에서 발생하는 비용으로서 매출원가에 속하지 아니하는 모든 영업비용을 말한다.

③ 영업외비용(또는 기타비용)

영업외비용은 기업의 주된 영업활동이 아닌 투자활동과 재무활동으로부터 발생한 비용과 차손으로서 중단사업손익에 해당하지 않는 것을 말한다. 포괄손익계산서에서는 '기타비용'으로 칭한다.

④ 계속사업손익법인세비용(또는 법인세비용)

계속사업손익법인세비용이란 계속사업손익에 대응하여 발생한 법인세비용(중단사업손익이 있는 경우)을 말한다. 한편 중단사업손익이 없을 경우는 법인세비용차감전순손익에 대응하여 발생한 법인세비용을 말한다.

3. 순손익(또는 포괄손익)

1) 순손익의 개념

순손익이란 기업의 일정기간 동안 총수익과 총비용을 대응시켜 얻어진 경영성과를 말한다.

순손익은 수익의 합계에서 비용의 합계를 차감하여 측정한다[7]. 이와 같은 방법으로 순손익을 측정하는 것을 거래접근법에 의한 손익측정이라고 한다.

순손익은 총수익에서 총비용을 차감하여 계산하며 총수익이 총비용보다 크면 순이익(net income)이 발생하며, 총비용이 총수익보다 크면 순손실(net loss)이 발생한다. 따라서 이것을 등식으로 표시하면 다음과 같다.

7) 실제로 수익의 합계에서 비용의 합계를 차감하여 산출하는 순손익(net income)은 포괄손익(comprehensive income)과는 약간의 차이가 있다. 그 이유는 현행 회계기준에서는 일부의 차익 및 차손의 항목들에 대해 순손익에 포함시키지 않고 있으므로 순손익과 포괄손익은 일치하지 않을 수 있기 때문이다. 예를 들어 FVOCI 금융자산의 평가이익 및 평가손실의 경우 순손익에는 포함되지 않고 자본(기타포괄손익누계액)으로 계상하나, 포괄손익은 이러한 평가이익과 평가손실도 포함한다. 따라서 포괄손익은 순손익보다는 그 범위가 더 넓은 개념이라고 할 수 있다. 포괄손익이 순손익과 차이가 나는 경우 포괄손익은 다음과 같이 나타낼 수 있다.

포괄손익(comprehensive income) = 순손익(net income) + 기타포괄손익(other comprehensive income)

순손익(순이익 또는 순손실) = 총수익 - 총비용

2) 포괄손익의 개념

포괄손익(comprehensive income)이란 기업이 일정 기간 동안 소유주와의 자본거래를 제외한 모든 거래나 사건으로 인하여 발생한 순자산의 변동을 말하며, 여기에는 소유주의 투자 및 소유주에 대한 분배 등 자본거래를 제외한 모든 원천에서 인식된 자본의 변동이 포함된다. 포괄손익을 등식으로 나타내면 다음과 같다.

(총)포괄손익 = 순손익 + 기타포괄손익 = 순손익 + (기타포괄이익 - 기타포괄손실)

3) 순손익의 분류

일반기업회계기준에서는 손익계산서상 손익을 매출총손익, 영업손익, 법인세비용차감전계속사업손익, 계속사업손익, 중단사업손익(법인세효과 차감 후), 당기순손익 등 6가지로 구분하여 표시하도록 규정하고 있다[8].

① 매출총손익

매출총손익은 매출액에서 매출원가를 차감하여 산출한다.

매출총손익 = 매출액 - 매출원가

② 영업손익

영업손익은 매출총손익에서 판매비와관리비를 차감하여 산출한다.

영업손익 = 매출총손익 - 판매비와관리비

③ 법인세비용차감전계속사업손익

법인세비용차감전계속사업손익은 영업손익에 영업외수익을 가산하고, 영업외비용을 차감하여 산출한다.

법인세비용차감전계속사업손익 = 영업손익 + 영업외수익 - 영업외비용

8) 중단사업손익이 없을 경우에는 '법인세비용차감전계속사업손익'을 '법인세비용차감전순손익'으로 표시하고, '계속사업손익법인세비용'은 '법인세비용'으로 표시하며, '계속사업손익'은 별도로 표시하지 않는다. 한편 중소기업회계기준에서는 손익계산서상 손익을 매출총손익, 영업손익, 법인세비용차감전손익, 당기순손익 등 4가지로 구분하여 표시한다.

④ 계속사업손익

계속사업손익은 법인세비용차감전계속사업손익에서 계속사업손익법인세비용을 차감하여 산출한다. 여기서 계속사업손익은 기업의 계속적인 사업활동과 그와 관련된 부수적인 활동에서 발생하는 손익으로서 중단사업손익에 해당하지 않는 모든 손익을 말하며, 계속사업손익법인세비용은 계속사업손익에 대응하여 발생한 법인세비용을 말한다.

계속사업손익 = 법인세비용차감전계속사업손익- 계속사업손익법인세비용

⑤ 중단사업손익

중단사업손익은 중단사업(discontinued operations)으로부터 발생한 영업손익과 영업외손익으로서 사업중단직접비용과 중단사업자산손상차손을 포함하며, 법인세효과를 차감한 후의 순액으로 보고한다[9].

⑥ 당기순손익

당기순손익은 계속사업손익에 중단사업손익을 가감하여 산출한다.

당기순손익 = 계속사업손익 ± 중단사업손익

2.3 (포괄)손익계산서의 양식

일반적으로 손익계산서 양식에는 계정식과 보고식이 있으나, 기업회계기준에서는 보고식 손익계산서만을 예시하고 있으며, 손익계산서는 이해하기 쉽도록 간단하고 명료하게 표시하여야 한다.

1. 계정식

손익계산서 구조에서 설명한 것처럼 왼쪽(차변)에 비용을, 오른쪽(대변)에는 수익을 기재하고 수익과 비용의 차액인 순이익은 왼쪽(차변)에 기재하여 작성하는 방법을 말한다.

---

9) 기업이 회계연도 중에 사업의 일부를 중단한 경우에는 그 중단사업(discontinued operations)의 모든 손익의 순액을 따로 "중단사업손익"으로 계산하여 계속사업(continuing operations)의 손익과 구분하여 보고하여야 한다.

2. 보고식

수익과 비용을 순서대로 나열하면서 수익에서 비용을 차감한 이익 또는 손실을 나타내는 양식을 말한다.

한편 손익계산서를 작성함에 있어서 모든 수익과 모든 비용을 각각 하나로 묶은 후 이 두 묶음을 대응시켜 손익을 나타내는 **'단일구분손익계산서(single-step income statement)'**와 수익과 비용을 일정한 기준에 따라 구분하여 표시하는 **'구분손익계산서(다단계손익계산서, multi-step income statement)'**를 작성할 수 있는데 일반적으로 손익계산서의 작성이라 함은 후자인 구분손익계산서의 작성을 의미한다. 일반기업회계기준에 의한 손익계산서 양식은 다음과 같다.

손익계산서(중단사업손익이 있는 경우)

손익계산서(중단사업손익이 있는 경우)
Ⅰ. 매출액
Ⅱ. 매출원가
Ⅲ. 매출총손익
Ⅳ. 판매비와관리비
Ⅴ. 영업손익
Ⅵ. 영업외수익
Ⅶ. 영업외비용
Ⅷ. 법인세비용차감전계속사업손익
Ⅸ. 계속사업손익법인세비용
Ⅹ. 계속사업손익
Ⅺ. 중단사업손익(법인세효과 차감 후)[10]
Ⅻ. 당기순손익

손익계산서(중단사업손익이 없는 경우)

손익계산서(중단사업손익이 없는 경우)
Ⅰ. 매출액
Ⅱ. 매출원가
Ⅲ. 매출총손익
Ⅳ. 판매비와관리비
Ⅴ. 영업손익
Ⅵ. 영업외수익
Ⅶ. 영업외비용

10) 중단사업손익이 없을 경우에는 '법인세비용차감전계속사업손익'을 '법인세비용차감전순손익'으로 표시하고, '계속사업손익법인세비용'은 '법인세비용'으로 표시하며, '계속사업손익'은 별도로 표시하지 않는다.

Ⅷ. 법인세비용차감전순손익
Ⅸ. 법인세비용
Ⅹ. 당기순손익

한편 포괄손익계산서에는 수익, 비용, 순손익, 기타포괄손익 및 총포괄손익 등 다섯 가지 정보가 기록된다. 포괄손익계산서의 구조를 이 세 정보의 상호관계에 따라 식으로 표현하면 다음과 같다.

수익 - 비용 = 당기 순손익(순이익, 순손실)
당기순이익 + 기타포괄이익 - 기타포괄손실 = 총포괄손익

포괄손익계산서 양식

하나의 보고서 작성시		두 개의 보고서 작성시	
포괄손익계산서	수익 금융원가 지분법당기순손익에 대한 지분 법인세 비용 세후 중단영업손익 당기순손익 기타포괄손익 외환차이 FVOCI 금융자산평가손익 현금흐름위험회피수단평가손익 보험수리적손익 지분법기타포괄손익에 대한지분 총포괄손익	손익계산서	수익 금융원가 지분법당기순손익에 대한 지분 법인세 비용 세후 중단영업손익 당기순손익
		포괄손익계산서	당기순손익 기타포괄손익 외환차이 FVOCI 금융자산평가손익 현금흐름위험회피수단평가손익 보험수리적손익 지분법기타포괄손익에대한지분 총포괄손익

한국채택국제회계기준에서는 포괄손익계산서의 표시 방법에 관계없이 비용을 성격별 또는 기능별로 구분하여 작성하도록 되어 있다. 비용을 기능별로 분류할 경우에는 비용의 성격에 대한 추가정보를 공시한다.

(1) 성격별 분류 형태

비용을 성격별로 분류할 때에는 비용을 성격별로 감가상각비, 원재료, 운송비, 급여, 광고선전비 등으로 통합하며, 기능별로 재배분하지 않는다.

(2) 기능별 분류 형태

비용을 기능별로 물류원가, 관리활동원가 등으로 구분할 경우에는 매출원가를 다른 비용과 분리하여 공시한다. 기능별 분류법은 '매출원가법'이라고도 부른다.

포괄손익계산서(성격별 분류)

비룡(주)	2017년 1월 1일부터~2017년 12월 31일까지	(단위: 천원)
수익		₩100,000
기타수익		50,000
원재료와 소모품사용액	₩60,000	
종업원급여비용	30,000	
감가상각비와 기타상각비	10,000	
기타비용	20,000	
비용 총계		₩120,000
법인세비용 차감전 순이익		30,000
법인세		6,000
당기순이익		24,000
기타포괄이익		
유형자산재평가이익		1,000
FVOCI 금융자산평가이익		2,000
총포괄이익		₩27,000

포괄손익계산서(기능별 분류)

비룡(주)	2017년 1월 1일부터~2017년 12월 31일까지	(단위: 천원)
수익		₩100,000
매출원가		(70,000)
매출총이익		30,000
기타수익		50,000
물류원가		20,000
관리비		10,000
기타비용		20,000
법인세비용 차감전 순이익		30,000
법인세		6,000
당기순이익		24,000
기타포괄이익		
유형자산재평가이익		1,000
FVOCI 금융자산평가이익		2,000
총포괄이익		₩27,000

2.4 (포괄)손익계산서의 유용성과 한계

1. (포괄)손익계산서의 유용성

수익과 비용으로 구성되는 (포괄)손익계산서는 일반적으로 다음과 같은 유용성을 갖고 있다.

① 일정기간의 기업의 성과에 관한 정보를 제공한다.
(포괄)손익계산서는 기업의 일정기간의 수익 · 비용 · 순손익, 그리고 기타포괄손익에 관한 정보를 제공함으로써 기업이 일정기간 동안 어느 정도의 성과(경영성과 또는 재무성과)를 달성하였는가에 관한 정보를 제공한다.

② 기업의 수익성(profitability)을 평가하는데 유용한 정보를 제공한다.
손익계산서는 그 기업의 과거의 수익성뿐만 아니라 잠재적 수익력(potential earning power)을 예측하고 평가하는데 도움이 되는 정보를 제공한다.

③ 이익계획을 수립하는데 유용한 정보를 제공한다.
손익계산서는 기업이 경영계획, 특히 이익계획이나 예산을 편성하는데 도움이 되는 정보를 제공한다.

④ 경영자의 성과평가에 관한 유용한 정보를 제공한다.
손익계산서는 경영자가 기업의 목표를 어느 정도 달성하였으며, 얼마나 효율적으로 기업을 경영하였는지를 평가할 수 있는 정보를 제공한다.

⑤ 기업의 배당정책의 수립, 세금결정 등에 기초자료를 제공한다.

2. (포괄)손익계산서의 한계

(포괄)손익계산서를 통하여 제공되는 정보들도 다음과 같은 한계를 갖고 있다.

① 대체적 회계방법을 사용할 수 있으므로 회계자료의 기업 간 비교, 동일기업 내의 기간별 비교에 문제가 발생할 수 있으며, 회계변경이 행해지는 경우에는 이익조작이 행해질 수 있다.

② 수익 · 비용의 대응이 잘못 이루어지는 경우가 있다. 현행수익과 대응되는 비용으로서 취득원가주의에 의한 역사적 원가가 대응됨으로써 잘못된 수익 · 비용대응이 이루어지는 경우가 있다.

③ 이익측정 자체에 어려움이 있다. 회계상의 이익측정은 화폐액으로 측정가능한 것만을 대상으로 행해지므로 이익측정 그 자체에 문제가 있을 수 있다.

④ (포괄)손익계산서의 양식 및 작성방법이 다소 복잡하며, 손익항목의 구분에 어려움이 있을 수 있다.

2.5 (포괄)손익계산서의 작성 예

다음의 자료는 한국(주)의 수정전 시산표와 결산정리사항이다. 단, 회계기간은 2017년 1월 1일부터 2017년 12월 31일이다.

잔 액 시 산 표

현금및현금성자산	3,650,000	매입채무	450,000
FVPL금융자산	435,000	가수금	300,000
매출채권	1,170,000	사채	1,200,000
이월상품	261,000	퇴직급여충당부채	200,000
FVOCI금융자산	150,000	손실충당금	16,000
건물	1,050,000	감가상각누계액	152,000
매입	5,046,000	자본금	3,000,000
급여	268,000	이익준비금	400,000
세금과공과	12,000	이월이익잉여금	240,000
보험료	54,000	매출	5,904,000
소모품비	90,000	이자수익	390,000
잡비	30,000	잡이익	19,000
이자비용	55,000		
	12,271,000		12,271,000

[결산정리사항]

(1) 기말상품재고액 : 장부금액 380,000원, 순실현가능가치 340,000원

(2) FVPL 금융자산 평가액 360,000원

(3) 가수금은 전액 외상매출금의 회수로 판명되다.

(4) 매출채권 잔액 중 17,400원의 손상을 예상하다.

(5) 당기분 퇴직급여충당부채 20,000원을 설정하다(일시퇴직금제도 채택 시).

(6) 건물에 대한 감가상각비를 장부금액의 10%로 계상하다.

(7) 사채는 2년 전 초에 발행하였으며, 기한 5년, 이율 연 12%, 이자지급 연 1회, 사채이자를 계상하다.

(8) 이자 미수액 60,000원을 계상하다.

(9) 소모품 미사용액 30,000원을 계상하다.

[결산정리분개]

1) 매 입	261,000	이월상품	261,000
이월상품	380,000	매 입	380,000

상품평가손실	40,000	상품평가충당금	40,000
2) FVPL 금융자산평가손실	75,000	FVPL 금융자산	75,000
3) 가수금	300,000	매출채권	300,000
4) 손상차손	1,400	손실충당금	1,400
5) 퇴직급여	20,000	퇴직급여충당부채	20,000
6) 감가상각비	89,800	감가상각누계액	89,800
7) 이자비용	144,000	미지급이자	144,000
8) 미수이자	60,000	이자수익	60,000
9) 소모품	30,000	소모품비	30,000
10) 이월이익잉여금	240,000	미처분이익잉여금	836,800
손 익	596,800		

* 10)은 결산정리분개라고 하기보다는 이익잉여금처분 관련분개라고 말할 수 있다.

이상의 자료로 일반기업회계기준에 의한 손익계산서를 작성하면 다음과 같다.

손익계산서

한국(주) 2017년 1월 1일부터 2017년 12월 1일까지 (단위: 원)

과 목	금 액	
Ⅰ. 매출액		5,904,000
Ⅱ. 매출원가		
1. 기초상품재고액	261,000	
2. 당기상품순매입액	5,046,000	
3. 기말상품재고액	380,000	
4. 상품평가손실	40,000	4,967,000
Ⅲ. 매출총이익		937,000
Ⅳ. 판매비와관리비		
1. 급여	268,000	
2. 퇴직급여	20,000	
3. 감가상각비	89,800	
4. 세금과공과	12,000	
5. 손상차손	1,400	
6. 보험료	54,000	
7. 소모품비	60,000	
8. 잡비	30,000	535,200
Ⅴ. 영업이익		401,800
Ⅵ. 영업외수익		
1. 이자수익	450,000	
2. 잡이익	19,000	469,000

Ⅶ. 영 업 외 비 용		
1. 이 자 비 용	199,000	
2. FVPL 금융자산평가손실	75,000	274,000
Ⅷ. 법인세비용차감전순이익		596,800
IX 당 기 순 이 익		596,800

제3절 자본변동표의 작성

3.1 자본변동표의 의의와 목적

자본변동표(Statement of Changes in Equity)는 자본의 크기와 그 변동에 관한 정보를 나타내는 회계보고서를 말한다.

자본변동표는 자본의 크기와 그 변동에 관한 정보를 제공하는 재무보고서로서, 자본을 구성하고 있는 자본금, 자본잉여금, 자본조정, 기타포괄손익누계액, 이익잉여금(또는 결손금)의 변동에 대한 포괄적인 정보를 제공한다.

3.2. 자본변동표의 기본구조

자본변동표에는 자본금, 자본잉여금, 자본조정, 기타포괄손익누계액, 이익잉여금(또는 결손금)의 각 항목별로 기초잔액, 변동사항, 기말잔액을 표시한다.[11)]

1) 자본금의 변동은 유상증자(감자), 무상증자(감자)와 주식배당 등에 의하여 발생하며, 자본금은 보통주자본금과 우선주자본금으로 구분하여 표시한다.
2) 자본잉여금의 변동은 유상증자(감자), 무상증자(감자), 결손금처리 등에 의하여 발생하며, 주식발행초과금과 기타자본잉여금으로 구분하여 표시한다.

11) 자본변동표의 구조 등은 일반기업회계기준 제2장(2.75-2.81)을 참고하여 서술하였다. 한편 K-IFRS 제1001호 문단 106에 의하면 자본변동표에는 다음의 정보를 포함하여야 한다고 규정하고 있다. ① 지배기업의 소유주와 비지배지분에게 각각 귀속되는 금액으로 구분하여 표시한 해당 기간의 총포괄손익, ② 자본의 각 구성요소별로 K-IFRS 제1008호에 따라 인식된 소급적용이나 소급재작성의 영향, ③ 자본의 각 구성요소별로 다음의 각 항목에 따른 변동액을 구분하여 표시한, 기초시점과 기말시점의 장부금액 조정내역 (a) 당기순손익, (b) 기타포괄손익, (c) 소유주로서의 자격을 행사하는 소유주와의 거래(소유주에 의한 출자와 소유주에 대한 배분, 그리고 지배력을 상실하지 않는 종속기업에 대한 소유지분의 변동을 구분하여 표시)

3) 자본조정의 변동은 자기주식은 구분하여 표시하고 기타자본조정은 통합하여 표시할 수 있다.
4) 기타포괄손익누계액의 변동은 매도가능증권평가손익, 해외사업환산손익 및 현금흐름위험회피 파생상품평가손익은 구분하여 표시하고 그 밖의 항목은 그 금액이 중요할 경우에는 적절히 구분하여 표시할 수 있다.
5) 이익잉여금의 변동은 다음과 같은 항목으로 구분하여 표시한다.
   ① 회계정책의 변경으로 인한 누적효과
   ② 중대한 전기오류수정손익
   ③ 연차배당(당기 중에 주주총회에서 승인된 배당금액으로 하되 현금배당과 주식배당으로 구분하여 기재)과 기타 전기말 미처분이익잉여금의 처분
   ④ 중간배당(당기 중에 이사회에서 승인된 배당금액)
   ⑤ 당기순손익
   ⑥ 기타 : ① 내지 ⑤ 외의 원인으로 당기에 발생한 이익잉여금의 변동으로 하되, 그 금액이 중요한 경우에는 적절히 구분하여 표시한다.

자본변동표에서 전기에 이미 보고된 이익잉여금(또는 결손금)의 금액이 당기에 발생한 회계정책의 변경이나 중대한 전기오류수정으로 인하여 변동된 경우에는 전기에 이미 보고된 금액을 별도로 표시하고 회계정책 변경이나 오류수정이 매 회계연도에 미치는 영향을 가감한 수정후 이익잉여금을 표시한다.

3.3. 자본변동표의 양식

자본변동표의 양식을 요약하여 나타내면 다음과 같다.

<u>자본변동표</u>

××(주) 제00기 20××년 1월 1일부터 20××년 12월 31일까지 (단위: 원)

구 분	자본금	자본잉여금	자본조정	기타포괄손익 누계액	이익잉여금	총계
기초잔액						
변동사항						
기말잔액						

3.4. 자본변동표의 작성 예

다음의 자료로 제10기 서울(주)의 자본변동표를 작성하시오.

자료

1) 기초(2017년 1월 1일) 자본

자본금	1,500,000원	
자본잉여금	250,000	
자본조정	(12,000)	
기타포괄손익누계액	5,000	
이익잉여금	630,000	2,373,000원

2) 당기 변동액

전기오류수정이익	18,400원
기타이익잉여금처분액	63,000
중간배당	30,000
유상증자	
자본금	500,000
자본잉여금	350,000
당기순이익	596,000
자기주식취득	18,000
FVOCI 금융자산평가이익	6,000

이상의 자료로 자본변동표를 나타내면 다음과 같다.

자본변동표

서울(주) 제10기 2017년 1월 1일부터 2017년 12월 31일까지 (단위: 원)

구 분	자본금	자본잉여금	자본조정	기타포괄 손익누계액	이익잉여금	총 계
2017년 1월1일	1,500,000	250,000	(12,000)	5,000	630,000	2,373,000
전기오류수정 이익					18,400	18,400
기타이익 잉여금처분액					(63,000)	(63,000)
처분 후 이익잉여금					585,400	2,328,400

중간배당					(30,000)	(30,000)
유상증자	500,000	350,000				850,000
당기순이익					596,000	596,000
자기주식 취득			(18,000)			(18,000)
FVOCI 금융자산평가이익				6,000		6,000
2017년 12월 31일	2,000,000	600,000	(30,000)	11,000	1,151,400	3,732,400

제4절 현금흐름표의 작성

4.1 현금흐름표의 의의와 목적

현금흐름표(Statement of Cash Flows)는 일정기간 동안 기업의 현금흐름, 즉 현금 유입과 유출을 나타내는 회계보고서이다.

현금흐름표는 일정기간 동안 기업에 대한 현금유입(cash inflows)과 현금유출(cash outflows)에 대한 정보를 제공하는 재무보고서로서, 영업활동을 통한 현금창출에 관한 정보, 투자활동에 관한 정보 및 자본조달을 위한 재무활동에 대한 정보를 제공한다.12)

이러한 현금흐름정보는 기업의 현금지급능력, 재무적 탄력성, 수익성 및 위험 등을 평가하는 데 유용하며, 여러 기업의 미래현금흐름의 현재가치를 비교하여 기업가치를 평가하는 데 필요한 기초자료를 제공한다. 즉 현금흐름표는 일정기간 동안의 현금흐름(cash flows)을 나타내는 표로서 현금의 변동내용을 명확히 보고하기 위하여 당해 회계기간에 속하는 현금의 유입(inflows)과 유출(outflows) 내용을 나타내는 회계보고서를 말한다.

일반적으로 손익계산서 상에 표시된 순이익과 현금보유액과는 일치하지 않는다. 예를 들어 상품을 외상으로 매출한 경우 손익계산서에는 수익으로 인식하여 계상됨으로써 순이익이 증가한 것으로 표시되나 실제 기업으로 들어온 현금은 전혀 없게 된다. 이와 같이 순이익은 많은데 기업이 도산하는 경우가 있는데 이것을 흑자도산이라고 한다.

12) 중소기업회계기준에서는 현금흐름표 작성을 요구하고 있지 않다.

기업이 도산하는 경우는 대부분 만기일이 도래한 어음을 결재할 현금이 부족하기 때문에 발생한다. 따라서 회계정보이용자들은 재무상태표나 손익계산서만으로는 기업의 도산여부를 정확히 판단하기가 어려워 현금흐름에 관한 회계보고서를 이용하게 되는데 이것을 현금흐름표라고 한다.

4.2 현금흐름표의 기본구조

기업의 활동은 크게 영업활동(operating activities), 투자활동(investing activities), 재무활동(financial activities)으로 나눌 수 있다. 따라서 기업에 있어서의 현금흐름도 영업활동, 투자활동, 재무활동으로 인한 현금유입과 영업활동, 투자활동, 재무활동으로 인한 현금유출로 나눌 수 있다.

1. 구분표시

현금흐름표는 현금흐름을 영업활동, 투자활동 및 재무활동 현금흐름으로 구분하여 표시하고, 이 세 가지 활동의 순현금흐름에 기초의 현금을 가산하여 기말의 현금을 산출하는 형식으로 표시한다. 현금흐름표에서 현금이라 함은 현금 및 현금성자산을 말한다.

(1) 영업활동으로 인한 현금흐름

영업활동은 주요 수익창출 활동(예 : 재고자산의 판매)뿐만 아니라, 투자활동이나 재무활동에 속하지 아니하는 거래와 사건을 모두 포함한 활동을 말한다. 영업활동은 주로 제품의 생산과 판매활동, 상품과 용역의 구매와 판매활동 및 관리활동을 포함한다.

영업활동으로 인한 현금의 유입에는 제품 등의 판매에 따른 현금유입(매출채권의 회수 포함), 이자수익과 배당금수익, 기타 투자활동과 재무활동에 속하지 아니하는 거래에서 발생된 현금유입이 포함된다.

영업활동으로 인한 현금의 유출에는 원재료, 상품 등의 구입에 따른 현금유출(매입채무의 결제 포함), 기타 상품과 용역의 공급자와 종업원에 대한 현금지출, 법인세(토지등 양도소득에 대한 법인세 제외)의 지급, 이자비용, 기타 투자활동과 재무활동에 속하지 아니하는 거래에서 발생된 현금유출이 포함된다.

영업활동으로 인한 현금흐름은 직접법 또는 간접법으로 보고한다.

1) 직접법

현금을 수반하여 발생한 수익 또는 비용항목을 총액으로 표시하되, 현금유입액은 원천별로 현금유출액은 용도별로 분류하여 표시하는 방법을 말한다. 이 경우 현금을 수반하여 발생하는 수익·비용항목을 원천별로 구분하여 직접 계산하는 방법 또는 매출과 매출원가에 현금의 유출·유입이 없는 항목과 재고자산·매출채권·매입채무의 증감을 가감하여 계산하는 방법으로 한다.

2) 간접법

당기순이익(또는 당기순손실)에 현금의 유출이 없는 비용 등을 가산하고 현금의 유입이 없는 수익 등을 차감하며, 영업활동으로 인한 자산·부채의 변동을 가감하여 표시하는 방법을 말한다.

① 현금의 유출이 없는 비용 등은 현금의 유출이 없는 비용, 투자활동과 재무활동으로 인한 비용을 말한다.

② 현금의 유입이 없는 수익 등은 현금의 유입이 없는 수익, 투자활동과 재무활동으로 인한 수익을 말한다.

③ 영업활동으로 인한 자산·부채의 변동은 영업활동과 관련하여 발생한 유동자산 및 유동부채의 증가 또는 감소를 말한다.

(2) 투자활동으로 인한 현금흐름

투자활동이라 함은 현금의 대여와 회수활동, 유가증권·투자자산·유형자산 및 무형자산의 취득과 처분활동 등을 말한다.

투자활동으로 인한 현금의 유입에는 대여금의 회수, 단기투자자산·유가증권·투자자산·유형자산·무형자산의 처분 등이 포함된다.

투자활동으로 인한 현금의 유출에는 현금의 대여, 단기투자자산·유가증권·투자자산·유형자산·무형자산의 취득에 따른 현금유출로서 취득 직전 또는 직후의 지급액 등이 포함된다.

(3) 재무활동으로 인한 현금흐름

재무활동이라 함은 현금의 차입 및 상환활동, 신주발행이나 배당금의 지급활동 등과 같이 부채 및 자본계정에 영향을 미치는 거래를 말한다.

재무활동으로 인한 현금의 유입에는 단기차입금·장기차입금의 차입, 어음·사채의 발행, 주식의 발행 등이 포함된다.

재무활동으로 인한 현금의 유출에는 배당금의 지급, 유상감자, 자기주식의 취득, 차입금의 상환, 자산의 취득에 따른 부채의 지급 등이 포함된다.

(4) 투자활동 현금흐름과 재무활동 현금흐름의 보고

투자활동 현금흐름과 재무활동 현금흐름은 총현금유입과 총현금유출을 주요 항목별로 구분하여 총액으로 표시하는 것을 원칙으로 한다.

4.3 현금흐름표의 양식

현금흐름표 양식을 요약하여 나타내면 다음과 같다.

현금흐름표(요약)

Ⅰ. 영업활동으로 인한 현금흐름
  1. 영업활동으로 인한 현금유입액
  2. 영업활동으로 인한 현금유출액
Ⅱ. 투자활동으로 인한 현금흐름
  1. 투자활동으로 인한 현금유입액
  2. 투자활동으로 인한 현금유출액
Ⅲ. 재무활동으로 인한 현금흐름
  1. 재무활동으로 인한 현금유입액
  2. 재무활동으로 인한 현금유출액
Ⅳ. 현금의 증가(감소)(Ⅰ+Ⅱ+Ⅲ)
Ⅴ. 기초의 현 금
Ⅵ. 기말의 현 금

4.3 현금흐름표의 작성 예

현 금 흐 름 표

비룡(주) 제10기 2017년 1월 1일부터 2017년 12월 31일까지 (단위: 만원)

영업활동으로 인한 현금흐름		1,150
매출로부터의 유입액	1,000	
이자수익 유입액*	200	
배당금수익 유입액	100	
이자비용 유출액*	(50)	
법인세의 지급*	(100)	

투자활동으로 인한 현금흐름		(500)
건물의 처분	3,000	
유가증권의 취득[13]	(800)	
토지의 취득	(2,500)	
개발비의 지급	(200)	
재무활동으로 인한 현금흐름		(50)
사채의 발행	200	
보통주의 발행	300	
단기차입금의 상환	(300)	
사채의 상환	(250)	
현금의 증가		600
기초의 현금		1,000
기말의 현금		1,600

*K-IFRS에서는 비금융기업의 경우 이자의 수입과 배당금 수입을 영업활동으로 인한 현금유입 또는 투자활동으로 인한 현금유입으로 분류하는 것을 허용하고 있으며, 이자비용의 지급과 배당금의 지급을 영업활동으로 인한 현금유출 또는 재무활동으로 인한 현금유출로 분류하는 것을 허용하고 있다. 그리고 이자의 수입 및 지급과 배당금의 수입 및 지급은 현금흐름표 본문에 별도표시(직접 공시)하도록 규정하고 있으며, 법인세의 지급도 현금흐름표 본문에 별도 표시(직접 공시)하도록 규정하고 있다. 물론 기업실무에서는 배당금의 지급을 재무활동으로 인한 현금유출로 분류하는 기업들이 많으며, 재무활동 결과인 이자의 지급과 수입도 영업활동으로 인한 현금의 유출과 유입으로 분류하는 기업들도 많다.

13) K-IFRS에서는 (FVPL 금융자산이 아닌) 당기 및 장기금융자산(현금성자산에 속하지 않는 금융자산, 단기 및 장기대여금, FVOCI 금융자산, AC 금융자산의 취득과 처분에 따른 현금유입 및 유출액은 투자활동으로 인한 현금유입 및 유출액으로 분류하고 있다.

연습문제

1. 한국상사의 제7기(2017년 1월 1일 ~ 12월 31일) 기말 잔액시산표와 기말정리사항은 다음과 같다. 8위식 정산표를 작성하고 결산정리분개도 하시오.

잔 액 시 산 표

계정	금액	계정	금액
현금	150,000	매입채무	400,000
당좌예금	206,000	손실충당금	5,000
매출채권	300,000	비품감가상각누계액	9,000
FVPL금융자산	200,000	자본금	500,000
이월상품	200,000	매출	1,670,000
비품	100,000	수수료수익	16,000
매입	1,420,000	이자수익	40,000
영업비	8,000	유형자산처분이익	110,000
판매비	80,000	임대료	50,000
보험료	5,000		
이자비용	4,000		
소모품비	12,000		
잡비	115,000		
	2,800,000		2,800,000

[결산정리사항]

1) 기말상품재고액 : ₩150,000
2) 소모품미사용액 : ₩7,000
3) 비품의 감가상각 : 정액법, 내용년수 10년, 잔존가치는 취득원가의 10%
4) 손실충당금 : 매출채권 잔액 중 ₩6,000의 회수가 불투명하다.
5) 보험료 선급분 : ₩2,000
6) FVPL 금융자산 평가액 : ₩180,000
7) 이자미지급액 : ₩5,000
8) 수수료 미수분 : ₩4,000

2. 위의 문제 1.를 이용하여 K-IFRS에 의한 손익계산서와 재무상태표를 작성하시오.

3. 다음은 KS(주)의 재무상태표 중 자본 구성을 나타낸 것이다. 물음에 답하시오.

부분재무상태표

KS(주) 2017년 12월 31일 현재

자본		
납입자본		
보통주자본금*		₩60,000,000
주식발행초과금		10,000,000
이익잉여금		
이익준비금	15,000,000	
사업확장적립금	10,000,000	
배당평균적립금	5,000,000	
감채적립금	3,000,000	
미처분이익잉여금	7,000,000	40,000,000
기타자본요소		
자기주식		(6,000,000)
자본 총계		₩104,000,000

*주당 액면금액 ₩5,000, 발행주식수 12,000주

2018년 중 다음과 같은 자본 관련 거래가 발생하였다.

1월 15일 보통주 2,000주를 주당 ₩6,000에 발행하고 대금은 당좌예입하다.

3월 15일 주주총회에서 다음의 이익잉여금 처분안을 의결하다.

1) 사업확장적립금 ₩3,000,000 이입
2) 배당평균적립금 ₩2,000,000 이입
3) 이익준비금 ₩5,000,000 적립
4) 2017년도 이익배당(액면배당률 5%, 현금배당액 ₩3,000,000, 3월 25일 지급)

3월 25일 배당금 ₩3,000,000을 현금으로 지급하다.

9월 1일 주식발행초과금 ₩5,000,000을 재원으로 무상증자하다.

10월 15일 자기주식 200주를 주당 ₩7,000씩 현금으로 지급하고 취득하다.

12월 31일 당년도의 당기순이익 ₩5,000,000이 발생하다.

물음1 위 자본 관련 거래를 회계처리하시오.

물음2 위 회계처리를 토대로 부분재무상태표(자본 부분)를 작성하시오.

물음3 위 거래를 반영하여 자본변동표를 작성하시오.

해답

1.

[결산정리분개]

	차변	금액	대변	금액
1)	차) 매 입	200,000	대) 이월상품	200,000
	이월상품	150,000	매 입	150,000
2)	차) 소모품	7,000	대) 소모품비	7,000
3)	차) 감가상각비	9,000	대) 감가상각누계액	9,000
4)	차) 손상차손	1,000	대) 손실충당금	1,000
5)	차) 선급보험료	2,000	대) 보험료	2,000
6)	차) FVPL 금융자산평가손실*	20,000	대) FVPL 금융자산	20,000
7)	차) 이자비용	5,000	대) 미지급비용	5,000
8)	차) 미수수익	4,000	대) 수수료수익	4,000

*'단기투자자산평가손실' 계정도 가능하다.

정 산 표(8위식)

계 정 과 목	잔액시산표		결산정리분개		손익계산서		재무상태표	
	차변	대변	차변	대변	차변	대변	차변	대변
현금	150,000						150,000	
당좌예금	206,000						206,000	
매출채권	300,000						300,000	
FVPL 금융자산	200,000			20,000			180,000	
이월상품	200,000		150,000	200,000			150,000	
비품	100,000						100,000	
매입채무		400,000						400,000
손실충당금		5,000		1,000				6,000
비품감가상각누계액		9,000		9,000				18,000
자본금		500,000						500,000

계정과목								
매출		1,670,000				1,670,000		
수수료수익		16,000		4,000		20,000		
이자수익		40,000				40,000		
유형자산처분이익		110,000				110,000		
임대료		50,000				50,000		
매입	1,420,000		200,000	150,000	1,470,000			
영업비	8,000				8,000			
판매비	80,000				80,000			
보험료	5,000			2,000	3,000			
이자비용	4,000		5,000		9,000			
소모품비	12,000			7,000	5,000			
잡비	115,000				115,000			
	2,800,000	2,800,000						
소모품			7,000				7,000	
감가상각비			9,000		9,000			
손상차손			1,000		1,000			
선급보험료			2,000				2,000	
FVPL 금융자산 평가손실			20,000		20,000			
미지급비용				5,000				5,000
미수수익			4,000				4,000	
당기순이익					170,000			170,000
			398,000	398,000	1,890,000	1,890,000	1,099,000	1,099,000

2-1. 손익계산서

한국상사 제7기 2017년 1월 1일부터 2017년 12월 31일까지 (단위: 원)

과 목	제9기	
	금 액	
Ⅰ. 매출액		1,670,000
Ⅱ. 매출원가		
1. 기초상품재고액	200,000	
2. 당기상품매입액	1,420,000	
계	1,620,000	
3. 기말상품재고액	150,000	1,470,000
Ⅲ. 매출총이익		200,000
Ⅳ. 판매비와관리비		
1. 영업비	8,000	
2. 판매비	80,000	
3. 보험료	3,000	
4. 소모품비	5,000	
6. 감가상각비	9,000	
7. 손상차손	1,000	

8. 잡 비	115,000	221,000
Ⅴ. 영 업 손 실		(21,000)
Ⅵ. 기 타 수 익		
1. 수 수 료 수 익	20,000	
2. 이 자 수 익	40,000	
3. 임 대 료	50,000	
4. 유 형 자 산 처 분 이 익	110,000	220,000
Ⅶ. 기 타 비 용		
1. 이 자 비 용	9,000	
2. FVPL 금융자산평가손실	20,000	29,000
Ⅷ. 법인세비용차감전순이익		170,000
Ⅸ 당 기 순 이 익		170,000

2-2. 재무상태표

한국상사 제7기 2017년 12월 31일 현재 (단위: 원)

과 목	금 액		과 목	금 액
자 산			부 채	
Ⅰ.유 동 자 산			Ⅰ. 유 동 부 채	
1. 현 금*		150,000	1. 매 입 채 무	400,000
2. 당 좌 예 금*		206,000	2. 미 지 급 비 용	5,000
3. FVPL금융자산		180,000	부 채 총 계	405,000
4. 매 출 채 권	300,000		자 본	
손 실 충 당 금	6,000	294,000	Ⅰ. 자 본 금	500,000
5. 상 품		150,000	Ⅱ. 미처분이익잉여금	170,000
6. 소 모 품		7,000		
7. 선 급 보 험 료		2,000		
8. 미 수 수 익		4,000		
Ⅱ. 비 유 동 자 산				
1. 비 품	100,000			
감가상각누계액	18,000	82,000	자 본 총 계	670,000
자 산 총 계		1,075,000	부채와자본총계	1,075,000

*현금및현금성자산이라는 통합계정을 사용할 수 있다.

3. **물음1** 일자별 거래의 회계처리

1/15	차) 당좌예금	12,000,000	대) 보통주자본금	10,000,000
			주식발행초과금	2,000,000
3/15	차) 사업확장적립금	3,000,000	대) 미처분이익잉여금	5,000,000
	배당평균적립금	2,000,000		
	차) 미처분이익잉여금	5,000,000	대) 이익준비금	5,000,000
	차) 미처분이익잉여금	3,000,000	대) 미지급배당금	3,000,000
3/25	차) 미지급배당금	3,000,000	대) 현금	3,000,000

9/1 차) 주식발행초과금 5,000,000 대) 보통주자본금 5,000,000
10/15 차) 자기주식 1,400,000 대) 현금 1,400,000
12/31 차) 손익 5,000,000 대) 미처분이익잉여금 5,000,000

물음2 부분재무상태표(자본 부분)

부분재무상태표

KS(주) 2018년 12월 31일 현재

자본		
납입자본		
보통주자본금*		₩75,000,000
주식발행초과금		7,000,000
이익잉여금		
이익준비금	20,000,000	
사업확장적립금	7,000,000	
배당평균적립금	3,000,000	
감채적립금	3,000,000	
미처분이익잉여금	9,000,000	42,000,000
기타자본요소		
자기주식		(7,400,000)
자본 총계		₩116,600,000

*주당 액면금액 ₩5,000, 발행주식수 15,000주

물음3 자본변동표의 작성

자본변동표

KS(주) 2018년 1월 1일부터 2018년 12월 31일까지

	납입자본	이익잉여금*	기타자본요소	총계
2018년 1월 1일	₩70,000,000	₩40,000,000	₩(6,000,000)	₩104,000,000
당기순이익		5,000,000		5,000,000
유상증자	12,000,000			12,000,000
현금배당		(3,000,000)		(3,000,000)
자기주식 취득			(1,400,000)	(1,400,000)
2018년 12월 31일	₩82,000,000	₩42,000,000	(7,400,000)	₩116,600,000

*임의적립금의 이입이나 각종 적립금의 적립은 이익잉여금 총액을 변동시키지 않으므로 자본변동표에는 표시되지 않는다. 즉 임의적립금의 이입이나 각종 적립금의 적립은 이익잉여금 내의 변동(재분류)에 지나기 않기 때문에 자본변동표에는 나타나지 않으며, 그 내용은 재무제표 주석으로 표시한다.

종합문제

1. 우리나라 K-IFRS, 일반기업회계기준, 중소기업회계기준에서 규정하고 있는 재무제표의 종류는 무엇인가?

2. 인천상사의 5기(2017. 1. 1 ~ 2017. 12. 31)말 현재의 자료에 따라 계정식 재무상태표와 보고식 (포괄)손익계산서를 작성하시오.

잔 액 시 산 표

차변 계정	금액	대변 계정	금액
현금	300,000	매입채무	600,000
당좌예금	520,000	손실충당금	8,000
매출채권	800,000	비품감가상각누계액	400,000
FVPL금융자산	500,000	자본금	10,000,000
이월상품	300,000	매출	5,000,000
비품	2,000,000	수수료수익	110,000
차량운반구	8,000,000	FVPL금융자산처분이익	60,000
매입	3,200,000		
영업비	400,000	이자수익	40,000
급여	600,000	유형자산처분이익	800,000
보험료	120,000	임대료	52,000
이자비용	40,000		
소모품비	30,000		
잡비	260,000		
	1,7070,000		1,7070,000

[결산정리사항]

1) 기말상품재고액 : ₩200,000
2) 소모품미사용액 : ₩10,000
3) 비품감가상각 : 정액법, 내용연수 10년, 잔존가치 0
4) 손실충당금 : 매출채권 잔액 중 ₩15,000의 회수가 불투명하다.
5) 보험료 선급분 : ₩20,000
6) FVPL 금융자산 평가액 : ₩520,000
7) 이자미지급액 : ₩80,000
8) 수수료 미수분 : ₩12,000

제 13 장 재무제표의 활용

회계정보이용자들은 기업에서 작성하여 보고하는 재무제표를 활용하여 기업의 실태를 파악하게 된다. 재무제표를 활용하여 기업의 실태를 파악하는 방법에는 여러 가지가 있으나 가장 기본적인 분석방법으로는 재무제표분석이 있다.

재무제표분석은 재무비율을 주로 이용하여 분석하며, 여기서 재무비율이란 재무제표상의 두 개 이상의 항목들 간의 경제적, 논리적 상관관계를 비율의 형태로 구한 것을 말한다.

재무비율에는 유동성 비율, 안전성 비율, 수익성 비율, 활동성 비율 및 시장가치 비율 등이 있다.

제 1 절 재무제표분석의 의의

재무제표분석(Financial Statement Analysis)은 이해관계자들이 요구하는 기업과 관련된 정보를 회계자료인 재무제표의 수치들로부터 도출하고 해석하는 과정을 말한다.

기업의 이해관계자들은 합리적 의사결정을 하기 위해 해당 기업의 재무제표를 이용한다. 그러나 재무제표에는 여러 금액들이 나열된 상태로 표시되므로, 이러한 정보만으로는 의사결정에 그대로 사용할 수가 없다. 따라서 재무제표에 표시된 정보를 의사결정에 필요한 정보로 가공하는 절차가 필요한데 이 과정이 '**재무제표분석(financial statement analysis)**'이다. 즉, 재무제표분석은 재무제표를 의사결정에 유용한 정보로 산출해 내는 과정을 말한다.

우리는 몸이 건강한지 아니면 병이 있는지를 알기 위해서 건강진단을 받는다. 이와 마찬가지로 기업의 여러 이해관계자 입장에서 기업의 경영상태가 양호한지 또는 부실한지를 알아보기 위해서 실시하는 것이 재무제표분석이다. 따라서 재무제표분석은 기업에 대한 건강진단이라고 할 수 있다.

◐ 경영분석과의 차이점

경영분석은 재무제표에 표시된 재무정보 이외에 비재무정보를 망라한 기업과 관련된 모든 정보를 대상으로 하는 분석을 말한다.

재무제표분석은 재무제표를 대상으로 분석하는 것을 말한다. 재무제표에는 숫자(금액)로 측정 가능한 회계정보, 즉 재무회계정보만을 표시하고 있어 재무제표분석은 재무회계정보만을 대상으로 하는 분석이라고 할 수 있다.

반면에 **경영분석**은 재무회계정보 이외에 비재무정보(경영자의 능력, 종업원의 우수성 등과 같은 계량할 수 없는 정보)를 포함한 기업과 관련된 모든 정보를 대상으로 분석하는 것을 말한다. 따라서 경영분석이 재무제표분석보다 분석범위가 넓다고 할 수 있다.

제2절 재무제표분석의 목적

재무제표분석의 목적은 기업의 이해관계자들이 그들의 의사결정에 활용하기 위하여 분석 대상기업의 재무제표를 분석하는 것이다.

회계를 '회계정보이용자의 합리적 의사결정을 위해 경제적 정보를 인식, 측정, 전달하는 정보시스템'으로 정의한 바와 같이 회계의 궁극적인 산출물인 재무제표를 분석하는 목적은 이해관계자들로 하여금 그들의 의사결정에 필요한 정보를 얻고자 하는 것이라 할 수 있다.

재무제표분석은 기업을 분석하는 이해관계자가 누구냐에 따라 그 목적이 달라질 수 있다. 그 이유는 여러 이해관계자들의 의사결정목적이 달라 각자의 필요한 정보가 다르기 때문이다.

따라서 재무제표분석에 관심을 갖는 이해관계자들을 크게 외부이해관계자인 채권자와 투자자 등과 내부이해관계자인 경영자 등으로 구분하여 재무제표분석 목적을 살펴보면 다음과 같다.

1. 채권자

은행과 같은 금융기관이나 외상을 준 채권자들은 기업의 대출금 또는 외상대금의 상환능력을 판단하기 위해 그 기업의 재무제표를 분석한다. 이러한 분석을 신용분석이라고 하는데 단기적 신용분석이냐, 장기적 신용분석이냐에 따라 그 분석방법이 상이할 수 있다.

즉, 단기적 신용분석 시에는 단기채무 상환능력을 알아보기 위해 기업의 유동성비율을 중요시하며, 장기적 신용분석 시에는 기업의 안전성비율이나 수익성비율을 중요시한다.

2. 투자자

투자자는 배당의 원천이 되는 기업의 미래 이익창출능력에 관심을 갖고 재무제표를 분석한다. 따라서 이들의 관심은 미래에 예상되는 기업의 수익성에 관한 정보이다. 이러한 미래 정보는 과거의 정보를 담고 있는 재무제표를 분석함으로써 예측하는데 도움이 된다. 투자자는 재무제표분석 결과 기업의 수익성이 높을 것이라고 예상되는 경우에는 주식을 계속 보유하거나 추가적으로 구입할 것이고, 반대로 수익성이 낮은 경우에는 주식을 처분하려는 의사결정을 하게 될 것이다.

3. 경영자

경영자는 기업의 자원을 효율적으로 관리하고, 재무구조를 건전하게 유지하며, 기업의 경영성과를 증대시키고자 한다. 이것을 위해 경영자는 재무제표나 기타 자료를 분석하여 전반적인 경영활동에 대한 효율성을 측정하고 그 원인을 검토한다. 이러한 분석을 통해 경영자는 기업의 자원을 효율적으로 사용할 수 있게 된다.

제3절 재무비율분석

재무제표에 표시된 대부분의 숫자(금액)들은 그 자체로서는 별 의미를 갖지 못한다. 숫자들은 다른 숫자들과의 관계나 기간별 변화를 나타낼 때 중요한 의미를 갖는다.

재무제표분석의 목적은 이러한 변화와 관계를 밝히는데 있으며 이 때 가장 많이 사용하는 분석방법이 '**재무비율분석**'이다.

3.1 재무비율분석의 의의와 절차

1. 재무비율분석의 의의

재무비율분석(ratio analysis)은 재무제표에 나타난 두 개 이상 항목 간의 상관관계를 분석하는 것을 말한다.

'**재무비율**'이란 재무제표에 나타난 두 개 이상 항목 간의 상관관계에 대한 수학적 표현이다. 예를 들어 재무상태표에 나타난 자본이 100,000원, 부채가 200,000원이라면 자본과 부채의 상대적인 비율은 '부채는 자본의 200%이다'라고 표현될 수 있다.

어떤 재무비율이든지 이 비율이 의미를 가지기 위해서는 재무비율을 계산하는데 이용되는 재무제표 항목 간에 중요한 상관관계가 있어야 한다. 이러한 상관관계는 정보이용자의 재무제표분석 목적에 따라 결정되어지므로 다양한 재무비율이 존재하게 된다.

2. 재무비율분석의 절차

① 미리 정해진 재무비율 계산공식에 따라 분석 대상기업의 재무비율을 계산한다.
② 계산된 재무비율을 표준비율과 비교한다.
③ 비교결과를 보고 분석 대상기업의 재무상태의 건전성 여부 등을 판단한다.

재무비율분석은 다음과 같은 절차에 따라 행한다.

첫째, 이해관계자들이 알고 싶어하는 재무비율을 미리 정해진 계산공식을 이용하여 재무비율을 계산한다.

둘째, 계산된 재무비율이 좋은지 또는 나쁜지를 판단하기 위해 표준비율과 비교한다. 일반적으로 분석대상 기업이 속한 산업의 평균비율 등을 표준비율로 많이 사용한다.

셋째, 위에서 표준비율과 비교한 결과를 보고 분석대상 기업의 경영상태가 양호 또는 부실한지를 평가한다. 이 때 주의할 점은 특정비율만으로 기업의 경영상태를 판단해서는 안 되고, 다른 재무비율들을 고려하여 종합적으로 분석하여야 한다는 점이다.

3.2 표준비율

특정 재무비율이 양호한지 또는 불량한지를 알기 위해서는 이것을 판단하는 표준이 되는 비율이 필요하다. 일반적으로 다음과 같은 비율을 표준비율로 많이 사용한다.

1. 이상적 표준비율

분석 대상기업이 속한 업종이나 기업의 규모 등과 무관하게 기업의 특정 속성이 양호하다고 주관적으로 인식되는 절대적 기준이다. 예를 들면, 유동비율은 200% 이상, 부채비율은 100% 이하 등으로 설정되는 비율을 들 수 있다. 이러한 표준비율은 초기의 비율분석에서 많이 사용되었으나 비율의 주관성과 특정 기업이 속한 산업의 특성이나 기업의 규모 등을 고려하지 않는 단점이 있다.

2. 산업표준비율

분석 대상기업이 속한 산업의 전체 평균의 비율을 말하며, 재무비율분석 시 가장 많이 사용되는 표준비율이다. 우리나라 산업표준비율에 대한 자료는 한국은행의 '기업경영분석' 등에서 얻을 수 있다.

3. 경쟁기업 및 최우량기업의 재무비율

분석 대상기업을 특정 산업으로 분류하기 어렵거나, 특정 산업이 소수 특정기업에 의해 지배되고 있는 경우에 이용되는 기준이다. 경쟁상대 또는 최우량기업과의 비율비교를 통하여 분석대상 기업의 강점 및 약점 분석이 가능하다.

제4절 일반적으로 사용되는 재무비율

① 유동성비율 : 유동비율, 당좌비율
② 안전성비율 : 부채비율, 비유동장기적합율
③ 수익성비율 : 총자산이익률, 자기자본이익률, 매출액순이익률
④ 활동성비율 : 매출채권회전율, 재고자산회전율
⑤ 시장가치비율 : 주당순이익, 주가수익비율

재무비율은 이해관계자의 재무제표분석 목적과 필요에 따라 다양한 비율이 사용된다. 예를 들어, 은행이나 채권자들은 단기대출인 경우는 기업의 유동성에 관심이 있고, 장기대출인 경우는 기업의 장기지급능력에 관심을 갖게 된다. 반면에 주주나 투자자들은 기업의 수익성과 안전성에 관심이 높고, 경영자는 수익성, 유동성뿐만 아니라 성장성, 생산성 등 광범위한 재무비율에 관한 정보를 필요로 한다. 따라서 이러한 이해관계자들의 다양한 정보욕구를 충족시키기 위해 재무제표에서 도출할 수 있는 재무비율은 매우 많다. 그러나 본 장에서는 여러 재무비율 중 실무상 가장 많이 사용되는 주요 재무비율에 대하여 설명하기로 한다.[1)]

4.1 유동성비율

유동성비율(liquidity ratios)은 기업의 단기채무 상환능력을 알아보는 비율을 말한다.

'유동성(liquidity)'이란 자산의 경우 1년 이내에 현금화할 수 있는 능력을, 부채의 경우 1년 이내에 상환할 수 있는 능력을 말한다.

기업이 보유하고 있는 자산 중에서 1년 이내에 현금화되는 자산들로는 현금및현금성자산, FVPL 금융자산, 매출채권 등과 같은 당좌자산과 상품, 제품 등과 같은 재고자산이 있다. 따라서 1년 이내에 상환하여야 할 단기성부채에 대한 상환능력을 분석하기 위해서는 유동자산의 크기와 유동부채의 크기를 비교하는 것으로부터 출발한다.

유동성 평가와 관련된 대표적인 비율로는 **유동비율**과 **당좌비율** 등이 있다.

1. 유동비율

'유동비율(current ratio)'이란 1년 이내에 현금화가 가능한 유동자산을 1년 이내에 만기가 도래하는 유동부채로 나눈 것으로 단기채무에 충당할 수 있는 유동자산이 얼마나 되는가를 평가하는 기업의 단기채무 상환능력을 판단하는 비율을 말한다.

통상 이 비율이 200% 이상이면 기업의 단기채무에 대한 지급능력이 양호하다고 평가한다. 이것은 유동자산의 반만큼만 처분하여도 단기채무를 상환할 수 있다는 것을 의미한다.

---

1) 참고로 한국은행에서 발표하는 '기업경영분석'에 의하면 주요 재무비율을 다음과 같이 분류하고 각 관련지표별로 많은 재무비율을 열거하고 있다. ① 재무구조 관련지표(안전성, 유동성 지표), ② 수익성 관련지표, ③ 성장성 관련지표, ④ 활동성 관련지표, ⑤ 현금흐름 관련지표, ⑥ 주식관련 분석지표

$$유동비율 = \frac{유동자산}{유동부채} \times 100(\%)$$

예컨대 어느 회사의 유동자산이 1,200만원, 유동부채가 1,000만원이라고 할 때 유동비율은 다음과 같이 계산된다.

$$유동비율 = \frac{1,200만원}{1,000만원} \times 100\% = 120\%$$

이 경우는 유동부채에 대하여 120%의 유동자산이 있다는 것이다. 따라서 유동비율이 높으면 높을수록 그 회사는 단기 지급능력이 있다고 평가할 수 있다.

그러나 이 비율은 일정시점(결산시점)에서의 두 항목 즉 유동자산과 유동부채 사이의 금액비율이므로 다소 개괄적이라고 할 수 있다. 따라서 이 비율로서 단기 지급능력을 완전히 판단한다는 것은 불가능하다. 그리고 이 비율은 업종이나 거래처의 조건 등에 따라 많이 달라질 수 있다. 실제로 전력회사나 철도회사는 유동비율이 낮은 것이 일반적이다.

유동비율을 산출하여 해석할 때 다음과 같은 점에 유의하여야만 한다.

첫째, 채권자의 입장에서는 회사의 유동비율이 높을수록 좋다고 해석한다. 그러나 경영자의 입장에서는 그렇지 않다. 그 이유는 유동비율이 너무 높다는 것은 회사가 자산을 효율적으로 이용하고 있지 못하다는 것을 의미할 수 있기 때문이다.

둘째, 특정시점(결산일 현재)에 측정된 유동비율은 회사의 연중 유동성을 나타내는 것이 아니다. 특히 회사의 영업활동에 계절성이 있는 경우에는 더욱 그렇다. 또한 채권자가 유동비율에 관심을 갖고 있다는 것을 염두에 두고 경영자는 이 비율을 높이기 위한 수단을 동원할 수도 있다.

셋째, 이 유동비율은 운전자금의 금액, 예컨대 순운전자본(net working owner's equity)의 크기도 함께 평가하는 것이 바람직하다. 여기서 '**순운전자본**'이란 유동자산에서 유동부채를 차감한 잔액을 말한다.

2. 당좌비율

유동자산은 당좌자산과 재고자산으로 구성된다. 이 중 당좌자산은 1년 이내에 현금화 가능성이 높은데 반하여, 재고자산은 판매가 되어야만 현금화할 수 있으므로 현금화 가능성이 상대적으로 불확실성이 높은 자산이다.

따라서 유동자산 중에서 재고자산이 많이 포함되어 있다면 유동비율만으로 유동성을 평가하는 것은 무리이다. 유동비율의 이와 같은 문제점을 개선하여 보다 확실하게 기업의 단기채무능력을 평가하기 위해 당좌비율을 사용한다.

'당좌비율(quick ratio)'은 당좌자산을 유동부채로 나눈 것으로 보다 엄격한 유동성 비율이라고 할 수 있다. 통상 이 비율이 100% 이상이면 기업의 단기채무 상환능력은 양호하다고 평가한다.

$$\text{당좌비율} = \frac{\text{당좌자산}}{\text{유동부채}} \times 100(\%)$$

예컨대 어느 회사의 당좌자산이 800만원, 유동부채가 1,000만원이라고 하면 당좌비율은 다음과 같이 계산된다.

$$\text{당좌비율} = \frac{\text{800만원}}{\text{1,000만원}} \times 100\% = 80\%$$

당좌비율은 일반적으로 100% 이상인 것이 바람직하다고 할 수 있다. 물론 100%라는 수치를 양부의 판단기준이라고는 보기 어려우나 동업타사의 업종평균치와 비교하여 높으면 좋다고 할 수 있을 것이다.

이상의 유동성비율들은 특정시점에서의 상태만을 나타낸다는 단점이 있다. 물론 유동자산이나 당좌자산이 특정시점에 충분하다는 것만으로도 유동성의 한 측면을 보여주는 것이지만 회사의 유동성이 항상 좋다는 것은 아니다. 그러므로 회사의 유동성을 평가하기 위해서는 특정기간 동안의 현금유입과 유출을 대응시키거나 순운전자본의 증감 등도 평가할 필요가 있다.

4.2 안전성비율

안전성비율(safety ratios)은 기업의 장기채무 상환능력을 평가하기 위한 비율을 말한다.

유동성비율이 기업의 단기채무 상환능력을 평가하기 위한 비율인데 반하여, **안전성**

비율은 기업의 장기채무 상환능력을 평가하기 위한 비율로 **레버리지비율(leverage ratio)**이라고도 한다.

장기채무 상환능력에 대한 평가가 필요한 이유는 기업이 부도가능성을 사전에 발견하고자 하는데 있다.

안전성 평가와 관련된 대표적인 재무비율로는 **부채비율**, **비유동장기적합율** 등이 있다.

1. 부채비율

부채비율(debt to equity ratio)은 채권자들로부터 조달한 자금인 부채를 주주로부터 조달한 자기자본으로 나눈 것으로, 자기자본에 대한 부채의 상대적인 정도를 나타내는 비율[2)]을 말한다.

일반적으로 부채비율이 높을수록 기업의 장기채무를 상환하지 못하게 되어 부도가능성이 높다고 평가하므로 통상 100% 이하를 표준비율로 보고 있다.

부채가 자기자본 이하이면 안전성이 높으며, 자기자본을 훨씬 초과하면 위험하다고 할 수 있다.

$$\text{부채비율} = \frac{\text{총부채}}{\text{자기자본}} \times 100(\%)$$

예컨대 어느 회사의 총부채가 8,000만원, 자기자본이 4,000만원이라고 하면 부채비율은 다음과 같다.

$$\text{부채비율} = \frac{\text{총부채}}{\text{자기자본}} \times 100\%$$

$$= \frac{8{,}000\text{만원}}{4{,}000\text{만원}} \times 100\% = 200\%$$

---

2) 이것을 흔히 **부채자본비율(debt equity ratio)**이라고 한다. 그러나 최근 이 비율의 유용성에 대한 논쟁이 자주 야기되고 있다. 이 부채비율은 기업의 실상을 왜곡해 투자자들에게 잘못된 정보를 제공할 수 있기 때문이다. 예컨대, 조선회사들의 경우 계약과 동시에 선수금(부채)을 받는데 이로 인해 부채비율이 높아지기 때문이다. 즉 선수금을 받으면 자산과 부채는 증가하나 자본에는 아무런 영향을 미치지 않기 때문이다. 이 때문에 최근에는 국제적으로 부채비율을 "부채를 통해 조달된 자산의 비율"을 나타내는 재무비율로 이해하고, 총부채/총자산 즉, **부채자산비율**로 정의하기도 한다. 따라서 우리도 이 부채비율을 국제기준에 맞게 부채자본비율이 아닌 부채자산비율로 변경하는 것도 검토할 필요가 있다.

이 경우 이 회사는 자기자본의 두 배에 해당하는 부채가 있다는 것을 의미한다. 그러므로 부채비율이 높아지면 회사의 안전성은 낮아지며, 낮아지면 안전성이 높아지게 된다.

일반적으로 부채비율의 표준은 100% 이하로 삼고 있다. 그러나 우리나라 회사들의 대부분은 자기자본이 적으므로 부채비율이 다소 높은 편이다.

2. 비유동장기적합율

기업이 장기간 영업활동을 목적으로 보유하는 비유동자산은 되도록 장기자금인 자기자본과 비유동부채로 구입하는 것이 바람직하다.

만일 비유동자산을 자기자본과 비유동부채를 초과한 자금으로 구입한다면 초과한 자금은 결국 유동부채로 조달한 자금이 된다. 이 경우 유동부채는 1년 이내에 상환하여야 할 채무인데 반하여, 비유동자산은 1년 이후에 현금화가 되므로 현금흐름의 불일치로 기업은 유동부채를 상환하지 못할 가능성이 매우 높게 된다.

비유동장기적합율은 비유동자산을 자기자본과 비유동부채를 합한 금액으로 나눈 것으로, 기업의 장기채무 상환능력 및 부도가능성을 평가하는 비율의 하나이다.

$$\text{비유동장기적합율} = \frac{\text{비유동자산}}{\text{자기자본} + \text{비유동부채}} \times 100(\%)$$

예컨대 어느 회사의 비유동자산이 4,000만원, 자기자본이 2,500만원, 비유동부채가 2,500만원인 경우의 비유동장기적합율은 다음과 같이 계산된다.

$$\text{비유동장기적합율} = \frac{\text{비유동자산}}{\text{자기자본} + \text{비유동부채}} \times 100\%$$

$$= \frac{4{,}000\text{만원}}{2{,}500\text{만원} + 2{,}500\text{만원}} \times 100\%$$

$$= 80\%$$

일반적으로 비유동장기적합율의 표준치는 100% 이하로 알려져 있다. 많은 비유동자산이 필요한 회사나 우리나라와 같이 자기자본이 부족한 경우 비유동비율[3]이 100% 이

3) 비유동자산을 자기자본으로 나누어 구하는 안전성비율의 하나이다. 즉 **비유동비율 = 비유동자**

상이라고 하여도 비유동장기적합율이 100% 이하이면 안전하다고 할 수 있다.

그러나 이 비율로 회사의 안전성을 평가할 때도 비유동부채의 내용이 예컨대 사채와 장기차입금 중 어느 쪽을 중심으로 투자가 이루어졌는지 등도 반드시 고려하여야 한다. 그것은 같은 비유동부채일지라도 사채로 투자한 쪽이 장기차입금으로 투자한 쪽 보다 더 안전성이 높다고 할 수 있기 때문이다.

4.3 수익성비율

수익성비율(profitability ratios)은 기업의 수익창출능력을 평가하기 위한 비율을 말한다.

수익성비율은 기업이 비용보다 많은 수익을 창출할 수 있는 능력, 즉 화폐적 효율성을 의미한다. 수익성을 나타내는 비율은 기업의 경영성과를 나타내는 동태적인 비율로서, 기업의 총괄적인 경영성과와 이익창출능력을 표시하는 지표이기 때문에 투자자, 채권자 및 경영자 등의 이해관계자들이 가장 중요시하는 비율이라고 할 수 있다.

대부분의 수익성비율은 분자에는 화폐단위로 측정되는 성과가 표시되고, 분모에는 수익창출 요소인 매출액, 투하자본 등이 표시된다.

수익성 평가와 관련된 대표적인 비율로는 **총자산이익률**, **자기자본이익률**, **매출액순이익률** 등이 있다.[4)]

1. 총자산이익률

총자산이익률(return on assets; ROA)은 당기순이익을 평균총자산으로 나눈 것으로, 기업이 보유하고 있는 총자산의 수익창출능력을 측정하는 비율을 말한다. 이 비율은 기업의 총자산은 총자본과 같기 때문에 '총자본이익률'이라고도 한다.

산/자기자본×100%의 식으로 산정한다. 이 비유동비율도 통상 100%를 표준비율로 보고 있다.

4) 이 밖에도 **'이자보상비율(이자보상배수)'**도 수익성 평가에 활용하기도 한다. 이것은 영업활동에 의해 벌어들인 수익으로 금융비용(이자비용)을 어느 정도나 부담할 수 있는지, 즉 기업의 이자부담능력을 평가하는 지표로서 영업이익을 금융비용(이자비용)으로 나누어 산출한다. 따라서 이 지표가 높을수록 이자부담능력이 낮아 수익성이 있다고 할 수 있으며, 100% 미만이면 영업이익으로 금융비용도 충당할 수 없는 상태를 말하며, 반면 이 지표가 300% 이상인 경우 기업의 현금흐름이 건전하다고 평가한다. 최근 기업구조조정 추진과 관련하여 부실기업 판정기준(3년 연속 이자보상비율 100% 미만인 기업)의 하나로 활용되기도 한다. 이 비율의 경우 보통 분자에 영업이익을 사용하지만 영업이익 대신 영업이익에 감가상각비 및 상각비 등을 더한 금액(EBITDA; earnings before interest, tax, depreciation and amortization)을 활용하기도 하며, 분모의 경우도 금융비용(이자비용) 대신 순금융비용(이자비용-이자수익)을 사용하기도 한다.

이 비율은 높을수록 기업의 수익창출능력이 높다고 평가한다.

$$총자산이익률 = \frac{당기순이익}{평균총자산^*} \times 100(\%)$$

* 평균총자산 = (기초총자산 + 기말총자산) ÷ 2

예컨대 어느 회사의 평균총자산은 200,000,000원이고, 당기순이익은 10,125,000원이라고 하면 총자산이익률은 다음과 같이 계산된다.

$$총자산이익률 = \frac{10,125,000원}{200,000,000원} \times 100\% = 5.1\%$$

위의 식에서 당기순이익 대신 영업이익을 사용하면 총자산영업이익률이 된다. 총자산영업이익률은 기업이 운용하고 있는 총자산에 대하여 기업의 핵심영업활동(생산, 판매, 관리활동)으로부터 이익을 낼 수 있는 능력이 얼마나 양호한지를 나타낸다.

$$총자산영업이익률 = \frac{영업이익}{평균총자산} \times 100(\%)$$

예컨대 어느 회사의 평균총자산은 200,000,000원이고 영업이익이 16,000,000원이라고 하면 총자산영업이익률은 다음과 같이 계산된다.

$$총자산영업이익률 = \frac{16,000,000원}{200,000,000원} \times 100\% = 8\%$$

2. 자기자본이익률

자기자본이익률(return on common stockholders' equity; ROE)은 주주가 투자한 자기자본에 대한 투자효율성을 나타내는 비율로 당기순이익을 자기자본으로 나누어 구한다.

총자산이익율이 경영자의 입장에서 이익 발생능력을 평가하는 비율이라면, 자기자본이익률은 주주의 입장에서 수익성을 평가하는 비율이라고 할 수 있다.

$$\text{자기자본이익률} = \frac{\text{당기순이익}}{\text{평균자기자본*}} \times 100(\%)$$

* 평균자기자본 = (기초자기자본 + 기말자기자본) ÷ 2

예컨대 어느 회사의 평균자기자본은 25,000,000원이고 당기순이익은 10,125,000원이라고 하면 자기자본이익률은 다음과 같이 계산된다.

$$\text{자기자본이익률} = \frac{10,125,000\text{원}}{25,000,000\text{원}} \times 100\%$$
$$= 40.5\%$$

3. 매출액순이익률

매출액 대비 경영성과의 지표인 당기순이익이 어떻게 나타나고 있는지를 파악하기 위하여 당기순이익을 매출액으로 나눈 비율이다.

매출액순이익률(return on sales, profit margin ratio; ROS)은 기업이 한 회계기간 동안 매출액 1원당 얼마의 당기순이익을 얻고 있는지를 나타내준다.

$$\text{매출액순이익률} = \frac{\text{당기순이익}}{\text{매출액}} \times 100(\%)$$

예컨대 어느 회사의 매출액은 70,000,000원이고 당기순이익은 10,125,000원이라고 하면 매출액순이익률은 다음과 같이 계산된다.

$$\text{매출액순이익률} = \frac{10,125,000\text{원}}{70,000,000\text{원}} \times 100\%$$
$$= 14.5\%$$

위 식의 분자에 당기순이익 대신 영업이익을 대입하면 매출액영업이익률이 계산된다.

매출액영업이익률은 기업의 핵심 영업활동인 생산, 판매, 관리활동에서 발생한 비용을 매출액에서 차감하여 구한 영업이익을 매출액으로 나눈 것으로, 영업활동에서의 이익발생능력을 나타낸다. 이러한 의미에서 이 비율은 영업효율성을 측정하는 비율로 이용되고 있다.

$$\text{매출액영업이익률} = \frac{\text{영업이익}}{\text{매출액}} \times 100(\%)$$

예컨대 어느 회사의 매출액은 70,000,000원이고, 영업이익은 16,000,000원이라고 하면 매출액영업이익률은 다음과 같이 계산된다.

$$\text{매출액영업이익률} = \frac{16,000,000\text{원}}{70,000,000\text{원}} \times 100\%$$
$$= 22.85\%$$

4.4 활동성비율

활동성비율(activity ratios)은 기업이 경영활동을 위하여 자산을 얼마나 효율적으로 활용하였는지를 나타내주는 비율을 말한다.

활동성비율은 매출액과 이것을 위하여 투자된 각종 자산들과의 관계를 측정하여 이들 자산이 얼마나 효율적으로 이용되고 있는지를 평가하는 비율(**효율성비율; efficiency ratios**이라고도 함.)이다.

이 비율의 계산은 기업의 매출액을 평가하고자 하는 특정자산으로 나누어 회전율로 표시하기 때문에 '**회전율(turnover ratio)**'이라고도 한다. 여기에서 회전율은 특정 자산을 분석기간 동안 몇 번씩 활용하였는지를 나타내 주는 것이기 때문에, 수익성비율이 화폐적으로 효율성을 측정하는 비율인 반면에 활동성비율은 물리적 효율성을 측정하는 비율이라고 할 수 있다.

활동성 평가와 관련된 대표적인 비율로는 **매출채권회전율**, **재고자산회전율** 등이 있다.

1. 매출채권회전율

매출채권회전율(receivables turnover ratio)은 매출액을 연평균매출채권(외상매출금, 받을어음)으로 나눈 비율로서, 매출채권이 현금화되는 속도 또는 매출채권에 대한 자산투자의 효율성을 측정하는데 이용된다.

이 비율은 일반적으로 높을수록 좋은 것으로 평가한다. 그 이유는 이 비율이 높을수록 매출채권이 현금화되는 속도가 빠르다는 것을 의미하기 때문이다. 매출채권이 현금화되는 속도는 회사의 판매정책과 신용정책에 따라 달라진다.

$$\text{매출채권회전율} = \frac{\text{매출액}}{\text{평균매출채권*}}$$

* 평균매출채권 = (기초매출채권 + 기말매출채권) ÷ 2

그런데 매출채권회전율은 다음과 같이 매출채권 평균회수기간인 날짜수로 표시하면 자금이 매출채권에 묶여있는 정도가 분명해진다. **매출채권회수기간**은 회계기간(365일)을 매출채권회전율로 나누어 구한다.

$$\text{매출채권회수기간} = \frac{365\text{일}}{\text{매출채권회전율}}$$

예컨대 어느 회사의 평균매출채권이 1,500만원, 매출액이 1억 5천만원이라고 하면 매출채권회전율은 10회, 매출채권회수기간은 36.5일이 된다.

$$\text{매출채권회전율} = \frac{\text{1억 5천만원}}{\text{1,500만원}} = 10\text{회}$$

$$\text{매출채권회수기간} = 365\text{일} \div 10\text{회} = 36.5\text{일}$$

매출채권회전율에 증감이 있는 경우 그 원인이 외상매출금에 의한 것인지 아니면 받을어음에 의한 것인지 등을 분석해 보아야 한다. 이것을 위해 매출채권회전율을 외상매출금회전율과 받을어음회전율로 분해하여 분석할 수 있다.

외상매출금회전율과 받을어음회전율의 계산식은 다음과 같다.

$$외상매출금회전율 = \frac{매출액}{외상매출금}$$

$$받을어음회전율 = \frac{매출액}{받을어음}$$

위 회사의 평균매출채권 1,500만원 중 1,000만원이 외상매출금, 500만원이 받을어음인 경우의 외상매출금회전율과 받을어음회전율을 계산하면 다음과 같다.

$$외상매출금회전율 = \frac{1억\ 5천만원}{1{,}000만원} = 15회(회수기간\ 24.3일)$$

$$받을어음회전율 = \frac{1억\ 5천만원}{500만원} = 30회(회수기간\ 12.2일)$$

위에서 매출채권회전율은 10회, 회수기간은 36.5일이었다. 이것은 매출채권이 발생하여 회수되기까지 36.5일이 걸린다는 것을 의미하는데, 이 36.5일은 24.3일의 외상매출금으로서의 체류기간과 12.2일의 받을어음으로서의 체류기간으로 나눌 수 있다. 당연히 이 두 기간의 체류기간을 합하면 매출채권 회수기간은 36.5일이 된다.

이 두 가지 회전율 또는 회수기간(체류기간)의 증감을 전년도의 수치와 비교하거나 동종타사와 비교하여 매출채권회전율의 증감원인을 분석할 수 있다.

2. 재고자산회전율

재고자산회전율(inventory turnover ratio)은 재고자산이 판매되어 당좌자산으로 변화하는 속도를 나타내는 것으로 매출액을 평균재고자산으로 나누어 구한 비율을 말한다.[5)]

재고자산회전율이 높은 경우에는 재고자산의 관리가 효율적으로 이루어지고 있다고 평가한다.

$$재고자산회전율 = \frac{매출액}{평균재고자산^*}$$

*평균재고자산 = (기초재고자산 + 기말재고자산) ÷ 2

5) 이 비율의 분모인 평균재고자산이 일반적으로 취득원가로 평가한 것이므로 분자도 매출액보다는 **매출원가**를 사용하는 것이 더 타당하다는 견해도 있다.

그런데 재고자산회전율은 다음과 같이 평균회전기간인 날짜수로 표시하면 자금이 재고자산에 묶여있는 정도가 분명해진다. **재고자산회전기간**은 회계기간(365일)을 재고자산회전율로 나누어 구한다.

$$\text{재고자산회전기간} = \frac{\text{365일}}{\text{재고자산회전율}}$$

위 회사의 매출액이 1억 5천만원, 평균재고자산이 1,000만원인 경우 재고자산회전율은 15회, 회전기간은 24.3일이 된다.

$$\text{재고자산회전율} = \frac{\text{1억 5천만원}}{\text{1,000만원}} = \text{15회}$$

$$\text{재고자산회전기간} = \text{365일} \div \text{15회} = \text{24.3일}$$

이 경우 자금이 재고자산에 투하되어 회수되기까지는 24.3일이 걸린다는 것을 의미한다. 반대로 말하면 24.3일분 매출액의 재고자산을 보유하고 있다는 것을 뜻한다.

따라서 재고자산의 회전율이 낮아지거나 또는 회전기간(체류기간)이 증가하는 경우는 비정상재고가 증가하는 것을 의미하며, 자금융통이 악화되고 있다는 것을 뜻한다.

재고자산회전율을 구한 후 그것을 다시 원재료회전율, 재공품회전율, 제품(상품)회전율 등의 비율을 각각 계산하여 증감의 원인을 보다 구체적으로 분석할 수도 있다.

원재료회전율, 재공품회전율, 제품(상품)회전율은 다음의 계산식으로 구할 수 있다.

$$\text{원재료회전율} = \frac{\text{매출액}}{\text{원재료}}$$

$$\text{재공품회전율} = \frac{\text{매출액}}{\text{재공품}}$$

$$\text{제품회전율} = \frac{\text{매출액}}{\text{제품}}$$

예컨대 위 회사의 경우 원재료 200만원, 재공품 300만원, 제품 500만원이 재고로 있다면 각 회전율은 다음과 같이 계산된다.

$$원재료회전율 = \frac{1억\ 5천만원}{200만원} = 75회$$

$$재공품회전율 = \frac{1억\ 5천만원}{300만원} = 50회$$

$$제품회전율 = \frac{1억\ 5천만원}{500만원} = 30회$$

또한 회전기간은 다음과 같다.

원재료회전기간 = 365일 ÷ 75회 = 4.9일
재공품회전기간 = 365일 ÷ 50회 = 7.3일
제품회전기간 = 365일 ÷ 30회 = 12.2일

이들의 회전율 및 회전기간의 추이로 어느 재고가 증감하고 있는지를 밝혀내고 상세하게 조사할 필요가 있다. 또한 이러한 회전율들이 전체의 재고자산회전율에 어떠한 영향을 미치고 있는지, 그리고 총자본회전율(매출액/평균총자본)의 증감원인에 어떠한 영향을 미치고 있는지 등을 원인 규명하여야 한다.

4.5 시장가치비율

시장가치비율이란 기업의 주식이 증권시장에서 어떻게 평가되고 있는지를 나타내는 비율을 말한다.

시장가치비율은 증권시장에서 형성되는 주식가격과 재무제표상의 수치를 대응시켜 작성한 비율로서, 기업의 수익가치나 자산가치에 대한 증권시장에서의 평가수준을 나타내는 비율이다.

주식가격은 기업의 수익성과 위험을 종합적으로 반영하고 있어 기업전체의 실질적 가치를 가장 적절하게 나타내고 있다고 볼 수 있다. 따라서 투자자에게는 투자 대상 기업의 투자가치에 대한 정보를 전달한다는 점에서 중요성이 매우 큰 비율이다.

기업의 증권시장에서의 가치를 평가하는 것과 관련하여 사용되는 대표적인 비율로는 **주당순이익(EPS)**, **주가수익비율(PER)** 등이 있다.[6)]

1. 주당순이익

주당순이익(Earnings Per Share; EPS)은 기업의 보통주 당기순이익(당기순이익에서 우선주배당금을 차감한 금액)을 가중평균 (보통주)유통주식수로 나누어 구한 비율로, 보통주 1주에 귀속되는 당기순이익의 크기를 나타낸다.

여기서 말하는 주식은 보통주를 말하며 기업이 발행한 보통주 주식 수는 유상증자, 무상증자 등을 통해 변하기 때문에 가중평균 주식수를 분모로 사용한다.

또한 보통주 주주의 입장에서는 당기순이익 중 우선주 주주에게 먼저 배당금을 지급한 후에 배당을 받기 때문에 우선주배당금은 부채와 같은 성격을 갖는다. 따라서 보통주의 주당순이익 계산 시에는 당기순이익에서 우선주배당금을 차감한 금액을 분자로 사용한다.

일반적으로 주당순이익은 다른 기업과의 이익 비교에는 별 의미가 없으며[7], 당해 기업의 기간적 비교, 즉 전기의 이익과 당기의 이익을 비교하기 위해서는 유용하다고 할 수 있다. 물론 이 경우도 전기와 당기 사이에 주식 수에 큰 변동이 없을 경우에 주당순이익 정보는 당해 기업의 기간적 비교에 유용할 것이다.

일반적으로 주당순이익이 높을수록 기업의 가치가 높다고 평가한다.

$$\text{주당순이익} = \frac{\text{당기순이익 - 우선주배당금}}{\text{가중평균 (보통주)유통주식수}}$$

어느 회사의 (가중평균 보통주) 유통주식수는 5,000주이고 당기순이익은 10,125,000

---

6) 이 밖에도 '**주가순자산 비율(Price-to-Book Value Ratio; PBR)**'도 시장가치비율로 많이 활용되고 있다. 이것은 주당 주식가격을 주당 순자산(주당 장부가치; book value per share; BPS)으로 나눈 비율이다. 즉, 주가가 순자산에 비해 1주당 몇 배로 거래되고 있는지를 측정하는 지표이다. 여기서 순자산이란 재무상태표의 총자산에서 총부채를 차감한 후의 금액을 말한다. 따라서 주가/순자산 비율(PBR)은 장부상의 가치로 회사 청산 시 주주가 배당받을 수 있는 자산의 가치를 의미하기 때문에 재무상태면에서 주가를 판단하는 척도가 된다. PBR이 1이라면 특정 시점의 주당 주식가격과 주당 순자산이 같은 경우이며 이 수치가 낮으면 낮을수록 해당 기업의 자산가치가 시장에서 저평가되고 있다고 볼 수 있다. 즉, PBR이 1 미만이면 주가가 장부상 순자산가치(청산가치)에도 못 미친다는 뜻이다. 때문에 저PBR 주식은 인수합병의 대상이 될 가능성이 높다고 본다. 그리고 PBR은 보통 주가를 최근 결산재무제표에 나타난 주당순자산으로 나눠 배수(倍數)로 표시하므로 '**주가순자산배수(주가순자산배율)**'라고도 한다. PER가 기업의 수익성과 주가를 평가하는 지표라면, PBR는 기업의 재무상태면에서 주가를 평가하는 지표라 할 수 있다.

7) 예컨대, A기업과 B기업의 당기순이익, 자본금이 동일하다고 가정할 때 1주당 액면금액이 다르면 주식 수가 달라지므로 주당순이익도 다르게 계산되므로, 이것으로 기업 간 이익을 비교하는 것은 별 의미가 없다. 물론 두 기업의 주식 수가 유사하다면 주당순이익 정보도 기업 간 이익 비교에 유용한 정보가 될 수 있을 것이다.

원이며, 우선주배당금은 1,125,000원이라고 하면 주당순이익은 다음과 같이 계산된다.[8)]

$$\text{주당순이익} = \frac{10{,}125{,}000\text{원} - 1{,}125{,}000\text{원}}{5{,}000\text{주}}$$
$$= 1{,}800\text{원}$$

2. 주가수익비율

주가수익비율(Price-Earnings Ratio; PER)은 보통주의 1주당 시장가격을 주당순이익으로 나눈 것으로, 이 비율이 높으면 주당순이익에 대하여 증권시장에서 평가하는 가치, 즉 투자자들이 지급하는 대가가 크다는 것을 의미한다.

기업의 재무적 위험 등과 같은 기업의 위험이 동일하다고 하면 기업의 성장성이 높은 기업일수록 주가수익비율이 높게 나타난다.

$$\text{주가수익비율} = \frac{\text{주당 시가}}{\text{주당순이익}}$$

예컨대 어느 회사의 2017년의 주당순이익은 1,800원이고, 보통주의 주가가 10,500원이라고 한다면 이 회사의 주가수익비율은 다음과 같이 계산된다.

$$\text{주가수익비율} = \frac{10{,}500\text{원}}{1{,}800\text{원}} = 5.83$$

주가수익비율이 5.83이라는 것은 회사의 주가가 주당순이익의 5.83배라는 것을 의미한다. 이것에 대한 해석은 단지 자기회사의 비율만으로 평가하는 것은 어려우나 투자자의 입장에서는 주가수익비율이 낮은 회사의 주식을 선호하는 것이 일반적이라 할 수 있다.

그러나 주가수익비율이 높은 회사에 투자하고 있는 경우는 첫째, 투자자가 높은 배당성장률을 기대하고 있는 경우나 둘째, 해당주식이 낮은 위험을 갖고 있기 때문에 투자자가 낮은 요구수익률로 만족하고 있는 경우 셋째, 회사가 높은 배당성향을 유지하면서도 평균정도의 성장을 할 수 있을 것으로 기대하는 경우라고 할 수 있다.

---

8) 분모의 가중평균 보통주 유통주식수 산정에 대해서는 본 장의 연습문제를 참고하기 바랍니다.

제5절 종합적 분석

앞에서는 기업의 재무제표를 개별적으로 분석하는 예컨대, 유동성분석, 안전성분석, 활동성분석, 수익성분석, 성장성분석 등의 재무비율분석에 대해 살펴보았다. 그러나 이러한 재무비율분석은 여러 가지 장점을 갖고 있어 재무제표를 분석함에 있어서 유용한 도구로 사용되어 온 것은 사실이다. 하지만 이 비율분석도 자체적으로 여러 가지 한계를 갖고 있는 것도 사실이므로 이 방법만으로는 기업 전체입장에서의 종합적이고 체계적인 분석은 쉽지가 않다.

이에 따라 본 절에서는 앞에서 학습한 재무비율분석의 문제점을 부분적으로 보완할 수 있는 전통적인 종합비율분석방법을 알아보고자 한다. 이것은 개별적 분석을 통해 얻은 다양한 비율들을 종합적으로 분석 및 검토하는 방법이기 때문이다.

5.1 상호비교분석법과 추세분석법

1. 상호비교분석법

상호비교분석법이란 산출된 비율을 동일시점에서 표준비율(standard ratio)이나 다른 경쟁기업의 비율(또는 산업평균 등)과 비교하여 재무상태와 경영성과를 상대적으로 평가(양호, 불량 등)하는 방법을 말한다.

이 경우는 개별적으로 계산된 재무비율의 상태를 판단할 비교대상(bench marks)이 필요하게 되는데, 이러한 비교의 기준이 되는 대상을 표준비율이라고 한다. 이 때 표준비율로는 다음과 같은 것들이 사용된다.

① 자기 회사의 과거실적

특정 기간의 분석자료를 과거 일정 기간의 자료와 비교함으로써 회사의 상태가 개선되고 있는지 아니면 악화되고 있는지를 판단할 수 있다.

② 자기 회사에서 설정한 목표

자기 회사의 재무제표를 분석할 때는 회사에서 설정한 목표 또는 예산과 비교해 볼 필요가 있다. 그것으로 자기 회사의 업적을 평가해 볼 수도 있으며 경영활동을 검토하여 개선조치를 강구할 수도 있다.

③ 동업 타사의 실적 또는 산업평균치

자기 회사의 업적은 동종산업에서 비슷한 규모의 다른 회사의 수치, 동종산업 내의 몇 개 또는 전체회사의 평균, 또는 전통적으로 인식되고 있는 기준치 등과 비교함으로써 회사의 상태를 파악할 수 있다. 일반적으로 비교대상으로는 동종산업의 평균비율 등을 이용할 수 있으며, 이것은 한국은행의 『기업경영분석』 등을 통해 얻을 수 있다.

2. 추세분석법

추세분석법(trend analysis method)이란 특정비율이 일정기간 동안 어떻게 변화해 왔는가를 분석하는 방법이다. 즉 추세분석법은 일정기간(장기간)의 재무비율 변화추세 예컨대, 변화의 방향과 변화량 등을 파악하여 재무상태나 경영성과가 어느 정도 증감되었는지 등을 분석하는 방법을 말한다.

일반적으로 성장성분석에 추세분석법이 주로 사용되는데, 추세의 파악은 ① 금액으로 보는 방법과 ② 비율로 보는 방법이 있다.

금액으로 보는 경우에는 재무제표의 각 항목별 금액이 결산기별로 어떻게 증감하였는지를 보기 위하여 비교표를 작성하고, 특히 증감이 큰 항목에 주의를 기울인다. 그러나 이 비교표의 작성이 번거로운 경우 일반적으로 비율로 추세를 파악한다.

비율로 보는 경우에는 다음과 같이 ① 추세비율을 이용하는 방법, ② 연도별 재무비율을 이용하는 방법이 있다.

(1) 추세비율을 이용하는 방법

추세비율이란 기준연도의 금액을 100%로 하여 그 이후 연도의 금액을 이것에 대한 %로 나타내는 것을 말한다. 이 방법은 기준연도를 어떻게 정하느냐에 따라 고정기준법과 이동기준법으로 나눈다.

1) 고정기준법

이 방법은 어느 연도를 기준연도로 정하고 기준연도의 재무제표 각 항목금액을 100으로 하여 그 이후 연도의 각 항목금액을 기준연도의 %로 나타내는 방법이다.

$$\text{추세비율} = \frac{\text{비교연도의 금액}}{\text{기준연도의 금액}} \times 100\%$$

2) 이동기준법

이 방법은 비교하고자 하는 재무제표의 직전연도의 항목금액을 100으로 하여 비교연도의 금액을 직전연도의 금액에 대한 %로서 나타내는 방법이다.

$$\text{추세비율} = \frac{\text{비교연도의 금액}}{\text{직전연도의 금액}} \times 100\%$$

어느 방법을 택할 것인가는 분석자가 선택할 일이지만 고정기준법을 선택하는 경우는 기준연도를 신중하게 선정하여야 한다.

2013년을 기준연도로 한 고정기준법에 의한 추세비율의 산출을 예시해 보면 다음과 같다.

▌추세비율의 예▐

(연도별 금액)

과 목	2013년	2014년	2015년	2016년	2017년
매출액	300,000원	312,000원	320,000원	330,000원	360,000원
순이익	15,000원	15,600원	19,200원	21,450원	14,550원

(추세비율)

과 목	2013년	2014년	2015년	2016년	2017년
매출액	100%	104%	107%	110%	120%
순이익	100%	104%	128%	143%	97%

(2) 연도별 재무비율을 이용하는 방법

이 방법은 회사의 성장추이를 매 연도별로 산출한 재무비율로 평가해 보는 방법이다. 즉, 수익성비율, 유동성비율 또는 안전성비율, 생산성비율 등을 연도별로 구한 다음 그것으로 회사의 성장성을 평가해 보는 방법이다.

회사의 성장성을 판단하기 위한 연도별 재무비율의 사용 예를 들면 다음과 같다.

재무제표의 추세를 판단하기 위해서는 **추세재무제표**(추세재무상태표나 추세손익계산서)를 작성할 필요가 있다. 추세재무제표는 기준연도의 재무제표의 각 항목을 각각 100%로 하고 그 이후 계속되는 각 연도 재무제표 각 항목의 수치를 기준연도에 대비시켜 각각 몇 %인지를 나타낸 추세표이다. 추세재무제표는 실수(實數)나 비율(比率)로 작성할 수 있다.

연도별 수익성 비율의 예

과 목	2013년	2014년	2015년	2016년	2017년
매출액영업이익률	7.5%	7.8%	7.0%	6.4%	6.6%
매출액순이익률	5.3	5.2	6.0	6.2	6.3
총자본영업이익률	10.6	10.8	10.2	9.8	10.0
총자본순이익률	8.3	8.1	8.6	8.7	8.7

재무비율을 이용한 추세분석에는 공통형재무제표를 이용할 수도 있다. 이 공통형재무제표는 재무제표를 구성하는 구성비율로 작성할 수 있으므로 이것을 **'백분율재무제표'**, **'공통형재무제표'**, 또는 **'구성재무제표'**라고 부른다. 여기서 '구성비율'이란 재무제표의 각 구성부분을 전체에 대한 백분율로 나타낸 것으로 재무제표의 구성관계를 보여줄 때 사용한다.

예컨대 손익계산서의 경우 매출액을 100%로 하여 각 구성항목인 매출원가, 판매비와관리비, 기타비용 등이 몇 %인지를 표시하는 백분율손익계산서(구성손익계산서, 공통형손익계산서라고도 함.)를 작성할 수 있다. 또한 재무상태표의 경우도 자산총액과 자본(부채 포함)총액을 각각 100%로 하여 각 자산항목과 부채 및 자본항목이 각각 몇 %인지를 표시하는 백분율재무상태표(구성재무상태표, 공통형재무상태표라고도 함.)를 작성할 수 있다. 이러한 구성재무상태표와 구성손익계산서를 수년간 작성하면 구성비율의 변동추세를 파악할 수 있다.

구성손익계산서의 예

과 목	2013년		2014년		2015년		2016년		2017년	
	금액	구성비(%)	금액	구성비(%)	금액	구성비(%)	금액	구성비(%)	금액	구성비(%)
매출액	200	100	240	100	280	100	300	100	360	100
매출원가	140	70	160	66.7	190	67.9	200	66.7	240	66.7
매출총이익	60	30	80	33.3	90	32.1	100	33.3	120	33.3
판매비와관리비	30	15	40	16.7	40	14.3	50	16.7	60	16.7
영업이익	30	15	40	16.7	50	17.8	50	6.7	60	16.7

▌추세손익계산서(실수)의 예▐

과 목	2013년		2014년	2015년	2016년	2017년
	금액	추세(%)	(%)	(%)	(%)	(%)
매출액	200	100	120	140	150	180
매출원가	140	100	114.3	135.7	142.9	171.4
매출총이익	60	100	133.3	150	166.7	200
판매비와관리비	30	100	133.3	133.3	166.7	200
영업이익	30	100	133.3	166.7	166.7	200

▌추세손익계산서(비율)의 예▐

과 목	2013년		2014년	2015년	2016년	2017년
	구성비	추세(%)				
매출액	100	-	-	-	-	-
매출원가	70	100	95.1	97	95.1	99.1
매출총이익	30	100	111.1	107	111.1	102
판매비와관리비	15	100	111.1	95.3	111.1	111.1
영업이익	15	100	111.1	118.6	111.1	111.1

회사의 추세분석 방법 중의 하나는 수익성, 유동성 및 안전성, 생산성, 수익성 등의 관계비율의 추세를 분석해 보는 것이다. 이 방법은 매년 산출되는 각종 비율들이 어떻게 변화하고 있으며 그 변화의 정도가 어느 정도인지를 쉽게 알 수 있다. 관계비율 추세표의 일부를 예시하면 다음과 같다.

▌관계비율 추세표의 예▐

관계비율	2013년		2014년		2015년		2016년		2017년	
	%	추세(%)	%	추세(%)	%	추세(%)	%	추세(%)	%	추세(%)
유동비율	150	100	180	120	160	106.7	200	133.3	210	140
당좌비율	80	100	90	112.5	100	125	96	120	120	150
비유동비율	80	100	100	125	90	112.5	120	150	130	162.5
비유동장기적합률	120	100	132	110	140	116.7	140	116.7	150	125
부채비율	140	100	120	85.7	125	89.3	120	85.7	110	78.6

5.2 지수법

1. 의의

지수법(index method)이란 기업의 재무상태와 경영성과에 대한 종합적인 판단을 위해 주요 재무비율에 일정한 가중치(weight)를 부여하여 가중평균함으로써 종합적으로 평가하는 방법이다. 그러므로 지수법은 다수 비율의 경제적 의미를 종합적으로 평가하기 위한 종합비율 분석방법이라고 할 수 있다. 즉 지수법은 다수의 비율을 선정한 후 이들의 각 비율에 가중치를 부여하여 표준비율과의 상대적 비율에 이들 가중치를 곱하여 각 비율들의 평점을 계산한 후 이들 평점을 모두 합계하여 그 총점으로 평가하는 방법을 말한다.

2. 절차

단계 1 : 분석목적에 맞는 주요 재무비율을 선정한다.

단계 2 : 선정된 비율에 가중치를 부여한다(가중치 합계 = 100).

단계 3 : 산업평균비율 등의 표준비율을 이용하여 분석 대상기업의 재무비율에 대하여 상대적 관계비율을 구한다.

단계 4 : 상대적 관계비율에 가중치를 적용하여 가중평균하여 종합평점을 구한 다음 이것을 평가한다.

종합평점 > 100 : 표준보다 양호한 것으로 평가한다.
종합평점 < 100 : 표준보다 불량한 것으로 평가한다.

즉 상대적 관계비율에 가중치를 적용하여 가중평균하여 구한 종합평점이 100점을 초과하면 산업평균이나 표준비율보다 양호하다고 평가하며, 반대로 종합평점이 100점에 미달하면 산업평균이나 표준비율보다 양호하지 못한 것으로 평가한다.

3. 종류

지수법에는 어떠한 주요 재무비율을 사용하느냐, 그리고 어떠한 가중치를 부여하느냐에 따라 크게 Wall **지수법**, Trant **지수법**, 그리고 Burichet **지수법** 등으로 나눈다.

(1) Wall 지수법

안전성(유동성 포함)비율과 활동성비율을 이용하여 기업의 채무지급능력을 종합적으로 평가하는 방법으로서, 주로 정태적 비율인 안전성(유동성 포함)비율에 초점을 맞추고 있다.

(2) Trant 지수법

Wall 지수법에서 선정한 비율 중 자기자본회전율 대신 매입채무회전율을 추가하여 주로 기업의 활동성을 평가하는 방법이다.

(3) Burichet 지수법

Burichet는 주요 재무비율의 선정과 가중치가 분석자와 분석목적에 따라 달라져야 한다고 가정하여 금융기관과 회사채 투자자로 구별된 지수법을 제시하고 있다. 이 지수법은 5개의 안전성(유동성)비율과 3개의 활동성비율, 2개의 수익성비율로 구성한다.

▌Wall 및 Trant 지수법의 가중치 ▌

재무비율	산 식	Wall 지수법	Trant 지수법
유동비율	유동자산/유동부채	25%	15%
부채비율	총부채/자기자본	25	10
비유동비율	비유동자산/자기자본	15	10
매출채권회전율	매출액/매출채권	10	10
재고자산회전율	매출액/재고자산	10	20
비유동자산회전율	매출액/비유동자산	10	20
자기자본회전율	매출액/자기자본	5	-
매입채무회전율	매출액/매입채무	-	15
합 계		100%	100%

Ⅰ Burichet 지수법의 가중치 Ⅰ

재무비율	가중치(금융기관)*	가중치(회사채 투자자)**
유동비율	20%	3%
당좌자산/유동자산	20	3
매출채권/재고자산	5	3
부채비율	5	20
재고자산회전율	10	4
매출채권회전율	25	4
총자산회전율	5	20
이자보상비율***	2	30
매출액순이익율	5	8
총자산순이익율	3	5
합 계	100%	100%

* 단기지급능력을 나타내는 비율들에 높은 가중치 부여
** 장기지급능력을 나타내는 비율들에 높은 가중치 부여
*** 영업이익/이자비용

4. K사의 사례

(1) Wall 지수법

다음의 자료는 K사의 주요 재무비율과 산업평균 비율을 나타낸다. 이 자료를 이용하여 Wall 지수법으로 K사의 종합평점을 구한 다음 이것을 평가해보시오.

자료

재무비율	K사 비율	산업평균 비율
유동비율	81.47%	69.18%
부채비율	249.46	468.79
비유동비율	233.33	380.29
매출채권회전율	1.84	2.95
재고자산회전율	6.20	5.80
비유동자산회전율	0.49	0.61
자기자본회전율	1.06	2.42
매입채무회전율	8.64	10.40

풀이

	(1)	(2)	(3)	(4)*	(5)**
재무비율	Wall 가중치	K사 비율	산업평균 비율	관계비율	평 점
유동비율	25%	81.47%	69.18%	1.18	29.44
부채비율	25%	249.46	468.79	1.88	46.98
비유동비율	15%	233.33	380.29	1.63	24.45
매출채권회전율	10%	1.84	2.95	0.62	6.24
재고자산회전율	10%	6.20	5.80	1.07	10.69
비유동자산회전율	10%	0.49	0.61	0.80	8.03
자기자본회전율	5%	1.06	2.42	0.44	2.19
합 계	100%				128.02

* (2)/(3), 다만, 부채비율과 비유동비율은 낮을수록 양호함으로 (3)/(2)로서 구함.
** (1) × (4)

평가 K사의 경우는 종합평점(128.02)이 100점을 초과하므로 종합적인 재무상황, 장단기지급능력이나 활동성비율 측면에서는 산업평균보다 양호한 것으로 평가된다.

(2) Trant 지수법

위 자료를 이용하여 Trant 지수법으로 K사의 종합평점을 구한 다음 이것을 평가해보시오.

	(1)	(2)	(3)	(4)*	(5)**
재 무 비 율	Trant 가중치	K사 비율	산업평균 비율	관계비율	평 점
유 동 비 율	15%	81.47%	69.18%	1.18	17.67
부 채 비 율	10%	249.46	468.79	1.88	18.79
비 유 동 비 율	10%	233.33	380.29	1.63	16.30
매 출 채 권 회 전 율	10%	1.84	2.95	0.62	6.24
재 고 자 산 회 전 율	20%	6.20	5.80	1.07	21.38
비 유 동 자 산 회 전 율	20%	0.49	0.61	0.80	16.07
매 입 채 무 회 전 율	15%	8.64	10.40	0.83	12.46
합 계	100%				108.90

* (2)/(3), 다만, 부채비율과 비유동비율은 낮을수록 양호함으로 (3)/(2)로서 구함.
** (1) × (4)

평가 K사의 경우는 종합평점(108.90)이 100점을 약간 초과하므로 종합적인 재무상황, 장단기지급능력이나 활동성비율 측면에서는 산업평균보다 약간 양호한 것으로 평가된다.

5. 지수법의 유용성 및 한계

지수의 작성 및 평가가 용이하며 자료 획득이 용이하므로 종합적으로 평가하는 것이 가능하나, 비율의 선정 및 가중치 부여가 임의적이며, 중요 비율 간의 상호연관성을 분리하는 것이 어려운 한계가 있다.

5.3 기업체질 삼각형 분석법

1. 의의

기업체질 삼각형(Business Quality Triangle; BQT) 분석법이란 기업의 체질을 종합적으로 평가하고자 하는 기법이다. 즉 기업체질을 나타내는 3요소, 예컨대, 매출액, 시장점유율, 자본이익률을 삼각형의 3변에 각각 표시하여 시각적으로 나타냄으로써 삼각형 전체 면적의 크기 및 변동을 통하여 종합적으로 평가하는 방법이다.

2. 기업체질 삼각형 작성방법

기업체질 삼각형은 다음의 절차에 따라 작성한다.

단계 1 : 기준시점의 정삼각형(밑변 : 매출액, 좌측변 : 시장점유율, 우측변 : 자본이익률)을 그린다.

단계 2 : 비교시점의 매출액, 시장점유율, 자본이익률로 삼각형을 그린다. 이 때 길이 및 각도는 기준시점과 비례적으로 나타낸다.

3. T사의 사례

다음의 T사 자료로 기업체질 삼각형을 작성하시오.

자료

	기준연도(2016년)	비교연도(2017년)	비 교
매출액	791,275백만	1,037,812백만	31%증가(1.31배)
시장점유율	19.6%	24.3%	24%증가(74.4 ° *)
자본이익률	1.0%	0.8%	20%감소(48.0 ° **)

*60 ° × 24.3/19.6 **60 ° × 0.8/1.0

그림과 같이 삼각형 전체면적은 증가하여 기업체질이 전반적으로 개선되었으며 매출액과 시장점유율은 증가하여 외형적인 성장을 하였고 투자수익률, 즉 자본이익률은 감소하여 수익성은 악화되었다. 따라서 내실 있는 성장을 추구하기 위한 개선방안 마련이 필요하다.

▌T사의 기업체질 삼각형 예▌

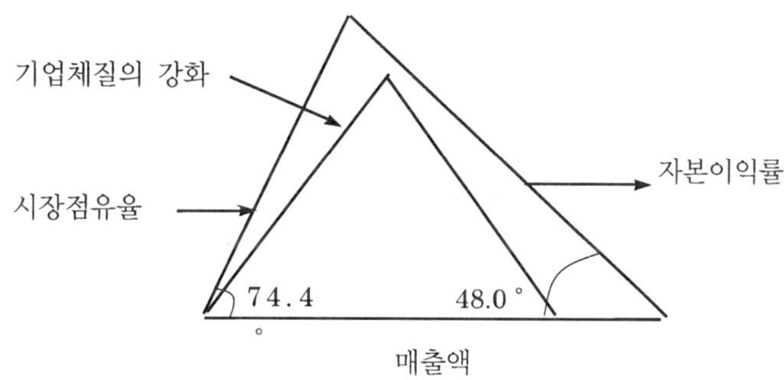

5.4 원형도표 분석법

1. 의의

원형도표 분석법이란 원형도표를 이용하여 기업의 체질을 종합적으로 평가하고자 하는 기법이다. 즉 기업체질을 나타내는 수익성, 안전성(유동성포함), 활동성, 성장성 등의 주요 비율을 선정하여 시각적(원형도표)으로 나타냄으로써 기업의 어느 부분이 양호 또는 불량한지를 종합적으로 평가하는 방법이다.

2. 원형도표 작성 예

- 수익성 : 자기자본순이익률, 매출액영업이익률
- 유동성 : 유동비율, 당좌비율
- 안전성 : 부채비율, 비유동비율
- 성장성 : 총자산증가율, 매출액증가율
- 활동성 : 매출채권회전율, 재고자산회전율

학습보충자료 **한국은행의 '기업경영분석'에서는 어떤 재무비율을 활용하나?**

한국은행에서는 주요 재무비율을 다음과 같이 분류하고 각 관련지표별로 다음과 같은 많은 재무비율을 산정하여 '기업경영분석'에 활용하고 있다.

① 재무구조 관련지표(안전성, 유동성 지표)
② 수익성 관련지표
③ 성장성 관련지표
④ 활동성 관련지표
⑤ 현금흐름 관련지표
⑥ 주식관련 분석지표

가. 재무구조 관련지표(안정성, 유동성 지표)

1) 자기자본비율

$$\text{자기자본비율} = \frac{\text{자기자본}}{\text{총자본}} \times 100$$

2) 부채비율

$$\text{부채비율} = \frac{\text{부채}}{\text{자기자본}} \times 100$$

3) 차입금의존도

$$\text{차입금의존도} = \frac{\text{차입금(=회사채 + 장단기차입금)}}{\text{총자본}} \times 100$$

4) 유동비율

$$\text{유동비율} = \frac{\text{유동자산}}{\text{유동부채}} \times 100$$

현금비율(현금/유동부채), 당좌비율(당좌자산/유동부채) 등도 단기 유동성 평가에 활용

5) 비유동비율

$$비유동비율 = \frac{비유동자산}{자기자본} \times 100$$

비유동장기적합률(비유동자산/(비유동부채+자기자본))도 같이 사용

나. 수익성 관련지표

1) 매출액영업이익률

$$매출액영업이익률 = \frac{영업이익}{매출액} \times 100$$

2) 매출액순이익률

$$매출액순이익률 = \frac{순이익}{매출액} \times 100$$

3) 금융비용부담률

$$금융비용부담률 = \frac{금융비용}{매출액} \times 100$$

$$= \frac{금융비용}{차입금} \times \frac{차입금}{총자산} \times \frac{총자산}{매출액} \times 100$$

4) 이자보상비율(이자보상배수)

$$이자보상비율 = \frac{영업이익}{이자비용} \times 100$$

5) 차입금평균이자율

$$차입금평균이자율 = \frac{금융비용}{차입금(=회사채+장\cdot 단기\ 차입금)} \times 100$$

6) 총자산순이익률(ROA)

$$총자산경상(순)이익률 = \frac{순이익}{총자산} \times 100$$

$$= \frac{순이익}{매출액} \times \frac{매출액}{총자산} \times 100$$

7) 자기자본영업(순)이익률(ROE)

$$자기자본이익률 = \frac{순이익}{자기자본} \times 100$$

$$= \frac{순이익}{매출액} \times \frac{매출액}{총자산} \times \frac{총자산}{자기자본} \times 100$$

8) 기업순이익률

$$기업순이익률 = \frac{순이익 + 금융비용}{총자본} \times 100$$

9) 투하자본수익률(ROIC; Return on Invested Capital)

투하자본수익률 = 영업이익×(1-법인세율)/투하자본 × 100

*투하자본= (유동자산 - 비이자부 유동부채)+(유형자산 - 건설중인 자산)+ (투자자산 - 투자유가증권)+ (무형자산 - 비이자부 비유동부채)

다. 성장성 관련지표

1) 매출액증가율

$$매출액증가율 = \frac{당기\ 매출액}{전기\ 매출액} \times 100\% - 100\%$$

2) 총자산증가율

$$총자산증가율 = \frac{당기\ 총자산}{전기\ 총자산} \times 100\% - 100\%$$

3) 유형자산증가율

$$유형자산증가율 = \frac{당기말\ 유형자산}{전기말\ 유형자산} \times 100\% - 100\%$$

라. 활동성 관련지표

1) 총자산회전율

$$총자산회전율 = \frac{매출액}{총자산}$$

2) 유형자산회전율

$$유형자산회전율 = \frac{매출액}{유형자산}$$

3) 재고자산회전율

$$재고자산회전율 = \frac{매출액(또는\ 매출원가)}{재고자산}$$

4) 매출채권회전율

$$매출채권회전율 = \frac{매출액}{매출채권}$$

5) 매입채무회전율

$$\text{매입채무회전율} = \frac{\text{매출액}}{\text{매입채무}}$$

마. 현금흐름 관련지표

1) 현금보상비율

$$\text{현금보상비율} = \frac{\text{영업활동으로 인한 현금흐름+ 금융비용}}{\text{단기차입금 + 금융비용}} \times 100$$

2) 금융비용보상비율

$$\text{금융비용보상비율} = \frac{\text{영업활동으로 인한 현금흐름+ 금융비용}}{\text{금융비용}} \times 100$$

3) 투자적정성 비율

영업활동현금흐름/유형자산 투자지출, 영업활동현금흐름/투자활동 현금지출 등의 비율을 통해 영업활동에서 창출된 현금으로 어느 정도의 투자자금을 충당하고 있는지를 파악

바. 주식관련 분석지표

1) 주당 순이익(EPS: Earning Per Share)

(당기순이익-우선주배당금)/가중평균 유통 보통주식수

2) 주가/수익비율(PER: Price-to-Earnings Ratio)

주당 주식가격/주당 순이익(EPS)

3) 배당수익률

주당 배당금/주당 주식가격

4) 주가/매출액 비율(PSR: Price-to-Sales Ratio)

주당 주식가격/주당 매출액

5) 주가/순자산 비율(PBR: Price-to-Book Value Ratio)

주당 주식가격/주당 순자산(주당 장부가치)*

*주당 장부가치 = (보통주)순자산(=자본총계-우선주자본금)/보통주 주식수

연습문제

1. 다음은 KS(주)의 2017년도의 재무상태표와 손익계산서의 일부이다. 자료를 토대로 재무상태표와 손익계산서를 완성하시오.

재무상태표

자 산		
유동자산		
현 금		?
매출채권		?
재고자산		?
유동자산 합계		?
비유동자산		
비 품	?	
비품감가상각누계액	250,000	?
비유동자산 합계		?
자산 총계		?
부 채		
유동부채		2,000,000
비유동부채(사채)		?
부채 합계		?
자 본		
자본금		?*
이익잉여금		750,000
자본 합계		?
부채와 자본 총계		?

* 보통주 @₩500×500주

손익계산서

매출액	₩?
매출원가	?
매출총이익	?
판매비와관리비	?
영업이익	1,055,000

이자비용	?
법인세비용차감전순이익	?
법인세비용	225,000
당기순이익	?*
* 주당순이익	@₩1,460/주

자료

1) KS(주)의 유동비율은 125%이고, 당좌비율은 75%이다.
2) 매출채권 회수기간은 50일이다. 매출채권의 기초잔액과 기말잔액은 동일하다.
3) 유동자산과 비유동자산(비품)의 구성비율은 1:1이다.
4) 부채의 구성비율[부채/(부채+자기자본)]은 80%이다.
5) 매출액총이익률(매출총이익/매출액)은 20%이며, 매출액순이익율은 10%이다.
6) 손익계산서의 이자비용은 비유동부채인 사채에 대한 연 5%의 이자비용이다.

2. 위 1.에서 완성한 재무제표를 기초로 다음의 주요 재무비율을 구하고 그것과 산업평균비율을 토대로 Wall 지수법을 사용하여 KS(주)의 경영상태를 평가하시오.

재무비율	가중치	재무비율	산업평균	관계비율	평 점
유동비율	25%	125%	200%	( )	( )
부채비율	25	(%)	250%	( )	( )
비유동비율	15	(%)	150%	( )	( )
매출채권회전율	10	7.30회	8.80회	( )	( )
재고자산회전율*	10	5.00회	5.80회	( )	( )
비유동자산회전율	10	(회)	3.60회	( )	( )
자기자본회전율	5	(회)	2.40회	( )	( )
합	100%				

* 매출원가/평균 재고자산의 산식을 사용하며, 재고자산의 기초잔액은 ₩1,336,000임.

평가

3. 다음은 한국(주)의 2017년도의 요약 재무상태표와 손익계산서이다. 이것을 기초로 다음의 주요 재무비율을 구하고 그것과 산업평균비율을 토대로 Wall 지수법을 사용하여 한국(주)의 경영상태를 평가하시오.

요약 재무상태표(2017년)

자산		부채	
Ⅰ. 유동자산		Ⅰ. 유동부채	
현금	300	매입채무	600
FVPL금융자산	220	기타	140
매출채권	440	유동부채합계	740
재고자산	1,060	Ⅱ. 비유동부채	160
유동자산합계	2,020	부채총계	900
Ⅱ. 비유동자산	980	자본	
		Ⅰ. 자본금	760
		Ⅱ. 이익잉여금	1,340
		자본총계	2,100
자산총계	3,000	부채와자본총계	3,000

요약 손익계산서

Ⅰ. 매출액	5,300
Ⅱ. 매출원가	4,400
Ⅲ. 매출총이익	900
Ⅳ. 판매비와관리비	570
Ⅴ. 영업이익	330
Ⅵ. 영업외비용	180
Ⅶ. 법인세비용차감전순이익	150

재무비율	산 식	가중치	재무비율	산업평균	관계비율	평 점
유동비율	유동자산/유동부채	25%	( )	200%	( )	( )
부채비율	총부채/자기자본	25	( )	86%	( )	( )
비유동비율	비유동자산/자기자본	15	( )	100%	( )	( )
매출채권회전율	매출액/매출채권	10	( )	8.80	( )	( )
재고자산회전율	매출액/재고자산	10	( )	5.80	( )	( )
비유동자산회전율	매출액/비유동자산	10	( )	3.60	( )	( )
자기자본회전율	매출액/자기자본	5	( )	2.40	( )	( )
합	계	100%				

4. 12월 결산법인인 한국(주)의 2017년도 당기순이익은 ₩64,000,000이다. 2017년 초 현재 한국(주)의 보통주 발행주식수는 100,000주(주당 액면금액 @₩5,000)였으며, 우선주 발행주식수는 10,000주(주당 액면금액 @₩5,000)이고, 보유 자기주식은 없었다. 우선주는 약정배당금만 받는 비참가적 우선주이며, 이 우선주에 대한 약정배당률은 8%이다. 그리고 2017년 중 주식 수 변동 자료는 다음과 같다. 물음에 답하시오.

7월 1일 유상증자를 실시하여 보통주 발행주식수가 50,000주 증가하였다.
10월 1일 자기주식(보통주) 10,000주를 취득하였다.

물음1 한국(주)의 당기순이익 중 보통주에 귀속하는 당기순이익을 구하시오.

물음2 한국(주)의 2017년 가중평균 보통주 유통주식수를 산정하시오.

물음3 한국(주)의 2017년 주당순이익(earnings per share; EPS)은 얼마인가?

물음4 한국(주)의 2018년 4월 1일의 보통주 가격이 ₩7,000인 경우 주가수익비율(PER; price-to-earnings ratio)을 구하시오.

해답

1.

재무상태표

자 산		
유동자산		
현 금		(500,000)
매출채권		(1,000,000)
재고자산		(1,000,000)
유동자산 합계		(2,500,000)
비유동자산		
비 품	(2,750,000)	
감가상각누계액	250,000	(2,500,000)
비유동자산 합계		(2,500,000)
자산 총계		(5,000,000)

부　채	
유동부채	2,000,000
비유동부채(사채)	(2,000,000)
부채 합계	(4,000,000)
자　본	
자본금	(250,000*)
이익잉여금	750,000
자본 합계	(1,000,000)
부채와 자본 총계	(5,000,000)

* 보통주 @₩500×500주

손익계산서

매출액	(₩7,300,000)
매출원가	(5,840,000)
매출총이익	(1,460,000)
판매비와관리비	(405,000)
영업이익	1,055,000
이자비용	(100,000)
법인세비용차감전순이익	(955,000)
법인세비용	225,000
당기순이익	(730,000*)

* @₩1,460/주×500주

2.

1) 부채비율의 계산
   부채비율 = 총부채/자기자본×100% = ₩4,000,000/₩1,000,000×100% = 400%
2) 비유동비율의 계산
   비유동비율 = 비유동자산/자기자본×100% = ₩2,500,000/₩1,000,000×100%
   = 250%
3) 매출채권의 계산
   매출채권회수기간 = 365일/매출채권회전율 = 50일
   매출채권회전율 = 365일/매출채권회수기간 = 7.3회
   매출채권회전율 = 매출액/매출채권 = ₩7,300,000/매출채권 = 7.3회
   매출채권= 매출액/매출채권회전율 = ₩7,300,000/7.3회 =₩1,000,000
4) 재고자산회전율 = 매출원가/평균 재고자산

= ₩5,840,000/[(₩1,336,000+₩1,000,000)÷2]
= 5.0회

5) 비유동자산회전율의 계산
비유동자산회전율 = 매출액/비유동자산 = ₩7,300,000/₩2,500,000 = 2.92회

6) 자기자본회전율의 계산
자기자본회전율 = 매출액/자기자본 = ₩7,300,000/₩1,000,000 = 7.3회

재무비율	가중치	재무비율	산업평균	관계비율	평 점
유동비율	25%	125%	200%	(0.625)	(15.625)
부채비율	25	(400%)	250%	(0.625)	(15.625)
비유동비율	15	(250%)	150%	(0.600)	(9.00)
매출채권회전율	10	7.30	8.80	(0.830)	(8.30)
재고자산회전율	10	5.00	5.80	(0.862)	(8.62)
비유동자산회전율	10	(2.92)	3.60	(0.811)	(8.11)
자기자본회전율	5	(7.30)	2.40	(3.042)	(15.21)
합계	100%				80.49

평가 KS(주)의 경우는 종합평점(80.49)이 100점에 다소 부족하므로 종합적인 경영상태, 특히 장단기지급능력이나 자산의 효율적인 활용에 있어서 산업평균보다 다소 불량한 것으로 평가할 수 있다.

3.

재무비율	산 식	가중치	재무비율	산업평균	관계비율	평 점
유동비율	유동자산/유동부채	25%	(273%)	200%	(1.37)	34.3
부채비율	총부채/자기자본	25	(43%)	86%	(2.00)	50.0
비유동비율	비유동지산/지기지본	15	(47%)	100%	(2.13)	32.0
매출채권회전율	매출액/매출채권	10	(12.0)	8.80	(1.36)	13.6
재고자산회전율	매출액/재고자산	10	(5.0)	5.80	(0.86)	8.60
비유동자산회전율	매출액/비유동자산	10	(5.41)	3.60	(1.50)	15.0
자기자본회전율	매출액/자기자본	5	(2.52)	2.40	(1.05)	5.30
합 계		100%				158.8

평가 종합평점이 100점을 훨씬 초과하므로 산업평균보다 매우 양호한 경영상태를 나타내고 있다고 말할 수 있다.

4.

물음1

비참가적 우선주 배당금 = @₩5,000×8%×10,000주 = ₩4,000,000

보통주에 귀속하는 당기순이익 = ₩64,000,000-₩4,000,000
= ₩60,000,000

물음2

2017년 중 보통주 유통주식수의 변화를 나타내면 다음과 같다.

(1/1)		(7/1)		(10/1)		(12/31)
100,000주	→	150,000주	→	140,000주	→	140,000주
	(6개월)		(3개월)		(3개월)	

가중평균 보통주 유통주식수 = 100,000주×6/12+150,000주×3/12+140,000주×3/12
= 122,500주

물음3 주당순이익 = 보통주에 귀속하는 당기순이익/가중평균 보통주 유통주식수
= (당기순이익-우선주에 귀속하는 당기순이익)/가중평균 보통주 유통주식수
= ₩60,000,000/122,500주 = @₩489.8

물음4 주가수익비율(PER) = 주식가격/주당순이익
= ₩7,000/@₩489.8
= 14.29

종합문제

1. 다음은 한국(주)의 2017년도의 요약 재무상태표와 손익계산서이다. 이를 기초로 다음의 주요 재무비율을 구하고 그것과 산업평균비율을 토대로 Wall 지수법을 사용하여 한국(주)의 경영상태를 평가하시오.

요약 재무상태표

자산		부채	
Ⅰ. 유동자산		Ⅰ. 유동부채	
현금	300	매입채무	1,600
FVPL금융자산	220	기타	140
매출채권	1,440	유동부채합계	1,740
재고자산	1,060	Ⅱ. 비유동부채	160
유동자산합계	3,020	부채총계	1,900
Ⅱ. 비유동자산	1,980	자본	
		Ⅰ. 자본금	1,760
		Ⅱ. 이익잉여금	1,340
		자본총계	3,100
자산총계	5,000	부채와자본총계	5,000

요약 손익계산서

Ⅰ. 매출액	7,300
Ⅱ. 매출원가	5,400
Ⅲ. 매출총이익	1,900
Ⅳ. 판매비와관리비	570
Ⅴ. 영업이익	1,330
Ⅵ. 기타비용	280
Ⅶ. 법인세비용차감전순이익	1,050

재무비율	산 식	가중치	재무비율	산업평균	관계비율	평 점
유동비율	유동자산/유동부채	25%	(　　)	200%	(　　)	(　　)
부채비율	총부채/자기자본	25	(　　)	86%	(　　)	(　　)
비유동비율	비유동자산/자기자본	15	(　　)	100%	(　　)	(　　)
매출채권회전율	매출액/매출채권	10	(　　)	8.80	(　　)	(　　)
재고자산회전율	매출액/재고자산	10	(　　)	5.80	(　　)	(　　)
비유동자산회전율	매출액/비유동자산	10	(　　)	3.60	(　　)	(　　)
자기자본회전율	매출액/자기자본	5	(　　)	2.40	(　　)	(　　)
합 계		100%				

2. 다음은 KS(주)의 2017년도 재무상태표와 손익계산서이나, 거의 모든 항목들이 누락되어 으며 오직 다음의 사항들만 이용가능하다.

자료

1) KS(주)의 당좌비율은 120%이다.
2) 매출채권 회수기간은 36.5일이다. 매출채권의 기초잔액과 기말잔액은 동일하다.
3) 매출액순이익률은 8%이다.
4) 매출액총이익률(매출총이익/매출액)은 30%이다.
5) 총자본(총자산) 영업이익율은 20%이다. 단, 총자본의 기초잔액은 ₩600,000 이었다.
6) 손익계산서의 이자비용은 비유동부채인 사채에 대한 연 10%의 이자비용이다.

재무상태표

자 산

유동자산

현 금		₩?
매출채권		?
재고자산		240,000

비유동자산

비 품	?	
	121,600	?

자산 총계	₩720,000
부 채	
유동부채	?
비유동부채	
사 채	?
부채 합계	₩216,000
자 본	
자본금	?
이익잉여금	204,000
자본 합계	?
부채와 자본 총계	?

손익계산서

매출액	?
매출원가	?
매출총이익	?
판매비와관리비	?
영업이익	?
영업외비용(이자비용)	?
법인세비용차감전순이익	?
법인세비용(40%)	?
당기순이익	₩72,000

(요구사항)

(1) 위 자료로 KS(주)의 2017년도의 재무상태표와 손익계산서를 완성하시오.

(2) (1)에서 완성한 재무제표를 기초로 다음의 주요 재무비율을 구하고 그것과 산업평균비율을 토대로 Wall 지수법을 사용하여 KS(주)의 경영상태를 평가하시오.

재무비율	가중치	재무비율	산업평균	관계비율	평 점
유동비율	25%	( )	200%	( )	( )
부채비율	25	( )	86%	( )	( )
비유동비율	15	( )	100%	( )	( )
매출채권회전율	10	( )	8.80	( )	( )
재고자산회전율	10	( )	5.80	( )	( )
비유동자산회전율	10	( )	3.60	( )	( )
자기자본회전율	5	( )	2.40	( )	( )
합	100%				

평가

부 록

1. 재무제표 양식
2. 화폐의 시간가치표

1. 재무제표 양식

여기서 제시하는 재무제표 양식은 **[일반기업회계기준]**에서 제시한 재무상태표, 손익계산서, 현금흐름표, 자본변동표 양식의 예시이다.

(1) 재무상태표 양식

재 무 상 태 표

제×기 20××년×월×일 현재
제×기 20××년×월×일 현재

기업명 (단위 : 원)

과 목	당 기		전 기	
자 산				
유동자산		×××		×××
당좌자산		×××		×××
현금및현금성자산	×××		×××	
단기투자자산	×××		×××	
매출채권	×××		×××	
선급비용	×××		×××	
이연법인세자산	×××		×××	
……	×××		×××	
재고자산		×××		×××
제품	×××		×××	
재공품	×××		×××	
원재료	×××		×××	
……	×××		×××	
비유동자산		×××		×××
투자자산		×××		×××
투자부동산	×××		×××	
장기투자증권	×××		×××	
지분법적용투자주식	×××		×××	

과 목	당 기		전 기	
……	×××		×××	
유형자산		×××		×××
토지	×××		×××	
설비자산	×××		×××	
(-) 감가상각누계액	(×××)		(×××)	
건설중인자산	×××		×××	
……	×××		×××	
무형자산		×××		×××
영업권	×××		×××	
산업재산권	×××		×××	
개발비	×××		×××	
……	×××		×××	
기타비유동자산		×××		×××
이연법인세자산	×××		×××	
……	×××		×××	
자 산 총 계		×××		×××
부 채				
유동부채		×××		×××
단기차입금	×××		×××	
매입채무	×××		×××	
당기법인세부채	×××		×××	
미지급비용	×××		×××	
이연법인세부채	×××		×××	
……	×××		×××	
비유동부채		×××		×××
사채	×××		×××	
신주인수권부사채	×××		×××	
전환사채	×××		×××	
장기차입금	×××		×××	
퇴직급여충당부채	×××		×××	

장기제품보증충당부채	×××		×××	
이연법인세부채	×××		×××	
……	×××		×××	
부 채 총 계		×××		×××

과 목	당 기		전 기	
자 본				
자본금		×××		×××
보통주자본금	×××		×××	
우선주자본금	×××		×××	
자본잉여금		×××		×××
주식발행초과금	×××		×××	
……	×××		×××	
자본조정		×××		×××
자기주식	×××		×××	
……	×××		×××	
기타포괄손익누계액		×××		×××
매도가능증권평가손익	×××		×××	
해외사업환산손익	×××		×××	
현금흐름위험회피	×××		×××	
파생상품평가손익	×××		×××	
……				
		×××		×××
이익잉여금(또는 결손금)	×××		×××	
법정적립금	×××		×××	
임의적립금	×××		×××	
미처분이익잉여금 (또는 미처리결손금)				
자 본 총 계		×××		×××
부채 및 자본 총계		×××		×××

(2) 손익계산서 양식 (중단사업손익이 있을 경우)

손 익 계 산 서

제×기 20××년×월×일부터 20××년×월×일까지
제×기 20××년×월×일부터 20××년×월×일까지

기업명 (단위 : 원)

과 목	당 기		전 기	
매출액		×××		×××
매출원가		×××		×××
기초제품(또는 상품)재고액	×××		×××	
당기제품제조원가 (또는 당기상품매입액)	×××		×××	
기말제품(또는 상품)재고액	(×××)		(×××)	
매출총이익(또는 매출총손실)		×××		×××
판매비와관리비		×××		×××
급여	×××		×××	
퇴직급여	×××		×××	
복리후생비	×××		×××	
임차료	×××		×××	
접대비	×××		×××	
감가상각비	×××		×××	
무형자산상각비	×××		×××	
세금과공과	×××		×××	
광고선전비	×××		×××	
연구비	×××		×××	
경상개발비	×××		×××	
대손상각비	×××		×××	
……	×××		×××	
영업이익(또는 영업손실)		×××		×××
영업외수익		×××		×××
이자수익	×××		×××	
배당금수익				

과 목	당 기		전 기	
임대료	×××		×××	
단기투자자산처분이익	×××		×××	
단기투자자산평가이익	×××		×××	
외환차익	×××		×××	
외화환산이익	×××		×××	
지분법이익	×××		×××	
장기투자증권손상차손환입	×××		×××	
유형자산처분이익	×××		×××	
사채상환이익	×××		×××	
전기오류수정이익	×××		×××	
……	×××		×××	
	×××		×××	
영업외비용		×××		×××
이자비용	×××		×××	
기타의대손상각비	×××		×××	
단기투자자산처분손실	×××		×××	
단기투자자산평가손실	×××		×××	
재고자산감모손실	×××		×××	
외환차손	×××		×××	
외화환산손실	×××		×××	
기부금	×××		×××	
지분법손실	×××		×××	
장기투자증권손상차손	×××		×××	
유형자산처분손실	×××		×××	
사채상환손실	×××		×××	
전기오류수정손실	×××		×××	
……	×××		×××	
법인세비용차감전계속사업손익		×××		×××
계속사업손익법인세비용		×××		×××
계속사업이익(또는 계속사업손실)		×××		×××
중단사업손익 (법인세효과: ×××원)		×××		×××
당기순이익(또는 당기순손실)		×××		×××

(3) 손익계산서 양식 (중단사업손익이 없을 경우)

손 익 계 산 서

제×기 20××년×월×일부터 20××년×월×일까지
제×기 20××년×월×일부터 20××년×월×일까지

기업명 (단위 : 원)

과 목	당 기		전 기	
매출액		×××		×××
매출원가		×××		×××
기초제품(또는 상품)재고액	×××		×××	
당기제품제조원가 (또는 당기상품매입액)	×××		×××	
기말제품(또는 상품)재고액	(×××)		(×××)	
매출총이익(또는 매출총손실)		×××		×××
판매비와관리비		×××		×××
급여	×××		×××	
퇴직급여	×××		×××	
복리후생비	×××		×××	
임차료	×××		×××	
접대비	×××		×××	
감가상각비	×××		×××	
무형자산상각비	×××		×××	
세금과공과	×××		×××	
광고선전비	×××		×××	
연구비	×××		×××	
경상개발비	×××		×××	
대손상각비	×××		×××	
……	×××		×××	
영업이익(또는 영업손실)		×××		×××
영업외수익		×××		×××
이자수익	×××		×××	

과 목	당 기		전 기	
배당금수익	×××		×××	
임대료	×××		×××	
단기투자자산처분이익	×××		×××	
단기투자자산평가이익	×××		×××	
외환차익	×××		×××	
외화환산이익	×××		×××	
지분법이익	×××		×××	
장기투자증권손상차손환입	×××		×××	
유형자산처분이익	×××		×××	
사채상환이익	×××		×××	
전기오류수정이익	×××		×××	
……	×××		×××	
영업외비용		×××		×××
이자비용	×××		×××	
기타의대손상각비	×××		×××	
단기투자자산처분손실	×××		×××	
단기투자자산평가손실	×××		×××	
재고자산감모손실	×××		×××	
외환차손	×××		×××	
외화환산손실	×××		×××	
기부금	×××		×××	
지분법손실	×××		×××	
장기투자증권손상차손	×××		×××	
유형자산처분손실	×××		×××	
사채상환손실	×××		×××	
전기오류수정손실	×××		×××	
……	×××		×××	
법인세비용차감전순손익		×××		×××
법인세비용		×××		×××
당기순이익(또는 당기순손실)		×××		×××

(4) 현금흐름표 양식(직접법)

현 금 흐 름 표

제×기 20××년×월×일부터 20××년×월×일까지
제×기 20××년×월×일부터 20××년×월×일까지

기업명 (단위 : 원)

과 목	당 기		전 기	
영업활동으로 인한 현금흐름		×××		×××
매출등 수익활동으로부터의 유입액	×××		×××	
매입 및 종업원에 대한 유출액	×××		×××	
이자수익 유입액	×××		×××	
배당금수익 유입액	×××		×××	
이자비용 유출액	×××		×××	
법인세의 지급	×××		×××	
투자활동으로 인한 현금흐름		×××		×××
투자활동으로 인한 현금유입액				
단기투자자산의 처분	×××		×××	
유가증권의 처분	×××		×××	
토지의 처분	×××		×××	
투자활동으로 인한 현금유출액				
현금의 단기대여	×××		×××	
단기투자자산의 취득	×××		×××	
유가증권의 취득	×××		×××	
토지의 취득	×××		×××	
개발비의 지급	×××		×××	
재무활동으로 인한 현금흐름		×××		×××
재무활동으로 인한 현금유입액				
단기차입금의 차입	×××		×××	
사채의 발행	×××		×××	
보통주의 발행	×××		×××	
재무활동으로 인한 현금유출액				
단기차입금의 상환	×××		×××	
사채의 상환	×××		×××	
유상감자	×××		×××	
현금의 증가(감소)		×××		×××
기초의 현금		×××		×××
기말의 현금		×××		×××

(5) 현금흐름표 양식(간접법)

현 금 흐 름 표

제×기 20××년×월×일부터 20××년×월×일까지
제×기 20××년×월×일부터 20××년×월×일까지

기업명 (단위 : 원)

과 목	당 기		전 기	
영업활동으로 인한 현금흐름		×××		×××
당기순이익(손실)	×××		×××	
현금의 유출이 없는 비용등의 가산				
감가상각비	×××		×××	
퇴직급여	×××		×××	
현금의 유입이 없는 수익등의 차감				
사채상환이익	×××		×××	
영업활동으로 인한 자산·부채의 변동				
재고자산의 감소(증가)	×××		×××	
매출채권의 감소(증가)	×××		×××	
이연법인세자산의 감소(증가)	×××		×××	
매입채무의 증가(감소)	×××		×××	
당기법인세부채의 증가(감소)	×××		×××	
이연법인세부채의 증가(감소)	×××		×××	
투자활동으로 인한 현금흐름		×××		×××
투자활동으로 인한 현금유입액				
단기투자자산의 처분	×××		×××	
유가증권의 처분	×××		×××	
토지의 처분	×××		×××	
투자활동으로 인한 현금유출액				
현금의 단기대여	×××		×××	
단기투자자산의 취득	×××		×××	
유가증권의 취득	×××		×××	
토지의 취득	×××		×××	
개발비의 지급	×××		×××	
재무활동으로 인한 현금흐름		×××		×××
재무활동으로 인한 현금유입액				

과 목	당 기		전 기	
단기차입금의 차입	×××		×××	
사채의 발행	×××		×××	
보통주의 발행	×××		×××	
재무활동으로 인한 현금유출액				
단기차입금의 상환	×××		×××	
사채의 상환	×××		×××	
유상감자	×××		×××	
현금의 증가(감소)		×××		×××
기초의 현금		×××		×××
기말의 현금		×××		×××

(6) 자본변동표 양식

자 본 변 동 표

제×기 20××년×월×일부터 20××년×월×일까지
제×기 20××년×월×일부터 20××년×월×일까지

기업명 (단위 : 원)

구 분	자본금	자본 잉여금	자본조정	기타포괄 손익누계액	이익 잉여금	총 계
20××.×.×(보고금액)	×××	×××	×××	×××	×××	×××
회계정책변경누적효과	(×××)	(×××)	(×××)	(×××)	(×××)	(×××)
전기오류수정	(×××)	(×××)	(×××)	(×××)	(×××)	(×××)
수정후 자본	×××	×××	×××	×××	×××	×××
연차배당					(×××)	(×××)
처분후 이익잉여금					×××	×××
중간배당					(×××)	(×××)
유상증자(감자)	×××	×××				×××
당기순이익(손실)					×××	×××
자기주식 취득			(×××)			(×××)
해외사업환산손익				(×××)		(×××)

구 분	자본금	자본 잉여금	자본조정	기타포괄 손익누계액	이익 잉여금	총 계
20××.×.×	×××	×××	×××	×××	×××	×××
20××.×.×(보고금액)	×××	×××	×××	×××	×××	×××
회계정책변경누적효과	(×××)	(×××)	(×××)	(×××)	(×××)	(×××)
전기오류수정	(×××)	(×××)	(×××)	(×××)	(×××)	(×××)
수정후 자본	×××	×××	×××	×××	×××	×××
연차배당					(×××)	(×××)
처분후 이익잉여금					×××	×××
중간배당					(×××)	(×××)
유상증자(감자)	×××	×××				×××
당기순이익(손실)					×××	×××
자기주식 취득			(×××)			(×××)
매도가능증권평가손익				×××		×××
20××.×.×	×××	×××	×××	×××	×××	×××

2. 화폐의 시간가치표

(1) 미래가치표

$A = P(1+i)^n$

(n) 기간	1/4%	1/2%	3/4%	1%	1½%	2%	3%	4%
1	1.00250	1.00500	1.00750	1.01000	1.01500	1.02000	1.03000	1.04000
2	1.00501	1.01003	1.01506	1.02010	1.03023	1.04040	1.06090	1.08160
3	1.00752	1.01508	1.02267	1.03030	1.04568	1.06121	1.09273	1.12486
4	1.01004	1.02015	1.03034	1.04060	1.06136	1.08243	1.12551	1.16986
5	1.01256	1.02525	1.03807	1.05101	1.07728	1.10408	1.15927	1.21665
6	1.01509	1.03038	1.04585	1.06152	1.09344	1.12616	1.19405	1.26532
7	1.01763	1.03553	1.05370	1.07214	1.10984	1.14869	1.22987	1.31593
8	1.02018	1.04071	1.06160	1.08286	1.12649	1.17166	1.26677	1.36857
9	1.02273	1.04591	1.06956	1.09369	1.14339	1.19509	1.30477	1.42331
10	1.02528	1.05114	1.07758	1.10462	1.16054	1.21899	1.34392	1.48024
11	1.02785	1.05640	1.08566	1.11567	1.17795	1.24337	1.38423	1.53945
12	1.03042	1.06168	1.09381	1.12683	1.19562	1.26824	1.42576	1.60103
13	1.03299	1.06699	1.10201	1.13809	1.21355	1.29361	1.46853	1.66507
14	1.03557	1.07232	1.11028	1.14947	1.23176	1.31948	1.51259	1.73168
15	1.03816	1.07768	1.11860	1.16097	1.25023	1.34587	1.55797	1.80094
16	1.04076	1.08307	1.12699	1.17258	1.26899	1.37279	1.60471	1.87298
17	1.04336	1.08849	1.13544	1.18430	1.28802	1.40024	1.65285	1.94790
18	1.04597	1.09393	1.14396	1.19615	1.30734	1.42825	1.70243	2.02582
19	1.04858	1.09940	1.15254	1.20811	1.32695	1.45681	1.75351	2.10685
20	1.05121	1.10490	1.16118	1.22019	1.34686	1.48595	1.80611	2.19112
21	1.05383	1.11042	1.16989	1.23239	1.36706	1.51567	1.86029	2.27877
22	1.05647	1.11597	1.17867	1.24472	1.38756	1.54598	1.91610	2.36992
23	1.05911	1.12155	1.18751	1.25716	1.40838	1.57690	1.97359	2.46472
24	1.06176	1.12716	1.19641	1.26973	1.42950	1.60844	2.03279	2.56330
25	1.06441	1.13280	1.20539	1.28243	1.45095	1.64061	2.09378	2.66584
26	1.06707	1.13846	1.21443	1.29526	1.47271	1.67342	2.15659	2.77247
27	1.06974	1.14415	1.22354	1.30821	1.49480	1.70689	2.22129	2.88337
28	1.07241	1.14987	1.23271	1.32129	1.51722	1.74102	2.28793	2.99870
29	1.07510	1.15562	1.24196	1.33450	1.53998	1.77584	2.35657	3.11865
30	1.07778	1.16140	1.25127	1.34785	1.56308	1.81136	2.42726	3.24340
31	1.08048	1.16721	1.26066	1.36133	1.58653	1.84759	2.50008	3.37313
32	1.08318	1.17304	1.27011	1.37494	1.61032	1.88454	2.57508	3.50806
33	1.08589	1.17891	1.27964	1.38869	1.63448	1.92223	2.65234	3.64838
34	1.08860	1.18480	1.28923	1.40258	1.65900	1.96068	2.73191	3.79432
35	1.09132	1.19073	1.29890	1.41660	1.68388	1.99989	2.81386	3.94609
36	1.09405	1.19668	1.30865	1.43077	1.70914	2.03989	2.89828	4.10393
37	1.09679	1.20266	1.31846	1.44508	1.73478	2.08069	2.98523	4.26809
38	1.09953	1.20868	1.32835	1.45953	1.76080	2.12230	3.07478	4.43881
39	1.10228	1.21472	1.33831	1.47412	1.78721	2.16474	3.16703	4.61637
40	1.10503	1.22079	1.34835	1.48886	1.81402	2.20804	3.26204	4.80102
41	1.10780	1.22690	1.35846	1.50375	1.84123	2.25220	3.35990	4.99306
42	1.11057	1.23303	1.36865	1.51879	1.86885	2.29724	3.46070	5.19278
43	1.11334	1.23920	1.37891	1.53398	1.89688	2.34319	3.56452	5.40050
44	1.11612	1.24539	1.38926	1.54932	1.92533	2.39005	3.67145	5.61652
45	1.11892	1.25162	1.39968	1.56481	1.95421	2.43785	3.78160	5.84118
50	1.13297	1.28323	1.45296	1.64463	2.10524	2.69159	4.38391	7.10668
100	1.28362	1.64667	2.11108	2.70481	4.43205	7.24465	19.21863	50.50495

* ₩1이 일정기간·일정률로 현재시점에서 투하되어 미래에 누적될 금액을 나타내는 표

5%	6%	7%	8%	10%	12%	15%	20%	(n) 기간
1.05000	1.06000	1.07000	1.08000	1.10000	1.12000	1.15000	1.20000	1
1.10250	1.12360	1.14490	1.16640	1.21000	1.25440	1.32250	1.44000	2
1.15763	1.19102	1.22504	1.25971	1.33100	1.40493	1.52088	1.72800	3
1.21551	1.26248	1.31080	1.36049	1.46410	1.57352	1.74901	2.07360	4
1.27628	1.33823	1.40255	1.46933	1.61051	1.76234	2.01136	2.48832	5
1.34010	1.41852	1.50073	1.58687	1.77156	1.97382	2.31306	2.98598	6
1.40710	1.50363	1.60578	1.71382	1.94872	2.21068	2.66002	3.58318	7
1.47746	1.59385	1.71819	1.85093	2.14359	2.47596	3.05902	4.29982	8
1.55133	1.68948	1.83846	1.99900	2.35795	2.77308	3.51788	5.15978	9
1.62889	1.79085	1.96715	2.15892	2.59374	3.10585	4.04556	6.19174	10
1.71034	1.89830	2.10485	2.33164	2.85312	3.47855	4.65239	7.43008	11
1.79586	2.01220	2.25219	2.51817	3.13843	3.89598	5.35025	8.91610	12
1.88565	2.13293	2.40985	2.71962	3.45227	4.36349	6.15279	10.69932	13
1.97993	2.26090	2.57853	2.93719	3.79750	4.88711	7.07571	12.83918	14
2.07893	2.39656	2.75903	3.17217	4.17725	5.47357	8.13706	15.40702	15
2.18287	2.54035	2.95216	3.42594	4.59497	6.13039	9.35762	18.48843	16
2.29202	2.69277	3.15882	3.70002	5.05447	6.86604	10.76126	22.18611	17
2.40662	2.85434	3.37993	3.99602	5.55992	7.68997	12.37545	26.62333	18
2.52695	3.02560	3.61653	4.31570	6.11591	8.61276	14.23177	31.94800	19
2.65330	3.20714	3.86968	4.66096	6.72750	9.64629	16.36654	38.33760	20
2.78596	3.39956	4.14056	5.03383	7.40025	10.80385	18.82152	46.00512	21
2.92526	3.60354	4.43040	5.43654	8.14027	12.10031	21.64475	55.20614	22
3.07152	3.81975	4.74053	5.87146	8.95430	13.55235	24.89146	66.24737	23
3.22510	4.04893	5.07237	6.34118	9.84973	15.17863	28.62518	79.49685	24
3.38635	4.29187	5.42743	6.84848	10.83471	17.00006	32.91895	95.39622	25
3.55567	4.54938	5.80735	7.39635	11.91818	19.04007	37.85680	114.47546	26
3.73346	4.82235	6.21387	7.98806	13.10999	21.32488	43.53531	137.37055	27
3.92013	5.11169	6.64884	8.62711	14.42099	23.88387	50.06561	164.84466	28
4.11614	5.41839	7.11426	9.31727	15.86309	26.74993	57.57545	197.81359	29
4.32194	5.74349	7.61226	10.06266	17.44940	29.95992	66.21177	237.37631	30
4.53804	6.08810	8.14511	10.86767	19.19434	33.55511	76.14354	284.85158	31
4.76494	6.45339	8.71527	11.73708	21.11378	37.58173	87.56507	341.82189	32
5.00319	6.84059	9.32534	12.67605	23.22515	42.09153	100.69983	410.18627	33
5.25335	7.25103	9.97811	13.69013	25.54767	47.14252	115.80480	492.22352	34
5.51602	7.68609	10.67658	14.78534	28.10244	52.79962	133.17552	590.66823	35
5.79182	8.14725	11.42394	15.96817	30.91268	59.13557	153.15185	708.80187	36
6.08141	8.63609	12.22362	17.24563	34.00395	66.23184	176.12463	850.56225	37
6.38548	9.15425	13.07927	18.62528	37.40434	74.17966	202.54332	1020.67470	38
6.70475	9.70351	13.99482	20.11530	41.14478	83.08122	232.92482	1224.80964	39
7.03999	10.28572	14.97446	21.72452	45.25926	93.05097	267.86355	1469.77157	40
7.39199	10.90286	16.02267	23.46248	49.78518	104.21709	308.04308	1763.72588	41
7.76159	11.55703	17.14426	25.33948	54.76370	116.72314	354.24954	2116.47106	42
8.14967	12.25045	18.34435	27.36664	60.24007	130.72991	407.38697	2539.76527	43
8.55715	12.98548	19.62846	29.55597	66.26408	146.41750	468.49502	3047.71832	44
8.98501	13.76461	21.00245	31.92045	72.89048	163.98760	538.76927	3657.26199	45
11.46740	18.42015	29.45703	46.90161	117.39085	289.00219	1083.65744	9100.43815	50
131.50126	339.30208	867.71633	2199.76126	13780.61	83522.27	117×10^4	828×10^5	100

(2) 현재가치표

$$P^n = \frac{1}{(1+i)^n}$$

(n) 기간	1/4%	1/2%	3/4%	1%	1½%	2%	3%	4%
1	0.99751	0.99502	0.99256	0.99010	0.98522	0.98039	0.97087	0.96154
2	0.99502	0.99007	0.98517	0.98030	0.97066	0.96117	0.94260	0.92456
3	0.99254	0.98515	0.97783	0.97059	0.95632	0.94232	0.91514	0.88900
4	0.99006	0.98025	0.97055	0.96098	0.94218	0.92385	0.88849	0.85480
5	0.98759	0.97537	0.96333	0.95147	0.92826	0.90573	0.86261	0.82193
6	0.98513	0.97052	0.95616	0.94205	0.91454	0.88797	0.83748	0.79031
7	0.98267	0.96569	0.94904	0.93272	0.90103	0.87056	0.81309	0.75992
8	0.98022	0.96089	0.94198	0.92348	0.88771	0.85349	0.78941	0.73069
9	0.97778	0.95610	0.93496	0.91434	0.87459	0.83676	0.76642	0.70259
10	0.97534	0.95135	0.92800	0.90529	0.86167	0.82035	0.74409	0.67556
11	0.97291	0.94661	0.92109	0.89632	0.84893	0.80426	0.72242	0.64958
12	0.97048	0.94191	0.91424	0.88745	0.83639	0.78849	0.70138	0.62460
13	0.96806	0.93722	0.90743	0.87866	0.82403	0.77303	0.68095	0.60057
14	0.96565	0.93256	0.90068	0.86996	0.81185	0.75788	0.66112	0.57748
15	0.96324	0.92792	0.89397	0.86135	0.79985	0.74301	0.64186	0.55526
16	0.96084	0.92330	0.88732	0.85282	0.78803	0.72845	0.62317	0.53391
17	0.95844	0.91871	0.88071	0.84438	0.77639	0.71416	0.60502	0.51337
18	0.95605	0.91414	0.87416	0.83602	0.76491	0.70016	0.58739	0.49363
19	0.95367	0.90959	0.86765	0.82774	0.75361	0.68643	0.57029	0.47464
20	0.95129	0.90506	0.86119	0.81954	0.74247	0.67297	0.55368	0.45639
21	0.94892	0.90056	0.85478	0.81143	0.73150	0.65978	0.53755	0.43883
22	0.94655	0.89608	0.84842	0.80340	0.72069	0.64684	0.52189	0.42196
23	0.94419	0.89162	0.84210	0.79544	0.71004	0.63416	0.50669	0.40573
24	0.94184	0.88719	0.83583	0.78757	0.69954	0.62172	0.49193	0.39012
25	0.93949	0.88277	0.82961	0.77977	0.68921	0.60953	0.47761	0.37512
26	0.93714	0.87838	0.82343	0.77205	0.67902	0.59758	0.46369	0.36069
27	0.93481	0.87401	0.81730	0.76440	0.66899	0.58586	0.45019	0.34682
28	0.93248	0.86966	0.81122	0.75684	0.65910	0.57437	0.43708	0.33348
29	0.93015	0.86533	0.80518	0.74934	0.64936	0.56311	0.42435	0.32065
30	0.92783	0.86103	0.79919	0.74192	0.63976	0.55207	0.41199	0.30832
31	0.92552	0.85675	0.79324	0.73458	0.63031	0.54125	0.39999	0.29646
32	0.92321	0.85248	0.78733	0.72730	0.62099	0.53063	0.38834	0.28506
33	0.92091	0.84824	0.78147	0.72010	0.61182	0.52023	0.37703	0.27409
34	0.91861	0.84402	0.77565	0.71297	0.60277	0.51003	0.36604	0.26355
35	0.91632	0.83982	0.76988	0.70591	0.59387	0.50003	0.35538	0.25342
36	0.91403	0.83564	0.76415	0.69892	0.58509	0.49022	0.34503	0.24367
37	0.91175	0.83149	0.75846	0.69200	0.57644	0.48061	0.33498	0.23430
38	0.90948	0.82735	0.75281	0.68515	0.56792	0.47119	0.32523	0.22529
39	0.90721	0.82323	0.74721	0.67837	0.55953	0.46195	0.31575	0.21662
40	0.90495	0.81914	0.74165	0.67165	0.55126	0.45289	0.30656	0.20829
41	0.90269	0.81506	0.73613	0.66500	0.54312	0.44401	0.29763	0.20028
42	0.90044	0.81101	0.73065	0.65842	0.53509	0.43530	0.28896	0.19257
43	0.89820	0.80697	0.72521	0.65190	0.52718	0.42677	0.28054	0.18517
44	0.89596	0.80296	0.71981	0.64545	0.51939	0.41840	0.27237	0.17805
45	0.89372	0.79896	0.71445	0.63905	0.51171	0.41020	0.26444	0.17120
50	0.88263	0.77929	0.68825	0.60804	0.47500	0.37153	0.22811	0.14071
100	0.77904	0.60729	0.47369	0.36971	0.22563	0.13803	0.05203	0.01980

* 미래의 특정시점에 가서 ₩1이 되기 위해서 현재 얼마를 투하해야 할 것인가를 나타내는 표

5%	6%	7%	8%	10%	12%	15%	20%	(n) 기간
0.95238	0.94340	0.93458	0.92593	0.90909	0.89286	0.86957	0.83333	1
0.90703	0.89000	0.87344	0.85734	0.82645	0.79719	0.75614	0.69444	2
0.86384	0.83962	0.81630	0.79383	0.75131	0.71178	0.65752	0.57870	3
0.82270	0.79209	0.76290	0.73503	0.68301	0.63552	0.57175	0.48225	4
0.78353	0.74726	0.71299	0.68058	0.62092	0.56743	0.49718	0.40188	5
0.74622	0.70496	0.66634	0.63017	0.56447	0.50663	0.43233	0.33490	6
0.71068	0.66506	0.62275	0.58349	0.51316	0.45235	0.37594	0.27908	7
0.67684	0.62741	0.58201	0.54027	0.46651	0.40388	0.32690	0.23257	8
0.64461	0.59190	0.54393	0.50025	0.42410	0.36061	0.28426	0.19381	9
0.61391	0.55839	0.50835	0.46319	0.38554	0.32197	0.24718	0.16151	10
0.58468	0.52679	0.47509	0.42888	0.35049	0.28748	0.21494	0.13459	11
0.55684	0.49697	0.44401	0.39711	0.31863	0.25668	0.18691	0.11216	12
0.53032	0.46884	0.41496	0.36770	0.28966	0.22917	0.16253	0.09346	13
0.50507	0.44230	0.38782	0.34046	0.26333	0.20462	0.14133	0.07789	14
0.48102	0.41727	0.36245	0.31524	0.23939	0.18270	0.12289	0.06491	15
0.45811	0.39365	0.33873	0.29189	0.21763	0.16312	0.10686	0.05409	16
0.43630	0.37136	0.31657	0.27027	0.19784	0.14564	0.09293	0.04507	17
0.41552	0.35034	0.29586	0.25025	0.17986	0.13004	0.08081	0.03756	18
0.39573	0.33051	0.27651	0.23171	0.16351	0.11611	0.07027	0.03130	19
0.37689	0.31180	0.25842	0.21455	0.14864	0.10367	0.06110	0.02608	20
0.35894	0.29416	0.24151	0.19866	0.13513	0.09256	0.05313	0.02174	21
0.34185	0.27751	0.22571	0.18394	0.12285	0.08264	0.04620	0.01811	22
0.32557	0.26180	0.21095	0.17032	0.11168	0.07379	0.04017	0.01509	23
0.31007	0.24698	0.19715	0.15770	0.10153	0.06588	0.03493	0.01258	24
0.29530	0.23300	0.18425	0.14602	0.09230	0.05882	0.03038	0.01048	25
0.28124	0.21981	0.17220	0.13520	0.08391	0.05252	0.02642	0.00874	26
0.26785	0.20737	0.16093	0.12519	0.07628	0.04689	0.02297	0.00728	27
0.25509	0.19563	0.15040	0.11591	0.06934	0.04187	0.01997	0.00607	28
0.24295	0.18456	0.14056	0.10733	0.06304	0.03738	0.01737	0.00506	29
0.23138	0.17411	0.13137	0.09938	0.05731	0.03338	0.01510	0.00421	30
0.22036	0.16425	0.12277	0.09202	0.05210	0.02980	0.01313	0.00351	31
0.20987	0.15496	0.11474	0.08520	0.04736	0.02661	0.01142	0.00293	32
0.19987	0.14619	0.10723	0.07889	0.04306	0.02376	0.00993	0.00244	33
0.19035	0.13791	0.10022	0.07305	0.03914	0.02121	0.00864	0.00203	34
0.18129	0.13011	0.09366	0.06763	0.03558	0.01894	0.00751	0.00169	35
0.17266	0.12274	0.08754	0.06262	0.03235	0.01691	0.00653	0.00141	36
0.16444	0.11579	0.08181	0.05799	0.02941	0.01510	0.00568	0.00118	37
0.15661	0.10924	0.07646	0.05369	0.02673	0.01348	0.00494	0.00098	38
0.14915	0.10306	0.07146	0.04971	0.02430	0.01204	0.00429	0.00082	39
0.14205	0.09722	0.06678	0.04603	0.02209	0.01075	0.00373	0.00068	40
0.13528	0.09172	0.06241	0.04262	0.02009	0.00960	0.00325	0.00057	41
0.12884	0.08653	0.05833	0.03946	0.01826	0.00857	0.00282	0.00047	42
0.12270	0.08163	0.05451	0.03654	0.01660	0.00765	0.00245	0.00039	43
0.11686	0.07701	0.05095	0.03383	0.01509	0.00683	0.00213	0.00033	44
0.11130	0.07265	0.04761	0.03133	0.01372	0.00610	0.00186	0.00027	45
0.08720	0.05429	0.03395	0.02132	0.00852	0.00346	0.00092	0.00011	50
0.00760	0.00295	0.00115	0.00045	0.00007	0.00001	0.00000	0.00000	100

(3) 연금미래가치표

$$A_n = \frac{(1+i)^n - 1}{i}$$

(n) 기간	1/4%	1/2%	3/4%	1%	$1\frac{1}{2}$%	2%	3%	4%
1	1.00000	1.00000	1.00000	1.00000	1.00000	1.00000	1.00000	1.00000
2	2.00250	2.00500	2.00750	2.01000	2.01500	2.02000	2.03000	2.04000
3	3.00751	3.01502	3.02256	3.03010	3.04522	3.06040	3.09090	3.12160
4	4.01503	4.03010	4.04523	4.06040	4.09090	4.12161	4.18363	4.24646
5	5.02506	5.05025	5.07556	5.10101	5.15227	5.20404	5.30914	5.41632
6	6.03763	6.07550	6.11363	6.15202	6.22955	6.30812	6.46841	6.63298
7	7.05272	7.10588	7.15948	7.21354	7.32299	7.43428	7.66246	7.89829
8	8.07035	8.14141	8.21318	8.28567	8.43284	8.58297	8.89234	9.21423
9	9.09053	9.18212	9.27478	9.36853	9.55933	9.75463	10.15911	10.58280
10	10.11325	10.22803	10.34434	10.46221	10.70272	10.94972	11.46388	12.00611
11	11.13854	11.27917	11.42192	11.56683	11.86326	12.16872	12.80780	13.48635
12	12.16638	12.33556	12.50759	12.68250	13.04121	13.41209	14.19203	15.02581
13	13.19680	13.39724	13.60139	13.80933	14.23683	14.68033	15.61779	16.62684
14	14.22979	14.46423	14.70340	14.94742	15.45038	15.97394	17.08632	18.29191
15	15.26537	15.53655	15.81368	16.09690	16.68214	17.29342	18.59891	20.02359
16	16.30353	16.61423	16.93228	17.25786	17.93237	18.63929	20.15688	21.82453
17	17.34429	17.69730	18.05927	18.43044	19.20136	20.01207	21.76159	23.69751
18	18.38765	18.78579	19.19472	19.61475	20.48938	21.41231	23.41444	25.64541
19	19.43362	19.87972	20.33868	20.81090	21.79672	22.84056	25.11687	27.67123
20	20.48220	20.97912	21.49122	22.01900	23.12367	24.29737	26.87037	29.77808
21	21.53341	22.08401	22.65240	23.23919	24.47052	25.78332	28.67649	31.96920
22	22.58724	23.19443	23.82230	24.47159	25.83758	27.29898	30.53678	34.24797
23	23.64371	24.31040	25.00096	25.71630	27.22514	28.84496	32.45288	36.61789
24	24.70282	25.43196	26.18847	26.97346	28.63352	30.42186	34.42647	39.08260
25	25.76457	26.55912	27.38488	28.24320	30.06302	32.03030	36.45926	41.64591
26	26.82899	27.69191	28.59027	29.52563	31.51397	33.67091	38.55304	44.31174
27	27.89606	28.83037	29.80470	30.82089	32.98668	35.34432	40.70963	47.08421
28	28.96580	29.97452	31.02823	32.12910	34.48148	37.05121	42.93092	49.96758
29	30.03821	31.12439	32.26094	33.45039	35.99870	38.79223	45.21885	52.96629
30	31.11331	32.28002	33.50290	34.78489	37.53868	40.56808	47.57542	56.08494
31	32.19109	33.44142	34.75417	36.13274	39.10176	42.37944	50.00268	59.32834
32	33.27157	34.60862	36.01483	37.49407	40.68829	44.22703	52.50276	62.70147
33	34.35475	35.78167	37.28494	38.86901	42.29861	46.11157	55.07784	66.20953
34	35.44064	36.96058	38.56458	40.25770	43.93309	48.03380	57.73018	69.85791
35	36.52924	38.14538	39.85381	41.66028	45.59209	49.99448	60.46208	73.65222
36	37.62056	39.33610	41.15272	43.07688	47.27597	51.99437	63.27594	77.59831
37	38.71461	40.53279	42.46136	44.50765	48.98511	54.03425	66.17422	81.70225
38	39.81140	41.73545	43.77982	45.95272	50.71989	56.11494	69.15945	85.97034
39	40.91093	42.94413	45.10817	47.41225	52.48068	58.23724	72.23423	90.40915
40	42.01320	44.15885	46.44648	48.88637	54.26789	60.40198	75.40126	95.02552
41	43.11824	45.37964	47.79483	50.37524	56.08191	62.61002	78.66330	99.82654
42	44.22603	46.60654	49.15329	51.87899	57.92314	64.86222	82.02320	104.81960
43	45.33660	47.83957	50.52194	53.39778	59.79199	67.15947	85.48389	110.01238
44	46.44994	49.07877	51.90086	54.93176	61.68887	69.50266	89.04841	115.41288
45	47.56606	50.32416	53.29011	56.48107	63.61420	71.89271	92.71986	121.02939
50	53.18868	56.64516	60.39426	64.46318	73.68283	84.57940	112.79687	152.66708
100	113.44996	129.33370	148.14451	170.48138	228.80304	312.23231	607.28773	1237.62370

* 매년도말에 ₩1씩을 일정기간 · 일정률로 투하할 때 미래에 누적될 금액을 나타내는 표

5%	6%	7%	8%	10%	12%	15%	20%	(n) 기간
1.00000	1.00000	1.00000	1.00000	1.00000	1.00000	1.00000	1.00000	1
2.05000	2.06000	2.07000	2.08000	2.10000	2.12000	2.15000	2.20000	2
3.15250	3.18360	3.21490	3.24640	3.31000	3.37440	3.47250	3.64000	3
4.31013	4.37462	4.43994	4.50611	4.64100	4.77933	4.99338	5.36800	4
5.52563	5.63709	5.75074	5.86660	6.10510	6.35285	6.74238	7.44160	5
6.80191	6.97532	7.15329	7.33593	7.71561	8.11519	8.75374	9.92992	6
8.14201	8.39384	8.65402	8.92280	9.48717	10.08901	11.06680	12.91590	7
9.54911	9.89747	10.25980	10.63663	11.43589	12.29969	13.72682	16.49908	8
11.02656	11.49132	11.97799	12.48756	13.57948	14.77566	16.78584	20.79890	9
12.57789	13.18079	13.81645	14.48656	15.93742	17.54874	20.30372	25.95868	10
14.20679	14.97164	15.78360	16.64549	18.53117	20.65458	24.34928	32.15042	11
15.91713	16.86994	17.88845	18.97713	21.38428	24.13313	29.00167	39.58050	12
17.71298	18.88214	20.14064	21.49530	24.52271	28.02911	34.35192	48.49660	13
19.59863	21.01507	22.55049	24.21492	27.97498	32.39260	40.50471	59.19592	14
21.57856	23.27597	25.12902	27.15211	31.77248	37.27971	47.58041	72.03511	15
23.65749	25.67253	27.88805	30.32428	35.94973	42.75328	55.71747	87.44213	16
25.84037	28.21288	30.84022	33.75023	40.54470	48.88367	65.07509	105.93056	17
28.13238	30.90565	33.99903	37.45024	45.59917	55.74971	75.83636	128.11667	18
30.53900	33.75999	37.37896	41.44626	51.15909	63.43968	88.21181	154.74000	19
33.06595	36.78559	40.99549	45.76196	57.27500	72.05244	102.44358	186.68800	20
35.71925	39.99273	44.86518	50.42292	64.00250	81.69874	118.81012	225.02560	21
38.50521	43.39229	49.00574	55.45676	71.40275	92.50258	137.63164	271.03072	22
41.43048	46.99583	53.43614	60.89330	79.54302	104.60289	159.27638	326.23686	23
44.50200	50.81558	58.17667	66.76476	88.49733	118.15524	184.16784	392.48424	24
47.72710	54.86451	63.24904	73.10594	98.34706	133.33387	212.79302	471.98108	25
51.11345	59.15638	68.67647	79.95442	109.18177	150.33393	245.71197	567.37730	26
54.66913	63.70577	74.48382	87.35077	121.09994	169.37401	283.56877	681.85276	27
58.40258	68.52811	80.69769	95.33883	134.20994	190.69889	327.10408	819.22331	28
62.32271	73.63980	87.34653	103.96594	148.63093	214.58275	377.16969	984.06797	29
66.43885	79.05819	94.46079	113.28321	164.49402	241.33268	434.74515	1181.88157	30
70.76079	84.80168	102.07304	123.34587	181.94342	271.29261	500.95692	1419.25788	31
75.29883	90.88978	110.21815	134.21354	201.13777	304.84772	577.10046	1704.10946	32
80.06377	97.34316	118.93343	145.95062	222.25154	342.42945	664.66552	2045.93135	33
85.06696	104.18375	128.25876	158.62667	245.47670	384.52098	765.36535	2456.11762	34
90.32031	111.43478	138.23688	172.31680	271.02437	431.66350	881.17016	2948.34115	35
95.83632	119.12087	148.91346	187.10215	299.12681	484.46312	1014.34568	3539.00937	36
101.62814	127.26812	160.33740	203.07032	330.03949	543.59869	1167.49753	4247.81125	37
107.70955	135.90421	172.56102	220.31595	364.04343	609.83053	1343.62216	5098.37350	38
114.09502	145.05846	185.64029	238.94122	401.44778	684.01020	1546.16549	6119.04820	39
120.79977	154.76197	199.63511	259.05652	442.59256	767.09142	1779.09031	7343.85784	40
127.83976	165.04768	214.60957	280.78104	487.85181	860.14239	2046.95385	8813.62941	41
135.23175	175.95054	230.63224	304.24352	537.63699	964.35948	2354.99693	10577.35529	42
142.99334	187.50758	247.77650	329.58301	592.40069	1081.08262	2709.24647	12693.82635	43
151.14301	199.75803	266.12085	356.94965	652.64076	1211.81253	3116.63344	15233.59162	44
159.70016	212.74351	285.74931	386.50562	718.90484	1358.23003	3585.12846	18281.30994	45
209.34800	290.33590	406.52893	573.77016	1163.90853	2400.01825	7217.71628	45497.19075	50
2610.02516	5638.36806	12381.66179	27484.51570	137796.12340	696010.54772	782×10^4	414×10^5	100

(4) 연금현재가치표

$$P_n = \frac{1-\frac{1}{(1+i)^n}}{i}$$

(n) 기간	1/4%	1/2%	3/4%	1%	1½%	2%	3%	4%
1	0.99751	0.99502	0.99256	0.99010	0.98522	0.98039	0.97087	0.96154
2	1.99252	1.98510	1.97772	1.97040	1.95588	1.94156	1.91347	1.88609
3	2.98506	2.97025	2.95556	2.94099	2.91220	2.88388	2.82861	2.77509
4	3.97512	3.95050	3.92611	3.90197	3.85438	3.80773	3.71710	3.62990
5	4.96272	4.92587	4.88944	4.85343	4.78264	4.71346	4.57971	4.45182
6	5.94785	5.89638	5.84560	5.79548	5.69719	5.60143	5.41719	5.24214
7	6.93052	6.86207	6.79464	6.72819	6.59821	6.47199	6.23028	6.00205
8	7.91074	7.82296	7.73661	7.65168	7.48593	7.32548	7.01969	6.73274
9	8.88852	8.77906	8.67158	8.56602	8.36052	8.16224	7.78611	7.43533
10	9.86386	9.73041	9.59958	9.47130	9.22218	8.98259	8.53020	8.11090
11	10.83677	10.67703	10.52067	10.36763	10.07112	9.78685	9.25262	8.76048
12	11.80725	11.61893	11.43491	11.25508	10.90751	10.57534	9.95400	9.38507
13	12.77532	12.55615	12.34235	12.13374	11.73153	11.34837	10.63496	9.98565
14	13.74096	13.48871	13.24302	13.00370	12.54338	12.10625	11.29607	10.56312
15	14.70420	14.41662	14.13699	13.86505	13.34323	12.84926	11.93794	11.11839
16	15.66504	15.33993	15.02431	14.71787	14.13126	13.57771	12.56110	11.65230
17	16.62348	16.25863	15.90502	15.56225	14.90765	14.29187	13.16612	12.16567
18	17.57953	17.17277	16.77918	16.39827	15.67256	14.99203	13.75351	12.65930
19	18.53320	18.08236	17.64683	17.22601	16.42617	15.67846	14.32380	13.13394
20	19.48449	18.98742	18.50802	18.04555	17.16864	16.35143	14.87747	13.59033
21	20.43340	19.88798	19.36280	18.85698	17.90014	17.01121	15.41502	14.02916
22	21.37995	20.78406	20.21121	19.66038	18.62082	17.65805	15.93692	14.45112
23	22.32414	21.67568	21.05331	20.45582	19.33086	18.29220	16.44361	14.85684
24	23.26598	22.56287	21.88915	21.24339	20.03041	18.91393	16.93554	15.24696
25	24.20547	23.44564	22.71876	22.02316	20.71961	19.52346	17.41315	15.62208
26	25.14261	24.32402	23.54219	22.79520	21.39863	20.12104	17.87684	15.98277
27	26.07742	25.19803	24.35949	23.55961	22.06762	20.70690	18.32703	16.32959
28	27.00989	26.06769	25.17071	24.31644	22.72672	21.28127	18.76411	16.66306
29	27.94004	26.93302	25.97589	25.06579	23.37608	21.84438	19.18845	16.98371
30	28.86787	27.79405	26.77508	25.80771	24.01584	22.39646	19.60044	17.29203
31	29.79339	28.65080	27.56832	26.54229	24.64615	22.93770	20.00043	17.58849
32	30.71660	29.50328	28.35565	27.26959	25.26714	23.46833	20.38877	17.87355
33	31.63750	30.35153	29.13712	27.98969	25.87895	23.98856	20.76579	18.14765
34	32.55611	31.19555	29.91278	28.70267	26.48173	24.49859	21.13184	18.41120
35	33.47243	32.03537	30.68266	29.40858	27.07559	24.99862	21.48722	18.66461
36	34.38647	32.87102	31.44681	30.10751	27.66068	25.48884	21.83225	18.90828
37	35.29822	33.70250	32.20527	30.79951	28.23713	25.96945	22.16724	19.14258
38	36.20770	34.52985	32.95808	31.48466	28.80505	26.44064	22.49246	19.36786
39	37.11491	35.35309	33.70529	32.16303	29.36458	26.90259	22.80822	19.58448
40	38.01986	36.17223	34.44694	32.83469	29.91585	27.35548	23.11477	19.79277
41	38.92256	36.98729	35.18307	33.49969	30.45896	27.79949	23.41240	19.99305
42	39.82300	37.79830	35.91371	34.15811	30.99405	28.23479	23.70136	20.18563
43	40.72120	38.60527	36.63892	34.81001	31.52123	28.66156	23.98190	20.37079
44	41.61715	39.40823	37.35873	35.45545	32.04062	29.07996	24.25427	20.54884
45	42.51088	40.20720	38.07318	36.09451	32.55234	29.49016	24.51871	20.72004
50	46.94617	44.14279	41.56645	39.19612	34.99969	31.42361	25.72976	21.48218
100	88.38248	78.54264	70.17462	63.02888	51.62470	43.09835	31.59891	24.50500

* 매년도말에 ₩1씩을 일정기간 · 일정률로 투하할 때의 현재가치를 나타내는 표

5%	6%	7%	8%	10%	12%	15%	20%	(n) 기간
0.95238	0.94340	0.93458	0.92593	0.90909	0.89286	0.86957	0.83333	1
1.85941	1.83339	1.80802	1.78326	1.73554	1.69005	1.62571	1.52778	2
2.72325	2.67301	2.62432	2.57710	2.48685	2.40183	2.28323	2.10648	3
3.54595	3.46511	3.38721	3.31213	3.16987	3.03735	2.85498	2.58873	4
4.32948	4.21236	4.10020	3.99271	3.79079	3.60478	3.35216	2.99061	5
5.07569	4.91732	4.76654	4.62288	4.35526	4.11141	3.78448	3.32551	6
5.78637	5.58238	5.38929	5.20637	4.86842	4.56376	4.16042	3.60459	7
6.46321	6.20979	5.97130	5.74664	5.33493	4.96764	4.48732	3.83716	8
7.10782	6.80169	6.51523	6.24689	5.75902	5.32825	4.77158	4.03097	9
7.72173	7.36009	7.02358	6.71008	6.14457	5.65022	5.01877	4.19247	10
8.30641	7.88687	7.49867	7.13896	6.49506	5.93770	5.23371	4.32706	11
8.86325	8.38384	7.94269	7.53608	6.81369	6.19437	5.42062	4.43922	12
9.39357	8.85268	8.35765	7.90378	7.10336	6.42355	5.58315	4.53268	13
9.89864	9.29498	8.74547	8.24424	7.36669	6.62817	5.72448	4.61057	14
10.37966	9.71225	9.10791	8.55948	7.60608	6.81086	5.84737	4.67547	15
10.83777	10.10590	9.44665	8.85137	7.82371	6.97399	5.95423	4.72956	16
11.27407	10.47726	9.76322	9.12164	8.02155	7.11963	6.04716	4.77463	17
11.68959	10.82760	10.05909	9.37189	8.20141	7.24967	6.12797	4.81219	18
12.08532	11.15812	10.33560	9.60360	8.36492	7.36578	6.19823	4.84350	19
12.46221	11.46992	10.59401	9.81815	8.51356	7.46944	6.25933	4.86958	20
12.82115	11.76408	10.83553	10.01680	8.64869	7.56200	6.31246	4.89132	21
13.16300	12.04158	11.06124	10.20074	8.77154	7.64465	6.35866	4.90943	22
13.48857	12.30338	11.27219	10.37106	8.88322	7.71843	6.39884	4.92453	23
13.79864	12.55036	11.46933	10.52876	8.98474	7.78432	6.43377	4.93710	24
14.09394	12.78336	11.65358	10.67478	9.07704	7.84314	6.46415	4.94759	25
14.37519	13.00317	11.82578	10.80998	9.16095	7.89566	6.49056	4.95632	26
14.64303	13.21053	11.98671	10.93516	9.23722	7.94255	6.51353	4.96360	27
14.89813	13.40616	12.13711	11.05108	9.30657	7.98442	6.53351	4.96967	28
15.14107	13.59072	12.27767	11.15841	9.36961	8.02181	6.55088	4.97472	29
15.37245	13.76483	12.40904	11.25778	9.42691	8.05518	6.56598	4.97894	30
15.59281	13.92909	12.53181	11.34980	9.47901	8.08499	6.57911	4.98245	31
15.80268	14.08404	12.64656	11.43500	9.52638	8.11159	6.59053	4.98537	32
16.00255	14.23023	12.75379	11.51389	9.56943	8.13535	6.60046	4.98781	33
16.19290	14.36814	12.85401	11.58693	9.60857	8.15656	6.60910	4.98984	34
16.37419	14.49825	12.94767	11.65457	9.64416	8.17550	6.61661	4.99154	35
16.54685	14.62099	13.03521	11.71719	9.67651	8.19241	6.62314	4.99295	36
16.71129	14.73678	13.11702	11.77518	9.70592	8.20751	6.62881	4.99412	37
16.86789	14.84602	13.19347	11.82887	9.73265	8.22099	6.63375	4.99510	38
17.01704	14.94907	13.26493	11.87858	9.75696	8.23303	6.63805	4.99592	39
17.15909	15.04630	13.33171	11.92461	9.77905	8.24378	6.64178	4.99660	40
17.29437	15.13802	13.39412	11.96723	9.79914	8.25337	6.64502	4.99717	41
17.42321	15.22454	13.45245	12.00670	9.81740	8.26194	6.64785	4.99764	42
17.54591	15.30617	13.50696	12.04324	9.83400	8.26959	6.65030	4.99803	43
17.66277	15.38318	13.55791	12.07707	9.84909	8.27642	6.65244	4.99836	44
17.77407	15.45583	13.60552	12.10840	9.86281	8.28252	6.65429	4.99863	45
18.25593	15.76186	13.80075	12.23348	9.91481	8.30450	6.66051	4.99945	50
19.84791	16.61755	14.26925	12.49432	9.99927	8.33323	6.66666	5.00000	100

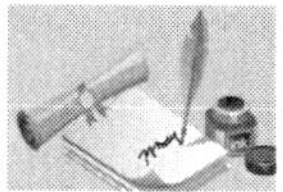

찾아보기

■ 저자약력

윤 금 상

경영학박사

(현) 인하대학교 경영대학 교수

저서 : 최신원가회계, 최신관리회계, 회계와 사회,
최신 원가관리회계, 회계의 이해,
신회계원리, K-IFRS 회계원리,
기업회계의 기초, 전략적 원가관리 등 다수

최신 재무회계원리

초 판 1쇄 발행 —— 2018년 2월 5일
초 판 2쇄 발행 —— 2021년 2월 20일
지은이 —— 윤 금 상
펴낸이 —— 전 두 표
펴낸곳 —— 도서출판 두남
서울시 강동구 성내로6길 34-16 두남빌딩
신 고 : 제25100-1988-9호
TEL : 02) 478-2065~7, 2311
FAX : 02) 478-2068
E-mail : dunam1@unitel.co.kr
http://www.dunam.co.kr

정가 33,000원

ISBN 978-89-6414-772-6 93320